EL LIBRO DE GÉNESIS

REFLEXIONES MISIOLÓGICAS Y PASTORALES

Rodolfo Blank

EDITORIAL CONCORDIA • SAINT LOUIS

Propiedad literaria © 2017 Editorial Concordia
3558 South Jefferson Avenue, Saint Louis, Missouri, 63118-3968 U.S.A.
1-877-450-8694 • editorial.cph.org

Los textos bíblicos que aparecen en esta publicación son de La Santa Biblia, Reina Valera Contemporánea®, © Sociedades Bíblicas Unidas, 2009, 2011, usados con permiso.

Editor: Rev. Héctor E. Hoppe
Revisor de estilo: Rev. Ewaldo Beckmann
Arte de la tapa: © Shutterstock, Inc.

Editorial Concordia es la división hispana de Concordia Publishing House.

Impreso en los Estados Unidos de América

1 2 3 4 5 6 7 8 9 10   26 25 24 23 22 21 20 19 18 17

Dedicatoria:

A mi hermano Henry Fred Blank y su esposa Norma, quienes han dedicado muchos años de sus vidas a estudiar, investigar, y enseñar la palabra de Dios, especialmente el libro de Génesis.

¡Sea tu gloria eterna, Señor!
¡Que te regocijen las obras que has hecho!
Salmo 104:31

Sobre el autor

Rodolfo Blank, hijo de inmigrantes alemanes, nació en 1934 en la ciudad de Chicago. Realizó sus estudios teológicos en el Seminario Concordia de Saint Louis, Missouri, donde se graduó en 1959 después de haber realizado su pasantía (vicariato) en Caracas, Venezuela en 1957-1958.

Desde 1959 hasta 1962 sirvió como el primer pastor de la Iglesia Luterana la Resurrección en Cambridge, Inglaterra. En enero de 1963 regresó a Venezuela para servir como misionero y educador.

Fue co-fundador y primer director del Instituto Teológico Juan de Frías, el programa que prepara pastores, diáconos, y líderes laicos para la Iglesia Luterana de Venezuela. En los años 1989-1990 realizó estudios de postgrado en el Seminario Fuller de Pasadena, California, donde se graduó con el título MTh en Misiología. Durante los años 1990-91 sirvió como profesor en el Instituto Hispano de Teología en Chicago. En 1991 regresó a Venezuela.

Durante los años 1997-1999 prestó sus servicios como profesor de Misiones en el Seminario Concordia de Saint Louis, Missouri. En 1990 se radicó en la ciudad de Caracas, donde sirvió como profesor tanto en el Instituto Teológico Juan de Frías como en el Seminario Evangélico de Caracas. Desde 2007 vive en Saint Louis, Missouri desde donde hace diversos ministerios para la iglesia hispana en los EE.UU. En 1970 el Dr. Blank se casó con Ramona Rivero, hija de uno de los primeros pastores luteranos venezolanos. Tienen dos hijos, Rodolfo e Irene, y tres nietas.

Es autor de *Juan, un comentario pastoral y teológico al cuarto evangelio*; *Teología y misión en América Latina*; *Hermenéutica*; *Salmos, una ventana al Antiguo Testamento y al Mesías*; *Primera Carta a los Corintios*; y *La carta a los gálatas*, publicados por Editorial Concordia.

Contenido

SEGUNDA UNIDAD
GÉNESIS 1:1-2:25

TERCERA UNIDAD
GÉNESIS 3:1-6:8

SEXTA UNIDAD
GÉNESIS 18:1-22:19

SÉPTIMA UNIDAD
GÉNESIS 22:20-25:10

PREFACIO

De todas las millones de criaturas que existen y han existido en el mundo, solamente el ser humano ha sentido el anhelo de conocer tanto su origen como también el origen de todas las cosas. Sin duda, la obsesión con los orígenes explica, en parte, nuestra fascinación por el Libro de Génesis. A diferencia de los animales, las plantas, y los microbios, los humanos queremos saber de dónde hemos venido y adónde vamos. Sobre todo, preguntamos por la razón de nuestra existencia, nuestra vocación, y en primer lugar por la relación con nuestro Hacedor, pero también por nuestra relación con las demás personas, criaturas, y fuerzas que nos rodean.

El primer libro de la Biblia es útil en la búsqueda de nuestros orígenes y lugar en el universo, pero no lo hace a base de declaraciones filosóficas, doctrinales o científicas, sino mediante la narración de las historias de personas y familias escogidas y llamadas por Dios para inaugurar lo que algunos han denominado la historia de la salvación.

Uno de los investigadores más tesoneros en aclarar el mensaje del libro de Génesis en beneficio de la humanidad y de la iglesia, fue el Dr. Martín Lutero. El gran reformador dedicó la última década de su vida a dictar una larga serie de conferencias a sus estudiantes, sobre cada uno de los cincuenta capítulos de Génesis. La traducción al inglés del comentario de Lutero sobre Génesis, comprende ocho tomos. Lamentablemente, aún no existe una traducción al castellano de esta magna obra. Por lo tanto, en ésta se han incluido muchas referencias y observaciones basadas en las investigaciones y opiniones del Dr. Lutero. Se debe tener en cuenta que no siempre concordamos del todo con el gran reformador, ni tampoco estamos de acuerdo con algunas de las opiniones de otros autores citados en nuestro comentario. Pero aunque no estemos de acuerdo con todo lo que han escrito los rabinos, padres de la iglesia, reformadores e intérpretes modernos, el análisis de las ideas de las personas que han dedicado sus vidas al estudio de Génesis puede ayudarnos a definir lo que creemos nosotros.

En la consecución de esta meta, será de gran utilidad el gran comentario de Lutero, porque presenta las reflexiones teológicas del reformador maduro y experimentado, en el final de su larga carrera al servicio del reino de Dios. En el siglo pasado, muchos historiadores y estudiantes de la Reforma han enfatizado grandemente los escritos del joven revolucionario que en 1517 clavó sus 95 tesis en la puerta de la iglesia de Wittenberg, pero muchos otros han hecho caso omiso del anciano Lutero y su comentario sobre Génesis, último legado a la iglesia que tanto amó. Con el paso de los años, las ideas, reflexiones e interpretaciones de Lutero fueron refinadas y redefinidas a la luz de su lucha en contra de la teología de la iglesia medieval y de la reforma radical. Su comentario de Génesis es una obra maestra, clara y madura, que proclama la justificación por la fe como la correcta distinción de la ley y el evangelio, según se refleja en las vidas de los patriarcas y en las grandes obras de Dios. Es notable que el reformador murió dos meses después de dictar su última conferencia sobre Génesis (Maxfield 2015:74-79).

Nuestra obra no es un comentario como el de Lutero, cuyo fin es interpretar un libro bíblico versículo por versículo. La nuestra es más bien una serie de reflexiones sobre los temas teológicos, los protagonistas principales y el contexto histórico del primer libro del canon bíblico. Con estas reflexiones se pretende ayudar al estudiante de las Escrituras a entender mejor las dificultades de interpretación que se han discutido en la sinagoga y la iglesia durante miles de años. Con tal finalidad hemos dedicado más tiempo a la investigación de temas tales como el propósito de la creación, la vocación del ser humano, la naturaleza del pecado, el evangelio en el AT, el diluvio, la torre de Babel, el llamamiento de Abrán, la naturaleza de la familia, la reconciliación, la imagen de Dios, el origen de las cosas y la orientación escatológica y cristológica del primer libro de la Biblia. Al estudiar los temas mencionados, la idea es investigar el contexto de las historias narradas en Génesis en la vida y cultura del antiguo Cercano Oriente. Tal investigación revelará las muchas semejanzas que hubo entre los protagonistas de Génesis y sus vecinos. A la vez, indicará cuáles fueron las ideas, creencias, y prácticas paganas que el pueblo de Dios debía rechazar. El libro de Génesis es un libro sumamente polémico, pues uno de sus propósitos ha sido y todavía es, el de concitar a los miembros de la familia escogida a abandonar toda clase de idolatría y servir y adorar exclusivamente al Creador de cielos y tierra. Los que temen a Dios tienen, al mismo tiempo, el llamamiento de rechazar muchos aspectos de la religión de los pueblos entre los que tuvieron que vivir los descendientes de Abrán.

En nuestro estudio de Génesis se intentará, sobre todo, mostrar al estudiante cuál es el propósito central de las Sagradas Escrituras, vale decir, el tema que otorga unidad a los textos bíblicos en el libro de Génesis y el resto de la Biblia. Aunque muchos investigadores modernos no crean que tal unidad exista, nosotros estamos convencidos de que Jesucristo es la clave que brinda coherencia a las Sagradas Escrituras. Es nuestro propósito, por lo tanto, interpretar el mensaje de Génesis desde la perspectiva de la historia y cultura del antiguo Cercano Oriente, y desde el punto de vista de los demás libros canónicos de la Biblia Hebrea y del Nuevo Testamento. Dicho de otra manera, consideramos que el libro de Génesis es parte importante de una colección de libros inspirados que conocemos como la Biblia o las Sagradas Escrituras. Los escritos no sólo se relacionan entre sí, sino que también se interpretan los unos a los otros. Creemos, además, que hay un tema principal que une los libros canónicos tanto del Antiguo como del Nuevo Testamentos. Los escritos hablan de cómo Dios, en su providencia, escogió y llamó a una familia a que sirviera de instrumento de bendición para todos los pueblos de la tierra, y ofrecer salvación a todas las naciones y toda la creación. La salvación vendrá por medio de un Mesías, cuyo advenimiento fue anticipado en el primer libro de la Biblia Hebrea. La Biblia es la historia de cómo Dios, en Cristo, nos ha incorporado a esa familia y a su misión de proclamar el perdón de pecados a todos los pueblos mediante el evangelio de Jesucristo.

Uno de los propósitos del libro de Génesis es la formación ética de los que llegarán a ser parte de la familia escogida. No se intenta lograr la formación mediante la promulgación de una serie de leyes o mandamientos, sino con la narración de una serie de incidentes en las vidas de los protagonistas del primer libro de la Biblia. Lo que tenemos en las historias de Génesis es una pedagogía teológica (González 1968:143). En vez de dar a los miembros del pueblo escogido algunas instrucciones en cuanto a cómo orar, relata la oración del siervo de Abrahán que salió a buscar una esposa para el hijo de su amo. En otro capítulo se encuentra la oración en la que Jacob pide ser salvado de la ira de su hermano Esaú. Oraciones como éstas han sido incorporadas a la narración para enseñarnos a orar. En vez de presentar una lista de los pasos que se deben tomar para llegar a una reconciliación, el libro de Génesis relata cómo José perdonó a sus hermanos. En vez de presentar un programa de diez pasos a seguir para evitar la borrachera, el libro de Génesis relata lo que pasó con Noé y Lot cuando se excedieron con el vino. En las historias del Génesis se nota la existencia de una ley implícita que opera en lo más íntimo del hombre. Es decir, los protagonistas del libro de Génesis son agentes morales, responsables por sus acciones y conscientes de las veces que violaron la voluntad de su Hacedor. Las personas que llegamos a conocer no son como las bestias, sin una sensibilidad moral, ni como máquinas que carecen de conciencia, sino que son seres creados a la imagen de su Hacedor.

En el libro de Génesis se destaca no sólo la ley natural escrita en el corazón del hombre, sino también la gracia de Dios que ofrece su bendición, perdón, y salvación a los rebeldes, idólatras, fornicadores, infieles, perdidos, y marginados. De esta manera, el Génesis instruye a los miembros del pueblo escogido respecto a la ley, lo que se ordena a los seres humanos. Pero el Génesis es también un escrito lleno de relatos en los que se destaca el evangelio, i.e., lo que Dios hace en su amor para salvar, liberar, perdonar, y bendecir a sus criaturas. Los cinco libros que conforman lo que algunos denominan el Pentateuco, son llamados la Torá por los judíos y los samaritanos. Torá, en hebreo, quiere decir instrucción. A diferencia de los libros sagrados de otros pueblos, la Biblia no es un libro de leyes, sino el libro de la historia de la salvación. Por medio de las historias de Génesis, el Espíritu Santo instruye a sus lectores respecto al pecado y la salvación. Para Lutero, el árbol del conocimiento del bien y del mal representa la ley, el mensaje que condena al pecador, mientras que el árbol de la vida representa el evangelio, el mensaje de perdón y salvación.

En las primeras unidades de nuestro comentario discurrimos sobre las diferencias de opinión que existen hoy día entre los cristianos en cuanto a la autoría del libro de Génesis y la fecha de la creación de nuestro mundo. Son temas que siguen preocupando a muchos cristianos, especialmente a los que estudian en escuelas y universidades en las que la mayoría de los instructores son ateos declarados. Tratamos de presentar al lector las opiniones a favor y en contra de las varias teorías que hoy por hoy se discuten entre los cristianos. Uno podría escribir varios libros sobre estos temas que, por supuesto, no constituyeron un problema para los primeros lectores de Génesis. Para los que quieran profundizar las cuestiones, les recomendamos el estudio del libro sobre la creación escrito por el profesor Aurelio Magariño y publicado por Editorial Concordia.

Una de las prioridades del autor de este comentario ha sido la de estudiar los temas principales de Génesis desde la perspectiva cultural del antiguo Cercano Oriente, pero también desde la de los pueblos latinoamericanos, en cuyos sufrimientos, historias, y luchas se percibe el eco de las narraciones del libro de Génesis. Las iglesias cristianas de América Latina tienen una vocación, tal como la tuvo el pueblo escogido en el Libro de Génesis. Su misión es la de ser una bendición para todas las naciones mediante la proclamación de la salvación y la restauración de todas las cosas por intermedio de un descendiente de Adán, Noé, y Abrahán, que proclamó: "Antes que Abrahán fuera, yo soy" (Jn 8:58). Tomando en cuenta la naturaleza misionera del libro de Génesis, hemos intentado escribir el comentario a partir de una perspectiva misionera, relacionando los eventos narrados en Génesis a la luz de la gran comisión.

La obra está organizada en once partes o divisiones, a fin de facilitar su uso para profesores e instructores en seminarios, institutos bíblicos, y diversos programas de educación teológica. Cada división, según este esquema, puede estudiarse cada semana en un programa trimestral. Los programas semestrales pueden añadir a las once divisiones una adicional, dedicada a cada uno de los cuatro libros restantes del Pentateuco. En el pénsum de algunos programas de estudios teológicos, se requiere de los educandos un estudio del Pentateuco, que consiste en una investigación más intensiva de uno de los cinco libros de Moisés, y un estudio breve de los otros cuatro libros.

Por muchos años hemos utilizado con gran provecho el curso sobre Génesis preparado por SEAN (Seminario para las Naciones), que todavía se usa en miles de centros de educación teológica por extensión en todo el mundo. La idea al preparar esta obra ha sido, en parte, proveer un recurso para instructores que utilizan los materiales de SEAN o de programas similares.

Hemos dividido nuestro comentario en once unidades para ayudar al instructor de un curso sobre Génesis a organizarlo. Puede asignarles a sus estudiantes una unidad por semana. Así se prestaría la materia para un curso de un trimestre de 12 semanas, dejando la última semana para un examen final. Se sobreentiende que el instructor cuenta con la libertad de organizar su curso de otra manera. Las once unidades en que hemos organizado el comentario son las siguientes:

Primera unidad: El Creador y su creación. Introducciones
Segunda unidad: La misión del ser humano. Génesis 1:1-2:25
Tercera unidad: La desobediencia y sus consecuencias. Génesis 3:1–6:8
Cuarta unidad: Noé y sus descendientes. Génesis 6:9-11:32
Quinta unidad: Abrahán, justificado por fe. Génesis 11:10-17:27
Sexta unidad: Las últimas pruebas de Abrahán. Génesis 18:1-22:19
Séptima unidad: Isaac y su familia. Génesis 22:20-25:10
Octava unidad: Jacob, el engañador. Génesis 25:11-27:40
Novena unidad: Jacob, el patriarca y sus hijos. Génesis 27:41-36:43
Décima unidad: José y sus hermanos. Génesis 37:1-41:57
Undécima unidad: José, príncipe de Egipto. Génesis 42:1-50:26

PRIMERA UNIDAD

EL CREADOR Y SU CREACIÓN

Introducción al estudio del libro de Génesis

En nuestras Biblias, Génesis es el nombre empleado para identificar el primer libro del Pentateuco y del AT. La palabra "génesis" es un término que procede del griego y significa principio o comienzo. En hebreo, el idioma en que fueron escritos la mayoría de los libros del AT, el nombre del primer libro de la Biblia es "*beresit*", la primera palabra que aparece en el primer libro del Pentateuco. Su significado es: "en el principio". En el idioma alemán, el primer libro de la Biblia se designa como "el primer libro de Moisés".

Muchos miembros de nuestras iglesias de hoy día conocen poco los libros del AT y su contenido. Hay quienes opinan, equivocadamente, que si conocemos algo del NT, realmente no necesitamos el Antiguo, pues en él se trata solamente de leyes, ceremonias, y costumbres que ya no tienen vigencia para nosotros. El doctor Martín Lutero no estuvo de acuerdo con tal manera de pensar, porque expresó que los autores del NT nos enseñan a "no despreciar las Escrituras del AT, sino a leerlas con gran empeño, pues ellas fundamentan y corroboran enérgicamente el NT". Más bien se debe apreciar el AT, que no es nada menos que una predicación y proclamación pública de Cristo, señalada por los textos de este Testamento y cumplidas por Cristo (1979:49-50).

El NT, especialmente el Apocalipsis y la Epístola a los Hebreos, proclaman que el Cristo resucitado es constituido rey de todo el universo, y que en él toda la creación encuentra su liberación y razón de ser. No se puede hablar de la redención en Cristo sin hablar, al mismo tiempo, del alcance de esa redención que abarca a toda la creación. Por eso es necesario estudiar el relato de la creación en Génesis, a fin de entender mejor lo que el NT enseña acerca de Cristo, la salvación, y el plan de Dios para el cosmos (Brock 2010:47).

Génesis, el primer libro del Pentateuco

La palabra Pentateuco proviene de dos palabras griegas: *"pente"*, que quiere decir cinco, y *"teucho"*, que significa volumen o estuche. Por consiguiente, el significo de la palabra Pentateuco es "cinco libros o cinco rollos" (Cates 1990:105; Haag 1964:1492). El nombre que los sabios judíos dieron a los primeros cinco libros del AT fue Torá, que muchos traducen como ley o instrucción. Se debe tener en cuenta que la palabra Torá significa mucho más que ley, pues contiene no sólo legislación, sino también promesas, palabras de consuelo, y la proclamación de salvación. Sería mejor traducir la palabra Torá como "palabra de Dios". Los cinco libros que la componen siempre han sido considerados por los judíos como los más importantes de todo el AT, porque provienen de Moisés, el más importante y grande de los profetas del AT. Los grupos como los saduceos y los samaritanos, aceptaron únicamente la autoridad del Pentateuco, y no la de los demás libros del canon judío. Para los samaritanos, el único profeta verdadero fue Moisés y, por lo tanto, solamente sus libros son autoritativos. Incluso para los rabinos, los libros proféticos y poéticos del canon servían principalmente como un comentario sobre la Torá. Su finalidad es ilustrar y aplicar las instrucciones que se encuentran en ella (Hummel 1979:62).

El tema de la Torá

Desde la perspectiva de un reconocido erudito judío, el tema del Pentateuco es la selección de Israel de entre las naciones y su consagración al servicio de Dios y sus leyes en la Tierra Prometida (Segal 1967:23). Visto desde la perspectiva del NT, sin embargo, tenemos que añadir que Israel fue escogido para ser una luz para las naciones y transmitirles a éstas no sólo la ley, sino la promesa de salvación que no es exclusivamente para el pueblo judío, sino para todos los pueblos. En el Pentateuco tenemos la proclamación de la promesa de salvación a las naciones, y la narración de cómo esa promesa se transmitió a través de una línea escogida.

Teorías respecto al autor del Pentateuco

En cuanto al autor del Pentateuco y la fecha en que fue escrito hay una gran variedad de opiniones y teorías. En las introducciones de los comentarios sobre Génesis en español de Kidner, Trenchard, Voth, von Rad y otros, se discuten ampliamente los argumentos a favor y en contra de tales teorías. Mucho tiempo se dedica también a discutir la autoría de Génesis y del Pentateuco en los diccionarios bíblicos y en las introducciones al AT escritas por eruditos como Lange, Lasor, y Pagán. En lo que sigue mencionaremos las teorías principales respecto al autor o autores de Génesis y del resto del Pentateuco.

Primera teoría: Moisés es el autor principal del Pentateuco

La opinión tradicional y más antigua es que tanto el libro de Génesis como los demás libros del Pentateuco fueron escritos por Moisés en el tiempo del Éxodo. En la antigua traducción de la Biblia por Casiodoro de Reina y Cipriano de Valera, el primer libro de la Biblia se llama "El primer libro de Moisés, Génesis". El segundo libro se llama "El segundo libro de Moisés" y así sucesivamente. En su traducción del AT al alemán, Martín Lutero llamó también a los cinco libros de la Torá "los libros de Moisés". La designación de los cinco libros de la Torá como libros de Moisés es algo que se hizo ya en la antigüedad, antes del tiempo del NT. En el libro de Esdras 7:6 leemos: "Este Esdras salió de Babilonia, y era un escriba con amplios conocimientos de la ley que el Señor y Dios de Israel había dado a Moisés."

Los autores del NT se refieren a los rollos del AT como "Moisés y los profetas". Al referirse a algo escrito en el Pentateuco, Jesús y los autores del NT utilizaron la frase "Moisés" o "La ley de Moisés". En Juan 5:46, Jesús dice a los judíos: "Si ustedes le creyeran a Moisés, me creerían a mí, porque él escribió acerca de mí." En el relato de la conversación que sostuvo el Cristo resucitado con los dos discípulos de Emaús, leemos que Jesús, "...partiendo de Moisés, y siguiendo por todos los profetas, comenzó a explicarles todos los pasajes de las Escrituras que hablaban de él" (Lc 24:27). En la parábola del hombre rico y el pobre Lázaro, en Lucas 16:29, Abrahán, refiriéndose a los cinco hermanos del rico en el infierno, le dice a éste: "Pero ellos tienen a Moisés y a los profetas. ¡Que los escuchen!" En Romanos 10:5 el apóstol Pablo afirma: "Moisés describe así a la justicia que se basa en la ley: 'Quien practica estas cosas, vivirá por ellas.'"

Éstos y muchos otros textos similares, indujeron a los rabinos, a los padres de la iglesia primitiva, y a los reformadores, a concluir que los cinco rollos que conforman el Pentateuco fueron escritos por Moisés. Uno de los textos clave que indujeron a los rabinos a tomar la determinación fue Deuteronomio 31:24: "Cuando Moisés terminó de escribir en un libro todas las palabras de esta ley..." Debemos notar, sin embargo, que los rabinos, los padres de la iglesia primitiva, y los reformadores eran conscientes de que algunas partes del Pentateuco, por ejemplo el relato sobre la muerte de Moisés y la lista de los reyes de Edom, no pueden haber sido escritas por el propio Moisés. Lutero opinó que la historia de la muerte de Moisés fue escrita por Josué o por el sumo sacerdote Finés.

Una pregunta que ha generado mucha discusión entre los comentaristas tradicionales tiene que ver con lo siguiente: ¿De cuál fuente obtuvieron Moisés, Josué o Finés toda la información que contiene el libro de Génesis, ya que trata de sucesos que ocurrieron muchos siglos antes del nacimiento de Moisés? ¿Tuvo Moisés acceso a antiguos documentos escritos que relataban la historia de los patriarcas? ¿Utilizó antiguos escritos egipcios o babilónicos, a fin de recabar información acerca de sucesos acaecidos antes de su nacimiento? ¿Recibió todo por revelación divina? En realidad no sabemos, porque la Escritura no nos dice mucho al respecto. En Números 21:14 leemos de la existencia de un libro llamado *Libro de las batallas del Señor*, que probablemente fue una de las fuentes utilizadas en la composición del Pentateuco.

Seguramente existieron otras tradiciones, tanto orales como escritas, que también utilizó Moisés, como por ejemplo las diez referencias en Génesis a los *toledot*. La palabra hebrea *toledot* es un sustantivo plural que significa generaciones, genealogías o historias familiares. En Génesis 5:1 leemos: "Éste es el libro de los descendientes de Adán." Al parecer, al escribir el libro de Génesis Moisés tuvo a su disposición diez documentos con historias o genealogías de los antediluvianos y los patriarcas. Al usar la palabra "libro" en esta sección, no pensamos en un libro compuesto por hojas de papel o pergaminos. Tiene más sentido hablar de pequeñas tablillas de arcilla que contienen escritura cuneiforme. La escritura cuneiforme fue desarrollada por los antiguos sumerios más de tres mil años antes de Cristo. Los arqueólogos han descubierto miles de estas tablillas de arcilla en Babilonia, Asiria, Anatolia, Palestina, y Egipto. Lo más probable es que los diez mandamientos que le fueron entregados a Moisés, se hallaban escritos en cuneiforme en dos tablillas de arcilla y no en dos tablas de piedra, las que hubieran sido demasiado pesadas para ser cargadas por una sola persona (Wiseman 1985:57, 107).

De acuerdo con la teoría de P. J. Wiseman y su hijo Donald, Moisés utilizó una colección de tablillas de arcilla al escribir lo que conocemos como el libro de Génesis. Las tablillas empleadas corresponden con los diez *toledot* mencionados en Génesis. Según Wiseman, hay once *toledot*. Cada *toledot* debe considerarse la historia familiar de personas históricas mencionadas en Génesis, como Noé, Sem, Abrahán, Isaac, Ismael, Esaú, Jacob, y José. En la opinión de Wiseman, cada vez que la palabra *toledot* aparece en Génesis, se refiere a la sección anterior, o sea, la historia que se acaba de relatar y no al material que sigue. Así, la primera mención del término *toledot* en Génesis 2:4 tiene que ver con la historia relatada en Génesis 1:1-2:4. Al terminar su relato, el autor sagrado explica en forma de resumen: "Éstos son los orígenes de los cielos y la tierra cuando fueron creados, el día que Dios el Señor hizo la tierra y los cielos."

Wiseman afirma que Moisés, por la educación que recibió en Egipto como hijo adoptivo de la hija del faraón, tuvo que haber aprendido a leer y escribir en cuneiforme (1985:94-109). Así, según la opinión de Wiseman, al escribir Moisés el libro de Génesis, tuvo en su posesión las tablillas de las historias familiares que Abrahán trajo de Babilonia y los *toledot* que Jacob llevó consigo cuando se mudó de Canaán a Egipto. Las teorías de los Wiseman (padre e hijo) todavía gozan de mucha popularidad entre muchos protestantes conservadores que afirman la inspiración plenaria del Pentateuco, aunque no son tenidas en cuenta por los miembros del gremio académico, los que prefieren la llamada "Hipótesis documental".

Moisés bien pudo haber sido el autor de porciones grandes del Pentateuco. Leemos en Éxodo 20:2-23 y 34:11-26 que el Señor entregó a Moisés los códigos legales conocidos como los Diez Mandamientos y el Libro del Pacto. Durante la peregrinación por el desierto el Señor dio más instrucciones a Moisés (Nm 1:1; 36:13). En el libro de Deuteronomio tenemos tres largas exposiciones de la Torá, proporcionadas a los hijos de Israel antes de su entrada en la Tierra Santa (Waltke 2001:22-23). Por lo tanto, los autores sagrados que escribieron durante y después del exilio en Babilonia, se refieren al Pentateuco como la "ley de Moisés" o el "libro de la ley de Moisés" (Esd 3:2; 7:6; Neh 8:1; 2 Cr 25:4). En Marcos 12:26 Jesús se refiere al Éxodo como el libro de Moisés.

Se sabe que Moisés recibió su educación en la corte del faraón como hijo de la hermana del rey, durante la Dinastía XVIII o XIX de Egipto. Se nos dice que en la corte del faraón Moisés debió haber tenido acceso a muchos archivos antiguos que contenían los códigos de leyes de muchos pueblos del antiguo Cercano Oriente. Además, debió haber tenido acceso a los antiguos mitos, tradiciones e historias de los países vecinos, documentos que hablan de la creación del mundo, del gran diluvio y la fundación de las grandes civilizaciones de Mesopotamia, Anatolia, y Egipto. La educación que recibió Moisés en Egipto debió haberlo preparado muy bien para ser el líder del Éxodo y el fundador de la nación de Israel.

La segunda teoría: La hipótesis documental

Según la hipótesis documental, el Pentateuco es una síntesis de cinco diferentes fuentes literarias, provenientes de disímiles épocas históricas y que manifiestan distintos enfoques teológicos. En desacuerdo con la opinión tradicional de que Moisés haya sido el autor del Pentateuco, un grupo de eruditos encabezados por un médico francés llamado Jean Astruc y dos profesores alemanes, K. H. Graf y Julio Wellhausen, desarrollaron una teoría distinta respecto a la composición de la Torá (Segal 1967:1).

La teoría, muy discutida, se conoce como "hipótesis documental". Según ésta, el Pentateuco es una síntesis o compilación de por lo menos cinco diferentes fuentes o documentos, compuestos por distintos autores durante diferentes épocas de la historia de Israel. Según creen los proponentes de la hipótesis, un grupo de escribas seleccionó, de los documentos referidos, los textos que consideraron más importantes y los unieron para formar el Pentateuco. Según el historiador Wellhausen y sus discípulos, las fuentes que utilizaron los escribas en la composición del Pentateuco fueron: (1) la fuente J, que proviene del sur de Palestina y se caracteriza por el uso del nombre divino "*Yahvé*" o "*Jahveh*". Se aduce que la fuente fue compuesta unos 900 años antes de Cristo. Los proponentes de la hipótesis documental se refieren al autor desconocido del escrito como el jahvista. (2) Según los mismos historiadores, la fuente E, que proviene del norte de Israel, tiene una característica: su preferencia por el nombre divino "*Elohim*". Según ellos, la fuente fue compuesta unos 800 años antes de Cristo. El supuesto texto contiene tradiciones acerca de los patriarcas y el éxodo, que fueron preservadas por las tribus que ocupaban el territorio del Reino del Norte. Las tradiciones, según se aduce, fueron llevadas a Jerusalén después de la destrucción de Samaria y los otros santuarios del norte. (3) Según la hipótesis documental, el tercer documento que se utilizó en la composición del Pentateuco fue la llamada fuente D, una obra que proviene de un grupo de reformadores conocidos como los deuteronomistas. Se cree que actuaron en tiempos del rey Josías y que son los responsables de componer el libro de Deuteronomio. (4) Según la hipótesis documental, un cuatro documento, la fuente P, proviene de un grupo de sacerdotes y levitas que elaboraron sus materiales en Babilonia, aproximadamente por el año 500 aC. Se cree que de esta fuente procede mucho del material que tiene que ver con las fiestas, ceremonias, sacrificios, y los deberes de los sacerdotes, que se encuentra en el Pentateuco. La letra P es para "*Priester*", o sea, "sacerdote" en alemán. (5) Finalmente, un quinto documento, la fuente L, contiene tradiciones antiguas referentes a los edomitas. La letra L es para "laica".

Así pues, la hipótesis documental propone que cada pasaje del Pentateuco puede asignarse a una de las fuentes mencionadas arriba, de acuerdo con una serie de criterios elaborados por los autores de la teoría (Voth 1992:17). No es nuestra intención repetir aquí la cantidad de argumentos aducidos en nuestros libros de consulta en contra de la hipótesis documental, o a favor de la posición tradicional. Baste con decir que muchos investigadores que antes apoyaban la hipótesis documental, ahora están abandonando esta explicación respecto al origen del Pentateuco, en favor de nuevas teorías mucho más complejas aún. Entre los investigadores académicos más liberales ya no existe un acuerdo o consenso en cuanto a la composición del Pentateuco.

No obstante los argumentos de los que proponen la hipótesis documental, la preferencia que tienen algunos textos por el nombre divino *Yahvé* y otros por *Elohim*, se explica de otra manera. Vale decir, que la variedad en el uso de los nombres divinos no necesariamente indica que provienen de autores y documentos distintos, pues se puede demostrar que los varios nombres de Dios expresan diferentes aspectos del carácter del ser divino. Según Umberto Cassuto (1961:15-41) y tantos otros autores, el nombre divino *Yahvé* (Jehová) se emplea en textos en que se habla de Dios verdadero como Dios de Israel, el pueblo escogido. Solamente a los miembros del pueblo de Israel se les permitía dirigirse al Señor usando el nombre *Yahvé*. *Elohim*, en cambio, es el nombre más generalizado para Dios. Este nombre divino se emplea mayormente en textos en que se habla del Señor Dios de todas las naciones, pueblos, y tribus. Es el nombre que se usa en Génesis 1, que habla de Dios el Creador y Señor de todo el universo y no sólo de Israel. El nombre divino *Elohim* se refiere a la trascendencia de Dios en el mundo, mientras que el nombre divino *Yahvé* hace referencia a la inmanencia del Señor para con sus elegidos (Waltke 2001:34).

La tercera teoría: El Ur Génesis

Respecto a la autoría del libro de Génesis y el resto del Pentateuco, hay un creciente número de intérpretes conservadores que creen que en el Pentateuco se encuentra un núcleo de tradiciones, tanto escritas como orales, que proceden de Moisés. Otros autores, editores, y redactores inspirados por el Espíritu de Dios, le han añadido al núcleo materiales adicionales, con el fin de amplificar y actualizar la revelación original que recibió Moisés. Dicha revelación original ha sido llamada el "Ur Génesis". La palabra *"ur"* es un adjetivo alemán que quiere decir: original (Waltke 2001:24). Según se cree, los autores desconocidos elaboraron y desarrollaron las tradiciones que habían recibido de Moisés, a fin de aplicar los principios de la Torá a nuevas situaciones y problemas que surgieron en el diario vivir de los israelitas en la Tierra Prometida.

Según esta manera de entender el Pentateuco, los cinco libros de la Torá derivan de la revelación divina que recibió Moisés en el monte Sinaí, aunque no fueron escritos palabra por palabra por él mismo. El profesor judío Moisés Hirsch Segal, de la Universidad Hebrea de Jerusalén, afirma que muchos pasajes y adiciones se añadieron al texto original del Pentateuco para explicar y desarrollar el texto antiguo. Sin embargo, el contenido de las adiciones no representa las fantasías de escritores posteriores, porque deriva de tradiciones que fueron transmitidas oralmente con el contenido del texto original (1967:25). Según los teólogos que apoyan la hipótesis, el Pentateuco sigue siendo la ley de Moisés en el mismo sentido en que el *Diccionario Larousse* sigue llevando el nombre Larousse, aunque no todo su contenido provenga de la pluma del propio profesor Larousse. Según el comentario del erudito evangélico Bruce Waltke, es muy probable que lo que algunos llaman la fuente J, es realmente lo que Moisés escribió. A este material se interpolaron otros tomados de diversos documentos o tradiciones orales (2001:28).

Varios intérpretes protestantes conservadores también afirman que el Pentateuco es esencialmente mosaico, pero que las tradiciones precanónicas recogidas por Moisés (narraciones, poemas, leyes, genealogías, cantos), fueron arregladas posteriormente por un profeta, escriba o sabio inspirado (tal vez Baruc o Esdras), para ser parte de la redacción canónica de la *Tanakh* (el AT en hebreo). Hay tradiciones rabínicas que aseveran que todas las copias de la ley y los profetas fueron quemadas cuando el rey Nabucodonosor arrasó Jerusalén. Según tales tradiciones, los escribas llevados cautivos a Babilonia se dedicaron a la tarea de reproducir la *Tanakh* en forma escrita, de memoria. Tal magna tarea fue llevada a cabo bajo la dirección del escriba Esdras, el cual llevó una copia de la *Tanakh* reeditada a Jerusalén, con el fin de enseñarla a la comunidad.

El profesor bautista John Sailhamer afirma que quien arregló los escritos de la *Tanakh* fue un escriba inspirado, cuyo nombre desconocemos, para formar una composición unificada, una obra donde hay un tema unificador de todos los escritos del AT. Los libros del AT, entonces, no son una colección de escritos dispares que tienen pocas cosas en común, como creen muchos intérpretes modernos. El tema recurrente en todo el Pentateuco y la *Tanakh*, es la esperanza de que Dios, fiel a sus promesas entregadas a los patriarcas y profetas, actuará para redimir a toda la humanidad de las consecuencias de la caída de Adán en pecado, la desobediencia de los hijos de Israel, y los poderes malignos. La redención o salvación vendrá por medio del Redentor o Mesías profetizado en textos como Génesis 3:15, Deuteronomio 18:15, y Números 24:17. Según esta manera de entender el canon, el tema recurrente en todos los libros del AT es un mensaje de esperanza, cuya proclamación debe engendrar la fe en una humanidad que ha sufrido los estragos y aflicciones resultantes del pecado y la desobediencia. Quiere decir que para entender el Pentateuco, el estudiante tendrá que tener muy en cuenta que tanto el Pentateuco como toda la *Tanakh*, tienen una orientación tanto profética como escatológica (Postell 2011:41).

La cuarta teoría: Génesis obtuvo su forma final en días del Imperio Persa

Un creciente número de investigadores académicos opina que la forma final del libro de Génesis fue editada en Palestina, en el siglo 5 antes de Cristo, en los días en que los israelitas se encontraban bajo el dominio del Imperio Persa. Según esta hipótesis, un grupo de escribas y sacerdotes judíos editaron, reformularon, y reescribieron una versión más antigua de Génesis. Este Ur-Génesis, supuestamente reeditado en el siglo 5, fue una composición formada por historias, crónicas, profecías, y poesías provenientes de muy diversas fuentes en las que la tradición, la historia, y los mitos quedaron bien entretejidos y entrelazados.

Los escribas del siglo 5 antes de Cristo acomodaron esta antigua versión de Génesis, a fin de que brindara un mensaje de consuelo y esperanza, tanto a los judíos que habían regresado a Tierra Santa, como a los miles de israelitas que todavía quedaban dispersos entre las naciones gentiles. Vale decir, que a los relatos de Génesis se les dio un enfoque más escatológico y mesiánico. Aunque en número no muy grande, hubo judíos que regresaron a Judea, la provincia persa de *Yehud*, pero siguieron viviendo bajo el dominio de los gentiles sufriendo el acoso de muchos enemigos. Vivían en regiones despobladas y sujetas a la falta de lluvia, con cosechas pobres y en medio de animales salvajes. Lo que necesitaban los fieles era la seguridad de que las bendiciones prometidas a Abrahán y los patriarcas eran también para ellos. Necesitaban saber que sus pecados habían sido perdonados y que, en definitiva, el reino de Dios sería establecido.

Como se ve, la cuarta teoría también se apoya en la existencia de un supuesto Ur-Génesis, pero a diferencia de la tercera hipótesis, ignora la cuestión de la paternidad mosaica de las fuentes del Génesis original. Lo que importa para los proponentes de la tesis es la forma final de nuestro libro de Génesis y el impacto que produjo en la comunidad judaica que la recibió (Huddleston 2012:35). Uno de los argumentos que utilizan es que se observan en el libro de Génesis los mismos temas y preocupaciones dominantes en los escritos proféticos y poéticos, producidos durante el tiempo en que gobernaba el Imperio Persa en Judea. Entre las preocupaciones cabe mencionar la fertilidad de la tierra, la falta de población, vecinos bélicos, una población muy reducida, falta de unión, enemistad entre hermanos, falta de liderazgo, catástrofes naturales, y animales salvajes.

Traducciones del Pentateuco

En nuestro estudio de Génesis y del Pentateuco haremos, a veces, referencia a las diferentes traducciones de estos primeros cinco rollos del AT. Las traducciones y las notas o glosas que contienen, han ayudado a los eruditos a entender mejor el significado de varias palabras y frases que encontramos en el hebreo, el idioma en que originalmente fue escrito el Pentateuco. La más importante de las traducciones es la que se hizo al idioma griego, la Septuaginta, o versión de los setenta. Se efectuó en Egipto unos dos siglos antes de Cristo. La traducción fue necesaria, porque de los miles de judíos que vivían en Egipto muchos se habían olvidado del idioma hebreo. La Septuaginta fue la versión del AT que utilizaron los primeros misioneros cristianos al evangelizar a los gentiles y judíos que vivían fuera de Tierra Santa.

La segunda traducción del Pentateuco a un idioma extranjero fue la que se hizo al arameo, el idioma que hablaron Jesús y sus discípulos. En el año 586 aC el rey Nabucodonosor llevó cautivos a Babilonia a los judíos. Durante los setenta años en Babilonia, la mayoría de ellos dejó de hablar hebreo. Cuando regresaron a Judea llegaron hablando arameo, idioma que se hablaba en Babilonia. Al igual que el hebreo, el arameo es un idioma semítico, muy parecido al hebreo, algo similar a lo que se da hoy día con el español y el portugués. El nombre que recibió la traducción del AT al arameo es Tárgum. En realidad, existen tres diferentes versiones principales del Tárgum: el Tárgum Jonatán, el Tárgum Onkelos y el Tárgum Neofiti. La importancia de las traducciones radica en que contienen anotaciones hechas por los traductores que, en muchas instancias, dan a entender cómo fueron interpretados muchos textos del Pentateuco por los rabinos en el tiempo en que se hicieron las traducciones. Por ejemplo, el Tárgum sobre Génesis 49:10 da a entender que los rabinos consideraron que la referencia a Siloh era al Mesías que esperaban los judíos.

Además de la Septuaginta y el Tárgum, debemos mencionar también el Pentateuco Samaritano. Los samaritanos eran los descendientes de los antiguos israelitas de las diez tribus del norte, que en el tiempo de Jesús vivían en el centro de Palestina. Fueron considerados herejes por los judíos, por haberse casado con no judíos y haber rechazado muchas de las tradiciones de los fariseos. Para los samaritanos, Moisés fue el único profeta auténtico, y por tanto sus escrituras samaritanas contienen solamente los cinco libros de Moisés.

Respecto al Pentateuco en general, y al rollo de Génesis en particular, existen un buen número de obras seudoepigráficas y rabínicas, que indican cómo interpretaron, expandieron y aplicaron las historias y enseñanzas de la Torá las diferentes comunidades de creyentes judíos, en los siglos antes y después de la época del NT. Más adelante en nuestra exposición de Génesis, haremos referencia a algunas de las obras. Entre los escritos cabe destacar los siguientes:

El Libro de Jubileos

La obra es una "haggada", o expansión haggádica con fines didácticos, del material del rollo de Génesis y los primeros capítulos del rollo de Éxodo. El libro fue escrito en hebreo, aproximadamente durante la mitad del siglo 2 antes de Cristo (Knowles 1995:145). Después se lo tradujo al griego, latín, siriaco y etíope. En la actualidad existen copias enteras de Jubileos en etíope. Hay una buena traducción de Jubileos en la serie *Los Apócrifos del Antiguo Testamento* (5 tomos), publicada en España por Alejando Diez-Macho.

El Génesis Rabbah

La obra es un comentario midrásico haggádico del libro de Génesis. Contiene 100 capítulos y comenta el texto de Génesis versículo por versículo, citando las opiniones de famosos rabinos que enseñaron durante los primeros tres siglos de la era cristiana. El comentario se redactó en hebreo, probablemente en Palestina. Se calcula que la última redacción del *Beresit Rabbah* ocurrió en el siglo 5 dC. La primera parte del *Beresit Rabbah,* que cubre Génesis del 1-11, ha sido traducida al castellano por Luis Vegas Montaner y publicada por Editorial Verbo Divino en España. Una versión de la primera parte del *Beresit Rabbah* en inglés está disponible gratuitamente en Internet.

Génesis Apocryphon

La obra, conocida también como el *Apocalipsis de Lamec,* fue uno de los siete escritos originales del Mar Muerto, descubiertos en la cueva número uno en 1946. El Génesis Apocryphon, al igual que el libro de Jubileos, es una versión amplificada, o historia reescrita, de los relatos del libro de Génesis. Los autores de la obra le han añadido a las historias de Génesis algunos detalles que no aparecen en el Texto Masorético. Los detalles añadidos reflejan los intereses y la teología de los autores del Apocryphon. Se menciona, por ejemplo, que la esposa de Lot fue una hija de Egipto.

Las Antigüedades de los Judíos de Flavio Josefo

Entre las obras del historiador Flavio Josefo (37-101 dC) se encuentra una de los judíos, conocida como *Las Antigüedades de los Judíos*. El libro está disponible en forma gratuita en Internet, e incluye los relatos del libro de Génesis a los que el autor les ha añadido otras tradiciones no incluidas en el texto sagrado. Las historias del libro las escribió Josefo, en griego, después de la terrible guerra entre judíos y romanos (66-70 dC). El propósito de Josefo al producir esta obra, fue ayudar a los griegos y romanos a entender mejor al pueblo judío, sus creencias y tradiciones, y así evitar nuevos conflictos entre romanos y judíos en el futuro. Los grandes personajes del AT, como Abrahán y Moisés, los presenta como grandes filósofos y moralistas que vivieron mucho antes que Sócrates, Platón, y Aristóteles.

Introducción al libro de Génesis

En las Sagradas Escrituras leemos de las tres grandes obras de Dios que se destacan en la historia de nuestro planeta. Las tres grandes obras son la creación, la encarnación de nuestro Señor, y la segunda venida de Cristo. Es significativo que el primer libro de la Torá y de la Biblia comienza con la primera de las tres grandes obras, la buena creación de Dios. Y esta creación de Dios nos ayuda a orientarnos y guiarnos en la búsqueda de la razón de nuestra existencia. Para entendernos a nosotros mismos y el plan de Dios para nuestras vidas, los seres humanos necesitamos un punto de referencia, una norma a base de la cual podamos entender de dónde hemos venido, y la causa de nuestra caída en pecado. El enfoque de los primeros capítulos de la Biblia es el bien, la bendición y la santidad, y no el pecado, el mal, y la muerte. El mal no existía en el principio; el mal no es eterno como lo es Dios. El mal tuvo un principio y tendrá un fin. El buen Creador, en cambio, no tiene principio ni fin. El bien, y no el mal, es el tema central del drama divino. El Dios de la Biblia no es el creador del mal o del pecado. El mal no es el reverso de la fuerza creadora, como se enseña en algunas religiones orientales y ciertas sectas gnósticas. El mal no es tampoco algo relacionado con el mundo material. La materia, según Génesis, no es algo malo, sino que es la obra maestra del Creador y un precioso don que Dios nos ha dado para disfrutar, explorar, y desarrollar (Hiebert 2008:270).

La buena creación de Dios nos brinda un punto de referencia a partir del cual podemos orientar nuestras vidas

La creación perfecta de la que leemos en el primer rollo de la Torá es parte del destino que nos espera cuando ocurra la tercera de las grandes obras de Dios, la segunda venida de Jesucristo. La tierra nueva y cielos nuevos de los cuales leemos en otras partes de la Escritura, no representan el fin del mundo de la materia, sino una restauración de la visión que tuvo el buen Creador para el universo cuando hizo todo lo que existe de la nada. El mundo de la materia no es, como alegan algunas filosofías orientales, pura ilusión o *maya,* sino parte de la realidad, una realidad que, sin embargo, difiere del Creador. El relato de la creación en el libro de Génesis da a entender que la maravillosa creación no es una parte o extensión de Dios.

Dios no es, tampoco, no omnipotente, una parte de la creación, un ser sujeto a cambios y al proceso de la evolución. Tal la idea de Alfred North Whitehead (1861-1947), autor de la llamada "filosofía del proceso". Dicha filosofía no contempla una creación de la nada (*ex nihilo*), sino de un caos preexistente (Polkinghorne 2010:107). En desacuerdo con la filosofía del proceso, las Escrituras declaran que el cosmos no es algo coeterno con Dios, sino algo creado de la nada por el Creador, quien existe desde la eternidad, antes del cosmos, antes del caos y del tiempo (Salmo 33:6). Según el testimonio de las Sagradas Escrituras, la maravillosa creación de Dios, con sus millones de diferentes clases de plantas y animales, nos deja ver algo de la naturaleza de Dios. En la creación se revela algo de la belleza, grandeza, sabiduría, y santidad del Creador. Con razón, los primeros dos capítulos de Génesis han sido llamados un gran himno de adoración, por medio del cual se nos invita a unirnos con toda la creación en alabanza al Creador (Salmo 104:33).

El relato de la creación no sólo rechaza el panteísmo y la filosofía del proceso, sino también el deísmo. Según el panteísmo, la creación es parte de Dios; el Creador, al concluir la obra de la creación, se retiró del mundo y dejó que el universo fuera gobernado por las leyes universales establecidas por él, las leyes de la gravitación universal, la velocidad de la luz, las leyes de la termodinámica, las leyes acerca de la relatividad que fueron descubiertas por Einstein, y también las leyes morales grabadas en el corazón del ser humano. Según esta manera de entender la realidad, Dios le dio cuerda al reloj o a la máquina de la naturaleza, a fin de que todo fuera gobernado, no por la deidad presente en su creación, sino por las leyes cósmicas. Según el deísmo, Dios ya no interviene en los asuntos de la creación material, pues ya estableció los mecanismos necesarios para el gobierno del universo.

El relato bíblico de Génesis 3 y el resto de la Escritura no apoyan semejante filosofía, porque al caer Adán y Eva en pecado, Dios intervino. Él está presente en su creación, y siempre lo estuvo, tanto para proclamar la ley como para anunciar a la humanidad caída en pecado que habrá un libertador futuro. Más adelante veremos cómo intervino Dios para llamarle la atención a Caín, enviar el diluvio en los días de Noé, confundir el habla de los constructores de la torre de Babel y llamar a Abrán de Ur de los Caldeos. El Dios de la Biblia es Dios que está presente en su creación, Dios que quiere tener comunión con los hombres, Dios que envió a su Hijo a nacer de una virgen y así llegar a ser parte de la creación. Dios puede estar presente en todas partes, pero tal afirmación no quiere decir que debemos buscarlo en cada manifestación de la naturaleza. Lutero dijo cierta vez que Dios está presente en el río y también en el árbol. Sin embargo, dice el Reformador, no nos conviene ahogarnos en el río para tener un encuentro con Dios, ni colgarnos del árbol para encontrar la salvación prometida. A Dios hay que buscarlo allí dónde él ha prometido encontrarnos. Dios está presente en todas partes, pero está presente para darnos su salvación y el Espíritu solamente en su Palabra, en las aguas del Bautismo y en el pan y vino de la Santa Cena.

El Creador es Dios que interviene en las vidas de sus criaturas, y no un *deus otiosus*. El término *deus otiosus* ha sido utilizado por los antropólogos e historiadores de la religión, para designar a un ser supremo que después de haber creado el mundo se aleja de su creación y deja el gobierno del mundo a un panteón de intermediarios: ángeles, santos, demonios, espíritus ancestrales, magos y brujos (Blank 1996:108-109). A ellos tienen que acudir los hombres en búsqueda de felicidad, bendición, y protección. En muchas sociedades, el destino de las personas está en manos de estos intermediarios y no en las del Creador del cosmos. En tales sociedades, los antiguos mitos acerca de los dioses se han vuelto cuentos de hadas. En éstas, no son los dioses quienes intervienen en las vidas de las personas, sino las hadas y otros espíritus. En el libro de Génesis no son las hadas quienes se manifiestan a Noé, Abrahán, Isaac, Jacob, y José, sino el Creador de cielos y tierra. Por medio de los relatos del libro de Génesis, el Creador nos llama a nosotros, los lectores de la Torá, a clamar a *Yahvé-Elohim*, porque no sólo es nuestro Creador sino también nuestro protector, que interviene en nuestras vidas para darnos su bendición.

En el relato de la Creación llegamos a conocer algo acerca del Creador, pero también acerca de nosotros mismos. Una de las cosas que distinguen al ser humano de las otras criaturas, es precisamente el hecho de que puede percibir o aceptar una creación, es decir, un comienzo de todas las cosas. El ser humano está consciente de que tiene que haber habido un comienzo, y que habrá un fin. Entiende también que los mortales estamos en el medio, entre el principio y el fin. En tanto que los animales viven sólo el presente, nosotros podemos vislumbrar el futuro y elaborar teorías acerca de la naturaleza del tiempo y el fin de todas las cosas. A diferencia de los animales, el ser humano es capaz de lamentar el paraíso perdido y esperar el advenimiento de cielos y tierra nuevos, en los que habrá justicia y vida eterna. Este autoconocimiento del hombre le roba su autodeterminación, pues entiende que debe su existencia a un acto de creación fuera de su control, y que se dirige hacia un fin, determinado por fuerzas que no puede cambiar (Bonhoeffer 1959:11).

Las maravillas de la creación deben motivarnos a alabar al Creador

Alabamos al Señor porque él es bueno. El primer libro de la Biblia comunica la idea de que el Creador es bueno en sentido general, pero también en un sentido muy particular. Dios es bueno para con el hombre. En los primeros capítulos de Génesis leemos acerca de la gran preocupación del Señor por el género humano. La figura que utiliza Génesis para describir la preocupación y el cuidado del Creador con los primeros seres humanos es la de un alfarero que forma del barro un precioso vaso, y después sopla en él aliento de vida. En todo el relato de la creación predomina la benevolencia de Dios con el hombre. Al hombre se le concede el privilegio de poner nombre a los animales. Se le provee un hermoso jardín para vivienda, y los frutos que produce el parque se le brindan como comida. Se le da una compañera idónea para que no esté solo. Son hechos que no aparecen en los relatos acerca de la creación de los seres humanos en la literatura babilónica, literatura que habrá conocido Abrán en Ur de los Caldeos, y los exiliados judíos durante la cautividad babilónica. Según las crónicas mesopotámicas, los seres humanos fueron creados para ser esclavos de los dioses y alimentar a sus creadores por medio de los sacrificios ofrecidos a los dioses (Zimmerli 1980:33).

Si bien es posible llegar a conocer la belleza y bondad del Creador por su creación, hay que reconocer que la revelación de Dios que encontramos en la creación es parcial. Tal revelación tiene que ser suplementada por la revelación divina en las Sagradas Escrituras y, sobre todo, por la revelación definitiva que recibimos en la persona de Jesucristo. La revelación de Dios en Jesucristo es suprema, y a base de ella debemos evaluar toda otra revelación (Hiebert 2008:272).

La creación es bella y buena

En el primer capítulo de la Biblia se repite una y otra vez que todo lo que Dios creó al principio era bueno en gran manera. La palabra hebrea *tov,* que se utiliza aquí, no sólo quiere decir bueno sino también bello. De manera que la frase que aparece después de cada nueva creación podría traducirse: "Y vio Dios todo lo que había hecho, y he aquí que era bueno y bello en gran manera." Dios, a quien llegamos a conocer en el primer capítulo de la Torá, es Dios de la belleza, y su creación es un reflejo de la belleza del Creador y no sólo de su poder y sabiduría. En nuestra lectura de los primeros capítulos de Génesis debemos recordar que los relatos se encuentran allí no tanto para satisfacer nuestra curiosidad intelectual en cuanto a los principios, sino para motivarnos a elevar nuestras voces en adoración, cantando alabanzas al Dios de toda creación. El hecho de que la creación material queda calificada como "buena en gran manera", contrarresta toda noción gnóstica, tanto antigua como moderna, que pretende afirmar que las cosas materiales son inferiores a las realidades espirituales, porque no fueron creadas por el Padre de nuestro Señor Jesucristo, sino por un demiurgo o espíritus inferiores. Tales ideas han inducido a muchos a despreciar como indignos el mundo material, sus propios cuerpos y el matrimonio. En contra de tal concepto antimaterial, Génesis nos invita a alabar y exaltar a Dios por haber dado existencia al mundo de los espíritus y las realidades espirituales, y también por la materia y las potencias físicas que gobiernan el mundo de la materia.

A fin de que el cosmos pudiera existir y seguir existiendo, se hizo necesario que el Creador estableciera las intrincadas e insondables leyes que investigan los que estudian matemática, cálculo, física, astronomía, y química. La existencia de tales leyes, al igual que la existencia del mundo material y visible, es una evidencia clara, pero invisible al ojo humano, de la existencia de un Creador. Si no fuera por las leyes naturales, se acabaría el cosmos (Keener 2011:129). Si no fuera por la ley natural grabada en el corazón de los seres humanos, el cosmos habría dejado de existir hace siglos. Por lo tanto, en nuestros cantos de alabanza, alabamos al Señor por las leyes naturales tan necesarias para el gobierno del maravilloso universo en que el Creador nos ha colocado. Le damos gracias también por el tiempo, el espacio, el movimiento y los eventos que tienen lugar dentro del tiempo y el espacio, lo que llamamos historia. Le adoramos también por sus misteriosas intervenciones en la historia, en los eventos que llamamos milagros.

Al reconocer y alabar al Señor como el autor de todas las leyes naturales por las cuales se preserva el cosmos, se debe tener cuidado de no confundir el carácter del Creador con el carácter de la ley natural. Las leyes naturales son totalmente impersonales e indiferentes a su contexto (Polkinghorne 2010:104). Todo el que no toma en cuenta la ley de la gravitación universal o la ley natural grabada en su corazón, sufrirá una caída. Por ser impersonales, las leyes no perdonan, no muestran misericordia, no aman ni derraman una sola lágrima por el que cayó. Dios, en cambio, no es así. Jesús declara: "¿Acaso no se venden dos pajarillos por unas cuantas monedas? Aun así, ni uno de ellos cae a tierra sin que el Padre de ustedes lo permita" (Mt 10:29). Según Génesis 6:6, la maldad de los hombres es causa de un gran dolor en el corazón del Creador. La ley no ama, el Creador, en cambio, sí, y ama a tal punto que "ha dado a su Hijo unigénito, para que todo aquel que en él cree no se pierda, sino que tenga vida eterna" (Jn 3:16).

La materia y las fuerzas asociadas con ésta no son las causas del mal, el sufrimiento, y la injusticia. Muchos filósofos y teólogos creen que sí lo son. La causa del mal es el abuso egoísta de la buena creación de Dios, tanto por los seres humanos como por las fuerzas espirituales rebeldes. De ahí que es necesaria la última petición del Padrenuestro: "Líbranos del mal."

En el relato de la creación de los primeros capítulos de Génesis no encontramos nada respecto al origen del mal. Para algunos intérpretes de la Biblia, el caos y las tinieblas, como también el Leviatán del Salmo 104:26, son símbolos del mal o de todo lo que es un impedimento al proyecto de Dios para con el mundo, Israel, y el creyente. De acuerdo con la interpretación del profesor judío Jon Levenson, el Leviatán es para la creación lo que fue Amalek para el pueblo escogido y lo que es el impulso al mal (*yetzer-ha-ra*) para la teología rabínica. Al leer tales interpretaciones, tenemos que subrayar que el caos del cual habla Génesis no debe entenderse como otro dios, como lo era Ahrimán en la antigua religión dualista de los maniqueos, un espíritu de las tinieblas y del mal que eternamente está en conflicto con Zurván, el buen espíritu de la luz. Para los maniqueos Ahrimán y Zurván son igualmente poderosos y, por lo tanto, la lucha entre el bien y el mal nunca terminará. En la serie de libros y producciones cinematográficas conocidas como la Guerra de las Galaxias, no se habla de Dios o del Creador, sino de una fuerza impersonal que tiene dos lados, uno positivo y el otro negativo. En clara oposición a tales maneras de entender la realidad, no encontramos en Génesis una fuerza impersonal o dos dioses, uno bueno y el otro malo, sino al Creador de tierra y cielos, descrito como un ser personal que piensa, habla, y procura relacionarse con sus criaturas y hacerlas prosperar en todo sentido. La tierra y los cielos no son tampoco dos fuerzas antagónicas que luchan la una en contra de la otra; ambos son partes de la buena creación de Dios sujetadas a la voluntad del Omnipotente.

En Génesis, el caos y las tinieblas no quedan abolidos, sino suprimidos, mantenidos a raya. Según el rabino Levenson, Génesis no relata la destrucción del caos o las tinieblas, sino su control por medio de una nueva estructura, la cual es la creación. Por medio de la creación Dios no sólo mantiene a raya las fuerzas destructivas del caos, sino que también le brinda a la humanidad una participación en la obra de crear orden. Sucede en el culto realizado en el templo, en la santificación del día de reposo y en el estudio y la observancia de la Torá (Moberly 2009:56). En el gran himno con el que comienza el Evangelio según San Juan, las tinieblas se oponen a la luz pero no logran vencerla. "La luz en las tinieblas resplandece, y las tinieblas no prevalecieron contra ella" (Jn 1:5). La luz de la que habla Juan es el unigénito Hijo que está en el seno del Padre (Jn 1:18) y que con su resurrección triunfó sobre las fuerzas de la oscuridad. Estas fuerzas todavía no han desaparecido, pero en Apocalipsis 21:23 leemos: "La ciudad no tiene necesidad de que el sol y la luna brillen en ella, porque la ilumina la gloria de Dios, y el Cordero es su lumbrera... pues allí no habrá noche" (v 25).

Dios creó todo lo que existe de la nada por medio de su Palabra

En nuestra lectura de Génesis debemos tomar nota del énfasis que da el texto al hecho de que Dios no sólo creó todo de la nada, sino que lo hizo por medio de su Palabra. Vemos que ya había alguien antes de la creación del mundo: la Palabra o el Verbo, y el Espíritu de Dios que se movía sobre la faz del abismo. El texto de Génesis no define la naturaleza de la Palabra por la cual todo fue hecho. En una era posterior los rabinos judíos aseveraron que la Palabra era la Torá o la Sabiduría de Dios. En el primer capítulo del Evangelio según San Juan, el autor inspirado dice que la Palabra o el Verbo, por quien todo fue hecho, es una persona, y la persona es Cristo que se hizo hombre y habitó entre nosotros. Jesucristo es, en efecto, el Verbo hecho carne en quien podemos contemplar la gloria y la belleza de la creación original. Él es, además, la Torá y la Sabiduría de Dios hecha carne. Desde la perspectiva del NT, podemos ver que en la creación del mundo participaron las tres personas de la Santísima Trinidad.

En el relato de la creación Dios habló diez veces. Cada una de estas diez declaraciones es un mandato, un mandamiento emitido por el Rey del universo. Su primer mandamiento fue: "¡Que haya luz!" Lo que mandó Dios-*Elohim* se efectuó, pues Génesis dice: "Y hubo luz. Y vio Dios que la luz era buena." Los diez mandamientos divinos de la creación tienen proporción con los diez mandamientos que el Señor entregó a Israel en el monte Sinaí (Ex 19). Por medio de su Palabra Dios estableció orden entre las fuerzas de la naturaleza; y por medio de su Torá establece orden entre los seres humanos.

Génesis 1:7-8 dice que Dios separó los cielos de la tierra. Aquí los cielos representan la esfera de Dios y la tierra la esfera de los seres humanos y animales. La separación se estableció para indicar a las criaturas que la tierra es su lugar, el espacio dentro del cual deben llevar a cabo sus actividades. No deben intentar cruzar la frontera establecida entre cielo y tierra con el fin de apropiarse de los poderes y conocimientos divinos. Como veremos más adelante en el Génesis, los intentos de los seres humanos de cruzar esa frontera siempre redundan en caos (Atkinson 1990:55).

El Padre, el Hijo (el Verbo), y el Espíritu Santo participaron en la creación del mundo

Los rabinos solían decir que el Espíritu de Dios que se movía sobre las aguas era un viento fuerte que sopló para efectuar la separación entre las aguas primordiales y la tierra, como el gran viento que les abrió el paso a los israelitas cuando cruzaron el mar Rojo. La palabra para espíritu, en hebreo (*ruaj*), quiere decir viento, soplo o respiración. Recordemos que en el relato del primer Pentecostés cristiano, en Hechos 2, se describe la llegada del Espíritu de Dios como un viento recio que soplaba. La palabra hebrea para designar las aguas primordiales sobre las que soplaba el Espíritu de Dios es *tehom*, un término que corresponde al vocablo acadio *Tiamat*, el nombre de la antigua diosa del océano primordial que existió desde la antigüedad y que es la enemiga declarada del Creador. Sin embargo, en Génesis 1, el autor divino suprimió toda referencia a las mitologías de la antigua

Babilonia. Aquí, el océano es simplemente una gran masa de agua y no otro dios que se levanta en contra del Creador. Las aguas que quedaron arriba de la gran bóveda celestial (mencionadas en Génesis 1:7) son, con toda probabilidad, las aguas con que están cargadas las nubes (Averbeck 2013:20-21).

En contraste con muchas mitologías antiguas, las Sagradas Escrituras no enseñan un dualismo, sino la existencia de Dios solo, creador y preservador del universo. En Génesis 1:21 dice que Dios creó los grandes monstruos marinos. Según las mitologías antiguas, los temibles monstruos o dragones, llamados en otras partes de la Biblia *Leviatán* (Is 27:1; Job 41) y *Rahab* (Is 51:9; Sal 89:10), ya existían antes de la creación del mundo y amenazaban no sólo la existencia de los seres mortales, sino también la de los dioses. Lutero dice que Moisés mencionó particularmente los monstruos marinos en su relato de la creación, para que los hombres puedan vivir libres del temor que suscitan los relatos acerca de los monstruos marinos y los dragones.

Los monstruos marinos no son, a fin de cuentas, seres sobrenaturales tan fuertes como Dios, sino simples criaturas, juguetes en las manos de Dios (Lutero 1958:51). En sentido figurado, los monstruos marinos simbolizaron, a veces, a los pueblos enemigos que amenazaban al pueblo de Israel; pero en la realidad, los monstruos marinos no son fuerzas diabólicas que se oponen al Creador, sino una parte de su buena creación. Después del quinto día (Gn 1:20-23), cuando los monstruos marinos fueron creados juntamente con los peces y las aves, se declara: "Y vio Dios que era bueno" (v 25). En el Salmo 104:26 el salmista alaba al Señor por haber creado el vasto mar donde navegan naves: "...allí está Leviatán (uno de los monstruos marinos, probablemente la ballena), que creaste para jugar con él." De ninguna manera, entonces, pueden utilizarse las Escrituras para apoyar o justificar la matanza y extinción de las grandes ballenas (Averbeck 2013:23-24).

Dios creador no estuvo obligado a crear al mundo; lo hizo libremente, sin compulsión, por pura gracia. El caos primordial, sin el Espíritu y la palabra de Dios, no tuvo en sí ni el poder ni la fuerza o la consciencia para formarse a sí mismo. Ni tampoco el mundo, una vez formado, tuvo el poder de fructificar y multiplicarse. Solamente por medio del Espíritu y la Palabra adquiere forma lo que está sin forma

(Bonhoeffer 1959:18). Existe una cierta diferencia de opinión entre los investigadores en cuanto al origen del caos. Unos opinan que el caos fue creado por Dios, pero no terminado, mientras que otros aseveran que siempre existió como un estado de desorden primordial. Otras partes de la Escritura afirman que Dios es el autor de todo lo que existe (Routledge 2010:78-79). Por ejemplo, el Salmo 148:4-5 expresa: "¡Que alaben al Señor los cielos de los cielos, y las aguas que están sobre los cielos! ¡Alabado sea el nombre del Señor! El Señor dio una orden, y todo fue creado." En Hebreos 11:3 leemos: "Por la fe entendemos que Dios creó el universo por medio de su palabra, de modo que lo que ahora vemos fue hecho de lo que no se veía." Es imposible entender que el caos fuera otro dios, o que hubiese existido antes del Creador. Según el Salmo 90:2: "Antes de que nacieran los montes y de que formaras la tierra y el mundo, desde los tiempos primeros y hasta los tiempos postreros, ¡tú eres Dios!"

Las diferencias teológicas entre la creación bíblica y las mitologías orientales

El gran himno al Creador que encontramos en los primeros capítulos de Génesis, enseña que el mundo y todo lo que hay en él fue creado por la palabra de Dios de acuerdo con su voluntad. No es lo que enseñaban las mitologías y los poemas épicos que abundaban entre los vecinos de los israelitas. Por lo general, estas mitologías comenzaban relatando el origen de los muchos dioses y las genealogías de las deidades, cuyo origen se habría dado antes de la creación del mundo y de la humanidad. En ellas se habla del antagonismo y las intrigas que existían entre los dioses. Además, celebraban las grandes guerras entre los dioses y contaban cómo, en muchas instancias, la génesis de los seres humanos fue el resultado de las luchas entre los dioses.

En la antigüedad muchos israelitas también tenían conceptos acerca de la creación que se parecían a los de sus vecinos. Tales mitologías aseveraban que el mal y el pecado tuvieron su origen en los dioses. Muchos déspotas orientales justificaron sus guerras, conquistas, y su dominio sobre pueblos más débiles, a base de las acciones y el comportamiento de sus propios dioses. El relato de la creación en Génesis, sin embargo, desacredita y desautoriza tales enseñanzas.

El simbolismo en el libro de Génesis; la importancia del número siete

Una lectura cuidadosa del gran himno de la creación de Génesis 1:1-2:4, nos ayudará a apreciar la belleza de la creación y del Creador, como también la belleza del gran himno de alabanza y adoración. Una de las características del libro de Génesis, que sobresale en nuestra meditación sobre este himno, es el uso del simbolismo y la importancia que tienen el número siete y sus múltiplos. El número siete fue para los antiguos el símbolo numérico de la perfección. En el gran poema de la creación se observa la importancia del número siete en la enumeración de los días en que Dios llevó a cabo su gran obra de hacer todo de la nada. Hasta la palabra "crear" aparece siete veces en el poema. En el texto aparecen también siete sinónimos de la palabra "crear". Hay siete palabras en el hebreo del primer versículo y catorce palabras (2 x 7) en el segundo versículo. En el poema el nombre de Dios aparece 35 veces (7 x 5) y la frase "la tierra y el cielo" 21 veces (7 x 3). (Ravasi 1992:36). Hay siete referencias al agua en el segundo y tercer párrafos de Génesis, y siete referencias a la luz en el cuarto párrafo. En el quinto y sexto párrafos la palabra hebrea para bestias (*hayya*) ocurre siete veces. La frase "era bueno" también ocurre siete veces. En el séptimo párrafo hay tres oraciones, cada una de las cuales contiene siete palabras, lo cual no son coincidencias sino una evidencia de que el divino autor, aparte de ser un gran teólogo es también un consumado artista (Cassuto 1961:14-15). Es evidente que las palabras que usamos para celebrar la grandeza, la bondad y la belleza del Creador reflejan su belleza, al igual que la música que empleamos en su adoración y las creaciones artísticas que realizamos en su honor.

La palabra hebrea "*yom*" es el vocablo que el autor divino utilizó para designar cada uno de los siete días de la creación en Génesis 1:1-2:4. El significado del término ha generado mucha discusión entre los intérpretes de Génesis desde los tiempos de la iglesia primitiva y las antiguas escuelas rabínicas. Para algunos, los días de Génesis son de 24 horas terrenales, mientras que para otros representan días cósmicos, o sea, períodos indeterminados, quizá siglos o mil millones de años terrenos. Para otros, los siete días deben interpretarse metafórica, alegórica o arquetípicamente. Según algunos eruditos, Génesis 1 debe entenderse como una metáfora, con la que se equipara a la creación divina con la semana laboral del típico agricultor palestino, que trabaja seis días y después celebra un día de descano (Longman 2013:105). En tanto, en otras partes de la Biblia Hebrea se equipara el acto de la creación al trabajo de un alfarero que forma una vasija del barro (Jer 18), a un arquitecto que construye una casa (Sal 104), a una madre que da a luz un niño (Job 38:8; Sal 121:2), a un escultor que forma al hombre del barro (Gn 2:7), o a un metalista que coloca en su lugar la bóveda celestial, y a golpes de martillo la extiende sobre la tierra (Job 37:18).

Hay quienes opinan que los siete días de Génesis tienen proporción con una celebración de la fiesta del Año Nuevo, que duraba una semana. En cada día de la fiesta se daba gracias a Dios por una parte de su maravillosa creación. Así, los días de Génesis no son días literales o históricos, sino litúrgicos o arquetípicos. El problema con dicha hipótesis radica en que hasta el día de hoy no se han encontrado evidencias literarias o arqueológicas que indiquen que en Israel se solía celebrar una fiesta de Año Nuevo que duraba siete días, aunque otros pueblos lo hubieran hecho. Se ha sugerido también que los siete días de Génesis 1 eran parte de una liturgia sagrada para la inauguración de un templo. De esa manera el relato de los siete días no tiene que ver con la creación del cosmos, sino con la creación de un espacio sagrado en la tierra (Walton 2013:162). El hecho de que algunas sociedades paganas del antiguo Cercano Oriente creían este concepto no comprueba que tal haya sido el caso con Israel. Hay una tendencia, algo cuestionable, que hemos observado de parte de algunos investigadores e historiadores, de asumir que las costumbres, ceremonias y creencias comunes entre los vecinos de Israel, también tenían que haber existido en Israel.

La discusión entre los intérpretes se complica debido a que hay textos del AT en los que la palabra "*yom*" significa un día de 24 horas, pero hay otros en que "*yom*" significa solamente el tiempo entre el amanecer y la puesta del sol. En otros textos, "*yom*" es un período indeterminado de tiempo (BDR 2014:14). Después de escuchar los argumentos de los protagonistas del debate respecto a la duración de los días en Génesis 1, el conocido teólogo evangélico Francis A. Schaeffer aseveró que es imposible determinar a base de la gramática y el diccionario, cuál fue el concepto de "día" que tuvo en mente el autor del primer libro de Moisés (1982:39). Como veremos, la cuestión de los días en Génesis 1 ha sembrado el desconcierto entre los que abogan en favor de una tierra joven y los que sostienen la teoría del "*Big Bang*" y una tierra arcaica.

La edad de la tierra y la creación de los seres humanos

Un tema que provoca serias discusiones, tanto entre cristianos como entre no cristianos, es la edad del universo, de la Tierra, y la de los primeros seres humanos. Acabamos de ver vivos intercambios de opinión entre los que proponen la teoría de la evolución por un lado, y los que abogan en favor del "Diseño inteligente". Los geólogos que se dedican al estudio de las rocas, las formaciones geológicas de la tierra y los restos de animales prehistóricos, alegan que tanto el planeta Tierra como el sistema solar tienen una existencia de por lo menos 4.5 mil millones de años. En cambio, muchos cristianos devotos, basándose en su lectura de la Biblia y una interpretación estrictamente literal de los primeros capítulos de Génesis, creen que la tierra tiene apenas entre seis mil y diez mil años de existencia. Otros pensadores cristianos en la historia de la iglesia han opinado que la tierra tiene una existencia de mucho más de diez mil años. Entre éstos encontramos a eminentes teólogos como Orígenes de Alejandría, San Agustín de Hipona, San Ireneo, Hipólito de Roma, Clemente de Alejandría, Tomás de Aquino, Flavio Josefo, y Filón de Alejandría. En lo que sigue trataremos de resumir las principales teorías referidas a la edad de la Tierra y del universo.

Primera teoría: Una tierra joven

El libro de Génesis no precisa cuándo ocurrió la creación, pero no faltan eruditos que han intentado fijar la fecha. En el calendario en uso entre los judíos ortodoxos, la creación de Adán tuvo lugar el día de *Rosh Hashanah,* que corresponde al año cristiano 3761 aC. Basándose en su estudio de las genealogías bíblicas, en el siglo 17 el arzobispo anglicano James Ussher llegó a la conclusión de que el mundo fue creado en el año 4004 aC. Al intentar usar las genealogías bíblicas para determinar la fecha de la creación y otros datos históricos, nos encontramos con el problema de que las genealogías no están completas. Muchas veces éstas sólo aportan los nombres de las personas más eminentes de cierto linaje y dejan fuera los nombres de muchos antepasados de poca importancia histórica.

Después de que el científico Charles Darwin publicó su libro *El Origen de las Especies* en 1859, se formó un grupo notable de teólogos, tanto católicos como protestantes, para defender las fechas establecidas por el arzobispo Ussher. En la actualidad se han establecido varias organizaciones para defender la teoría de un universo joven, creado entre los años 4000 y 6000 aC. Entre ellas, las más conocidas son: "*Institution for Creation Research*" (Instituto para la Investigación de la Creación), "*Creation Research Society*" (Sociedad de la Investigación de la Creación) y "*Answers in Genesis*" (Respuestas en Génesis). Mediante programas radiales, videos, y conferencias, abogan en favor de una interpretación estrictamente literal de los seis días de creación, mencionados en los primeros capítulos de Génesis.

Segunda teoría: Dios creó al mundo por medio del proceso de evolución

En todas las deliberaciones sobre la edad de la tierra y del universo, el tema que ha generado más discusión es cómo entender los seis días mencionados en Génesis 1. Seis veces dice la Biblia: "Cayó la tarde, y llegó la mañana. Ése fue el día primero... segundo... tercero, etc." Para muchos, incluyendo a Martín Lutero y Juan Calvino, los días en cuestión son días literales de 24 horas. Otros, sin embargo, declaran que los primeros tres días no pueden ser días normales, cuya duración se determina por doce horas de luz solar y doce horas nocturnas, porque el sol fue creado el cuarto día. Por esto las notas de pie de página en muchas Biblias publicadas por la Iglesia Católica Romana, afirman que el autor bíblico utiliza una forma poética, y no literal, de expresarse. En las notas de la *Biblia del Peregrino*, por ejemplo, dice que el relato de la creación del mundo es una obra de poesía religiosa y no una descripción científica del proceso de la creación. Es bien conocido que el papa Juan Pablo II declaró que la teoría de la evolución no se contradice con la enseñanza de la Iglesia Católica Romana, pues fue por medio de la evolución que Dios creó el mundo.

Influidos por los escritos del misionero, paleontólogo, y filósofo jesuita, Pierre Teilhard de Chardin, muchos teólogos católicos, incluyendo prominentes figuras asociadas con la Teología de la Liberación (Gutiérrez, Boff, Segundo), se han suscrito a una forma de darwinismo que niega muchas doctrinas tradicionales, tales como la segunda venida de Cristo, la redención por la obra de Cristo, y el pecado original. Según estos pensadores, el mundo no fue creado perfecto, sino incompleto. La tarea del ser humano consistió en trabajar junto a Dios para perfeccionar la creación, hasta que llegara a ser un verdadero paraíso o reino de Dios. Según esta manera de interpretar Génesis, la descripción del paraíso en los primeros capítulos no es historia, sino una visión utópica de lo que el mundo podría llegar a ser: el producto final o punto omega del proceso de la evolución. La tragedia o caída, según esta manera de pensar es que, en vez de cooperar con Dios en el establecimiento del reino, los seres humanos se han dedicado a hacer saltar en pedazos al mundo y los unos a los otros. Según Chardin y sus discípulos, Jesucristo es el Hombre Omega y representa lo que el ser humano llegará a ser cuando la evolución alcance su fin. El fin, o "punto omega", ocurrirá cuando el hombre llegue a ser como Dios, porque verá a Dios tal como es. El fin del proceso de la evolución teísta finalizará no sólo con la divinización del hombre, sino también con la constitución de una nueva humanidad (*divin milieu*). La iglesia, según esta manera de pensar, debe entenderse como la anticipación de esta nueva humanidad o nueva creación (Peacocke 1993:344-345).

Un prominente teólogo latinoamericano, hablando de la doctrina ortodoxa de la preexistencia de Cristo, afirmó que Cristo ya existía desde antes del principio del mundo, pero en el sentido de que siempre fue una idea o proyecto en la mente de Dios. Dicho de otra manera, Cristo es el plan o modelo de lo que un día seremos. Como era de esperar, el Vaticano puso los escritos de Chardin en la lista de libros cuya lectura está prohibida para miembros de la iglesia romana.

Por supuesto, Teilhard de Chardin y sus discípulos no son los únicos pensadores que abogan en favor de una teoría de evolución teísta, i.e., la idea de que Dios creó al universo y los seres vivientes por medio de un proceso de evolución de una duración de millones y millones de años. Entre ellos hay pensadores que se identifican como cristianos evangélicos, menos radicales que Chardin. Dichos eruditos suelen interpretar las historias de los primeros capítulos de Génesis en un sentido figurativo, metafórico, y no literal. A diferencia de Chardin, afirman las doctrinas de la preexistencia de Cristo, la encarnación, los milagros, las dos naturalezas de Cristo, la comunicación de los atributos, la Santísima Trinidad, la redención por medio de la cruz de Cristo, la resurrección de Cristo y la vida eterna (Longman 2013:103-128).

Según el conocido físico británico John C. Polkinghorne, quien es a la vez sacerdote anglicano y proponente de la evolución teísta, la ciencia es incapaz de comprobar, por medio de la observación de la naturaleza, la no existencia de un creador del universo. Según Polkinghorne, la ciencia puede describir lo que es dable observar, pero no es capaz de averiguar el fin o propósito para el cual existe el cosmos. Ni tampoco puede la ciencia explicar el origen de las leyes que gobiernan el movimiento e interacción de las partículas subatómicas, la ley de la gravitación, y la ley de la termodinámica.

No se puede explicar tampoco a base de la ciencia la existencia de las normas éticas y morales en el hombre. Según la teoría de la supervivencia del más apto, los seres humanos anteponen la promoción de sus propios intereses a expensas de los demás y no se sacrifican por personas desconocidas, ni por los animales. Ni tampoco se puede explicar matemática o científicamente el efecto que en nosotros tiene la música y la belleza (Polkinghorne 2009:93-94). ¿Cómo se puede explicar, según las leyes de la ciencia, la aparición de un Mozart, un Beethoven o un J. S. Bach? En estos misterios, dice Polkinghorne, se puede divisar como en un espejo, oscuramente, algo del carácter de quien hizo al hombre a su imagen.

Tan complicado, imprevisible, e inaccesible a la razón es el universo en que vivimos, que ni los astrónomos, científicos ni matemáticos más renombrados pueden explicarlo o entender sus misterios. Los astrofísicos afirman que sus experimentos demuestran que el tiempo no sólo avanza, sino que también retrocede. Otros experimentos han llevado a los investigadores a afirmar que algunas partículas subatómicas pueden estar en dos lugares diferentes al mismo tiempo (un fenómeno conocido como el principio de superposición), un misterio que hasta ahora nadie fue capaz de explicar (Polkinghorne 2009:20-21,71). ¿Vemos en este fenómeno un reflejo en la naturaleza de una de las características del Creador, de estar en todas partes al mismo tiempo? Se afirma que otras partículas subatómicas, cada una con sus propias características, se encuentran ligadas las unas con las otras en una unión inquebrantable. ¿Hay aquí un reflejo del misterio de las tres divinas Personas unidas en la Santísima Trinidad? (Atkinson 1990:39). La ciencia, dice John Polkinghorne, es capaz de descubrir semejantes misterios, pero no de explicarlos, ya que eso corresponde al campo de la teología.

Ante los insondables misterios del universo, nosotros, seres humanos con mentes finitas y sabiduría limitada, debemos seguir el ejemplo de Job y humillarnos hasta el polvo y las cenizas, confesando nuestra ignorancia de los designios del Señor, y declarar: "¡Grandes son tus maravillas! ¡Son cosas que no alcanzo a comprender!" (Job 42:3-6).

Tercera teoría: Un universo antiguo, "conformidad"

Los días de la creación, ¿son períodos largos? Un gran número de cristianos, que rechazan como antibíblica la teoría de la evolución, opinan, sin embargo, que el mundo existe desde miles de millones de años. De acuerdo con el movimiento llamado "conformidad", los seis días mencionados en el relato de la creación no son días literales de 24 horas, sino largos períodos o años cósmicos, porque para Dios mil años son como un día y un día como mil años. La interpretación de los días de la creación como largos períodos ha sido llamada "conformidad", pues quienes la proponen afirman que los descubrimientos científicos no contradicen al Génesis, sino que concuerdan con el relato bíblico. Además, afirman que la teoría del "Big Bang" nos ayuda a explicar la creación del universo de la nada por medio de la Palabra, como afirman los primeros versículos de Génesis. La teoría de la creación del universo mediante una gran explosión cósmica fue postulada por primera vez en el año 1927 por el profesor Georges Lemaitre (el padre del Big Bang). Lemaitre fue sacerdote católico romano.

De acuerdo con las ideas de los de "conformidad", la gran explosión cósmica conocida en círculos científicos como el "Big Bang" ocurrió hace unos 13,7 mil millones de años. Afirman que el creador, quien existe desde antes de la creación del tiempo, el espacio y la materia, produjo la explosión (Ross 1993:19-27). Según estos científicos cristianos de "conformidad", los seres humanos creados a la imagen de Dios no son un producto de la evolución ni provienen de formas de vida más primitivas, sino que son el producto de un nuevo acto de creación que ocurrió hace unos cuarenta mil años, cuando Dios creó al primer hombre del polvo de la tierra. Este primer hombre, a diferencia de todas las demás criaturas, fue creado a la imagen y semejanza de su Creador. Según la interpretación de Rana y Ross, Adán y Eva fueron personajes históricos, frutos de una creación especial y no descendientes de otros representantes del género *homo*, del que los paleontólogos encontraron restos en diferentes partes del mundo. Según Ross y Rana, tales criaturas no fueron creadas a imagen y semejanza de Dios, y por lo tanto deben ser clasificadas como especies distintas y no antepasados de los seres humanos. Fueron animales más desarrollados que llegaron a extinguirse, pero no eran seres humanos.

¿Cuándo, entonces, según los de "conformidad", tuvo lugar la creación de Adán y Eva y su subsiguiente caída en pecado? Según los cálculos de Hugh Ross, la creación de Adán y Eva ocurrió hace unos cuarenta mil años. Otros, como William Stone, se inclinan por una fecha mucho más antigua, 188 millones de años antes de Cristo (Stone 2014:55). El conocido profesor de misiones, Ralph Winter, cree que la rebelión de Satanás y los ángeles que apoyaron su sublevación, tuvo que haber ocurrido hace millones de años. Según la óptica de Winter, fue necesario tanto tiempo para que los espíritus rebeldes causaran tanto daño a la buena creación de Dios.

Los de "conformidad" afirman que, según los cálculos de la mayoría de los científicos, sería casi imposible que por medio de una evolución guiada sólo por la casualidad, y no por la mano de Dios, una criatura de una sola célula hubiese evolucionado por cuenta propia y llegado a ser tan compleja y desarrollada como lo es el hombre, en solamente 5 mil millones de años.

Los pensadores cristianos mencionados arriba afirman que Adán y Eva fueron personas verdaderas creadas del polvo de la tierra y que vivieron en un lugar definido de nuestro mundo, conocido como el huerto de Edén, ubicado en lo que hoy es la Mesopotamia. Desde allí, los seres humanos creados por Dios se esparcieron sobre la superficie de la Tierra y llegaron a establecerse en casi cada rincón del planeta, según se relata en el libro de Génesis (Rana & Ross 2005:137). En los Estados Unidos de N.A. existe una organización cristiana llamada *"Reasons to Believe"* (*Razones para creer*), cuya finalidad es dar a conocer las teorías de los científicos evangélicos que se identifican tanto con la infalibilidad de las Sagradas Escrituras, como con muchos de los postulados de la teoría del "Big Bang". El fundador de la organización es un conocido astrónomo y cosmólogo canadiense, Hugh Ross, quien ha escrito una gran variedad de libros y ha dictado conferencias por todo el mundo en defensa de sus ideas y las de sus colaboradores. Gracias a dichas publicaciones y conferencias, un creciente número de teólogos evangélicos (tal vez la mayoría) aboga ahora en favor de la teoría del "Big Bang" como la manera en que Dios habría creado el universo. En dichos escritos se enfatiza el concepto del diseño inteligente, i.e., que la estructura del universo, las leyes cósmicas, y las criaturas, evidencian la actividad de un ser supremo, quien en su sabiduría y omnipotencia diseñó todo lo que existe de una manera tanto milagrosa como maravillosa. Rechazan la evolución como antibíblica y abogan a favor de un creacionismo continuo. Es notable que en los últimos años un creciente número de profesores cristianos que enseñan ciencias en diversas universidades cristianas, abrazaron la idea de "conformidad". La causa del concepto de "conformidad" y la idea de una tierra arcaica, han sido endosadas también por varios conferencistas evangélicos populares, como por ejemplo, John Ankerberg, Hank Hanegraaff, y Walter Kaiser.

Uno de los argumentos que suelen utilizar los de "conformidad" en oposición a los que proponen las teorías de Darwin es que tales teorías no cuadran con las leyes de la probabilidad que investigan los matemáticos con sus calculadoras, cada vez más sofisticadas. Según dichas leyes de la probabilidad, hubiera sido estadísticamente imposible que organismos unicelulares llegaran a evolucionar tan rápido como para llegar a ser humanos inteligentes, en solamente 5 mil millones de años. La evolución del ser humano, según las leyes de la selección natural y la supervivencia del más apto, hubiese necesitado mucho más tiempo. No hubiera sido posible tampoco que las partículas subatómicas llegasen a formar los millones de estrellas, planetas, cometas, y galaxias que los astrónomos observan con sus telescopios. En otras palabras, la creación del universo y del hombre no podría haber ocurrido sin un creador.

Tanto los cristianos que apoyan una evolución teísta como los de "conformidad", afirman que la razón principal por la que tantos estudiantes universitarios han abandonado la iglesia cristiana, ha sido la influencia de profesores ateos, agnósticos, y nihilistas, los que no cesan de atacar la idea de una creación de la nada. La creencia en un creador y en un acto de creación se considera una doctrina anticuada, anticientífica, y equivocada.

¿Quién fue Adán? ¿Fue una persona verdadera o un símbolo de la humanidad?

El reformador Martín Lutero daba preferencia a las interpretaciones que se aferraran al sentido literal del texto. En su comentario sobre Génesis, Lutero menciona a autores que sostienen que Adán es la parte superior de la razón humana y Eva la parte inferior. Pero el Reformador se expresa así: "Afuera con tales inútiles y necias alegorías. Me quedo con la interpretación literal e histórica... la serpiente es una verdadera serpiente... Adán es Adán y la mujer es la mujer" (Lutero 1958:185). Hasta cierto punto, dice Lutero, la historia de la caída en pecado se presta para ser interpretada alegóricamente, como por ejemplo en los escritos de Agustín y Lira; pero nuestra caída en pecado es muy real, así como son reales y no alegóricos los ataques de Satanás en contra de nosotros.

Vale la pena mencionar que para muchos estudiantes del AT, Adán no fue una persona real que vivió en el tiempo y el espacio, sino una figura metafórica o parabólica que representa a la humanidad o al pueblo de Israel. Siendo que en hebreo la palabra *adan* puede significar tanto un ser humano determinado, como también la humanidad, dicen que el hombre Adán de quien habla la Biblia es un símbolo de la raza humana. Según tal interpretación, la historia de Adán es la historia de todos los seres humanos. Su caída en pecado es la historia de la caída en pecado de cada uno de nosotros, pues todos hemos comido de la fruta prohibida. Según esta interpretación existencialista, lo que tenemos en los primeros capítulos de Génesis no es la historia de una persona que vivió hace miles de años, sino mi historia. Sin duda, la historia de Adán y Eva es nuestra historia, pero a la vez es también la historia de los primeros hombres y de su creación, de su comisión de ser mayordomos de Dios, y de su caída en pecado.

En nuestra exposición del libro de Génesis y del Pentateuco, trataremos tanto el relato de Génesis como la historia del primer hombre, como la de la humanidad en general y la de mi propia historia en particular. Según nuestra opinión, y conforme a lo que dice Pablo en Romanos 5, los primeros capítulos de Génesis hablan de Adán tanto como una persona histórica que vivió en el tiempo y el espacio, como también de ser el representante de todo el género humano. En Hebreos 11 el autor sagrado se refiere a muchos eventos y personajes mencionados en Génesis, como figuras representativas o alegóricas, y también como figuras históricas que vivieron en el espacio y en el tiempo. Entre las personas mencionadas en Hebreos, encontramos a Abel, Caín, Enoc, Noé, Abrahán, Isaac, Esaú, Jacob, y José. En Marcos 10:6, al hablar de la creación y del matrimonio del primer hombre y la mujer, Jesús da a entender que está tratando de eventos históricos y no parabólicos.

Rechazamos, por lo tanto, las interpretaciones naturalistas de los primeros capítulos de Génesis. Naturalista quiere decir que todo lo que existe llegó a ser sin la intervención de un ser supremo. Todo lo que sucede se considera el resultado de la ley de causa y efecto, nunca el resultado de la acción de seres espirituales.

Porque Dios existe, existen también verdades absolutas

Si en nuestro universo no existen o no actúan seres espirituales, entonces no existe tampoco una base para la moral. Entonces no hay normas, no hay un bien absoluto, ni tampoco existe el pecado. Si todo es relativo, no hay absolutos. Entonces el bien y el mal son sólo lo que un grupo determinado de personas, en cierto momento de su evolución, deciden que sea bueno y malo. Pero si no hay un sistema de normas que rija nuestro mundo, si no existen verdades absolutas, ¿con qué derecho podríamos condenar a los nazis por su programa de exterminación de todos los judíos, gitanos, homosexuales, retardados y enfermos mentales? Si los seres humanos son simplemente animales más inteligentes, pero no personas creadas a la imagen de Dios, ¿por qué no se puede exterminar a los que no contribuyen a la evolución de la raza? ¿Por qué no eliminar a las personas de ciertas razas y colores que consideramos indeseables, así como exterminamos ciertas clases de insectos o microbios? Desde luego, si son, según creen muchos, solamente animales y no seres especiales creados a la imagen de Dios, ¿por qué no eliminar a los subdesarrollados para que haya más espacio y oportunidades para los más desarrollados? En contra de tales ideas, que son producto de la teoría de la evolución llevada a sus últimas consecuencias, el Génesis afirma que sí hay normas y límites establecidos por el hacedor de todas las cosas. En efecto, lo que hace el Creador durante los primeros días de la creación, es establecer límites: separa el día de la noche, la luz de las tinieblas, las aguas de la tierra seca. En el Génesis sí existe la verdad absoluta. Nos enseña que cuando se transgreden los límites establecidos por el Creador volvemos nuevamente al caos primitivo.

Uno de los postulados de la cosmovisión, producto de la idea de la evolución es, que en el universo opera un movimiento de lo simple a lo más complejo, de lo primitivo a lo más desarrollado, de lo menos adecuado a lo más adecuado, del subdesarrollo al desarrollo. Es lo que ha inducido a los hombres modernos a diseñar sistemas de clasificación en que unos se adjudican mayor importancia que otros. Tales sistemas de clasificación o taxonomías, consecuentemente, han sido empleados para justificar la explotación de los más pobres y subdesarrollados por los más fuertes y poderosos. ¿Acaso no enseña la teoría de la evolución que el progreso depende de la ley de la supervivencia del más apto? ¿No se enseña que los victoriosos serán los que hayan aprendido a competir mejor? Así pensaba el faraón de Egipto. Así pensaba el patriarca Jacob, quien procuró imponer sus proyectos valiéndose de su astucia y viveza. Pero no es éste el mensaje que nos enseña el primer rollo de la Torá.

Del concepto de la supervivencia del más apto, que es parte de la teoría de la evolución, ha sugerido la idea de que la competencia es ventajosa para la futura evolución de nuestra raza. Pero en vez de fomentar el progreso, la competencia es la causa de mucho sufrimiento, injusticia, y opresión. La cosmovisión del modernismo y del posmodernismo tiene sus limitaciones. Otra faceta de la misma cosmovisión moderna de la cual hemos estado hablando, es el concepto del bienestar ilimitado, o sea, la idea de que no es necesario administrar los recursos renovables y no renovables de la creación, porque siempre habrá superabundancia de todo. De esta manera, hoy día se justifica la explotación de la naturaleza y se descuida la tarea de preservar la buena creación de Dios. Pero tal actitud no es lo que nos enseña el Génesis. Ya vamos aprendiendo que muchos de los bienes que disfrutamos realmente existen en cantidades limitadas. El agua, el petróleo, y el aire puro se nos están acabando.

En Lucas 12:41-48, Jesús enseña a sus discípulos la parábola del siervo prudente y el mayordomo infiel. En ausencia del amo, el siervo prudente cuida bien toda la casa, dando a todos su ración. En cambio, el mayordomo infiel, dándose cuenta de la demora de su Señor, comienza a golpear a los criados y a comer y beber y a embriagarse, descuidando su responsabilidad. Al enseñar esta parábola a sus discípulos, Jesús les encomendó cuidar a su iglesia durante su ausencia física, y llevar a cabo la gran comisión en el tiempo entre su ascensión y su segunda venida. La parábola quizá nos ayude a entender la comisión que el Creador encargó a Adán y Eva y a sus descendientes cuando los nombró mayordomos de la creación. Los humanos tenemos la responsabilidad de cuidar la tierra con sus recursos naturales, sus animales y plantas, hasta el tiempo de la consumación de todas las cosas, así como los discípulos tienen la responsabilidad de alimentar y cuidar a las ovejas del Señor y proclamar las buenas nuevas a todos los pueblos hasta el regreso de Jesucristo en gloria (Moo 2010:42-44).

Las palabras del Creador en Génesis 1:26, que confieren a los seres humanos dominio sobre los animales y el resto de la creación, tienen que interpretarse conforme al concepto de dominio que existía no sólo en Israel, sino también entre sus vecinos, en el antiguo Cercano Oriente. Dominio no implica el derecho de explotar, destruir o utilizar arbitrariamente los recursos para servir los intereses mezquinos y egoístas de quienes lo ejercen. En el día de su consagración como rey, el nuevo gobernante asume la responsabilidad de cuidar y asegurar protección a todos los que están bajo su dominio, incluyendo a los animales, los campos, los ríos, y los árboles (Schroer 2013:13). En el Salmo 104:10-14, se celebra al Creador con las palabras: "Tú llenas las fuentes con los arroyos que corren ligeros entre los montes; allí apagan su sed los animales salvajes; allí los asnos monteses mitigan su sed. En sus riberas anidan las aves del cielo... Haces crecer la hierba para los ganados." En el mismo salmo se celebra al Creador que se preocupa por las aves del cielo, las cabras monteses y los conejos, las bestias de la selva y los leoncillos que rugen tras la presa y buscan la comida que Dios les provee. Los animales están a disposición de los seres humanos, pero el Creador se deleita en ellos y se goza de su existencia. Las criaturas también han recibido de su Creador el derecho de existir, como parte de la maravillosa creación de Dios. A los seres humanos se les encomendó la responsabilidad de salvaguardar y cuidar el derecho de existir y no poner en jaque esa existencia.

El derecho de celebrar un día de reposo cada semana rige también para los animales domésticos, y no solamente para los seres humanos. Hace años tuve que amonestar a un hermano de nuestra congregación, que se jactaba de su fidelidad en el cumplimiento del mandamiento que trata de la celebración del séptimo día como día de reposo. El hermano acostumbraba cerrar su pequeño negocio cada domingo y no cultivar sus terrenos, por ser el día del Señor. Sin embargo, solía alquilar su burro a un vecino que no observaba el domingo como día de reposo. Tuve que mostrarle el texto de la Biblia donde se especifica que el día del Señor debe ser un día de reposo también para los animales de carga (Ex 20:10; Dt 5:14). En los nombres que los israelitas daban a sus hijos notamos el aprecio que el pueblo de Dios le tenía a los animales como parte de la buena creación de Dios. Jonás quiere decir paloma; Raquel, corderita; Lea significa vaca y Débora, abeja. Caleb significa perro; Simón, hiena, y Jael, cabra montés. La costumbre de dar nombres de animales a las personas, es un indicio de que entre los hebreos y muchos otros pueblos los seres humanos fueron considerados parte de una comunidad de criaturas, todas creadas por el mismo Creador, tanto para su deleite como para la gloria de su nombre.

El hombre moderno, conforme a su cosmovisión individualista y egocéntrica, ha descuidado la maravillosa creación de Dios. Y no sólo esto, sino que ha descuidado también, y hasta negado, a su Creador. Y ya está comenzando a sufrir en carne propia las consecuencias de tal descuido. Es imprescindible, por lo tanto, escuchar nuevamente el mensaje del Génesis. Según la Biblia, la realidad de la creación es la evidencia más concluyente de que hay un Creador. El Salmo 14:1 declara: "Dentro de sí dicen los necios: 'Dios no existe.'" Pero precisamente porque sí existe un Dios bueno es que también existen normas eternas y verdades absolutas. Sin las normas y verdades el mundo y los seres humanos volverían nuevamente al caos primitivo en que no hay Torá. Pero en el Génesis, aparte de la historia de los primeros seres humanos, del primer pecado y del primer asesinato, encontramos la primera promesa de liberación, restauración, y salvación. La historia que comienza en Génesis avanza hacia un futuro y señala hacia una resolución final del drama de Dios, de la creación y del ser humano, hacia una resolución que está en las manos del buen Creador que en su amor creó los cielos y la tierra.

La teología natural y las leyes universales

El estudio de la teología natural (la ciencia) nos enseña que el Creador es un Dios de orden. Utilizando las capacidades que el Señor nos ha dado, observamos, investigamos, y realizamos cálculos a base de las maravillosas leyes que él ha establecido para la preservación y expansión del universo en el cual vivimos. La existencia del cosmos se debe a las leyes que gobiernan la gravitación, la velocidad de la luz, la estructura del átomo, la tabla periódica de elementos, la relatividad, la mecánica cuántica y la interacción de las partículas subatómicas conocidas en el mundo científico como *quarks*. Sin las leyes naturales, tanto la vida humana como la organización del universo serían imposibles. El universo no podría seguir existiendo sin las leyes establecidas por el Creador. Sin duda, la existencia del universo revela que nuestro Señor es Dios de las leyes naturales. Pero el Creador no es tan sólo Dios de la ley, sino Dios del amor. San Juan afirma que Dios es amor.

Amor no es un concepto filosófico, ni es una idea o un ideal. Amor es el sujeto de la acción de amar y, a la vez, la acción de amar. Es la acción de amar la existencia de una amada, un objeto capaz de recibir el amor del amante, y capaz de devolver el amor por propia voluntad.

Amor es la entrega de uno mismo al otro, de modo que es necesario que el amante tenga alguien a quien amar: una amada. Un amor que no le brinda al otro la libertad de realizarse y llevar a cabo sus propias decisiones, no es amor. En el amor el amante se sacrifica por la amada, y la amada por el amante. En un sentido Dios sacrificó algo de su omnipotencia al permitir la existencia de criaturas a las que concedió cierto grado de libre albedrío. Al conceder a la criatura el libre albedrío se crea la posibilidad de rechazo de parte de la criatura, es decir, se crea la posibilidad de pecado. Al crear el mundo, Dios proveyó espacio para algo que no fuera Dios. Según algunos pensadores cristianos, el Creador concedió cierto grado de libre albedrío no sólo al ser humano, sino también al cosmos, al concederles la libertad de definirse o realizar su propia potencialidad. Dicho de otra manera, el Creador sacrificó algo de su omnipotencia para darle al cosmos la libertad de determinar su propia vida. Es por esta razón que experimentamos eventos que no pueden ser explicados por las leyes naturales: accidentes, chance, mutaciones, y milagros (Polkinghorne 2006:44-62).

Una comparación

Las interminables interpretaciones sobre la creación en Génesis siguen provocando discusiones, debates, y confusión entre los estudiantes de las Escrituras, hasta entre los de una misma comunidad cristiana. Hemos observado que en la Biblia se encuentran toda clase de géneros literarios: narraciones históricas, metáforas, parábolas, fábulas, poesías, canciones, términos y conceptos extraídos de la literatura de muchos pueblos antiguos. La dificultad que afronta el intérprete consiste en poder llegar a conocer con exactitud la naturaleza o género literario del texto que está estudiando. Eso no habrá sido un problema para los primeros lectores/oyentes de Génesis, pues sabían bien cómo interpretar las diferentes clases de literatura de su propia cultura y de los pueblos vecinos. Durante mi carrera he tenido que preparar gran número de discursos, sermones y estudios bíblicos en los que he utilizado, no sólo un texto bíblico, sino también noticias sacadas de la prensa del día anterior o de una revista popular. En mis presentaciones podría haber incluido también unas líneas de un poeta del siglo 19, una cita del Quijote, una fábula de Esopo y unos datos sacados de una enciclopedia o libro de historia. Podría haber incluido también una ilustración basada en uno de los cuentos del Tío Tigre y Tío Conejo. Mis oyentes no deberían tener problemas en distinguir cuáles son los elementos históricos, y cuáles los elementos simbólicos, míticos o metafóricos. Podrían, a la vez, determinar cuáles términos tienen un doble y hasta un triple sentido. Los problemas de interpretación ocurren con más frecuencia cuando intentamos interpretar un documento de otra cultura, redactado en otro idioma, y que fue escrito hace miles de años en un contexto difícil de entender. Es lo que pasa cuando los cristianos, con las mejores intenciones, comienzan a leer un libro como Génesis. No es que se dude de la inspiración divina de la Palabra, sino de nuestra capacidad de reconocer el género literario utilizado por el autor humano y los conceptos que quiere comunicar.

Consideraciones como éstas deben motivarnos a humillarnos ante Dios, y no condenar como infieles a hermanos en la fe que no están de acuerdo con nuestra manera de entender el texto. Hay que confesar con Job que hay muchas cosas que no somos capaces de entender, simplemente porque somos seres humanos y no Dios: "¡Grandes son tus maravillas! ¡Son cosas que no alcanzo a comprender! ...me humillo hasta el polvo y las cenizas" (Job 42:3, 6).

La creación de los ángeles

Aunque tanto el AT, como el NT, hablan profusamente acerca de los ángeles y otros seres espirituales, buenos y malos, los primeros dos capítulos de Génesis no mencionan el origen de los seres invisibles (querubines, serafines etc.). En el Credo Niceno los cristianos confesamos: "Creo en un solo Dios, Padre todopoderoso creador del cielo y de la tierra y de todo lo visible e invisible." Aunque la Biblia no describe la creación de los ángeles, debe tenerse en claro que los ángeles fueron creados; son criaturas y no seres que han existido desde antes de la creación del universo. No son dioses ni partes, extensiones, emanaciones o clones de Dios. Sólo Dios es Dios.

Así como Génesis no dice nada respecto al origen de los ángeles, no menciona tampoco en qué se ocupaba Dios antes de la creación del cielo y de la tierra. A los que le preguntaban a San Agustín sobre qué hacía Dios antes de la creación, el obispo de Hipona, en sus *Confesiones,* respondió: "Estaba preparando el infierno para los que hacen preguntas semejantes". Ante la misma pregunta, Lutero, por su parte, decía que Dios estaba puliendo un gran palo con el fin de propinar una tremenda paliza a los que hacen preguntas necias.

Los primeros capítulos de Génesis no se escribieron con el fin de darnos a entender todos los misterios del universo y de la naturaleza de la divinidad, sino para motivarnos a alzar nuestras voces en adoración, alabanza y admiración ante nuestro Creador:

> ¡Grandes y maravillosas son tus obras, Señor Dios Todopoderoso!
> ¡Justos y verdaderos son tus caminos, Rey de las naciones!
> ¿Quién no te temerá, Señor?
> ¿Quién no glorificará tu nombre?
> ¡Sólo tú eres santo!
> Por eso todas las naciones vendrán y te adorarán (Ap 15:3-4).

SEGUNDA UNIDAD

GÉNESIS 1:1-2:25

LA MISIÓN DEL SER HUMANO

GÉNESIS 1

Hay una íntima relación entre la historia de la creación y la teología de la misión

Uno de los propósitos de nuestras reflexiones teológicas es estudiar la íntima relación que existe entre la historia de la Creación y la misión de Dios. Hay una acentuada dimensión misiológica en los primeros capítulos de la Biblia, como también en todo el libro de Génesis. Hablar de la dimensión misiológica de la Torá, quiere decir estudiar el libro de Génesis desde la perspectiva de la misión de Dios.

El libro de Génesis nos muestra a Dios misionero

Nuestro Dios es Dios misionero, Dios que envía. Un misionero es uno enviado, y nuestro Dios es Dios que siempre ha enviado a sus emisarios al mundo. El mensaje central de la Escritura es que Dios envió a su Hijo al mundo para llevar a cabo la misión de buscar y salvar lo que se había perdido. Pero mucho antes del envío de nuestro Señor Jesucristo al mundo, el Señor mandó a sus siervos los profetas, para llamar a las tribus de Israel al arrepentimiento y hacerlas volver al Pacto que él había establecido con su pueblo en el monte Sinaí. El profeta Jonás fue enviado como misionero a la gran ciudad de Nínive, capital del Imperio de Asiria, a proclamar el arrepentimiento y el perdón de los pecados. El Creador, en su papel de misionero, salió a buscar a Adán y Eva después de que hubieron comido de la fruta prohibida.

Pero aun antes de todo esto, el Padre envió su Espíritu al caos primigenio en que todo estaba desordenado y vacío, y donde las tinieblas cubrían la faz del abismo. El Espíritu de Dios se movía sobre la superficie de las aguas. Dios envió su Espíritu, y también su Palabra, el Logos. Y dijo Dios: "¡Que haya luz!" Y hubo luz. Dios verdadero hizo disipar las tinieblas con el envío de su Espíritu y su Palabra. La Palabra se identifica con Jesucristo en el primer capítulo del Evangelio según San Juan. Según Dietrich Bonhoeffer, la historia de la creación debe leerse no sólo como un relato que conduce hacia Cristo, sino como una historia que comienza con Cristo y encuentra su significado en aquél que es el Alfa y la Omega, el principio y el fin (1959:8).

El Padre envía al Espíritu y la Palabra para crear y promover la vida; ésta es su misión. En Génesis 1 veremos que nosotros, los hombres, fuimos creados, llamados, y comisionados para participar en la misión de promover la vida y ser agentes de bendición para el mundo. La razón principal por la que el pueblo de Israel llegó a ser portador del libro de Génesis no fue para contestar la pregunta: "¿Cómo se puede explicar científicamente la existencia del cosmos?" Ni tampoco fue: "¿Cuál es la relación entre la teoría general de la relatividad y la creación de la luz, obrada por Dios?" La razón fue más bien: "¿Cuál es mi misión en el mundo en el cual me encuentro?", o "¿cuál es el propósito de toda la historia, y en particular de la historia de la salvación?" (Davidson 1973:15).

Más tarde en el Génesis veremos que un hombre, Abrán, recibió el llamamiento para ser el progenitor de un pueblo especial consagrado a llevar la bendición de Dios a los pueblos que se habían desviado de los caminos de su Hacedor. Una de las maneras de llevar bendición de Dios a las naciones es compartir la Torá, la instrucción del Señor, con todos los pueblos, tribus, lenguas, y razas. El libro de Génesis es parte de la Torá, y en él hay un mensaje libertador que trae luz a las naciones. Todos los pueblos, tribus, naciones, y razas tienen la necesidad de recibir la Torá, es decir, la Biblia, del único Dios verdadero. La Biblia es un producto de la misión de Dios, pues en ella el Señor le brinda al género humano una visión de su voluntad para con todo el cosmos. La Biblia tiene un mensaje de esperanza para una humanidad perdida, porque testifica de la obra de la Santísima Trinidad para la reconciliación de todas las cosas con Dios, por medio del sacrificio de Cristo.

Ya hemos mencionado que para los rabinos el nombre del primer libro de la Torá es la primera palabra de la Biblia Hebrea, "*beresit*" ("en el principio"). En nuestras Biblias leemos: "Dios, (*Elohim*) en el principio, creó los cielos y la tierra." Para los estudiantes de las Escrituras, tanto judíos como cristianos, la primera línea de Génesis debe entenderse como el título de la historia de la creación que sigue en los capítulos 2 y 3 del libro (Cassuto 1961:20). Lo que sigue después de este título es, entonces, una descripción de cómo Dios obró la creación. Si la interpretación de la primera línea es correcta o no, incluye, sin embargo, unas verdades fundamentales para nuestro entendimiento del libro de Génesis, la Biblia Hebrea, y el Nuevo Testamento. La primera verdad fundamental es: Dios es anterior a la creación y está por encima de ella. Aun del relato de muchos mitos y filosofías se deduce que el Ser Supremo no es una parte de la creación. La segunda verdad fundamental es: la creación no es Dios. Quiere decir que las Escrituras no enseñan el panteísmo, la idea de que todo lo que existe es parte de Dios. Sin embargo, el Creador no desea existir alejado de su creación. En Génesis 3:8 leemos que Dios "iba y venía por el huerto". En los capítulos 2 y 3 encontramos al Creador hablando con sus criaturas. El Creador es a la vez trascendente (por encima de todo) e inmanente (accesible a nosotros). No sólo envía a su Hijo y su Espíritu al mundo, sino que él mismo quiere vivir en comunión con sus criaturas. En el ir y venir por el huerto, el Creador en cierto sentido se despoja a sí mismo, dejando de lado algo de su suprema grandeza y majestad. En el ir y venir discernimos algo del carácter de Cristo que se despojó a sí mismo y tomó forma de siervo (Flp 2:7).

La misión del pueblo de Dios es llevar la luz de la Torá a todas las naciones

Según la cosmovisión politeísta, existen muchos códigos éticos, compilaciones de leyes, y enseñanzas. Cada dios tiene su propia ley, y las leyes de un dios frecuentemente se oponen a las leyes de las demás deidades. Pero, si hay un solo Dios verdadero, entonces hay una sola ley suprema, una sola Torá que está por encima de todos los otros códigos de leyes elaborados por los seres humanos en el nombre de sus muchos dioses. De acuerdo con las Escrituras, todas las leyes de los pueblos tienen que sujetarse y regirse por la instrucción del único Dios verdadero. Es parte de la tarea del pueblo de Dios llevar el conocimiento de la Torá a todas las naciones.

El mensaje de la Torá a todas las naciones comienza con un poderoso himno que celebra la creación del universo. A fin de entender mejor la razón del inicio del primer rollo de las Escrituras con este himno, será instructivo comparar el relato de la creación de Génesis 1 y 2, con las mitologías cosmogónicas de los vecinos de Israel en el antiguo Cercano Oriente. Tal comparación nos mostrará el carácter polémico, apologético, y misiológico de esta gran composición litúrgica. Cuando leemos las mitologías de otros pueblos y sociedades, vemos que los relatos acerca de la creación comienzan, con frecuencia, con la creación de los dioses. Los dioses son vistos como seres que han nacido; no están por encima del proceso creativo, no son eternos, sino que están sujetos al paso del tiempo y también a la muerte. Aún Marduk, el dios principal del panteón babilónico, nunca fue un ser preexistente. Al igual que los demás dioses, Marduk también había sido creado. En los mitos babilónicos, los primeros seres sobrenaturales no son dioses sino demonios y monstruos (Sarna 1962:10). En el Génesis, en cambio, no encontramos un relato del nacimiento o la creación de Dios verdadero. Dios verdadero precede a toda creación.

El libro de Génesis nos presenta a Dios Creador, superior a los dioses paganos

Los dioses de los babilonios son parte de la naturaleza y su carácter queda determinado por los vaivenes y cambios en la naturaleza: verano, primavera, otoño, invierno, etc. Los dioses de Babilonia y de los demás pueblos del antiguo Cercano Oriente están sujetos a las fuerzas superiores de la sustancia primordial de la existencia (Sarna 1962:11). No son omnipotentes ni libres. Según tal cosmovisión, las vidas de las personas están controladas por los dioses y poderes que trascienden a los dioses. En conformidad con esta manera de entender la realidad, en la antigüedad se empleaba la religión con la finalidad de propiciar a los dioses. Utilizaban la magia para relacionarse con los poderes primigenios y tratar de controlarlos. Uno de los poderes primigenios era el poder de la fecundidad o del sexo. Según muchas de las mitologías antiguas, los dioses fueron engendrados sexualmente. Quiere decir que el poder del sexo existía antes de la creación de los dioses y era superior a ellos. No debe sorprendernos, por lo tanto, que en tantos lugares la sexualidad o la fertilidad se convirtió en objeto de veneración. Así, en la gran mayoría de las mitologías paganas no existe una clara línea de demarcación entre los dioses y la creación. En contraste con todas las mitologías, el Génesis declara que el mundo no fue creado mediante una disputa cósmica o un proceso sexual, sino por la palabra de Dios. Dios dijo, y así fe. Como ya hemos visto, el primer capítulo del libro de Juan identifica a Cristo con la palabra de Dios.

Los dioses paganos no sólo fueron engendrados por fuerzas superiores a ellos, sino que también estuvieron sujetos a muchas de las pasiones destructivas propias de los seres humanos. Algunas de las pasiones fueron la competencia, la violencia, y el deseo de ser servidos. En la mitología cananea vemos la tremenda lucha del dios Baal en contra de Yam, el dios del mar, y también del mismo Baal en contra de Mot, el dios de la muerte. Baal derrota a Yam, pero Mot puede derrotar a Baal. Tanto Baal como Mot son dioses que nacen y mueren todos los años. Son dioses sujetos a la tiranía del tiempo, y al proceso de la reencarnación, y como tales, no pueden ofrecernos a los seres mortales la esperanza de la vida eterna. El himno de Génesis, en cambio, nos brinda esperanza porque Dios verdadero es soberano, tiene autoridad sobre el tiempo, la vida y la muerte.

Muchos de los dioses babilónicos y cananeos eran caprichosos, vengativos, veniales y violentos

Según la famosa épica babilónica, la *Enuma Elish*, la creación del mundo es el resultado de una tremenda batalla entre el joven dios Marduk y Tiamat, el temible monstruo del caos. En la lucha el dios Marduk sale victorioso. Marduk procede entonces a dividir en dos el cadáver de Tiamat y usar una parte para formar el cielo y la otra para formar la tierra. Según esta cosmogonía babilónica, la creación de la tierra es el producto accidental de una batalla violenta y no de una obra de amor realizada por un dios amoroso. Valiéndose de la versión babilónica del antiguo mito de la creación, los reyes babilónicos se identificaron con Marduk, y así imitaron su manera sumamente violenta de establecer su imperio. Así se justificaba la destrucción de campos, animales, olivares, y palmeras, es decir, de la creación que en el principio Dios había entregado al cuidado de los primeros hombres (Lessing 2010:235-241).

Las mitologías cosmogónicas de los vecinos de Israel muestran una infinidad de dioses; muchos de ellos son seres caprichosos, venales, vengativos, y violentos. Son dioses interesados sobre todo en promover sus propios proyectos en lugar de velar por el bienestar de los pobres seres humanos. Cada pueblo, tribu, raza, y nación tiene sus propios dioses. Con declarar que hay un solo Dios verdadero, el Génesis afirma que todos los pueblos, naciones, tribus, y razas le pertenecen, y por lo tanto se los conmina a reconocer a Dios como su soberano. En realidad, los primeros capítulos de Génesis, al igual que el sermón de Pablo en el Areópago (Hch 17:16-32), instan a todos a dejar sus ídolos y rendirse ante su Creador. De hecho, Dios es el Creador de todos, y todos están obligados a aceptar la autoridad de Dios verdadero como soberano de sus vidas.

En Génesis 1 quedan desenmascarados los llamados dioses de la naturaleza. En realidad no son dioses sino obras del Creador. El sol, la luna, los astros, y los grandes monstruos marinos no son divinidades que determinan nuestro destino. Las estrellas que forman los signos del zodiaco no son poderes a los que estamos sujetos; son simplemente lumbreras. Como lumbreras, el sol, la luna y los astros están al servicio de Dios y de los hombres, para alumbrar la tierra y servir de señales (Gn 1:14). En efecto, las lumbreras están para marcar "las estaciones, los días y los años". Así como la estrella de Belén guió a los sabios a adorar al Mesías recién nacido, así la alternancia de días, noches, y años permite la formación de un calendario con la finalidad de calcular el tiempo para la celebración de fiestas y festivales, y convocar al pueblo para adorar al Creador. Los siete días de Génesis 1 y 2 establecen un patrón para ordenar el tiempo y designar uno especial para el trabajo, el descanso, y la adoración a Dios (Moberly 2009:46). Es el modo en que Génesis enfatiza que el destino de los seres humanos no lo determinan los horóscopos o la astrología sino aquél que creó los astros, los planetas y los demás cuerpos celestes. El mensaje libertador de Génesis 1 para todas las naciones es: los cuerpos celestes no son dioses que pueden obligarnos a vivir dominados por su tiranía. No son poderes peligrosos a quienes debemos temer. Por las buenas nuevas proclamadas en el himno de la Creación quedamos libres del temor a los ídolos, para adorar al único Dios verdadero.

El Pentateuco nos presenta a Dios el Creador y asimismo libertador de todos los oprimidos

Uno de los propósitos de la historia de la Creación en Génesis 1 y 2 en relación con el resto de la Torá es, anunciar que *Elohim/Yahvé* es soberano de toda la creación y, por lo tanto, cuenta con toda la potencia de la naturaleza para hacer su voluntad y realizar sus proyectos de libertad. En alguna situación en particular el Señor se vale de los poderes de la Creación. Se valió de éstos, p ej, en contra del faraón para librar a los esclavos hebreos de la servidumbre en Egipto (Sarna 1966:8). Precisamente porque el Señor es el Creador es, asimismo, el libertador de todos los oprimidos.

El hombre creado a la imagen de Dios es el apogeo de la creación

Sin duda, el punto culminante de la descripción lírica de la maravillosa creación de Dios en Génesis es la formación del ser humano del polvo de la tierra, hecho a la imagen y semejanza de Dios. Las palabras indican que para el autor del libro de Génesis, el hombre es el apogeo de la obra de la creación. Es la obra suprema del Creador. Cuando el Creador decidió hacerse parte de su creación, entró en nuestro mundo como un verdadero ser humano de carne y sangre. Ha habido mucha discusión entre investigadores antiguos y modernos, respecto a la implicación de la declaración de que los seres humanos, tanto hombres como mujeres, hayan sido creados a la imagen de Dios. Puesto que la palabra hebrea que se emplea en Génesis 1:27 puede significar representación o imagen plástica, los mormones, por su parte, creen que el hecho de que los hombres tienen manos, pies, boca, ojos, nariz, y órganos reproductivos, quiere decir que el Creador también debe tener un cuerpo físico como nosotros. La mayoría de los cristianos rechaza tal interpretación. A la mujer samaritana Jesús le dijo que Dios es espíritu, y que los verdaderos adoradores lo adoran en espíritu y en verdad (Jn 4:23). Si el Padre es Espíritu, entonces no tiene un cuerpo físico como el nuestro. Habrá que interpretar las palabras acerca de la imagen de Dios en otro sentido.

"¡Hagamos al hombre a nuestra imagen y semejanza!"

El uso de la primera persona plural en Génesis 1:26 ha provocado mucha discusión entre los estudiantes de la Biblia. ¿Con quién está hablando el Creador al decir "hagamos", y no "haré"? Muchos, como Lutero, opinan que se trata de una referencia al misterio de la Santísima Trinidad o una anticipación del mismo. Vale decir que, aunque el AT mantiene que Dios es una singularidad, y ataca con términos contundentes al politeísmo, hay textos como Génesis 1:26 que aluden a la presencia de una pluralidad dentro de la singularidad (BLR 2014:15). En la óptica de Lutero y los reformadores, aquí Dios se presenta a sí mismo como una pluralidad: el Padre está hablando con el Hijo y el Espíritu Santo acerca de la creación del hombre. Otros intérpretes, especialmente los rabinos que rechazan la doctrina de la Trinidad, opinan que en el pasaje el Creador se dirige a los ángeles que forman su corte celestial. En apoyo de tal interpretación se cita pasajes como Isaías 6:8; 1 Reyes 22:19, y Génesis 11:7, en los que Dios se dirige a su corte angelical (Waltke 2001:64-65). La tercera opción es considerar que las palabras "hagamos" y "nuestra" son plurales mayestáticos, algo semejante a las expresiones en castellano como "vuestra majestad", o "vuestra alteza". Los estudiosos que prefieren la segunda de las tres opciones, aseveran que su interpretación no implica que los ángeles hayan participado en la creación; solamente Dios *Elohim* es el Creador de todo lo que existe.

Hablar de la imagen de Dios es hablar de la capacidad que tenemos para relacionarnos con Dios

Desde los días de la iglesia primitiva los pensadores cristianos nos han enseñado que la frase "imagen de Dios" tiene que ver con las cualidades naturales del hombre, que lo diferencian de los animales, mientras que la frase "semejanza de Dios" tiene que ver con cualidades espirituales tales como la ética y la moral (Voth 1992:55). Martín Lutero, por ejemplo, afirmaba que el Creador dotó a los seres humanos de un sentido del tiempo, del cual no gozan los animales. El hombre se interesa por estudiar historia, matemática, física, astronomía, y ciencias. Quiere saber cómo comenzó el mundo y cómo será el fin del mundo y del tiempo. Se interesa por saber si hay vida después de la vida. A diferencia de los animales el hombre alberga dentro de sí una ley moral que Dios ha grabado en su corazón. Los seres humanos se diferencian de las demás criaturas por sus intrincados rituales, oraciones, liturgias, y símbolos, por los que intentan tener una relación con su Creador. Hay quienes han descrito al hombre como "el animal que ora", o como *homo religiosus* (Burdett 2015:9-10).

En su comentario sobre la primera parte de Génesis, Esteban Voth prefiere hablar de la imagen de Dios en términos de la esencia y la función de la imagen divina en el hombre. Según la exposición de Voth, la esencia de la imagen de Dios es "la capacidad que tenemos para relacionarnos con Dios. Dios nos ha estampado con algo que le permite entablar una relación íntima con nosotros a través de la comunicación verbal y los pactos". Voth cree que es significativo que de entre todas sus criaturas, Dios le habla directamente sólo al ser humano. En cuanto a la función de la imagen de Dios, se afirma que el hombre ha sido colocado en la tierra como representante de Dios frente a toda la creación (Voth 1992:55).

Martín Lutero, por su parte, afirmó que la imagen de Dios tiene que ver con el intelecto y la voluntad por medio de los que el hombre entiende lo que Dios desea (1958:63, 337). Por tener la imagen de Dios, dice el Reformador, Adán y Eva pudieron vivir libres de todo miedo. No tuvieron miedo de Dios, ni del diablo, la muerte, el fuego, el agua, y los animales. Lutero afirma que el hombre perdió la imagen y semejanza de Dios cuando desobedeció a su Creador y comió de la fruta prohibida. Según Efesios 4:23, la imagen de Dios en el hombre comienza a renovarse, por lo menos parcialmente, por la fe, y será restaurada completamente (Ro 8:23) después de la muerte de nuestra carne pecaminosa y la resurrección de los muertos. En verdad, dice

Lutero, no sabremos exactamente en qué consistió la imagen de Dios según la cual fueron creados nuestros primeros padres, hasta que esa imagen sea completamente restaurada en nosotros el día de la segunda venida de nuestro Señor (Lutero 1958:65, 337-338). Aunque la mayoría de los estudiosos consideran que las palabras imagen y semejanza son sinónimas, la Iglesia Ortodoxa hace una distinción entre la imagen de Dios y la semejanza de Dios. Según los teólogos ortodoxos, el hombre perdió la semejanza (santidad) de Dios cuando probó la fruta prohibida; sin embargo, nunca perdió la imagen de Dios.

La ciencia, la sicología, y la filosofía han desarrollado un sinfín de teorías en cuanto a cuáles son las cosas que distinguen al ser humano de las demás criaturas. Se puede aprender mucho acerca de la antropología mediante el estudio de dichas disciplinas. Sin embargo, según el libro de Génesis, la diferencia principal entre las criaturas y el ser humano es que Dios habla directamente con el hombre. Dios ha elegido y llamado a los hombres a que oigan su Palabra (su Torá) y la obedezcan, o la rechacen. Uno de los temas principales de los primeros capítulos de Génesis es que Adán y Eva recibieron la capacidad de relacionarse con Dios, de tener comunión con su Creador y adorarlo (Brock 2010:63).

Según Hans Reinders, no es nuestra racionalidad ni son nuestras capacidades intelectuales o cognitivas las que definen nuestra humanidad, sino el hecho de que el Creador por pura gracia nos escogió para ser los recipientes de su amistad, su profundo amor, y su Espíritu (2010:221). A fin de cuentas, no son nuestros dones intelectuales o sociales los que nos califican como hombres. Tenemos que reconocer que personas que nacen con profundas inhabilidades físicas e intelectuales y que carecen de muchas capacidades cognitivas específicas, también son seres humanos creados a la imagen de Dios y, como tales, merecen el amor, la protección y el cuidado de la familia, la comunidad y, en particular, de los miembros del pueblo de Dios. El amor de Dios comunicado a nosotros en la creación y a través de la familia, de la sociedad, y la iglesia, hace de nosotros quienes somos. Sin esta perspectiva, las personas severamente incapacitadas física, cultural e intelectualmente, pueden ser consideradas subhumanas.

Durante el período del nazismo en Alemania, se negó la humanidad de tales personas, permitiendo a las autoridades decretar la práctica de la eutanasia con ellas. Durante los siglos 18 y 19 los aborígenes de Australia fueron cazados y masacrados salvajemente por colonizadores europeos, que los consideraban animales y no seres humanos creados a la imagen de Dios (Hiebert 2009:81). Lo mismo sucedió en muchas partes de nuestra América Latina. Recuerdo, hace de esto no tantos años, el juicio de un hacendero en Colombia, que fue acusado de la exterminación de una familia de indígenas con el fin de anexar sus terrenos a los suyos. El hacendero defendió sus acciones ante el tribunal declarando que había aprendido de sus padres y abuelos, que matar a un indígena no era pecado, porque los indios eran animales sin almas, es decir, no fueron creados a la imagen de Dios. Tanto la historia como las Escrituras nos enseñan, que se prepara el camino para la deshumanización, la explotación y la opresión cuando se cree que nuestra humanidad sea un logro y no un don.

De acuerdo con la *Enuma Elish*, el relato babilónico de la creación, los seres humanos no fueron creados a la imagen de Dios, sino como instrumentos para servir a los dioses o ser utilizados como esclavos, con el fin de realizar los trabajos sucios y denigrantes que los propios dioses no querían realizar. Es como sucede hoy en día, en que a los pobres inmigrantes –en cualquier país– se les asignan los trabajos que los supuestos amos de la tierra no desean asumir. Según tal forma de pensar, los seres humanos no tienen un valor en sí mismos, sino que su función es la de servir como piezas de una máquina. Mientras esa pieza funcione, como la batería de un automóvil por ejemplo, tiene utilidad. Pero cuando comienza a fallar, la pieza se desecha y olvida. Según la *Enuma Elish* , el hombre no fue creado para tener comunión con Dios ni tener vida eterna. Los dioses de la *Enuma Elish* no amaban a los hombres ni querían tener comunión con ellos; solamente querían aprovecharse de ellos. Estos dioses no otorgaban a sus esclavos un día de reposo, ni hacían caso al clamor de los oprimidos cuando pedían liberación, ni enviaron un libertador, un Moisés, para guiarlos a una tierra que fluye leche y miel. No es difícil advertir el modo en que la *Enuma Elish* refleja la filosofía de los emperadores, reyes, y terratenientes de la antigua Babilonia, y como sirvió para justificar la opresión de las masas (Barram 2014:386-398).

Contrariamente, los primeros capítulos de Génesis expresan que el hombre no fue creado como esclavo de los dioses; fue creado a la imagen del Creador de cielos y tierra. Conforme a la moral, quiere decir que cada ser humano es creado para ser un agente de bendición, de ser la sal de la tierra, de vivir en comunión con Dios, el prójimo y la creación. Todo ser humano tiene el llamamiento de ser un agente del reino de Dios. Cada uno queda convocado a recibir el amor de Dios y amar a Dios y al prójimo así como lo ama su Creador. Lo que da valor a cada hombre, mujer y niño, es haber sido creados a la imagen de Dios. Por su creación todos tienen el llamamiento de reflejar el amor de Dios en el mundo (Labberton 2014:14).

No es esto lo que creen los seguidores del profeta Mahoma. Según el islam, Adán no fue creado a la imagen de Alá, ni tampoco puede el hombre vivir en comunión con Alá. El dios de los mahometanos es demasiado santo y trascendente como para tener contacto directo con su creación. Al hombre se le revela la voluntad de Alá, pero no Alá. Ni siquiera Mahoma tuvo contacto directo con Alá. La voluntad de Alá le fue revelada al profeta por medio de un ángel, no directamente. Los mahometanos creen que Alá no siente dolor, daño o felicidad; no puede tener esposa e hijos, y ningún hombre puede tocarlo. Ni una sola vez se lee en el Corán que Alá sea amor. En cambio, en la Biblia el Señor no sólo es trascendente, sino también inmanente. Su voluntad es vivir con el hombre y en él. Según las Sagradas Escrituras, el Señor se nos revela no solamente en su ley, sino también en la persona de su Hijo Jesucristo (Hitchcock 2014:375-385). Juan 1:14 declara: "Y la Palabra se hizo carne, y habitó entre nosotros, y vimos su gloria (la gloria que corresponde al unigénito del Padre)."

La imagen de Dios es el reflejo del Creador en las vidas de sus criaturas

Hace años D. T. Niles, un famoso teólogo de Sri Lanka, utilizó la siguiente ilustración para ayudarnos a entender mejor la enseñanza acerca de la imagen de Dios en el hombre. He aquí un resumen y aplicación de la ilustración del Dr. Niles:

Un viajero va caminando solo por la selva, en un lugar apartado de la India. De repente se encuentra con una gran laguna que se despliega ante sus ojos. Directamente encima del viajero, en el cenit, luce una luna llena brillante y bella. No hay nubes en el cielo, tampoco hay viento. Por lo tanto, la superficie de la laguna está totalmente tranquila y plácida; no hay en ella nada de movimiento. Al fijar la mirada en la superficie de la laguna, el viajero logra contemplar toda la belleza de la luna llena perfectamente reflejada en las tranquilas aguas. No es necesario alzar la cabeza para mirar directamente a la luna, pues uno ve su imagen reflejada en la laguna. Así era el ser humano cuando fue creado por Dios, reflejaba perfectamente la gloria de Dios. Sin contemplar a Dios cara a cara, uno podía saber cómo era, pues podía ver su imagen reflejada en el hombre. Fijándose en el primer hombre y en la primera mujer, uno podía ver la bondad, el amor, la justicia, y la belleza de Dios. Mientras el viajero sigue contemplando la imagen de la luna en las aguas de la laguna, siente de pronto la inminencia de una brisa, y después un viento fuerte. El viento arrastra nubes que ocultan parcialmente el brillo de la luna llena. El mismo viento comienza a levantar olas sobre la superficie del agua. Al contemplar ahora el reflejo de la luna en la superficie de las aguas, el viajero discierne todavía la imagen lunar. Pero ya no es una imagen clara, sino una sumamente distorsionada. Ya no es posible saber cómo es la luna al contemplar su imagen en la laguna. Es lo que ocurrió cuando los seres humanos cayeron en pecado. Todavía queda algo de la imagen de Dios en el hombre caído, pero es una imagen muy distorsionada y borrosa. Ya no se puede contemplar al ser humano y decir: "Ahora sé cómo es Dios porque veo su imagen en el hombre." El único hombre en quien podemos ver perfectamente reflejada la imagen de Dios es aquél de quien Colosenses 1:15 dice: "Él es la imagen del Dios invisible, el primogénito de toda la creación." Nuestro Señor Jesucristo es la imagen visible de Dios invisible. Cuando, en Juan 14:8, el discípulo Felipe dice: "Señor, muéstranos el Padre. Con eso nos basta", Jesús responde diciendo: "¿cómo entonces dices: Muéstranos al Padre? ¿No crees que yo estoy en el Padre, y que el Padre está en mí?" En Jesucristo vemos al hombre como Dios quiso que fuera. Los cristianos siempre han insistido en que Jesucristo no sólo es verdadero Dios, sino también verdadero hombre. Además, Jesús no es tan sólo un verdadero hombre, sino que es <u>El Hombre</u> verdadero. Frente al Verbo encarnado no debemos preguntarnos: "¿Es posible que Jesucristo sea un verdadero hombre?, sino: ¿es posible que nosotros seamos verdaderos hombres? (Tomado del libro "Pecado y Salvación" de Lesslie Newbiggin, 1964, Methopress, Buenos Aires, 20-21. Newbiggin, obispo de la iglesia de la India del Sur, fue íntimo amigo del Dr. Niles).

En algunas sociedades, la fabricación de una imagen implica el intento de tener alguna clase de contacto con un dios, espíritu, o santo

Hace varios años un viajero hizo una visita a la región de Canaima, en la Gran Sabana de Venezuela. Con un guía subió a la parte de arriba del salto para visitar un pequeño poblado de indígenas. Al sacar su cámara para tomar algunas fotos de los indígenas, todos los nativos se pusieron a correr y a esconderse detrás de los árboles. "¿Por qué no quieren que les saque una foto? ¿Por qué, tienen miedo a la cámara?" preguntó el viajero al guía. "Es que saben que la cámara puede hacer imágenes de ellos. No quieren que su imagen caiga en manos de desconocidos. Según su cosmovisión, creen que al hacer una imagen de una persona, algo de su espíritu queda atrapado dentro de la imagen, sea una fotografía, una pintura o un muñeco. Si la imagen llega a manos de un hechicero, éste podría causar daño a la persona pasando alfileres por la imagen." Según su cosmovisión animista, los brujos y hechiceros de muchas partes del mundo emplean todavía técnicas semejantes para sus hechicerías. Creen que al fabricar una imagen se puede atrapar dentro de ella una parte del alma, del numen o espíritu. Hay entre nosotros personas que aún tienen un instintivo temor primordial a los retratos, las fotos, y las imágenes. En la novela *Pedro Páramo* de Juan Rulfo, el hijo del protagonista le pregunta a su madre por un retrato de su padre, pero su progenitora no tiene ninguno: "Mi madre siempre fue enemiga de retratarse. Decía que los retratos eran cosa de brujería" (1975:9).

Los reyes de Babilonia de los tiempos del AT solían construir imágenes gigantescas de sí mismos para colocarlas en las fronteras de su país. Lo hacían para proteger sus fronteras en contra de cualquier intruso. Al colocar las imágenes en la frontera, el rey decía: "Mi espíritu está presente en mis imágenes. Así puedo darme cuenta de cuándo un enemigo intenta cruzar la frontera con el fin de hacernos daño." Al cruzar el límite y entrar al territorio del rey de Babilonia y encontrarse en el camino con una de las imágenes del rey, un intruso se vería obligado a decirse: "Tengo que andar con mucho cuidado, porque he entrado al dominio del gran rey. Su espíritu está presente en su imagen y me está viendo. Por lo tanto, aquí tengo que vivir según las leyes de este rey y tratar de no ofenderlo." Así también, el hombre hecho a imagen y semejanza de Dios, ha sido puesto en la tierra como un signo de la majestad divina (von Rad 1988:71). De un modo parecido, el Espíritu del gran Rey del universo está presente en los que creen en él. Ellos, y no las estatuas e ídolos hechos por los hombres, son las verdaderas imágenes de Dios en la tierra.

Tal manera de interpretar la realidad ayuda a entender la prohibición, en el primer mandamiento, de la reproducción de imágenes del Señor: "No te harás imagen, ni semejanza alguna de lo que está arriba en el cielo, ni abajo en la tierra, ni en las aguas debajo de la tierra. No te inclinarás ante ellas, ni las honrarás" (Ex 20:4-5). Según la cosmovisión animista, con la reproducción de una imagen o la fabricación de un ídolo, es posible atrapar dentro de la imagen algo del espíritu del ser divino representado por ésta. Entonces, con prender velas a la imagen o con ofrecer sacrificios u ofrendas al ídolo, uno puede obligar al espíritu dentro de la imagen a cumplir con las peticiones de uno. En la antigüedad también se reproducían imágenes con la finalidad de atrapar las ánimas errantes y los espíritus malvados y mantenerlos sujetados dentro de la estatua o estampa. Los espartanos construyeron una estatua del traidor Pausanias con el fin de controlar su fantasma malvado (Gupta 2014:710). Esto es magia. La magia es el uso de técnicas inventadas por el hombre para lograr que Dios, los santos, los ángeles o los espíritus se presten a hacer su voluntad. La religión, en cambio, consiste en que uno se presenta ante Dios dispuesto a cumplir con la voluntad del Señor. La verdadera religión siempre dice: "¡Hágase tu voluntad en la tierra como en el cielo!"; es decir, no se haga mi voluntad, sino la tuya.

Por qué la Torá prohíbe la reproducción de imágenes del Señor

Al prohibir la reproducción de imágenes del Señor, el primer mandamiento dice: No crean que se puede atrapar al Espíritu de Dios dentro de una imagen hecha de madera, de piedra o de plata. El Espíritu de Dios no habita dentro de ídolos o imágenes hechas por el hombre. No crean que es posible manipular a Dios con la reproducción y adoración de imágenes. Hay una sola imagen en la cual el Espíritu de Dios quiere estar presente, y esa imagen es el hombre. El hombre no es como los animales, porque éstos no fueron creados para ser vehículos del Espíritu Santo. Pero el hombre fue creado para tener comunión con Dios, para cobijar dentro de su ser al Espíritu Santo de Dios y cumplir con la responsabilidad de llenar la tierra y dominarla, y ser señor de los peces del mar, de las aves de los cielos, y de todos los seres que reptan sobre la tierra (Gn 1:28).

Según la teología real de Egipto, al faraón se lo identificaba con la imagen directa de Dios en la tierra, es decir, la manifestación de la presencia divina entre los seres humanos, una réplica exacta de Dios. La idea se utilizó para justificar la tiranía que ejercía el faraón sobre sus súbditos y la explotación de los esclavos hebreos. También fomentó la idolatría. Se creía que el faraón estaba presente en todas las estatuas hechas con su imagen. Génesis, en cambio, combate la idea de que la imagen de Dios esté presente en una sola persona tan sólo. Según Génesis, todos los seres humanos, hombres y mujeres, blancos y personas de color, adultos, niños y fetos, todos llevan la imagen de Dios y, por lo tanto, son dignos de respeto, protección y amor fraternal (Burch 2012:261). No encontramos en las Sagradas Escrituras afirmación alguna que exprese que unos fueron creados para ser esclavos y otros libres. Así enseñaba Aristóteles, pero no Moisés. La idea de que solamente uno o algunos tienen la imagen de Dios, lleva al imperialismo y la tiranía, mientras que en la teología de Génesis encontramos la semilla de la democracia.

Génesis 1:28 ha sido llamado "La gran comisión del Antiguo Testamento"

En Mateo 28:19 el Cristo resucitado proclamó frente a sus discípulos lo que denominamos la gran comisión del NT: "Por tanto, vayan y hagan discípulos en todas las naciones, y bautícenlos en el nombre del Padre, y del Hijo, y del Espíritu Santo." En Génesis 1:28 leemos lo que muchos teólogos han calificado como la gran comisión del AT: "¡Reprodúzcanse, multiplíquense, y llenen la tierra! ¡Domínenla! ¡Sean los señores de los peces del mar, de las aves de los cielos, y de todos los seres que reptan sobre la tierra!" El mandato implica que los hombres estamos en la tierra para ser mayordomos de la maravillosa creación de Dios. Ser creados a la imagen de Dios quiere decir que tenemos el llamamiento de representar a Dios en la tierra y de actuar con su autoridad para mantener la belleza de la creación. El mandato del Creador implica que hemos sido bendecidos para bendecir. En otras palabras, es nuestro destino establecer en la tierra una sociedad justa, humanitaria, igualitaria, comunitaria, y creyente, en la cual no haya opresión, explotación, crimen o injusticia. El hecho de que vivimos en un mundo en que predomina la injusticia, es un testimonio elocuente de que los seres humanos hemos perdido en gran parte lo que la Biblia llama la imagen de Dios. Nos hemos olvidado de cuál es nuestra vocación. Gracias a Dios, la imagen de Dios en el hombre, perdida, comienza a restablecerse en nosotros al nacer de nuevo por el agua y el Espíritu Santo. Será totalmente restablecida en la segunda venida de nuestro Señor Jesucristo.

Hay autores que prefieren utilizar el término "Mandato Cultural" al referirse a Génesis 1:28, y "Mandato Evangélico" al hablar de la gran comisión de Mateo 28:19-20. En cierto sentido, el llamado "Mandato Cultural" corresponde a lo que llamamos el primer uso de la ley, las directrices que Dios asignó a la humanidad con el fin de establecer el reino de Dios en la tierra. Así como en la gran comisión evangélica Jesucristo envió a sus discípulos a cada rincón de la tierra, para que en su nombre prediquen el arrepentimiento y el perdón de pecados a todas las naciones (Lc 24:47), así también en la gran comisión cultural envía a los hombres a que gobiernen la maravillosa creación de Dios como mayordomos de la creación. Génesis 1:28 nos enseña que Dios quiere preservar, promover, y gobernar la creación por medio de nosotros, los hombres. Somos sus virreyes. Por medio de nosotros Dios quiere actuar y ejercer su señorío en cada rincón del mundo. Mediante la acción del Espíritu Santo en los hombres el Creador quiere estar presente en todas partes.

En las palabras de la gran comisión del AT queda expresada la voluntad del Creador de que los seres humanos se multipliquen y sean una fuente de bendición para toda la creación. El mandato formulado al hombre a reproducirse y ser una bendición para toda la creación se repite una y otra vez en la historia de la salvación. En Génesis 9:1 el Señor les dice a Noé y a sus hijos: "Reprodúzcanse y multiplíquense: ¡llenen la tierra!" En Génesis 12:2-3 Abrán recibe el llamamiento para ser una nación grande que sea una bendición para todas las familias de la tierra. Israel también recibe el llamamiento para ser una bendición y una luz para las naciones. Con Noé, Abrán e Israel el Señor inaugura un nuevo comienzo. Cada uno de ellos es un nuevo Adán, un tipo o anticipación profética del postrer Adán del que habla Pablo en 1 Corintios 15:45, y por medio de quien la nueva creación llegará a ser una realidad (Collins 2014:6-7).

La vocación y mandato que recibió el hombre de reinar sobre la creación es uno de los elementos que lo distinguen del resto. Los dos verbos hebreos que se utilizan son: *radah* (señorear) en el versículo 26, y *kabash* (sojuzgar) en el versículo 28. Ambos verbos provienen del campo semántico de la realeza e implican autoridad y poder (Voth 1992:56). Como mayordomo y representante de Dios, el hombre debe ejercer la autoridad como lo haría Dios, no despóticamente ni con tiranía, sino con cuidado, justicia, y amor. El poder que Dios le ha conferido para gobernar sobre la creación nunca fue ni es una licencia para explotar, abusar o destruir. La vocación del hombre es ser el pastor de la creación. Los grandes déspotas y tiranos denunciados por los profetas del AT, al igual que muchas empresas transnacionales que operan hoy en día especialmente en los llamados países del Tercer Mundo, son ejemplos de personas y entidades que han negado su razón de ser y se han aliado con las fuerzas del caos y la destrucción. Así demuestran ser una negación y contradicción de lo que es ser "creado a la imagen de Dios".

Dios nos creó para ser agentes de una creación continua y sostenible, una creación en la que la vida se preserva y promueve. Dios nos formó de la tierra para ser sus agentes en la lucha en contra del caos, la oscuridad, la esclavitud, y la muerte. Cuando Dios dijo: "¡Que haya luz!", libró al universo de la esclavitud del poder de la oscuridad y del caos. La creación del mundo, y en particular la de sus discípulos, los hombres, debe ser la base de toda teología de la liberación. Dios quiere que su creación se vea libre de la oscuridad, del caos, y de la muerte. La vocación de la humanidad como criaturas creadas a la imagen de Dios, siempre ha sido el florecimiento de una cultura de vida. En cambio, triste es decirlo, lo que ha predominado entre los hombres es una cultura de la muerte, no una cultura de la vida. El mandato de ejercer domino sobre el mundo no implica el uso de la violencia y la fuerza. Lutero se maravillaba del hecho de que el Creador confirió su mandato de ejercer dominio sobre la creación a dos personas carentes de armas de guerra, sin altos muros de protección, y desprovistos de ropa (1958:66).

El concepto de la vocación que los hombres recibieron de Dios es muy diferente de lo que se enseñaba en los antiguos mitos y tradiciones de Babilonia y Canaán. Según lo que se enseñaba en Ur de los Caldeos en el tiempo de Abrán, o en la Mesopotamia en el tiempo de la cautividad babilónica, los dioses se pusieron de acuerdo en crear a los seres humanos, porque estaban cansados de trabajar. Necesitaban esclavos para que les sirvieran y alimentaran por medio de los sacrificios, ofrendas, y libaciones. En el Génesis, en cambio, se dice que es Dios quien proveyó al hombre de toda la comida necesaria para vivir. El Creador le dio a Adán y Eva el fruto de todos los árboles del huerto, menos uno.

De acuerdo con las historias de creación que prevalecían entre los antiguos, los hombres fueron creados para ser esclavos de dioses caprichosos y egoístas, a quienes las vidas de aquéllos no les importaban. Los hombres y las mujeres eran simples títeres de los dioses. En Babilonia, Canaán y muchas otras partes, el pueblo vivía sometido a gran presión, pues debía servir y adorar a varios dioses a la vez, a fin de que no cayeran sobre ellos con su furia y los aniquilaran (Voth 1992:34). A diferencia de lo que enseñan las mitologías de la antigüedad, los primeros capítulos de Génesis afirman que los seres humanos no fueron creados para trabajar como esclavos de los dioses, sino que Dios los puso en un lugar seguro donde tendrían refugio y descanso. Los puso en el huerto sagrado ante su presencia, para gozar de la comunión con su Creador, adorarlo, y obedecerlo. En otras palabras, el Creador puso a los seres humanos en el Edén como reyes y sacerdotes, como un pueblo santo destinado a ser instrumento de bendición para el mundo entero (Sailhamer 1992:101).

El mensaje liberador del Génesis es que hay un solo Dios soberano, justo, eterno, y fiel

Para las personas que viven en una sociedad politeísta, el Génesis tiene un mensaje liberador: hay un solo Dios soberano, justo, eterno, y fiel. Los que viven en un ambiente politeísta, entre docenas y a veces centenares de dioses, espíritus, y demonios todos en competencia y hasta en guerra los unos con los otros, viven sometidos a una tremenda ansiedad y temor de no quedar bien y ofender a uno de los poderes o principados que supuestamente determinan su existencia. ¿Cómo saber a cuál dios acudir con tal o cuál problema o necesidad? ¿Cómo saber a cuál dios servir y adorar, si los propios dioses están en pugna los unos en contra de los otros? Cuando ocurren tragedias como la hambruna, terremotos, inundaciones y pestilencia, ¿cómo saber cuál de los dioses se siente ofendido, desatendido u olvidado? ¿A quién se deben ofrecer sacrificios de reconciliación? Y así se multiplican los altares, los santuarios, los ídolos, y los cultos. En Atenas, el apóstol Pablo se topó con un altar al "dios no conocido". Lo habían erigido los atenienses por temor a provocar la ira de un dios desconocido que pudiera sentirse marginado por la falta de sacrificios y adoración de los ciudadanos.

El monoteísmo de Génesis

Al declarar que hay un solo Dios y Creador, el libro de Génesis tiene un mensaje liberador para todos los que viven oprimidos a causa de las exigencias, caprichos, pasiones, y apetitos perversos de los miles y miles de deidades que llenan la imaginación religiosa de babilonios, egipcios, hindúes, griegos, aztecas, mayas e incas. Génesis no sólo enseña que hay un solo Dios, sino que enseña también acerca de la naturaleza de Dios. Dios es soberano y eterno. La gran mayoría de las deidades de los hindúes están sujetas a la ley del karma y la reencarnación: nacen, mueren, y renacen. En las mitologías de los pueblos germanos se habla de una *Götterdämmerung*, un ocaso de los dioses.

En la escatología de los pueblos germanos no se espera la resurrección de los muertos y el establecimiento del reino de Dios en que no habrá lágrimas, sino que se espera sufrimiento y muerte. Para los ateos de nuestro tiempo no existe una verdadera esperanza, sino solamente la extinción de todo cuando nuestro sistema solar sea tragado para siempre, según se pronostica, por uno de los agujeros negros del espacio. Al final, todo volverá al caos primigenio, a la nada, a lo que el texto de Génesis 1:2 denomina *tohu wabohu*, desorden y vacuidad. En las mitologías mesoamericanas, los dioses también caducan, pierden su poder y están sujetos a la tiranía del tiempo, la destrucción y, a un retorno al caos. En muchas culturas, los dioses y los poderes se debilitan y necesitan ser alimentados por los sacrificios entregados a ellos por sus adeptos. Son necesarios los sacrificios humanos para promover la recuperación de la salud de los dioses de la fertilidad y de las deidades solares.

Es importante notar que en el primer capítulo de Génesis no se llama al sol, la luna, y los demás cuerpos celestes por sus nombres. Son simplemente la lumbrera mayor y la lumbrera menor. Para los cananeos, los egipcios y los habitantes de la Mesopotamia, la palabra sol (*Shemesh*) y luna (*Sin* o *Selena*), fueron los nombres de importantes deidades adoradas por los antiguos. Al dejar a estas supuestas deidades sin nombres, el libro de Génesis afirma de una manera muy provocadora que el sol, la luna, las estrellas, los planetas, los monstruos marinos, animales y reptiles de toda clase, no son dioses o fuerzas que merecen nuestra adoración y culto, porque sólo el Creador de todo es digno de nuestro servicio y adoración.

El mar no es un dios, ni tampoco un enemigo declarado del Creador

Ya mencionamos que para los cananeos Yam o Tiamat, el dios de los mares, ríos, y abismos, fue uno de los grandes enemigos de Baal. Tanto en el arameo como en el hebreo, *yam* es la palabra que se traduce como mar. Según la mitología, Yam fue expulsado del sagrado monte de los dioses por las demás deidades y se convirtió en enemigo de ellas. Según algunas versiones del mito, los dioses tuvieron que pagar tributo a Yam. Finalmente, nombraron a Baal para luchar en contra de Yam. En la *Épica de Baal* se relata la terrible batalla ente

Baal y Yam, en la cual Baal sale victorioso. En el Génesis el mar (*yam*) no es un enemigo declarado de Dios y los hombres. El mar no es un enemigo al que se debe temer, o un dios al que se debe pagar tributo y rendir adoración (Albright 1968:116), sino que es una de las criaturas del Altísimo (Sargent 2014:122-130). En Isaías 40:12 el profeta pregunta: "¿Quién midió las aguas con el hueco de su mano?" En el Salmo 98:7 el mar levanta su voz en adoración a Dios que viene para juzgar la tierra: "¡Que brame el mar y su plenitud, y el mundo y todos sus habitantes! ¡Que aclamen al Señor, y que todos los montes se regocijen! El Señor viene a juzgar la tierra." En el Salmo 148:7 se convoca al mar y los monstruos marinos a acompañar al resto de la creación en un gran himno de alabanza universal. Estos pasajes deben persuadirnos a considerar al mar como parte de la maravillosa creación de Dios, y no como un terrible enemigo. Como mayordomos de la creación, nos incumbe incluir el cuidado de los mares y las aguas como parte de nuestra responsabilidad de hombres y mujeres creados a la imagen de Dios. La contaminación de los ríos, mares, y océanos, y la extinción de los monstruos marinos, son crímenes abominables que ofenden al Creador.

El hombre y los animales

Según Génesis 1:29-30, Dios provee alimento para los seres humanos y también para toda bestia y todas las aves del cielo. Los hombres tienen que compartir el alimento que produce la tierra con las bestias, las aves, y los reptiles, y no acaparar los frutos de la tierra para su uso exclusivo. Tanto el Génesis como el gran Salmo de la creación, el 104, abogan por los derechos que el Señor ha otorgado a las demás criaturas, y no sólo a los hombres. Aristóteles y los antiguos estoicos negaron tales derechos a los animales. Cicerón dijo que los animales tenían únicamente una función utilitaria, existían sólo para servir al ser humano y sus intereses. Los autores de la Biblia, al igual que los estoicos, negaron que los animales fueran seres divinos a los que había que adorar, y siempre advertían a los fieles a respetar a los animales como parte de la buena creación de Dios. Pasajes como Deuteronomio 25:4 y Proverbios 12:10 abogan por el buen trato de las bestias (Bauckham 2011:26).

En la actualidad miles de criaturas, grandes y pequeñas, han desaparecido por la destrucción de su hábitat. Otras miles más están en peligro de extinción debido a la rapacidad del hombre, que ha olvidado que su responsabilidad consiste en servir y proteger a la creación, y no destruirla. El Salmo 104:17-22 proclama que el Señor les ha asignado a las aves las ramas de los cedros del Líbano para hacer sus nidos, las altas montañas a las cabras monteses, las peñas a los erizos y las cuevas a los leones. No le corresponde al hombre apropiarse de los espacios y la alimentación que el Señor ha reservado para los animales. Hemos aprendido que la protección y cuidado de los animales y de la biodiversidad son necesarios. Lo son para el bien de los animales y el propio bien del hombre, porque sólo podemos sobrevivir siendo parte de un ecosistema en el que plantas, insectos, hongos, animales, microorganismos, y seres humanos se sirven mutuamente. Dios, en su sabiduría, ordenó a Noé construir el arca para salvar a los hombres y también a los animales (Bauckham 2011:227-228).

Dios no creó las diferentes especies de animales, peces, y aves para que el hombre las destruya, sino para reflejar la sabiduría y gloria de su creador. El Salmo 148 declara que todos los animales domésticos y salvajes, los reptiles y los pájaros deben alabar al Señor. En verdad, los animales, aves, peces, y reptiles, por su propia existencia, y por ser simplemente lo que son, rinden gloria a Dios. El Creador ciertamente se deleita en las obras de las manos de los hombres, pero también en el canto de las aves, los colores de las mariposas, peces, y corales, las travesuras de los gatitos y la fuerza del león. En Job 38 y 39 el Señor insta al patriarca a contemplar con asombro y reverencia la gran diversidad de animales cuyos caminos el hombre no conoce. El Salmo 104:26 expresa que el Señor creó al Leviatán para jugar con él. Se ha dicho que el Señor se deleita más en el croar de las ranas que en los interminables rezos de los hipócritas, que creen que serán escuchados por la cantidad de las vanas repeticiones que salen de sus bocas, pero no de sus corazones. Una lectura de tales pasajes debe convencernos de que la filosofía del utilitarismo carece de apoyo bíblico.

La buena nueva de la creación

Ante la gran multitud de creencias cosmogónicas equivocadas, tanto antiguas como posmodernas, el mensaje que nos brinda Génesis 1 y 2 es evangelio puro, es decir, buenas nuevas. El Creador es soberano. No existe fuerza o poder más grande que él. Nuestro Dios y Señor no está sujeto al tiempo o la segunda ley de la termodinámica, que afirma la caducidad de todas las fuerzas existentes en el universo. De no ser así, el tiempo, la termodinámica, y la muerte serian la última realidad, es decir, dios. Los primeros dos capítulos de Génesis realmente son una liturgia que celebra el hecho de que el Creador es Señor del tiempo y de las leyes de la termodinámica. Él es quien nos sacó del caos primigenio, del *tohu wabohu*, nos dio la existencia y nos nombró agentes de su soberanía, justicia, y amor en la tierra.

El evangelio de la creación tiene un mensaje de esperanza para nosotros, seres mortales. Si el soberano Dios nos sacó de la nada y del caos primigenio, y si él nos dio la existencia y una razón de ser, también es capaz de rescatarnos del poder de la muerte, del pecado y de todas las fuerzas destructivas, tanto materiales como espirituales. Por medio de su Palabra, el Creador puso orden donde había desorden, luz donde había tinieblas, y un mundo material donde existía el caos. El relato bíblico de la creación brindó consuelo y esperanza a los israelitas que habían vivido la pesadilla de la derrota, del exilio, de la cautividad, y de la esclavitud. Y los ayudó todas las veces que se sintieron tentados a dudar de la soberanía del Señor. Con frecuencia las Escrituras hablan de la creación del mundo como la construcción de un gran edificio. En la literatura del antiguo Cercano Oriente se encontraron muchos himnos que lamentan la caída de grandes edificios y construcciones debido a terremotos, acciones bélicas, la debilidad de los materiales de construcción y la ineptitud de los constructores. Uno de los lamentos más famosos es el que se entonaba en razón de la destrucción de Ur de los caldeos, la ciudad natal de Abrán y su familia.

La pregunta que atormentó a muchos de nuestros antepasados fue: nuestro mundo, ¿está al borde del colapso? El cosmos, ¿tiene bases firmes? ¿Es la tierra solamente una pequeña isla inestable, que flota en un inmenso mar que en cualquier momento podría tragarse todo lo que existe? Tanto el libro de Génesis, como los Salmos y los Escritos, al hablar de la historia de la creación afirman: "¡Del Señor son la tierra y su plenitud! ¡Del Señor son el mundo y sus habitantes! ¡El Señor afirmó la tierra sobre los mares!" (Sal 24:1-2). El Señor le pregunta a Job: "¿Dónde estabas tú, cuando yo afirmé la tierra?... ¿Sobre qué están sentadas sus bases? ¿Quién puso su piedra angular mientras cantaban las estrellas del alba?" (Job 38:4-7). El cosmos cuenta con una buena estructura. No se debe temer el colapso del edifico del mundo de un momento a otro, porque su constructor no es un hombre, sino Dios. No debe haber temor de que las fuerzas del caos acabarán pronto con nuestro mundo. El enemigo más temible que tiene nuestra tierra no es ninguna fuerza extraterrestre, sino el hombre, al hacer caso omiso a su vocación de mayordomo de la creación (Goldingay 2003:86-87). En Génesis, Job, y Salmos, se presenta el relato de la creación con la finalidad de estimular la fe y la esperanza.

Hasta el relato del juicio pronunciado por Dios sobre Adán, Eva, y la serpiente, tiene para nosotros un mensaje de esperanza. El supremo ser a quien debemos nuestra existencia, es Dios justo que no tolera la injusticia, el engaño, y la mentira, que tanto abundan en nuestra sociedad. El Señor Dios no es como los dioses de los paganos que se compran, sobornan o engañan. Dios verdadero es santo, y por lo tanto, no puede ignorar el pecado. El pecado tiene que ser juzgado. La injusticia que sufrimos los hombres tiene que ser eliminada. Pero, como podemos ver en la historia de Adán y Eva, Dios no sólo juzga el pecado y los pecadores, sino que también tiene un plan para su restauración y salvación. Es un plan que encuentra su realización en la venida de un libertador que nos salva de los poderes del pecado y la destrucción, latentes en nuestro ser. Él tiene un plan para aplastar debajo de sus pies la cabeza de todo lo que es y representa la serpiente. El Creador es justo, y porque es justo, juzga pero también justifica. Puesto que hemos sido creados a su imagen, la tarea de promover el justo juicio de Dios y el mensaje de la justificación es parte de nuestra vocación. Es parte del llamamiento que hemos recibido como criaturas hechas a su imagen y semejanza.

Según Génesis, el hombre tiene un llamamiento, una vocación, una razón de ser. La vocación es parte del evangelio del A.T. Es una orden de Dios para atender y servir a la buena creación divina. La vocación del hombre es servir, cuidar y preservar la vida. Como Jesucristo, el Hijo del Hombre, el primer hombre tiene el llamamiento para dedicar su vida a lo que el Padre en su amor ha creado, y no para que lo sirvan.

La historia de la creación nos motiva a creer que la aparición del hombre en el universo no es un accidente de las fuerzas del caos, sino parte de un maravilloso plan del supremo Creador. Los hombres y mujeres no somos unos mutantes extraños cuya existencia carece de un plan o propósito. Somos parte del proyecto del Creador para llenar el universo con vida y amor. Tenemos un papel muy importante que cumplir. Yo soy quien soy, porque antes de que yo fuera, Dios es el gran "Yo soy". Fui llamado, y mi Creador me ordenó ser un instrumento de paz. He sido bendecido con el don de la vida a fin de ser una bendición para la creación.

Muchos mitos de creación se han utilizado para justificar la explotación de la tierra y de los hombres. Según los mitos de los pueblos del antiguo Cercano Oriente, nunca se consideró a los hombres como seres creados a la imagen de Dios bueno, justo, y misericordioso. Solamente los grandes reyes, tales como los faraones de Egipto o los emperadores de Babilonia, eran considerados portadores de la imagen divina. Es que se creía que los faraones y emperadores nacían del enlace sexual entre uno de los dioses y un ser humano. Acorde con tal concepto de creación, los poderosos de la tierra justificaban la explotación de las masas con el pretexto de ser seres divinos. Los mitos les conferían autoridad a los poderosos para someter, maltratar, y esclavizar a las masas. Visto desde esta perspectiva, es posible apreciar cómo la historia de la creación de Génesis 1 pudo ser una verdadera teología de liberación, no sólo para los esclavos hebreos en Egipto, sino también para los habitantes de las ciudades estados de Canaán, que vivían dominados por los tiranos que reclamaban para sí mismos toda clase de derechos divinos. Según algunos historiadores, muchos habitantes no hebreos que vivían en Palestina, llegaron a aceptar al Señor como su libertador, y quedaron así incorporados a alguna de las doce tribus de Israel. Así se explica la presencia de tantos nombres jebuseos y filisteos entre los oficiales de David y Salomón.

Todo lo creado era bueno en gran manera

Tanto la creación material como la espiritual son consideradas producto de la mano creadora de Dios, y por lo tanto lo material y lo espiritual se describe como bueno en gran manera. Las cosmologías del Lejano Oriente, del gnosticismo, y de algunos filósofos griegos, consideran que solamente las realidades espirituales proceden del Creador, Dios supremo. Lo material, en cambio, es el producto de otros espíritus inferiores. Por esta razón, las cosas materiales son inferiores a las espirituales y no son capaces de ser portadoras de poderes, conocimientos o bendiciones espirituales. En algunas mitologías y cosmogonías se declara que el espíritu es bueno y la materia es mala. Hasta hay quienes creen que nuestros espíritus son puros porque son una chispa de Dios o del Gran Espíritu, en tanto que nuestros cuerpos, siendo malos, deben someterse a toda clase de mortificación, castigo, ayuno y hasta mutilación.

Las Escrituras nunca condenan al cuerpo humano

Jesucristo, a diferencia a muchos maestros, gurús, y sabios, nunca condenó al cuerpo humano, ni a la materia en sentido estricto. Si lo hubiera hecho, habría negado su propia encarnación. Tanto el NT como los antiguos credos de la iglesia afirman que Jesucristo es verdadero Dios y, al mismo tiempo, verdadero hombre. Puesto que todos los seres humanos, tanto hombres como mujeres, fueron creados a la imagen de Dios, todo hombre tiene que ser respetado como una criatura creada para vivir en comunión íntima con su Creador. Quiere decir que las personas inválidas que sufren toda clase de impedimentos físicos, espirituales, y mentales, no dejan de ser hombres, mujeres, niños o fetos creados a la imagen de Dios. Mefiboset, el hijo de Jonatán, no dejó de ser miembro del pueblo de Dios al quedar paralítico, ni Isaac dejó de ser el gran patriarca y portador de la promesa al quedar ciego. En el relato del hombre nacido ciego, en Juan 9, Jesús enseñó a los suyos que los impedimentos del cuerpo y la mente no son el resultado de una maldición divina, del mal karma o la violación de un tabú por parte de los padres de uno. Las personas no pierden su estatus como miembros de la familia de Dios cuando se abusa, tortura, mutila o viola sus cuerpos físicos, cosas que todavía suceden en nuestro mundo moderno. Por tal razón, los que siguen al Hijo del Hombre no niegan la participación en la Cena del Señor a personas que se consideran inmundas e indignas a sí mismas por los terribles abusos que han sufrido en cuerpo, mente, y alma. Recordemos que el pan y el vino que recibimos en la Eucaristía son el cuerpo y sangre de aquél que fue torturado, abusado, y violentado en lugar de nosotros (Reagan 2013:49).

En su carta a Timoteo el apóstol Pablo nos habla de espíritus engañadores que se levantarán en los postreros tiempos, prohibiendo el matrimonio y mandando que se abstengan de alimentos que Dios creó para que con acción de gracias participaran de ellos los creyentes (1 Ti 4:3). La prohibición de casarse, de comer carne y otros alimentos, proviene de un concepto equivocado de la creación, que dice que las cosas y actividades materiales o carnales no son de Dios. Ha habido sectas, y todavía las hay, que afirman que el matrimonio fue creado por el diablo y que la fruta prohibida que provocó la caída en pecado de Adán y Eva en Génesis 3, fue el primer acto sexual entre un hombre y una mujer. En contra de tal interpretación errónea, Génesis 1 y 2 declaran sin ambages que el matrimonio y las relaciones íntimas entre esposo y esposa son parte de la buena creación de Dios. El mandato de fructificar y multiplicarse fue dado en el huerto de Edén, antes de la entrada del pecado en el mundo. Quien unió al primer hombre con la primera mujer fue Dios y no el diablo. En tanto que muchos budistas creen que las cosas materiales, incluyendo el matrimonio, son *maya*, o sea, pura ilusión, los rabinos judíos, basándose en el mandato de fructificar y multiplicar en Génesis 1:28, obligaban a todo varón del pueblo de Israel a casarse y tener hijos. Si un varón llegaba a la edad de 21 años sin haberse casado ni haber tenido hijos, corría el riesgo de ser denunciado como pecador y disciplinado por la sinagoga por no haber acatado el mandato de fructificar y multiplicarse.

Sin lugar a duda, los argumentos en favor del celibato y monacato, que encontramos en la teología monástica del tiempo de Lutero, se deben mucho más al budismo que a la teología de la creación de Génesis. El matrimonio y las relaciones íntimas entre esposos son parte de la buena creación de Dios. Son bendiciones por las cuales se debe dar gracias a Dios. Toda cosa material, como también la espiritual, es pasible de ser abusada. No es un secreto que el matrimonio y las relaciones íntimas pueden malinterpretarse, dárseles un uso equivocado y hasta ser la causa de mucho sufrimiento. Pero también pueden constituir una de las bendiciones más grandes de nuestra vida temporal. Jesucristo nunca condenó al matrimonio ni a la sexualidad.

GÉNESIS 2

En Génesis 2 se encuentra la historia de la institución del séptimo día como día de reposo, una descripción del hombre en el huerto de Edén y un relato detallado de la creación de la mujer. El hecho de que Dios descansó el séptimo día no quiere decir, como creen algunos, que después de hacer todo se retiró de su Creación para dejar el gobierno del mundo en manos de los ángeles, de otras deidades inferiores, y de los hombres. No quiere decir tampoco que el Señor dejó andar al mundo por su propia cuenta, como un reloj u otra máquina que funciona sin la necesidad de la intervención de su hacedor. Los Salmos 8, 19, y 104, entre otros, enfatizan la presencia y la participación del Creador en su creación. Lo que recalca Génesis 2:1-4 es que el Señor no necesita crear otro mundo, pues por medio de la Palabra estableció todo lo necesario para la vida de los hombres. Ahora se convoca a los seres humanos a guardar el séptimo día como un día de alabanza y adoración en el gran templo de la naturaleza. No encontramos en Génesis ningún mandamiento que ordene al hombre celebrar cultos semanales en un tabernáculo, templo o santuario especial (Goldingay 2003:129). Lutero recalca que desde el principio el séptimo día fue santificado a fin de estimularnos a glorificar al Creador, y recordar que la adoración de Dios y nuestra comunión con él son la razón de ser del hombre. Dios no necesita un día para descansar, dice Lutero. Ni tampoco los perros, gatos, chivos u ovejas necesitan un día de reposo, adoración, y alabanza. El día de reposo fue establecido para nosotros, los hombres, para recordarnos que no fuimos creados para la vida temporal únicamente, sino también para la vida eterna (Lutero 1958:80-81).

Con la institución del séptimo día como día de reposo, se estableció la primera iglesia. El hombre Adán fue puesto en el huerto como rey y sumo sacerdote en el templo del Edén. Al leer la descripción del tabernáculo en el libro de Éxodo, y del templo de Salomón en el libro de Reyes, se percibe que tanto el tabernáculo como el templo fueron construidos y adornados cual réplicas en miniatura del templo o casa de Dios que fue el huerto de Edén. Según Josefo, la división del templo en tres partes (patio, lugar santo, y lugar santísimo) correspondía a la división del cosmos en mar, tierra, y cielo. Tanto para Josefo como para Filón de Alejandría, las siete lámparas de la *menorá* representaban el sol, la luna, y los cinco planetas visibles en el firmamento: Mercurio, Venus, Marte, Júpiter, y Saturno. Josefo afirma que los doce panes de la presentación del tabernáculo simbolizaban los doce meses del año y los doce símbolos del zodíaco. En otras palabras, el templo y su culto significaban la creación y el cosmos, el servicio del tabernáculo y del templo. De manera que la adoración del Creador en su casa fue necesaria para la preservación y bienestar del cosmos (Barton 2015:362).

Tanto en el Edén como en el templo de Salomón había oro, plata, y toda clase de piedras preciosas. En el templo había representaciones de los querubines que guardaban la entrada del huerto de Dios. En el centro del jardín de Edén se encontraba el árbol de la sabiduría con la fruta prohibida, mientras que en el templo había una representación de dicho árbol, la *menorá*, el famoso candelabro de oro puro (Ex 25:31, 37:17-22). En el huerto también se encontraba el árbol de la vida. Según los rabinos, el rollo de la Torá era el árbol de la vida en el templo.

Vale la pena mencionar que hay eruditos (Walton, Sailhamer, Postell, T. K. Lim) que creen que solamente en Génesis 1:1 se habla de la creación del universo de la nada. El evento tuvo lugar en un pasado indeterminado, mucho antes de los acontecimientos relatados en el resto del Pentateuco. Según los mismos estudiosos, la historia que se relata en Génesis 1:2 hasta 2:3 no es la creación del cosmos, sino un relato de cómo Dios preparó el huerto de Edén para ser un lugar muy especial y sagrado, en el que los hombres pudieran vivir en comunión con él. Es decir, el huerto de Edén se preparó como un gran templo en el que Dios estuviera presente. Y Adán, que fue creado en otra región del planeta, fue llevado al Edén a fin de que fuese rey y sumo sacerdote en el templo del Paraíso. Según tal interpretación, muy de moda entre algunos prominentes exégetas evangélicos, Génesis 1:2-2:3 debe entenderse como la inauguración del templo del Edén, una ceremonia que duró siete días (Postell 2011:58-59). Los límites geográficos del huerto de Edén, según estos mismos eruditos, fueron los mismos que más tarde tuvo la tierra de Israel prometida a Abrahán y sus descendientes.

Al interpretar así el libro de Génesis, la expulsión de Adán y Eva del Paraíso se entiende como una anticipación profética del destierro de los descendientes de Abrahán de la Tierra Prometida hacia Babilonia, un país ubicado al este de Canaán. Así como Adán fue expulsado a un lugar al este de Edén, lo mismo les sucedió también a sus descendientes. Hay quienes consideran que Edén correspondía geográficamente a la misma región del mundo que más tarde se llamó Israel. La identificación geográfica de Palestina con el huerto de Edén se puede encontrar también en los escritos de unos cuantos autores rabínicos, y hasta en algunos de los libros del reformador Martín Lutero. Sin embargo, por muy interesantes que parezcan estas ideas, no pueden comprobarse por medio de los datos arqueológicos y geográficos que tenemos a nuestra disposición. Además, el enfoque del NT se da más bien en el advenimiento de la nueva creación, y no en la ubicación de la vieja creación. Algunos intérpretes evangélicos creen que el NT propone la construcción del templo como el tema central de la Biblia. Pero en realidad no es así, como tampoco lo es que el templo une los dos testamentos.

El templo y el tabernáculo del AT fueron instituidos como lugares en los que el hombre caído en pecado pudiera acercarse a Dios, presente con la humanidad en el huerto de Edén. Es decir, el templo de Salomón sirvió como un recuerdo, pero no como una réplica o sustituto del paraíso perdido. El templo del AT fue más bien un símbolo provisional de Jesucristo, en quien la humanidad caída en pecado podría acercarse a su Creador. El libro de Apocalipsis declara que no habrá un templo en la nueva Jerusalén. La encarnación, muerte y resurrección de Jesús han hecho superfluo todo intento sionista o milenarista de reconstruir el templo en Jerusalén. Jesucristo reemplazó en su persona al templo y sus servicios (Jn 2:19-22). Según las epístolas de Pablo, los que creen en Jesucristo (sean gentiles o judíos), son un nuevo templo espiritual no hecho con manos, en el cual se mueve y actúa el mismo Espíritu de Dios que se movía sobre la superficie de las aguas primigenias (Block 2013:3-29).

Los diez toledot

Antes de comenzar la descripción del huerto de Edén y el relato de la creación de la mujer, el autor de Génesis nos dice: "Éstos son los orígenes de los cielos y la tierra cuando fueron creados" (2:4 RVR). Otras traducciones del mismo versículo expresan: "Ésta es la historia de la creación del cielo y la tierra." La palabra hebrea traducida como orígenes, descendientes, genealogías o historias familiares, es *toledot*, un término que aparece cinco veces en los primeros once capítulos de Génesis y cinco veces en lo que resta del libro. El mismo término, que siempre aparece en forma plural, también se traduce como "generaciones" o "genealogía" (Blenkinsopp 2011:4). Según parece, el autor sagrado organizó el contenido de Génesis a base de las diez generaciones o *toledot*. Es decir, las diez generaciones (*toledot*) fungen como un bosquejo de la historia del mundo primitivo y de los patriarcas del pueblo escogido. La historia del mundo primitivo, en los capítulos 1-11, funge en la estructura de Génesis como una introducción a la historia de Abrahán, Isaac, Jacob y los doce patriarcas. De modo similar, San Mateo comienza su evangelio con una genealogía o *toledot* en el primer versículo de su libro: "Libro de la genealogía de Jesucristo, hijo de David, hijo de Abrahán, etc." Los diez *toledot* del libro de Génesis son los siguientes:

Génesis 2:4 *Toledot* del cielo y la tierra (1:1-4:26)
Génesis 5:1 *Toledot* de Adán y sus descendientes (5:1-6:8)
Génesis 6:9 *Toledot* de Noé y el Diluvio (6:9-28)
Génesis 10:1 *Toledot* de los 3 hijos de Noé y sus descendientes (10:1-11:9)
Génesis 11:10 *Toledot* de Sem y sus descendientes (11:10-26)
Génesis 11:27 *Toledot* de Taré
Génesis 25:12 *Toledot* de Ismael
Génesis 25:19 *Toledot* de Isaac
Génesis 36:12 *Toledot* de Esaú
Génesis 37:22 *Toledot* de Jacob y sus doce hijos

Un relato detallado de la creación del hombre y la mujer

Aunque muchos de los autores que todavía siguen los postulados de la Hipótesis Documental creen que el relato de la Creación en Génesis 1 y 2 proviene de dos autores o dos fuentes diferentes, otros afirman que en estos capítulos tenemos dos historias igualmente impresionantes y maravillosas que provienen del mismo autor. Dicho de otra manera, en Génesis 1 tenemos la historia más generalizada de la creación del hombre, mientras que en Génesis 2 el autor añade a su relato del capítulo uno, una historia más detallada de la creación del hombre y la mujer. (Arnold 2009:4). Las dos historias de la creación han de entenderse como las dos caras de una misma moneda, y no como dos historias totalmente diferentes. En la historia de la creación el autor sagrado enfatiza que tanto el hombre como la mujer fueron creados a la imagen de Dios. Ambos llevaban la dignidad divina. Ambos recibieron la autoridad de mayordomos y administradores de la creación. Ambos contaban con el privilegio y la responsabilidad de oír la palabra de Dios, o sea, la Torá, y obedecerla. Según Lutero, la creación de la primera familia humana fue a la vez la creación de la primera iglesia.

El hombre formado del polvo de la tierra

En Génesis 2:7 leemos que el Señor Dios formó al hombre del polvo de la tierra del modo en que un alfarero forma del barro una vasija. El sustantivo hebreo que se traduce como hombre en este versículo es *adam*, que proviene de la raíz *adama* que quiere decir tierra. Es decir, el hombre cuyo nombre quiere decir tierra, fue formado de la tierra, su vocación es cultivar la tierra, y después de la muerte volverá a la tierra (Arnold 2009:58). Aquí, en el v 7, la palabra *adam* se emplea para designar al género humano en general. Más tarde, en Génesis, Adán es el nombre de un hombre en particular, el esposo de la primera mujer. En nuestra lectura de Génesis debemos tener presente que la historia de Adán es, a la vez, la historia del primer hombre y la historia del género humano en general, es decir, nuestra historia. No me es posible leer la historia de la creación, de la vocación, caída en pecado, y restauración de Adán, sin aceptar que la historia del primer hombre es también mi historia. Las historias del libro de Génesis no son solamente ventanas que nos permiten observar los comienzos de la humanidad, sino también espejos en los que nos vemos reflejados a nosotros mismos.

Génesis 2 no es el único pasaje de las Escrituras en que se describe a Dios cual alfarero. En Jeremías 18 tenemos la señal del Señor como el alfarero divino que formó la casa de Israel del barro que moldea el alfarero sobre la rueda. En el libro de Job, un escrito en el cual encontramos muchos ecos de la historia de la creación, el protagonista del libro declara: "Tú, con tus propias manos me formaste; ¡me hiciste y me rehiciste! Recuerda que fuiste tú quien me dio forma, ¿y ahora deshaces ese barro que moldeaste?" (Job 10:8-9). En 2 Corintios 4:7, Pablo expresa: "Tenemos este tesoro (salvación en Cristo) en vasos de barro (nuestro ser), para que se vea que la excelencia del poder es de Dios, y no de nosotros." Nuestro Dios, el divino alfarero, nos hizo, nos moldeó y nos formó del barro a fin de que fuéramos las vasijas en las cuales debe vivir el Espíritu de Dios.

El hecho de que el Creador formara al ser humano del polvo de la tierra y soplara en su nariz aliento de vida (2:7), ha inducido a algunos intérpretes a concluir que los hombres poseen una naturaleza doble, una corruptible y la otra inmortal, semejante a la de Dios. Y concluyeron además, que al morir el hombre, la parte corruptible vuelve al polvo, mientras que el espíritu incorruptible vuelve a su fuente y llega a ser nuevamente parte de la esencia divina. Otros pensadores cristianos opinan que tal concepto tiene su origen más bien en Platón y no en las Escrituras, las cuales enseñan que el hombre tiene una sola naturaleza. Cuando el hombre muere, muere tanto en cuerpo como en espíritu, y cuando sea resucitado, lo será tanto en cuerpo como en espíritu (Nygren 1982:230).

Los que mantienen que el hombre tiene dos naturalezas, tienden a hacer una separación demasiado burda entre cuerpo y espíritu. Exaltan al espíritu y las cosas espirituales en menoscabo del cuerpo y la materia. Catalogan al espíritu humano como bueno porque procede de Dios, y consideran al cuerpo como inferior o malo porque es material y viene de la tierra. Ante tal postura, el intérprete bíblico tendrá que insistir que el cuerpo y la materia son parte de la buena creación de Dios y, por lo tanto, serán parte de su reino futuro. A los que niegan por completo cualquier dicotomía entre cuerpo y alma, tendremos que recordarles los pasajes en los que los autores inspirados hablan de una existencia del ser humano, aparte de su vida en un cuerpo material (Flp 1:23-24; Mt 10:28; 2 Co 5:1-5; Lc 23:43), aunque en ningún momento las Escrituras afirman que el espíritu del hombre es de suyo inmortal (Moeller 2012:81-82).

El huerto de Edén

Génesis 2 habla del Señor cual alfarero divino, y al mismo tiempo también como el jardinero divino que plantó un huerto en Edén e "hizo crecer todo árbol deleitable a la vista y bueno para comer" (2:9). La palabra Edén proviene de una raíz que tiene el sentido de placer o delicia. La palabra "paraíso" es de origen persa y significa un bello jardín que, por la gran cantidad de diferentes flores y árboles que contiene, parece un pequeño jardín botánico. En el centro de tales paraísos se encontraba, con frecuencia, un templo y una residencia real. Los jardines de delicias se construyeron como representaciones del paraíso original que se perdió con la entrada del pecado en el mundo. Dentro del gran jardín botánico de la ciudad de Saint Louis, Missouri (EE.UU. de N.A.), se ha construido un jardín otomano semejante a los viejos huertos de delicia del antiguo Cercano Oriente.

En medio del jardín de delicias original, el Señor Dios hizo crecer dos árboles: el árbol de la vida y el árbol de la ciencia del bien y del mal. El árbol de la vida parece ser uno cuya fruta u hojas otorgaban larga vida o hasta inmortalidad a los hombres. En las tradiciones de muchos pueblos de la antigüedad hay historias de un árbol sagrado o mágico, que es símbolo de la inmortalidad y que se encuentra en medio de un huerto sagrado. Lutero afirma que antes de la caída en pecado el árbol de la sabiduría era para Adán iglesia, púlpito, y altar (1952:95). El huerto sagrado en sí debe ser entendido como un santuario, un lugar sagrado o templo en el cual Dios está presente. El templo que más tarde construyó el rey Salomón en medio de un huerto, fue una representación arquitectónica del huerto de Edén. La *menorá* o candelabro sagrado dentro del tempo, fue un símbolo o representación del árbol de la vida. Nótese que el Señor Dios no prohibió al hombre y a la mujer comer del fruto del árbol de la vida, sino del árbol de la sabiduría.

¿Dónde estuvo ubicado el Edén del cual nos habla el libro de Génesis? Es una pregunta que ha inquietado a muchos historiadores, teólogos, arqueólogos, y exploradores durante siglos. La mención del río Éufrates en Génesis 2:14 dio lugar a que muchos propusieran que el Edén se encontraba en Mesopotamia, en lo que hoy es el país de Irak. Cuando Cristóbal Colón se encontró con los cuatro brazos principales del río Orinoco, durante su tercer viaje de exploración, creyó haber descubierto los cuatro ríos mencionados en Génesis 2. Según los cálculos del gran marinero, el paraíso tendría que haber estado ubicado río arriba, en lo que hoy es Venezuela. Unos cuantos teólogos evangélicos modernos, han llegado a la conclusión de que el Edén se encontraba donde siglos más tarde se ubicó la Tierra Prometida de Israel. Según las teorías de intérpretes como John Sailhamer, la entrada del pueblo de Israel en la tierra que fluía leche y miel debe entenderse como un retorno al paraíso de los descendientes de la simiente sagrada. Y su expulsión del Edén fue una antelación de la cautividad babilónica. Otros intérpretes, en consonancia con Lutero, aseveran que el mundo cambió tanto a causa del diluvio, que es imposible determinar la ubicación del huerto de Edén. Así como se perdió la imagen de Dios en el hombre, nos dice Lutero, así se perdió el jardín de Edén (Lutero 1952:90). Lo que sí sabemos es que los que mueren confiando en Jesús, como el ladrón arrepentido, estarán con el Señor en el paraíso (Lc 23:43). "Después me mostró un río límpido, de agua de vida. Era resplandeciente como el cristal, y salía del trono de Dios y del Cordero. En medio de la calle de la ciudad, y a cada lado del río, estaba el árbol de la vida, el cual produce doce frutos y da su fruto cada mes; las hojas del árbol eran para la sanidad de las naciones" (Ap 22:1-2).

Los nombres sagrados Elohim y Yahvé

Debe notarse que en esta parte de Génesis se hace referencia a Dios como *Yahvé Elohim*, es decir, con dos nombres divinos. En el AT se utiliza, por lo general, el nombre *Elohim* (el plural de *El*, que significa Dios) para designar al Ser Supremo de todo el cosmos, de todos los pueblos, y de todos los hombres. El nombre *Yahvé*, en cambio, es el nombre divino que le fue revelado a Moisés en la historia de la zarza ardiente. *Yahvé*, que significa "Yo soy el que soy", fue el nombre dado a conocer a los hijos de Israel. *Yahvé* es el nombre del Dios de Israel. Solamente los miembros del pueblo de Israel tuvieron el derecho de clamar a Dios usando el nombre sagrado, *Yahvé*. Otros pueblos pudieron invocar a Dios utilizando el nombre *Elohim*. El hecho de que se utiliza en Génesis 2 el doble nombre, *Yahvé Elohim*, es para hacer constar que Dios Creador que hizo los cielos y la tierra es, a la vez, el mismo Dios que llamó a Abrahán y escogió a Israel para ser su pueblo. El Señor de las naciones es el Dios de Israel y no otra deidad (Arnold 2009:56).

La creación de la mujer

El Creador declara: "No está bien que el hombre esté solo" (2:18). Es el Creador, él mismo, quien por medio de un nuevo acto de creación conforma a la mujer y la trae al hombre. La nueva creación es tan maravillosa y asombrosa como la primera. Con la bendición de Dios el hombre y la mujer llegan a ser una sola carne, es decir, entran en un pacto de unión, fidelidad, y apoyo mutuo. Nada encontramos aquí de la idea, tan extendida en muchas sociedades antiguas, según la cual la mujer era vista como un hombre incompleto o defectuoso, un ser que durante su concepción había sido víctima de un accidente, o tabú, que impidió que naciera hombre. En otras palabras, un ser inferior. En el relato de Génesis, la mujer, al igual que el hombre, fue creada a la imagen de Dios y, por lo tanto es digna del mismo respeto y gloria dados al hombre. Puesto que no es bueno que el hombre esté solo, concluimos que los seres humanos fueron creados para vivir en sociedad y en familia. La soledad no nos conviene, pues fuimos creados seres sociales. En su gran comentario sobre Génesis, Lutero no sólo rechaza la idea de Aristóteles de que la mujer sea un hombre defectuoso, sino también la opinión de que el hombre fuera originalmente un ser bisexual que después se dividió para dar lugar a hombre y mujer (Lutero 1958:70). El Reformador asevera que la creación de la mujer de la costilla del hombre es un hecho tan asombroso y maravilloso como el de la creación del hombre del polvo de la tierra

(1952:123). Todavía más asombrosa y maravillosa es la creación de los hijos mediante la unión sexual del hombre y la mujer (1952:125).

La declaración "le haré una ayuda a su medida" (2:18), indica que Dios puso a los seres humanos en el huerto de Edén y en el mundo, para cooperación mutua. La palabra hebrea *dabaq,* que se traduce como unir en nuestras biblias en castellano, señala una relación mutua permanente, un compromiso de apoyo en el cumplimiento de la vocación que el Señor ha dado a los seres humanos. La colaboración más importante que realiza la mujer en la unión, estriba en su capacidad de dar a luz nuevos seres humanos (Goldingay 2003:105, 106). Tan sólo mediante la cooperación podrán los hombres sobrevivir, cumplir con lo que hemos denominado el "mandato cultural", y ser iglesia. Pero, como veremos más adelante, una de las consecuencias de la caída en pecado ha sido la tendencia del hombre de rivalizar –no cooperar–, competir, y actuar agresivamente con sus semejantes. En nuestras sociedades occidentales existe un énfasis exagerado por la competencia. El espíritu competitivo ha hecho estragos en nuestra vida económica, social, política, y religiosa. Ha creado brechas serias entre nación y nación, entre hombre y mujer y hasta entre el clero y los laicos. Tal espíritu de competencia fácilmente nos conduce no sólo al abuso de poder, sino también a la legitimación religiosa de tal abuso (Pickard 2010:434).

Algo que distingue a la historia bíblica de la creación de casi todos los mitos de la creación del antiguo Cercano Oriente, es el relato de la creación de la mujer. Hesíodo (siglo 8 aC) es el único escritor de la antigüedad que relata la creación de la mujer. En la óptica del autor griego, la creación de la mujer fue la causa principal de todos los problemas y turbaciones en la vida de los hombres (Goldingay 2003:106). En cambio en Génesis, no fue hasta después de la creación de la mujer que Dios declaró que todo lo que había hecho era bueno en gran manera (1:31).

Vale la pena recordar aquí la celebrada discusión que tuvo Hildegard von Bingen O.S.B. (1098-1179) con su obispo. Conocida en la historia como abadesa, compositora, mística, filósofa, científica, y teóloga, Hildegard fue uno de los personajes más famosos de la Edad Media. Personas de toda Europa procuraban sus consejos, opiniones, y ayuda espiritual. La fama de Hildegard llegó a provocar los celos de su obispo, quien en una ocasión fue a visitarla en su convento. "Mujer atrevida –le recriminó el obispo– te has metido en todas las artes y campos de la investigación, como si fueras un varón. Seguramente te crees igual, y hasta superior a los hombres. Es a los varones a quienes Dios ha dado toda autoridad en el mundo y en la iglesia. Dime, Hildegard, ¿por qué Dios creó primero al hombre y sólo después a la mujer?" "Mi buen obispo –le contestó la abadesa– en la historia de la creación se observa una progresión: primeramente fueron creadas las criaturas más simples y brutas, y después las más inteligentes. Por último Dios creó la más perfecta de sus criaturas, no el varón, sino la mujer." Frustrado, el obispo volvió al ataque: "Dime, entonces: ¿por qué la segunda Persona de la Santísima Trinidad escogió nacer hombre y no mujer?" "Debe ser obvio –replicó Hildegard– que para salvarnos de la eterna destrucción nuestro Señor quiso identificarse con la creación caída en pecado en su forma más vil y despreciable, en otras palabras, con el hombre y no con la mujer."

El plan de Dios para los seres humanos es la monogamia, no la poligamia

Los rabinos judíos solían emplear el pasaje acerca de la creación de la mujer para enfatizar que la voluntad de Dios respecto a los seres humanos es la monogamia. El Creador hizo para Adán una sola mujer, no dos o tres. El hecho de que después los hombres, incluso algunos de los patriarcas, comenzaran a practicar la poligamia, no fue voluntad del Creador. Jesús también subrayó que al principio el Creador hizo un solo hombre y una sola mujer para constituir el primer matrimonio, el matrimonio modelo. Según la Torá, son los déspotas y tiranos, como el faraón de Egipto y el rey de los filisteos, quienes codician y toman para sí mismos muchas mujeres; pero, respecto del rey del pueblo de Dios, dice la Torá: "Para que su corazón no se desvíe, tampoco deberá tomar para sí muchas mujeres" (Dt 17:17). Es significativo que el primer polígamo mencionado en Génesis es el malévolo Lamec, el séptimo descendiente en la genealogía de Caín. También es significativo que Dios creó a la mujer para ser una ayuda idónea del hombre y no de los espíritus o los ángeles. En las mitologías de muchos pueblos hay historias que cuentan acerca de las relaciones que los dioses tuvieron con mujeres. Más tarde, en Génesis 6:2, estudiaremos una historia en que se dice que algunos ángeles o seres celestiales tomaron mujeres para sí.

Lo que nos enseña Génesis 2 es que el matrimonio fue instituido por Dios en el principio, antes de la transgresión de nuestros primeros padres. Fue el Señor Dios quien declaró que no es bueno que el hombre esté solo. Y fue el Señor Dios quien decretó que el hombre se uniera a su esposa y que los dos fueran una sola carne. Con esta declaración el libro de Génesis se opone a todas las tradiciones inmateriales e ideas gnósticas, que mantienen que el matrimonio fue invención de un demiurgo o hasta de Satanás. Todavía hay personas y grupos de personas que enseñan que Dios creó al primer hombre y la primera mujer para vivir como hermanos y no como esposos. Ciertos grupos gnósticos enseñan que el fruto prohibido consistió en las relaciones carnales entre mujer y hombre. Según esto, las relaciones carnales entre mujer y hombre constituirían una repetición del pecado original. Es decir, se repite la transgresión de la voluntad del Creador con cada repetición del acto sexual. Está claro que dicha interpretación equivocada de las Escrituras sirvió para fomentar muchas prácticas ascéticas y la fundación de monasterios y conventos. Hay que insistir en que las relaciones sexuales entre los esposos son parte del plan de Dios para la humanidad y no transgresiones de la voluntad divina. No es el sexo de suyo, sino el abuso de éste lo que se prohíbe en el mandamiento: "No cometerás adulterio."

Dios es el responsable de la creación de la mujer y también de la institución del matrimonio y la familia. La gran comisión que el Señor le encomendó al primer hombre en Génesis 1:28 no podría haber llegado a ser una realidad sin el matrimonio y el establecimiento de la familia. Para fructificar y multiplicar se necesita el concurso de la hembra. El acto sexual entre el hombre y la mujer es necesario a fin de que nazcan otros seres humanos. La mujer es una ayuda idónea muy especial en la procreación de hijos. El hombre solo no es capaz de fructificar y multiplicar sin la asistencia de la ayuda idónea. La procreación de la familia humana es, según Lutero, la más grande de las obras que el Creador ha concedido a los seres humanos (1952:118). El hombre no fue creado para el celibato, ni fue puesto en el Edén para establecer un monasterio, sino para procrear. Así, antes de la caída en pecado, Dios constituyó la familia como una institución divinamente ordenada para la preservación de la vida de los hombres.

La desnudez de Adán y Eva

El pasaje bíblico de Génesis 2:25 expresa que "Adán y su mujer andaban desnudos, no se avergonzaban de andar así". Según Lutero, el pasaje nos ilustra que la caída en pecado cambió hasta la relación del ser humano con su propio cuerpo. Antes de la caída los cuerpos desnudos del hombre y la mujer reflejaban su gloria y dignidad. Sus cuerpos eran hermosos reflejos físicos de sus cualidades interiores, es decir, los dones intelectuales y espirituales que habían recibido del Creador. Lutero dice que Adán y Eva probablemente paseaban desnudos por el Huerto de Edén cantando himnos a Dios y hablando de las maravillas de la creación. Todo cambió cuando comieron de la fruta prohibida. Ahora nuestros cuerpos desnudos nos recuerdan nuestra caída en pecado y nuestra depravada voluntad, y por lo tanto sentimos vergüenza de nuestra desnudez y procuramos cubrirnos, tal como lo hicieron nuestros primeros padres después de su acto de desobediencia. Es porque sabemos que la contemplación del cuerpo desnudo, en vez de motivarnos a alabar al Creador, despierta la concupiscencia (1958:142). Debe notarse, sin embargo, que en muchos pasajes del AT la desnudez no implica concupiscencia o sexualidad, sino pobreza, vulnerabilidad, y humillación, que son la suerte de muchas personas infelices en un mundo caído en pecado (Goldingay 2003:109).

Como parte del relato de la creación de la mujer y del primer matrimonio, el pasaje de Génesis 2 nos dice que Adán puso nombre a toda bestia y ave de los cielos, y a todo ganado del campo. La acción de nombrar o poner nombre a una cosa o criatura, implica la autoridad del que nombra sobre aquel que recibe el nombre. Aquí vemos a Adán ejerciendo la autoridad que recibió de Dios en el capítulo 1. Tenemos al hombre modelo, al hombre como Dios quiere que sea, al hombre en comunión con su Creador y que lleva a cabo su voluntad. Los hombres y las mujeres de hoy ya no cumplen con el modelo. Sólo en Jesucristo se puede contemplar al ser humano así como Dios quiso que fuera. Sólo en Jesucristo vemos al hombre así como seremos cuando toda la creación "será liberada de la esclavitud de corrupción, para así alcanzar la libertad gloriosa de los hijos de Dios" (Ro 8:21).

La historia de la creación de la mujer es única en la literatura del antiguo Cercano Oriente, porque en las mitologías de Mesopotamia, Anatolia, Canaán, y Egipto no se habla de la creación de la mujer. El hecho de que el autor sagrado dedica seis versículos a la creación de la mujer y uno solo a la creación del hombre, nos muestra que en las Sagradas Escrituras se le da a la mujer un papel preponderante en la historia de la salvación y en el plan de Dios de establecer su reino (Waltke 2001:88). La mujer no fue creada como una esclava o simple posesión del hombre, sino como ayuda idónea. Génesis 2:24 expresa que "el hombre dejará a su padre y a su madre, y se unirá a su mujer, y serán un solo ser". Según estas palabras, la obligación social más grande que tiene el hombre es la relación con su esposa, no con sus padres, su clan, su casta o su tribu. La Escritura no dice que el hombre dejará a su esposa por sus padres, sino a sus padres por su esposa. Lutero explica que al llegar a grande, cada pajarito tiene la necesidad de salir del nido de sus padres y construir su propio nidito con su propia pajarita (1958:138).

La menorá y el árbol de la vida

Hay autores que creen que una de las razones por las que el relato de la creación de la mujer se incluyó en Génesis fue para combatir el culto de la Gran Madre, tan arraigado en la cultura del antiguo Cercano Oriente. Según las mitologías de un gran número de pueblos antiguos, la madre de los seres humanos era adorada como diosa, como la gran madre y reina de los cielos. Uno de los símbolos más populares de la Gran Madre fue el árbol, o palo (*ashera*) sagrado que se erigía en el templo u otro lugar consagrado. En el AT se prohíbe estrictamente la colocación de una *ashera* en el santuario del Señor. Se cree que muchos israelitas no sólo rendían culto a una *ashera*, sino que también consideraban que la *ashera* era la esposa del Señor. Por el año 1980 se descubrió en la ciudad israelita de Laquis un jarro muy antiguo que lleva el nombre del Señor y su *ashera* (Taylor 1995:32). Hay quienes creen que el autor de Génesis quiso enseñar a sus lectores que la madre de los hombres no fue una diosa, sino una simple mujer que se dejó engañar y que cayó en pecado. De esta manera, el Génesis procura descalificar y desautorizar la plétora de cultos a la madre de los seres humanos y la adoración de sus *asheras* y otros símbolos sagrados, como la serpiente. Es que la madre de los hombres fue engañada por una serpiente que le dio a comer del fruto de un árbol, pero el árbol no fue para ella un árbol de vida, sino un árbol de muerte (Smith 2011:199-209). Lutero asevera que el árbol del conocimiento del bien y del mal no fue un árbol de muerte de suyo, sino que llegó a serlo para la mujer debido a la prohibición que Dios añadió al árbol (1952:227). Así el árbol de la sabiduría llegó a ser un símbolo de la ley.

En Génesis 2 y 3 leemos de dos árboles especiales creados por Dios: el árbol de la vida y el árbol del conocimiento del bien y del mal. Muchos intérpretes opinan que para los autores de las Escrituras el árbol de la vida fue un símbolo de la presencia de Dios en el paraíso. Lutero comparte la opinión de intérpretes modernos que aseveran que el huerto de Edén fue creado para ser un templo en el cual los seres humanos pudieran vivir en comunión con su Creador, gozar de su presencia, alabarlo, y escuchar su Palabra. Dice el Reformador que el hombre fue puesto en este jardín/templo como sumo sacerdote, para guiar a toda la creación en sus alabanzas al Creador.

Según Lutero, el hombre no fue creado un ser inmortal como los ángeles, ni como un ser moral destinado a morir. El Reformador creía, más bien, que el hombre ocupaba una posición intermedia entre las criaturas mortales y los ángeles inmortales. Acorde con su posición en este estado intermedio, el hombre podía vivir para siempre, sin enfermedades y sin envejecer, siempre que se alimentara del fruto del árbol de la vida. Al ser expulsado del Edén, y prohibírsele el acceso al árbol de la vida, el hombre quedó expuesto a las enfermedades, los sufrimientos, el envejecimiento, y al poder de la muerte (Lutero 1952:111; 227). Según Lutero, Dios se manifestaba a los seres humanos en la parte del jardín/templo en que se encontraban el árbol de la sabiduría que representaba a la ley, y el árbol de la vida que representaba al evangelio. El lugar en el que se encontraban los dos árboles era el lugar santísimo del jardín/templo. La creación del lugar santo en el huerto fue, según Lutero, el establecimiento de la primera iglesia en la historia del mundo. Con el fin de preservar al hombre en su estado de felicidad y prosperidad, el Señor instituyó dos de las tres grandes funciones de la creación (la familia y la iglesia) antes de la caída en pecado. La tercera función, el gobierno civil, se instituyó después de la caída. Según Lutero, no había necesidad de un gobierno civil en el principio, antes de la entrada del pecado en el mundo.

En Éxodo 25:31-40 se describe la elaboración del candelabro sagrado o *menorá*, que se colocó en el tabernáculo. La *menorá*, según creen muchos eruditos, fue una representación artística tanto del árbol de la vida como de la zarza ardiente por la que Dios se manifestó a Moisés en el monte Horeb (Ex 3). La *menorá* se colocó en el tabernáculo y después en el templo, para recordarles a los fieles que el Señor siempre está presente con su pueblo en la casa de Dios, y que es para su pueblo como un árbol cuyos frutos confieren la vida eterna (Taylor 1995:29-54). Como tal, la *menorá* representaba a Dios, pero no era Dios. La *menorá* no debía adorarse del modo en que los cananeos, los egipcios, los romanos, los griegos, los sajones y muchos otros pueblos antiguos adoraban los árboles sagrados. La *menorá* tenía más bien la función que cumplen nuestros árboles de Navidad, vale decir, recordarnos al árbol de la vida en el paraíso y la expulsión del hombre, a fin de evitar que "extienda la mano, y tome también del árbol de la vida, y coma, y viva para siempre" (3:22). El último libro de la Biblia, sin embargo, promete a los que son fieles hasta la muerte, el acceso al árbol de la vida: "Al que salga vencedor, le permitiré comer del árbol de la vida, el cual está en medio del paraíso de Dios" (Ap 2:7).

Dios está presente en su creación

Los primeros capítulos de Génesis nos enseñan que Dios no sólo es el Creador, sino también que está presente y activo en su creación. De hecho, en la encarnación de su Hijo, el Creador se hizo parte de la creación, y no para redimir al género humano únicamente, sino también para redimir a la creación. El Creador nunca abandonó a su creación, como afirman los discípulos modernos del filósofo, político, y científico Francis Bacon (1561-1626). En su libro *Novum Organum*, Bacon afirma que el mundo es simplemente una máquina gobernada por las leyes naturales y no por la mano de Dios. Bacon propone un mundo en el cual Dios está ausente, un mundo disponible para explotar, controlar, utilizar, y hasta para ser destruido por el ser humano de acuerdo con sus propias prioridades e inclinaciones, y no según la voluntad de Dios.

Génesis nos enseña que el mundo es una creación divina y que los hombres tienen una responsabilidad moral en cuanto a la preservación y conservación del planeta y sus recursos. La creación no es simplemente un "capital" para que lo exploten las corporaciones, industrias, y gobiernos rapaces. No es una máquina en la cual Dios está excluido (*deus ex machina*). Tal filosofía llevó a nuestra sociedad a la crisis ecológica en la cual nos encontramos hoy día. La creación es un don de Dios que debe recibirse con reverencia y responsabilidad, un don para celebrar, preservar, y conservar, para el bienestar de todas las criaturas de Dios, tanto los seres humanos como los animales y las plantas. Un estudio responsable de la doctrina de la creación hará que rechacemos la idea errónea que tienen muchas personas que se identifican como cristianas. Se trata de la idea de que no hay problema con descuidar la conservación del mundo presente, porque se espera un rapto de este mundo. Por lo tanto, la extinción de tantas formas de vida y la destrucción del medio ambiente, creación material, no tienen importancia para Dios (Northcott 2010:117-126).

Génesis 1:28 y la ecología

Vale la pena mencionar que pensadores como Lynn White han culpado a Génesis 1:28 por la crisis ecológica de nuestro mundo actual. Dicen que el mandato de sojuzgar la tierra y tener dominio sobre los peces, las aves, y los animales, ha dado licencia tanto a judíos como a cristianos, para la exterminación de miles de especies de animales y la deforestación de Palestina y otras grandes extensiones de tierra alrededor del mundo. Tales declaraciones, sin embargo, no responden a la realidad. La devastación del antiguo Cercano Oriente comenzó mucho antes de la divulgación del Pentateuco. La destrucción de los cedros del Líbano ya comenzó más de dos mil años antes de Cristo. La extinción de los elefantes de Siria sucedió siete siglos antes de los tiempos del NT. La deforestación de Palestina no fue obra de los judíos, ni ocurrió en los tiempos bíblicos, según afirman algunos autores. Fue algo que ocurrió durante los tres siglos en que los turcos gobernaron Tierra Santa; y fue una consecuencia de su política de gravar con impuestos la tierra según el número de árboles plantados en la propiedad. Filosóficamente hablando, ha sido más bien el humanismo liberal el que mayormente fomentó la idea de que el hombre, libre e independiente de las normas establecidas por Dios, pueda disponer del universo según sus propios designios y fines (Blenkinsopp 2004:38).

El hecho de que el Creador nombrara al hombre mayordomo de la creación, y que le encomendara la tarea de ponerle a cada criatura su nombre, evidencia la importancia que tienen todas las criaturas para Dios. Cada una debe tener su nombre y ser catalogada, a fin de que no se pierda ninguna. Cada criatura, cada especie, cada variedad es importante para el Creador. En el Salmo 104 leemos que el Señor llena las fuentes con los arroyos para dar de beber a todas las bestias del campo y mitigar la sed de los asnos monteses. En el mismo Salmo se celebra el canto de las aves del cielo y la libertad de la cual gozan las cabras monteses que retozan en las altas montañas. Se nota la preocupación del Señor por los conejos que se esconden en las peñas y los leoncillos que rugen tras la presa. El sabio Salomón, según 1 Reyes 4:33: "Habló de temas relacionados con los cedros del Líbano y el hisopo que crece en las paredes, los animales, las aves, los reptiles y los peces." La tarea del ser humano no es explotar la maravillosa creación de Dios o destruirla, sino llevarla adelante.

La tierra, según las Escrituras, pertenece a Dios y no a los gobiernos ni a individuos. La tierra, atento a la legislación que encontramos en el Pentateuco, ha de usarse y administrarse según las normas establecidas por el Creador. El hombre es mayordomo de la tierra, no su dueño. Dios es quien manda que los árboles frutales no se destruyan, o que no se roben los nidos de las aves. Es Dios quien dice: "Cuando coseches tu trigo, no siegues hasta el último rincón de tu campo, ni espigues la parte segada. No rebusques tu viña, ni recojas las uvas que se te caigan; déjalas para los pobres y los extranjeros" (Lv 19:9-10). Es Dios quien también prohíbe el consumo desmedido, y el afán de los reyes y terratenientes de acaparar terrenos y juntar una propiedad tras otra. Es tarea del buen mayordomo dividir equitativamente los bienes a cargo de su administración y dar a cada uno la porción que le corresponde, así como hizo José en su capacidad de virrey de Egipto (Blenkinsopp 2004:73-52). Lamentablemente, esto no sucede en el mundo en que vivimos, un mundo en el cual el 20 por ciento de los habitantes disponen del 80 por ciento de los recursos del planeta. La avaricia del ser humano es la causa principal de nuestro desastre ecológico, no Génesis 1:28.

Génesis convoca a los hombres a respetar los límites establecidos por el Creador

El relato de Génesis 1 y 2 manifiesta que el Creador había plantado en medio del huerto de Edén el árbol de la ciencia del bien y del mal. Se nos dice que el hombre podía comer de todo árbol del huerto, menos del árbol de la ciencia del bien y del mal. Dios ha establecido límites en su creación. Nosotros, seres humanos descendientes del primer hombre, gozamos de muchos derechos, libertades, y bendiciones. Al gozar de nuestras bendiciones es necesario reconocer que para nuestro bien el Creador también ha establecido límites. Si los excedemos, corremos el riesgo de malograr las bendiciones además de arriesgar nuestra propia destrucción. Hoy por hoy podemos ver lo que sucede cuando nosotros los hombres, hijos de Adán y Eva, violamos los límites establecidos por Dios al destruir los bosques y contaminar los ríos, lagos, mares e incluso la atmósfera. Excedemos los límites establecidos por Dios al pretender tener todo el conocimiento y ser como Dios. Sucede cuando jugamos con la energía atómica y las fuerzas de la naturaleza, poniendo en peligro toda la vida que existe en la maravillosa creación. Dios, en su amor y sabiduría, no nos dio solamente nuestra existencia repleta de toda clase de bendiciones, sino que nos encomendó una misión, una razón de ser. Y también estableció algunos límites. Como seres creados a su imagen, nos corresponde aceptar nuestra vida y nuestra misión como dones de su gracia, además de aceptar los límites que él nos impuso. En el capítulo tres veremos cómo se traspasaron los límites y se puso en peligro todo el proyecto de Dios para el bien de su maravillosa creación.

A base de su meditación sobre los primeros capítulos de Génesis, Lutero y los reformadores desarrollaron la doctrina de "Los tres estados u órdenes de la Creación" (*Drei Ständenlehre*), o sea la iglesia, la familia, y el gobierno (*ecclesia, oeconomia, politia*). El énfasis principal de la doctrina de los tres estados está puesto en que Dios no sólo es el Creador de todo lo que existe, sino que también preserva y bendice a su creación. Por medio de los miembros de la familia que trabajan juntos, Dios concede el alimento necesario para la vida. Tanto el matrimonio y la fertilidad son bendiciones del Creador necesarios para que la creación continúe. Los hombres y las demás criaturas siempre dependen del Creador para su sostén. Para prosperar, vivir en paz los unos con los otros y respetar los límites establecidos por el Creador, los hombres necesitan un buen gobierno, el cual no se debe considerar una imposición, sino una bendición. La iglesia existe a fin de señalar a los hombres que su existencia, su misión, su salvación, y su razón de ser provienen de su Dios y Creador y no de su propio esfuerzo (Brock 2010:66-67).

Frente a la maravillosa obra de la Creación, el lector de Génesis debe sentirse motivado a abrir la boca y alabar y glorificar de todo corazón al Creador por haberle formado y dado la vida, y también por haberle dado una misión, una razón de ser, y la esperanza de la vida eterna. El reformador Martín Lutero expresó su asombro ante Dios que creó al mundo de la nada, al hombre del polvo de la tierra, a la mujer de la costilla del hombre y a las generaciones futuras de una gota de semen (Lutero 1958:123). Seguramente que para Dios no hay nada que sea imposible.

Anexo bibliográfico

Para más información sobre el hombre hecho a la imagen de Dios y su naturaleza pecaminosa, consulte los siguientes libros:

Compendio de la Doctrina Cristiana, Edward W. A. Koehler, 75-81, 197, 377-378, 98-102 (Editorial Concordia, 1993).

Doctrina Cristiana, Juan T. Mueller, 134-147 (Editorial Concordia, 1948).

Libro de Concordia, Apología de la Confesión de Augsburgo, Artículo 2, El Pecado Original; Fórmula de Concordia, Artículo 1, El Pecado Original (Editorial Concordia, 1989).

Vasos de barro, Eric Moeller, 21-35 (Editorial Concordia, 2012).

Nota litúrgica

En la liturgia de la sinagoga judía, Génesis 1:1-2:4 es el primer *seder* (lectura de la Torá) del año eclesiástico, vale decir, el Día de Año Nuevo. Lo que se celebra en el Día de Año Nuevo es el cumpleaños del mundo, por lo que en este día se invita a los fieles a mirar hacia atrás, hacia la creación del mundo, y entonar alabanzas al Creador de cielos y tierra. Al mismo tiempo se los anima a confiar en que su Creador es también su guardador, el que los guiará durante el Año Nuevo. Uno de los Salmos que se solía entonar durante la celebración del Año Nuevo fue el 23. La *haftora* (lectura de los profetas) para el día era Isaías 65:17: "¡Fíjense bien! ¡Ya estoy creando nuevos cielos y nueva tierra! De los primeros, nadie volverá a acordase, ni los traerá más a la memoria." La inclusión del pasaje de Isaías en la liturgia del Año Nuevo sirve para orientar al creyente hacia el futuro, pues vislumbra la creación de los nuevos cielos y nueva tierra (Mann 1971:LII). La lectura de Génesis 1:1-2:4 se presta también para nuestras celebraciones litúrgicas de Año Nuevo.

TERCERA UNIDAD

GÉNESIS 3:1-6:8

GÉNESIS 3

La desobediencia y sus consecuencias

Dios creó el mundo y se lo regaló al hombre para que gozara de él, pero le puso un límite (Gn 2:7-17). Hablando de la vida de los hombres en los primeros dos capítulos de Génesis, Leslie Newbigin expresa: "Según el relato bíblico, en los primeros capítulos de Génesis Dios puso a disposición del hombre toda su maravillosa creación y le invitó a gozar de ella; lo nombró administrador de sus posesiones. Sabemos que el hombre ha hecho uso de este privilegio de una manera notable. Le metió mano a los árboles, los vegetales, las bestias, los pájaros, los peces, y hasta a los átomos, para su uso. Se ha esforzado en someter todas las cosas para satisfacer sus necesidades. Los hombres ya caminaron sobre la superficie de la luna y enviaron naves espaciales con la finalidad de estudiar de cerca los planetas de nuestro sistema solar. En realidad, con sus inventos, tecnología, y adelantos en la medicina, el hombre está cayendo en la tentación de creer que su poder es infinito y sus posibilidades ilimitadas" (1964:22).

Dios, en su sabiduría, ha establecido un límite para nosotros los hombres. A Adán y Eva les impuso un mandamiento: "Puedes comer de todo árbol del huerto, pero no debes comer del árbol del conocimiento del bien y del mal, porque el día que comas de él ciertamente morirás" (Gn 2:16-17). Dios nos ha dado un margen muy grande de independencia. No obstante, no se trata de una independencia total. Dios nos ha creado para ser portadores de su imagen, templos de su Espíritu Santo, y espejos que reflejen su gloria. Dios nos ha creado para compartir su amor y ser una bendición para toda la creación. Sería imposible cumplir con nuestra vocación de mayordomos y guardianes de la creación sin estar ligados a él. Dice el Señor: "Yo soy la vid y ustedes los pámpanos... separados de mí ustedes nada pueden hacer" (Jn 15:5). Los hombres no podemos vivir completamente independizados de Dios, sin negar aquello para lo que fuimos creados. Cuando el hombre le da la espalda a Dios se deshumaniza, porque niega su naturaleza esencial. Dios nos creó para ser objeto de su amor y sujetos del amor al prójimo. Amor significa tanto dependencia como independencia. "El principio de la sabiduría es el temor al Señor" (Pr 1:7). Sin el temor al Señor es imposible adquirir un verdadero conocimiento del bien y del mal.

Con la independencia que Dios le dio, el hombre puede alterar la geografía y el clima del planeta, cambiar el curso de los ríos para formar nuevos lagos, eliminar grandes bosques y secar mares. Esto último ha sucedido en nuestros días con el mar Aral. El hombre es también culpable del calentamiento global de la Tierra, de la desaparición de muchos glaciares, del alza del nivel de los océanos. El hombre hasta puede encauzar el poder del átomo y de las partículas subatómicas a fin de utilizarlo para bien o para mal, pero fracasó en su vocación de ser mayordomo de la creación, porque procuró emplear las leyes de la energía, de la masa y las reacciones físicas para destruir y amedrentar con la finalidad de ejercer dominio sobre lo demás. Y fracasó precisamente porque el abuso de este poder podría traer como consecuencia la destrucción de millones de vidas en una guerra nuclear (Newbigin 1964:23).

Deseando ser como Dios, el hombre traspasa el límite y cae en pecado (Génesis 3:1-6)

En los primeros dos capítulos de Génesis, el autor sagrado cuenta acerca de la gran autoridad sobre la creación que el hombre recibió de su Hacedor. Había sido nombrado mayordomo y virrey, y sus responsabilidades eran enormes. Además, el hombre fue creado a la imagen de Dios, pero no es Dios. Esta situación brinda oportunidad para el pecado y la tentación. La tentación comienza cuando el enemigo siembra en el corazón de la mujer la desconfianza hacia el amor de Dios. "Si Dios es amor", le sugiere el tentador a Eva, "¿Por qué no les ha dado el permiso de comer de todos los árboles del jardín? ¿Será que Dios no quiere que ustedes reciban los poderes místicos que otorga el fruto del árbol a quienes lo prueban?" "¿Será que quiere todo el fruto para sí mismo, y no quiere que ustedes también sean dioses?" La táctica favorita del tentador es hallar el modo de sembrar en nosotros desconfianza hacia la Palabra de Dios. Cuando comenzamos a desconfiar de la palabra de Dios, estamos a un paso de caer en el pecado de la incredulidad. La incredulidad es el comienzo del pecado. La incredulidad es, de hecho, la raíz y base del pecado.

Muy sutilmente el enemigo le sugiere a la mujer que Dios en realidad no sería capaz de castigar con la muerte a los que coman del fruto del árbol en el medio del huerto. Y así la mujer comienza a vacilar; su fe en la Palabra comienza a tambalear. Lutero nos recuerda que no sólo las promesas de Dios, sino también sus amenazas requieren fe (1958:155). Al poner en duda que el Señor sería capaz de castigar a los infractores de la ley, la mujer se deja enredar por las palabras del enemigo, experto en el arte de distorsionar las promesas de Dios. En el relato de la tentación de Jesús, en Mateo 4, se observa que al distorsionar el tentador las Escrituras, intenta desviar al Señor de su misión. Aun antes de comer del fruto prohibido la mujer ya había pecado en contra de la Palabra, prefiriendo confiar en una mentira y no en la palabra de su Creador. Su fe se convirtió en incredulidad (Lutero 1952:159). Con toda verosimilitud Jesús se refirió a las mentiras de Satanás de este relato cuando en Juan 8:44 llama a Satanás "padre de la mentira".

Después de sembrar en el corazón de la mujer la semilla de la incredulidad, el tentador la engaña con una mentira aún más grande y perniciosa: "Serán como Dios" (Gn 3:5). "No morirán", promete el tentador; "se les abrirán los ojos, y serán como Dios, conocedores del bien y del mal". El Creador les había dado mucha libertad a los seres humanos. Podían comer de todos los árboles del jardín, menos uno. Podían gozar de la belleza de la creación, jugar con las demás criaturas y admirar toda clase de flores y plantas exóticas. Pero una cosa no podían hacer: determinar por sí mismos lo que era bueno y lo que era malo, lo que era permitido y lo que era prohibido. Solamente el Creador tiene tal derecho, tal autoridad. El hombre tiene la libertad de decidir dónde vivir, por cuál candidato votar, qué carrera estudiar, pero no tiene la libertad de decidir lo que es bueno o lo que es malo; eso le toca a Dios y sólo a Dios. El hombre fue creado a la imagen de Dios; como tal es un reflejo, pero no una réplica de Dios (Niles 1958:60).

La criatura no decreta cuál debe ser el contenido de la ley natural; su responsabilidad es aceptar y obedecer la ley ordenada por Dios. Hay que mantener la distinción entre el Creador y lo creado (Niles 1958:24-25). Pero cuando el ser humano pierde por completo la confianza en Dios, el siguiente paso suele ser proclamarse a sí mismo Dios. Como si fuera un ser autónomo, el hombre procura ahora regular su propia vida, prever el futuro, determinar qué es bueno y qué es malo, juzgar a otros y ser el centro del universo. Esto ya es la madurez del pecado. Pecado quiere decir que todo hombre pretende ser el centro del universo, pretende que su propio bienestar es la cosa más importante del mundo. En otras palabras, pecado significa que cada hombre desea ser Dios (Newbigin 1963:30). El pecado del hombre reside en su pervertido apetito por autonomía (*eudaimonia*) (Niles 1958:61). En vez de amar a Dios de todo corazón, con toda su alma, mente y pujanza, se ama a sí mismo, se confiere a sí mismo el honor que corresponde a Dios.

Vemos así que la posibilidad del pecado nace del hecho de que Dios creó al hombre a su imagen. Su verdadera vida consiste en la fe en Dios, en el conocimiento de Dios como centro de todas las cosas, y en confiar en él y obedecerlo. Pero precisamente, porque ha sido creado a su imagen, con la facultad de conocer y amar a Dios, cae en la tentación de ponerse a sí mismo en el lugar de Dios, de amarse a sí mismo en lugar de amar a Dios. Esto justamente es el pecado. Para algunos intérpretes, la prohibición de comer del árbol fue una prueba. Dios quiso comprobar la fidelidad del hombre y la mujer. El Señor probó a Adán y Eva del modo en que más tarde probó a Abrahán al ordenarle sacrificar a su hijo Isaac. Abrahán pasó la prueba, pero nuestros primeros padres fallaron (Goldingay 2003:138).

Para entender qué es la salvación, es necesario entender antes este punto importantísimo: La esencia del pecado es la incredulidad y lo opuesto al pecado es la fe. La Biblia dice: "La mujer vio que el árbol era bueno para comer, apetecible a los ojos, y codiciable" (Gn 3:6). En otras palabras, Eva se dejó llevar por lo que vieron sus ojos, anduvo por vista y no por fe en la Palabra. Los hijos de Dios tienen que andar por fe y no por vista. En nuestras vidas la fe tiene que reemplazar la arrogancia de la vista (Niles 1958:25). Frecuentemente pensamos que lo opuesto al pecado es la rectitud, pero según la enseñanza de la Biblia, la verdadera oposición al pecado es la fe. El pecado que engendra todos los demás pecados, males, y vicios es la incredulidad. Por eso el más importante de los diez mandamientos es el primero: "No tendrás dioses ajenos delante de mí" (Ex 20:3). Si lo entendemos, estaremos capacitados para entender la salvación que Cristo efectuó por nosotros.

La serpiente

En el relato bíblico la serpiente comienza a conversar con la mujer acerca de las propiedades del árbol del bien y del mal. La palabra hebrea para serpiente es *nahas,* que proviene de la raíz verbal *nhs*. En la antigüedad, especialmente en Egipto, Grecia, y Fenicia, la serpiente se asociaba con el mundo de la magia, lo oculto, la adivinación, y la desnudez. Puesto que la serpiente no tiene pelos ni plumas, se la consideraba un animal desnudo. Y siendo que se renovaba con el recambio de su piel, se creía que era divina, o que por lo menos conocía el secreto de la vida eterna. Debido a que vivía debajo de la tierra, se creía que era conocedora de los poderes infernales. Por lo tanto, la serpiente desempeñaba un papel importante en los ritos de muchos cultos antiguos, especialmente en los misterios de Dionisio. Algunos eruditos creen que uno de los propósitos del relato de la mujer y la serpiente en el libro de Génesis es alertar y amonestar a los lectores del peligro de participar en cualquier culto pagano en el que se adoraba a la serpiente o se procuraban los poderes y conocimientos ocultos que supuestamente poseían las serpientes. Más tarde, en la historia de Israel, el rey Ezequías se vio obligado a destruir la serpiente de bronce que había hecho Moisés en el desierto, porque algunos israelitas habían convertido ese símbolo de la misericordia de Dios en un ídolo.

Otros pasajes bíblicos identifican a la serpiente que tentó a nuestros primeros padres con Satanás o el diablo. Como ya hemos comentado, el libro de Génesis no dice nada en cuanto a la creación de los ángeles o de otros espíritus. No se dice nada acerca de la creación de Satanás o del momento de su rebeldía, ni tampoco respecto a la creación de los ángeles, el caos primigenio y el origen del mal.

Los rabinos, los padres de la iglesia antigua, los filósofos, teólogos, y poetas han desarrollado un sinfín de teorías acerca del origen de las fuerzas ocultas. Hay quienes creen que los ángeles y espíritus ya existían antes de la creación del mundo, y que la rebelión de las fuerzas ocultas ocurrió antes de lo que relata el primer capítulo de Génesis, quizá millones de años antes de la caída en pecado de Adán y Eva. Cornelius Hunter está convencido de que las enfermedades y pestilencias que han segado las vidas de tantos millones en la historia del mundo, no son la consecuencia de la selección natural, ni del proceso de la evolución, sino de lo que él llama "un diseño inteligente maligno". Según Hunter, las fuerzas malignas inteligentes lucharon en contra de la voluntad del Creador casi desde el principio del universo (Winter: 2003:113-115).

Otros creen que los ángeles y espíritus fueron creados juntamente con la luz, o quizá en el segundo día de la creación. Por su parte, Lutero opinaba que la serpiente fue originalmente una buena, bendita y bella criatura sin veneno ni malicia. Creía Lutero que al principio la serpiente no se arrastraba, sino que andaba como andan los seres humanos. Pero, siendo que Satanás tenía el poder de entrar en los animales y utilizarlos como sus instrumentos, el tentador se incorporó a la serpiente con el fin de hacer caer a Adán y su esposa (Lutero 1952:151-152).

Sin duda la historia de cómo la buena creación de Dios fue contaminada tan pronto por las fuerzas del mal es uno de los temas principales de los primeros once capítulos de Génesis. No obstante, la historia sagrada no nos dice nada acerca del origen del mal. Por interesantes y atractivas que se presenten las innumerables teorías acerca de la rebelión de los ángeles y el origen de mal, no es nuestro deseo apoyar ni unas ni otras. No hay evidencias claras, ni bíblicas ni científicas, respecto a cuándo o cómo las fuerzas de la oscuridad llegaron a contaminar la buena creación de Dios. Hay misterios que Dios, en su sabiduría, ha decidido no compartir con nosotros.

Resulta que los autores de las Sagradas Escrituras están más interesados en la futura victoria de Dios sobre las fuerzas del mal, que en explicar sus orígenes. Por lo tanto, los cuatro evangelios nos cuentan que Jesucristo vino para destruir las obras del diablo y aplastar la cabeza de la serpiente. En el NT leemos que Jesús expulsó a los espíritus del mal y luchó contra Satanás, quien es llamado el príncipe de este mundo (Jn 12:31), el enemigo, el dragón (Ap 12:3), el tentador (Mt 4:3), la bestia (Ap 19:19), el adversario, el acusador de nuestros hermanos (Ap 12:10) y la potestad de las tinieblas (Lc 22:43).

Desde la perspectiva de las Escrituras, lo que importa no es conocer el origen de la maldad o investigar el misterio de la iniquidad, sino la liberación del cosmos de las fuerzas malignas, la restauración del universo, la creación de una nueva tierra, cielos nuevos, y la completa restauración de la imagen de Dios en los hombres (Blenkinsopp 2011:188).

Como resultado de la desobediencia, el hombre es arrojado de la presencia de Dios y la tierra maldecida por su culpa (Gn 3:7-4:15). Debido a que los hombres violaron la naturaleza que Dios les dio y traspasaron los límites señalados por él, se encuentran ahora con que la unidad y armonía de sus vidas está totalmente trastornada. Ahora hablaremos del pecado en lo que Leslie Newbigin llama sus cuatro formas principales:

1. Dentro del hombre no existe armonía.

Desde que Adán y Eva comieron del fruto prohibido existe desarmonía en lo más íntimo del hombre. Al comer del fruto prohibido, sus ojos no se abrieron para conocer todos los misterios del universo. Lo que vieron no fue el secreto esencial del universo, sino su propia vergüenza como criaturas caídas en pecado y corruptas. En primer lugar, el ser humano caído en pecado se avergonzó de su propio cuerpo, especialmente de sus órganos sexuales; por lo tanto, intentó esconder la desnudez de su cuerpo. En vez de alcanzar la inmortalidad y la igualdad con Dios que el tentador le había ofrecido, se dio cuenta de su propia debilidad y vulnerabilidad. Desde entonces, la desnudez ha sido un símbolo de nuestra fragilidad, pues simboliza a uno que está expuesto a las armas y ataques de un enemigo, sin protección alguna. En segundo lugar, el hombre caído en pecado se avergonzó de sus propias acciones e intentó justificarse, presentando excusas y culpando a otros (Gn 3:12-13). De este modo perdió su unidad interior. En lo más íntimo de su ser, el hombre está dividido contra sí mismo, el espíritu contra el cuerpo y la conciencia contra sí misma. De aquí en adelante dentro del hombre hay guerra.

2. Entre el hombre y la naturaleza no existe armonía.

Al principio el hombre pudo vivir tranquilo entre las demás criaturas del paraíso. La tierra, las plantas, y los animales eran sus amigos, pero con la desobediencia, todo cambió. Ahora el hombre debió luchar con las otras criaturas y con la propia naturaleza para ganarse el pan (Gn 3:17-19). El estado natural de niñez e inocencia quedó ocupado por el dolor, en lugar del puro goce (Gn 3:16). En la subsconsciencia colectiva de la humanidad todavía se encuentran recuerdos del paraíso perdido que se hacen sentir por medio de la música, la poesía, la pintura, el folclore, y las fiestas. En su corazón y en sus quimeras el hombre trae consigo el recuerdo del paraíso y el insistente anhelo de encontrar el camino de regreso a lo que había perdido (Gn 3:23-24).

3. Entre los seres humanos no existe armonía.

El pecado hace que sintamos vergüenza de nosotros mismos. Nos sentimos contaminados y sucios por dentro. No queremos que otros se den cuenta de lo que somos en lo más íntimo de nuestro ser. Las hojas de la higuera con las que Adán y Eva trataron de cubrirse, representan todo nuestro esfuerzo por ocultar de los demás y de Dios nuestra contaminación interior. En vez de admitir su culpa y procurar perdón, Adán y Eva trataron de justificarse echándose mutuamente la culpa de su pecado. Ante Dios, el hombre y la mujer comienzan a acusarse mutuamente en vez de defenderse el uno al otro. Ya no hay armonía entre ambos, porque todo ser humano intenta justificarse a expensas de los demás. El hombre ha tratado de ser el centro del universo, se ha odiado con increíble celo, y la rivalidad se ha convertido en ley de vida. Lo observamos en la historia de Caín y Abel y en los demás relatos de conflictos entre hermanos que encontramos en el libro de Génesis y en el resto de la Biblia. Para los hermanos ya no es natural la convivencia, ni el amor ni la cooperación. El hermano envidia al hermano, lo mata y desconoce su condición de hermano. Toda la tierra se convierte en un campo en que se lucha a muerte.

4. Sobre todo, no existe armonía entre el hombre y Dios.

Antes de comer del fruto del árbol prohibido, Adán y Eva esperaban con gran gozo la comunión diaria con su Creador. Como dos niños iban corriendo con anticipación para recibir al Señor cuando él los visitaba a la hora del atardecer. Todo cambió con la desobediencia de ambos. Ahora, cuando Dios llama, el hombre no corre hacia él con la alegría con que un niño corre hacia su padre. Al contrario, tiene miedo de la voz de Dios y se esconde (Gn 3:1-15). El hombre se convierte en enemigo de Dios e intenta escapar o esconderse de él. Aún hoy día, el hombre trata de evadirse de Dios. La voz de Dios lo llena de terror. La ley de Dios, que originalmente le fue dada al hombre como guía en la senda del amor, se ha convertido en un enemigo acusador.

De ahora en adelante la historia del género humano será la historia de la larga y paciente búsqueda del hombre por parte de Dios y del intento del hombre de huir y esconderse de él. Lo que nos enseña el primer libro de la Torá no es, como tema principal, una descripción del origen de los animales, las plantas, y los cuerpos celestiales, sino que es, sobre todo, la verdad acerca del hombre expresada descriptivamente, la verdad de su creación, su naturaleza y su pecado. El autor sagrado podría haber incluido en el libro de Génesis mucha información valiosa sobre la raza humana, la naturaleza del mundo primitivo, y la historia del hombre. Pero para ello tenemos las ciencias históricas, biológicas, políticas, y astronómicas. Lo que Dios nos brinda en los capítulos 3 a 11 del Génesis es, más que ninguna otra cosa, la revelación acerca de la naturaleza del hombre, la manera en que el pecado corrompió esa naturaleza y la salvación que Dios nos ha provisto.

Según el relato de Génesis, en el huerto de Edén había dos árboles muy especiales: el árbol de la vida y el árbol de la sabiduría. A diferencia de muchos mitos y épicas antiguos, Dios no les niega a los hombres el acceso al árbol de la vida sino al árbol del conocimiento del bien y del mal. En hebreo y otros idiomas, la palabra "conocer" significa mucho más que un conocimiento intelectual; expresa más bien un conocimiento vivencial, íntimo, y experimental. En Génesis 4:1 se emplea el mismo verbo para señalar las relaciones íntimas entre un hombre y una mujer: "Adán conoció a Eva, su mujer, y ella concibió y dio a luz a Caín." Conocer el bien y el mal implica, entonces, tener poder y control sobre todo lo que existe, o sea, poder experimentar todo lo que es bueno y lo que es malo; implica tener la opción de decidir por sí mismo lo que debe considerarse bueno y lo que ha de considerarse malo. En vez de seguir la ley natural que Dios puso en sus corazones, el hombre y la mujer se creen competentes para establecer su propia ley moral.

La tentación que experimentan los seres humanos en el jardín es, también, la de conseguir poderes y conocimientos divinos y, de esta manera, convertirse en seres divinos, hacerse iguales a Dios. En vez de vivir como criaturas que dependen de Dios y su gracia, Adán y Eva, en efecto, quisieron independizarse de Dios y tomar el control absoluto de su destino. Quisieron tomar las riendas de sus vidas en sus propias manos e imponer su voluntad. El pecado original fue, y todavía es, el intento del ser humano de convertirse en dios en vez de temer, amar, y confiar en Dios verdadero sobre todas las cosas. El pecado original fue, y sigue siendo, la idolatría, cuando mi ego o mi yo reemplaza a Dios. La idolatría primera fue y sigue siendo el egoísmo.

Lutero manifiesta que el pecado de nuestros primeros padres no fue el comer la fruta prohibida, sino el rechazo de la Palabra de Dios y el intento de hacerse iguales a Dios. Adán y Eva pecaron en sus corazones antes de los primeros mordiscos de la fruta prohibida. La caída en pecado ya había ocurrido, antes de probar la fruta (Lutero 1952:165). En contra de los teólogos de su tiempo que afirmaban que el pecado original consistía principalmente en la concupiscencia y los impulsos sexuales impuros que experimentan los seres humanos, Lutero (1952:114) insiste en que lo que llamamos pecado original es algo mucho más profundo y perverso que una contaminación de nuestra sexualidad, pues significa también la corrupción de nuestra espiritualidad, de nuestras oraciones, nuestra adoración, nuestras obras de caridad, nuestros ayunos, y hasta la mortificación de nuestra carne.

El hombre no ha renunciado a su afán de ser un dios que intenta adquirir para sí el poder de determinar lo que es bueno y malo, sin tener en cuenta la palabra de su Creador. Según la evolución atea, los hombres no fueron creados a la imagen de Dios, sino que son simplemente productos de procesos naturales como, por ejemplo, la supervivencia del más fuerte. Según la filosofía del hombre "moderno", el hombre llegó a ser lo que es por medio de un proceso de evolución, en el cual no participó un ser divino. Se cree que la evolución del hombre obedecía, y todavía obedece, a fuerzas y leyes naturales que escapan a su control, pero que ahora, mediante la biotecnología y la manipulación de los genes tanto de los seres humanos como de las demás criaturas, va a ser posible que el hombre determine y altere su propia evolución y la de nuestro planeta. Así los hombres llegarán a ser, por cierto, los señores de la naturaleza. El hombre adquirirá la sabiduría necesaria para desempeñar el papel de Dios. El libro de Génesis nos muestra una y otra vez las funestas consecuencias de procurar una falsa sabiduría que le ofrezca al hombre la posibilidad de convertirse en su propio dios (Bauckham 2011:56).

El árbol de la sabiduría

Una de las cosas que la serpiente les ofreció a Adán y Eva fue sabiduría. El árbol del cual comieron nuestros primeros padres es llamado "el árbol del conocimiento del bien y del mal (2:9)" o sea, el árbol de la sabiduría. Uno de los temas recurrentes en el Pentateuco y el resto de la Escritura tiene que ver con la búsqueda de la sabiduría como un fin en sí mismo, o como un medio para implementar nuestros propios proyectos egoístas, o para independizarnos de Dios y su voluntad. Hay una sabiduría que es de lo alto, la cual es pura, pacífica, amable, llena de misericordia, y buenos frutos (Stg 3:17). Pero hay otra sabiduría que no es de lo alto, sino terrenal, animal, y diabólica (Stg 3:15). La sabiduría que la serpiente ofreció a Adán y Eva, es decir, el conocimiento que nos impulsa a actuar como si fuéramos dioses, esa sabiduría es diabólica y su fin es la muerte. ¡Cuidado con la falsa sabiduría! ¡No hay que dejarse engañar!

Al comer de la fruta prohibida, Adán y su mujer recibieron una sabiduría que no habían tenido antes, pero que no fue la sabiduría que esperaban recibir. Lo que llegaron a conocer fue la culpa, los remordimientos de conciencia, y la condenación de la ley. Llegaron a conocer lo que es la desgracia y la vergüenza; llegaron a conocerse a sí mismos como seres caídos, criaturas fracasadas. Como nunca antes, llegaron a temer la ira de Dios, y por lo tanto intentaron esconderse de su presencia (Lutero 1952:165). Tan asustados estaban que, en la opinión de Lutero, llegaron a ser como los enemigos de los que habla Levítico 26:36, que dice: "...les infundiré tal cobardía en el corazón que huirán en cuanto oigan el sonido de una hoja al moverse; huirán como quien huye ante la espada, ¡caerán sin que nadie los persiga!" Pero, como descubrió el profeta Jonás, es imposible huir de la presencia de Dios. El Salmo 139:7-10 expresa: "¿Dónde puedo esconderme de tu espíritu? ¿Cómo podría huir de tu presencia? Si subiera yo a los cielos, allí estás tú; si me tendiera en el sepulcro, también estás allí. Si levantara el vuelo hacia el sol naciente, o si habitara en los confines del mar, aun allí tu mano me sostendría."

Las Escrituras ofrecen muchos ejemplos de lo que pasa cuando le damos la espalda a la palabra de Dios y prestamos atención a la sabiduría de los sabios y entendidos de este mundo. En 2 Samuel 13 el príncipe Amnón, locamente enamorado de su propia hermana Tamar, procuró aprovecharse de la sabiduría de Jonadab, descrito por el autor sagrado como un hombre muy astuto. Jonadab le indicó a Amnón cómo seducir a Tamar. Según el relato de la Biblia, la supuesta sabiduría de Jonadab redundó en la violación de Tamar y la muerte de Amnón a manos de su hermano Absalón. En el capítulo que sigue de 2 Samuel se nos dice que David, siguiendo los consejos de una mujer astuta de Tecoa, conocida por su sabiduría, permitió el retorno de Absalón a Jerusalén. Casi en seguida Absalón comenzó a proyectar una rebelión en contra de su padre. Después de haber llevado a cabo la rebelión, el celebrado consejero Ahitofel le aconsejó a Absalón violar a diez concubinas de su padre como una demostración de su machismo y prerrogativas reales. A la postre, por seguir consejos erróneos, Absalón, con sus largos cabellos enredados en las espesas ramas de una encina, perdió la vida con tres dardos clavados en su corazón (2 S 18:9-15). Leemos en las Escrituras que una y otra vez la serpiente procuró la caída de sus víctimas al ofrecerles frutos envenados tomados del árbol de una sabiduría equivocada, como la magia, la brujería, las filosofías errantes, las herejías, las ideologías, y las doctrinas de demonios (Blenkinsopp 2011:58-59; Koch 1971:61). La falsa sabiduría realmente no es sabiduría, sino astucia, pues el principio de la verdadera sabiduría es el temor al Señor (Pr 1:7). En 1 Corintios 1:18-31 San Pablo manifiesta que el mundo no fue capaz de conocer a Dios verdadero por medio de la sabiduría de este mundo, pues le agradó a Dios salvar a los creyentes por el mensaje de la cruz, el cual es locura para los que se pierden, pero para los que se salvan es poder de Dios.

El pecado original

Hoy en día muchas personas rechazan la idea de la transmisión del pecado desde un hombre, o una pareja original, a todos sus descendientes. Siguiendo las ideas de los filósofos de la Ilustración, como Kant y Voltaire, creen que la maldad proviene de fuera del hombre, es decir, de la ignorancia, de una educación defectuosa, de un mal gobierno, del ambiente, del mal ejemplo de los demás, y hasta de las ciencias y las artes, pero no por medio de la naturaleza humana, ni por herencia, ni de su corazón (Doriani 2014:253). Creen que la manera de acabar con la maldad, el sufrimiento y la injusticia es mediante la educación, la psicología, y los nuevos descubrimientos científicos. Sin embargo, los adelantos científicos, psicológicos, políticos, y económicos, no han servido para frenar el alarmante crecimiento de la maldad y la injusticia en nuestro mundo moderno. Lo que enseñan los primeros capítulos de Génesis es que cometemos injusticias porque nacemos en pecado. Hemos heredado la maldad, de modo que somos pecadores por nacimiento. El pecado, según las Escrituras, no es tanto lo que hacemos, sino lo que somos. El único remedio para lo que llamamos pecado, no es educación, sino nacer de nuevo por medio del agua y el Espíritu Santo.

Los filósofos de la Ilustración y sus discípulos modernos no son los únicos que rechazan la idea del pecado original. Derek Kidner, en su comentario sobre Génesis, menciona que hoy en día la gran mayoría de los judíos rechaza la doctrina cristiana del pecado original, el cual desempeñó un papel sumamente importante en el pensamiento de teólogos como Agustín de Hipona, Martín Lutero, y Juan Calvino. Tal rechazo puede ser una característica del judaísmo ortodoxo o reformado, pero no de los autores del AT o de los israelitas y judíos, antiguos y modernos, que siguen las tradiciones de la Cábala. De acuerdo con la *Zohar* –la compilación de las tradiciones místicas de los cabalistas– la caída en pecado de Adán y Eva en el huerto de Edén fue la catástrofe fundamental del género humano, que trajo como resultado la desorientación de todo el universo. De hecho, la caída en pecado desató una cadena de catástrofes secundarias sobre la humanidad, tales como el diluvio, la adoración del becerro de oro, la implantación del impulso pecaminoso en el ser humano y la aparición de toda clase de fuerzas demoníacas por el mundo, incluyendo a Samael, el jefe de los demonios. Estas catástrofes, llamadas *keplippot* u obstrucciones causaron, según la Cábala, una ruptura entre el Creador y los hombres, y consecuentemente una interrupción en la efusión de los poderes divinos sobre la humanidad (Giller 2011:71-73).

Existen muchas semejanzas entre esta interpretación de la tentación y caída en pecado de Eva, con lo que relata Hesíodo acerca de Pandora, la primera mujer creada por los dioses. Según la mitología griega, Pandora, por curiosidad, abrió un jarrón sellado del cual salieron toda clase de enfermedades, pestilencias, espíritus malignos, y calamidades que desde ese momento han afligido a los hombres. La gran diferencia entre lo que pasó en la historia bíblica y el caso de Pandora es que Eva no pecó por ignorancia, sino sabiendo que lo que hizo fue una violación abierta de un mandato divino. Pecó porque quiso pecar, y por lo tanto, fue culpable de las consecuencias de sus acciones. Nosotros, al igual que Eva, pecamos, no por ignorancia, sino a sabiendas. Somos responsables ante Dios por nuestras rebeliones. Estamos sin excusa.

Según el sistema de la Cábala, desarrollado por el maestro Isaac Luria, los eventos descritos en la Biblia no sólo ocurrieron en el pasado, sino que son también eventos que siguen sucediendo en el presente. La caída en pecado de Adán y Eva y el diluvio todavía están sucediendo. Los seres humanos siguen ahogándose en las aguas de la ira divina. El pueblo de Israel sigue saliendo de Egipto y pasando por el desierto. O sea que para los cabalistas existe no sólo una reencarnación de personas, sino también de eventos.

Una interpretación rabínica

Según los rabinos, la desnudez de Adán significaba la pérdida de la gloria divina. Hay una interesante interpretación que tenían los rabinos judíos respecto de la desnudez de Adán y Eva. Según ellos, nuestros primeros padres, antes de la caída en pecado, andaban con un vestido de luz; sus cuerpos estaban envueltos por la gloria de su Creador; brillaban como el rostro de Moisés cuando bajó del monte Sinaí, o como el rostro y los vestidos de Jesús en el monte de la transfiguración. Según la opinión del renombrado rabino Meir en la *Génesis Rabbah*, un comentario midrásico del libro de Génesis, nuestros primeros padres vestían túnicas de luz que eran como una lámpara, holgadas abajo y estrechas arriba (Vegas 1994:245).

Según esta interpretación rabínica, en el momento en que probaron la fruta prohibida, se apagó la gloria que cubría a Adán y Eva y quedaron desnudos, como símbolo de haber perdido la plenitud de la imagen de Dios. Quedaron, como dice Pablo en Romanos 3:23, destituidos de la gloria de Dios. Desde aquel momento la desnudez quedó como un recuerdo y un símbolo del pecado de nuestros primeros padres y del hecho de que nacemos siendo parte de una humanidad caída. Irónicamente, Adán y Eva comieron de la fruta prohibida porque quisieron ser como Dios. Lo que pasó es que, al perder la gloria divina, su túnica de luz, llegaron a ser como la serpiente. En el pasaje que estamos viendo, la serpiente se describe como astuta. En hebreo, la palabra para astucia es *arum*. El mismo sustantivo significa también desnudez. La serpiente es *arum* en un doble sentido, pues es astuta, pero también está desnuda, porque no tiene pelo ni plumas. Al perder la gloria de Dios, Adán y Eva se dieron cuenta de que eran *arummim*, es decir, quedaron desnudos como la serpiente y no todopoderosos como el Señor. Si hay algo de verdad, o no, en esta interpretación rabínica, lo cierto es que el *midrás* o interpretación alegórica encierra una importante verdad, a saber, que esperamos ser revestidos de la gloria de la nueva creación en la segunda venida de nuestro Señor Jesucristo, según lo manifiesta Pablo en Colosenses 3:4: "Cuando Cristo, que es la vida de ustedes, se manifieste, entonces también ustedes serán manifestados con él en gloria." Jesús, hablando del retorno del Hijo del Hombre a la tierra, declara: "Entonces, en el reino de su Padre los justos resplandecerán como el sol" (Mt 13:43).

El pecado de Adán y Eva hizo que se alejara la shekinah

Según otra interpretación rabínica, Adán y Eva quedaron destituidos de la gloria de Dios aun en otro sentido cuando cayeron en pecado. Al pecar, la *shekinah*, o sea la gloria visible de Dios, se alejó de la tierra para posarse en el primer cielo. Cuando Caín dio muerte a su hermano, la *shekinah* se alejó algo más y fue para el segundo cielo, más lejos aún de la tierra. Al pecar la generación de Enós, subió al tercero; al pecar la generación del diluvio, al cuarto; con la generación de la confusión de las lenguas, al quinto; con los sodomitas, al sexto; con los egipcios en tiempos de Abrahán, al séptimo cielo (Vegas 1994:227).

Según otra interpretación de la desnudez de Adán y Eva, existe una relación tanto lingüística como teológica entre Génesis 3:7-10 y Levítico 13, un capítulo que trata de las enfermedades de la piel. Según esta interpretación, en el momento en que Adán y Eva probaron del fruto del árbol, les brotó en sus cuerpos una enfermedad de la piel. Tal infección convirtió a Adán y Eva en seres inmundos, quienes por la contaminación de sus cuerpos no pudieron seguir viviendo en el huerto sagrado. Como María, la hermana de Moisés en Números 12, y los israelitas con lepra u otras infecciones de la piel, la primera pareja tuvo que ir a vivir fuera del campamento santo. Tuvieron que vivir fuera del lugar santo hasta que se les quitó la impureza. Durante los setenta años de la cautividad babilónica, los israelitas también tuvieron que vivir alejados de la Tierra Santa hasta que se les quitara su impureza (Sailhamer 1992:40).

De todos modos, el resultado de quedar excluidos de la gloria de Dios fue la muerte. La serpiente le dijo a la mujer: "No morirás". Sin embargo, Adán y Eva experimentaron la muerte. No necesariamente experimentamos la muerte como un rayo mortal que cae sobre nosotros desde el cielo. El hombre experimenta la muerte cuando la presencia de Dios se aleja de él o cuando el hombre se aleja de Dios o es echado fuera de la presencia de Dios. Uno puede estar muerto mientras vive. Al perder el Espíritu de Dios, el hombre queda espiritualmente muerto, sin poder vivir realmente. Jesús dijo: "Yo soy la vid y ustedes los pámpanos; el que permanece en mí, y yo en él, éste lleva mucho fruto; porque separados de mí ustedes nada pueden hacer. El que no permanece en mí, será desechado como pámpano, y se secará, y será recogido y arrojado al fuego, y allí arderá" (Jn 15:5-6).

Según la Biblia, la vida y la muerte son parte de la existencia de los seres humanos. Todos los hombres se encuentran o en el camino de la vida, o en el de la muerte (Weeks 2014:297). A Adán y Eva se los echó de la presencia de Dios, así como al pueblo de Israel se lo echó de la Tierra Santa en tiempos de la cautividad babilónica y como a Saúl, el primer rey de Israel, se lo echó fuera de la presencia de Dios, por su desobediencia. El profeta Samuel ya lamentaba la muerte de Saúl en el momento en que se rasgó la comunión entre Dios y el rey. Ocurrió varios años antes de la muerte física del primer rey de Israel (1 S 15:35). Proverbios 8:35-36 declara: "El que me halla, ha encontrado la vida... el que me aborrece, ama a la muerte."

Dios busca y llama a Adán y Eva

En vez de alejarse y abandonar al hombre que acababa de darle la espalda a su Creador y su Palabra, convirtiéndose en un "*deus otiosus*" (Dios ocioso), el Señor inicia la búsqueda de sus criaturas desobedientes y rebeldes. El Creador se pasea por el huerto llamando: "¿Dónde andas?" Los antropólogos que han dedicado sus vidas a coleccionar y archivar mitos, tradiciones, y leyendas de miles de diferentes pueblos en todas partes del mundo, cuentan acerca de la existencia de un creador omnipotente y benévolo que hizo todo lo que existe. Según tal creencia casi universal, después de la caída en pecado o desobediencia de sus criaturas, el Creador se lavó las manos, no quiso tener más contacto con los hombres y se retiró a un lugar apartado del universo donde le es imposible oír las oraciones, el clamor, y las súplicas de sus criaturas rebeldes. Muchos mitos coleccionados por los antropólogos en sus investigaciones, relatan cómo el Creador, antes de abandonar a sus criaturas, entregó el gobierno del mundo a un panteón de dioses secundarios (demiurgos, espíritus, ángeles, y demonios). Con estos dioses secundarios tendrán que relacionarse ahora los seres humanos, pero ya no con el Creador de cielos y tierra.

De modo parecido, muchos filósofos de la Edad de la Razón (la Ilustración), que rechazan la existencia de ángeles o espíritus, dicen que el Creador entregó el funcionamiento y gobierno del cosmos a fuerzas o leyes universales (gravedad, velocidad de la luz, termodinámica, etc.), y después se retiró de la historia. Según las cosmovisiones mecánicas impersonales, como también las cosmovisiones politeístas, el Creador dejó a sus criaturas sujetas a fuerzas o poderes elementales del universo. En cambio, tanto los escritos del AT como del NT dan testimonio de la búsqueda constante del hombre por parte de Dios.

Observamos en Génesis 3 que Dios llega al huerto de Edén buscando a sus criaturas caídas en pecado. Según Lutero, (158:173) la pregunta de Dios: "¿Dónde andas?" es una proclamación de la ley, o sea que Dios le pregunta: "¿Qué has hecho? Aunque estés escondido, no puedes esconderte de mí." Dios llama a sus criaturas a juicio, a la confesión de pecados y al arrepentimiento. Antes de poder ofrecerles la promesa de perdón y esperanza, Adán y Eva tendrán que reconocer su pecado y rebelión. Cuando Dios proclama su ley, cuando anuncia sus juicios a los hombres, lo hace con la finalidad de llevar a sus criaturas a reconciliarse con él. Su intención no es deshacerse de ellas para siempre. No es la voluntad del Creador que sus criaturas perezcan sin arrepentimiento y sean lanzadas a la oscuridad eterna donde hay lloro y crujir de dientes. El Señor quiere que los pecadores se arrepientan y se salven. Por eso inicia aquí la búsqueda de lo que se había perdido. Las Sagradas Escrituras son la historia que trata de cómo, desde el principio, el Creador ha estado llamando a sus criaturas a que vuelvan a sus brazos. Hebreos 1:1-2 nos dice: "Dios, que muchas veces y de distintas maneras habló en otros tiempos a nuestros padres por medio de los profetas, en estos días finales nos ha hablado por medio del Hijo". El Hijo es la voz, la palabra del Padre que procura comunión con sus criaturas. "La encarnación del Verbo es la culminación de la búsqueda de la criatura caída. En Cristo Jesús Dios le ha salido al encuentro al hombre y le ha dicho que ha empeñado su propia palabra a favor de él, a pesar de que él, el hombre, se ha vuelto su enemigo" (Bonilla 1978:118).

A diferencia de tantos mitos, historias, y tradiciones que hablan del mundo abandonado por el Creador después de la caída en pecado del hombre, Génesis habla de la intervención de Dios en la historia del género humano caído en pecado. Las intervenciones de Dios en la historia son evidencias de que el fin del mundo no lo determinará la ley de causa y efecto, ni la ley de karma ni la ley de la supervivencia del más apto. Sí así fuera, estaríamos condenados irremediablemente a sufrir las consecuencias de nuestros errores y cosechar hasta lo último todo lo que hemos sembrado. Por eso, frente a la caída en pecado del género humano, Dios no se lava las manos dejándonos abandonados para siempre en las tinieblas y el caos de una eternidad sin él. El Creador más bien llama: "¿Dónde andas?" Visto desde esta perspectiva, nos damos cuenta de que la llegada del Creador en busca de sus criaturas caídas en pecado es también una proclamación de las buenas nuevas. Nuestro Creador es un Dios misionero que viene a buscar y salvar lo que se había perdido.

El Señor viene no sólo para juzgar, sino también para rescatar, para intervenir en la historia de la humanidad y llevarla hacia el fin determinado desde el principio. El libro de Génesis es la historia de Dios que interviene, la historia de Dios que intervino en la historia de José para efectuar una reconciliación entre hermanos y evitar la revancha y la venganza. Veremos más adelante cómo intervino Dios en la historia de Agar para salvarla de la muerte a ella y a su hijo Ismael. Dios intervino en la vida del faraón de Egipto y de Abimelec rey de los filisteos, hablándoles en sueños para evitar que cometieran adulterio. Nuevamente intervino Dios en la historia cuando tres seres divinos llegaron a la tienda de Abrahán para confirmar su fe en él y advertirle acerca de la destrucción de Sodoma y Gomorra. Todas las intervenciones descritas en Génesis y en el resto del AT prefiguran la magna intervención de Dios en la historia: la encarnación del Hijo de Dios en el seno de la virgen María, la entrada de Dios en nuestro mundo como verdadero hombre.

Adán y Eva intentan justificarse

Al darse cuenta de su pecado y oír la voz de Dios en el huerto, Adán y Eva, en vez de ir al encuentro de su Creador, confesar su pecado y pedirle perdón, huyen de su presencia y se esconden entre los árboles del huerto. De manera parecida actuaron los hijos de Israel, porque al oír la voz tonante de Dios en el Sinaí, se llenaron de terror y huyeron de su presencia (Ex 19:19; 20:18-20). Al ser interrogado por el Señor, el hombre trata de justificarse: "No tengo la culpa; la mujer que me diste me engañó." La mujer, por su parte, también intenta justificarse ante Dios: "No tengo la culpa; la serpiente me engañó y comí." Pero ni el hombre ni la mujer hubieran probado la fruta prohibida si en sus corazones no hubiesen deseado probar lo prohibido antes de hablar con la serpiente. El tentador no obliga a nadie a hacer lo que no quiere hacer. Santiago 1:14 lo expresa así: "...cada uno es tentado cuando se deja llevar y seducir por sus propios malos deseos." Nos engañamos a nosotros mismos si intentamos justificarnos, alegando que el tentador nos engañó y nos obligó a actuar en contra de nuestra propia voluntad. Ya desde el principio el hombre, en vez de confesar su pecado y procurar la absolución divina, ha intentado justificarse ante Dios, ante la sociedad, y ante sí mismo. Cuando el pueblo de Israel cayó en pecado en el incidente del becerro de oro (Ex 32), tanto el pueblo como el sumo sacerdote Aarón, en vez de confesar su pecado, intentaron justificarse así como lo hicieron Adán y Eva en el huerto. En vez de arrepentirse por haber hecho el ídolo de oro, Aarón dijo: "Eché el oro en el fuego, y salió este becerro."

Eva cayó en la trampa del tentador porque ansiaba conocimiento y sabiduría. Quiso ser como Dios, conocer el bien y el mal. La búsqueda de sabiduría no es mala, pues el libro de Proverbios nos insta a buscar la sabiduría y entrar en el banquete que ésta nos ha preparado. El problema de Adán y Eva fue que procuraron la sabiduría aparte de Dios y no con Dios. En su búsqueda de llegar a ser como Dios, el hombre y la mujer llegaron a ser como la serpiente. La búsqueda de conocimientos secretos y misterios sin Dios, ha sido la causa de grandes tragedias y fracasos en la historia de la humanidad. El juicio impuesto a la mujer fue un aumento de sus dolores de parto: "Aumentaré en gran manera los dolores cuando des a luz tus hijos" (Gn 3:16). Así pues, los dolores de parto que experimenta la mujer nos recuerdan nuestra desobediencia y caída en pecado. Y son, a la vez, una señal de una alegría inminente, la alegría con que se celebra la llegada de una nueva vida. Las Escrituras interpretan los sufrimientos de todas las criaturas y de toda la creación, como una señal profética que apunta al amanecer de una nueva creación, no manchada ni contaminada por el pecado: "Porque sabemos que toda la creación hasta ahora gime a una, y sufre como si tuviera dolores de parto. Y no sólo ella, sino también nosotros, que tenemos las primicias del Espíritu, gemimos dentro de nosotros mismos mientras esperamos la adopción, la redención de nuestro cuerpo" (Ro 8:22-23).

Según la apreciación de muchos estudiosos de Génesis, la caída en pecado de Adán y Eva es una prefiguración o prototipo del pecado de Israel. Es decir, así como Adán y Eva fueron engañados por la serpiente y desobedecieron el mandato de Dios, así también Israel fue tentado a desobedecer la Torá que recibió en el monte Sinaí. El pecado de Israel, pueblo escogido, fue adorar a los ídolos de los cananeos. A fin de cuentas, así como Adán y Eva fueron expulsados del huerto de Edén, así Israel fue expulsado de la TierraPrometida y llevado a Babilonia (al este de la tierra prometida) [Postell 2011:125]. Visto así, la serpiente de Génesis puede describirse como el prototipo de los cananeos que tentaron a los israelitas a desobedecer el primer mandamiento y servir a otros dioses.

En cierto sentido, la historia de la caída en pecado de Adán también es una prefiguración o anticipo profético del rey Salomón, conocido en todo el antiguo Cercano Oriente por su gran sabiduría. De acuerdo con el Salmo 72, Salomón fue nombrado por su padre David para ser el más grande de los reyes, un monarca destinado a consolar a los afligidos, a salvar a los hijos del menesteroso y aplastar al opresor. Será llamado bienaventurado por todas las naciones y su nombre será perpetuado mientras dure el sol. Se habla de Salomón en el Salmo 72 como si fuera el salvador o mesías que tanto anhelaba el pueblo de Israel.

En 1 Reyes 5:9-11 se describe a Salomón como un rey sabio que tiene dominio sobre una tierra que tiene como fronteras los mismos ríos que se nombran en Génesis 2. La sabiduría de Salomón incluye el conocimiento de los árboles, los animales, los reptiles y los peces (1 R 4:33). Hasta se le confiere la sabiduría de discernir entre lo bueno y lo malo (1 R 3:9). En estos pasajes de Salmos y Reyes, percibimos ecos del relato de Adán en el paraíso. La imagen que nos pinta 1 Reyes 10, acerca de las condiciones sociales y económicas de los primeros años del gobierno de Salomón, casi parecen ser una descripción del reino mesiánico de prosperidad y paz, de la inauguración de un nuevo paraíso.

El autor bíblico parece presentarnos a Salomón como un nuevo Adán enviado a cumplir con el mandato divino que originalmente fue otorgado al primer Adán (Postell 2011:132). Pero, según 1 Reyes 11, Salomón, al igual que Adán, también sufrió una terrible caída. Así como Adán fue tentado por la mujer a seguir su ejemplo y comer de la fruta prohibida, así Salomón fue seducido por sus mujeres paganas a seguir las prácticas repugnantes de los cananeos. Nos dice el autor sagrado que Salomón siguió a Astoret, diosa de los sidonios, y a Milcom, ídolo abominable de los amonitas, a Quemos ídolo abominable de Moab, y a Moloc, ídolo abominable de los de Amón. Fue así como Salomón probó la fruta prohibida. Según autores como Sailhamer y Postell, el autor de 1 y 2 Reyes interpretó a Adán como una prefiguración de Salomón (Postell 2011:73).

Muchos de los ídolos que adoró Salomón, como por ejemplo Astoret, fueron representaciones de la gran diosa madre. Otro símbolo de Astoret o Ashera fue la serpiente, un animal desnudo sin plumas ni pelos. Aparentemente, una característica de algunos de los ritos asociados con el culto a Ashera era la desnudez de sus adoradores durante ceremonias celebradas de noche en un huerto. Todavía hoy en día la desnudez de los participantes es un ingrediente de muchas ceremonias ocultas practicadas en nuestras comunidades hispanas, hasta en las ceremonias que se celebraban en el jardín de algunos de nuestros vecinos en San Félix de Guayana en Venezuela. La Torá condena contundentemente cualquier celebración en que los sacerdotes descubren su desnudez en un lugar sagrado (Ex 20:26). En Éxodo 28:42-43 se exige que la desnudez de los sacerdotes se cubra cuando oficien en la presencia del Señor: "Les harás calzoncillos de lino para que cubran su desnudez desde la cintura hasta el muslo. Estas vestiduras las llevarán puestas Aarón y sus hijos cuando entren en el tabernáculo de reunión, o cuando se acerquen al altar para servir en el santuario, para que no cometan un pecado y mueran." Así como el Señor procedió a cubrir la desnudez de Adán y Eva, así Jafet y Sem cubrieron la desnudez de su padre Noé (Gn 9:23).

A fin de cuentas, se puede ver en la historia de la caída de Salomón muchos de los elementos encontrados en Génesis 3, a saber: la sabiduría, la serpiente, la mujer, la desnudez, un huerto, y la expulsión (Postell 2011:133). Porque, por el pecado de Salomón y de los reyes que siguieron su ejemplo, los israelitas fueron expulsados de la tierra en la que fluía leche y miel. La única salvación para el pueblo que pecó será la venida de uno más grande que Salomón. "Y aquí hay alguien que es más grande que Salomón" (Lc 11:31).

Bien sabemos del relato bíblico que tanto el hombre como la mujer y la serpiente fueron declarados culpables por Dios. El hombre fue condenado a trabajar con el sudor de su frente, la mujer a dar a luz con gran dolor y dificultad, y la serpiente a arrastrarse por el suelo y tragar el polvo de la tierra. El juicio que Dios pronunció sobre Satanás, sin embargo, es diferente del juicio dictado en contra de Adán y su mujer. La maldición de Dios cae directamente sobre el engañador, y no sobre Adán y Eva. La tierra es maldecida por causa del pecado de nuestros primeros padres, pero la maldición no los alcanza a ellos. Las palabras dirigidas al tentador son pura ley; no encontramos en ellas nada de evangelio, nada de las buenas nuevas, nada del perdón de pecados que traerá el Mesías. La liberación que traerá el futuro Mesías será para quienes crean en él. A Adán y Eva Dios les predica primeramente la ley, pero después, cuando habla de la simiente, proclama también el evangelio. Para Satanás hay pura ley y nada de evangelio. El libertador no vendrá para ofrecer salvación también al enemigo, como llegó a creer Orígenes de Alejandría. El Hijo del Hombre vendrá para destruir las obras del diablo (Lutero 1952:189-190).

Consecuentemente, Dios no sólo pronunció palabras de condenación para Adán y Eva, en el huerto, sino también palabras de esperanza. En Génesis 3:15 encontramos una extraña y enigmática profecía: "Yo pondré enemistad entre la mujer y tú, y entre su descendencia y tu descendencia; ella te herirá en la cabeza, y tú la herirás en el talón." En Números 24:17 hay una posible alusión a la promesa de Dios de Génesis 3:15. Según el pasaje de Números, en los últimos días vendrá un rey mesiánico (la Estrella de Jacob) que herirá en la cabeza a los enemigos de Israel. Hay intérpretes que creen que en Génesis 49:10 hay otra alusión a la venida de este rey mesiánico (Postell 2011:72).

Desde los días de San Ireneo de Lyon los cristianos han encontrado en estas palabras la primera proclamación del evangelio, el protoevangelio. Según la interpretación cristiana de la profecía, habrá una lucha continua entre Satanás, o la serpiente, y el género humano. La serpiente logrará herir a un descendiente, o simiente de la mujer en el talón. El descendiente de la mujer será un libertador o Mesías. Cuando Cristo murió en la cruz la serpiente logró herir al descendiente en el talón. Pero Cristo le asestó el golpe mortal a la cabeza de la serpiente al resucitar de entre los muertos y abrirle a la humanidad perdida las puertas del paraíso.

Al ser echados del Paraíso, esta profecía les insufló esperanza a Adán y Eva, y también a sus descendientes mientras atravesaban innumerables dificultades, pruebas, y angustias. En medio de sus tribulaciones, Adán y Eva y sus descendientes no sólo contaron con la esperanza del fin de Satanás, sino también con la esperanza de la liberación de la muerte. En 1 Corintios 15:26 Pablo afirma que "...el último enemigo que será destruido es la muerte". Lutero asevera que al recibir la promesa del libertador, la mujer quedó libre del temor a la muerte (1952:198). Sin embargo, los descendientes de la mujer pasaron por muchas angustias, porque la serpiente trató de mil y una maneras de impedir el nacimiento de la simiente. Lutero dice que, por su afán de impedir la venida de la simiente, Satanás lanzó un ataque tras otro contra los portadores de la promesa: Abrahán, Isaac, Jacob, Judá, y David. Durante todo el tiempo del antiguo pacto hubo enemistad entre la serpiente y su descendencia y la simiente de la mujer. La simiente de la mujer –nos recuerda Lutero– implica todos los descendientes de la mujer en sentido general, pero en particular el Mesías que vendrá.

Desde la perspectiva del resto del AT, se percibe en la referencia a la "descendencia de la serpiente" una alusión a todos los enemigos del pueblo de Israel: cananeos, babilonios, asirios, filisteos, edomitas, moabitas, etc. Hay quienes encuentran una alusión a Números 24:17 en las palabras: "...ella te herirá en la cabeza" (Gn 3:15). La profecía mesiánica de Números 24:17, por su parte, expresa: "Yo lo veré, pero no en este momento; lo contemplaré, pero no de cerca. De Jacob saldrá una estrella; un cetro surgirá en Israel, que herirá a Moab en las sienes." Las palabras "no en este momento" y "no de cerca" del texto de Números, indican a los destinatarios originales del Pentateuco que se habla de eventos futuros o escatológicos. De esta manera, el autor divino quiere inducir a sus lectores a poner su esperanza en el triunfo final del Señor y su Mesías (llamado aquí "estrella" y "cetro") sobre todos los enemigos del pueblo escogido (Huddleston 2012:214). Al hablar de la "descendencia de la serpiente" y "la descendencia de la mujer", el texto indica que en la futura historia de la humanidad siempre habrá un conflicto entre los que andan con Dios y los que se oponen a su Palabra y al establecimiento de su reino. El trigo y la cizaña crecerán juntos hasta la victoria final, hasta el día en que la buena semilla sea recogida por los ángeles y la cizaña echada al horno de fuego (Mt 13:34-43).

Encontramos una importante alusión a Génesis 3:15 en la profecía de Balaam en Números 24:17: "...saldrá una estrella; un cetro surgirá en Israel, que herirá a Moab en las sienes." El guerrero victorioso que herirá a Moab en las sienes es identificable tanto con la simiente de Génesis 3:15, como con el rey mesiánico, llamado Siloh en la profecía de Jacob en Génesis 49:9-12. Las tres profecías tienen que ver con lo que sucederá en los días finales. Las tres profecías insuflan esperanza al pueblo de Dios en su lucha en contra de las fuerzas del mal, y ofrecen testimonio de la decidida orientación escatológica del Pentateuco y de todo el canon del AT. Las tres profecías no sólo tratan de la venida de un libertador, sino también de la restauración del huerto de Edén y la devastada creación (Sailhamer 2000:89-106). A pesar de todos los ataques lanzados por la antigua serpiente en contra del pueblo de Dios, el enemigo no logrará exterminar a la simiente de la mujer. Jesús promete: "...las puertas del Hades no podrán vencerla [a la iglesia]" (Mateo 16:18).

No sólo en el AT encontramos que la serpiente y su descendencia atacan al pueblo de Dios. En Apocalipsis 12 leemos que la serpiente antigua que se llama Diablo y Satanás (12:9), lanza sus ataques en contra de la mujer cuyo vestido era el sol. La mujer no es, como creen algunos, la virgen de Guadalupe, sino la iglesia, es decir "los que obedecen los mandamientos de Dios y tienen el testimonio de Jesucristo" (Ap 12:17). A los creyentes, perseguidos por la descendencia de la serpiente, el Señor les promete: "Muy pronto el Dios de paz aplastará a Satanás bajo los pies de ustedes" (Ro 16:20).

Desde la perspectiva de la historia de la salvación, toda la historia de Israel y de la iglesia se caracteriza por la lucha entre la descendencia de la serpiente y la simiente de la mujer. La serpiente quedó aplastada bajo el talón de la simiente cuando el Hijo del Hombre afrontó las tentaciones de Satanás en el desierto, la parte más alta del templo y un monte muy alto (Mt 4:1-11). La serpiente antigua acusó otro garrotazo en la cabeza cuando José rechazó la tentación de la mujer de Potifar y cuando los tres jóvenes se negaron a doblar las rodillas ante el gran ídolo de Nabucodonosor en el campo de Dura (Dn 3). Un nuevo trancazo en la cabeza de la serpiente se registró cuando Martín Lutero confesó su fe ante el rey Carlos V y todos los príncipes alemanes. Y cada vez que en la celebración de un Bautismo se confiesa a Cristo y se renuncia al diablo, todas sus obras y todos sus caminos, se aplica un nuevo golpazo en la cabeza de la serpiente. Cada vez que el pueblo de Dios le propina al diablo un golpe en la cabeza, se da un paso más hacia el cumplimiento del proyecto divino de restaurar su creación caída y la realización del propósito final de Dios para el cosmos (Huddleston 2012:71).

Es la serpiente y no Dios quien quiere destruir a Adán y Eva. El Señor, en vez de destruirlos por su rebelión, se muestra misericordioso con ellos. En su bondad les provee túnicas de piel para cubrir su desnudez y protegerlos de los rayos del sol y las picaduras de los insectos. Desde los primeros capítulos de Génesis ya se percibe el amor de

Dios para con sus criaturas, un amor que procura cubrir su pecado y vergüenza y renovar en ellos la imagen divina. Además, no se priva a la mujer de la gloria de la maternidad. No queda abandonada, sino que cuenta con la protección de su esposo. No pierde su vocación como ayuda idónea, esposa y madre de sus hijos (Lutero 1952:199). Aunque seguirá dando a luz con dolor, Eva sabe que el Señor estará junto a ella y la ayudará a soportar las dificultades de su vida al este de Edén. San Pablo manifiesta en 2 Corintios 4:17-18: "Porque estos sufrimientos insignificantes y momentáneos producen en nosotros una gloria cada vez más excelsa y eterna. Por eso, no nos fijamos en las cosas que se ven, sino en las que no se ven; porque las cosas que se ven son temporales, pero las que no se ven son eternas."

Las palabras del Señor a la mujer (Gn 3:16) "Tu deseo te llevará a tu marido, y él te dominará", no deben interpretarse –según Atkinson (1990:94)– como una imposición divina de lo que llamamos machismo. El machismo es una de las consecuencias del pecado en las relaciones armoniosas entre los sexos. Quizá el deseo de Eva, al darle la fruta prohibida a su marido, fue sujetarlo a su voluntad. Sin embargo, el egoísmo del hombre lo llevará a considerar a la mujer como un ser inferior, y no como una ayuda idónea para él. La voluntad de Dios para con los cónyuges queda expresada en Efesios 5, donde se exhorta a los esposos a sujetarse los unos a los otros en el amor de Cristo. La esposa que está en Cristo no querrá manipular a su esposo con el fin de satisfacer sus propios deseos, ni el esposo tratará a su pareja como si fuera una esclava o un animal que es necesario sujetar o dominar mediante golpes, gritos, y maltratos.

En definitiva, el amor de Dios para con el género humano perdido llevó al Creador a enviar a su propio Hijo a ofrendar su vida por los hombres que viven alejados de la presencia visible de Dios al oriente del huerto de Edén. El hecho de que el Señor no les quitó enseguida la vida a Adán y Eva, sino que los cubrió con túnicas, nos habla del carácter del ser divino y de la descripción que tenemos del Señor en Éxodo 34:6-7: "¡EL SEÑOR! ¡EL SEÑOR! ¡Dios misericordioso y clemente! ¡Lento para la ira, y grande en misericordia y verdad! ¡Es misericordioso por mil generaciones! ¡Perdona la maldad, la rebelión y el pecado, pero de ningún modo declara inocente al malvado!"

En cuanto a la traducción de Génesis 3:15, Lutero se vio obligado a insistir que el sujeto del verbo "herirá" o "aplastará" es la simiente de la mujer, y no la mujer, como creían San Agustín, Nicolás de Lira, y otros teólogos de renombre. La confusión respecto al sujeto indujo a muchos teólogos del tiempo del Reformador a relacionar a la mujer de este pasaje con la virgen María, y declarar que en virtud de su papel como madre del Mesías, María había aplastado la cabeza de la serpiente (1952:191-193). Lutero dice que somos salvos por medio del Cordero de Dios que quita los pecados del mundo, y no por la concepción inmaculada de la virgen María.

La misericordia del Señor queda manifestada en el hecho de que hace túnicas de pieles para vestir al hombre y su mujer y, de esta manera, cubrir su vergüenza (Gn 3:27). Las hojas de higuera que tejieron Adán y Eva para cubrirse no fueron suficientes, por lo tanto el Señor tuvo que vestirlos con algo más perdurable (Waltke 2001:95). Así también, todos los intentos del hombre de cubrir su pecado y su vergüenza son insuficientes. Insuficientes son nuestras lágrimas, actos de penitencia, vigilias y mortificaciones. Insuficientes también son nuestros sacrificios, ayunos, peregrinaciones, largas oraciones, y justificaciones. Solamente Dios cubre nuestro pecado y quita nuestra vergüenza. Solamente Dios, en Cristo, nos despoja del viejo hombre y sus hechos, y nos reviste de la naturaleza del nuevo hombre, que se va renovando a imagen del que lo creó (Col 3:9-10). Se nos reviste sólo mediante el Bautismo en el nombre de Cristo (Gl 3:27) y se nos cuenta con los que están vestidos con ropas blancas ante el trono del Cordero (Ap 7:13). Sólo el Padre de toda misericordia, por medio de la cruz de su Hijo, puede cubrir la desnudez de sus hijos perdidos con el mejor vestido y poner en sus manos un anillo y calzado en sus pies (Lc 15:22). No hay mejor vestido que la justicia de Cristo, quien sufrió nuestra vergüenza al ser desnudado y clavado en una cruz para vestirnos con su propia santidad. Con fe en Cristo, entonamos con el salmista las palabras del Salmo 85:2: "...has perdonado la iniquidad de tu pueblo, has perdonado todos sus pecados."

Génesis 3 termina con la expulsión de Adán y Eva del Paraíso. Ser echados fuera del huerto de Edén equivale a ser echados fuera del tabernáculo o del templo de Dios, pues en los primeros capítulos de

Génesis el jardín de Edén es el lugar de la presencia de Dios en la tierra, el lugar donde el Señor Dios "iba y venía por el huerto, con el viento del día" (Gn 3:8). Igual que el templo en Jerusalén y el tabernáculo en el desierto, el huerto de Edén tenía su entrada por el Oriente. Y así como los levitas fueron llamados para atender el templo y el tabernáculo, Adán y Eva tuvieron el llamamiento de cuidar el huerto sagrado. Además, en el Paraíso había muchos símbolos de la presencia de Dios: árboles, ríos, oro, piedras preciosas, fuego, y querubines. Ser echado fuera de la presencia de Dios y del árbol de la vida implica entrar en la esfera de la muerte (Wenham 1987:90).

La muerte nos circunda en todo lo que es disminución de nuestra vitalidad y pérdida de vigor. La muerte nos espera agazapada en todas las aflicciones y angustias de la vida. En cada enfermedad y debilidad sentimos los tentáculos de la muerte. Con el paso del tiempo y nuestro envejecimiento, la muerte nos envuelve con su sombra; y es la presencia de la muerte en nuestro derredor lo que nos amarga la vida. El aguijón de la muerte es el pecado y el poder del pecado es la ley. Un único hecho hay en todo el universo que puede librarnos del poder y la angustia de la muerte, y es la resurrección de nuestro Señor Jesucristo.

Uno de los funestos resultados de la caída de Adán y Eva en pecado fue que la tierra quedó sujetada a vanidad, no por su propia culpa, sino por la desobediencia de los hombres (Ro 8:20). Génesis 3:17-18 nos dice que la maldición no cayó directamente sobre Adán y Eva, sino sobre la tierra: "...maldita será la tierra por tu causa; con dolor comerás de ella todos los días de tu vida. Te producirá espinos y cardos, y comerás hierbas del campo." No se debe inferir de esto que el trabajo de suyo es una maldición con la que el hombre tiene que cargar por su desobediencia. El trabajo es una gran bendición de Dios. Aun antes de la caída en pecado, el hombre fue colocado en el jardín de Edén para trabajar con su Creador en la preservación del planeta. La vocación como mayordomo y virrey le dio orientación y propósito a la vida de Adán. Tal trabajo no fue oneroso, sino que fue una fuente de alegría, porque lo hacía sin tener que bregar con los espinos y cardos de los que habla el texto bíblico. Los espinos y cardos representan la maldición que cayó sobre la tierra como consecuencia de la desobediencia del primer hombre. Se ha dicho que cuando le pusieron a Jesús en la cabeza una corona tejida de espinas (Mt 27:29), el Hijo de Hombre tomó sobre sí mismo la maldición pronunciada sobre nuestro pecado en Génesis 3:16-17. Así, "Cristo nos redimió de la maldición de la ley, y por nosotros se hizo maldición" (Gl 3:13) (Rossow 1983:96).

Así como el primer pecado tuvo que ver con lo que se come, así la paga del pecado también tiene que ver con la comida y con lo que sufren tanto la criatura como la tierra por la consecuencia del pecado. Romanos 8:22 dice que "...toda la creación hasta ahora gime a una, y sufre como si tuviera dolores de parto". Hasta ahora la creación sigue sufriendo por la avaricia del ser humano, el descuido y la destrucción de la Tierra y del medio ambiente en que se encuentran los animales y las plantas creados por Dios.

Los gemidos de la creación provienen, en gran parte, de los obreros mal pagados que trabajan sin seguro social ni beneficios médicos, sujetos a los efectos nocivos de los herbicidas y pesticidas utilizados en sus labores. En muchos casos, los que trabajan la tierra en América Latina no producen ni la comida ni las proteínas suficientes que necesitan ellos y sus familias para gozar de la vida que el Creador quiere para todas sus criaturas. La triste realidad es que muchos agricultores y campesinos trabajan para producir carne, productos lácteos y agrícolas para ser exportados a los países del llamado "primer mundo", donde un porcentaje cada vez mayor sufre de obesidad y la secuela de enfermedades producto de ésta: diabetes, hipertensión, cáncer, infartos, y hemiplejía. Los que gimen son en gran parte trabajadores de grupos minoritarios, personas negroides, indocumentadas e injustamente explotadas por los que se creen los dueños de la tierra, cuando en realidad son sólo mayordomos. Entre los gemidos de la creación escuchamos también los quejidos de los animales encerrados y engordados –juntamente con miles de otros animales en pequeños corrales y jaulas– para después ser brutalmente degollados en masa en los mataderos y desolladeros de quienes se han olvidado que el Señor es también el creador y amo de todas las criaturas (Halteman 2013:393).

A pesar de todo el esfuerzo empleado para transformar la sociedad y el medio ambiente, el hombre sigue ganando su pan con el sudor de su rostro, en tanto que los espinos y cardos siguen creciendo en campos y jardines. En su Cantata 181, el gran músico y teólogo cristiano Johann Sebastian Bach, nos recuerda que los espinos y cardos que constituyen el peligro más grande para nuestras vidas aquí y en la eternidad son los que amenazan la buena semilla que el sembrador ha plantado en nuestros corazones. Por lo tanto, Bach alza su voz y pide al Señor que envíe su Espíritu consolador para librarnos del infinito número de espinas dañinas –o sea, de la avaricia tendiente a aumentar nuestras riquezas– a fin de preparar una tierra fértil y buena en nuestros corazones.

La bendición pronunciada sobre los seres humanos y las demás criaturas tuvo que ver con la fertilidad y productividad de la tierra. La bendición incluyó la multiplicación de la descendencia de Adán y Eva, el nacimiento de sus hijos, nietos, bisnietos, etc. En adelante, la productividad de la tierra dependerá del sudor del agricultor. La multiplicación de la raza será posible tan sólo con la inclusión de los dolores de parto de la mujer. La maldición de la tierra (Gn 3:17), impedirá y frustrará la realización de la bendición pronunciada por el Creador en Génesis 1:28. Por lo tanto, la maldición de la tierra que sobrevino por culpa del primer Adán tendrá que ser quitada por la obra del segundo Adán, nuestro Señor Jesucristo (Ro 5:15-19). En Gálatas 3:13 Pablo declara: "Cristo nos redimió de la ley, y por nosotros se hizo maldición."

De acuerdo con el pasaje de Romanos 8, citado arriba, tanto los creyentes como la creación toda gimen mientras esperan la redención, la resurrección escatológica de los cuerpos de los redimidos. Los dolores de parto que anticipan la nueva creación, seguirán hasta la segunda venida del postrer Adán, por medio de quien vendrá la liberación completa de los poderes de la corrupción, del pecado, y de la muerte. Durante el tiempo que media entre la primera y segunda venidas del libertador, tanto la creación como los creyentes vivirán confiados en la esperanza que les otorga el Espíritu. Así, a pesar de los gemidos –tanto de la creación como de la iglesia– las Escrituras nos convocan a una vida que se caracterice por la esperanza viva, nunca por la desesperación (Duncan 2015:424-427).

En el NT, especialmente en los escritos de Pablo y Juan, se enfatiza que la renovación escatológica de la creación ya quedó inaugurada con Jesús el Mesías y en la comunidad de los creyentes (Brown 2010:275). En el primer capítulo de Juan, lo mismo que en los primeros capítulos de Génesis, se destacan los temas de luz, vida, el Espíritu y la Palabra (Logos). En efecto, la historia de la creación que comenzó en Génesis alcanza su culminación en la historia de Jesús. Así como la historia de la creación y la caída en pecado del primer hombre acaeció en un jardín, del mismo modo la historia de la pasión y la resurrección de Jesús también tuvo como escenario un jardín o huerto. Según Génesis, Dios es el hortelano que "plantó un huerto en Edén". En Juan 20:15, María Magdalena piensa que Jesús es el hortelano. En verdad, Jesús no sólo es el resucitado, sino también el hortelano divino y el nuevo Adán. Es aquel que sopló sobre sus discípulos y dijo: "Reciban el Espíritu Santo" (Jn 20:22). Es el Señor Dios que en el principió sopló en la nariz de Adán el aliento de vida. Además, la resurrección ocurrió el primer día de la semana, señalando el comienzo de la nueva creación, en la que la vieja creación encuentra su redención y cumplimiento. Hay investigadores que han relacionado las siete señales que obró Jesús en el Evangelio de Juan, con los siete días de la creación de Génesis (Brown 2010:288).

Los querubines son puestos para impedir el regreso al Edén

A fin de que el hombre no intentara volver al paraíso, según Génesis 3:24, Dios puso al oriente del huerto querubines, y una espada encendida que giraba hacia todos lados para resguardar el camino del árbol de la vida. El erudito italiano de ascendencia judía Umberto Cassuto, juntamente con Gerhard von Rad y W. Zimmerli, creen que la espada encendida es una referencia a relámpagos zigzagueantes de aquí para allá, a fin de impedir el regreso del hombre al Paraíso. Otros intérpretes opinan que se trata de un arma mágica o espada de fuego, semejante a las que portaban los antiguos dioses de Babilonia y Canaán, mientras que otro erudito sugiere que se trata de un ángel de fuego semejante a *Resef*, el dios cananeo de la pestilencia y la guerra, cuyo nombre significa "fuego" (Hendel 1985:671-674).

La expulsión de Adán y Eva de la tierra bendita de Edén parece ser una anticipación profética (tipo) de la expulsión de Israel de la Tierra Prometida por su desobediencia, idolatría e injusticia. Según Deuteronomio 28:47, los cautivos sufrirán hambre, sed, desnudez, y dura servidumbre en su traslado desde Israel a Babilonia, una región al Este de la tierra que fluye leche y miel.

La expulsión del paraíso significa que el hombre ya no es digno de entrar directamente a la presencia de Dios. En el futuro podrá acercarse a Dios sólo indirectamente, con la ayuda de las purificaciones, sacrificios, y ceremonias relacionados con el culto. En todas las religiones los rituales, ceremonias, y purificaciones cumplen con la finalidad de preparar al hombre para entrar en comunicación con la divinidad (Fredriksen 2010:244). Según el NT, tan sólo mediante el sacrificio de Cristo se abre nuevamente el camino al paraíso perdido y a la plena comunión con el Padre. Jesús es la puerta por la que entran las ovejas para estar a salvo (Jn 10:9). Jesús es el único que puede anunciar al pecador arrepentido: "De cierto te digo que hoy estarás conmigo en el paraíso" (Lc 23:43).

Éxodo 26:1 menciona que las cortinas de lino torcido para el tabernáculo debían llevar representaciones de querubines bellamente trabajados. Las cortinas fueron unidas para formar el gran velo que separaba el lugar santísimo y el arca del pacto, de la parte del templo donde se reunía la congregación. Los querubines en el gran velo del tabernáculo y del templo debían recordarle a Israel los querubines que guardaban la entrada al huerto de Dios. Así como a los seres humanos caídos en pecado no se les permitió acercarse a la presencia divina en el huerto, así los israelitas tampoco pudieron pasar más allá del gran velo de separación. Recordemos que cuando Cristo fue crucificado, este gran velo con los querubines se rasgó en dos, de arriba abajo, acto que simboliza que por medio de Cristo tenemos entrada al paraíso perdido.

La historia de la caída en pecado del género humano concluye con la acción de apostar querubines y una espada encendida para resguardar el camino del árbol de la vida. Génesis 3 hace mención, varias veces, del árbol de la sabiduría, pero muy pocas veces del árbol de la vida. Lo que sabemos del árbol de la vida es que provee la vida eterna a los que comen de su fruto. Si Adán y Eva se hubieran quedado en el huerto de Edén y comido del árbol de la vida, habrían vivido para siempre. Pero ahora, alejados del árbol, tuvieron que morir. Al oeste del Edén no hay un árbol de la vida. La muerte, sin embargo, se encuentra en todas partes: en las luchas entre hermanos, en la violencia de Lamec, en las enfermedades, las sequías, los partos difíciles, las aguas del diluvio y la vejez (Carroll 2000:17-34).

En el último capítulo del libro de Apocalipsis se habla nuevamente del árbol de la vida: "En medio de la calle de la ciudad, y a cada lado del río, estaba el árbol de la vida, el cual produce doce frutos y da su fruto cada mes; las hojas del árbol eran para la sanidad de las naciones" (Ap 22:2). El árbol de la vida se menciona también en Apocalipsis 2:7; 22:14 y 22:19. Según la interpretación de algunos eruditos, el árbol de la vida es un símbolo de Dios (Brighton 1999:625). En el sueño de Nabucodonosor, interpretado por Daniel, el gran árbol que daba vida y comida a todas las bestias del campo y a las aves del cielo, fue el rey (Dn 4). El árbol fue cortado porque sólo el Altísimo es el verdadero rey de toda la creación. Dios es quien da vida a todos, él es el verdadero árbol de la vida. Sea el árbol de la vida un símbolo de Dios, sea Dios, o ambos, la presencia de ese árbol tanto en nuestro pasado como en nuestro futuro, debe motivarnos a tener esperanza. Dicho de otra manera, frente al árbol de la sabiduría, que es el símbolo de nuestra caída en pecado y la muerte, se erige majestuosamente el frondoso árbol de la vida, que es promesa de nuestra redención. Hablando de los dos árboles del paraíso, Lutero afirmaba que el árbol de la vida era el evangelio, mientras que la ley era el árbol de la muerte (1958:234).

Lecturas políticas de Génesis 3

Según un análisis sociológico y político que han hecho de la Biblia ciertos investigadores que se identifican con la teología de la liberación, los textos de las Escrituras tienen que leerse desde la óptica de la lucha entre las clases económicas, vale decir, entre los poderosos y las masas. En consonancia con dicha ideología, se ha interpretado Génesis 2 y 3 como una alegoría política, producto del afán de un sistema patriarcal y machista para justificar el statu quo, sus prerrogativas y manejo del poder.

Según un autor, Adán y Eva representan a las masas o los peones que luchan para sobrevivir trabajando las tierras de los latifundistas, terratenientes, y elitistas que han acaparado los medios de producción del Estado. En esta alegoría el Señor es el equivalente literario del rey, el estado, y la élite. Para mantener el control de las masas, el Señor, es decir, la élite, se opone a cualquier intento de las masas de estudiar o enterarse de la realidad que están viviendo. La prohibición de comer del árbol simboliza el esfuerzo de los gobernantes por impedir la educación popular, la concientización y la democracia. La serpiente, por su parte, representa a los elementos revolucionarios que procuran concientizar y liberar al pueblo con el fin de establecer una sociedad más igualitaria, democrática y humanitaria. La maldición que se pronuncia sobre la serpiente y la tierra significan, visto con la óptica de la élite, el fracaso de cualquier intento por cambiar el sistema desigual que rige en nuestros países (Kennedy 1990:3-14). A nuestro criterio, tales interpretaciones alegóricas carecen del apoyo de los autores del NT y el enfoque cristológico de las Escrituras. Estamos convencidos de que la clave para entender los relatos de la Biblia hebrea es Jesucristo y no las interpretaciones que procuran promover una determinada ideología o filosofía sociológica, política o económica.

GÉNESIS 4

La historia de Caín y Abel

Después de la historia de la caída en pecado y la expulsión del hombre del paraíso, sigue la historia de los hermanos Caín y Abel, un relato en el cual comenzamos a ver los funestos resultados de la desobediencia de Adán y Eva. La ruptura de la comunión entre el hombre y Dios trae como una de sus más horribles consecuencias la falta de comunión del hombre con su semejante, del hermano con el hermano. Habiéndole dado cabida al mal, es muy difícil frenar sus consecuencias, y una de ellas es el odio y el homicidio. Ya en la historia de Caín y Abel se produce el primer choque entre los descendientes de la promesa y los de la serpiente.

Caín y Abel fueron hijos de Adán y Eva. En Génesis dice que "Adán conoció a Eva, su mujer, y ella concibió y dio a luz a Caín".

La palabra "conoció" es un eufemismo para el acto sexual. Lo que el pasaje quiere decir es que Adán tuvo relaciones sexuales con su esposa, la cual quedó embarazada y dio a luz su primer hijo, Caín. Esteban Voth, en su *Comentario sobre Génesis,* recalca que en los primeros capítulos de la Biblia el verbo hebreo *"yada"* (conocer) siempre significa mucho más que un conocimiento intelectual, o el mero reconocimiento objetivo de una realidad. El verbo "conocer" más bien indica un conocimiento vivencial, personal y relacional. Es un conocimiento basado en la experiencia.

Hay diferentes maneras de explicar el significado del nombre Caín. La nota de pie de página de la versión Reina Valera Revisada de 1995, expresa que el nombre Caín proviene del verbo "adquirir", mientras que el erudito Von Rad cree, a base de 2 Samuel 21:16, que significa "lanza o espada". Aun otros creen que el nombre Caín proviene de la palabra aramea para "artífice" o "herrero", porque los descendientes de Caín trabajaban como herreros y artífices en bronce (Gn 4:22). En muchas culturas antiguas los herreros eran considerados magos o brujos que habían aprendido del diablo el secreto de fundir el hierro. Del modo en que los artífices que trabajan los metales le dan forma a una cosa, así Eva, al dar a luz dio forma a un nuevo ser humano y, de esta manera, aseguró la continuación del género humano aun después de su expulsión del paraíso y la entrada de la muerte en el mundo. En este pasaje el nombre Caín quiere decir un ser formado o creado. Es la explicación dada al nombre Caín por el erudito italiano de ascendencia judía, Umberto Cassuto. El verbo hebreo para crear es el que utiliza Eva cuando exclama: "Por la voluntad del Señor, he adquirido un varón." Eva dice literalmente: "Con la ayuda del Señor he creado un hijo varón." El verbo en hebreo es *"qanah,"* que suena algo así como Caín (qayin). Lutero creyó que el gran regocijo de Eva al nacer su primer hijo se debió a que pensó que este hijo sería la simiente prometida en Génesis 3:15, el salvador enviado por Dios para librar a los seres humanos de la condenación y aplastar la cabeza de la serpiente (1958:242).

Si bien no sabemos exactamente qué significa el nombre Caín, no existe tal dificultad respecto al significado del nombre Abel, (*hebel* en hebreo). Abel quiere decir "soplo, vapor o aliento", algo sumamente efímero, que está por un momento y de repente desaparece. Es la palabra utilizada unas treinta veces en el libro de Eclesiastés para designar la vanidad: "¡Vanidad de vanidades! ¡Todo es vanidad! –Palabras del Predicador." (Ec 12:8). Las vanidades son cosas que hoy están y mañana no. Así fue la vida de Abel y así es también la vida de los hombres como consecuencia de la entrada del pecado y el odio en el mundo. "Mis días son como un soplo", dice Job (Job 7:16, RV 1977); y el salmista exclama: "Los mortales son una ilusión pasajera (*hebel*); su vida pasa como una sombra" (Sal 144:4). El nombre Abel sugiere entonces una persona mansa y humilde, alguien como el Siervo del Señor descrito en Isaías 53:7, quien "...será llevado al matadero, como un cordero; y como oveja delante de sus trasquiladores se callará y no abrirá su boca".

Puesto que el pasaje de Génesis no dice nada en cuanto a la concepción de Abel, eruditos como Lutero (1958:243) creen que Caín y Abel fueron gemelos. El libro de Génesis habla del nacimiento de por lo menos dos pares de gemelos: Esaú y Jacob (Gn 25:24-26) y Fares y Zara (Gn 38:29-30). Como veremos más adelante, el conflicto entre hermanos es uno de los temas recurrentes en todo el libro de Génesis, especialmente casos que tienen que ver con la primogenitura y la designación del portador de la promesa (Blenkinsopp 2011:83). Lutero (1958:244) observa que, por la indulgencia de sus padres el primogénito llega a ser, con frecuencia, el hijo más consentido. Por su orgullo y por su tendencia a creerse superior a sus hermanos, corre el riesgo de perder su primogenitura, pues "Dios resiste a los soberbios, pero se muestra favorable a los humildes" (1 P 5:5).

En la literatura rabínica encontramos un sinfín de teorías y fábulas respecto a la razón de la enemistad entre Caín y Abel. No hay nada en el pasaje de Génesis que apoye tales fábulas o interpretaciones. El texto de Génesis y las referencias a Caín en el NT sugieren, más bien, que el problema entre los dos hermanos tuvo que ver con las ofrendas que presentaron al Señor.

"Y el Señor miró con agrado a Abel y a su ofrenda, pero no miró con agrado a Caín ni a su ofrenda" (Gn 4:4-5). La Escritura nos dice que pasado un tiempo los dos hermanos trajeron los primeros frutos de su trabajo en sacrificio al Señor; y que el Señor miró con agrado la ofrenda de Abel, pero no miró con agrado a Caín, ni a su ofrenda. Los intérpretes de Génesis han discurrido mucho sobre la razón por la cual el Señor aceptó la ofrenda de uno de los hermanos, y la del otro hermano no. Los traductores de la Septuaginta (LXX) utilizaron dos palabras griegas diferentes al referirse a las ofrendas de los dos hermanos, aunque el texto hebreo emplea la misma palabra para ambas. Las dos palabras empleadas en la Septuaginta son *qusia* (sacrificio) para la ofrenda de Caín y *dōrea* (don o regalo) para la de Abel. Al hacer la distinción en la terminología, los traductores de la Septuaginta aparentemente quisieron indicar que algo le faltaba al sacrificio de Caín. Porque el uso de *dōrea* sugiere que la ofrenda de Abel se originó en el corazón, mientras que el empleo de *qusia* para el sacrificio de Caín puede indicar algo hecho solamente por obligación o costumbre (Thatcher 2010:734).

La muerte de Abel no ocurrió por un repentino arranque de ira. El significado del verbo hebreo "*harag*", utilizado por el autor sagrado en su relato, es "matar premeditadamente". Mientras que el texto hebreo no indica cuándo o dónde ocurrió la muerte de Abel, la Septuaginta especifica que Caín invitó a Abel a ir con él a un lugar solitario en el campo, dando a entender así que el asesinato de Abel fue premeditado. En el campo no hay testigos, no hay otras personas que oigan los gritos de la víctima, y que puedan acudir en su auxilio.

Las modificaciones en el texto hebreo indican que los redactores de la Septuaginta no fueron solamente traductores, sino también intérpretes de la Biblia. En realidad, toda traducción es, en menor o mayor grado, una interpretación, algo que siempre debemos tener en cuenta en el empleo de cualquiera traducción de las Sagradas Escrituras. Lo que nos interesa aquí es que los autores del NT como Juan, Judas y el autor de Hebreos, parecen aceptar la interpretación de la LXX.

La Iglesia Ortodoxa, tanto la Griega como la Rusa, da preferencia a la Septuaginta porque cree que sus redactores, al traducir, realizaron su trabajo por la inspiración del Espíritu Santo. Martín Lutero, no obstante, consideraba al texto masorético (en hebreo) como superior a la Septuaginta. En su comentario sobre Génesis, el Reformador expresó que en muchas instancias los traductores de la LXX carecían de entendimiento y no captaron bien el sentido de lo que estaban traduciendo (1958:263).

¿Por qué escogió el Señor la ofrenda de Abel?

Según el renombrado intérprete Hermann Gunkel (1862-1932), Dios se contenta con los sacrificios de animales mucho más que con las ofrendas de los granos y vegetales (Cassuto 1961:207). Hay quienes han concluido que en el sacrificio de la oveja de Abel hubo derramamiento de sangre, mientras que en la ofrenda de Caín eso no se dio. Para justificar tal interpretación apelaron al pasaje de Hebreos 9:22, que dice: "...sin derramamiento de sangre no hay perdón." Otros intérpretes, en desacuerdo con estas ideas, opinan que los sacrificios presentados por los dos hermanos fueron las primicias de los frutos que se dan al Señor para darle gracias por la buena cosecha. Por lo tanto no son ofrendas por el pecado; ni son tampoco algo así como el holocausto que solía ofrecer el sumo sacerdote en el Día de la Expiación.

Según ciertos eruditos, al enfatizar el texto que Abel trajo de lo más gordo de sus primogénitos, quiere indicar que, en sincera gratitud, quiso dar al Señor lo mejor que tenía porque realmente se sentía agradecido por la bondad del Creador. Abel verdaderamente quiere mostrar su gratitud. Su acción debía servir de ejemplo a los israelitas cuando entregasen sus ofrendas al Señor. Caín, en cambio, solamente cumplió con un deber religioso, por obligación y no por una fe sincera en Dios. El elemento que faltaba en la ofrenda de Caín fue, entonces, la fe. El autor de la Epístola a los Hebreos, en consonancia con esta interpretación, expresa: "Por la fe, Abel ofreció a Dios un sacrificio más aceptable que el de Caín" (Heb 11:4).

Lutero dice que Caín creyó que iba a ser declarado justo ante Dios por la entrega de su sacrificio, o sea, por su obra. Es que Caín entregó su ofrenda sin arrepentimiento, sin confesión, sin suplicar ser perdonado por la gracia y misericordia de Dios. Creyó que iba a ser aceptado ante Dios por la obra de entregar su sacrificio. Pero no somos justificados por nuestras obras, sino por la fe. Para Lutero, la historia de Caín y Abel enseña claramente que se nos justifica por la fe y no por las obras de la ley (1958:259, 265). El sacrificio de Caín fue rechazado porque faltaba la fe, pues según Romanos 14:23: "Todo lo que no se hace por convicción es pecado." Si la ofrenda de Caín no daba la talla es porque "El Señor aborrece las ofrendas de los impíos, pero recibe con agrado la oración de los rectos" (Pr 15:8).

Dios ama al dador alegre

La lección que se nos brinda aquí es que Dios rechaza cualquier sacrificio u ofrenda que se presenta sin fe, ya sea un sacrificio ofrecido por los sacerdotes en el templo en Jerusalén, por los fariseos en sus sinagogas, por los gentiles sobre sus muchos altares, o por los cristianos en sus iglesias. En Deuteronomio 26 se les da a los israelitas instrucciones acerca de la entrega de los primeros frutos al Señor. A los miembros del pueblo escogido se los exhorta a entregar los primeros frutos al Señor con alegría y acción de gracias, porque el Señor los había escogido por pura gracia, librándolos con brazo extendido de los egipcios y dándoles una tierra que fluía leche y miel.

San Pablo nos recuerda que cuando uno da su ofrenda al Señor, "no debe dar con tristeza, ni por necesidad, porque Dios ama a quien da con alegría" (2 Co 9:7). Pablo les recuerda a los corintios que el Señor es poderoso para recompensar a los creyentes por sus diezmos, con cosechas abundantes: "Y aquel que da semilla al que siembra, y pan al que come, proveerá los recursos de ustedes y los multiplicará, aumentándoles así sus frutos de justicia, para que sean ustedes enriquecidos en todo, para toda generosidad, que por medio de nosotros produce acción de gracias a Dios" (2 Co 9:10). Según tal interpretación, hay eruditos que creen que Caín sabía que la ofrenda de Abel fue aceptada y la suya rechazada, porque el Señor derramó su bendición y fertilidad sobre el redil de Abel, pero no sobre los campos de Caín (Cassuto 1961:207). Los comentaristas rabínicos creían que Dios mostró su aceptación de la ofrenda por medio de un fuego que descendió del cielo para quemar el sacrificio de Abel, pero no el de Caín. Esta interpretación ha influido la manera en que muchos artistas han representado la escena de los sacrificios en sus pinturas.

La acción del Señor provocó el disgusto y la envidia de Caín. Sea cual fuere la manera en que los hermanos llegaron a darse cuenta de que Dios había aceptado la ofrenda de Abel pero no la de Caín, el proceder del Señor provocó el disgusto y la envidia del hermano mayor. Sucede con frecuencia que la decisión de Dios de escoger a un hermano de la iglesia para ocupar cierto ministerio, o la dádiva de ciertos dones del Espíritu Santo, también provoquen disgusto y envidia. El resultado, como en el caso de Caín y Abel, puede resultar en una familia dividida, una comunidad fracturada y una iglesia en la cual los miembros del cuerpo se levantan unos en contra de otros. La envidia, la codicia y la ira son venenos mortíferos, como que pueden destruir la unidad de familias, congregaciones, y naciones. Son enfermedades que producen rencor, odio, y sed de venganza, y traen como consecuencia la eventual destrucción tanto del objeto como del sujeto del odio. Por eso el Señor se dirige a Caín para amonestarle antes de que sea demasiado tarde. Lutero opina que todas las palabras del Señor dirigidas a Caín en este capítulo, las pronunció Adán, pues, siendo tanto jefe de la familia como sumo sacerdote de la primera iglesia, le correspondía a él comunicar la palabra de Dios a los miembros de su familia (1958:262).

Debe notarse en la historia de Caín y Abel la ausencia de la serpiente que tentó a Eva. La tentación contra la cual tuvo que luchar Caín no vino desde afuera, sino desde adentro. El pecado llegó a ser parte de la condición humana, como una enfermedad que pasa de una generación a otra (Atkinson 1990:101). Jesús enseñó a sus discípulos que "de adentro del corazón humano salen los malos pensamientos, la inmoralidad sexual, los robos, los homicidios, los adulterios, las avaricias, las maldades, el engaño, la lujuria, la envidia, la calumnia, la soberbia y la insensatez" (Mc 7:21-23). En éste y los capítulos siguientes veremos que todos estos males surgieron entre los descendientes de Adán y Eva.

El pecado es como una bestia salvaje que intenta apoderase de nosotros

Lo que el Señor le dijo a Caín fue: "...el pecado está listo para dominarte. Sin embargo... tú lo dominarás" (Gn 4:7). Hay quienes (Van Wolde 1991:25-41) han traducido este pasaje de modo diferente.

Consideran que la palabra "emboscar" o "acechar" a alguien para matarlo, indica el pecado que Caín abrigaba en su corazón. En otras palabras "el pecado de emboscar a tu hermano está a la puerta (en tu corazón)". Sea cual sea la manera de traducir el texto, aquí, por primera vez en Génesis, encontramos la palabra "pecado" (*hattat*). Dios sabe que lo que llamamos pecado es mucho más que simplemente hacer caso omiso de una regla. El cuadro del pecado que pinta nuestro texto es el de una bestia, una fiera que espera apoderarse de nosotros. El pecado, como león hambriento, está al acecho de Caín, esperando el momento de atacarlo y devorarlo; el pecado espera convertirse en su amo, en su dueño. El pecado es una fuerza destructiva que quiere jugar con nosotros y convertirnos en sus instrumentos, antes de devorarnos. Satanás es como un tigre que juega con su presa antes de devorarla. Jesús dijo a Pedro y a los otros discípulos: "Simón, Simón, Satanás ha pedido sacudirlos a ustedes como si fueran trigo" (Lc 22:31). San Pedro nos advierte: "...su enemigo es el diablo, y él anda como un león rugiente, buscando a quien devorar" (1 P 5:8).

Al hablar con Caín, el Señor le quiso advertir del gran peligro de permitir que la envidia y la rabia anidaran en su corazón. Es sumamente peligroso dejar que el sol se ponga sobre nuestra ira. Todavía había tiempo para que con la ayuda del Espíritu de Dios Caín luchara contra la ira en su corazón, y la venciera. Aún había tiempo para pedir perdón y procurar la reconciliación. Pero si se espera, la ira se convierte en odio y el odio en homicidio. Bien sabía esto Jesús al decir en el sermón del monte: "Ustedes han oído que se dijo a los antiguos: 'No matarás', y que cualquiera que mate será culpable de juicio. Pero yo les digo que cualquiera que se enoje contra su hermano, será culpable de juicio, y cualquiera que a su hermano le diga "necio", será culpable ante el concilio, y cualquiera que le diga "fatuo", quedará expuesto al infierno de fuego" (Mt 5:21-22). Así como Adán y Eva fueron tentados a comer del fruto prohibido del árbol del conocimiento del bien y del mal, así Caín fue tentado a comer del fruto prohibido de la venganza. Aunque la tentación sea fuerte, la Palabra nos asegura: "A ustedes no les ha sobrevenido ninguna tentación que no sea humana; pero Dios es fiel y no permitirá que ustedes sean sometidos a una prueba más allá de lo que puedan resistir, sino que junto con la prueba les dará la salida, para que puedan sobrellevarla" (1 Co 10:13).

El pecado se apoderó de Caín y se convirtió en su dueño y señor. Caín no hizo caso a las palabras del Señor, por lo tanto el pecado se apoderó de él. Al endurecer su corazón y enfrentar a Dios y su Palabra, Caín fue poseído. No es que Caín tenía pecado; el pecado lo tenía a él. El pecado era ahora su señor, su amo, su dueño. Caín llegó a ser un instrumento del mal, y el mal, al tomar posesión de Caín lo llevó a derramar la sangre de su hermano. En vez de dominar al pecado que espera como una bestia a su puerta, Caín se dejó dominar por el mal. Según el rabino Isaac, no fue una bestia la que se apoderó de Caín, sino la inclinación al mal, llamada la *yetzer-ha-ra* por los rabinos. Según la lectura del rabino Isaac, al principio la mala inclinación viene a nosotros como un transeúnte, para estar un ratito en nuestro hogar. Después se queda como huésped y, al final, se adueña de toda la casa (Blenkinsopp 2011:102). Así es como la bestia o mala inclinación llevó a Caín a asesinar a su hermano. El texto de Génesis, a diferencia de los relatos de asesinatos que encontramos en la Biblia (los de Asael, Abner, Manon, Naboth), nos brinda muy pocos detalles acerca de cómo Caín perpetró su crimen. Lo significativo es que por voluntad propia, y no por predestinación, ni por mal karma, derramó la sangre inocente de un hombre justo. Dios se dirigió a Caín como un ser moral, responsable de sus acciones. Lo que hizo fue por culpa propia; fue su decisión; no tiene excusa.

Y ahora, la sangre derramada comenzó a clamar, a gritar, a pedir venganza. "Así como mi sangre ha sido derramada, que así sea derramada tu sangre." "La sangre del que derrame sangre humana será derramada por otro hombre, porque el hombre ha sido hecho a imagen de Dios" (Gn 9:6). Ahora le tocó a Caín responderle al Señor, quien le hizo la pregunta: "¿Dónde está tu hermano Abel?" (Gn 4:9). La pregunta del Señor corresponde a la que en el capítulo anterior le había hecho a Adán: "¿Dónde andas?" Dios llamó a Caín a rendir cuentas por su pecado. Aunque las dos tablas de la ley no le fueron entregadas a Moisés hasta muchos años después, Caín sabía que lo que había hecho era pecado. Lutero nos recuerda que desde el principio el mandamiento "No matarás" estuvo grabado en el corazón de todas las personas (258:278).

Cínicamente, Caín le replica a Dios: "¿Acaso soy yo el guardián de mi hermano?" (Gn 4:9). "Si Abel sabe guardar a sus ovejas, debe saber cuidarse a sí mismo. Es demasiado pedirme que yo sea también su pastor." Pero se sobreentiende que la respuesta a la pregunta de Caín: "¿Acaso soy yo el guardián (o pastor) de mi hermano?" es: "¡Naturalmente que sí! Tú eres pastor de tu semejante." Todos somos pastores los unos de los otros, una lección que el sacerdote y el levita, en la parábola del buen samaritano (Lc 10:25-37), no habían asimilado. Es algo que todos tenemos que aprender, porque a lo largo de la historia humana, los hombres hemos sido lobos y no buenos pastores los unos para con los otros. Si Dios oyó la voz de la sangre de Abel pidiendo justicia, ¿cuál será su reacción al coro inmenso de las voces de todos los hijos de Abel que han sido asesinados, perseguidos, torturados, mutilados y expuestos a morir de hambre, abandonados, olvidados, despreciados? Al hablar Jesús de la sangre de Abel y de todos los justos martirizados, culpó a la generación de los incrédulos (Mt 23:35).

Es interesante notar que en Génesis 4 se hace referencia a Abel como hermano de Caín, pero no a Caín como hermano de Abel. Parece ser que Caín no quiso considerarse hermano de una persona tan insignificante como Abel, una persona digna de respeto, consideración, y protección. Todas las palabras que el Señor le habló a Caín en este relato tienen que ver con la fraternidad, la responsabilidad que tienen los hermanos el uno para con el otro. Con sus palabras Caín rechazó la responsabilidad: "¿Acaso soy yo el guardián de mi hermano?" Tal vez fue Caín quien le puso a su hermano el nombre (o sobrenombre) de Abel (vanidad, efímero, sin importancia), para indicar que para él la vida de su hermano carecía de importancia. Tal deshumanización ha pretendido justificar, una y otra vez, la opresión, la violencia institucionalizada y hasta el genocidio. El único que le hace caso a Abel en este relato, no es Caín, sino Dios (Van Wolde 1991:25-41).

Al leer la historia de Caín y Abel desde una perspectiva latinoamericana, no será difícil detectar en la figura de Abel un símbolo de las personas y pueblos considerados basura, gentuza o chusma por los

Caínes que se consideran a sí mismos los amos del valle. Los Caínes de la América Latina, al igual que el Caín de Génesis, se han mostrado renuentes en asumir el papel de guardianes de sus hermanos los indígenas, los mestizos, los negros, los peones que trabajan en sus haciendas y los mineros que extraen las riquezas de la tierra para aumentar las riquezas de ellos, los poderosos. Más bien, los Abeles de la América Latina han sido despojados de sus tierras, marginados en las favelas y rancherías y hasta exterminados en masa. Lamentablemente, la sangre de Abel todavía clama en nuestras tierras pidiendo justicia, protección, y la venida del reino de Dios. Lamentablemente, todavía hay un Caín dentro de nosotros mismos, que rehúsa ser guardián de su hermano.

La sangre de Abel pidió venganza, mas la sangre de Jesús pide perdón. En el Apocalipsis leemos acerca de lo que vio y oyó San Juan cuando se abrió el sexto sello: "Debajo del altar vi a las almas de los que habían muerto por causa de la palabra de Dios y de su testimonio. A gran voz decían: 'Señor santo y verdadero, ¿hasta cuándo seguirás sin juzgar a los habitantes de la tierra y sin vengar nuestra sangre?'" (Ap 6:9). Si nos atemorizan estas palabras, no nos queda otra alternativa que escuchar y creer en las palabras de otro justo cuya sangre fue derramada injustamente, aquel cuya sangre no pide venganza ni represalia, sino perdón: "Padre, perdónalos, porque no saben lo que hacen" (Lc 23:34). En uno de nuestros himnos de cuaresma cantamos: "Suplicó venganza la que Abel sangró; de Jesús la sangre el perdón clamó."

Lo que ocurrió con Abel es lo que puede ocurrir con todos aquellos cuyas obras son justas. La justicia y las buenas obras de los hijos de Dios despiertan la envidia de Caín y de sus hijos, porque a la luz de las obras de amor de los santos, se percibe con más claridad lo defectuosas y podridas que son las supuestas virtudes de los que no temen a Dios. San Juan nos exhorta: "Que nos amemos unos a otros. No como Caín que era del maligno y mató a su hermano. ¿Y por qué causa lo mató? Porque sus obras eran malas, y las de su hermano eran justas" (1 Jn 3:12). Las obras de Jesús también fueron justas; y por estas obras justas lo aborrecieron, persiguieron, y mataron. El Señor nos advierte: "Si a mí me han perseguido, también a ustedes los perseguirán"

(Jn 15:20); "Si el mundo los aborrece, sepan que a mí me han aborrecido antes que a ustedes" (Jn 15:18).

El relato de Caín y Abel de Génesis 4, es la primera de una extensa historia de conflictos entre hermanos, anotada en el Génesis y en el resto de la Biblia. Un autor calificó el conflicto entre Caín y Abel de comienzo de la batalla profetizada en Génesis 3:15, la batalla entre la semilla de la mujer y la descendencia de la serpiente. La batalla continuará hasta la segunda venida de Jesucristo en las nubes. Más adelante leeremos acerca del conflicto entre Ismael e Isaac, Jacob y Esaú, José y sus hermanos, Absalón y Amnón, Adonías y Salomón, el Hijo Pródigo y su hermano mayor.

El Salmo 133:1 declara: "¡Qué bueno es, y qué agradable, que los hermanos convivan en armonía!" Pero tan pocas veces encontramos esa deliciosa armonía entre hermanos. Estos pasajes resaltan cuán importante es la tarea de los padres de no dar preferencia a un hijo en perjuicio de los demás, y de fomentar un espíritu de unidad y armonía. Una de las lecciones más importantes y más difíciles de enseñar es perdonar y reconciliarse. Caín no quiso reconciliarse con su hermano. Como consecuencia, fue a parar a la tierra de Nod, al oriente de Edén, a vivir como un fugitivo condenado, despreciado por los demás y con el temor constante de ser asesinado, así como él había asesinado a su hermano. Pero aun así Caín vivió protegido por Dios, quien puso su marca en él. A pesar de todo, Dios no lo ha abandonado, aún anda en procura de la salvación del hijo mayor de Adán. Según el comentarista Walter Bruggemann (1982:63), la acción de Dios de buscar la salvación de Caín es como la del padre del hijo pródigo al llamar al hijo mayor y rogarle que entrara en la casa para reconciliarse con su hermano, dejando afuera su envidia y rencor.

Caín y Abel siguen estando con nosotros y dentro de nosotros hoy día. Después de leer Génesis 4 no podemos cerrar nuestras Biblias sin antes preguntarnos: ¿Dónde me encuentro yo en este relato? ¿Vive Caín solamente en la historia, en el pasado, en las páginas de la Biblia, o hay algo de Caín dentro de mi ser? ¿Es posible discernir el enojo y desagrado de Caín en mis propios arranques de ira y rencor? ¿Se esconde detrás de mis sentimientos nobles la sed de venganza de Caín? ¿Está lista para dominarme a mí también la rabia asesina del primogénito de

Adán y Eva? ¿Y qué de Abel? Cuando paso por las tumbas del cementerio, ¿me doy cuenta de que yo también soy un Abel, un soplo, una sombra que pasa? ¿Reconocemos que "nuestros años se esfuman como un suspiro?" (Sal 90:9). ¿Hasta qué punto la palabra "vanidad" es un resumen de lo que es o de lo que será mi vida? ¿Vemos a Caín y Abel solamente como dos protagonistas de un drama antediluviano, o divisamos también su presencia en nuestras luchas, guerras, revoluciones fratricidas, o en la explotación del más débil por el más fuerte? ¿Son Caín y Abel sólo dos hermanos, o podrían ser también las dos caras de lo que somos como seres humanos que viven al oriente del huerto de Edén, donde se encuentra la espada encendida que gira hacia todos lados, para resguardar el camino del árbol de la vida?

En los escritos rabínicos encontramos argumentos casi interminables sobre el tema del arrepentimiento de Caín: ¿Llegó Caín a arrepentirse de verdad? ¿Hizo obras dignas de arrepentimiento? ¿Fue perdonado su fratricidio? ¿Se salvó finalmente? Según Lutero, al tratar de contestar tales preguntas, los rabinos se crucificaron a sí mismos y a las Escrituras. Mejor sería preguntarnos si nos hemos arrepentido de todo el mal que cometimos en contra de nuestro hermano Abel.

En realidad, Abel es sólo el primero de una larga lista de mártires, profetas, y fieles discípulos que han sido asesinados desde la fundación del mundo. Los asesinatos y matanzas de creyentes no han terminado. Se calcula que en el siglo 20 más cristianos –unos 45 millones–, perdieron sus vidas por su fe en Cristo que en los diecinueve siglos anteriores (Greidanos 2007:492). Desde el año 1990 un promedio de 160 mil cristianos fueron asesinados cada año. En Lucas 11:50 Jesús declara que se le demandará a esta generación "... la sangre de todos los profetas, que desde la fundación del mundo ha sido derramada". A pesar de la terrible persecución del pueblo de Dios, tenemos la promesa de Jesús de que somos hijos de Dios y que hemos vencido, "...porque mayor es el que está en ustedes que el que está en el mundo" (1 Jn 4:4).

La ira de Caín

La historia que relata la ira de Caín en el Génesis cumple, entre otras cosas, con la función de señalar que la ira es el más grave de los peligros morales, es algo capaz de causar división, destruir la sociedad y provocar el derramamiento de sangre. En el libro de Génesis vemos que la ira causó un conflicto entre los pastores de Lot y de Abrahán, y provocó que tío y sobrino se separaran. Después relata los estragos producidos por la ira: entre Sara y Agar; Esaú y Jacob; Jacob y Labán; Raquel y Lea; los hermanos de Dina y los hombres de Siquem; José y sus hermanos; Potifar y José. Cerca del final del libro dice que, después de una larga historia de ira, decepción, y abuso, José y sus hermanos lograron el perdón mutuo y una reconciliación duradera. Desde el punto de vista del Génesis, José es el guarda de sus hermanos, un antiCaín que rechaza al demonio de la ira que lo acecha, listo para dominarlo. Consecuentemente, José es para nosotros un modelo del guarda del hermano, un modelo que reclama ser emulado (Schlimm 2010:154).

La marca de Caín (Génesis 4:15)

El castigo impuesto a Caín no fue la muerte, la cual mereció, sino la expulsión de la tribu o del clan y de la presencia del Señor. En muchas partes del AT la frase "presencia del Señor" se emplea para designar el santuario, tabernáculo o templo donde Dios está presente, donde el Señor se manifiesta. La gran angustia y aflicción del salmista, en el Salmo 42, es que se encuentra alejado de la casa de Dios en una tierra donde sus habitantes no conocen al Dios verdadero. El salmista no puede reunirse con los fieles que elevaban sus alabanzas a Dios en el día de la fiesta. Ser expulsado de la presencia de Dios equivalía a lo que hoy en día llamamos la excomunión. Uno que ha sido excomulgado de su tribu, familia, y comunidad de fe, corre gran peligro.

En muchas comunidades indígenas de América Latina, cualquier miembro de un clan o tribu puede contar con la protección, apoyo, sostén, y oraciones de los demás miembros de su comunidad. Cualquier persona mal intencionada que se atreviera a hacerle daño, contaría con la ira y venganza de toda la tribu. En cambio la persona sin tribu y sin familia, corre el riesgo de ser atracada, oprimida, esclavizada o hasta asesinada por miembros de otras tribus. Por eso los reyes y gobernantes de Israel recibieron la instrucción de proteger las vidas de las viudas, huérfanos, y extranjeros, es decir, las personas que no pueden contar con la protección de su familia o su tribu. Lo que es peor aún, una persona excomulgada de la comunidad de la fe y de la presencia de Dios, no puede contar con protección frente a los poderes ocultos y los espíritus del mal. En un sentido muy real, la persona excomulgada de la presencia de Dios está entregada a Satanás (1 Co 5:5).

A Caín se le hace saber que la tierra ya no le rendirá sus frutos. La tierra que abrió su boca para recibir la sangre del hermano, no volverá a darle su fertilidad. Cuando Adán cayó en pecado, la tierra fue maldecida por su causa, y ahora brinda sus frutos únicamente con mucho trabajo y sudor. Pero en el caso de Caín, la maldición cayó directamente sobre él, y no sobre la tierra que se cultiva. Sólo con duro trabajo y sudor podrá gozar Caín de los frutos que produce la tierra. Al recibir tan terrible maldición, Caín exclamó: "Mi castigo es muy grande para poder soportarlo. Tú me echas hoy de la tierra, y tendré que esconderme de tu presencia. Errante y extranjero andaré por la tierra, y sucederá que cualquiera que me encuentre, me matará" (Gn 4:13-14). Con estas palabras Caín expresa su temor de que lo encuentre un vengador. A fin de que esto no suceda, el Señor le puso a Caín una marca o señal, para protegerlo del vengador de sangre. El pasaje no nos dice si el Señor puso la marca o señal en su frente o en qué parte del cuerpo, ni tampoco dice en qué consistió la marca.

En los escritos rabínicos y en los comentarios cristianos encontramos muchas teorías referidas a la naturaleza de la marca de Caín. Hasta hay quienes opinan que fue la señal de la cruz. Acerca de esto no nos atrevemos a opinar, pues no contamos con el apoyo de la Palabra. Lo único que podemos afirmar es que la marca, fuera lo que fuese, fue una señal de la gracia y misericordia de Dios, una oportunidad para llevar al pecador a arrepentirse y encontrar perdón. Una interpretación de la marca de Caín que se debe rechazar categóricamente, es la que afirma que la piel de Caín se volvió negra. Este argumento ha sido empleado por los racistas durante muchos años, para justificar la explotación de personas de raza negra. Tal explotación es, de suyo, una de las maneras en que el pecado de Caín se perpetuó, actualizó e institucionalizó entre los hombres.

Los descendientes de Caín

Al oriente del jardín de Edén Caín construyó la primera ciudad de que habla la Biblia. Leemos que de los descendientes de Caín surgieron los primeros músicos, los primeros artífices en bronce y hierro, los que habitan en tiendas y crían ganado, todas tecnologías y actividades necesarias para la vida civilizada. La palabra de Dios no censura ninguna de tales actividades. Así, los descendientes de Caín estuvieron capacitados de dar cumplimiento, hasta cierto punto, con el "mandato cultural" que Dios le había confiado a los hombres, el de fructificar, multiplicarse y civilizar la tierra. Los "cainitas" son los primeros en fundar ciudades. En ningún momento se censura, de suyo, la fundación de ciudades, o se considera a todas las ciudades como centros de toda clase de corrupción y abominación. Muchos autores, tanto antiguos como modernos, han idealizado la vida del campo en contraste con la vida urbana. En sus libros *La Edad de la Técnica* y la *Ciudad,* el filósofo francés Jaques Ellul (1912-1994) ataca tanto el desarrollo de la tecnología como el establecimiento de la ciudad como aberraciones de lo que es la voluntad de Dios para la humanidad. Debido a la traducción y publicación de su libro sobre la ciudad por editorial La Aurora, las ideas de Ellul han influido las teologías de un buen número de pensadores cristianos de América Latina.

Aunque las Escrituras describen con lujo de detalles los males y los vicios de muchas ciudades, tales como Roma, Babel, y Tiro, el problema no es la ciudad de suyo, sino el corazón del ser humano caído en pecado, que está siempre dispuesto a echar a perder su medio ambiente, sea rural o urbano. Los que han trabajado en las zonas rurales saben que la vida del campo dista mucho de ser un paraíso. Hay mucha verdad en el refrán popular que dice "pueblo chico, infierno grande". En las Escrituras se habla no sólo de la corrupción de las grandes ciudades, sino también de la vida que gozarán los fieles en la nueva Jerusalén con sus calles de oro y sus puertas de perlas. En medio de la ciudad celestial florecerá el árbol de la vida (Ap 21-22). Para bien o para mal, las grandes ciudades están llegando a ser los lugares en los que se concentrará la mayoría de los habitantes de nuestro planeta. Ante esta realidad, la misión del pueblo de Dios no es la de abandonar la ciudad, sino redimirla. La hora viene y es ahora, en que la mayoría de los misioneros cristianos serán enviados a evangelizar a la gente de las grandes ciudades, y no la de la selva.

Así como el libro de Génesis menciona tres hijos de Adán, tres de Noé y tres de Taré (Gn 11:26), también menciona a tres de los hijos de Lamec, el quinto en la genealogía o *toledot* de Caín. El primer hijo de Lamec en la genealogía de Caín es un tal Jabal, que fue padre de todos los que habitan en tiendas y crían ganado. Estos ganaderos o pastores son, por definición, nómadas o beduinos, personas que se desplazan de un lugar a otro con sus animales, sin tener un lugar fijo como morada. Como su antepasado Caín, los del clan de Jabal vagaron errantes por la tierra de Nod. La palabra Nod significa, en hebreo, errante o trotamundos. El tercero de los hijos de Lamec se llamó Tubal Caín, artífice de toda obra de bronce y de hierro. En la antigüedad (y todavía en algunas sociedades africanas) los herreros y caldereros eran personas que también viajaban errantes de un lugar a otro, ofreciendo sus servicios a quienes los necesitaban. Guardaban celosamente el secreto de cómo fundir el cobre y el hierro. Los herreros y caldereros eran temidos y considerados inmundos, pues se creía que habían aprendido los secretos de su oficio de los poderes ocultos. Hay historiadores que creen que la tribu de los ceneos, mencionados en varios pasajes del AT (1 S 30:29; Jue 4:17) y cuyos miembros trabajaban como herreros ambulantes, recibió su nombre de Caín, pues la palabra para Caín y herrero parecen proceder de la misma raíz (Blenkinsopp 201185-86).

El segundo de los tres hijos de Lamec fue Jubal, padre de todos los que tocan el arpa y la flauta. En las sociedades antiguas la música era parte de las horas de esparcimiento, pero también se la consideró un medio de recibir poderes divinos. La música tenía poder para sanar enfermos y para alejar espíritus malignos. Por medio de la música un chamán, o profeta, podía entrar en un estado de éxtasis y hasta recibir mensajes de Dios o de los espíritus. El salmista (Sal 49:5) asevera haber recibido la resolución de un enigma mientras interpretaba su música en el arpa. En la antigüedad se creía que tanto la música como también la poesía poseían el poder de encantar y hasta de embrujar. Por eso los antiguos habitantes paganos del norte de Europa recelaban de los himnos y canciones espirituales que entonaban los misioneros cristianos. Es interesante notar que nuestro texto nos revela a una hermana de Tubal Caín, de nombre Noama y quien, según el *Targum de Seudo Jonatán* y el *Génesis Rabbah* 23:3, fue una *chanteuse*.

En muchas sociedades antiguas los cantantes eran vistos casi como una especie de magos. De todos modos, existía una conexión muy estrecha entre la música y el culto. No sabemos a qué dios o espíritu rendían culto los descendientes de Caín, pero el pasaje de Génesis 4:26 hace hincapié en el hecho de que en los días de Enós (hijo del tercer hijo de Adán y Eva), los hombres comenzaron a invocar el nombre del Señor. Invocar el nombre del Señor es una manera de decir que se instituyó un culto de adoración con actos externos tales como oraciones, ofrendas, y sacrificios (Blenkinsopp 2011:89). En otras palabras, se estableció una iglesia. Citando Romanos 10:13-15, Lutero asevera que invocar el nombre del Señor significó el establecimiento de la verdadera religión, la formación de una iglesia de la cual Adán fue el sumo sacerdote, y donde se predicaba el evangelio, la promesa del Mesías prometido que vendría para herir la cabeza de la serpiente (1958:327).

Los descendientes de Caín, sin embargo, no invocaron el nombre del Señor, ni lograron librarse del espíritu vengativo del primogénito de Adán. El último miembro de la línea de Caín se llamó Lamec, quien no sólo fue polígamo, sino también asesino, y que además se jactó de la sangre que había derramado. Lamec hasta compuso un canto para celebrar el asesinato. En su canto, en vez de buscar la reconciliación y la paz, manifiesta ser capaz de vengarse hasta setenta veces siete o de sacar setenta veces siete ojos por uno que hubiera perdido (Atkinson 1990:115). Jesús en cambio nos llama a perdonar hasta setenta veces siete al que nos haya ofendido (Mt 18:21-22).

Como ya hemos comentado, el número siete parece ser muy importante en la historia de la creación y en el relato de Caín y Abel. La palabra "Abel" aparece siete veces, lo mismo que la palabra "hermano". En el primer *toledot* el nombre "Caín" aparece 14 (2x7) veces. Hay siete generaciones desde Caín a Lamec. En la historia de la creación el nombre divino aparece 35 (7x5) veces, y en el siguiente *toledot* otras 35 (7x5) veces, lo que hace un total de 70 (7x10) referencias a

Dios. La última referencia al nombre divino es la más importante: "Desde entonces comenzó a invocarse el nombre del Señor" (Gn 4:26). Todo demuestra que la historia de los orígenes es una composición que ha sido escrita y editada con sumo cuidado, y que no es una simple colección de tradiciones descoyuntadas, sin cohesión y sin un enfoque teológico central.

En vez de seguir en la línea de la gran mayoría de los intérpretes de Génesis y calificar a Lamec como un asesino y criminal impenitente, el profesor John Sailhamer cree que en Génesis 4:23-24, en vez de celebrar la muerte del hombre que mató, Lamec procuró justificarse, alegando que hizo lo que hizo en defensa propia: "Que un varón maté por mi herida" (Gn 4:23, RV 1977). Aplicó el ojo por el ojo y, por lo tanto, estuvo en su derecho de tratar de salvarse del vengador de sangre, buscando refugio en un santuario. Más tarde, en la Tierra Prometida, Moisés recibió instrucciones respecto a establecer ciudades de refugio a las que podría huir el homicida que –no intencionalmente– hubiese herido a alguien de muerte (Nm 35:9). Caín –dice Saihamer– mató a Abel porque lo odió y se levantó contra él con premeditación (lo que se prohíbe en Dt 19:11-13), pero Lamec derramó sangre en defensa propia (1992:114).

GÉNESIS 5

Segundo toledot. Las generaciones de Adán, Génesis 5:1-6:8

Con Génesis 5:1 comienza el segundo de los diez *toledot*: "Éste es el libro de los descendientes de Adán." En esta parte de Génesis el autor sagrado relata la historia de la línea escogida, comenzando con Adán y finalizando con Noé. Entre Adán y Noé hay diez generaciones; se nombra a diez descendientes. En las Escrituras, diez es el número que significa lo completo. Una persona con diez dedos en sus manos, las tiene completas. Otro número que predomina en las listas de generaciones en Génesis es el siete, el número de la perfección. En el séptimo día se perfeccionó la obra del Creador. En el séptimo día reposó Dios de la obra de la creación. En el segundo *toledot*, la séptima persona de la lista es la más importante, Enoc, el que caminó con Dios y desapareció, porque Dios se lo llevó (Gn 5:24).

El segundo *toledot* termina en Génesis 6:8, con el anuncio de que Noé, el décimo descendiente de la línea escogida, halló gracia ante los ojos de Dios.

La inquietud que el relato de la muerte de Abel deja en la mente del lector es: ¿Qué pasó con la promesa de la simiente de la mujer que herirá la cabeza de la serpiente? ¿Quién transmitirá la promesa del libertador a las generaciones futuras? Equivocadamente, Eva creyó que Caín era la semilla prometida, pero, como vimos, Caín no fue sino el hijo del diablo que procuró destruir la semilla divina (1 Jn 3:10-12). Abel no pudo ser el portador y transmisor de la promesa porque fue asesinado. El intento del diablo de destruir la continuación de la semilla de una generación a otra se frustró con el nacimiento de Set, el tercer hijo de Adán y Eva. La buena nueva en este *toledot* es que Dios es fiel a su promesa y provee para la continuación de una línea sagrada. En su gracia, provee por la continuación de la semilla.

En tanto que en Génesis 4 encontramos una lista de los descendientes de Caín, en el capítulo cinco tenemos la genealogía de Adán y de Set, el tercer hijo de Adán y Eva. Tanto en la genealogía de Set como en la de Caín hay diez nombres. Ambas genealogías comienzan con Adán y finalizan con el año del diluvio, un total de 1654 años, según el esquema cronológico de Génesis. El año del diluvio es, al mismo tiempo, el año de la muerte de Matusalén, el antediluviano que logró vivir 969 años, más años que cualquier otro ser humano. El autor sagrado destaca el hecho de que en el tiempo de Enós, el hijo de Set, "...comenzó a invocarse el nombre del Señor" (Gn 4:26). En el AT, la frase "...a invocarse (*arq*) el nombre del Señor" designa, por lo general, la celebración de un culto en el cual se presentan al Señor sacrificios, adoración, y oraciones; es decir, en este *toledot* se destaca que los antediluvianos de la línea de Set, a diferencia a los descendientes de Caín, adoraban a Dios el Señor. Tanto los exégetas judíos, como también los cristianos, han hecho hincapié en el hecho de que con Enós comenzó una nueva era caracterizada por la adoración de Dios verdadero. En el AT, la palabra hebrea "*arq*" también se traduce como "proclamar", o "pregonar". Esto explicaría por qué en 2 Pedro 2:5 se designa a Noé como un pregonero de justicia. Es decir que Noé, el octavo descendiente de la línea de Enós, pregonaba la justicia del Señor a los antediluvianos (Jensen 2015:458-469).

El más importante de los antediluvianos en la línea de Enós parece haber sido el padre de Matusalén, cuyo nombre fue el séptimo en las generaciones de Adán. Mientras que el séptimo nombre de la generación de Caín fue el infame Lamec, el séptimo patriarca antediluviano en las generaciones de Set fue un hombre justo llamado Enoc. Se trata de un hombre que vivió 365 años aquí en la tierra (un año para cada día del año solar). En el libro apócrifo de Jubileos, se presenta a Enoc como el primer gran astrónomo. La ciencia de la astronomía fue muy importante para los antiguos, porque la celebración de las fiestas litúrgicas se calculaba de acuerdo con los movimientos de los cuerpos celestes. La astronomía fue necesaria para determinar exactamente en qué momento debía comenzarse con la celebración del día del año nuevo, la pascua y la fiesta de las semanas (Pentecostés). Por medio del estudio de las estrellas se creía poder pronosticar los eventos futuros.

El traslado de Enoc

Enoc es de renombre no sólo por haber engendrado a Matusalén, el hombre a quien se le asignan más años de vida que a cualquier otro, sino también por las siguientes palabras de Génesis: "Enoc anduvo siempre con Dios, y un día desapareció porque Dios se lo llevó" (Gn 5:24). La frase "anduvo siempre con Dios" podría significar no sólo una vida recta, sino también que este antediluviano recibió revelaciones de secretos divinos. Esto es, al menos, lo que algunos escribas y escritos esotéricos interpretan. Un libro apócrifo llamado Enoc, escrito unos doscientos años antes de Cristo contiene, supuestamente, algunos de los secretos que le fueron revelados a Enoc. Muchos de ellos tienen que ver con el fin del mundo y el día del juicio final. El libro de Enoc nunca llegó a ser parte del canon de la Iglesia Católica o de la Ortodoxa, aunque está incluido en la lista de libros sagrados de la antigua Iglesia Cristiana de Etiopía. En el NT, una sola vez se hace referencia al libro de Enoc. Ésta se encuentra en la Epístola Universal de San Judas Apóstol, versículos 14-16. El hecho de que uno de los autores del NT hace alusión a algunos versículos de un libro apócrifo, no quiere decir que apruebe todo el contenido del libro en cuestión. Recordamos que en ocasiones el apóstol Pablo citó a poetas y filósofos paganos. Según la Carta a los Hebreos, Enoc sobresale como un ejemplo de los que fueron justificados por la fe: "Por la fe, Enoc traspuso sin morir el umbral de la muerte, y nunca más se supo de él, porque Dios le hizo cruzar ese umbral; pero antes de cruzarlo, todos reconocieron que él era del agrado de Dios. Sin fe es imposible agradar a Dios" (Heb 11:5-6).

La frase de Génesis 5:24 "...porque Dios se lo llevó", parece indicar que Enoc no murió, sino que fue llevado vivo al cielo, a la presencia de Dios. Lutero (1958:346) traduce la frase con las palabras: "Dios le tomó para sí". El verbo hebreo (*cql*) utilizado en este pasaje (Gn 5:24), es el mismo que se emplea en el Salmo 49:15 en que el salmista exclama: "Pero Dios redimirá mi vida del poder del Seol, porque él me tomará consigo" (RV 1977). Se debe tener en cuenta que el Salmo 49 es uno de los doce salmos de los hijos de Coré, los cantores inspirados cuyos himnos destacan en forma más explícita la esperanza de la resurrección de los muertos en el AT. Según las Escrituras, las únicas dos personas del AT que fueron trasladadas vivas al cielo, fueron Enoc y el profeta Elías (2 R 2:11).

Lutero creyó que los familiares de Enoc se afligieron en gran manera al no poder encontrarlo. A lo mejor creyeron, piensa Lutero, que Enoc había sido asesinado y su cuerpo escondido por algún miembro de la tribu de Caín. Los lamentos de los familiares de Enoc se convirtieron en gran regocijo cuando su asunción al cielo les fue anunciada por uno de los ángeles del Señor (Lutero 1958:349). De esta manera, la ascensión de Enoc fue para los creyentes antediluvianos una garantía y prueba de la vida eterna y debió quitarles el temor a la muerte. En su comentario, el Reformador recalca una y otra vez el hecho de que en ninguna parte de las Escrituras encontramos las palabras "Enoc vivió tantos años y murió". Con lo ocurrido con Enoc, los creyentes del AT recibieron una garantía del triunfo de la vida sobre la muerte, el pecado, la ley y la serpiente, así como la resurrección de Cristo es para nosotros la prueba de que nuestro Señor vino para aplastar la cabeza de la serpiente (Lutero 1958:350). A diferencia de las otras personas mencionadas en el *toledot* de Adán, Enoc no pasó por la corrupción, sino que fue llevado al cielo y ahora vive la vida de Dios, la vida eterna, la misma vida que les espera a todos los que confían en el Mesías que vino para aplastar la cabeza de la serpiente antigua (1958:346).

El texto del rapto de Enoc a la presencia del Señor, en Génesis 5 es, sin duda, uno de los pasajes más relevantes del libro. La frase que caracteriza las genealogías tanto de Génesis 5 como Génesis 4 es: "Entonces murió." Si no fuera por la historia de Enoc, el lector de Génesis podría concluir que la muerte es la última realidad, el punto final para el hombre y el universo. Las genealogías del libro de Génesis indican el paso del tiempo linear, o sea que el tiempo no es circular, repitiéndose constantemente en un ciclo eterno de reencarnaciones (Atkinson 1990:128). Según la Biblia, el tiempo se mueve hacia adelante, hacia un futuro determinado por la voluntad de su Creador. Si la muerte fuera la última realidad que nos espera al finalizar la marcha del tiempo, seríamos, según la apreciación del apóstol Pablo, "...los más desdichados de todos los hombres" (1 Co 15:19), y tendrían razón las miles de personas que equivocada y neciamente rinden culto a la Santa Muerte.

El traslado de Enoc a la presencia de Dios proclama, sin embargo, una realidad diferente. La voluntad final del Creador para sus criaturas y para el cosmos es vida en su presencia, comunión con él. Enoc es el precursor de los que caminan con Dios. En la resurrección de Jesucristo y su ascensión a la diestra de Dios, tenemos una señal y anticipación aún más firme de aquel día en que todas las genealogías llegarán a su culminación en la nueva creación. Quizá, pensando en la historia de Enoc, el hombre que caminó con Dios, el profeta Miqueas nos esté invitando a cada uno de nosotros a caminar con el Señor: "Se te ha declarado, oh hombre, lo que es bueno, lo que Yahvéh de ti reclama: tan sólo practicar la equidad, amar la piedad y caminar humildemente con tu Dios" (Miq 6:8, BJ).

El último nombre en la genealogía de Génesis 5 es Noé, que significa reposo o consuelo. Lutero creyó que Noé recibió su nombre del Espíritu de Dios, quien habló proféticamente por medio de Matusalén que todavía vivía y fue pastor de la iglesia de los descendientes de Sem que adoraban al Señor. Por medio de Noé Dios les ofrecería sosiego ante la ira venidera.

La larga duración de vida de los diez antediluvianos, en el segundo *toledot,* ha suscitado mucho interés y discusión entre los estudiosos de Génesis. Según la lista de los reyes de los antiguos sumerios, la duración de vida de los antediluvianos fue mucho mayor que la de los antediluvianos registrados en Génesis 5. ¿Se trata de años literales en estos antiguos documentos, o tendrán los años un significado simbólico? Hay eruditos que creen que los años de los antediluvianos registrados en Génesis 5 tienen una conexión con los movimientos de los planetas. Por ejemplo, los 365 años de la vida de Enoc son el número de días de un año solar. Los estudiosos no están de acuerdo. Algunos, como Waltke (2001:111-112), opinan que los números de los años registrados en Génesis 5 tienen tanto un significado literal como simbólico. Debe tomarse en cuenta también que en las tres versiones del Pentateuco que tenemos a disposición (Texto Masorético, Samaritana, y Septuaginta), la duración de vida de los antediluvianos difiere. Ante las muchas teorías que han presentado los eruditos para entender el uso de los números en Génesis 5 será más prudente confesar nuestra ignorancia y contentarnos con notar que durante los siglos transcurridos entre Set y Noé, Dios preservó un remanente de creyentes que le fueron fieles al Dios de Adán y Eva. A pesar de la violencia e idolatría de la línea de Caín, siempre hubo una comunidad que adoraba al Creador de cielos y tierra y seguía sus preceptos. A pesar de la caída en pecado de nuestros primeros padres, las puertas del Hades no pudieron vencer a la iglesia (Mt 16:18).

Génesis 6:1-8, la conclusión del toledot de los hijos de Adán

Una de las palabras que se destacan en la conclusión de este *toledot* es el verbo hebreo "ver". El texto (Gn 6:2) nos dice en primer lugar que los hijos de Dios vieron que las hijas de los hombres eran hermosas, es decir, buenas. Pero lo que Dios ve al investigar las actividades de los hombres es su mucha maldad en la tierra (Gn 6:5). En varias partes de Génesis el verbo "ver" indica lo que algunos eruditos han denominado una investigación judicial llevada a cabo por un juez. Una de las funciones de los jueces, en el AT, fue la de investigar las denuncias y el clamor de los agraviados. Veremos más adelante que Dios descendió a la tierra para ver e investigar acerca de la gran torre que los habitantes de Babel habían erigido (Gn 11:5). En Génesis 18:20 dice que Dios oyó el clamor en contra de Sodoma y Gomorra y vino para investigar. Envió a dos ángeles a ver la situación. En Génesis 3:8 Dios vino para investigar lo que hacían Adán y Eva después de su encuentro con la serpiente.

Hay un patrón o secuencia que se repite una y otra vez en el Génesis, a saber, pecado, investigación judicial, juicio, y gracia. En la secuencia se observa un proceso forense en el que el Señor está indicando a los futuros jueces de Israel cómo actuar en el ejercicio de su vocación. En Génesis 6:1-8 se nota que la maldad de la humanidad, sus actos de violencia, poligamia e incredulidad, hacen necesaria una investigación judicial. Dios descendió a la tierra para investigar las actividades de los hombres y para ver su maldad. En su capacidad de juez, el Señor castigó a los malhechores impenitentes con las aguas del diluvio, pero mostró favor o gracia a Noé. El pecado principal de los antediluvianos que perecieron en las aguas fue, sobre todo, la incredulidad, pues no aprovecharon la oportunidad de entrar en el arca y ser salvos.

Según Kaminski (2014:198-200), las palabras "Noé era un hombre justo" en Génesis 6:9, no indican que Noé fuera siempre una persona perfecta, sin pecado y sin defectos. No fue una persona que llegó a salvarse a base de su santidad o sus buenas obras. Más adelante en Génesis, veremos que Noé también tuvo sus debilidades. El libro de Génesis nos muestra que la persona justa es justa en un sentido jurídico o forense, es uno que ha sido acusado de una ofensa ante un juez, pero que ha sido declarado libre de culpa en lo que respecta a la acusación en su contra. Se lo llama justo en el mismo sentido en que a nosotros, los que creemos en Cristo, se nos declara justos por el favor inmerecido que Dios otorga a los pecadores arrepentidos que confían en su promesa de salvación. Tanto en el AT como en el NT el justo es un pecador justificado por la fe.

GÉNESIS 6

El aumento del pecado lleva a Dios a arrepentirse de haber hecho a los hombres. "Y le pesó al Señor haber hecho al hombre en la tierra" (Gn 6:6)

La caída en pecado de Adán y Eva, el asesinato de Abel, la soberbia de Lamec, la violencia y rebeldía de sus descendientes, hacen que aumente más y más el pesar que siente el Señor al contemplar los hechos de los hombres creados a su imagen. El Creador se entristece sobremanera al observar las obras de ellos, los que fueron designados a establecer una sociedad fraternal de hermanos, a vivir juntos en justicia, armonía e igualdad. Pero en vez de cumplir lo que hemos llamado "la gran comisión del Antiguo Testamento", y establecer el reino de Dios, los hombres se levantaron en rebelión en contra de su hacedor. La Escritura dice que al Señor le pesó haber hecho al hombre en la tierra. El colmo de los hechos lamentables que provocaron el arrepentimiento del Señor es el que se narra en la primera parte de Génesis 6: "Entonces [los hijos de Dios] tomaron mujeres para sí, las que escogieron de entre ellas" (Gn 6:2). La Palabra dice que como resultado de la unión de los hijos de Dios con las hijas de los hombres, "...en esos días había gigantes en la tierra" (Gn 6:4).

¿Quiénes son los hijos de Dios (*beni Elohim,* en hebreo) de los que se habla aquí? Y, ¿quiénes son las hijas de los hombres y los gigantes? Son preguntas que han generado mucha discusión y debate entre los intérpretes de Génesis a través de los siglos. Entre las muchas interpretaciones que se dan sobre estos versículos señalamos las tres principales.

La primera interpretación de Génesis 6:1-4 sostiene que los "hijos de Dios" son los descendientes del tercer hijo de Adán y Eva, Set. Y según la misma interpretación, las hijas de los hombres son descendientes de Caín. Se cree que la mayoría de los descendientes de Set mantuvieron su fe en Dios verdadero y procuraron andar en sus caminos. No adoraron a ídolos, ni a los espíritus de los difuntos, ni a dioses falsos. Procuraron vivir en consonancia con el pacto que el Creador había establecido con el género humano y cumplir lo que el Señor ordenó en Génesis 1:28. En cuanto a la descendencia de Set, Génesis afirma que entonces los hombres comenzaron a invocar el nombre del Señor. Pero la gran mayoría de los descendientes de Caín siguieron en los pasos de su progenitor. Como Lamec, se entregaron a la violencia y a la maldad. Si el término "hijos de Dios" equivale a la descendencia o línea de Set, y la designación "hijas de los hombres" a la de Caín, entonces el pecado que provocó el pesar de Dios fue el hecho de contraer matrimonio entre creyentes e incrédulos. De esta manera, la línea de Set se corrompió por los matrimonios mixtos (Lutero 1960:10). Los que abogan en favor de esta primera interpretación consideran que los primeros cuatro versículos del capítulo 6 son un resumen de los capítulos 4 y 5, más los relatos de abominaciones mayores cometidas por los hombres sumadas a las que se relataron en los capítulos anteriores.

Según San Agustín y Martín Lutero, entre los hombres siempre han existido dos ciudades: La Ciudad de Dios y la Ciudad de este Mundo. Éstas siempre han estado en pugna la una con la otra. La Ciudad de Dios es la verdadera iglesia, la verdadera comunión de los santos desde los días de Adán, y que perdurará hasta la segunda venida de Cristo. La Ciudad de este Mundo, en cambio, es la falsa iglesia, el reino de Satanás, la comunión de los que rechazan la salvación que Dios ofrece a los redimidos. La Ciudad de este Mundo es la comunión de todos aquellos que procuran salvarse a sí mismos. Según Lutero, la Ciudad de este Mundo siempre ha perseguido a la Ciudad de Dios y tratado de acabar con ella. En los días de Noé la Ciudad de Dios casi dejó de existir por causa de los matrimonios mixtos. Porque los que antes habían sido creyentes en Dios verdadero, fueron inducidos a la apostasía por las parejas incrédulas. Los hijos, o "gigantes", procreados por estos matrimonios fueron caciques y guerreros por demás crueles y violentos. Fueron gigantes de la maldad. La Ciudad de Dios quedó reducida a sólo un remanente, a un grupo de ocho personas, la familia de Noé. Tanto para Agustín como para Lutero, la historia de los hijos de Dios y las hijas de los hombres nos enseña que siempre habrá un remanente de verdaderos creyentes en el mundo. Aunque severamente perseguida, la iglesia verdadera prevalecerá en contra de la Ciudad de este mundo. El reino de Dios perdurará, mientras que el reino de Satanás será destruido.

La segunda interpretación, apoyada por renombrados comentaristas rabínicos, sostiene que los llamados "hijos de Dios" eran los poderosos reyes, caciques, y gobernantes orientales que se creyeron dioses, y por lo tanto tuvieron el poder indiscriminado de violar mujeres. Más tarde, en nuestro estudio de Génesis, veremos que tanto

Abrahán como Isaac temieron que sus esposas pudieran serles arrebatadas por déspotas como el faraón de Egipto o por Abimelec, el rey de los filisteos. En efecto, tanto Sara como Rebeca fueron secuestradas y recluidas en un harén. Afortunadamente, ninguna de las matriarcas de Israel fue sometida, gracias a la protección del Señor. El pecado que entonces provocó la ira y el disgusto de Dios fue el de la poligamia. Esta teoría es la que menos apoyo tiene entre los comentaristas, ya que los patriarcas del pueblo escogido también practicaban la poligamia. Un personaje bíblico que se comportó como uno de los déspotas orientales fue el rey David, al arrebatarle la esposa a Urías el heteo y disponer después la muerte de éste. En la historia de David y Betsabé, el rey de Israel se comportó igual que los tiranos orientales que se creyeron dioses e ignoraron las leyes establecidas por Dios. En el Salmo 82 se llama dioses a los magistrados humanos corruptos que se erigieron en jueces de las leyes que debían administrar. Después de enjuiciar a estos gobernantes humanos que se creyeron dioses, el Salmo 82 anuncia su caída y destrucción.

Según los proponentes de la <u>segunda interpretación</u>, tanto el rey de Babilonia de Isaías 14 y el rey de Tiro de Ezequiel 28, llegaron al colmo de la presunción y la soberbia, al considerarse iguales a Dios en honor y gloria. Al rey de Babilona se le dijo: "Tú, que en tu corazón decías: 'Subiré al cielo, por encima de las estrellas de Dios, y allí pondré mi trono. En el monte del concilio me sentaré, en lo más remoto del norte; subiré hasta las altas nubes, y seré semejante al Altísimo'" (Is 14:13-14). En Ezequiel 28:13-14 al profeta se le ordenó comparar al rey de Tiro con Satanás, quien en su orgullo pecó y fue echado del monte de Dios y arrojado lejos de las piedras encendidas. En el texto de Ezequiel a Satanás no se lo llama serpiente, sino el gran querubín grande y protector. El pasaje alude a una tradición según la cual Satanás era un ángel de luz cuya responsabilidad fue proteger a Adán y Eva. Pero, al igual que Caín, en vez de defender a los que estaban bajo su responsabilidad, sintió envidia de ellos, y los engañó. Según estos pasajes, tanto el rey de Babilonia como el rey de Tiro fueron *nefilim*, es decir, gigantes que no quedaron en lo alto, sino que se desplomaron. Los eruditos advierten que en hebreo la palabra *nefilim* puede significar o los gigantes, o los caídos. Aun si no aceptáramos la <u>segunda</u>

<u>interpretación</u>, el testimonio bíblico indica claramente que los que quieren hacerse iguales a Dios sufrirán una tremenda caída. La historia de Adán y Satanás son un elocuente testimonio, lo mismo que las vidas de los reyes de Babilonia, Tiro, e innumerables otros déspotas y tiranos, tanto antiguos como modernos. En su *Magnificat* (Lc 1:46-55), la virgen María nos recuerda una verdad bíblica muy importante: "Derrocó del trono a los poderosos, y puso en alto a los humildes." A partir de esta perspectiva, el Génesis es la historia de los grandes que han perdido sus tronos, y de la humilde familia de Abrahán exaltada.

Mucha más complicada y polémica es la <u>tercera interpretación</u>, según la cual los "hijos de Dios" son ángeles caídos o demonios, mientras que las "hijas de los hombres" son seres mortales. Los que apoyan esta interpretación señalan que en algunas partes del AT a los ángeles se los llama "hijos de Dios" (Job 1:6; Sal 29:1; Dn 3:25). Según tal interpretación angelical, el pecado tan represible sería el de traspasar los límites entre lo divino y lo humano. Habiendo perdido los hombres la inmortalidad con la caída de Adán y Eva en pecado, intentan ahora recuperar para sus hijos la inmortalidad perdida mediante relaciones sexuales con seres espirituales. En otras palabras, se creía que los hijos nacidos de tales uniones serían inmortales. Al comer de la fruta del árbol del conocimiento del bien y del mal del jardín de Edén, Adán y Eva intentaron ser como Dios. Ahora los descendientes de Adán y Eva intentan ser como Dios al tener relaciones sexuales con seres espirituales y así poder alcanzar la inmortalidad y vivir para siempre. Tal acción es vista como un acto de rebelión en contra del Creador, el único con el poder de crear, sostener y otorgar vida eterna. Consecuentemente, el Señor dijo que su espíritu, el espíritu de vida, no permanecerá para siempre con los hijos que han nacido como fruto de los matrimonios mixtos. Los hijos serán mortales y como mortales morirán (Cassuto 1961:298). Por decisión del Señor, la vida de los *nefilim* no pudo exceder los 120 años.

Sin la permanencia del espíritu divino en el hombre, difícilmente una persona podrá vivir más de 120 años. Según algunos proponentes de la interpretación angelical de Génesis 6:1-4, tales perversiones fueron la causa del diluvio del tiempo de Noé. Otros intérpretes, como por ejemplo Lutero y Calvino, creen que la referencia a ciento veinte años en Génesis 6:3 no se refiere a la edad de los *nefilim*, sino al tiempo que Noé estuvo predicando su mensaje de arrepentimiento a los antediluvianos (Sailhamer 1992:121; Lutero 1960:23). Los ciento veinte años son, para otro grupo de eruditos, la edad máxima de vida a la cual podrían aspirar los seres humanos después del diluvio (Wenham 1987:147). Lutero, sin embargo, rechaza tal manera de interpretar el texto, al recordar a sus lectores que personas tales como Abrahán, Isaac, y Jacob llegaron a vivir más de ciento veinte años.

En las mitologías de muchos pueblos antiguos, incluyendo a los egipcios, cananeos, griegos, romanos e hindúes, se cuenta de relaciones amorosas entre seres divinos y humanos. Pero para los autores de las Sagradas Escrituras, tales relaciones son vistas como una perversión del orden creado por Dios. Según estas mitologías y creencias, los grandes reyes y héroes de las tribus y de las naciones, se jactaban de haber nacido o descendido de un enlace matrimonial entre un ser divino y una madre humana. "Somos invencibles en la guerra –decían ellos– porque somos semidioses. Entre los hombres somos gigantes (*nefilim*), es decir, grandes guerreros, hombres valientes que desde la antigüedad alcanzamos renombre. Por lo tanto, ustedes que son meros mortales, tendrán que sujetarse a nosotros." Según Cassuto, el pasaje parece decirles a los israelitas que no debían dejarse amedrentar por la jactancia de los reyes de Babilonia, Egipto, y otros pueblos, pues no eran descendientes de seres divinos, ni semidioses, ni *nefilim* o gigantes. Los *nefilim* acabaron por ser destruidos en el diluvio y fueron a parar al Seol, al reino de la muerte. Los enemigos del pueblo de Israel no son divinos, sino meros mortales, y por lo tanto pueden ser vencidos.

Según otro celebrado erudito (Westermann 1984:382), una de las finalidades del pasaje de Génesis 6:1-4, es la de negar rotundamente que cualquier hombre o raza de mortales sea descendiente de un ser divino o de una relación sexual habida entre seres divinos y mortales. Todos los hombres de todas las tribus, naciones, lenguas, y razas son descendientes de la primera pareja humana. Ningún hombre puede jactarse de ser la prole de un ángel, demonio o semidiós. Todos somos seres mortales destinados a morir. Al mismo tiempo tenemos que recalcar que ningún pueblo, raza, tribu o nación es prole del diablo y no un descendiente de nuestros primeros padres. Según la mitología griega, una de las razones que llevaron a los dioses a promover la guerra de Troya fue la de destruir a los semidioses, porque los enlaces indiscriminados entre los dioses y los mortales habían generado una raza de semidioses cuya existencia ponía en peligro la separación entre mortales e inmortales y la existencia del cosmos (Hendel 1987:19).

Uno de los corolarios de tal interpretación es que los ángeles y otros seres celestiales fueron creados con libre albedrío, o sea, fueron agentes morales capaces de tomar sus propias decisiones. Los ángeles, al igual que los hombres, podían decidir si servían al Creador del universo o desobedecían su voluntad. Según este modo de pensar, los ángeles son seres responsables por sus acciones ante el Rey celestial y sujetos a su soberanía y sus juicios (Goldingay 2003:169).

Según los medios de comunicación, en el llamado culto satánico y sectas afines, ocurren encuentros en los que seres humanos, llamados íncubos, procuran tener relación carnal con demonios, llamados súcubos. En cierto momento esto se hizo muy conocido a nivel público por la película *El Bebé de Rosemary*. Poco después del estreno de la película, el director, su esposa y otras personas fueron asesinados en una macabra matanza perpetrada por los miembros de una secta satánica asociada con el infame Charles Manson, quien fue sentenciado a cadena perpetua por su participación en la matanza. Por su parte, el reformador Martín Lutero cree que el diablo puede adoptar la apariencia de un *succubus* o de un *incubus*, pero rechaza categóricamente la idea de que un ser humano y un demonio puedan, por relación carnal, engendrar un bebé. Tanto Lutero como muchos otros reformadores rechazaron la idea de que los ángeles, sean buenos o demonios, hubieran podido engendrar hijos mediante relación carnal con seres humanos. Dicho rechazo se basa en las palabras de Jesús en Mateo 22:30: "Porque en la resurrección, ni se casarán ni se darán en casamiento, sino que serán como los ángeles de Dios en el cielo" (Sailhamer 1992:120). De esta manera, el Reformador rechaza la creencia, muy arraigada en su día, de que los niños deformados eran el fruto de tales uniones (1960:11). Lutero comenta que en su tiempo varias mujeres acusadas de haber tenido relaciones con un demonio fueron quemadas vivas en la hoguera.

181

El *Libro de Enoc*, el *Libro de los Jubileos* y la *Septuaginta,* apoyan la <u>tercera interpretación</u>. La interpretación angelical de Génesis 6:1-4 es la que adoptaron los traductores de la Septuaginta cuando prepararon su versión de la Biblia Hebrea en griego, porque la frase *beni elohim* la tradujeron con las palabras "ángeles de Dios". La identificación de los "hijos de Dios" (*beni elohim*) con ángeles caídos o demonios, se encuentra en una serie de escritos apócrifos tales como el <u>*Libro de Enoc*</u> y el <u>*Libro de los Jubileos*</u>. Una versión de la tradición aparece también en los escritos de Filón de Alejandría, un famoso rabino contemporáneo de San Pablo y líder de la comunidad judía de la ciudad de Alejandría, en Egipto. En el libro de Enoc se relatan las maravillas y los secretos que supuestamente vio Enoc en su viaje celestial, al ser llevado de la tierra a la presencia de Dios en el séptimo cielo. Una de las cosas que vio Enoc fue la suerte que tuvieron que sufrir los ángeles caídos que traspasaron los límites establecidos por Dios al tener relaciones con las hijas de los hombres. Muchos eruditos creen que varios textos del NT también se refieren al castigo que recibieron los ángeles rebeldes (Jud 6-7; 1 P 3:19-20; 2 P 2:4-6). El *Libro de Enoc* no es uno de los libros canónicos del AT, aunque la antigua Iglesia Cristiana de Etiopía lo reconoce como tal. Tanto el *Libro de Enoc* como el *Libro de los Jubileos*, han sido traducidos al castellano y son parte de una colección de cinco tomos publicados en España por Alejandro Díez Macho. El título de la colección es: *Los apócrifos del Antiguo Testamento.*

Ambos Testamentos condenan cualquier intento de los seres humanos de establecer contacto con los poderes ocultos. En cuanto a la <u>tercera interpretación</u> sobre los supuestos encuentros entre los seres mortales y los espíritus caídos, hay que recordar que una de las abominaciones más grandes, para los profetas de Israel, era cualquier intento de valerse del poder de los demonios, los espíritus de los muertos o de las fuerzas ocultas, para obtener un beneficio o lograr un propósito contrario a la voluntad divina. En otra parte del Pentateuco hay una severa advertencia en contra de las abominaciones que abundaban entre las naciones vecinas de Israel: "Que no haya en ti nadie que haga pasar a su hijo o a su hija por el fuego [sacrificios humanos], ni nadie que practique la adivinación, ni sea agorero, ni sortílego, ni hechicero, ni encantador, ni adivino, ni mago, ni nadie que consulte a los muertos. Al Señor le repugnan todos los que hacen estas cosas, y precisamente por estos actos repugnantes el Señor tu Dios va a expulsar de tu presencia a estas naciones" (Dt 18:10-12). En la carta a los Colosenses, uno de los elementos de la llamada herejía de Colosas, fue la adoración de ángeles (Col 2:18). En los últimos años hemos visto en todas partes del mundo hispano no sólo un crecido interés en los ángeles, sino también una verdadera explosión de movimientos, cultos, y sectas entregados a la adoración de ángeles y otros supuestos seres celestiales. Una de las sectas más populares es la que promueve el culto al Ángel de la Navidad.

En muchas partes del mundo hispano se promocionan conferencias y talleres dedicados a la angelología y al culto a los ángeles. Se venden grandes cantidades de libros y folletos sobre el culto a los ángeles, y también imágenes y liturgias para utilizar en dichos cultos. Dentro de este contexto conviene tener presente el pasaje de 2 Corintios 11:14, en que el apóstol Pablo advierte: "Y esto no debe sorprendernos, porque hasta Satanás mismo se disfraza de ángel de luz." Una advertencia más severa la encontramos en Gálatas 1:8: "Pero si aun nosotros, o un ángel del cielo, les anuncia otro evangelio diferente del que les hemos anunciado, quede bajo maldición." Adán y Eva fueron engañados por el propio Satanás disfrazado como ángel de luz. En Génesis 6, las hijas de los hombres fueron engañadas por espíritus caídos disfrazados de servidores del Creador. Los que somos de Cristo no tenemos el mandato de rendir culto a los ángeles o de anteponer la palabra de un ángel a la palabra de Dios. San Pablo hasta dice "que nosotros juzgaremos a los ángeles" (1 Co 6:3).

Algunos eruditos combinaron elementos de la segunda hipótesis y la tercera, afirmando que los *nefilim* fueron tiranos humanos poseídos por demonios o ángeles caídos. Los demonios fueron los responsables de persuadir a muchos reyes y caciques antiguos a establecer harenes y considerarse dioses o seres divinos con el derecho de hacer todo lo que se les diera la gana, haciéndose iguales a los dioses (Waltke 2001:117).

Caín y Abel son características del alma

De acuerdo con la interpretación tipológica y alegórica del gran rabino Filón de Alejandría, (20 aC-54 dC), Caín y Abel tienen que entenderse como dos aspectos del alma del hombre, y representan la capacidad humana tanto para el bien como para el mal, algo semejante a la doctrina de los dos impulsos o *yetzers* que solían discutir los rabinos. Caín y Abel son, a la vez, ejemplos de dos filosofías de vida o teologías, una centrada en el ego y la otra en Dios. Según Filón el alma es muy susceptible, tanto a seguir el ejemplo de Caín como el de Abel. Nuestras experiencias, nuestro ambiente, nuestras amistades, nuestra educación y los consejos que recibimos, imprimen en el alma el carácter de Caín o el de Abel. Abrahán, Isaac, Jacob, y Moisés son ejemplos de los que escogieron el camino de Abel y merecen ser llamados hijos de Abel. Filón decía que "es preferible morir como un Abel, que vivir como un Caín en un estado de muerte eterna" (Najman 2003:116).

Según Filón de Alejandría, no se condena, sin embargo, a ningún ser humano a morir como un Caín; siempre existe la posibilidad del arrepentimiento. De acuerdo con Filón, la pregunta del Señor: "¿Dónde está tu hermano?" es una invitación a arrepentirse. Caín no se perdió porque estuvo predestinado a ser reprobado, ni porque su pecado fue demasiado grande para ser perdonado, sino porque se negó a arrepentirse y aceptar el perdón de Dios. La solución para el problema del bien y del mal que se observa en la historia de Caín y Abel es, para Filón, el estudio de la Torá. Al estudiar la Torá se imprime en el alma del hombre el carácter de Abel y de Set, el tercer hijo de Adán y Eva que anduvo en los caminos del Señor. Filón enfatizaba que para estudiar la Torá uno tiene que alejarse del ambiente corrupto de las grandes ciudades donde abundan tantos vicios y malos ejemplos. Israel no recibió la Torá en Egipto, sino en el desierto donde, por medio de muchas pruebas y la disciplina del Señor, la Torá quedó impresa en el alma del pueblo escogido (Najman 2003:107-118).

La esposa de Caín

En Génesis 4:17 leemos: "Y conoció Caín a su mujer, y ella concibió y dio a luz a Enoc. Entonces edificó una ciudad." En las clases bíblicas habrá casi siempre un estudiante que pregunte "¿Y con quién se casó?, pues Génesis no dice nada acerca de otras personas en el Edén." Nuestra respuesta a dicha pregunta tendrá que ser: "No sabemos". La mayoría de los comentaristas opinan que Caín se casó con una de sus hermanas. Otros opinan que Dios creó otras personas que no se mencionan en las Escrituras. En una de las obras apócrifas más importantes del AT, el *Libro de los Jubileos*, (escrito unos 150 años aC), se dice que Caín se casó con su hermana Awan, y que Set se casó con su hermana Azura. El *Libro de los Jubileos* asevera además que Adán y Eva tuvieron un total de catorce hijos (Jubileos 4:1-10). Según otro libro apócrifo, *La vida de Adán y Eva*, nuestros primeros padres tuvieron 30 hijos varones y 30 hijas (Blenkinsopp 2011:100). En otras tradiciones rabínicas Abel tuvo una hermana gemela, por la que se pelearon los dos hermanos, Caín y Abel. Según esta tradición, la causa del primer homicidio fue una mujer. Según las tradiciones que se encuentran en una obra rabínica conocida como la *Tosefta*, Caín y Abel pelearon en el sitio donde se construyó el futuro templo. Según otros rabinos, el conflicto entre Caín y Abel tuvo que ver con que si habría un juicio final y un mundo futuro.

Una idea bastante arraigada en la literatura rabínica, mística, y cabalística es que Adán no fue el verdadero padre de Caín, sino que fue Samael, el ángel del Señor que engañó a Eva. Ambos engendraron un hijo, a Caín. En el *Targum de Seudo Jonatán,* Génesis 4:2 ha sido alterado para la siguiente lectura: "Y Adán conoció [supo] que su esposa Eva, que había deseado al ángel, concibió de Samael, el ángel de YHWH, y dio a luz Caín, y ella dijo: He adquirido un hombre del ángel del Señor." La misma idea la encontramos en el *Pikre de Rabbí Eliezer* y en la *Génesis Rabbah* 20:11 y 24:6, en que se afirma que la serpiente se llegó a Eva y plantó su semilla en ella (Fernández 2003:31). Lo que intentan afirmar los textos rabínicos es que el conflicto entre Caín y Abel tuvo que ver con el hecho de que Caín fuera el hijo de un ángel caído, mientras que Abel fue un verdadero ser humano y no el fruto de una relación ilícita entre un *incubus* y una madre humana.

Unos investigadores modernos, en consonancia con los rabinos, sospechan que el relato acerca de la serpiente, la mujer, y el fruto prohibido tiene que ver con relaciones sexuales ilícitas. Citando varios textos del Libro de Proverbios (30:20; 6:30), dichos intérpretes afirman que en muchos textos antiguos el acto de comer es una metáfora de la actividad sexual, especialmente los actos sexuales asociados con la adoración a Baal de parte de los cananeos y otros pueblos del antiguo Cercano Oriente. Según los eruditos, el relato de Génesis 3 se presta tanto para la historia de la caída en pecado de nuestros primeros padres, como también para ilustrar lo que pasó con el pueblo de Israel al desobedecer los mandamientos de Dios y dejarse inducir a participar del culto idolátrico y adúltero de los adoradores de Baal. Así como a Adán y a Eva los expulsaron del huerto de Edén, así a los israelitas los expulsaron de la Tierra Prometida y los llevaron cautivos a Asiria y Babilonia (Blenkinsopp 2011:58-59).

Según el *Libro de los Jubileos* 4:7: "Adán y su mujer estuvieron en duelo por Abel cuatro septenarios. Pero al cuarto año del quinto septenario, estuvieron gozosos, y Adán conoció nuevamente a su mujer, la que le parió un hijo al que puso por nombre Set, pues dijo: 'Nos ha levantado el Señor otra semilla sobre la tierra en lugar de Abel, ya que a éste lo mató Caín.'" Según tradiciones cabalísticas, durante su largo período de abstinencia, ambos esposos fueron seducidos repetidamente: Eva por el íncubo Samael (al mediodía cuando por el sol no se distinguen bien la cosas), y Adán por el súcubo Lilith (a medianoche cuando no se ve nada). El fruto de tales abominables relaciones ilícitas fue el nacimiento de toda clase de demonios y espíritus inmundos. Puede ser que San Pablo haya tenido conocimiento de tales tradiciones extra bíblicas cuando escribió a los corintios: "No se nieguen el uno al otro, a no ser por algún tiempo de mutuo consentimiento, para dedicarse a la oración. Pero vuelvan luego a juntarse, no sea que Satanás los tiente por no poder dominarse" (1 Co 7:5). La popularidad de que han gozado éstas y muchas otras tradiciones es una evidencia de la tendencia de los hombres de proyectar sus fantasías sobre los textos bíblicos y así alterar su mensaje. Dada la tendencia del pueblo hispano de bucear en el ocultismo y leer toda clase de literatura esotérica y hasta cabalística, el maestro de la Palabra basará sus enseñanzas en lo que dice el texto sagrado y no en las opiniones de hombres. Pablo instó a su discípulo Timoteo a enseñar a los miembros de su iglesia a que "Ni prestaran atención a fábulas y genealogías interminables, que acarrean disputas más bien que la edificación de Dios que es por la fe" (1 Ti 1:4).

La universalidad del pecado

Al final del *toledot* de Adán y sus descendientes, encontramos un pasaje que ha sido descrito como la declaración más contundente y profunda respecto a la depravación humana en todo el AT. (Kaminsky 2014:24-25). Génesis 6:5 dice: "El Señor vio que era mucha la maldad de los hombres en la tierra, y que todos los planes y pensamientos de su creación eran siempre los de hacer sólo el mal. Y le pesó al Señor haber hecho al hombre en la tierra. Le dolió mucho en el corazón."

Siendo que la declaración es parte de la conclusión del segundo *toledot*, la evaluación que emite el Señor en 6:5 incluye no sólo la vida del primer hombre, Adán, sino también la de las diez generaciones de descendientes que nacieron en el tiempo que media entre la historia de la caída en pecado y el diluvio. La "mucha maldad" de la que se habla aquí, no es sólo la de los contemporáneos de Noé, sino la de todos los miembros de la *toledot* de Adán, la de todos los miembros de las diez generaciones mencionadas en Génesis 5. Los pensamientos del corazón de que habla Génesis 6:5 no son los del corazón del primer hombre o de su hijo Caín únicamente, sino los de todo el género humano. Después del diluvio el Señor expresa que "...desde su juventud las intenciones del corazón del hombre son malas" (Gn 8:21). Dicho de otra manera, desde los días de la juventud del género humano, su corazón ha sido perverso (Kaminsky 2014:77). El llamado impulso malvado que se manifestó por primera vez en la vida del primer hombre también llegó a manifestarse en las vidas individuales y colectivas de sus descendientes. Esto es lo que vio el Creador al llevar a cabo su investigación judicial (Kaminsky 2014:98).

En Génesis 1:31, el autor divino expresa: "Y vio Dios todo lo que había hecho, y todo ello era bueno en gran manera." Pero al terminar el segundo *toledot* (Gn 6:8), se nos dice que la "mucha maldad" de los seres humanos causó mucho dolor en el corazón del Creador. Al hablar del dolor o sufrimiento del Señor, el texto nos presenta un Dios muy diferente del ser supremo de los filósofos griegos, quienes afirmaban que éste no experimentaba emociones o sentimientos tales como el dolor, la ira, el gozo o la tristeza. Una de las cosas que los hombres tienen en común con su Creador es la capacidad de sentir emociones. En otras partes tanto del AT como del NT, encontramos pasajes que atribuyen emociones al espíritu de Dios. Por ejemplo, en Isaías 63:10 el profeta manifiesta que ellos (los hijos de Israel) "... fueron rebeldes y provocaron el enojo de su santo espíritu". En Efesios 4:30 el apóstol exhorta a sus lectores: "No entristezcan al Espíritu Santo de Dios, con el cual ustedes fueron sellados para el día de la redención." Dios, el de las Escrituras, sí tiene emociones, pero éstas no lo gobiernan. Lo que perturba a Dios en Génesis 6, es la maldad de los hombres detallada en los capítulos anteriores. No se trata de simples errores o equivocaciones superficiales, sino de la perversión en lo más íntimo del hombre. La violencia desatada por Caín y Lamec ha llegado a ser la norma y modelo para los descendientes de Adán. No es que se contaminó solamente la parte física de los hombres, como llegaron a creer los antiguos gnósticos, sino también su espíritu. En consonancia con Génesis 6, Jesús declara en Marcos 7:21-23: "Porque de adentro del corazón humano salen los malos pensamientos, la inmoralidad sexual, los robos, los homicidios, los adulterios, las avaricias, las maldades, el engaño, la lujuria, la envidia, la calumnia, la soberbia y la insensatez. Todos estos males vienen de adentro y contaminan a la persona."

El libro de Génesis sólo dice que la mucha maldad de los hombres fue lo que provocó la ira de Dios. El libro apócrifo de Enoc, en cambio, especifica más detalladamente los pecados de los descendientes de Caín, mencionando aberraciones tales como el canibalismo, la promiscuidad, la bestialidad, el consumo de sangre, el arte de la guerra y la fabricación de armas. Tales atrocidades eran, según los autores de Enoc, más evidencias de la perversidad del corazón humano, o sea, una suma de males que provocaron la ira de Dios e hicieron venir sobre los seres humanos las aguas del gran diluvio.

El Juez de toda la tierra y la depravación humana

Génesis 6:5 dice que "el Señor vio". En el contexto del AT y especialmente en el libro de Génesis, dicha frase implica una investigación judicial, es decir, que al escuchar la voz de los oprimidos o de la sangre que clama desde la tierra pidiendo vindicación, el Señor, en su papel de "el juez de toda la tierra" (Gn 18:25), investiga el caso. Después de la investigación judicial, el Señor emite su juicio, castigando al culpable y declarando libre de culpa al inocente. Más tarde veremos, en el Génesis, que el Señor investigó la rebelión de los habitantes de Babel y los crímenes de los habitantes de Sodoma y Gomorra. Muchos estudiosos del AT han detectado en el libro de Génesis una secuencia de acciones que se repite una y otra vez en pasajes que hablan del juicio. La secuencia consta de cuatro pasos: (1) se oye un clamor; (2) se investiga o se ve el caso; (3) se emite un juicio forense; y (4) se muestra favor o gracia. Ésta es la secuencia o procedimiento que debían seguir los jueces en Israel, así como procedió Salomón en el caso de las dos prostitutas que le pidieron que se declarara en favor de una y en perjuicio de la otra. En sus juicios, los jueces de Israel debían seguir el ejemplo que les brinda el Juez de toda la tierra al oír el clamor de los oprimidos. Al igual que el Señor, los jueces deben investigar las injusticias y emitir juicios justos. El Señor advierte a cada juez del pueblo de Israel: "No tuerzas el derecho. No hagas acepción de personas, ni aceptes soborno... Tú haz justicia, y nada más que justicia" (Dt 16:19-20).

Gracia en Génesis

Al final del *toledot* de Adán y sus descendientes, encontramos por primera vez en la Biblia un vocablo que contrasta radicalmente con las declaraciones de juicio que lo preceden. El vocablo es la palabra hebrea *chen,* que en la Septuaginta se traduce con la palabra griega *jaris,* o sea, gracia. De esta manera, el segundo *toledot,* una sinfonía triste carente de bellas melodías y de armonía, sorpresivamente termina con una bella y clara nota de esperanza.

El sustantivo *chen* ocurre setenta veces en el AT. De éstas, catorce en el rollo de Génesis. Tanto en el AT como en el NT, gracia quiere decir favor, misericordia, amor o perdón que el receptor de la gracia no merece, sino que recibe por la bondad del donante. En la mayoría de los casos, el que halla gracia delante de los ojos de otro se encuentra en una posición inferior, y el que otorga la gracia en una posición superior. Rut, siendo una pobre mujer sin recursos económicos o sociales, y siendo además extranjera moabita, no se encontraba en la posición de demandar gracia o favor de un acomodado israelita como Booz. Sin embargo, halló gracia delante de los ojos de Booz. No se puede demandar, ganar o merecer la gracia del otro, puesto que gracia, por definición, es algo que no se merece. Por haber engañado a su hermano Esaú en dos ocasiones, Jacob debía sufrir las tristes consecuencias que sus traiciones merecían, pero inesperadamente Esaú abrazó y besó a su hermano, perdonándole su maldad.

El hecho de que Esaú no rechazó el regalo que le trajo Jacob, quiere decir que Jacob encontró gracia delante de los ojos de su hermano. Fue una señal de que su hermano lo había perdonado. Por eso exclama: "El ver tu rostro es como haber visto el rostro de Dios" (Gn 33:10). Jacob compara la gracia que halló delante de los ojos de su hermano con la gracia que halló delante de los ojos del Señor, tanto en el relato de la escalera mística, como también cuando luchó con el Señor en la ribera del río Jabok (Kaminsky 2014:121). En vez de ser castigado y recibir su merecido por sus acciones, Jacob halló gracia (Os 12:2-4). Hallar gracia delante de los ojos de Dios significa haber sido librado de la muerte, haberse librado de las penas que merecen nuestras culpas.

Cuando el Señor muestra su gracia a una persona, no es porque esa persona haya ganado o merecido el favor de Dios, sino que es porque Dios, en su bondad, la escogió para recibir su favor. Bíblicamente hablando, gracia no es una virtud que se encuentra en el corazón del hombre, sino que es la misericordia que emana del carácter de Dios. Gracia no es lo que Dios espera encontrar en nosotros. La gracia es, más bien, que Dios nos busca a nosotros y nos salva. En Éxodo 33:19 el Señor manifiesta: "Porque soy misericordioso con quien quiero ser misericordioso, y soy clemente con quien quiero ser clemente." En 2 Samuel 13 y 14 leemos acerca de cómo Absalón planificó el asesinato de su hermano Amnón para vengar la violación infligida a su hermana Tamar. Según la ley, Absalón merecía la sentencia de muerte, pero halló gracia delante de los ojos de David y logró eludir la sentencia. Hallar gracia delante de los ojos de Dios implica ser librado de la sentencia que demanda la ley.

Se lee o se oye con frecuencia que Dios escogió a Noé, y que éste se salvó por su justicia, por su santidad, es decir, por sus buenas obras. Sin embargo, la palabra gracia en Génesis 6:8 indica que Noé fue escogido y salvado por la misericordia de Dios. Como indica la historia de su borrachera al final del capítulo 9, se sabe que Noé no fue un santo, sino un pecador salvado por gracia. Cuando el Señor vio la mucha maldad de los descendientes de Adán, la poligamia, violencia e idolatría, los declaró culpables y decretó que fuesen borrados de la faz de la tierra. Noé y sus familiares eran inocentes de los crímenes de sus contemporáneos, pero su justicia no fue una justicia absoluta. Las primeras palabras del tercer *toledot* son: "Noé era un hombre justo. En sus acciones fue perfecto" (Gn 6:9). La justicia de Noé que se menciona al comienzo del tercer *toledot* es una consecuencia de la gracia que recibió al final de segundo *toledot*. Tanto en el AT como en el NT, la santificación es el resultado de la justificación y no la justificación el resultado de la santificación. Aparte de Noé, la única persona en el AT de quien se dice que halló gracia delante de los ojos de Dios, fue Moisés. Pero ni Moisés, con todo lo que hizo para librar a Israel de la esclavitud en Egipto, fue perfecto en todo lo que hacía. En definitiva, al final del Pentateuco leemos que por sus errores Moisés no pudo entrar en la Tierra Prometida.

CUARTA UNIDAD

GÉNESIS 6:9-11:32

GÉNESIS 6:9-9:29

El toledot *de Noé*

En Génesis 9:6 comienza el tercer *toledot* del libro de Génesis, el *toledot* de Noé, el hombre que caminó con Dios en medio de una generación adúltera, violenta, y perversa. Durante la generación de Noé se purgó el mundo de la corrupción engendrada por los descendientes de Caín. Con Noé el mundo quedó renovado y tuvo un nuevo comienzo. En cierto sentido Noé fue un nuevo Adán, el padre de una nueva humanidad. Pero como en el caso de Adán, Noé también sufrió un infortunio, al final del *toledot* (Gn 9:29), porque se embriagó y quedó tendido desnudo en su tienda. Uno de sus hijos, Cam, se burló de él y así se convirtió en un nuevo Caín (Greidanos 2007:13). Cuando las Escrituras declaran que Noé fue un hombre justo, no quieren decir que fuera justo en un sentido absoluto (totalmente santo). Jesús le dijo al joven rico que sólo uno es bueno, Dios. Noé fue justo en el sentido en que vivió su vida en conformidad con el orden de la creación (Bruckner 2001:202; Kaminsky 2014:182).

El diluvio

Uno de los juguetes favoritos de mis nietas eran unas pequeñas figuras que representaban a Noé, su esposa, la famosa arca, y una colección de animales que las niñas colocaban dentro del arca. La historia del diluvio que destruyó al mundo es algo que fascina a los niños y también a los antropólogos que se dedican a estudiar las leyendas, tradiciones orales, y cosmovisiones de los miles de pueblos diferentes que habitan en nuestro mundo.

En sus investigaciones, los historiadores y antropólogos han encontrado centenares de tradiciones que relatan la destrucción del mundo por una gran inundación, y la salvación de un pequeño núcleo de personas y animales en un barco. Estas tradiciones, muchas de ellas muy parecidas al relato bíblico, provienen de casi todas partes del mundo antiguo: Grecia, Sumeria, Egipto, Asiria, Babilonia, China, Europa, las islas del Pacífico, México, Perú, y muchas otras sociedades americanas.

¿Por qué se destruyó el mundo?

Las muchas tradiciones, historias, épicas, sagas, obras literarias, y mitos que tratan de la destrucción del mundo por un diluvio, son evidencia del gran interés, preocupación, y temor que suscitaba el recuerdo de esta gran catástrofe entre los pueblos de la antigüedad. ¿Cuál habrá sido la causa de la gran inundación que casi acabó con el género humano? ¿Podrá haber otra destrucción tan grande o más grande aún? ¿Qué se puede hacer para que algo semejante no vuelva a ocurrir? ¿Fue todo el resultado de un accidente cósmico fuera del control de los hombres y de sus dioses? ¿O será que el mundo también está sujeto a la ley del karma: nacimiento, maduración, envejecimiento, destrucción, y reencarnación? Esta gran catástrofe, ¿ocurrió por la influencia malévola de los astros, del sol, de la luna? ¿Sucedió todo por culpa nuestra o por culpa de los dioses? ¿Quizá por culpa de los demonios? ¿Fue el resultado de un infeliz y lamentable suceso ecológico, un ejemplo temprano del calentamiento global del planeta? ¿Estuvo el mundo predestinado a perecer a merced de las fuerzas elementales del universo? ¿Acaso todo estuvo predestinado a perecer así? ¿Es posible cambiar el destino?

En los mitos, filosofías y tradiciones que los pensadores antiguos nos han dejado, encontramos respuestas a tales preguntas. Según el concepto del tiempo cíclico del hinduismo, el universo tiene que pasar por una serie de edades de desigual duración, después de las cuales todo se destruye. Después surge una nueva creación que nuevamente será destruida después de cuatro edades o *yugas*. La duración de la primera edad, llamada la *Krta Yuga*, es de 4000 años. Esta yuga es una edad de oro en que hay paz, prosperidad, larga vida, moralidad, e inteligencia. Después viene la edad de plata o *Treta Yuga*, cuya duración es de 3000 años. En esta edad la paz, la prosperidad, y la larga vida todavía predominan, pero no al mismo nivel ni con la misma intensidad de la yuga anterior. Le sigue la *Dvapara Yuga*, con una duración de 2000 años. Durante esta edad del bronce las cosas comienzan a deteriorarse. Hay un incremento de enfermedades, violencia, injusticia, opresión, y corrupción. La duración de la vida es ahora menor, y la inteligencia de los hombres se reduce. Finalmente viene la *Kali Yuga*, una edad de sólo 1000 años, caracterizada por la desorganización social, el colapso de toda moralidad y autoridad. Los hombres se dedican a destruirse a sí mismos y la duración de la vida es aún más corta, y al final de esta edad todo termina con la *Pralaya Ragnarok*, o sea, la destrucción de todas las cosas y el regreso de todo a las tinieblas y al caos primigenio. Después habrá una nueva *Mahayuga* o ciclo de cuatro edades (Eliade 1954:115). Según esta cosmovisión, las destrucciones periódicas del universo son inevitables, porque son parte de los ritmos que controlan la existencia de todo.

Los aztecas precolombinos creyeron que el mundo había sido destruido ya cuatro veces antes de la llegada de los conquistadores. La destrucción de la Cuarta Edad, la de Sol-Agua, ocurrió cuando las personas fueron tragadas por las aguas y convertidas en peces. La creación de la edad actual, llamada la del Sol-Movimiento, fue efectuada por el sacrificio de una gran cantidad de deidades en Teotihuacán. Para evitar la destrucción de esta Quinta Edad se necesitaban cantidades de ritos, ceremonias, sacrificios humanos, y automutilaciones (Carrasco 1990:48).

Los antiguos habitantes de Mesopotamia tuvieron otras ideas acerca de la razón por la que el mundo antiguo quedó destruido por una gran inundación. Según la gran Epopeya de Gilgamesh, los dioses se sintieron molestos por el alboroto producido por el creciente número de seres humanos en la tierra. Los dioses se congregaron y decidieron mandar un diluvio para destruir al género humano. Así los dioses podrían dormir en paz sin la bulla de los hombres. Uno de ellos, llamado Enki, en desacuerdo con la decisión tomada por las demás deidades, decidió actuar por su cuenta para salvar a la raza humana. Así Enki, también llamado Ea, le advirtió al rey Utnapishtim del plan de los otros dioses y le ayudó en la construcción de un gran barco en el que Utnapishtim, sus amigos y los animales pudieran salvarse del diluvio (Voth 1992:176).

En el relato del diluvio babilónico los dioses quedan aterrorizados por las aguas de destrucción desatadas por ellos mismos. Unos se agazapan como perros apaleados, otros gritan y se lamentan, echándose mutuamente la culpa por lo sucedido. En el relato babilónico queda claro que los dioses perdieron el control de las fuerzas de destrucción que ellos mismos habían desatado. ¿Cómo pueden vivir los hombres en el mundo, con fe y esperanza, si tienen que depender de dioses como éstos? Parte de la buena nueva que el libro de Génesis proclama a todo el mundo es que Dios verdadero siempre controla las fuerzas de la naturaleza. Dios posee la sabiduría, autoridad, y misericordia necesarias para proteger a los que, como Noé, depositan su confianza en él. De Dios podemos cantar: "El Señor es mi luz y mi salvación; ¿a quién podría yo temer?" (Sal 27:1).

Según los mitos babilónicos, después del diluvio los dioses percibieron el olor grato y agradable de los sacrificios que ofrecieron los sobrevivientes, similar al relato de Génesis 8:21, en que dice que el Señor percibió el olor grato del holocausto que ofreció Noé en el altar. Según el relato de la Épica de Gilgamesh, al percibir los dioses babilónicos el sacrificio, se arrebozaron y enjambraron como moscas alrededor del altar (Pritchard 1958:70). Dándose cuenta de que necesitaban a los seres humanos para que les ofrecieran sacrificios, los dioses decidieron no volver a destruir nuevamente al género humano. Y tomaron medidas para restringir el incremento descontrolado de la población, a fin de evitar la superpoblación de la raza humana. Entre las medidas decretadas por los dioses encontramos un alto índice de mortandad infantil, mujeres estériles y una edad tope para los seres humanos (Hendel 1987:18). En cambio, en el relato del diluvio de Génesis 6-9, Dios no expresa el deseo de poner límites a la vida. Ratifica, más bien, el mandato de reproducirse y multiplicarse (Gn 9:7), y prohíbe contundentemente el derramamiento de sangre (Gn 9:5-6). Lamentablemente, la prohibición de genocidios, guerras sucias, limpiezas étnicas, y baños de sangre ha sido pasada por alto, tanto por los conquistadores de nuestro pasado como por los escuadrones de la muerte y los terroristas del tiempo actual.

El Génesis de Eridu *y el relato bíblico*

Hay otras semejanzas y contrastes entre varias de las versiones del relato babilónico del gran diluvio y la historia preservada en la Torá. La versión más antigua del diluvio babilónico ha sido denominada *El Génesis de Eridu*, y fue encontrada en *Nippur* en una expedición de la Universidad de Pennsylvania (1893-1896). La tablilla en la que se encuentra la versión del relato del diluvio proviene, más o menos, de la última parte de la primera dinastía de Babilonia, o sea, el año 1600 aC. En dicha versión, escrita en sumerio, el héroe del relato es el rey, adivino, y profeta Ziusudra. Según *El Génesis de Eridu*, el rey Ziusudra, con la ayuda de la diosa del vértigo, intentó entrar en trance y, de esta manera, comunicarse con los dioses a fin de recibir de ellos mensajes proféticos. En Génesis 9 tenemos la historia de la embriaguez de Noé, pero el aturdimiento producido por el consumo del vino no se describe como una de las formas de entrar en éxtasis y así recibir el don profético, como sucede en el culto de Dionisio, el dios del vino y la profecía. Las Escrituras describen a Noé como profeta y pregonero de justicia, y no porque una vez abusó del fruto de la vid, sino porque el Espíritu de Dios vino a él (Jacobsen 1981:523).

Los dioses de los mitos mesopotámicos y el Dios de Noé

Según los diferentes relatos babilónicos, los culpables del diluvio y la destrucción del mundo antiguo son los propios dioses. Los hombres, en cambio, son inocentes de la gran catástrofe que relataban los descendientes del héroe Utnapishtim, el protagonista principal de la historia del diluvio según la versión del relato preservado en las tabillas de escritura cuneiforme, encontradas entre las ruinas de la biblioteca del rey asirio Asurbanipal de Nínive. En los mitos mesopotámicos que hablan de un diluvio, se describe a los dioses como desorganizados, desunidos, cobardes, miopes, e ineficientes. No saben reparar el daño hecho por sus propios caprichos. En cambio Dios, de quien hablan los capítulos 6-9 de Génesis, sabe exactamente lo que está por hacer. Tiene todo organizado. Además, tiene el poder de llevar a cabo lo que ha determinado realizar. A diferencia de los dioses de los mitos mesopotámicos, Dios siempre está al mando. En Génesis 1 se relata cómo el Señor separó las aguas, dándole a cada una su lugar. Tanto las aguas arriba en los cielos como las aguas abajo sobre la tierra están sujetas al dominio del altísimo. Él controla todos los ímpetus del desorden. El Señor ha establecido las leyes físicas y químicas que controlan los elementos. El hecho de que el Señor es rey sobre todo, es parte de la buena nueva que Israel tiene que proclamar a las naciones (Goldingay 2003:93). Es algo que debemos recordar cuando nos encontramos en medio de eventos catastróficos como los del tiempo del diluvio bíblico (Goldingay 2003:169).

Debe haber claridad en cuanto a que el libro de Génesis está en desacuerdo con las explicaciones que acabamos de ver y muchas otras, en torno a la causa del diluvio mencionado en la literatura y las tradiciones orales de tantos pueblos. Según Génesis, Dios verdadero no es una deidad caprichosa, dispuesta a acabar con nosotros por la más mínima molestia. En contraste con los dioses sumerios, acadios, aztecas, e hindúes, Dios verdadero es Dios de amor que de verdad ama a sus criaturas. Pero, a la vez, Dios verdadero es Dios justo y santo, Dios cuya Torá es la base de la justicia y de la ética. Dios verdadero es Dios que no tolera la rebelión, la crueldad, la explotación, y la corrupción. Con todo, Dios verdadero es Dios que no desea la muerte del pecador sino su arrepentimiento y salvación. Es la razón por la que Dios verdadero proveyó un arca en la que el pecador arrepentido pudiera encontrar un lugar de refugio y no ser tragado por las aguas del diluvio. Por lo tanto, envió a Noé a predicar a los habitantes del mundo antiguo, instándolos a arrepentirse de su pecado y volver a la comunión con su hacedor. El diluvio, entonces, no fue causado ni por los astros, ni por el destino, ni por la mala voluntad de un dios caprichoso, sino por la falta de arrepentimiento de los mortales. Los que rehúsan arrepentirse y entrar en el arca de salvación, se condenan a sí mismos.

En nuestra lectura de la historia del diluvio debemos recordar que la preocupación principal del autor sagrado no es explicar cómo y por qué se perdió el mundo antediluviano, sino por qué se salvó Noé. El nombre Noé proviene de una raíz hebrea que quiere decir "consuelo" o "descanso". Según Génesis 5:28-29, Lamec "engendró un hijo, al que puso por nombre Noé, pues dijo: 'Este niño nos hará descansar de las obras que tenemos que hacer con nuestras manos, por causa de la tierra que el Señor maldijo'". La vida recta y justa de Noé trajo alivio y consuelo no sólo a los descendientes de Set, que vivían agobiados por la violencia y depravación de los descendientes de Caín, sino también al corazón del Señor. El autor sagrado dice que "le pesó al Señor haber hecho al hombre en la tierra. Le dolió mucho en el corazón" (Gn 6:6). En tanto que las obras de los hombres le causaron un gran dolor en el corazón, la vida de Noé le trajo consuelo. Génesis 6:8 dice: "Pero Noé halló gracia a los ojos del Señor." Las consonantes que componen el nombre de Noé en hebreo, son la palabra para gracia escrita al revés (Sailhamer 1992:124). En Génesis 6:9 dice que Noé, igual que Enoc, caminó con Dios. La detallada descripción de cómo Noé construyó el arca con tanto cuidado y esmero, ha sido añadida al relato del diluvio para enfatizar que los que caminan con el Señor le obedecen de todo corazón, hasta en los más mínimos detalles. De hecho, la descripción de la construcción del arca se parece mucho al relato de la construcción del tabernáculo en la última parte del libro de Éxodo (Sailhamer 1992:125).

El relato del diluvio de Génesis 6 a 9 está organizado en doce párrafos cuidadosamente construidos, tanto lingüística como cronológicamente, para guiar a los lectores de la historia paso a paso hacia el punto decisivo del relato. Se nos dice que toda carne había corrompido su camino (Gn 6:12), que la tierra se llenó de violencia y que Dios había determinado destruir la tierra. En la descripción de la maldad de los descendientes de Caín y de los ángeles caídos, sobresalen las palabras violencia (*hamas*) y corrupto (*qes*), términos que aparecen con gran frecuencia en las denuncias de los profetas, especialmente en Jeremías, Amós, y Ezequiel (Ez 7:11, 23; 8:17; 12:19). O sea, que los mismos pecados que abundaron en el diluvio fueron los que abundaron en la cautividad babilónica. La descripción de la depravación del género humano antes del diluvio en el libro de Enoc es más extensa, pues menciona el canibalismo, la promiscuidad, la bestialidad y el consumo de sangre. Dice que los ángeles caídos enseñaron a los hombres el arte de la guerra y la fabricación de armas de guerra. El texto de Génesis, sin embargo, no menciona todas estas abominaciones, sino que se limita más bien a especificar la corrupción y la violencia (Gn 6:12-13). Pero Lutero (1960:8) nos recuerda que todos los pecados en contra de la segunda tabla de la ley (los pecados en contra de otros seres humanos) son el resultado de nuestros pecados en contra de la primera tabla de la ley (nuestros pecados en contra de Dios).

Los antediluvianos y la inclinación al mal

Según la genealogía de los descendientes de Adán de Génesis 5, Matusalén murió en el mismo año en que comenzó el diluvio. Lutero opina que Matusalén fue hasta el día de su muerte el sumo sacerdote y profeta de la iglesia, y jefe civil de los descendientes de Sem que no habían abandonado a Dios verdadero para servir a dioses falsos. Lutero cree que por medio del Espíritu Santo, quien habló por boca de Matusalén, Noé se enteró de la decisión de Dios de enviar el diluvio para arrasar la tierra. La razón del diluvio fue, que "El Señor vio que era mucha la maldad de los hombres en la tierra, y que todos los planes y pensamientos de su corazón eran siempre los de hacer sólo el mal" (Gn 6:5). Hay quienes consideran que en este pasaje tenemos la primera alusión bíblica a lo que los rabinos más tarde llamaron el *yetzer-ha-ra*, la inclinación al mal. Puesto que Noé y los miembros de su familia caminaron con Dios, el Señor decidió salvar sus vidas por medio de la construcción del arca. En Génesis 18:32 dice que el Señor estaba dispuesto a salvar a los habitantes de Sodoma y Gomorra si se hallaran en ellas diez personas justas. Quizá el Señor también hubiera salvado las vidas de los habitantes del mundo antediluviano, si hubiera encontrado diez personas justas; pero había solamente ocho. En cuanto al *yetzer-ha-ra*, debe aclararse que aunque la idea de la inclinación al mal se encuentra en Génesis, es en el *Rollo de los Salmos*, de Qumran, que se encuentra una mención del *yetzer-ha-ra* como un término teológico específico (Blenkinsopp 2011:130).

El pacto con Noé

En Génesis 6:18 aparece por primera vez en el AT el importante término hebreo *berit,* que generalmente se traduce con palabras tales como pacto, compromiso, acuerdo o promesa. Los pactos son acuerdos solemnes acordados entre varias entidades ante Dios (y a veces ante otros testigos), con el fin de llevar a cabo un proyecto, poner fin a un estado de enemistad, garantizar la paz, o ayudarse mutuamente. Hay pactos entre individuos, familias, y naciones. En 2009 varias naciones se agruparon para firmar el llamado *Acuerdo de Copenhagen* (el acuerdo internacional del clima), en el cual los firmantes se comprometen a reducir las emisiones de los gases que, según se cree, producen el calentamiento del planeta. Una buena parte, si no la mayoría de los pactos que se acuerdan en nuestra sociedad, y de los que leemos en la Biblia, son pactos entre individuos, como por ejemplo cuando en un casamiento ambas partes se comprometen a vivir en fidelidad la una con la otra. Muchos pactos se efectúan entre un soberano, o un patrón, y sus súbditos. Los súbditos juran fidelidad y el pago de impuestos a su soberano, a cambio de la protección que éste les brinda.

El pacto que Dios estableció con Noé es el ejemplo de un pacto unilateral. El Señor es quien toma la iniciativa de escoger a Noé y a los miembros de su familia. El Señor es quien promete salvar de las aguas del diluvio a los que son objeto de su gracia. El Señor se mantuvo fiel al pacto establecido con la familia de Noé. En Génesis 6:18 no se mencionan obligaciones de parte de Noé y su familia en el establecimiento del pacto. Sin embargo, en Génesis 9 se mencionan algunas condiciones, al referirse al arco iris como señal del pacto con los descendientes de Noé.

Puesto que es el Señor, y no Noé, quien inicia el pacto sin consultarlo con él, los estudiosos de la Biblia lo califican como un pacto unilateral (Goldingay 2010:114-116). Un ejemplo de pacto unilateral en nuestra sociedad es el compromiso hecho por una pareja cuando adoptan a un niño. Los padres adoptivos acuerdan proteger, alimentar, educar, y brindar amor al hijo adoptivo. Éste, en cambio, no promete nada, solamente recibe. Más adelante en nuestro comentario, estudiaremos otras clases de pactos bíblicos, como el pacto entre

Dios y Abrán en Génesis 15. El pacto que establece el Señor con Noé y sus descendientes es un pacto eterno (*berit olam*) que nunca será revocado.

GÉNESIS 7 Y 8

En Romanos 1:18 Pablo escribe: "La ira de Dios se revela desde el cielo contra toda impiedad y maldad de quienes injustamente retienen la verdad." En la historia del diluvio se describe en forma sumamente gráfica el despliegue de la ira divina de la que habla el apóstol. No se debe dudar, ni por un instante, que la ira de Dios sea una realidad manifestada una y otra vez en la historia del mundo.

En Génesis 7 se describe progresivamente el desenvolvimiento de la justicia divina. Cada escena es más sombría que la anterior. Las aguas comienzan a cubrir la superficie de la tierra y a extinguir una por una todas las formas de vida, hasta que el agua llega a cubrirlo todo. Después de los primeros seis párrafos del relato, el mundo ha vuelto a su estado primigenio de caos, en el que Noé y su familia se encuentran ahora solos y aparentemente perdidos y abandonados. Como en el principio, toda la tierra está desordenada y vacía. De hecho, quedan solamente ocho personas con vida. Lutero (1960:101) comenta que la gran iglesia formada por los descendientes de Set quedó reducida a un mínimo remanente de sobrevivientes.

Dios cerró la puerta. Génesis 7:16

Aunque Dios es paciente y misericordioso, su paciencia tiene un límite. El Señor no tolerará para siempre la maldad, ni tampoco esperará para siempre que el pecador se arrepienta. En muchas partes de las Escrituras se nos advierte a no despreciar la paciencia y misericordia de Dios (2 P 3), creyendo que el Señor sea incapaz de juzgarnos por nuestra impiedad. El día del Señor vendrá. El Señor les había concedido mucho tiempo y oportunidades a los habitantes de la tierra en el tiempo de Noé. Pero no hicieron caso a las prédicas de Noé, y no se arrepintieron. El tiempo de la salvación llegó a su fin; Dios cerró la puerta. El día para arrepentirse es hoy, porque mañana podría ser demasiado tarde. El autor sagrado expresa en Hebreos 3:7-8: "Por eso, como dice el Espíritu Santo: 'Si ustedes oyen hoy su voz, no endurez-can su corazón.'" Y en Hebreos 9:27 recalca: "Está establecido que los hombres mueran una sola vez, y después venga el juicio." Hoy se debe entrar en el arca de la salvación, y no creer equivocadamente que habrá otra oportunidad de arrepentirse en el purgatorio o en una reencarnación futura. La misión de los miembros del reino es procla-mar el mensaje de salvación ahora, porque "viene la noche, cuando nadie puede trabajar" (Jn 9:4). En la parábola de las diez vírgenes (Mt 25:1-13) leemos de otra puerta cerrada y una voz que sentencia: "De cierto les digo, que no las conozco." Dios cerrará la puerta. "Éste es el momento oportuno; éste es el día de salvación" (2 Co 6:2).

De modo sumamente gráfico se relata cómo se rompen las fuentes del abismo y se descargan las cataratas del cielo. Mientras que las aguas siguen subiendo y van levantando el arca, aumenta cada vez más la tensión. ¿Perecerán también los ocho creyentes del barco? ¿Quedará totalmente arrasada la obra de la creación? ¿Qué de la promesa de la simiente, la semilla de la mujer? Si llega a irse a pique el arca junta-mente con sus tripulantes, ¿de dónde saldrá el Mesías prometido a Adán y Eva? ¿Serán destruidos los justos con los injustos? La enseñaza central de este *toledot* es que Dios será fiel al pacto que hizo con Noé en Génesis 6:18. Se puede confiar en las promesas de Dios, venga lo que venga. Aunque en su justicia juzgará la violencia y la injusticia de los hombres, en su gracia siempre preservará un remanente por medio del cual su reino quedará establecido. Aunque la iglesia verdadera quede reducida a un pequeño grupo de fieles, "las puertas del Hades no podrán vencerla" (Mt 16:18).

Fueron pocos los que se salvaron

La verdadera iglesia, nos recuerda el Reformador, no es necesaria-mente la que se jacta de contar con el mayor número de feligreses. En los días del profeta Elías quedaron solamente siete mil hombres que no habían doblado la rodilla ante el repulsivo ídolo Baal (1 R 19:18). Durante gran parte de la Edad Media, la verdadera iglesia de Cristo no se encontraba entre los millones que profesaban ser miembros de la iglesia papal, sino entre los que siguieron a reformadores tales como Juan Hus, Jerónimo de Praga y Juan Wiclef. Las estadísticas y los números nos pueden engañar, porque la iglesia más grande no es siempre la más fiel a Cristo. Dios no juzga a las personas o las iglesias según su tamaño o las riquezas que ostentan: "Yo soy el Señor, y veo más allá de lo que el hombre ve. El hombre mira lo que está delante de sus ojos, pero yo miro el corazón" (1 S 16:7).

Una de las pruebas más duras para las ocho personas dentro del arca fue la duración del diluvio. El autor del texto sagrado enfatiza el paso del tiempo, contando los días en que el arca era sacudida de un lado a otro por las olas y los vientos. Si los discípulos de Jesús experimentaron miedo por el poco rato que se encontraron luchando en contra de la tempestad, ¿cuánto temor no habrán sentido los miembros de la familia de Noé? En esta parte del relato, el narrador abandona la figura de autor omnisciente y nos cuenta la situación de los protagonistas humanos según la ven los propios viajeros. No será difícil para nosotros adivinar sus pensamientos: "¿Hasta cuándo va a durar esta pesadilla? ¿Se habrá olvidado Dios de su promesa y de nosotros?" "Parece una eternidad desde que comenzaron las lluvias; estamos hartos de esperar tanto, hartos de los mareos, hartos del hedor de tantos animales."

Esperar con paciencia

En sus peregrinaciones y pruebas, los hijos de Dios tienen que aprender a esperar con paciencia y fe el día de la salvación. Los hijos de Israel, en su peregrinación por el desierto, tuvieron que esperar cuarenta años antes de entrar en la Tierra Prometida. Los esclavos hebreos en Egipto tuvieron que esperar más de cuatrocientos años antes de ser liberados. Los judíos cautivos en Babilonia tuvieron que esperar setenta años antes de poder regresar a Jerusalén para reconstruir el templo del Señor. Las almas debajo del altar de los que habían muerto por causa de la Palabra, claman a gran voz "¿Hasta cuándo?" (Ap 6:9-10). El apóstol Pedro nos dice: "Pero, según sus promesas, nosotros esperamos un cielo nuevo y una tierra nueva, donde reinará la justicia" (2 P 3:13). En el Salmo 130:6 encontramos la oración del creyente que espera el día de su liberación y redención: "Yo te espero, Señor, con toda el alma, como esperan los centinelas la mañana, como esperan los vigilantes el nuevo día." La historia del diluvio nos enseña que las aguas de aflicción no durarán para siempre; fiel a su promesa, el Señor pondrá fin a la larga noche de espera. El mensaje que el Señor tiene para nosotros en la historia del diluvio es que Dios sí se acuerda de los que esperan en él.

No es fácil esperar; nos falta paciencia, queremos resultados ahora, inmediatamente. Queremos arreglar las cosas ya, de acuerdo con nuestras prioridades, antojos, y necesidades. Protestamos en contra de la necesidad de esperar. Decimos dentro de nosotros mismos que esperar no sirve para nada. No obstante, por medio de la espera el Señor nos enseña algunas lecciones sumamente importantes, a saber: no somos capaces de arreglar las cosas por nuestra cuenta, no tenemos dominio sobre el tiempo, ni la historia, ni sobre nuestro propio destino. Ante nuestra arrogancia y autosuficiencia, la espera sirve para mantenernos humildes, para enseñarnos nuestra debilidad e incapacidad. La espera nos instruye a no depender de nosotros mismos, nos enseña a no confiar en nosotros mismos, sino en el creador de cielos y tierra. Él es quien tiene nuestro destino en sus manos. La espera nos ayuda a entender que nuestra salvación proviene del Señor y no de nosotros, pues la base de nuestra esperanza no es lo que el hombre es capaz de realizar, sino la resurrección del Hijo del Hombre.

El clímax del relato llega con la dramática declaración de Génesis 8:1: "Pero Dios se acordó de Noé." A partir de este punto decisivo, todo tiende a resolverse. Las palabras que siguen: "Entonces Dios hizo pasar sobre la tierra un viento", nos recuerdan que en Génesis 1:2 dice que el Espíritu se movía sobre la superficie de las aguas. Vale decir que nuevamente el *ruaj* o Espíritu de Dios sopló sobre las aguas del caos como en el principio, indicando el comienzo de una nueva creación. Cuando, según el punto de vista humano, todo parece perdido, la fidelidad de Dios al acordarse de Noé hace que un nuevo comienzo sea posible. De hecho, habrá un nuevo comienzo. Noé será padre de una nueva humanidad. El propósito último del diluvio no fue la destrucción de todo, sino la purificación de una tierra contaminada por tanta injusticia y derramamiento de sangre.

Las palabras "Pero Dios se acordó de Noé" son buenas nuevas, una proclamación del evangelio por medio del cual el Espíritu procura otorgarnos paz y consuelo. Una de las tentaciones más terribles que puede sobrevenirnos, es el temor de que Dios nos haya abandonado (Lutero 1960:100-105). Tal temor debe haber atormentado los espíritus de las ocho personas dentro del arca. Se encontraban en medio de la tempestad más terrible que haya conocido el mundo: lluvias incesantes, vientos huracanados, oscuridad, olas enormes, las aguas infestadas de animales y seres humanos ahogados. ¿Dónde estaba Dios en medio de tanta tragedia? Esta pregunta debe haber inquietado a las ocho personas del arca, así como en su momento inquietó a miles de otros creyentes en medio de tantas otras tragedias, como ser a los judíos cuando Jerusalén fue incendiada, el templo destruido y los sobrevivientes llevados a Babilonia; a los cristianos echados a las fieras y quemados vivos durante la persecución de Nerón; a los reformadores españoles en medio de la Inquisición; a las víctimas del genocidio de más de un millón de cristianos armenios en Turquía, después de la primera guerra mundial; a los discípulos en el barco en medio del viento, la olas, y la oscuridad (Mc 6:45-52). Las palabras de Génesis 8:1 nos aseguran que Dios no se olvida de sus santos, de los que han sido redimidos por la sangre del Cordero. "¡Ánimo! ¡Soy yo! ¡No tengan miedo!", fueron las palabras de Jesús a sus asustados discípulos. Incluso cuando en la angustia de la muerte clamamos "Acuérdate de mí" (Lc 23:42-43), Jesús responde: "De cierto te digo que hoy estarás conmigo en el paraíso."

Noé edifica un altar al Señor. Génesis 8:18-22

Lo primero que Noé hizo al salir del arca fue edificar un altar y ofrecer sacrificios al Señor. Los sacrificios que ofrecieron Noé y sus hijos no fueron para el perdón de sus pecados, sino para celebrar la misericordia y bondad de Dios, quien se había mantenido fiel a su pacto y salvado a sus escogidos de las aguas del diluvio. Lo que se describe aquí es una fiesta de acción de gracias. La edificación del altar implica el establecimiento de un culto y de una iglesia. El altar que construyeron Noé y sus hijos, y los sacrificios que ofrecieron, señalan la renovación del culto al único Dios verdadero. Las acciones de gracias que los miembros de la familia de Noé le ofrecieron al Señor fueron la respuesta de los redimidos a la salvación. Dios, por su parte, resuelve no maldecir la tierra nuevamente por causa del hombre. El

Creador reconoce que las intenciones del hombre son malas desde su juventud y que es incapaz de reflejar perfectamente la gloria del que lo creó, cual había sido la intención del Señor cuando creó al ser humano a su propia imagen.

Se establece un pacto con el género humano

Dios se acordó de la familia de Noé. Nuevamente se produce la separación entre la tierra seca y el agua, como en el principio. Según la cronología exacta, que es parte del relato, todo sucedió precisamente en el Día del Año Nuevo. En Génesis 9:1 Noé celebra la renovación de la comisión de fructificar, multiplicarse, y llenar la tierra. A la vez se establece un pacto eterno (*berit olam*) no sólo con Noé, sino con toda criatura viviente. Es el primer pacto entre Dios y el género humano de que habla el AT, aunque algunos autores suelen hablar del pacto de la creación establecido entre el Señor y Adán en el huerto de Edén. Sin embargo, la palabra *berit* (pacto) no se menciona en los primeros cinco capítulos de Génesis, ni se menciona tampoco una celebración de una ceremonia del pacto, ni una señal del pacto.

El mandato de no derramar sangre (Gn 9:6) nos recuerda todo lo que Génesis nos había contado acerca de Caín y Lamec, la violencia que reinaba en la tierra antes del diluvio y el relato de los gigantes. Recordemos que esta violencia y especialmente el derramamiento de sangre, fue lo que provocó la ira de Dios y trajo como consecuencia el diluvio y la destrucción del mundo antiguo (Anderson 1978:23-39).

Un pacto con la humanidad

El pacto que el Señor establece con Noé y sus descendientes es uno pacto con una humanidad caída en el infortunio. No es un pacto con una humanidad perfecta, capaz de cumplir con la perfecta voluntad del Creador. Los mandamientos dados a Noé reflejan la debilidad e incapacidad del hombre de cumplir con la perfecta voluntad del Señor. Hay una diferencia en lo que Dios está dispuesto a permitir y lo que es su perfecta voluntad. Jesús reconoció la diferencia cuando habló a sus discípulos del divorcio que permitía la ley de Moisés por la dureza del corazón del hombre, aunque no estuviera de acuerdo con la perfecta voluntad de Dios (Mt 19:8). La perfecta voluntad del

Señor para con nosotros se ve reflejada en el Sermón del Monte, en Mateo 5-7. Solamente los discípulos del Maestro que recibieron su Espíritu están capacitados para conformar sus vidas con la perfecta voluntad del Señor (Atkinson 1990:157). En cambio, los mandamientos y promesas dados por el Señor a Noé en Génesis 9:17, son para todos los hombres, no sólo para el pueblo escogido, sino también para los setenta pueblos nombrados en la tabla de las naciones en Génesis 10. Puesto que la inclinación de los hombres es mala desde su juventud, se sobrentiende aquí la necesidad de un gobierno civil y leyes que repriman y frenen el derramamiento de sangre, la injusticia, y la inmoralidad entre los hombres. Estos mandamientos corresponden a lo que los teólogos han denominado "el primer uso de la ley".

El más importante de los mandamientos dados a la humanidad en Génesis 9, es el que trata del derramamiento de sangre. La vida de los seres humanos reside en su sangre, la vida que lleva la imagen de Dios le pertenece a su Creador. La vida de los hombres creados a la imagen de Dios es sagrada, son vidas que no deben troncharse deliberadamente. En este pasaje el Señor autoriza al gobierno civil a derramar sangre en defensa propia, a dar muerte a los que derraman la sangre de personas inocentes, y a los que derraman sangre en los crímenes en contra de la sociedad. A base de este mandamiento, muchos cristianos y judíos han condenado la matanza de civiles en las guerras entre las naciones. El mandamiento defiende también el derecho a la vida de los fetos –que también llevan la imagen de Dios– que corren el riesgo de ser abortados (Atkinson 1990:160).

El diluvio y todos los desastres y catástrofes que ocurren en la historia son verdaderas advertencias que convocan a todos al arrepentimiento y la fe. Al mismo tiempo son anticipaciones del juicio final y la destrucción de esta generación adúltera y perversa. El mensaje que nos comunican las muchas tradiciones acerca de una gran inundación universal es que el mundo tiene que ser lavado de sus pecados. La creación tiene que ser bautizada para poder nacer de nuevo. Desde el punto de vista del NT, Jesús es nuestra arca de salvación, nuestro único refugio seguro en aquel día en que toda maldad será destruida, no por el agua, sino por el fuego.

El diluvio y nuestro Bautismo

En nuestra reflexión sobre el relato del diluvio y su significado, debemos recordar que en las Escrituras y en las tradiciones de la iglesia primitiva el diluvio es un símbolo y anticipación del juicio final y de nuestro Bautismo. Así como en los días de Noé el mundo primitivo fue destruido a fin de que surgiera una nueva creación, así en nuestro Bautismo el viejo hombre, el yo egoísta, es sumergido y ahogado (Ro 6:1-6). Los que han nacido de agua y del Espíritu (Jn 3:5) son una nueva creación (Gl 6:15), han nacido de nuevo. El apóstol Pedro dice que nuestro Bautismo corresponde a la salvación por agua de Noé y los miembros de su familia (1 P 3:20-21). Esta enseñanza se recalca en la oración bautismal que se encuentra en *El Libro de Liturgia y Cántico*:

"Santo Dios, gran Señor, Padre lleno de gracia, te damos gracias, porque en el principio tu Espíritu se movía sobre las aguas, y tú creaste el cielo y la tierra. Con el don del agua nutres y sostienes tanto a nosotros como a todo ser viviente. Por las aguas del diluvio condenaste a los malvados y salvaste a los que tú habías escogido, a Noé y su familia."

Para los desvalidos de la tierra que viven bajo la opresión, la violencia, y la injusticia, el mensaje de Génesis 6-8 es buenas nuevas, porque nos asegura que el Señor no permitirá que sus santos sean sometidos para siempre a la voluntad de los impíos. El retrato del Señor que nos pinta el autor de Génesis es de Dios que se entristece, que siente dolor y que agoniza como un padre dolido por la mala conducta de sus hijos (Fretheim 1996:82). No es como los dioses apasionados de los filósofos griegos, incapaces de sentir emociones tales como la ira, el remordimiento, el gozo, los celos o el amor. El Señor de quien leemos en la historia del diluvio es paciente y concede tiempo suficiente a los impíos para arrepentirse; pero su paciencia también tiene límites. Por lo tanto, el apóstol nos exhorta a no vengarnos nosotros mismos, sino dejar lugar a la ira de Dios (Ro 12:19). Lutero nos recuerda que el diluvio debe servir de advertencia a todos los que le dan la espalda al llamado de Dios, a todos los que han corrompido su camino sobre la tierra y llenado el mundo de violencia. No podrán escapar al justo juicio de Dios. Sin arrepentimiento y fe no serán perdonados. Para Pedro, el juicio al cual fueron sujetados los antediluvianos es un anticipo del justo juicio de Dios que les espera a los falsos maestros, los que el apóstol denuncia en su segunda epístola: "Y tampoco perdonó al mundo antiguo, sino que protegió a Noé, quien proclamó la justicia, y a otras siete personas, y luego envió el diluvio sobre el mundo de los impíos" (2 P 2:5).

No obstante, el relato bíblico del diluvio no es sólo una historia de pecado y juicio, sino también de salvación. La construcción del arca fue una obra que redundó en la preservación de la raza humana y de los animales. En tal sentido, la construcción del arca llega a ser una continuación de la obra de la creación, cuya finalidad es la vida. Al cooperar con Dios en la construcción del arca y en el rescate de los animales, Noé actuó de acuerdo con la misión que los hombres recibieron del Creador. Es la misión de servir y no la de querer ser servido (Wingren 1961:107).

El diluvio como anticipación del juicio final y de la salvación de los justos

Para los cristianos primitivos la historia del diluvio fue un tipo (anticipación profética) del juicio final. De modo similar, la salvación de Noé fue un tipo de la salvación que experimentará el remanente de los justos en los últimos días (Hafemann 2014:306-320). En las pinturas realizadas por los primeros cristianos en las paredes de las catacumbas de Roma, resalta el arca de Noé como un símbolo de la iglesia que se mantiene indemne por encima de las aguas destructivas de la persecución y la violencia. El mismo simbolismo se destaca en la canción que entonan los niños de la escuela dominical:

"Como el arca de Noé sobre las aguas se movía con el soplo de los vientos,
Los que en ella muy contentos se encontraban y alababan el nombre del Señor.
Hoy nosotros como ellos damos gracias al autor de nuestra salvación,
Y con gran emoción edifiquemos un altar en cada corazón.
¡Qué hermoso el amor de Cristo! ¡Qué hermoso el perfecto amor!
Amigos, ahora el arca es Cristo, el Salvador."

Por último, la historia de Noé ha sido preservada en la Escritura para enseñarnos a aguardar pacientemente la venida del Hijo del Hombre. Noé y los miembros de su familia no sabían la hora ni el día de la llegada del diluvio; sin embargo, no vacilaron en su fe. Confiaron, con firme esperanza, en el cumplimiento de la Palabra del Señor. Nosotros no sabemos tampoco el día ni la hora del retorno de Cristo. Solamente el Padre sabe cuándo vendrá el día del Señor. Jesús dice: "La venida del Hijo del Hombre será como en los días de Noé; pues así como en los días antes del diluvio la gente comía y bebía, y se casaba y daba en casamiento, hasta el día en que Noé entró en el arca, y no entendieron hasta que vino el diluvio y se los llevó a todos, así será también la venida del Hijo del Hombre" (Mt 24:37-39).

En escritos judíos tales como Jubileos, el libro de Enoc y las obras de Josefo, se describe a Noé como un hombre justo, porque buscó a su esposa y las esposas de sus hijos entre los descendientes de Set, descartando a los descendientes de Caín. No fue partidario tampoco de la violencia y la vida desenfrenada de los demás antediluvianos. Además, no cuestionó a Dios cuando le mandó construir el arca, sino que obedeció y cumplió a cabalidad la obra que le había sido encomendada. Al salir del arca, lo primero que hizo fue edificar un altar al Señor. Por todo esto, a Noé se lo describe en Génesis 6:9 como un hombre justo. En los escritos rabínicos se observa una tendencia hacia la grandeza y el enaltecimiento de la justicia del constructor del arca. Dichos escritos destacan el nacimiento milagroso de Noé y los conocimientos secretos que le comunicaron los ángeles. Manifiestan que Noé trabajaba como un sacerdote según la Torá, y que había adquirido los conocimientos de las medicinas necesarias en la lucha en contra de los demonios. Según los rabinos, Noé recibió de Enoc libros llenos de sabiduría divina, especialmente información sobre cuál fue el calendario litúrgico correcto, y cuál la manera correcta de ofrecer los sacrificios (Hafemann 2014:318).

En una de las pocas referencias a Noé en el resto del AT, leemos en Ezequiel 14:14, 18: "En caso de que allí vivieran Noé, Daniel y Job, sólo estos tres hombres se salvarían por su justicia... ni sus hijos ni sus hijas saldrían bien librados; sólo ellos se salvarían." Según este pasaje, la justicia de Noé no bastaría para librar a otros del juicio venidero. Cada uno es justificado por su propia fe. No se puede prestar a otro la fe de uno. Las vírgenes previsoras de la parábola de Jesús no pudieron prestar el aceite de sus lámparas a las vírgenes insensatas. Lo que le interesa a Pedro en su segunda epístola, no son todos los embellecimientos que hayan añadido los rabinos al carácter del justo Noé, sino el hecho de que fue pregonero de justicia. En la historia de Noé se pregona a todas las generaciones que el Señor es Dios justo. Dios es justo en un doble sentido. Lo es cuando castiga la rebelión, la violencia, y la maldad de los hombres, tal como sucedió en la historia del diluvio. Y Dios es justo en un segundo sentido, en que muestra su justicia cuando en su gracia y misericordia salva al ser humano de su justa ira, y le prepara un refugio, un arca de salvación. Visto desde este punto de vista, vemos a Noé no sólo como un hombre ejemplar, sino también como el prototipo de los que serán salvados por la gracia de Dios en el último día (Hafemann 2014:319). Según la referencia de 2 Pedro, la justicia que pregonaba Noé no fue su propia justicia en primer término, sino la justicia de Dios.

GÉNESIS 9

El pacto con Noé y sus descendientes. Génesis 9:1-17

Para los teólogos dedicados a estudiar el mensaje misionero de las Sagradas Escrituras, es de gran importancia el pacto que Dios estableció con Noé en Génesis 9. La señal del pacto es el arco iris. El arco iris que vemos en el cielo es una señal de que el tiempo de lluvia pasó; la tormenta ya fue. El arco iris que vieron los sobrevivientes del diluvio fue una señal de que la ira divina había pasado, y al mismo tiempo fue señal de la promesa divina de no enviar nunca más otro diluvio para destruir el mundo. Es importante notar que el cumplimiento de la promesa no depende de la obediencia de los hombres, sino solamente de la gracia divina y la fidelidad de Dios. El arco iris es una señal de que, pese al hecho de que la imaginación de nuestro corazón es mala, Dios no nos abandona. Es una señal de que Dios ha establecido un pacto de gracia con el género humano, es decir, un pacto que no depende de nuestro cumplimiento de ciertas leyes, ceremonias o sacrificios, sino de su misericordia. No es un pacto bilateral, como los que establecen los hombres entre sí, sino un pacto unilateral basado en la gracia divina (De la Torre 2011:123).

Dios puso en el cielo la señal del arco iris a fin de brindarnos consuelo en medio de los tumultos y guerras en que nos vemos inmersos en nuestro planeta tierra. En la historia del antiguo Cercano Oriente, el arco ha sido un instrumento utilizado por cazadores y guerreros para dar muerte tanto a animales como a seres humanos. Un arco y flecha es un símbolo de destrucción, pero el arco iris en el cielo, sin flecha, es símbolo de paz. Según encuestas recogidas por los sociólogos, muchos jóvenes ateos y agnósticos están convencidos de que pronto llegará el fin del mundo como consecuencia de una guerra nuclear, un desastre ecológico o el brote de un nuevo mal incurable. Tal fatalismo ha inducido a más de uno a abandonar la misión de trabajar para el establecimiento de una sociedad más justa y humanitaria. El lema de muchos nihilistas modernos es: "Comamos, bebamos, y gocemos, porque mañana moriremos." La señal del arco iris nos recuerda la promesa de Dios de preservarnos en medio de las calamidades; su finalidad es brindarnos esperanza. En Apocalipsis 4:3 el apóstol Juan vio que alrededor del que está sentado sobre el trono había un arco iris, o sea que el arco iris de Génesis 9:16 señala a la manifestación gloriosa de Cristo y la culminación del proyecto de Dios de crear cielos nuevos y una tierra nueva en que reinarán la justicia y la paz. Es necesario recordar esta visión para no caer en la trampa del nihilismo (Atkinson 1990:165).

La señal del arco iris en el cielo nos recuerda que la humanidad no debe temer ser destruida por otro diluvio enviado por Dios. La amenaza de destrucción que más se debe temer no viene de Dios, sino de los hombres que con su violencia, sus máquinas de guerra, y su abuso del medio ambiente siegan incontables vidas. Para poner coto a la violencia entre los hombres, el Señor declara en Génesis 9:6: "La sangre del que derrame sangre humana será derramada por otro hombre" (Goldingay 2003:191).

La promesa de Génesis 9 dada por Dios a Noé es también una promesa para nosotros. Es la promesa de no enviar otro diluvio para destruir la tierra. El pacto que el Creador hizo con Noé es un pacto que incluye a todos los seres humanos, y fue hecho mucho antes del pacto que muchos siglos después hizo el Señor con Abrán. Muchas de las estipulaciones del pacto que el Señor hizo con Abrán y sus descendientes, tienen que ver solamente con los hebreos y no con los miembros de los demás pueblos, naciones, lenguas, y razas. La señal del pacto que el Señor hizo con Abrán es la circuncisión. Puesto que los gentiles no son hebreos, los líderes de la primera iglesia cristiana llegaron a la conclusión de que la circuncisión y las leyes alimenticias del AT no debían ser requisitos para la admisión de gentiles como miembros del pueblo de Dios.

Aunque los creyentes gentiles no están incluidos en el pacto hecho con Abrán, sí están incluidos en el pacto hecho con Noé. Los rabinos judíos han señalado que al establecer su pacto con Noé y sus descendientes, el Señor entregó siete mandamientos a la humanidad (Gn 9:1-7). Mientras que los 10 mandamientos entregados a Moisés en Éxodo 20 son para el pueblo de Israel, los siete mandamientos dados a Noé son para todos los hombres, tanto judíos como gentiles. Según los rabinos, los siete mandamientos incluyen los requisitos básicos necesarios para el progreso social y el cumplimiento de la gran comisión del AT (Westermann 1984:469). En ellos se prohíbe el asesinato, la idolatría, la blasfemia, el incesto, y el consumo de la carne de animales con vida. Los rabinos insistieron que en estos mandamientos encontramos los requisitos mínimos para un gentil que quiera asociarse a una sinagoga judía. Muchos eruditos creen que el acuerdo al que llegaron los líderes judíos de la primera iglesia cristiana en Jerusalén, en cuanto a la inclusión de los gentiles en la iglesia, se basaba en los mandamientos entregados a Noé (Hch 15). O sea que en el Concilio Apostólico de Jerusalén se pidió que los conversos gentiles observaran las siguientes estipulaciones del pacto de Dios con Noé en Génesis 9, a saber: (1) abstenerse de lo sacrificado a los ídolos; (2) abstenerse de la sangre; (3) abstenerse de lo ahogado; (4) abstenerse de la fornicación.

Otro aspecto importante del pacto con Noé y sus descendientes es que a partir de entonces les está permitido a los hombres comer la carne de los animales terrestres. La relación entre hombres y animales no será igual a lo que fue antes del diluvio. Ahora el temor y el miedo a los hombres estarán en todo animal de la tierra (Gn 9:2). Ahora está permitido cazar a los animales para comerlos. Tan sólo en el futuro reino mesiánico el niño de pecho jugará sobre la cueva del áspid y un niño pastoreará al leopardo, al león y al oso (Is 11:6-8). Ahora el mundo ha perdido su inocencia. La violencia que llegó a dominar al mundo antediluviano no quedó erradicada por completo. Si se observan las estipulaciones del nuevo pacto con Noé, la violencia y maldad de los hombres podrán controlarse, pero no quedarán totalmente erradicadas (Blenkinsopp 2011:146).

El libro de Génesis da a entender que antes del diluvio los hombres (o por lo menos los de la familia de Set) fueron vegetarianos. Aunque en Génesis 4 leemos que Abel fue pastor de ovejas, no quiere decir que las criaba por su carne. Las ovejas y los chivos que criaban los israelitas –hasta en siglos posteriores– cumplían con la función principal de proveer lana y leche, no carne; en tanto los bueyes se utilizaban principalmente para arar o como animales de carga (Wilgus 2011:74-76). Los estudios científicos realizados con referencia a la dieta de los israelitas en tiempos del NT, indican que entre el 53% y 75% de su dieta consistía de pan. El pacto que Dios estableció con Noé y sus descendientes no requiere que seamos vegetarianos. Por necesidad, podemos alimentarnos de la carne de animales. En la visión que tuvo Pedro en Jope, el apóstol vio un gran lienzo abierto que descendía del cielo, en el cual había toda clase de cuadrúpedos terrestres, reptiles, y aves: "Entonces oyó una voz que le decía: 'Pedro, levántate, mata y come'" (Hch 10:13). En 1 Timoteo 4:1-3 Pablo advierte a sus lectores acerca de los espíritus engañadores que en los postreros tiempos "prohibirán casarse y mandarán abstenerse de alimentos que Dios creó, para que los creyentes y los que han conocido la verdad participaran de ellos con acción de gracias".

Respecto al consumo de carne, el apóstol Pablo escribe en Romanos 14:21: "Lo mejor es no comer carne, ni beber vino, ni hacer nada que haga que tu hermano tropiece, o se ofenda, o se debilite." Basándose en este pasaje, un creciente número de cristianos preocupados por la carestía de alimentos, nos instan, por amor de Cristo, a reducir a un mínimo absoluto el consumo de carne y de productos lácteos. Se arguye que la ganadería genera una proporción más alta de gases nocivos que la que emiten todos los automóviles, camiones, y autobuses del mundo, como el metano, el anhídrido carbónico, y el óxido nitroso. Se utilizan enormes cantidades de granos y legumbres para alimentar ganado, en vez de mitigar con éstos el hambre de los millones de seres humanos malnutridos del mundo. Los millones de hectáreas de tierras selváticas y boscosas que anualmente se talan para proveer campos de pastoreo al ganado, son una de las primeras causas de la destrucción ecológica de nuestro medioambiente y del calentamiento global. En pocas palabras, el creciente índice del consumo de carne de la clase media, ha incrementado el hambre de millones de nuestros hermanos y hermanas en el mundo. Un autor ha manifestado que el consumo de tanta carne de parte de los cristianos del primer mundo es una ofensa o tropiezo para sus hermanos del llamado "tercer mundo". El mismo autor nos insta a recordar los mecanismos o instituciones tanto del AT como de la iglesia primitiva y del monaquismo, que redujeron la cantidad de carne consumida por los cristianos, a saber, días y temporadas de ayuno y abstención (Grumett 2011:54-62). Es imprescindible una reducción drástica en el consumo de carne de parte de nuestra sociedad de consumo, para evitar un desastre ecológico de dimensiones inimaginables. Tal reducción será parte de la implementación del mandato que hemos recibido de ser buenos mayordomos de la buena creación de que somos responsables como descendientes de Adán, Eva, y Noé.

Aunque al hombre se le permitió derramar la sangre de animales para alimentarse, se le prohibió sin embargo derramar sangre humana. El hombre no es un animal, sino un ser creado a la imagen de Dios, y aunque perdió en gran parte lo que llamamos la imagen de Dios en el ser humano, todavía retiene algo de la dignidad divina que recibió el día de su creación. Por eso se prohíbe aquí el derramamiento de sangre de hombre. Hay que entender el mandamiento como una prohibición de la venganza. Recordemos que el Señor puso su marca en Caín para protegerlo del vengador de sangre. En muchas sociedades antiguas –como también modernas– se permitía a un familiar cercano vengar la muerte de la persona asesinada quitándole la vida al asesino. Tal práctica incrementó aún más la sed de sangre entre los hombres. Según Génesis 9, la sangre del asesino será derramada, no por un vengador de sangre, sino por Dios. Se sobrentiende que Dios lo hará por medio de las autoridades competentes, o sea, por un gobierno debidamente constituido para administrar justicia. Es lo que quiere decir el apóstol Pablo al manifestar en Romanos 13:4 que no en vano lleva el magistrado la espada, "sino que está el servicio de Dios para darle su merecido al que hace lo malo". El pasaje de Génesis 9:6 habla acerca de las autoridades civiles al afirmar: "La sangre del que derrame sangre humana será derramada por otro hombre, porque el hombre ha sido hecho a imagen de Dios."

Lo que el mandamiento de Dios de Génesis 9 quiere evitar, son los horribles brotes de violencia vengativa como la de Lamec, de quien leímos en Génesis 4:24. Lamec se regocijó por haberse vengado y derramado la sangre de un joven. El NT, en cambio, nos insta a estar en paz con todos los hombres y a no pagar a nadie mal por mal. "No busquemos vengarnos, amados míos. Mejor dejemos que actúe la ira de Dios, porque está escrito: 'Mía es la venganza, yo pagaré, dice el Señor'" (Ro 12:19).

Hay investigadores que detectan en la prohibición de no consumir sangre, una advertencia en contra del culto a los difuntos, tan extendido en el antiguo Cercano Oriente, y también en muchas otras sociedades antiguas. Según los antropólogos, en la antigüedad se creía que por medio de la ofrenda de la sangre de los animales y de los seres humanos, los difuntos podrían volver a vivir y comunicarse con los vivos. En la mitología griega, Ulises logró conjurar al fantasma del vidente Tiresias por medio de un sacrificio de sangre (Blenkinsopp 2011:146).

La gran comisión del Antiguo Testamento renovada

Recordemos que antes de la caída en pecado el Señor les había entregado a nuestros primeros padres un mandato muy importante. Las palabras de Dios en Génesis 9:1-2 constituyen una renovación de dicho mandato. La comisión fue actuar como virreyes y mayordomos en la preservación de la creación y en el establecimiento del reino de Dios en toda la tierra. Es el mandato de crear una sociedad justa y humanitaria en cada rincón de nuestro planeta. Por lo tanto, el mandato ha sido llamado "la gran comisión del Antiguo Testamento", o el mandato de civilizar al mundo.

Al decir que el Creador otorga esta gran responsabilidad al género humano, algunos teólogos suelen hablar del "pacto adámico" o sea, el pacto de Dios con Adán y sus descendientes. Preferimos no hablar de un pacto con Adán, puesto que la palabra hebrea para pacto (*berit*) no se encuentra en los primeros capítulos de Génesis. Lo que tenemos en Génesis 1:28 es más bien un mandato adámico, o una comisión adámica. Recordemos en este contexto que la palabra adán puede significar hombre o humanidad. El mandato que el Creador le confirió a Adán, y después a Noé, es el mismo que el Señor nos ha conferido a cada uno de nosotros. Todos somos un Adán o un Noé. Es importante notar que la caída en pecado de la primera pareja del mundo antediluviano no anuló la comisión que el Señor le ha encargado a todo el género humano. La gran comisión que Dios le confirió a Noé es una ratificación de la gran comisión confiada a Adán y sus descendientes.

La desventura de Noé. Génesis 9:18-29

A la bella historia del arco iris le sigue el relato de la embriaguez de Noé. Al igual que Adán, Noé, el progenitor de la nueva creación, se dedicó a la agricultura juntamente con sus tres hijos. El pasaje expresa que Noé comenzó a labrar la tierra y plantó una viña. Al probar el vino que produjo la viña, Noé bebió demasiado, se embriagó, y quedó tendido sobre el suelo borracho y desnudo. Su hijo Cam, viendo lo que había pasado, en vez de cubrir la vergüenza de su padre, se burló de él y relató lo sucedido a sus hermanos. Según las normas de las sociedades patriarcales del antiguo Cercano Oriente, la acción de Cam fue totalmente reprobable. Un texto de la Edad de Bronce, encontrado en la ciudad de Ugarit, dice que una de las responsabilidades de un hijo es sostener la mano del padre cuando esté ebrio, soportarlo cuando esté lleno de vino (Blenkinsopp 2011:153). En Proverbios 30:17 encontramos la siguiente maldición: "A quien mira con desprecio a su padre y tiene en poco la enseñanza de la madre, ¡que los cuervos del valle le saquen los ojos!, ¡que los aguiluchos se lo coman vivo!"

¿Por qué habrá incluido el autor sagrado el desagradable y desalentador relato de la embriaguez de Noé en Génesis 9:20-27? En Hebreos 11:7 se nos presenta a Noé como uno de los grandes héroes de la fe, un modelo de fe a ser emulado por los creyentes tanto del AT como del NT. Noé, llamado pregonero de justicia (2 P 2:5), había resistido todos los vicios y tentaciones del mundo antediluviano. "Por la fe, con mucho temor Noé construyó el arca para salvar a su familia… Fue su fe la que condenó al mundo, y por ella fue hecho heredero de la justicia que viene por medio de la fe" (Heb 11:7). ¿Por qué entonces empañar la memoria de este santo sacando los trapos sucios al sol?

¿Por qué no dejar enterrada una historia tan poco edificante? Josefo no menciona el episodio en sus *Antigüedades de los judíos*. El Corán, el libro sagrado del Islam, no menciona la embriaguez de Noé, ni su desnudez. Según las enseñanzas del Islam, Noé fue un gran profeta y, por lo tanto, no podía culpársele de un pecado, pues los profetas pueden equivocarse por ignorancia, pero no pecar (Glaser 1997:3-39).

Según un *midrás* rabínico, la vid fue el árbol prohibido que causó la caída en pecado de Adán y Eva. Noé, en vez de plantar un olivar o una higuera, se humilló plantando un árbol de la misma índole del que nuestros primeros padres comieron en el Edén. En el *Génesis Rabbah* 36:3 dice que Satanel (Satanás) cooperó activamente con Noé en plantar su viña. Otros *midrashim* más tardíos censuran a Noé por ser el primer borracho, el primero en pronunciar una maldición y el primero en introducir la esclavitud (Blenkinsopp 2011:154). Tales censuras, sin embargo, no se encuentran en el texto bíblico. Lo que sí observamos es que tanto la caída en pecado de Adán, como la de Noé, terminan en vergüenza, desnudez, y una maldición.

Tal vez este relato se incluyó para enseñarnos que hasta los grandes de la fe pueden caer en pecado si se descuidan. 1 Corintios 10:12 advierte: "El que crea estar firme, tenga cuidado de no caer." Otro autores, entre ellos, Filón de Alejandría, han utilizado el relato de la caída de Noé para enseñarles a los fieles lo que puede suceder cuando se abusa del vino (Pr 20:1; 23:31). Filón, un contemporáneo de Pablo, hasta escribió un tratado extensivo sobre la embriaguez. Según una vieja leyenda judía, cuando Satanás quiso provocar la caída de Noé degolló, sucesivamente, un cordero, un león, un cerdo, y un mono. Después hizo correr la sangre de los cuatro animales degollados por debajo de la viña que había plantado Noé. Desde entonces, el hombre, igual a Noé, es tan inocente como el cordero antes del primer trago, pero después de beberse algunas copas se siente tan fuerte y valiente como un león. Lamentablemente, las primeras copas invitan a unas cuántas copas más, y el hombre se vuelve un cochino. Si se intoxica por completo, comienza a comportarse como un mono, o simio, danzando, cantando, desnudándose, y profiriendo groserías, totalmente ignorante de sus propias acciones. Finalmente cae, borracho y desnudo como Noé en su tienda.

¿Cuál fue el pecado de Cam?

¿Qué quiere enfatizar el autor sagrado al relatarnos este triste capítulo de la vida de Noé? Una lectura cuidadosa del texto nos indicará que los que son censurados por el autor sagrado son Cam y su hijo Canaán. El relato no está enfocado hacia la borrachera de Noé, sino al hecho de que Cam vio a su padre dormido, desnudo, y con los genitales expuestos a la vista. En muchas partes del AT la frase "descubrir la desnudez de una persona" es un eufemismo para el acto sexual (Lv 18). Esto ha inducido a unos cuantos maestros judíos e intérpretes cristianos, a concluir que tanto Cam como su hijo Canaán habrían abusado sexualmente de Noé. En el tratado *Sanhedrin,* que es parte del *Talmud de Babilona,* se comenta que unos rabinos enseñaban que Cam castró a su padre, mientras que otros dicen que Noé fue violado por su hijo y su nieto (Vervenne 1995:34). Ahora bien, nada de esto se menciona en el rollo de Génesis, aunque en la historia de Lot y sus dos hijas hay una conexión entre el vino, la embriaguez, y una sexualidad aberrante (Gn 19:30-38). Si en el tiempo en que se escribió el Génesis existieron tradiciones acerca de la violación o castración de Noé, el autor sagrado las suprimió. Se cree que la finalidad de tales tradiciones fue enseñar a Israel que la contemplación del cuerpo humano desnudo, o representaciones gráficas del mismo podría, junto con el consumo de alcohol, llevar fácilmente al tipo de aberraciones sexuales existentes entre los cananeos, los egipcios, y otros pueblos del antiguo Cercano Oriente. Notemos que la maldición de Noé no va dirigida a Cam, sino a su hijo Canaán, el antepasado de los cananeos entre los que vivieron los israelitas y que fueron para Israel una gran tentación de tomar parte en sus aberraciones sexuales.

Vale la pena recordar que en muchas sociedades la intoxicación fue un medio para entrar en comunión con los dioses y profetizar con la inspiración del dios del vino. En muchos cultos de la antigüedad la intoxicación se consideraba una locura divina o manía, que indicaba que la persona intoxicada estaba poseída por un dios. Según el Génesis, fue un hombre, Noé, quien plantó la primera viña. Pero en los mitos de otros pueblos del antiguo Cercano Oriente y el Mediterráneo, fue un dios, como Dionisio, Osiris o Zagreo, quien enseñó a los hombres a cultivar la vid y tener comunión con los dioses y profetizar mediante la intoxicación y los efectos del vino. En los cultos celebrados en honor de Dionisio hubo una relación muy íntima entre la embriaguez, la contemplación de los genitales, las aberraciones sexuales, las orgías, y hasta el canibalismo. Hubo lugares en que los cultos en honor al dios del vino incluían la exhibición de grandes representaciones de los genitales del dios Dionisio (Eliade 1978:366). Según varios eruditos (Vischer 1946:127-131), tales exhibiciones incitaban a los devotos del dios a cometer las abominaciones descritas en Levítico 18, el cual termina con la siguiente amonestación: "Porque todas estas perversiones las cometieron los que habitaron esa tierra antes que ustedes, y la tierra se contaminó. No vaya a ser que la tierra los expulse por haberla contaminado, como expulsó a la gente que la habitó antes que ustedes" (Lv 18:27-28). Es posible, entonces, que el relato de la embriaguez de Noé se haya incluido en el Génesis para enseñarle al pueblo de Israel que la intoxicación debe considerarse una abominación, en vez de ser un medio para entrar en comunión con Dios.

Estas observaciones deben alertarnos respecto del peligro de utilizar las bebidas alcohólicas, las drogas, y las plantas alucinógenas como las setas y champiñones, para inducir un estado alterado o elevado de consciencia, por el que se procura la unión con la divinidad. Durante miles de años los chamanes, sacerdotes, y magos de la antigua Persia y la India, utilizaban el jugo fermentado de la planta *haoma* (mencionada en el *Avesta,* el libro sagrado zoroastriano) para producir euforia, visiones, trances, y comunión con la divinidad, la que también se llamaba Haoma (Zaehner 1961:37-38). El empleo de plantas alucinógenas en rituales religiosos de los Chichimecas, Huiches,

Tarahumaras y muchos otros pueblos autóctonos de América, es bien conocido. En el ritual del peyote, practicado por la Iglesia Americana Nativa, se considera que el consumo del peyote permite romper con el componente de la racionalidad, para elevar la consciencia a un estado que permita la unión con la divinidad. Se calcula que unas 400.000 personas de México y el suroeste de los Estados Unidos han participado en el ritual del peyote. En Levítico 10:8-9 Dios prohibió el consumo de sidra y vino por parte de los sacerdotes que entraban en el tabernáculo de reunión. Es por la Palabra y los sacramentos que Israel puede entrar en comunión con el Señor, y no mediante una intoxicación producida por el vino, champiñones mágicos, marihuana, o peyote.

En el AT hubo cuatro cosas que descalificaban a un sacerdote en el desempeño de su oficio, a saber: (1) no lavarse; (2) tener un defecto físico o haber estado en contacto con algo inmundo (Lv 21:6-23); (3) vestirse impropia o indebidamente; (4) encontrarse en estado de embriaguez. Recordemos que en el relato de Génesis 8 Noé actuó como sacerdote al construir un altar y ofrecer un holocausto. Las instrucciones que regulan la actuación de los sacerdotes en Levítico 1-16 advierten a los levitas que no repitan lo que sucedió en la historia de la embriaguez de Noé. Los sacerdotes no deben tomar vino ni sidra antes de presentarse ante el altar del Señor, ni deben vestirse de manera tal que su desnudez sea vista. Por lo tanto se prohibió la construcción de gradas por las que tuviera que ascender el sacerdote, frente al altar, no fuera que por un desliz su desnudez quedase expuesta. Por la misma razón se ordenó que los sacerdotes llevaran ropa interior debajo de sus túnicas (Embry 2011:432). Contemplar la desnudez de otra persona hubiera podido inducir a los israelitas a una conducta inmoral, tal como sucedía a menudo entre los cananeos y los demás vecinos de Israel (Lv 18:1-5). Como ya queda dicho, la Escritura no dice nada en cuanto a un acto de incesto en la historia de Noé, pero, dada la doctrina de la inclinación al mal desarrollada por los maestros de Israel, la embriaguez combinada con la desnudez fácilmente puede resultar en incesto, como en el caso de la historia de Lot y sus dos hijas (Gn 19:30-38). Los temores de los antiguos maestros de Israel acerca del peligro del voyerismo han alcanzado dimensiones inimaginables para los maestros de la Torá, en nuestra era del Internet, y el envío de textos de contenido sexual.

Para evitar cualquier malentendido, se debe subrayar aquí que la maldición pronunciada por Noé encontró su cumplimiento en la sujeción política de los cananeos de Palestina a los israelitas (descendientes de Sem) y los filisteos (descendientes de Jafet). De ninguna manera es aceptable la interpretación, o la idea, muy popular al final del siglo 17, que afirmaba que la maldición de Noé estuvo dirigida hacia los africanos. Hay quienes hasta creyeron que en el momento en que Noé maldijo a su hijo, la piel de Cam se volvió negra. De manera que hubo quienes creyeron que la maldición justificaba, como voluntad de Dios, la esclavitud de personas de raza negra. Los antiguos israelitas no fueron racistas. El AT incluye, más bien, unos cuantos relatos que muestran un gran respeto por personas de piel oscura, como la reina de Sabá, la esposa de Moisés y el etíope que le salvó la vida al profeta Jeremías.

Debe tomarse nota de que en este relato Noé no sólo maldice, también bendice. En Génesis 9:27 Noé expresa: "Que engrandezca Dios a Jafet; que habite en las tiendas de Sem." Según la interpretación de Lutero, lo dicho por Noé en Génesis 9:27 debe considerarse una profecía de la incorporación de los gentiles al pueblo de Israel, las ramas del olivo silvestre injertadas en el buen olivo, tal como se expresa Pablo en Romanos 11 (Vischer 1946:130).

Según Lutero, el enfoque de la historia de Génesis 9:18-29 no está dirigido hacia una supuesta aberración sexual, sino hacia la jactancia de Cam y su hijo Canaán. En vez de entristecerse, se regocijaron con el infortunio del patriarca de la familia, porque vieron la oportunidad de reclamar el liderazgo de la familia y de la iglesia para sí. Según la interpretación del Reformador, Cam codiciaba el liderazgo tanto de la familia como de la iglesia, así como Absalón, el hijo del rey David, quiso para sí la dignidad real y procuraba la manera de suplantar a su padre. Por lo tanto, Cam estaba a la espera de una oportunidad para denunciar a su padre como moralmente incapaz de seguir siendo el líder de la familia y sumo sacerdote de la iglesia. El diablo, dice Lutero, procura la manera de dividir a la iglesia, de poner al padre en contra del hijo y a los hijos en contra de su padre. En vez de alegrarnos cuando un líder de la iglesia peca debido a la debilidad de la carne, debemos lamentar su adversidad con verdaderas lágrimas de tristeza, haciendo todo lo posible por levantar al hermano caído y cubrir su vergüenza, así como escribe Pablo en Gálatas 6:1 "Hermanos, si alguno es sorprendido en alguna falta, ustedes, que son espirituales, restáurenlo con espíritu de mansedumbre. Piensa en ti mismo, no sea que también tú seas tentado."

Dice Lutero que una de las grandes lecciones que nos enseña el relato de la embriaguez de Noé es que nadie debe creerse tan devoto, tan espiritual, y tan lleno del Espíritu Santo que no pueda ser tentado y por descuido de la oración caer en pecado. Si, según las Escrituras, Adán, Noé, Abrán, Jacob, David, Salomón, y Pedro cayeron en pecado, nosotros no estamos exentos de sufrir una adversidad espiritual similar. "Manténganse despiertos, y oren, para que no caigan en tentación" (Mt 26:41), fue la advertencia que Jesús les hizo a Pedro, Jacobo, y Juan en el jardín de Getsemaní. Sin embargo, ellos no velaron ni oraron, sino que durmieron y todos sufrieron una calamidad espiritual. "Así que, el que crea estar firme, tenga cuidado de no caer" (1 Co 10:12), advierte Pablo a los orgullosos corintios que creían que habían sido inmunizados en contra de las tentaciones por haber tomado parte en los santos sacramentos. Pero, mientras meditamos acerca del infortunio de Noé y otros santos tanto del AT como del NT, tengamos presente la Escritura que declara: "Si confesamos nuestros pecados, él es fiel y justo para perdonar nuestros pecados y limpiarnos de toda maldad" (1 Jn 1:9). Noé se arrepintió de su pecado y fue perdonado. No cometió pecado en contra del Espíritu Santo, ya que el Espíritu no lo abandonó, porque al volver en sí profetizó respecto al futuro de los descendientes de sus tres hijos. Según Lutero, Cam y Canaán no se arrepintieron, y por lo tanto quedaron malditos.

Quizá la lección más importante que nos brinda la historia del infortunio de Noé es que él no es la simiente o el salvador que el Señor prometió a Adán y Eva, el que debía venir para aplastar la cabeza de la serpiente. Lamec, el padre de Noé, le puso un nombre que significa descanso o consuelo, pues dijo: "Este niño nos hará descansar de las obras que tenemos que hacer con nuestra manos, por causa de la tierra que el Señor maldijo" (Gn 5:29). Es verdad que el cultivo de las vides y la producción de vino brindan cierto descanso o consuelo al labrador; pero el vino, al mismo tiempo, tiene el potencial de engendrar toda una serie de nuevos problemas y dolores de cabeza. Con toda su justicia y obras de rectitud, Noé no fue capaz de frenar la violencia del género humano ni de eliminar la cizaña del pecado de su propia familia. A fin de proteger la creación y la humanidad de las fuerzas de la destrucción, se necesitaba la Torá como freno a las tendencias que podrían conducir al mundo a la autodestrucción (Forrest 1994:3-18). Para ser librados del poder del pecado y de la muerte, el género humano tendría que esperar a uno más grande que Noé.

Nota arqueológica

En el año 2007 arqueólogos armenios, irlandeses, y norteamericanos que trabajaban gracias a los auspicios del Instituto de Arqueología de la Universidad de Los Ángeles, excavaron lo que es, hasta ahora, la instalación más antigua de producción de vino. La instalación fue descubierta en una cueva en Turquía, ubicada a unos cien kilómetros del Monte Ararat, el sitio que según el rollo de Génesis fue el lugar donde el arca de Noé se posó después del diluvio. La región en que se encuentra la instalación es ideal para la viña, pues cuenta con un clima seco y una temperatura constante. Los científicos han encontrado evidencias del tratamiento de la vid en esta región de por lo menos cuatro mil años antes de Cristo. Según las pruebas científicas del radiocarbono, las instalaciones para la producción del vino de este sitio fueron construidas aproximadamente en el año 4100 aC (Resig 2011:20, 22).

GÉNESIS 10

El toledot *de los hijos de Noé, Sem, Cam, y Jafet. Génesis 10:1-11:9*

Con el capítulo 10 comienza el cuarto *toledot*, o sea, las genealogías o historias de los hijos de Noé y sus descendientes. La lista de los nombres de los descendientes de Noé y sus tres hijos también ha sido llamada la "Tabla de las Naciones". Este *toledot* también termina con una tragedia, la confusión de las lenguas. La tragedia, sin embargo, no significa el fin de todo. En el próxima *toledot* se tocará una nueva nota de esperanza, el llamamiento de Abrán.

En el cuarto *toledot,* en parte catálogo y en parte genealogía, los pueblos del mundo antiguo se dividen en tres grandes ramas, llevando cada una el nombre de uno de los hijos de Noé. En sus comentarios sobre Génesis, comentaristas como San Jerónimo y Martín Lutero han procurado identificar los nombres de la lista con los diferentes pueblos y tribus del mundo de su tiempo, y de los pueblos mencionados en la mitología o en las obras de los antiguos historiadores y geógrafos, como Herodoto y Estrabón. Por ejemplo, a Jafet puede identificárselo con Japeto, quien en la mitología griega es el tercer hijo de Urano y Gea, y antepasado de los griegos. Sem es el antepasado de los semitas: árabes, hebreos, y arameos, mientras que Cam es el antepasado de los africanos. Lutero observa, correctamente, que es imposible identificar a la mayoría de los pueblos de la Tabla de las Naciones con naciones de hoy en día, porque muchos pueblos fueron conquistados y destruidos, y han desaparecido por completo o han sido asimilados por sus conquistadores (1960:190).

Lo importante de la Tabla de las Naciones es que todos los pueblos, tribus, razas, y naciones son descendientes de Noé. Aunque entre ellos encontramos personas de diferentes lenguas, color de piel, y costumbres, todos tienen el mismo antepasado y deben su existencia al mismo Dios, quien es su soberano, lo reconozcan o no. Es decir, todos somos familia (De la Torre 2011:129). Quiere decir que están muy equivocados los que afirman que solamente algunos pueblos y naciones deben su existencia a Dios. Están los que opinan que ciertos pueblos y razas son inferiores porque fueron creados por otros espíritus, y no por el Creador de cielos y tierra. Tal aseveración no cuadra con el sermón de Pablo en el areópago, en que el apóstol afirma: "De un solo hombre hizo (Dios) a todo el género humano, para que habiten sobre la faz de la tierra" (Hch 17:26). Se debe tomar nota que en este pasaje de los Hechos, Pablo habla del primer hombre como un ser histórico, y no como sólo un símbolo del género humano.

Hay 70 nombres en la Tabla de las Naciones. Mientras que en la Biblia el número doce es el número del pueblo de Israel (por las 12 tribus), setenta es el número de las naciones, o sea, de los gentiles. Que Jesús haya escogido doce apóstoles y también setenta otros discípulos, indica que había venido a incluir en su Reino no sólo a los israelitas, sino también a los gentiles (Lc 10:1). La inclusión de la Tabla de las Naciones es única en la literatura del antiguo Cercano Oriente. Señala que el Dios de Israel es a la vez el soberano de todas las naciones y pueblos. El Dios de Israel se preocupa por el futuro de todos los pueblos del mundo, porque quiere que todos lleguen a ser parte de su reino.

Israel fue elegido para ser una luz para las naciones, un medio de bendición para todos los pueblos mencionados en la Tabla de las Naciones. El libertador prometido será rey de todos los pueblos, tribus, razas, y naciones. Es tarea misionera del pueblo de Dios convocar a todos los pueblos a rendirse ante su soberano y salvador. Hace años un conocido teólogo europeo objetó el empleo del conocido himno *A Cristo coronad* en un festival misionero en la India. Cuando los organizadores del acontecimiento le preguntaron la razón de su disconformidad, el teólogo contestó que Cristo ya fue coronado rey de todas las naciones en su ascensión. Lo que Cristo necesita no es una nueva coronación, sino el reconocimiento de todas las naciones de que ya ha sido designado rey por Dios el Padre.

Nimrod, el vigoroso cazador

En el capítulo 10 de Génesis, el libro de las primeras cosas, se nombra a Nimrod (Gn 10:8-12), el primer hombre poderoso de la tierra. El capítulo dedica tiempo y espacio para describir las actividades del gran cazador y poderoso guerrero. La palabra traducida como "poderoso" en la RVR, "soldado fuerte" en la BP, "prepotente" en la BJ, y "hombre fuerte en la NVI" es el vocablo *gibbor* en hebreo, término que en otros contextos significa también guerrero. Uno de los títulos que ostentará el Rey Mesías, según Isaías 11:6 es *el gibbor*, que se traduce como "guerrero divino" o "Dios fuerte". ¿Cuál es la importancia de Nimrod en este capítulo de Génesis que nos entrega los nombres y genealogías de los tres hijos de Noé? El relato bíblico nos dice que Nimrod, igual que Caín, fue el fundador de una ciudad que estableció un reino en el sur de Mesopotamia, en la tierra de Sinar. Nimrod extendió su imperio para incluir parte de Asiria, donde fundó la ciudad de Nínive. El gran cazador y guerrero fundó un total de ocho ciudades, cuatro en Asiria y cuatro en Babilonia, incluyendo la ciudad de Babel. Los historiadores han intentado identificar a Nimrod con varios personajes conocidos de la historia y la mitología, entre ellos Sargón I, fundador de la dinastía de Akkad, y el legendario Gilgamesh de la célebre épica que lleva su nombre. Otros creen que Nimrod debe identificarse con Ninurta, el dios mesopotámico de la guerra y la caza (Blenkinsopp 2011:161). Sí así fuere, es posible que el autor bíblico querría informar a sus lectores que los grandes imperios de Mesopotamia no fueron fundados por ningún gran dios, sino por un ser humano prepotente que actuaba como si fuera un semidiós. Pero a fin de cuentas era sólo un ser mortal que perecería juntamente con sus grandes proyectos.

En los Targum, los escritos de Josefo, y los comentarios rabínicos, Nimrod fue el gran prototipo de todos los tiranos e imperialistas perversos de la historia de la humanidad, incluyendo a Nabucodonosor, Alejandro Magno, los seléucidas, y los emperadores romanos. Según los rabinos, Nimrod fue un gigante en maldad, que mandó construir la torre de Babel como símbolo de su grandeza y gran centro de un culto idolátrico controlado por el Estado. Según la opinión de unos cuantos comentaristas modernos, Nimrod debe ser considerado el progenitor y símbolo de todo imperialismo, nacionalismo, colonialismo, de la geopolítica, y la violencia institucional (Blenkinsopp 2011:163). En su gran comentario sobre Génesis, Martín Lutero también opina que Nimrod fue el primer gran soberano del mundo antiguo, pero no según la voluntad de Dios, porque estableció su imperio por medio de la tiranía, el derramamiento de sangre y el establecimiento de un culto idolátrico. Según el Reformador, Nimrod es el prototipo de todos los tiranos, príncipes, y papas que por medio de la apostasía, la violencia y el engaño procuran controlar al Estado y a la iglesia. A estos tiranos se los llama cazadores, no porque cacen fieras, sino porque persiguen a los fieles profetas y predicadores de la palabra de Dios (Lutero 1960b:198-199).

Según el AT, el verdadero guerrero divino no es Nimrod, que establece su imperio por medio de la tiranía y la violencia, sino el rey mesiánico de Isaías 9. Porque, según la profecía, no será un opresor, sino el Príncipe de Paz. En la actualidad, muchas personas invierten tiempo y dinero en investigar sus genealogías y sus raíces, tratando de descubrir a sus antepasados entre los setenta descendientes de los hijos de Noé. En la última parte de su comentario sobre Génesis 10, Lutero comenta que es parte de nuestra condición de seres caídos en pecado, que sea imposible descubrir nuestros orígenes genealógicos (1960b:209). Pero, aunque no podamos descubrir nuestras raíces, sí podemos tener la seguridad de que nuestro Creador nos ha llamado para incorporarnos al linaje del guerrero divino y ser parte del reino mesiánico de nuestro Príncipe de Paz (Is 9:6).

En el año 1899 el compositor inglés Edward Elgar estrenó una de sus composiciones más celebradas, la *Enigma Variations* (Variaciones enigmáticas). Son 14 variaciones musicales sobre un tema no identificado que Elgar utilizó como la base de las variaciones. El enigma que proporciona su nombre a la composición es el descubrimiento del tema enigmático escondido en la confusión (babel) de notas y otros temas de la composición. Otro enigma consiste en descifrar la identidad de los amigos y familiares del compositor, a quienes dedicó las diferentes variaciones musicales. La variación IX de las *Enigma Variations* se llama Nimrod, el mismo nombre del vigoroso cazador mencionado en Génesis 10. Se cree que Elgar puso a Nimrod en el noveno lugar de su composición, porque Dante Alighieri colocó a Nimrod en el noveno círculo del infierno en su célebre obra *La Divina Comedia*. Simultáneamente, se cree que Elgar dedicó la variación a su gran amigo Augustus Jaeger, cuyo apellido en alemán significa cazador. Como hemos mencionado arriba, Flavio Josefo y otros comentaristas rabínicos aseveraban que Nimrod fue el gran cazador que supervisó la construcción de la torre de Babel, gran castillo y fortaleza. En realidad, por lo que creen las personas que han intentado resolver todos los enigmas de la obra de Elgar, la melodía o tema secreto que el compositor disimuló dentro de cada una de sus variaciones enigmáticas es la del himno *Ein feste Burg* (Castillo fuerte) del reformador Martín Lutero. Aunque Nimrod, el gran cazador, levantó un castillo fuerte como símbolo de lo que el hombre es capaz de realizar con sus conquistas, su filosofía y sus logros científicos y tecnológicos, todo esto, a fin de cuentas, es babel, pura confusión. Nuestro verdadero castillo fuerte es nuestro Dios. Solamente en Dios se resuelve el gran enigma de la vida.

GÉNESIS 11

La torre de Babel

Ya hemos visto que, según la "gran comisión del Antiguo Testamento", la misión de los hombres fue civilizar al mundo, establecer en la tierra el gobierno de Dios, un reino de justicia, una sociedad caracterizada por la paz, la concordia, y el amor. Los hombres recibieron el mandato de cultivar la tierra, pastorear a los animales, desarrollar las ciencias y las artes, y adorar a Dios. Su tarea fue la de llevar la luz de Dios a todas partes y así disipar las tinieblas y el caos. En nuestro estudio de Génesis 11 será instructivo prestar particular atención a los términos clave utilizados por el autor divino en su relato: "renombre", "esparció", "confundamos" y "toda la tierra" (Sailhamer 1992:135).

Para llevar a cabo su misión, los descendientes de Noé tuvieron que salir. Lutero dice que Noé ordenó a sus hijos a que viajaran a otras tierras con el fin de establecer en ellas nuevos Estados e iglesias (1960:193). Pero, según se relata en Génesis 11, en vez de salir decidieron quedarse en un solo lugar. En vez de salir a fin de que el nombre de Dios fuera glorificado en toda la tierra, los hombres procuraron hacerse de renombre. En vez de confiar en Dios para que los proteja de sus enemigos, pusieron su confianza en la tecnología, en su capacidad de fabricar ladrillos y de unirlos con asfalto, tan abundante en el área del Golfo Pérsico. La historia de la torre de Babel es un ejemplo de que los hombres emplean los poderes de la creación para oponerse a la voluntad del Creador. En vez de cumplir con la gran comisión del Antiguo Testamento y establecer sociedades apacibles y justas, se pusieron a construir un imperio en el cual los más débiles serían oprimidos y explotados por los más violentos y los más prepotentes.

Nuevamente se pone de manifiesto el pecado básico, el pecado original del hombre, o sea el deseo de hacerse igual a Dios, de alcanzar la divinidad, de conocer el bien y el mal. Al comer del fruto del árbol de la ciencia del bien y del mal, Adán y Eva procuraron poderes divinos. Pero, en vez de conseguir los poderes divinos que procuraban, perdieron parte de la imagen divina y fueron echados fuera del paraíso. En Génesis 6 vimos que los descendientes de Caín, y también los de Set, intentaron absorber la divinidad teniendo relaciones prohibidas con los ángeles. En vez de conseguir los poderes divinos que anhelaban, perecieron en las aguas del diluvio. Y con la construcción de una gran torre o *ziggurat,* intentaron subir a los cielos para apoderarse nuevamente de los poderes divinos, y quizá para aprender encantaciones y fórmulas mágicas por medio de las que pudieran controlar el mundo. Los constructores levantaron la torre que llegaría al cielo, no con la finalidad de entrar en una comunión más íntima con su Creador, sino para conseguir divinidad e inmortalidad para sí mismos. En el pasaje de Génesis 11, la construcción de la torre es un símbolo de la megalomanía del ser humano. Con gran ironía el autor sagrado relata cómo los constructores de la torre de Babel quisieron hacerse de renombre, pero el renombre que consiguieron fue confusión (*babel*) (Fokkkelman 1975:14-16).

Este nuevo acto de rebelión también tuvo sus consecuencias, como lo fue la confusión de las lenguas y la dispersión de los hombres sobre la tierra, para formar las 70 naciones de los gentiles que se nombran en Génesis 10. De esta manera, los hombres cumplen con el mandato del Señor, no por las buenas, sino por las malas.

Algo semejante ocurrió en el NT, relacionado con la proclamación de la gran comisión evangélica. Como sabemos, nuestro Señor envió a sus seguidores a salir y proclamar el evangelio del reino en todas las naciones. Sus palabras son: "Toda autoridad me ha sido dada en el cielo y en la tierra. Por tanto, vayan y hagan discípulos en todas las naciones, y bautícenlos en el nombre del Padre, y del Hijo, y del Espíritu Santo. Enséñenles a cumplir todas las cosas que les he mandado" (Mt 28:19-20). El día de Pentecostés estos mismos seguidores del Señor recibieron el fuego del Espíritu Santo, para capacitarlos para la tarea de salir y evangelizar a todos los pueblos, razas, lenguas, y tribus de la tierra. Pero, en vez de cumplir el mandato de la gran comisión, los discípulos se quedaron en Jerusalén, esperando que las naciones vinieran a ellos para ser evangelizadas. Cuando no cumplimos la voluntad de nuestro Señor por las buenas, Dios dispone de medios para hacer que la cumplamos. Cuando los discípulos de Jerusalén no salieron a evangelizar a las naciones en obediencia a la gran comisión, el Señor permitió que Saulo de Tarso y otros enemigos de la fe persiguieran a la iglesia. En Hechos 11:19 leemos que los que habían sido esparcidos a causa de la persecución pasaron hasta Fenicia, Chipre, Cirene, y Antioquía, donde anunciaron el evangelio del Señor Jesús. Así, de todas formas, la voluntad del Señor se cumplió.

Los habitantes de Babel construyeron una gran torre. Muchos investigadores creen que la torre fue un tipo de *ziggurat*, una pirámide escalonada sobre la cual se construyó un altar o templo. Todavía se encuentran en Mesopotamia las ruinas de muchos *ziggurat*. Hasta ahora se han encontrado más de 30 de estas grandes estructuras, algunas de las cuales llegaron a tener una altura de unos 90 metros. La palabra *ziggurat* proviene de una raíz acadia (*ziqqurattu*), que quiere decir "subir". El material principal empleado en la construcción de estos enormes templos fue el ladrillo. La técnica de fabricar ladrillos fue uno de los grandes adelantos tecnológicos del mundo antiguo, que hizo posible la expansión de las grandes civilizaciones de Mesopotamia. Los historiadores creen que los constructores de los *ziggurat* provenían de Armenia, o de otra región montañosa, donde se acostumbraba construir templos y altares en la cima de las montañas para estar más cerca de la morada de los dioses celestiales.

En el Cercano Oriente (Irak) se encuentran aún las ruinas de algunos de los antiguos ziggurat, por ejemplo en Ur de los Caldeos, la ciudad en la que nació Abrán. El más famoso ziggurat de la antigüedad fue el de la ciudad de Babilonia (Babel). Este ziggurat, llamado Etemenanki, era una gran torre escalonada de siete pisos, conectados por rampas. Según el *Emuma Elish,* el Etemenanki lo construyeron los dioses de la tierra y del infierno, y estuvo dedicado al culto del dios Marduk. El santuario de Marduk se encontraba en el piso más alto, junto a los santuarios de otras deidades. El Etemenanki fue destruido por el rey asirio Senaquerib, el mismo que atacó a Jerusalén durante el reinado del rey Ezequías. Después de la caída del imperio asirio, el Etemenanki fue restaurado y nuevamente dedicado a Marduk por Nabucodonosor II, el rey de Babilonia que destruyó Jerusalén y mandó quemar el templo de Salomón. De esta manera, la torre de Babel llegó a ser un símbolo de la grandeza de Nabucodonosor y del Imperio Babilónico. Dicha grandeza no duró mucho tiempo, ya que el gran imperio de Nabucodonosor, quien, como los primeros constructores de la torre de Babel quiso subir a los cielos y ser exaltado como un dios, fue conquistado por los medos y los persas. Isaías 14 describe la caída del rey de Babilonia y de todos los tiranos que creen que un mortal puede subir a los cielos y sentarse entre los dioses. Cien años después de la caída de Babilonia, el célebre historiador griego Herodoto visitó el ziggurat de Babel y lo describió detalladamente (484-420 aC). Y cien años después de la visita de Herodoto, la afamada torre fue destruida por Alejandro Magno (Blenkinsopp 2011:167).

Los constructores del *ziggurat* lo consideraron un monte cósmico, o sea, no sólo un lugar sagrado (*maqom*) al que los hombres podían acceder para tener comunión con los dioses, sino también un espacio o puerta por donde los seres celestiales pudieran bajar a la tierra para tener comunión con los mortales (Eliade 1958:376). El *ziggurat* fue una construcción muy singular, ya que para quienes lo construyeron fue una puerta por la que los dioses podían pasar de la esfera del cielo donde habitan, a otra esfera de existencia, la tierra. En este sentido Babel fue para los babilonios lo que Betel para el patriarca Jacob. Mientras dormía en Betel (Génesis 28:12-19), Jacob tuvo una visión en la que los ángeles de Dios subían y bajaban por una escalera apoyada en la tierra, y cuyo otro extremo tocaba el cielo. Al despertar de su sueño tuvo miedo, y exclamó: "¡Qué terrible es este lugar! (*maqom*) ¡No es otra cosa que la casa de Dios y la puerta del cielo!" No debe extrañarnos, entonces, que más tarde se haya construido un templo en el mismo sitio donde Jacob tuvo la visión de la escalera mística. Con frecuencia se construyen templos y santuarios en lugares donde se percibieron visiones del más allá. Tal ha sido el caso de los numerosos santuarios marianos por toda América Latina. El más conocido de estos es, por supuesto, el de la Virgen de Guadalupe.

Los antiguos aimarás y quechuas tenían prácticas similares. Construían altares y santuarios en lugares altos. Creían que de esta manera los dioses oirían sus plegarias con más facilidad y percibirían el aroma de sus sacrificios. Al trasladarse al sur de la Mesopotamia, donde no hay montañas sobre las cuales construir sus altares, los antiguos sumerios y acadios comenzaron a construir montañas artificiales, los *ziggurat*. De todos modos, el pecado de los habitantes de Babel estriba en el hecho de querer llegar a la morada de Dios a fin de apoderarse de los poderes divinos. Pero, cuando uno quiere hacerse igual a Dios, el resultado casi siempre es confusión.

Para construir una gran torre o *ziggurat* hacían falta gran cantidad de trabajadores. Casi toda la ciudad debía ayudar con la mano de obra para completar el interior del *ziggurat*. La cantidad de ladrillos necesarios para terminar una obra de tal magnitud requería que todo el pueblo trabajara unido. De esta manera, la construcción de la torre de Babel ayudó a unificar al pueblo, brindando a los habitantes de la ciudad un proyecto en el que todos pudieran colaborar. La construcción de un templo o una iglesia cumple con la función de unificar al grupo. El problema de Babel, según Génesis, es que el proyecto para unificar al pueblo no fue el que el Señor tenía pensado para ellos. En sus *Antigüedades de los Judíos*, Josefo dice que los constructores de la torre, temiendo otro diluvio, quisieron erigir un refugio de una altura tal a la que un nuevo diluvio no pudiese llegar (Blenkinsopp 2011:169).

En conformidad con el carácter polémico de los primeros once capítulos de Génesis, son muchos los que creen que la historia de la torre de Babel y la confusión de las lenguas se incluyó como represalia por la pretensión del Imperio Babilónico de considerarse el centro de la civilización mundial, y considerar a su ziggurat como la puerta del cielo. Además, el Imperio Babilónico intentó imponer su lengua a todos los pueblos que habían sido anexados al imperio, como una medida para socavar la diversidad cultural entre los pueblos conquistados. La aniquilación de las tradiciones y lenguas indígenas siempre ha sido parte del programa de la centralización del poder y del imperialismo cultural de los conquistadores de todos los tiempos. Un testimonio elocuente de esto es la historia de la conquista de los pueblos indígenas de Latinoamérica. La publicación de la gramática de Antonio de Nebrija, de 1492, ayudó a implantar el castellano como idioma oficial del Imperio Español, y fue también un poderoso instrumento para consolidar el control de los pueblos indígenas de América (Williamson 1992:62).

Según dos autores argentinos, J. Severino Croatto y José Miguez Bonino, Babel representa al Imperio Babilónico del tiempo del AT. Babilonia pudo valerse de la concentración de poder, de su control opresivo y su deseo de hacerse de renombre, para imponer su cosmovisión, cultura e idioma a los pueblos conquistados. Los conquistadores españoles, lo mismo que los conquistadores incaicos 250 años antes, procuraron controlar las lenguas que sus súbditos hablaban y con las que alababan a Dios. Los incas castigaban a sus vasallos si los hallaban conversando en los dialectos de sus antepasados. De esta manera, los conquistadores intentaron frustrar la maravillosa diversidad de tradiciones culturales que el Espíritu les había otorgado. En su afán por la uniformidad, los conquistadores intentaron acabar con las lenguas y costumbres indígenas de los pueblos conquistados. En Génesis 11 vemos la reacción del Señor en contra de la uniformidad que quiso imponer Babilonia a los pueblos conquistados, en particular a Judá. La historia de la creación nos muestra que el Espíritu Santo es un Espíritu que goza con la diversidad y no con un imperialismo cultural que solamente procura oprimir y controlar a los demás. Según el libro de Génesis, el Imperio Babilónico no fue el centro de la civilización, sino el centro de la confusión y la necedad (O'Connor 2010:1-14; Miguez Bonino 1999:13-16).

Génesis nos enseña que el espíritu de confusión y división vino sobre los habitantes de Babel con el fin de desbaratar su proyecto imperialista. El resultado de la confusión de las lenguas fue que cada ser humano llegó a ser un migrante, un refugiado, una persona desplazada debido a que no entendía el habla de los demás. Lo que el Señor quiere es que todos estén unidos en la misión de construir el reino de Dios, no la torre de Babel. En el primer día del Pentecostés cristiano, el Espíritu Santo se posó sobre el pueblo a fin de capacitar a todos para trabajar unidos en la misión de llevar el evangelio a todas las naciones. Gente de todas las lenguas y razas pueden llegar a una verdadera unidad, a pesar de las diferencias, trabajando juntos en el cumplimiento de la gran comisión con el impulso de un mismo Espíritu.

Como ya hemos subrayado anteriormente, lo que tienen en común los tres relatos de la caída en pecado de Génesis 1-11, es el deseo de los hombres de superar su condición de seres humanos, cuya existencia depende de la providencia del Señor y de su gobierno, revelado en la Torá. El elemento que tienen en común las historias de Adán, la generación del diluvio y los habitantes de Babel, es querer ir más allá de los límites establecidos por Dios para adquirir poderes, secretos, y conocimientos divinos por los cuales fuese posible hacerse de renombre, vencer la muerte, y ser como Dios, conocedores del bien y del mal.

El ansia de los hombres por adquirir poderes, secretos, y conocimientos divinos siempre estuvo entre nosotros. Es el tema de los mitos, leyendas, e historias. Leemos en la mitología griega que Prometeo, hijo del titán Japeto, subió al cielo para robar el fuego de los dioses con el fin de brindar a los seres humanos un don que les reportaría una ventaja importante sobre los animales. Por su atrevimiento, Prometeo fue encadenado a una roca por el dios Júpiter. Allí, una gran águila le devoraba el hígado, el que se renovaba mientras era consumido (Bulfinch 1979:18). Los antiguos alquimistas, tanto orientales como occidentales, intentaron elaborar un elixir de la vida capaz de proporcionar la inmortalidad. Mientras tanto, los místicos judíos estudiaban la cábala en un intento de adquirir poderes divinos y descubrir el nombre secreto de Dios con el cual poder realizar grandes prodigios.

En Juan 3 leemos que un reputado maestro de los fariseos, Nicodemo, vino a Jesús de noche para preguntarle al maestro acerca de la posibilidad de ver el reino de Dios. En su libro *Jerusalén en el tiempo Jesús*, Joacim Jeremías opina que muchos rabinos como Nicodemo procuraban descubrir los conocimientos secretos necesarios para subir, en éxtasis, al séptimo cielo a contemplar la *shekinah*, o sea, la gloria de Dios, y de esta manera asegurarse la vida eterna. Según Joacim Jeremías, ver el reino de Dios equivale a subir al cielo en astral. En el contexto de la historia de Babel y del deseo innato de los hombres de querer ser dioses, la respuesta de Jesús a Nicodemo es muy significativa: "Nadie subió al cielo, sino el que descendió del cielo, que es el Hijo del Hombre" (Jn 3:13). En otras palabras, la salvación y la vida eterna no se logran mediante nuestro empeño por adquirir conocimientos secretos y poderes divinos, sino por medio de la fe en Cristo, quien fue alzado en la cruz así como Moisés levantó la serpiente de bronce en el desierto. No alcanzamos la salvación y la vida eterna por medio de nuestros intentos de subir a los cielos, sino por medio de

Jesucristo, quien bajó de los cielos para traernos la reconciliación, el perdón de los pecados, y la victoria sobre la muerte.

Varios autores, y especialmente Jaques Ellul en su libro *El significado de la ciudad*, han interpretado Génesis 11 como un ataque a la urbanización. Muchos escritores, tanto antiguos como modernos, han llegado a la conclusión de que la vida ideal es la vida campestre. Uno de los elogios más elocuentes y célebres de la vida campestre, las *Bucólicas* de Virgilio (70-19 aC), fue escrito pocos años antes del nacimiento de Cristo. Autores cristianos como Ellul insisten en que la vida del campo es la clase de vida que Dios tuvo en mente para sus hijos cuando preparó el huerto de Edén para que lo habitaran. Según esta idealización del campo, la ciudad se considera la fuente de toda clase de perversiones, peligros, problemas, inmoralidad, y conductas antisociales. Autores como Ellul sustentan la tesis de que la vida tan deshumanizada y mecanizada de la ciudad ha llevado a los hombres a olvidar a Dios y la vida en comunidad. La ciudad ha inducido a los hombres a procurar su seguridad en los avances tecnológicos y económicos que les brinda la vida urbana. En la ciudad el hombre se individualiza y deshumaniza. Consecuentemente, el pecado de los descendientes de Noé, al igual que el nuestro hoy en día, es el de haber abandonado la vida del campo para vivir en la ciudad.

Otros pensadores cristianos, en desacuerdo con Ellul, han expresado que lo que se ataca en Génesis 11 no es la ciudad de suyo, sino la soberbia y la autosuficiencia de los hombres. En Apocalipsis 17 se condena a la ciudad de Babilonia, porque es la sede de la gran ramera y de la bestia. Pero esta ciudad de Babilonia, que muchos creen representa a la ciudad de Roma, es la antítesis de otra ciudad, que es bendita. Es la nueva Jerusalén. En el libro de Apocalipsis se compara la vida bendita del más allá con una gran ciudad de calles de oro y fuentes cristalinas. Dios no quiere el abandono o la destrucción de las ciudades, sino su transformación, bienestar, y salvación. El profeta Jeremías exhorta a los judíos cautivos de Babilonia con estas palabras del Señor: "Procuren la paz de la ciudad a la que permití que fueran llevados" (Jer 29:7). La misión del profeta Jonás, enviado a la gran ciudad de Nínive, resultó en la salvación (no la destrucción) de ésta, en la que había más de "ciento veinte mil habitantes que no saben distinguir cuál es su mano derecha y cuál su mano izquierda" (Jon 4:11). El apóstol Pablo fue enviado como misionero a los grandes centros urbanos del Imperio Romano, incluyendo Éfeso, Antioquía, Tesalónica, Corinto, y Roma. En las grandes ciudades del imperio fue que la iglesia primitiva creció y se extendió más rápidamente. Los pequeños pueblos rurales no son los lugares que más se parecen al paraíso. Los que vienen de pequeños pueblos conocen la verdad encerrada en el antiguo refrán: "pueblo chico, infierno grande."

En los antiguos mitos de Mesopotamia y Grecia, los individuos como Prometeo son considerados héroes que sacrificaron sus vidas en favor de la humanidad. Los dioses como Júpiter, en cambio, se presentan como veniales, caprichosos y malintencionados. A fin de contrarrestar las artimañas de los dioses, se justifica que los hombres empleen toda clase de engaños para promover el bien de los mortales. Es muy probable que una de las funciones del relato de Génesis 11 sea afirmar que Dios verdadero no es como los dioses del panteón babilónico o griego. Dios verdadero no es renuente en derramar sus bendiciones sobre los seres humanos; no quiere acaparar la felicidad y la bienaventuranza para sí mismo. No se puede justificar la rebelión en contra de Dios verdadero, de la manera en que los griegos justificaban la rebelión de los titanes y de los seres humanos en pugna contra los dioses, pues Dios verdadero no es un tirano que procura explotar a los hombres, sino el Creador bondadoso que envía el sol y la lluvia para justos e injustos. Él es Dios libertador que oye el clamor de los oprimidos. Él nos hizo objetos de su amor, porque Dios es amor, y ante un amor tan grande sólo podemos intentar amarle a él así como él nos amó a nosotros.

Una de las bendiciones más grandes que Dios verdadero quiso distribuir entre los descendientes de Noé fue el don del Espíritu Santo. La historia de la torre de Babel termina con la confusión de las lenguas. Al hablar cada uno su lengua, diferente de la de los demás, la comunicación entre los hombres se hizo sumamente difícil y en muchos casos imposible. Ya no fue posible entenderse. Todo pareció haber regresado al caos primordial en que sólo había desorden y vacuidad. El día de Pentecostés el mismo Espíritu de Dios que se había movido sobre la superficie del caos primordial, sopló de nuevo para crear una nueva comunidad, una comunidad unida por la lengua de la fe. Porque en esta comunidad todos confiesan la misma fe, proclaman al mismo Señor y adoran al mismo Dios y Padre. La nueva comunidad es una nueva creación en Jesucristo. La comunidad no ha sido llamada para construir una nueva torre de Babel, sino para salir a Judea, Samaria, y hasta lo último de la tierra, con el fin de proclamar el mensaje de reconciliación, perdón, y unidad. Gente de todas lenguas, razas, y colores serán llamadas a recibir el mismo bautismo y a beber de la misma copa de salvación. Con la llegada del Espíritu en Pentecostés, la maldición de Babel se vuelve bendición, porque la voluntad del Creador es que en su Hijo sean benditas todas las naciones.

Al igual que muchos de los relatos del libro de Génesis, también la historia de la torre de Babel ha sido víctima de toda clase de interpretaciones erróneas y hasta heréticas. Una de las más perniciosas de dichas herejías es la que intenta fomentar el racismo. Durante el tiempo del *Apartheid* (separación de las razas) en África del Sur, hubo teólogos que aseveraban que el relato de la torre de Babel nos enseña que cada raza había sido constituida por Dios como una entidad o pueblo, con sus propias características raciales, su cultura, idioma, sangre, y destino. Viéndolo así, sería un pecado en contra del orden divino mezclar las razas o permitir el matrimonio entre personas de razas dispares. Decían que debido a la mezcla de razas se originaban razas bastardas, intelectual y moralmente inferiores. Alineados en tal filosofía, los nazis desarrollaron su ideología de la raza aria como la raza suprema (*die Herrenrasse*), una ideología que justificó la apropiación de los territorios y bienes de razas consideradas inferiores, y la exterminación de millones de judíos y gitanos. Para contrarrestar tales interpretaciones equivocadas o malintencionadas, baste con citar Números 12, donde dice que el sumo sacerdote Aarón y su hermana María fueron juzgados por murmurar en perjuicio de Moisés, que se había casado con una cusita, o sea, una mujer negroide.

El toledot de Sem y sus descendientes. Génesis 11:10-26

La segunda parte del capítulo once trata de la última de las cinco listas de genealogías e historias que encontramos en los capítulos 1 al 11 del rollo de Génesis. Se trata del *toledot* de Sem, el tercer hijo de

Noé. Es la quinta de los diez *toledot* del rollo. Del relato de Génesis se desprende que Sem es el más importante de los tres hijos de Noé, porque de él saldrá la familia de Abrán. Del nombre Sem proceden palabras tales como semitas, semítico, y antisemita. Los clanes y pueblos semitas son los babilonios, asirios, árabes, arameos, y hebreos. Las lenguas que hablaban los pueblos semitas se llaman idiomas semíticos. Al igual que el *toledot* de Adán (Gn 5), el de Sem consta de diez nombres. El *toledot* de Sem termina con la muerte de Taré, el padre de Abrán. Así concluye también la primera parte del libro de Génesis que trata de los orígenes del mundo. En la segunda parte (capítulos 12-50), aprenderemos acerca de los orígenes del pueblo escogido.

Una meditación sobre el infortunio de Noé. Génesis 9:18-29

Una de las metas de esta obra sobre el Pentateuco, y el Génesis en particular, es disponer de ayuda para preparar sermones y estudios bíblicos referidos a muchos de los pasajes que encontramos en el AT. Para ayudar al educando a lograr esta meta, presentamos aquí una predicación basada en el relato de la embriaguez de Noé. El sermón es una adaptación y modificación del material que se encuentra en el gran comentario de Martín Lutero de Génesis.

I. El infortunio de Noé

A. Noé es un hombre espiritual, un hombre que caminó con Dios. La palabra de Dios nos dice que Noé, varón justo, era perfecto en sus generaciones. En una época en que todo el mundo se había apartado de Dios, solamente Noé, con su familia, permaneció fiel a Dios. Tuvo que soportar mil tentaciones y burlas por su fe. Consecuentemente, refiriéndose a Noé, la segunda carta de Pedro expresa: "Noé, quien proclamó la justicia" (2 Pe 2:5). Ezequiel califica a Noé como uno de los tres hombres justos en el mundo. Los otros dos son Daniel y Job (Ez 14:14).

B. Noé es un hombre de fe. Dios le había hablado de algo que Noé no podía ver. Sin embargo, Noé creyó en la realidad de lo que para él todavía era invisible. De ahí que en la carta a los Hebreos dice: "Por la fe, con mucho temor Noé construyó el arca para salvar a su familia, cuando Dios le advirtió acerca de cosas que aún no se veían. Fue su fe la que condenó al mundo, y por ella fue hecho heredero de la justicia que viene por medio de la fe" (Heb 11:7).

C. Parece casi increíble, por no decir imposible, que un hombre tan santo, dotado, experimentado, probado, lleno del Espíritu, y que había visto con sus propios ojos la justicia y la ira de Dios, haya tenido una desgracia tan desafortunada como la que relata Génesis 9. Pero eso es precisamente lo que sucedió. Porque después de haber sobrevivido al diluvio, de levantar un altar al Señor y celebrar una renovación del pacto con la creación, Noé bebió demasiado vino y terminó acostado en el suelo de su tienda, borracho y descubierto.

D. ¿Por qué se encuentra este relato en la Biblia? ¿Qué quiere enseñar el Espíritu Santo con esta historia? Con toda seguridad Noé hizo muchas cosas buenas que no están escritas en la Biblia, pero el Espíritu Santo nos brinda esta historia para que meditemos sobre ella. ¿Será que se encuentra en la Biblia, como tantas otras historias, corroborando lo que dice San Pablo en 1 Corintios 10:11-12: "Todo esto les sucedió como ejemplo, y quedó escrito como advertencia para nosotros, los que vivimos en los últimos tiempos. Así que, el que crea estar firme, tenga cuidado de no caer?"

Si un hombre tan lleno del Espíritu Santo como Noé pudo llegar a ser víctima de un infortunio como el descrito, no se nos ocurra pensar: Yo he experimentado tanto del poder del Espíritu Santo en mi vida, he predicado su Palabra, he tenido visiones, he hablado en lenguas, he sido instrumento de Dios para sanar enfermos y salvar a los perdidos, que no puedo ser víctima de tal adversidad. Así pensó también el discípulo Pedro y llegó a negar al Señor tres veces. Y Noé, después de todo, también cayó. "El que crea estar firme, tenga cuidado de no caer."

II. El pecado de Cam

A. ¿Cuál debe ser nuestra reacción cuando vemos el infortunio de un hombre del espíritu de Noé? ¿Cuál no debe ser nuestra reacción? Génesis 9 nos dice que Noé tuvo un hijo de nombre Cam. Cuando Cam vio la desventura de su padre se sintió ofendido. Pronunció un juicio sobre su padre. Menospreció y condenó a su padre. Se rio de su padre.

La actitud de Cam ante la desgracia del padre nos revela lo que había en su corazón. Cam se goza con el infortunio del hombre de espíritu; se regocija con el pecado del guía de la iglesia.

B. ¿Por qué? ¿Por qué tantas personas manifiestan su complacencia al enterarse del traspié de un guía, ya sea en la iglesia o en el gobierno? La persona no creyente se goza porque cree que el pecado de los demás es aquiescencia para hacer lo mismo. Y muchas veces hay quienes, dentro de la iglesia, están complacidos, porque el infortunio de los demás es para ellos una confirmación de que son superiores.

Seguramente Cam creyó que de ahí en adelante sería el nuevo guía de la iglesia. Noé ya había sido descalificado, ya no era digno de ofrecer los sacrificios y dirigir las oraciones. Ahora le tocaba a él ser el nuevo guía. Pero la Biblia nos dice in 1 Corintios 13: "El amor... no es envidioso ni jactancioso, no se envanece... no se alegra de la injusticia." Es algo que debemos recordar cuando en los periódicos leemos acerca de la corrupción de líderes políticos en nuestro país y en el extranjero. Satanás aprovecha la desgracia de los líderes de la iglesia y del gobierno, para hacernos creer que nuestra justicia tiene algún valor ante Dios, y así convertirnos en fariseos que se justifican a sí mismos, y dicen: "Dios mío, te doy gracias porque no soy como los demás hombres: ladrones, injustos, adúlteros, cobradores de impuestos, y políticos corruptos. Ayuno dos veces a la semana, doy diezmos de todo lo que gano." Recordemos que en nuestra historia bíblica Satanás no quiso hacer caer sólo a Noé, sino también a Cam. En realidad, Génesis 9 es, más que el relato de la desgracia de Noé, el relato del pecado de Cam.

C. Aquí cabe una aclaración. Ha habido personas que han hecho una interpretación muy comprometida del pasaje objeto de nuestra meditación. Han afirmado que Cam es el padre de la raza negra y que sus hijos son todos los negros. Por lo tanto, son muchos los que han creído que este versículo justifica la discriminación racial y la esclavitud. Ante una interpretación tan equivocada, es preciso recordar que los verdaderos hijos de Cam son aquellos que en su corazón llevan el espíritu de Cam.

III. Sem y Jafet cubren el pecado de su padre

A. ¿Qué debemos hacer ante el infortunio de un hombre espiritual, un guía de la iglesia? Lo vemos en lo que hicieron Sem y Jafet. Ellos fueron bendecidos, porque cubrieron el pecado de su padre. La bendición de Dios alcanza también a los hijos espirituales de Sem y Jafet. Encontramos muchos testimonios en la Sagrada Escritura:

"Hermanos, si alguno de ustedes se ha apartado de la verdad, y otro lo hace volver a ella, sepan que el que haga volver al pecador de su mal camino, lo salvará de la muerte y cubrirá una gran cantidad de pecados" (Stg 5:19ss).

"Por sobre todas las cosas, ámense intensamente los unos a los otros, porque el amor cubre infinidad de pecados" (1 P 4:8).

"¡Dichoso aquel cuyas iniquidades son perdonadas y cuyos pecados son cubiertos!" (Ro 4:7).

"El odio despierta rencillas; pero el amor cubre todas las faltas" (Pr 10:2).

"Hermanos, si alguno es sorprendido en alguna falta, ustedes, que son espirituales, restáurenlo con espíritu de mansedumbre. Piensa en ti mismo, no sea que también tú seas tentado. Sobrelleven los unos las cargas de los otros, y cumplan así la ley de Cristo" (Gl 6:1ss).

B. ¿Por qué hemos tratado en este sermón la historia de la desventura de Noé? ¿Qué aprovecha hablar de un hecho tan desagradable? En primer lugar, la historia brinda esperanza y misericordia a los que cayeron. San Juan nos dice:

"Hijitos míos, les escribo estas cosas para que no pequen. Si alguno ha pecado, tenemos un abogado ante el Padre, a Jesucristo el justo. Y él es la propiciación por nuestros pecados, y no solamente por los nuestros, sino también por los de todo el mundo" (1 Jn 2:1ss).

En segundo lugar, la historia del infortunio de Noé nos estimula a cubrir los pecados del hermano caído. ¿Y por qué debemos dedicarnos a cubrir las faltas de los que han caído en pecado? Porque hubo uno que cubrió mis faltas, uno que no se burló de mí, que no se rio de mí, que no me expuso ante el mundo como un escándalo. Él, para salvarme de mi pecado y de mis desdichas, se hizo hombre y tomó sobre sí mi culpa, y por mi pecado fue condenado, crucificado, y sepultado. En el Bautismo cubrió todos mis pecados con su sangre. Él fue mi Sem y Jafet. Él perdonó el pecado de Noé y mi pecado, y tiene el poder para perdonarnos y para darnos un nuevo espíritu; no el espíritu de Cam que se ríe de su padre, ni el espíritu del fariseo que se justificó a sí mismo a expensas de los que cayeron, sino el espíritu de aquél que dice: "Tampoco yo te condeno. Vete, y no peques más" (Jn 8:11).

Padre, ayúdanos a cubrir los pecados de los que cayeron, así como tú cubriste nuestros pecados con la sangre de Jesús. Amén.

Nota final

Son pocos los himnos y canciones que ofrecen cantos que tratan del arca de Noé y de la torre de Babel. Durante la Edad Media, se presentaron muchos dramas basados en la historia de Noé en las plazas e iglesias de Europa, como parte de las fiestas patronales. En la evangelización de los pueblos indígenas, los frailes también solían presentar dramas sagrados con la finalidad comunicar las historias de la Biblia. Tanto la historia de Noé como la de la torre de Babel se prestan admirablemente para la dramatización. Entre las obras del compositor británico Benjamín Britten, hay una que se llama *Noah's Fludde,* que fue escrita para mostrarles a los oyentes de hoy día el colorido del drama medieval. En un estilo mucho más moderno, el compositor ruso Igor Stravinsky escribió una obra que se llama *Babel,* y que consiste en una lectura dramática de la historia de la torre de Babel con acompañamiento musical.

QUINTA UNIDAD

GÉNESIS 11:10-17:27

ABRÁN, JUSTIFICADO POR LA FE

El llamamiento de Abrán, una nueva etapa en la historia de la salvación

En los primeros once capítulos de Génesis el autor sagrado nos presenta la historia de la maravillosa creación de Dios y de cómo el pecado la contaminó. La reacción de Dios ante la idolatría, violencia, y rebelión de los seres humanos fue el diluvio y la consiguiente destrucción del mundo primitivo. Pero con Noé y sus descendientes hay un nuevo comienzo, una nueva oportunidad para el género humano de construir el reino de Dios, o sea, una sociedad basada en la justicia, el amor al prójimo, y la adoración de Dios verdadero. Pero, lamentablemente, como vimos en la historia de la torre de Babel, el nuevo comienzo también terminó en fracaso. Esta vez el juicio de Dios no vino en la forma de un diluvio, sino en la confusión de lenguas, la dispersión de los seres humanos y la formación de una multitud de pueblos, tribus, naciones, y culturas. El hecho de que Abrán recibe un llamamiento para ser bendición para las naciones, implica que la multitud de naciones, pueblos, clanes, y tribus necesitan bendición y salvación, y que el Señor desea salvarlos. Los hombres tienen una necesidad común, la venida del rey justo para traer justicia y salvación, y no sólo para Israel, sino para todas las naciones (Sal 72). Sobre todo hay que enfatizar que el mundo no fue creado para servir a Israel, como afirman algunos textos rabínicos. Abrán y sus descendientes más bien recibieron el llamamiento de servir a la creación y al resto de la humanidad.

El quinto toledot. *La historia de los descendientes de Sem*

Con las palabras "Éstos son los descendientes de Sem", de Génesis 11:10, comienza la quinta de las diez divisiones en que el narrador sagrado ha dividido el rollo de Génesis. El quinto *toledot* señala los nombres de los descendientes (o generaciones) de Sem hasta llegar a Taré, el padre de Abrán. Este *toledot* es muy corto en relación con los otros. Observamos en la lista de descendientes que la edad de las personas sigue disminuyendo con cada nueva generación. Se nos dice que Sem, el primero de la lista, vivió 500 años, mientras que Najor, el último, padre de Taré, vivió solamente 148 años. Esta reducción en los años de vida indica una creciente debilidad de parte de los seres humanos, como resultado del incremento del pecado, la maldad, y las enfermedades.

El sexto toledot. *La historia de los descendientes de Taré*

Comenzando con Génesis 11:27, el sexto *toledot* nos relata el llamamiento de Abrán y los sucesos más importantes del padre de los creyentes. Es una de las divisiones más importantes del primer libro de Moisés, pues contiene la gran promesa de Dios dada al primer patriarca respecto a la creación e incremento del pueblo escogido, su conquista de la tierra de Canaán y la venida de la simiente en quien todas las naciones encontrarían bendición. Esta sexta división del libro termina en Génesis 25:11 (Pagán 2012:141).

Abrán y sus dos hermanos, Najor y Harán, nacieron en la gran ciudad de Ur de los Caldeos, un centro de la adoración de Sin, el dios de la luna. El relato bíblico nos da a entender que la familia de Téraj, el padre de Abrán, fue llamada por Dios a salir de Ur para establecerse en la tierra de Canaán. En vez de viajar inmediatamente a Canaán, la familia de Téraj hace una parada en Harán, una ciudad importante ubicada a unos 885 kilómetros al noroeste de Ur, cerca de donde hoy se encuentra la frontera entre Siria y Turquía. Harán, lo mismo que Ur, fue un centro de la adoración de Sin, el dios de la luna. Hay investigadores que creen que Téraj se estableció en Harán porque no estaba dispuesto a dejar completamente el culto a Sin y confiar completamente en el Señor. En vez de seguir viaje a Canaán, la familia de Abrán se quedó en Harán hasta después de la muerte de Téraj. Entonces Abrán, Saraí, y Lot, dejando al resto de la familia en Harán, siguieron el llamamiento de Dios y emprendieron viaje a Canaán (Swindoll 2014:3). Este relato nos recuerda cuán difícil es para un nuevo creyente en Dios verdadero, romper con todos los lazos de su religión anterior y las tradiciones idolátricas de sus antepasados. Al igual que Téraj, sentimos la tentación de establecernos, no en Ur de los Caldeos, ni en Canaán, sino en Harán, a media distancia entre la Tierra Prometida y la ciudad de la destrucción. De esta manera, muchos de los que comienzan la peregrinación hacia el reino de Dios nunca llegan a destino. No obstante, al dirigirse a Abrán, la voz del Señor es tajante: "Vete de tu tierra y de tu parentela, y de la casa de tu padre, a la tierra que te mostraré" (Gn 12:1). Nuestro Dios es Dios que llama. La voz que escuchó Abrán es la voz del mismo Señor que llamó a Moisés, a Samuel, a David, y a todos los profetas. Es la voz de aquel que llamó a los doce discípulos, diciéndoles: "Síganme." Es aquel que nos "llamó de las tinieblas a su luz admirable" (1 P 2:9).

GÉNESIS 12

Con el capítulo 12 de Génesis comienza una nueva etapa en la relación de Dios con los hombres y con una multitud de pueblos, cada uno con sus propias costumbres, tradiciones y dioses. Según el libro de Génesis y toda la revelación divina, el propósito de Dios siempre ha sido, y sigue siendo, la salvación de todo el género humano y la incorporación de todos los pueblos y naciones al reino de Dios. El modo en que Dios procura consumar la salvación de todos los pueblos es por medio del llamamiento de un pueblo especial y su formación, un pueblo dedicado a la adoración de Dios verdadero y a la propagación del conocimiento de Dios entre los demás pueblos del mundo. El plan de Dios es hacer surgir una nación de sacerdotes, profetas, y sabios, para dar a conocer a las naciones el nombre, la naturaleza, y la voluntad del Creador y Señor de todos los hombres. Al ir formando un pueblo especial, un pueblo para sí, su intención no es bendecir, hacer prosperar y salvar únicamente a ese pueblo, sino utilizarlo para que sea una luz a las naciones. El pueblo especial que Dios está por formar será un pueblo misionero, un pueblo dedicado a enseñar la Torá a las naciones, es decir, instruir a los pueblos del mundo respecto a la ley de Dios y su deseo de salvar a todas las naciones.

El llamamiento de Abrán

La formación del pueblo especial comienza con el llamamiento de un hombre que será el fundador del pueblo de Dios, padre de todos los creyentes. En Génesis 12 tenemos la historia del fundador del pueblo de Dios. Su nombre es Abrán. Más tarde será cambiado a Abrahán. Los cambios de nombre en la Biblia siempre son de gran importancia e indican que algo trascendental ha ocurrido en la vida del protagonista. Más tarde hablaremos acerca del significado del cambio de nombre de Abrán.

Abrán es el primer gentil en llegar a ser miembro del pueblo escogido

Lo primero que queremos señalar en la historia del llamamiento del fundador del pueblo de Dios es que Abrán no nació siendo miembro del pueblo escogido. Nació siendo gentil y vivió en un pueblo pagano llamado Ur de los Caldeos. Abrán y los demás miembros de su familia ignoraban la identidad de Dios verdadero y su voluntad para con los seres humanos. Según el discurso de despedida de Josué, los antepasados de la familia de Abrán eran idólatras: "Hace mucho tiempo su antepasado Téraj, padre de Abrán y de Najor, habitaba al otro lado del río y servía a otros dioses" (Jos 24:2).

Haber llamado a Abrán fue, de parte de Dios, un acto de pura gracia y misericordia, como lo es también el llamamiento de cualquier persona que llega a ser parte del pueblo de Dios. Según el Génesis, Abrán no fue llamado por haber guardado perfectamente la ley de Dios, o por no ser idólatra, como más tarde enseñaron algunos rabinos judíos (Jos 24:2-3). El hecho de que Abrán y los suyos abandonaran la idolatría de Ur de los Caldeos fue el resultado, no la causa de su llamamiento. Para nosotros, Abrán es el prototipo de todos los paganos que por la gracia de Dios son llamados a salir de las tinieblas para ser partícipes de la gloria de Dios, la luz. Abrán es ciertamente el primer prosélito y, como tal, es un modelo para nosotros que también hemos llegado a creer en el creador de cielos y tierra. En este sentido Abrán es el Padre de todos los creyentes.

Algo que, en segundo término, queremos señalar en la historia de Abrán y su familia, es que los primeros miembros del pueblo de Dios comenzaron su existencia de creyentes como peregrinos, siempre en marcha de un lugar a otro. Según el relato bíblico, Abrán tuvo que trasladarse de Ur de los Caldeos a la ciudad de Harán en el norte de Siria. De Harán salió hacia la tierra de Canaán. Después, porque había hambre en la tierra, tuvo que descender a Egipto y, después de un tiempo, regresar a la tierra que más tarde sería llamada Palestina. Durante toda su vida Abrán vivió como forastero y extranjero, como un peregrino e inmigrante entre gente de otras culturas, costumbres y creencias. Nunca obtuvo el título de los terrenos donde levantaba su tienda y pastoreaba a sus animales. Abrán vivió como extranjero y forastero entre sus vecinos de Canaán (Gn 23:4). La única parcela que logró comprar durante toda su peregrinación por la tierra de Canaán fue la cueva de Macpela (Gn 23), donde enterró a su esposa Sara. Vemos a Abrán moviéndose de un lugar a otro en sus andanzas, y construyendo, en cada sitio, un altar a Dios. Las andanzas del patriarca por toda la tierra de Canaán simbolizan, a modo de profecía, la conquista de la Tierra Prometida por sus descendientes. Los altares que construyó en distintos lugares de Canaán, fueron símbolos de la dedicación de la tierra al Señor y a su servicio (Cassuto 1964:303-306). Más adelante veremos que en sus andanzas Jacob construyó altares en los mismos sitios (Siquén, Betel, Hebrón) en los que su abuelo Abrán invocaba el nombre del Señor. Estos lugares fueron, en la antigüedad, grandes centros religiosos de los cananeos. La construcción de los altares de Abrán y Jacob en estos sitios, proclama simbólicamente la supremacía del Señor frente a los dioses de Canaán.

Según el relato bíblico, Abrán no fue la primera persona que tuvo que vivir como peregrino, migrante, refugiado o exiliado. La historia sagrada comienza con la expulsión de Adán y Eva del jardín de Edén y termina con las visiones recibidas por un apóstol exiliado en la isla de Patmos (Ap 1:9). Ya vimos que Caín fue condenado a vagar por la tierra de Nod al oriente de Edén (Gn 4:16), y que los habitantes de Babel fueron esparcidos por toda la superficie de la tierra (Gn 11:9). José fue vendido por sus hermanos y llevado como esclavo a Egipto. Después, toda la familia de Jacob tuvo que abandonar la tierra de Canaán y vivir más de 400 años en Egipto. Después del éxodo, los israelitas tuvieron que andar durante 40 años como peregrinos por el desierto, antes de establecerse nuevamente en Palestina. Hay historiadores que creen que la palabra "hebreo" designó originalmente a personas de origen extranjero que se encontraban viviendo como forasteros en un medioambiente extraño (Cassuto 1964:302). En 2 Reyes leemos que a toda la nación de Israel se la llevaron en cautividad los asirios, mientras que a los habitantes de Judá se los llevaron al exilio los babilonios. Hasta Jesús tuvo que huir a Egipto y vivir como exiliado y refugiado en Egipto. En Hechos se relata que, después de la muerte de Esteban, los miembros de la iglesia de Jerusalén fueron esparcidos a consecuencia de la gran persecución lanzada en contra de los creyentes por Saulo de Tarso (Hch 8:1-4). La primera carta de Pedro está dirigida a los creyentes "expatriados y dispersos en el Ponto, Galacia, Capadocia, Asia y Bitinia" (1 P 1:1).

La palabra "dispersión" o "diáspora" ocurre tres veces en el NT (Jn 7:35; Stg 1:1; 1 P 1:1), y se refiere a las personas que por razones económicas y sociales, políticas o religiosas, tuvieron que abandonar su lugar de origen y, como Abrán, vivir como refugiados, extranjeros o peregrinos entre personas de costumbres, tradiciones, cosmovisiones, religiones, e idiomas diferentes. Con frecuencia los peregrinos y forasteros han sido víctimas de la explotación, marginalización, desprecio, abuso, y sufrimiento. Pero muchas veces el exilio ha sido un medio para contextualizar y transmitir la fe de los inmigrantes a sus nuevos vecinos. Por sus experiencias, alienación y sufrimientos, los exiliados se ven obligados a aferrarse más a la religión y a sus tradiciones. Lo hacen a fin de mantener su identidad como individuos y como un pueblo llamado a cumplir con el propósito que Dios tiene para ellos. Acerca de los primeros cristianos nos dice Hechos 8:4 que "los que se habían dispersado iban por todas partes anunciando el evangelio". Los creyentes perseguidos y exiliados como Abrán, establecieron altares a Dios verdadero, es decir, plantaron nuevas comunidades de creyentes compuestas tanto de judíos como de gentiles.

Hoy en día, en que hay un mayor número de inmigrantes, refugiados, y diásporas que en cualquier otro momento de la historia del mundo, la historia de Abrán debe persuadir a los cristianos a comprender que cada inmigrante tiene el llamamiento de ser un misionero; y debe comprender, además, que su vocación no consiste en lamentar su situación de peregrino, sino en levantar un altar a Dios verdadero en el seno de su familia, comunidad, y círculo de amistades. Los inmigrantes, por ser personas biculturales y bilingües, han sido con frecuencia los puentes del Señor por los que la fe en Dios pasa de un pueblo o cultura a otro pueblo o cultura. Aunque los inmigrantes viven por lo general en la periferia, es allí donde a menudo encontramos al Espíritu Santo creando nuevas oportunidades para la misión. Así como todos los misioneros han sido migrantes, así también todos los migrantes cristianos tienen el llamamiento de ser misioneros (George 2011:45-54).

Abrán fue llamado para ser una bendición a todas las naciones

Los altares construidos por Abrán fueron señales proféticas que señalaban la llegada del día en que Dios verdadero sería adorado en todo el territorio que hoy llamamos Tierra Santa. Los altares, construidos a lo largo de Canaán, anunciaban que Dios es el verdadero dueño de la tierra y que un día sería adorado en toda Palestina por los descendientes del primer patriarca. Cuando Abrán recibió su llamamiento, la tierra que Dios le había prometido a él y a sus descendientes estaba ocupada por los cananeos y los ídolos de sus deidades. Los altares erigidos por Abrán se encontraban cerca de los santuarios paganos, pero no encima de ellos. Abrán no cometió el error que muchos conquistadores y misioneros cristianos cometieron, de construir una iglesia cristiana encima de un templo pagano. En muchos casos tal error tuvo como resultado la identificación de la deidad pagana con Dios verdadero, o con uno de los santos. El ejemplo más patente de este sincretismo es la identificación de la diosa india Tonantzin con la Virgen de Guadalupe.

Abrán erigió el primer altar en Siquén, cerca del encinar de More. El encino de More era, muy probablemente, un árbol sagrado reverenciado por los cananeos, quienes creían que periódicamente sus dioses podían establecer su morada en un árbol, una gran piedra o hasta en una montaña. Según Krauss (1966:135) el encino de More se encontraba fuera de las puertas de la ciudad. Más tarde se construyó un santuario del Señor cerca del encino de More. Fue debajo de este encino que Josué hizo un pacto con el Señor y estableció estatutos y leyes para el pueblo. En el mismo lugar levantó una gran piedra como testimonio del pacto que se había hecho y para recordar a los israelitas que debían ser fieles al Señor. En el tiempo de los patriarcas la ciudad de Siquén fue la más importante del centro de Canaán. Dentro de ella se encontraba un templo pagano de Baal Berit, el que llegó a convertirse en un foco de tentación para los israelitas, porque en el libro de los Jueces 8:33 dice que muchos de los israelitas "volvieron a corromperse, y adoraron a Baal Berit" (Kraus 1966:135).

El segundo altar erigido por Abrán fue cerca de Betel, donde más tarde Jacob tendría su visión de la escalera mística. Un tercer altar lo erigió en el extremo sur de Canaán, cerca del encino de Mamré, otro centro de culto de los antiguos habitantes de Palestina. Al levantar su altares a Dios verdadero, Abrán reclamaba la Tierra Prometida para la adoración del verdadero dueño de esa tierra. Nosotros también fuimos llamados para reclamar toda la tierra para la adoración del hacedor de cielos y tierra (Mt 28:20). Apocalipsis 11:15 expresa: "Los reinos del mundo han llegado a ser de nuestro Señor y de su Cristo; y él reinará por los siglos de los siglos." Es significativo que, al regresar a la Tierra Prometida después de haber pasado veinte años en Siria, Jacob erige altares en los mismos tres sitios donde Abrán había levantado los suyos. Siglos más tarde, al conquistar la Tierra Prometida, Josué levanta altares en las mismas tres regiones principales de Canaán. Es evidente, entonces, que la acción de Abrán al erigir los altares es una prefiguración de la conquista de la Tierra Prometida por las tribus de Israel del tiempo de Josué. O sea, que la construcción de los tres altares representa una conquista espiritual de la Tierra Prometida muchos siglos antes de la conquista militar (Sailhamer 140-141).

La torre de Babel fue construida por los habitantes de la ciudad para hacerse de renombre. En cambio, los altares erigidos por Abrán hicieron notorio el nombre de Dios, el de Abrán, entre los habitantes de Palestina. Éstos llegaron a saber algo de Dios no sólo por los altares allí erigidos, sino también por el testimonio de Abrán. En sus desplazamientos por el lugar Abrán estableció contacto con una gran variedad de personas: pastores, agricultores, beduinos, esclavos, caciques, y hasta reyes.

La gran mayoría de estas personas tenía muy poco conocimiento de Dios verdadero. Pero Abrán, en su trato con sus nuevos vecinos, procuró reflejar el carácter del Señor en su vida y ser una bendición para ellos. Así testificaba de la justicia, la misericordia, y el amor de Dios que lo había llamado. En ocasión del entierro de Sara, su esposa, los hijos de Het (los heteos) dijeron: "Para nosotros tú eres un príncipe de Dios" (Gn 23:6). En Génesis 14 leemos que Abrán salvó a su sobrino Lot de un ataque de los cuatro reyes del Oriente. Y no sólo a Lot, sino también al rey del perverso pueblo de Sodoma. Abimelec, el rey de los filisteos, se dio cuenta de que así como el Señor había estado con Abrán, así estaba también con Isaac, el hijo de Abrán. Al escoger para sí y su ganado los terrenos menos fértiles y dejar a su sobrino Lot la tierra bien regada de la llanura del Jordán, Abrán reflejó en su trato con los demás el espíritu de entrega y sacrificio que se ve en nuestro Señor Jesucristo. De esta manera, se ve que Abrán no defraudó al Señor, quien en el día de su llamamiento declaró: "Serás bendición... y en ti serán benditas todas las familias de la tierra" (Gn 12:3).

La palabra bendecir ocurre cinco veces en Génesis 12:2-3, y expresa el significado del llamamiento de Dios. Una bendición (*beraka*) es mucho más que la expresión de la buena voluntad de uno hacia el otro. Bendición es la transmisión de la energía y capacidad para la vida que se imparte al alma, y que redunda en fecundidad, fertilidad, crecimiento, y prosperidad. La bendición siempre tiene, al mismo tiempo, una dimensión material y una espiritual, nunca la una sin la otra. En el libro de Génesis, Abrán y sus descendientes reciben el llamamiento de ser instrumentos de bendición para las naciones. Para poder transmitir bendición a las naciones, los patriarcas tuvieron que recibir primero esta bendición y aprender que todas las bendiciones vienen de la mano de Dios.

Desde el tiempo de Adán los pueblos vivieron con una maldición, pero Abrán y Saraí fueron llamados para ser bendecidos y constituir una bendición para los que viven bajo maldición (Vischer 1946:150). En Génesis 12:2 el Señor promete bendecir a Abrán y engrandecer su nombre. En el capítulo anterior vimos que los habitantes de Babel (Gn 11:4) quisieron hacerse de renombre con la construcción de la gran torre, pero fracasaron. La historia del género humano revela que las altas torres casi siempre fueron símbolos de la arrogancia (Huddleston 2012:57). La historia del llamamiento de Abrán recuerda a los lectores de Génesis que es Dios, y no el hombre, quien engrandece y da renombre a los que confían en él.

Anexo: La religión de los patriarcas

Como ya hemos mencionado antes, el libro de Génesis dice que Abrán y los demás patriarcas solían ofrecer sacrificios a Dios verdadero en los lugares donde se habían construido altares y donde Dios les había manifestado su presencia en una visión o por medio de un oráculo. En ningún lugar de Génesis se lee algo acerca de la construcción de un templo o santuario, o del establecimiento de un culto a cargo de un grupo de sacerdotes o de una casta sacerdotal. En el antiguo Cercano Oriente la religión era una actividad sumamente organizada con un culto bien definido, dirigido por funcionarios religiosos profesionales, en lugares especiales. Tales actividades, como fiestas, liturgias y sacrificios, tenían que celebrarse al pie de la letra en un templo o santuario, con la guía de sacerdotes u otros funcionarios especiales. Pero las actividades religiosas de los patriarcas, descritas en Génesis, son bien distintas. A diferencia de otras sociedades del antiguo Cercano Oriente, los patriarcas que se encargaban de ofrecer sacrificios a Dios y dirigir las otras actividades religiosas mencionadas en el Génesis y también en Job, no pertenecían a la clase sacerdotal. El centro de las actividades religiosas de los protagonistas de Génesis no es el templo ni un sacerdocio profesional, sino la familia. En lo que sigue, queremos comentar brevemente sobre algunas de las características de la religión practicada por los patriarcas, según consta en Génesis, con la finalidad de notar las diferencias entre la religión de los patriarcas y las prácticas religiosas del antiguo Cercano Oriente y de todas las otras mencionadas en la Biblia hebrea.

a. Las oraciones de los patriarcas

Mientras que en otros pueblos las oraciones por el bienestar del rey y otros personajes eran presentadas a la deidad por sacerdotes profesionales, como parte de un culto bien definido, los patriarcas, en cambio, conversaban directamente con Dios sin la intervención de un mediador. Esto se ve más claramente en el caso de Abrán. Los investigadores han clasificado las oraciones encontradas en las inscripciones de los pueblos vecinos de Israel en cinco categorías, a saber, peticiones, acción de gracias, penitencia, intercesión, y bendiciones/maldición. Lo que llama la atención en el estudio de las oraciones de los patriarcas en el Génesis, es la falta de oraciones en las que el que suplica hace confesión de sus pecados y pide perdón. Abundan, en cambio, las oraciones en las que el que ora pide la bendición de Dios para sí mismo o para otros. A diferencia de las oraciones encontradas en muchas inscripciones provenientes del antiguo Cercano Oriente, las oraciones de los patriarcas carecen del elemento manipulador o mágico.

No encontramos tampoco en Génesis plegarias en las que los patriarcas pidan por la salud. Sin duda clamaban al Señor pidiendo ser sanados de sus enfermedades, pero el autor de Génesis no incluyó en su historia un ejemplo de una oración por sanidad. Leemos sólo de Abrán que ora por la salud de Abimelec y los filisteos, en Génesis 20:17-18. En cambio, encontramos muchas oraciones por la salud en el salterio y otros libros del AT. Son las oraciones por la salud que más abundan en la literatura del antiguo Cercano Oriente. En Mesopotamia se creía que la mayoría de las enfermedades las causaban los espíritus malignos. En Anatolia se creía que eran los dioses los causantes de las enfermedades. Los dioses de los gentiles hasta podían enfermarse; por lo tanto, para protegerlos de las enfermedades, los fabricantes de imágenes colocaban amuletos a sus ídolos. Nada de esto se encuentra en el Génesis. En la Torá se rechaza el uso de amuletos, fetiches, piedras mágicas, y representaciones físicas de la divinidad. El arca del pacto tuvo trascendencia, no como fetiche, sino porque en él se encontraban las tablas de la ley.

b. La ausencia de un culto a los antepasados difuntos

Otro elemento que no aparece en las oraciones de los patriarcas, es la invocación de los espíritus de los antepasados difuntos. En las inscripciones de los cananeos, egipcios, sumerios, y heteos, abundan las oraciones e invocaciones dirigidas a los difuntos. Aunque en el antiguo Cercano Oriente se han encontrado muchas evidencias de un culto a los difuntos, el libro de Génesis, sin embargo, no dice nada al respecto; los patriarcas no visitaban las tumbas de sus antepasados fallecidos para ofrecer sacrificios o dejar comida para los espíritus de los difuntos (Pagolu 1998:133-134). Las tumbas de los antepasados no llegaron a ser consideradas lugares sagrados, como sucede en el budismo y muchas otras religiones.

Las descripciones de la religión de los patriarcas, en Génesis, carecen de cualquier referencia a espíritus malignos o demonios. Los vecinos paganos de los patriarcas solían elevar oraciones a sus dioses, pidiendo protección frente a los ataques de los demonios y las maldiciones de hechiceros y brujos. Si, según la creencia de algunos, los patriarcas solían emplear amuletos y fetiches para protegerse de los poderes malignos, toda referencia a tales prácticas ha sido ignorada por los editores de la Torá. Es evidente que el Génesis quiere que sus lectores confíen en las promesas del Señor y vivan libres del temor a las fuerzas ocultas, pues nuestro Dios es nuestro escudo y galardón (Gn 15:11).

c. Los sacrificios ofrecidos por los patriarcas

Tanto en Génesis como en el libro de Job, el padre de familia solía ofrecer los sacrificios. Los sacrificios que se mencionan en Génesis iban acompañados, probablemente, de oraciones y cantos y la recitación de tradiciones sagradas y las promesas de Dios dadas a los patriarcas, aunque no se dice nada acerca del uso de oraciones relacionadas con los sacrificios. Sabemos que todos los vecinos de los patriarcas solían ofrecer sacrificios a sus dioses. Quizá las diferencias más grandes entre los sacrificios de los patriarcas y los de sus vecinos son dos. En primer lugar, los patriarcas nunca examinaban las entrañas de los animales sacrificados con el fin de adivinar eventos futuros. En segundo lugar, los patriarcas nunca ofrecían sacrificios con la finalidad de alimentar a los dioses, lo que sí hacían sus vecinos y también otros pueblos antiguos, como por ejemplo los aztecas. El Salmo 50 pone énfasis en el hecho de que el Señor no se alimenta con los holocaustos ofrecidos por los seres humanos. Los sacrificios de los patriarcas parecen haber sido celebraciones de acción de gracias en las que participaban de la comunión con Dios y de los unos con los otros (Pagolu 1998:50).

d. La adoración de los patriarcas

No hay que imaginarse que los patriarcas celebraban semanalmente un culto de adoración con liturgia, himnos, sermón, y oraciones, como se hace hoy en día en las iglesias cristianas y las sinagogas judías. La religión de los patriarcas estaba enfocada más bien hacia ciertas actividades que se realizaban en el seno de la familia, dirigidas por el padre de familia, a saber: oraciones, ayunos, votos, la instrucción por medio de proverbios, la repetición de narraciones que recordaban los eventos más importantes en la historia de la salvación, como la creación, la caída en pecado, y el diluvio. Además de las actividades practicadas en el hogar, los patriarcas solían celebrar ciertas fiestas y días especiales, tales como el Día de la Luna Nueva, el Año Nuevo, la Fiesta de la Primavera, de los Primeros Frutos y de la Cosecha. Era también el padre de familia, y no un sacerdote, rabino o profeta, quien se encargaba de ritos y rituales tales como la circuncisión, las bodas, y los entierros. En nuestra lectura de Génesis vemos que el pueblo escogido solía realizar peregrinaciones a ciertos lugares sagrados, para ofrecer sacrificios y dedicarse reiteradamente a la adoración de Dios verdadero, tal como se relata en Génesis 35:1, en que se le ordenó a Jacob que fuera a Betel y se quedase allí. En preparación para su peregrinación a Betel, se les ordenó a Jacob y a su familia que debían purificarse, deshacerse de los dioses ajenos, y cambiarse de ropa.

e. Altares y piedras sagradas

En el libro de Génesis leemos que Abrán construyó cuatro altares: en Betel (Gn 12:8), cerca de Siquén (Gn 13:4), Mamré (Gn 13:18) y Moriah (Gn 22:1-14). Y hay otras once referencias respecto a altares erigidos por los patriarcas. Los altares se construían por lo general en lugares donde había habido una teofanía, o donde alguien había recibido un oráculo. Según comentamos en otra parte (Blank 1996:84-87), las teofanías suelen ocurrir en lugares solitarios y no en los santuarios o templos construidos por hombres. Es decir, ocurren en territorios frecuentados por los marginados y no en los centros de importancia controlados por los faraones, emperadores, y conquistadores.

La construcción de un altar implica sacrificios y la celebración de un culto. En Génesis 13:4 dice: "Allí (Abrán) invocó el nombre del Señor." La frase "invocar el nombre del Señor" se utiliza en el AT como un tecnicismo para indicar la celebración de un culto. Los altares construidos por Abrán se encontraban en lugares elevados, donde el patriarca y su familia se establecían por un tiempo largo.

Los patriarcas no sólo construyeron altares, sino que también levantaron estelas y grandes piedras como memoriales, o para señalar un lugar sagrado. Leemos que Jacob levantó como un pilar la piedra que había puesto de cabecera y la ungió con aceite en ocasión de la visión de la escalera divina. Este mismo patriarca erigió un montón de piedras para marcar el sitio donde celebró un pacto de paz con su suegro Labán. Más tarde Saúl y Samuel levantaron piedras para señalar el sitio donde el Señor les había dado la victoria en su batalla con los filisteos. Dicen los historiadores que en la antigüedad se creía que ciertos espíritus, dioses o demonios (o el numen de ellos) podían fijar su residencia en una gran piedra, convirtiéndola así en piedra sagrada. En el libro de Génesis nada indica que los patriarcas hubiesen compartido semejantes creencias. A diferencia de sus vecinos de Egipto y Mesopotamia, los israelitas nunca cubrieron las piedras y estelas que levantaron con inscripciones de plegarias a sus dioses, o grabados de las deidades. No erigieron tampoco lápidas sepulcrales en sus cementerios, que sirvieran de residencia provisional para los espíritus de los difuntos. Esto hacían los antiguos habitantes de la India, para impedir que los espíritus de los difuntos vagaran por cualquier lado. En algunas regiones se creía que las tumbas podían encerrar a los espíritus de los muertos, a fin de que no llegaran a ser un peligro para los vivos (Pagolu 1998:149).

En el momento en que se llega a creer que un dios o espíritu hace su morada en una piedra sagrada, ésta se convierte en ídolo. Será por eso que algunos de los profetas llegaron a prohibir a los israelitas erigir piedras sagradas, aunque el mismo rey Salomón mandó levantar dos grandes piedras llamadas Jaquín y Boaz (1 R 7:21). Es muy probable que estas piedras señalaran como tierra sagrada el lugar donde se construyó el templo (Pagolu 1998:149-150).

f. Diezmos y ofrendas

Otra práctica sumamente arraigada en el antiguo Cercano Oriente fue la costumbre de entregar los diezmos a un dios, con la finalidad de apoyar económicamente a los sacerdotes que servían en su templo. La costumbre se practicaba muchos siglos antes de la salida de Abrán de Ur de los Caldeos. Dos veces se hace mención de los diezmos en el libro de Génesis. La primera, en Génesis 14, cuando Abrán entrega los diezmos del botín a Melquisedec, el rey y sumo sacerdote de Salén. La entrega parece haber sido una ofrenda voluntaria dada por el patriarca, en gratitud por la victoria que el Señor le concedió en su batalla con los reyes del Oriente. La entrega de diezmos obligatorios de parte de los patriarcas no parece ser parte de su religión, como lo fue más tarde en la historia de Israel.

Después de la visión de la escalera mística, Jacob pide la protección y bendición del Señor en su viaje a Harán, y hace un voto para construir un santuario para el Dios de sus padres si éste lo hace volver sano y salvo a la Tierra Prometida. Además, promete entregar los diezmos para el mantenimiento de los encargados de dicho santuario. Como veremos más adelante, no fue Jacob, sino que fueron sus descendientes quienes cumplieron con el voto de su antepasado cuando construyeron un santuario en Betel. Los historiadores nos dicen que en la religión de los pueblos vecinos de Israel, se daba mucha importancia al pronto cumplimiento de los votos hechos a un dios, pues se tenía mucho miedo a las enfermedades y otras catástrofes enviadas por los dioses, los espíritus de los antepasados y los demonios, para atormentar a los que no cumplían con lo prometido. Nada hay de esto en el Génesis; Jacob no fue fulminado por la ira divina por no cumplir con su voto.

Como en el caso de Abrán, los diezmos que prometió entregar Jacob no fueron algo que el Señor le había exigido al patriarca, sino que los ofreció voluntariamente. En la antigüedad, centenares de santuarios se establecieron en cumplimiento de un voto hecho por un devoto de alguna de las muchas deidades reverenciadas en el antiguo Cercano Oriente y otras regiones aún más lejanas. De esta manera los cultos de Isis, Dionisio, Cibeles, y otros dioses, llegaron a extenderse más allá de las fronteras de su país de origen. Del mismo modo, se establecieron centenares de santuarios cristianos, no por obispos o misioneros, sino por laicos devotos. Este fenómeno no ocurrió solamente durante los primeros tres siglos de la era cristiana, sino que sigue ocurriendo en nuestros días. Es un fenómeno común en casi todos los países latinoamericanos, como por ejemplo el culto del Niño Fidencio en México.

g. Dios de los patriarcas

Según Éxodo 6:3, los patriarcas no conocieron a Dios por el nombre divino de El Señor (Yahvé). El nombre El Señor (Yahvé) fue revelado por primera vez a Moisés en la historia de la zarza ardiente. En los días de los patriarcas a Dios se lo conoció como *El Shaddai*, un nombre que la mayoría de nuestras Biblias en castellano traducen como "Dios Omnipotente". Como se observa al leer el Génesis, en muchos pasajes al referirse a Dios verdadero, lo hace simplemente como Dios de nuestros padres, o Dios de Abrán, o Dios de Isaac. Dios de los patriarcas no se queda amarrado a un solo lugar o región, sino que es Dios que viaja con los miembros de la familia escogida; está presente en Siria, en Palestina, y en Egipto; con los patriarcas en el desierto, en las montañas, y los centros poblados (Pagulo 1998:247). En vez de establecer su habitación en un santuario o templo determinado, Dios prefiere seguir a los patriarcas en sus peregrinaciones por los márgenes de las antiguas civilizaciones del antiguo Cercano Oriente. Dicho de otra manera, Dios de los patriarcas es Dios de los márgenes y de los marginados.

Los que estudian la religiosidad popular latinoamericana, nos señalan las muchas semejanzas que existen entre la religión de los patriarcas y la religiosidad popular de muchos habitantes de América latina, para quienes la religiosidad está centrada, no tanto en la asistencia semanal a misa, sino en ritos, ceremonias o rezos dentro del seno de la familia, además de peregrinaciones y procesiones a ciertos lugares sagrados. Es decir, la religiosidad de muchos latinos no está enfocada hacia la celebración semanal de la santa misa, sino hacia la celebración de ciertas fiestas especiales: el Día de los Difuntos, la Siembra, Año Nuevo, Semana Santa, Día de las Madres, y el Día del Santo Patrono. El altar familiar con sus velas, flores e imágenes de los santos, tiene preeminencia respecto del altar en que el sacerdote oficia la santa misa.

Abrán es como el prototipo de todos los inmigrantes

Vemos a Abrán en sus andanzas por Ur de los Caldeos, Siria, Canaán, y la tierra de Egipto, como una persona con quien nos identificamos. Porque, igual que Abrán, millones de hermanos hispanos, africanos, asiáticos, y europeos, han tenido que salir de su lugar de origen y comenzar una nueva vida en otra parte del mundo donde el idioma, las costumbres, las leyes y las tradiciones son diferentes. Así como a Abrán se le cambió el nombre a Abrahán, así muchos hermanos nuestros han visto la necesidad de cambiar de nombre, y hasta comprar la identidad de otra persona para poder traer el pan de cada día a la mesa de su familia. Así como Abrán y sus descendientes sufrieron la violación de los derechos humanos, delito en el que incurrieron los amos de la tierra de Canaán y Egipto, así sucede hoy en día con millones de inmigrantes. Así como las esposas e hijas de los patriarcas sufrieron el acoso del faraón y Abimelec, así nuestras hermanas latinas fueron víctimas de la discriminación y el abuso de quienes deben ser los protectores de los refugiados, extranjeros, e inmigrantes.

Hoy por hoy, hay más refugiados, personas desplazadas e inmigrantes, tanto legales como ilegales, que en cualquier otro momento de la historia del mundo. Las guerras, revoluciones, persecuciones, hambres, desempleo, y potencias económicas engendradas por la globalización, se han combinado para producir un gigantesco éxodo de hombres, mujeres, y niños de su lugar de origen. La palabra de Dios tiene un mensaje para todos los refugiados, porque la Biblia podría describirse como un libro acerca de forasteros, escrita por forasteros y dirigida a otros forasteros. La historia del pueblo escogido comienza con la migración de Abrán a Canaán y Egipto y sus andanzas por la

Tierra Prometida. El libro de Génesis termina con la migración de todo el pueblo de Israel a Egipto. Más tarde leeremos en la historia del pueblo de Dios, que la mitad de los israelitas fueron llevados cautivos a Asiria en el año 722 aC, y la otra mitad a Babilonia en el 586 aC. Los libros de Esdrás y Nehemías nos cuentan del regreso a Palestina de algunos de los deportados. En tiempos de Jesús, al igual que hoy en día, las siete décimas partes de los judíos se encontraban en la diáspora, o sea, viviendo fuera de Palestina, entre los gentiles. Hasta José y María se vieron obligados a huir al país de Egipto para escapar de la matanza de los niños decretada por Herodes el Grande.

Abrán nunca anduvo solo, sino que estuvo acompañado por Dios

A pesar de las muchas migraciones, persecuciones, y destierros, Abrán y sus descendientes pudieron seguir luchando y mantener su identidad como pueblo de Dios. Lo pudieron hacer gracias a la triple promesa que recibieron del Señor en Génesis 12 y 15: 1. Hacer de los descendientes de Abrán una nación grande, tan numerosa como las estrellas del cielo y la arena que hay a la orilla del mar (Dt 10:22); 2. Entregar la tierra de Canaán a los descendientes de Abrán como su posesión y heredad; y 3. Ser bendición a todas las naciones de la tierra. La fe de Abrán y sus descendientes en estas promesas, ayudó al pueblo de Dios a no dejarse absorber por la religión, las costumbres, y los vicios de sus vecinos más poderosos, cosa que había sucedido con muchas otras tribus y pueblos pequeños. El hecho de que el pueblo de Israel haya podido mantener su identidad por unos tres mil años y no ser aniquilado por sus enemigos, que no fueron pocos, es ciertamente un milagro. En una oportunidad el emperador de Prusia le preguntó a su barbero: "Dame una prueba contundente de la existencia de Dios." El barbero pensó por unos momentos y después contestó: "Los judíos, su majestad."

Aunque se suele hablar mucho de las promesas de Dios en el AT, no existe en el hebreo una palabra para nuestra palabra "promesa". Lo que llamamos promesas son en el hebreo simplemente las palabras o las declaraciones de Dios. El AT no habla tampoco de los diez mandamientos, sino simplemente de las diez palabras del Señor. Cuando se quiere indicar el carácter solemne de una cierta declaración, en hebreo se suele utilizar la palabra que en castellano se traduce como "juramento".

Los millones de inmigrantes, refugiados, y personas desplazadas que hoy en día se encuentran como Abrán y Moisés "forasteros en tierra ajena", necesitan aprender, como lo aprendió Abrán, que en todo nuestro recorrido por el mundo no caminamos solos. Dios verdadero nos acompaña en nuestras peregrinaciones. Dios verdadero no es como las deidades e ídolos venerados por los vecinos del pueblo de Israel. Ellos tenían poder e influencia solamente sobre un solo lugar o una región geográfica determinada. No podían ayudar a sus adoradores fuera de esa región o esfera de su influencia. Hasta algunos israelitas llegaron a creer, equivocadamente, que al Señor se lo podría encontrar solamente en el templo construido para él en Jerusalén. En su sermón (Hch 7) ante el Consejo Supremo de los Judíos (el Sanedrín), Esteban, basándose en los relatos del Pentateuco tuvo que recordar a las autoridades de su pueblo que la mayoría de las grandes epifanías (manifestaciones de Dios) en AT ocurrieron fuera del templo, y en muchos casos fuera de las fronteras de la Tierra Prometida. Ocurrieron, por ejemplo, en el Mar Rojo, en el Monte Sinaí y en el desierto, donde la presencia luminosa del Señor acompañó al pueblo de Israel durante sus 40 años de peregrinación. La persona que cree en el Señor y confía en sus promesas, cuenta con la presencia salvadora del Señor en todas partes. Para confirmarlo tenemos los relatos de Génesis y del resto del Pentateuco, como también las palabras de Jesús: "Porque donde dos o tres se reúnen en mi nombre, allí estoy yo, en medio de ellos" (Mt 18:20). "Créeme, mujer, que viene la hora cuando ni en este monte ni en Jerusalén adorarán ustedes al Padre... Dios es Espíritu; y es necesario que los que lo adoran, lo adoren en espíritu y en verdad" (Jn 4:21-24). "Y yo estaré con ustedes todos los días, hasta el fin del mundo" (Mt 28:20). Como en el caso de Abrán, andamos por fe, porque nuestra verdadera ciudadanía está en los cielos.

La fe de Abrán

Así como Abrán y sus descendientes pudieron andar por fe en busca de una patria mejor, así todos los que andamos por este mundo también somos extranjeros y peregrinos, como lo expresa 1 Pedro 2:11: "Amados hermanos, como si ustedes fueran extranjeros y peregrinos, les ruego que se aparten de los deseos pecaminosos que batallan contra el alma. Mantengan una buena conducta entre los no creyentes para que, aunque los acusen de malhechores, al ver las buenas obras de ustedes glorifiquen a Dios el día que él nos visite." Pablo nos asegura que nuestra verdadera patria no es México, Guatemala, Colombia o los Estados Unidos, sino el reino de los cielos: "Pero nuestra ciudadanía está en los cielos, de donde también esperamos al Salvador, al Señor Jesucristo" (Flp 3:20). En nuestras andanzas como refugiados, perseguidos, inmigrantes o misioneros, Abrán es ejemplo y modelo de uno que anduvo por fe confiado en las promesas y la presencia de Dios. Hablando de Abrán como modelo de fe y esperanza, la Carta a los Hebreos dice: "Por la fe, Abrahán obedeció cuando fue llamado, y salió sin saber a dónde iba, y se dirigió al lugar que iba a recibir como herencia. Por la fe, habitó en la tierra prometida como un extraño en tierra extraña, y vivió en tiendas con Isaac y Jacob, quienes eran coherederos de la misma promesa" (Heb 11:8-9). Al hablar de la fe de Abrán, debemos recordar siempre que la fe de la cual hablan las Escrituras no es simplemente fe en la existencia del Señor, sino que es temer y amar a Dios y confiar en Él sobre todas las cosas, tal como lo expresa Martín Lutero en su exposición del Primer Mandamiento.

Andar por fe y no por vista nunca es fácil. No fue fácil para Abrán, ni tampoco para su hijo Isaac, su nieto Jacob y sus doce hijos. Estos descendientes de Abrán fueron llamados patriarcas. Con Génesis 12 comienza el relato de la vida de los patriarcas. La vida de cada patriarca consiste en una cadena de demoras, pruebas, y aflicciones. En sus andanzas, cada uno de ellos se vio obligado a aprender la paciencia, la esperanza, y la obediencia. Lo mismo debemos hacer también nosotros. En nuestras andanzas como extranjeros y peregrinos, se nos estimula a recordar las promesas que Dios nos ha dado en Cristo Jesús, y también las tres promesas que el Señor le dio a nuestro padre Abrán. Porque nosotros también somos por la fe hijos de Abrán, y las promesas dadas a Abrán son también para sus hijos. Estas promesas, entonces, son también para nosotros. Las Escrituras enseñan que nuestro Señor es Dios que cumple sus promesas. La fe de los verdaderos creyentes siempre ha sido una fe que se apoya en las promesas de Dios.

Con la venida de Jesucristo al mundo se cumplió la última de las promesas divinas hechas a Abrán

Vamos a considerar el cumplimiento de las tres promesas que el Señor le dio a nuestro padre Abrán. En el relato de Éxodo vemos que en la tierra de Egipto se cumplió la primera de las tres promesas que el Señor le había dado a Abrán y sus descendientes, en tanto que el libro de Josué nos cuenta cómo llegaron a adueñarse de la Tierra Prometida. La tercera promesa se hizo realidad con la venida al mundo de Jesucristo, un descendiente directo de Abrán, cuya misión fue llevar la luz de la salvación no sólo a los descendientes de Abrán, sino a todas las naciones. En ocasión de su nacimiento, unos pastores judíos y magos del Oriente que vieron su estrella, llegaron para adorar al Salvador del mundo y recibir bendición.

Génesis 12:3 y el sionismo moderno

Un texto muy discutido en la actualidad es la parte de la promesa de Dios a Abrán, que dice: "Bendeciré a los que te bendigan, y maldeciré a los que te maldigan" (Gn 12:3). Éste ha sido y sigue siendo un pasaje muy significativo para los grupos, organizaciones e individuos, tanto judíos como cristianos, que apoyan el movimiento político, social, y étnico conocido como el sionismo. Dicho movimiento fue fundado por el periodista Theodore Hertzl y otros líderes judíos, que llegaron a creer que la única manera de poner fin a todos los sufrimientos y persecuciones que habían sufrido los judíos en su larga historia, sería con la creación de una patria judía. El sionismo tiene como finalidad el retorno de los judíos de la diáspora a la tierra de Palestina para el establecimiento, fortalecimiento, y defensa de un estado político en la tierra de Israel (*Eretz Israel*). Después de muchas luchas y oposición, el sueño de los sionistas se hizo realidad en el año 1948, cuando se creó el Estado de Israel por una resolución de las Naciones Unidas. Tal resolución nunca fue aceptada por los países árabes, que reclaman para sí el territorio de Palestina. La lucha por el control de Palestina trajo como resultado varias guerras, como la de "*Yom Kippur*" y "la

Guerra de los siete días". El Estado de Israel, por su parte, aprovechó estos conflictos para extender su control sobre territorio palestino, al punto de expulsar de su hogares y fincas a muchas familias árabes (muchas de ellas cristianas), y expropiar las tierras donde habían vivido y trabajado durante siglos. La determinación de los sionistas de expulsar a los árabes llegó al punto de destruir los olivares y árboles cítricos, propiedad de dichas familias.

Estas acciones han sido denunciadas como violaciones de los derechos humanos de las familias desposeídas, pues las víctimas son ciudadanos del Estado de Israel, cuyos derechos están garantizados por la propia constitución del Estado de Israel. Los culpables de tales expropiaciones han respaldado sus acciones a base de Génesis 12. Según su modo de entender pasajes como Génesis 12:3 y Números 24:9, hay líderes cristianos que creen estar obligados a apoyar a los sionistas hasta con la compra de armas para el actual gobierno de Israel. El argumento del sionismo cristiano es que Dios bendice a los que apoyan a Israel y maldice a los que se oponen a sus acciones. Es decir, "si usted quiere ser bendecido por Dios, tendrá que prestar su apoyo al Estado de Israel; de otro modo, tanto usted como su gobierno corren el riesgo de caer bajo la maldición de Dios, como fue el caso de tantas personas y naciones en el pasado". Según esta manera de interpretar el texto, por mandato de Dios los cristianos tienen la obligación de apoyar al Estado de Israel.

En contraposición de tal interpretación, hay estudiosos de la Biblia que subrayan el hecho de que aun en el AT los profetas de Dios denunciaban a los reyes y líderes del pueblo de Israel que no respetaban los derechos de los extranjeros que vivían dentro de sus fronteras. Según 2 Samuel 21, en los días de David hubo hambre por tres años consecutivos por causa del rey Saúl y su maltrato de los gabaonitas, una tribu no israelita de Palestina que había establecido un pacto de paz con Israel. Tanto Abrán como Isaac procuraban mantener buenas relaciones con sus vecinos paganos y no cometer ninguna injusticia. Como veremos más adelante en Génesis 34, Jacob maldijo a dos de sus hijos por los crímenes que cometieron en perjuicio de los habitantes de Siquén. En Génesis 12 Dios promete bendecir a los descendientes de Abrán, pero a veces nos olvidamos que los árabes también son hijos de Abrán. Así como algunos se creen obligados a apoyar el sionismo moderno, otros (incluyendo destacados políticos latinoamericanos) condenan el movimiento sionista como un crimen de lesa humanidad.

Tales diferencias de opinión y de enfoque, deben alertar al exégeta cristiano a poner mucho cuidado en su lectura, interpretación, y aplicación de los textos de Génesis. Como cristianos podemos apoyar el derecho que tiene el Estado de Israel de defenderse de ataques terroristas. Sin embargo, el derecho que cualquier país tiene de defenderse, no justifica la suspensión de los derechos humanos de ciudadanos pacíficos de su propio país, que profesan una religión que no es la de ese país (Moberly 2009: 162-178).

En el Pentateuco tenemos relatos de Abrán como misionero

En Génesis 14 tenemos una prefiguración de la adoración del Señor por los gentiles en el relato del encuentro de Abrán con Melquisedec, el rey y sacerdote de la ciudad de Salén. Es el relato de una historia que transcurre después de la liberación de Lot y los habitantes de Sodoma. Se nos presenta la misteriosa figura de Melquisedec, un rey pagano que conoce y sirve al Dios verdadero. No sabemos cómo llegó Melquisedec a conocer a Dios verdadero sin haber conocido antes a Abrán. Más tarde leeremos en el libro de Éxodo que Moisés se encontró con Jetro y sus hijas en la tierra de Madián. Como Melquisedec, Jetro también fue un sacerdote no hebreo que había llegado a conocer a Dios verdadero. Tales relatos nos indican que el Señor sabe cómo revelarse y buscar la salvación de personas que no son de la familia de Abrán. El hecho de que en el Pentateuco se brindan estos relatos acerca de gentiles que creyeron en Dios verdadero, nos muestra el alcance universal y el enfoque misionero del libro de Génesis y todas las Sagradas Escrituras.

El factor Melquisedec

Para algunos investigadores del texto bíblico, Melquisedec desempeña en las Sagradas Escrituras el papel de representante de la revelación general, o sea, el conocimiento de Dios verdadero que el ser humano aprende de la existencia del cielo y la tierra. Según Romanos

1:20, "Lo invisible de Dios, es decir, su eterno poder y su naturaleza divina, se hacen claramente visibles desde la creación del mundo, y pueden comprenderse por medio de las cosas hechas." Según la opinión de Richardson (1984:28-32), Melquisedec es una de las muchas personas en la historia del mundo que llegó a creer y rendir culto al Creador de cielos y tierra, y no a la creación o a las criaturas. Según Richardson, Abrán es el representante de la revelación especial, o sea, la comunicación directa de Dios con los hombres acerca de su voluntad para con el género humano y su creación. En el relato de Génesis, el representante de la revelación general y la revelación especial se encuentran y comparten el pan y el vino. Hay otros misioneros que opinan que, a pesar de la caída en pecado, el conocimiento de Dios único y verdadero nunca quedó completamente olvidado por todo el género humano. El nombre por el que Melquisedec conoció al Creador fue *El Shaddai*, o sea, Dios Altísimo. Richardson calificó la existencia de personas como el rey de Salén en diferentes partes del mundo, como el factor Melquisedec.

En nuestro estudio de Génesis es importante subrayar que Abrán y sus descendientes fueron llamados por Dios para ser instrumentos en su plan de proclamar a todos los pueblos del mundo la soberanía exclusiva de Dios Creador. Por medio de Abrán y su familia, todos son llamados a rendirse ante Dios verdadero y presentarle su adoración y obediencia. Visto desde esta perspectiva, se aprecia mejor la dimensión misionera del primer libro de la Biblia, y se entiende que Abrán recibió el llamamiento para ser un misionero. En efecto, Abrán no sólo fue llamado para ser el padre del pueblo escogido, sino también para ser un misionero.

La dimensión misionera del Génesis se hace más patente cuando consideramos la situación geográfica de Canaán, la porción de tierra que fue dada como heredad a Abrán y sus descendientes. Si hubiera sido la voluntad de Dios aislar a los miembros de su pueblo del contacto contaminante de los demás pueblos de la antigüedad, los habría enviado a un rincón remoto de la tierra o a un valle inaccesible de los Andes, o quizá a una isla perdida en medio del Océano Pacífico, o a un monasterio en el Tíbet. Sin embargo, no fue así. La tierra de Canaán está ubicada en la encrucijada del mundo antiguo, una pequeña porción de la tierra que es como un puente que une los continentes de Asia, África, y Europa. Las caravanas, ejércitos y demás viajeros que quisieran pasar de un continente a otro, debían hacerlo por Palestina. Con el Mar Mediterráneo al oeste y los desiertos de Arabia al sur, no había otro camino. Muchos de los viajeros tenían que pasar algunos días en una de las ciudades de la Tierra Prometida, a lo mejor en Jerusalén, muy cerca del bello templo que más tarde sería construido por el Rey Salomón. De esta manera, los visitantes extranjeros se veían expuestos a un centro donde se proclamaba el mensaje de Dios verdadero. Según los estudios referidos a la evangelización, la misión en los días del AT puede describirse como centrípeta en mayor grado, y no centrífuga como en el NT.

En el Antiguo Testamento predomina la misión centrípeta, mientras que en el Nuevo Testamento predomina la misión centrífuga

Misión centrífuga quiere decir evangelización que emana desde un centro y se extiende en todas direcciones, llevando la luz de la salvación a los lugares más oscuros y más remotos. Después de su resurrección, Jesús envió a sus seguidores a proclamar el evangelio en Jerusalén, en toda Judea y Samaria y hasta lo último de la tierra (Hch 1:8). A los discípulos los mandó a ir y hacer discípulos en todas las naciones (Mt 28:19). Misión centrípeta, en cambio, quiere decir que se atraen personas de las naciones de todas partes del mundo hacia un centro, así como los sabios del Oriente se sintieron atraídos hacia la ciudad de David por la aparición de una estrella. Misión centrípeta quiere decir que los gentiles serán atraídos a la ciudad santa para adorar a Dios verdadero en su santo templo. Vendrán los gentiles a la santa ciudad por la justicia que allí se practica y porque allí nacerá el Salvador de todas las naciones. Dirigiéndose al pueblo de Dios en Judá, Isaías 60:3 proclama: "Tu luz guiará los pasos de las naciones; los reyes se guiarán por el resplandor de tu aurora."

Abrán recibió la orden de abandonar Babilonia y sus dioses para servir a Dios verdadero

En tiempos del apóstol Pablo, cuando él escribió su Epístola a los Romanos, muchos escribas y maestros de la ley habían llegado a la conclusión de que Dios había escogido y llamado a Abrán para ser el "padre de los creyentes". Como primer miembro del pueblo escogido, Abrán fue escogido por la vida de santidad que llevaba antes de su llamamiento. Según esta tradición, Abrán era monoteísta y creía en Dios verdadero cuando aún vivía en Ur de los Caldeos. Según la misma tradición rabínica, el rey de Ur había ordenado a todo el mundo a adorar a uno de los muchos ídolos que había en la ciudad. Al rehusarse Abrán a rendirle culto al ídolo, el rey ordenó que fuera arrojado al fuego. Pero, como en el caso de los tres jóvenes en el horno de fuego (Dn 3), Abrán fue salvado milagrosamente.

Según esta leyenda rabínica, la familia de Abrán tuvo que huir de la ciudad y establecerse en Harán de Siria, para evitar la persecución de los idólatras de Ur. El relato del encuentro de Abrán con el rey de Ur, sin embargo, no concuerda con lo que leemos en los libros canónicos de la Biblia hebrea. Según Josué 24:2, los miembros de la familia de Abrán eran aún idólatras, y servían a dioses extraños cuando vivían en Ur de los Caldeos.

La ciudad natal de Abrán fue la famosa Ur de los Caldeos en el sur de Babilonia

Según mi parecer, la historia del supuesto encuentro entre Abrán y el rey de Ur obedece al intento de atribuir más mérito al padre de los creyentes y, de esta manera, declarar que Abrán fue escogido, llamado, y justificado por sus obras, algo negado rotundamente por San Pablo en sus epístolas a los Romanos y a los Gálatas. En realidad, sabemos muy poco acerca de la vida de Abrán antes de su llamamiento. Su ciudad natal, Ur de los Caldeos, se encontraba al sur de Babilonia, a la orilla del gran río Éufrates, en lo que hoy es Irak. Ur de los Caldeos ha sido llamada "la cuna de la civilización" por los historiadores y arqueólogos. Las excavaciones llevadas a cabo por el Museo Británico y la Universidad de Pennsylvania, nos revelan que Ur era una ciudad que fue destruida y reconstruida varias veces. Como en el caso de muchas ciudades antiguas, se ha encontrado una capa o estrato de ruinas sobre ruinas, y estratos más antiguos. Durante las excavaciones de 1928 y 1929 llevadas a cabo por el gran arqueólogo Sir Leonard Wooley, se encontró que entre el primer estrato (el más antiguo y más hondo) y el segundo, había una capa de fango y arena de un espesor de tres metros depositada por una gran inundación. Algunos creen que esta capa de arena y fango entre el estrato 1 y el estrato 2 se debe al diluvio bíblico. Por lo tanto, se lo llamó "el estrato del diluvio".

Durante muchos siglos (3100-2200 aC) Ur fue un gran centro de civilización construido por los antiguos sumerios, un pueblo no semítico cuyos orígenes aún se desconocen. Los hallazgos arqueológicos del período de los sumerios de Ur incluyen armas, jarras, arpas, adornos de metales nobles, piedras preciosas, y archivos de la escritura pictográfica llamada cuneiforme. De los textos encontrados en Ur se sabe que los antiguos sumerios se dedicaban al estudio de la matemática, la astronomía y otras ciencias. Estos hallazgos dan testimonio de una cultura prodigiosamente elevada y esplendorosa (Kramer 1959:xviii-xix). Los sumerios eran politeístas; sus dioses eran representantes de los espacios y elementos cósmicos. Cada ciudad tenía su propio dios, siendo Sin (también llamado Nannar) el dios de la Luna, la deidad principal de la ciudad de Ur. Sin era venerado en el célebre templo de E-gissir-gal, una torre escalonada o *zigurat*, considerada como la mejor de toda Mesopotamia. Después de 2200 aC los amorreos, un pueblo semita, tomaron el control de Ur y de otras ciudades de Mesopotamia. Los amorreos eran nómadas del desierto al nordeste de Palmira que procuraron penetrar en los territorios cultivados de Mesopotamia, y finalmente lograron establecer su predominio en la región. El primer gran rey amorreo de Mesopotamia fue Sargón I, quien se estableció en la ciudad de Agade o Akkad. Sargón extendió su dominio sobre casi todo el sur de Mesopotamia. De Akkad viene el término acadio, el nombre que se ha dado al imperio y la cultura establecidos por los semitas en Mesopotamia. En realidad, lo que ocurrió con la conquista amorrea fue una fusión de la cultura de los sumerios y la de los semitas.

Ur de los Caldeos había sido conquistada por los arameos

Cuando Dios le dijo a Abrán y a su familia que se vayan de su tierra –Ur de los Caldeos– y de su parentela, la civilización sumeria ya había surgido, prosperado, y desaparecido. Ur-Nammu, un rey arameo, había establecido una dinastía aramea o babilónica en Ur. El sexto

271

rey de la primera dinastía babilónica fue el renombrado Hammurabi, famoso no sólo por sus conquistas, sino también por el Código de Hammurabi, una codificación de todas las leyes de aquel entonces. El descubrimiento de la estela de Hammurabi es uno de los hallazgos arqueológicos más importantes de todos los tiempos. Se cree que la familia de Abrán salió de Ur en tiempos de la primera dinastía babilónica. Durante muchos años los reyes de la primera dinastía babilónica de Ur tuvieron que contender con los invasores elamitas procedentes de lo que hoy es Persia. Hay historiadores que creen que la familia de Abrán salió de Ur durante este tiempo de zozobra e inseguridad política, en busca de refugio en Harán, una región ubicada en lo que es hoy parte de Turquía, un pueblo establecido siglos atrás como una avanzada de los sumerios. La palabra Harán quiere decir encrucijada, porque estaba en la ruta principal que unía a Carquemis con Nínive.

En un texto que los eruditos han llamado "El Antiguo Credo de Israel (Dt 26:5-9), encontramos las siguientes palabras: "Un arameo errante fue mi padre. Con pocos hombres emigró a Egipto, y allí se quedó a vivir." De acuerdo con esta confesión de fe, los descendientes de Abrán reconocieron que su progenitor Abrán había sido un amorreo. Según el relato bíblico, Abrán se trasladó a Harán con su familia, no tanto para huir de la amenaza de los elamitas, sino porque había recibido un llamamiento de Dios.

Los que acompañaron a Abrán en su peregrinación a Harán fueron su padre Taré, su hermano Nacor, su cuñada Milca, su esposa Saraí y su sobrino Lot. Después de la muerte de su padre, Abrán salió de Harán con Saraí y Lot, siguiendo las instrucciones de Dios, y dirigió sus pasos hacia la tierra de Canaán, un lugar que nunca habían visto. En su peregrinación fueron guiados, no por lo que habían visto, sino por su fe en la palabra de Dios.

Abrán y Saraí en Egipto. Génesis 12:10-13:4

Aunque en el libro de Génesis encontramos muchas historias que relatan las experiencias de los patriarcas y matriarcas del pueblo escogido, la más importante que relata la Torá es la historia de la promesa de la simiente de la mujer. La promesa fue dada a Adán, después a Noé, y más tarde a Abrán y a sus descendientes. Los relatos de Génesis tratan, sobre todo, de la historia de la promesa, el contenido y transmisión de ésta y los peligros que amenazaban su cumplimiento. El relato de la estancia de Abrán y Saraí en Egipto es una de las historias que trata de la promesa amenazada, o de la promesa en riesgo.

En Egipto se han encontrado inscripciones de la Edad del Bronce, que cuentan de las frecuentes hambrunas que azotaban el antiguo Cercano Oriente. En tiempos de carestía los habitantes de Canaán solían trasladarse a Egipto para poder sobrevivir, pues allí, en la tierra de los faraones, la abundancia de alimentos no dependía de las lluvias principalmente, sino de las inundaciones anuales del río Nilo. El hambre en Palestina obligó a Abrán y los suyos a abandonar la Tierra Prometida y pasar un tiempo como transeúntes en Egipto. El pasaje de Génesis no especifica si el viaje de Abrán a Egipto fue ordenado, o no, por Dios. Hay intérpretes que creen que las dificultades de Abrán en Egipto fueron el resultado de una decisión que el patriarca tomó por cuenta propia, sin consultar primero con el Señor (Swindoll 2015:21).

Los rabinos solían hablar de las diez grandes pruebas por las que tuvo que pasar el padre de los creyentes. La estancia de Abrán en Egipto fue una de las pruebas de fe. Dios les había prometido al patriarca y a sus descendientes la tierra de Canaán como herencia, y de pronto se vieron en la necesidad de abandonar esa tierra. ¿Volverían en paz a la Tierra Prometida? ¿Se cumplirían las promesas del Señor referidas a la gran descendencia del patriarca? ¿Llegaría Abrán a ser realmente una bendición a todas las naciones? ¿Llegaría Saraí a ser madre de un hijo de Abrán, tal como Dios había prometido, o terminaría en el harén de algún lascivo gobernante egipcio?

El gran temor que Abrán abrigaba en su corazón al acercarse a Egipto fue que pudiera ser asesinado por algún personaje importante de Egipto por causa de la belleza de su esposa. Para evitar dicho peligro, Abrán y Saraí acordaron decir a los egipcios que eran hermanos, y no esposos. De hecho, Saraí era media hermana de Abrán, de modo que lo que les dijeron a los egipcios fue solamente una media mentira. Pero, a veces las medias mentiras son más peligrosas y perniciosas que las mentiras sin medias tintas. Tómese nota de que el texto no dice que Abrán y Saraí consultaron con el Señor en lo que hicieron. ¿Lo que hicieron fue una falta de fe? ¿Su media mentira fue un pecado? Los que estudian Génesis están en desacuerdo. Swindoll dice que Abrán y Saraí fallaron; no lograron pasar la prueba (2015:21-23).

Lutero defiende categóricamente la acción de Abrán (1963:295), expresando que lo que motivó al padre de los creyentes no fue cobardía, sino el cumplimiento de la promesa de la simiente que vendría para aplastar la cabeza de la serpiente (Gn 3:15). Si Abrán hubiera sido asesinado por los egipcios, no podría haber llegado a ser una bendición para todas las naciones. Lutero asevera que Abrán no pecó al mentir a los egipcios, porque no toda mentira es pecado.

Citando a San Agustín, el reformador dice que tenemos que distinguir entre tres diferentes clases de mentiras. La primera clase es la que encontramos en las novelas y obras de teatro. Todo el mundo sabe que tales presentaciones contienen elementos inventados, que no son reales. Se sobrentiende que su propósito es divertir y no engañar; en esto no hay pecado. No hay pecado tampoco en la segunda clase de mentiras, las que intentan salvar las vidas y la integridad de personas inocentes y protegerlas de la opresión y persecución de los mal intencionados. Según Lutero, existen circunstancias en las que nos encontramos en la obligación de mentir. El ejemplo bíblico más claro sería Éxodo 1:19, donde las parteras le cuentan una mentira al faraón para salvar las vidas de los niños hebreos. Otro ejemplo, según el reformador, sería la mentira que contó Mical, la esposa de David, a los hombres que vinieron para asesinar a su marido (1 S 19:12-17). La tercera clase de mentiras tiene que ver con las doctrinas falsas y las declaraciones de los falsos profetas que claman paz, cuando no hay paz. Igualmente condenables son las mentiras urdidas para engañar a Dios, como las de Ananías y Safira (Hch 5:1-11), o para hacer daño a otros, tales como las de los testigos falsos que acusaron a Jesús de ser un revolucionario.

Otros intérpretes de Génesis, especialmente los que representan la llamada crítica feminista, opinan que lo que hizo Abrán fue algo despreciable, pues el patriarca expuso la vida y la virtud de su esposa a un gran peligro a fin de salvar su propio pellejo. Es la voluntad del Señor –nos dicen ellas– que los maridos amen a sus mujeres "así como Cristo amó a la iglesia, y se entregó a sí mismo por ella" (Ef 5:25). Otros intérpretes hasta acusan a Abrán de haber planificado todo lo que sucedió para chantajear al faraón con el propósito de sacarles a los egipcios mucho oro, plata, y otros bienes como reparación por lo que sufrió Saraí en el harén del faraón. Según el relato de Génesis 12, a Saraí la llevaron a la casa del faraón y la recluyeron en su harén. Pero el Señor actuó para proteger a Saraí y salvaguardar su virtud. Según nuestro parecer, el enfoque principal del pasaje es la protección que Dios brinda a sus santos, y no el deseo de condenar a Abrán por su temor y falta de fe. Si Saraí hubiera quedado embarazada poco después de su estancia en Egipto, habrían surgido serias dudas respecto a la paternidad de su hijo y la fidelidad de Dios respecto a la promesa dada a Abrán. Varios años más tarde nació finalmente el heredero prometido.

Los que estudian el Pentateuco han observado una serie de semejanzas o paralelos entre el relato acerca de la estancia de la familia escogida en Egipto, y la suerte de sus descendientes tres generaciones más tarde. Dicho de otra manera, la historia de Abrán en Egipto es como una prefiguración de la historia de Israel en Egipto. Lo mismo que en la historia de Abrán y Saraí, Jacob y sus hijos tuvieron que salir de Canaán y buscar refugio en Egipto a causa de una gran escasez de alimentos. Y así como Saraí fue secuestrada y avasallada por el faraón, los hijos de Israel fueron esclavizados por los egipcios y se les negó el permiso de regresar a Canaán. Tanto en la historia de Abrán y Saraí como en la de Israel en Egipto, Dios castigó al faraón y a los egipcios con plagas. Finalmente, en ambos relatos los creyentes regresaron a la Tierra Prometida llevando consigo muchos tesoros. A pesar de las dificultades y pruebas, la promesa divina se cumplió. Dios dispone de medios para proteger a los suyos cuando se encuentran fuera de las fronteras de la Tierra Prometida. Es una lección que debe servir para consolar a los hijos de Dios cuando se ven en la obligación de migrar a otra parte, o cuando se los lleva cautivos a tierras desconocidas, como, por ejemplo, en el tiempo de la cautividad babilónica. En todas partes del mundo los hijos de Dios pueden contar con la presencia del divino pastor de Israel (Arnold 2009:138). Además, lo que pasó en la historia de Israel en Egipto no fue una calamidad accidental, sino parte del plan providencial de Dios para el pueblo escogido, un plan que el Señor ya había elaborado en los días de Abrán (Cassuto 1964:337).

Seguramente el secuestro de Saraí fue, como nos dicen los rabinos, una gran prueba para la fe de Abrán. Hablando de la fe, la Carta a los Hebreos dice que "tener fe es estar seguro de lo que se espera; es estar convencido de lo que no se ve" (Heb 11:1). A Dios no se lo ve, pues Dios es invisible. Lo que Abrán pudo ver con sus ojos en Egipto fueron centenares de ídolos, pero no a Dios verdadero. Pero por fe Abrán sabía que Dios estaba con él y también con Saraí. No pudo ver tampoco la razón por la cual Dios en su providencia permitió el secuestro de Saraí. Así como Abrán, así también nosotros creemos en la providencia de Dios; pero, como nos recuerda Calvino, la providencia de Dios también es invisible. Pablo nos asegura que "Dios dispone todas las cosas para el bien de los que lo aman" (Ro 8:28). Con frecuencia oímos que alguien dice: "Yo sé que todas las cosas nos ayudan a bien, pero mi problema es que en mi caso no veo que todo me esté ayudando a bien". Claro, diría Lutero, no lo ves, lo crees. El hecho de que todas las cosas nos ayudan a bien, también es algo invisible. Es algo que no podemos ver, es algo que Dios quiere que creamos. Si pudiéramos ver que todas las cosas nos ayudan a bien, si fuera algo tan obvio, tan evidente, no nos haría falta un pasaje como Romanos 8:28. Tanto en el caso nuestro como en el de Abrán y Saraí, las pruebas no nos impulsan hacia las cosas visibles, a lo que podemos ver, sino hacia la Palabra. Todas las pruebas nos conducen a las promesas de Dios, no a las cosas que despiertan sensaciones. Vivimos por fe, y la fe vive por la Palabra y promesa de Dios.

Otra lección que nos enseña la historia de Abrán y Saraí en Egipto es que Dios castiga a los que afligen y oprimen a su pueblo. En Génesis 12:17 leemos que "el Señor hirió al faraón y a su casa con grandes plagas, también por causa de Saraí, la mujer de Abrán." Lutero nos dice que el Señor envió grandes plagas al rey de Egipto, para enseñarle a temer a Dios y gobernar a su pueblo de tal manera que los inocentes no sufran injusticias (1960:318). Con frecuencia, dice el reformador, los castigos y las plagas tienen la finalidad de llevarnos al arrepentimiento, enseñarnos humildad, y advertirnos del peligro de la muerte eterna. Las plagas enviadas al rey por causa de Saraí fueron, por supuesto, un tipo o prefiguración de las diez plagas que el Señor envió sobre los egipcios en el tiempo de Moisés y el éxodo. Las plagas que les sobrevinieron a la casa del faraón y los egipcios no fueron, sin embargo, una muestra de una ira implacable, sino del deseo del Señor de llevar a los egipcios al conocimiento y la adoración de Dios verdadero (Lutero 1960:321-322). Tenemos aquí otra narración en la Biblia hebrea que relata la manera en que el Señor intervino en la historia para salvar a los suyos de un gran peligro, y salvar al faraón egipcio de sí mismo. A diferencia de las deidades de los gnósticos, el Señor es Dios que interviene en su creación, Dios que responde a las oraciones de su pueblo y reacciona ante la maldad de los que violan su ley (Goldingay 2003:253-254).

GÉNESIS 13

El problema de las riquezas

En Génesis 13 se nos dice que tanto Abrán como su sobrino Lot eran riquísimos en ganado, plata, y oro. El patriarca había recibido del faraón ovejas, vacas, asnos, siervos, criadas, asnas, y camellos. La salida de Egipto de la familia de Abrán cargada de posesiones, es una prefiguración de la salida de Egipto de los descendientes de Abrán después de los cuatrocientos años de cautiverio (Ex 12:35-36), cuando llevaron consigo una gran cantidad de alhajas de plata, oro, y vestidos que habían pedido a los egipcios. Moisés había ordenado a los israelitas llevar dichos tesoros como pago por todo el trabajo de los hebreos durante su cautividad. Lutero comenta que la prosperidad de Abrán constituyó un gran problema para muchos teólogos y comentaristas de su día, pues de acuerdo con las ideas de muchos franciscanos, cistercienses y cartujos, la salvación se aseguraba con la renuncia al oro, la plata, y las posesiones. Según se creía, al tomar el hábito y volverse mendicante y renunciar al dinero y las posesiones, el monje recibía un segundo bautismo que borraba todos los pecados cometidos después de su primer bautismo con agua. Se enseñaba que todos los ricos debían entregar sus posesiones a los pobres, así como Jesús se lo había pedido al joven rico. Prevalecía la idea, no sólo entre teólogos, sino también entre algunos filósofos estoicos y cínicos, que las riquezas, el oro, y la plata eran malos de suyo. Ideas semejantes circulaban entre muchas personas que se identificaban con la reforma radical del siglo 16.

Para defender al patriarca Abrán frente a los que lo criticaban por sus muchas posesiones, Lutero hizo constar que en Génesis 1:28 Dios le había dado al ser humano dominio sobre la toda la creación, incluyendo el oro y la plata. La tarea que Dios les había encomendado a Adán y a sus descendientes fue la de ejercer dominio sobre la riquezas, o sea, usarlas de acuerdo con la voluntad de Dios para el bienestar del prójimo y del planeta. Echar fuera el oro o echarlo todo al mar como hizo el filósofo Crates es, según el reformador, el colmo de la irresponsabilidad (1960a:330, 347). Las riquezas, continúa diciendo Lutero, no son malas de suyo si ejercemos dominio sobre ellas. Lo malo es cuando las riquezas nos dominan a nosotros, pero en este caso el mal no está en el oro o en la plata, sino en los seres humanos que abusamos de los dones que el Creador nos ha entregado para administrar para el bien de todos. Lutero hace la observación de que, por lo general, la riqueza empeora al ser humano. Con mucha facilidad las riquezas llegan a reemplazar a Dios y a convertirse en un ídolo, el dios mamón. El remedio para eso, nos aconseja Lutero, no es renunciar al uso del oro y volverse mendigo, sino llegar a ser un buen mayordomo que sabe emplear las riquezas para proveer para los de su casa y para ayudar al prójimo.

El reformador nos recuerda que Jesús no rechazó el uso del dinero como algo malo de suyo, sino que más bien hasta nombró un tesorero para administrar los dineros que otros le entregaban. En un mundo donde la supervivencia de todos depende de la buena administración de los recursos de la creación, el hombre, como mayordomo de la Tierra, tendrá que ejercer domino sobre las riquezas que Dios nos ha dado a fin de que la lucha por tenerlas no provoque conflictos como la trifulca que surgió entre los pastores de Abrán y los de Lot.

En tanto que en su exposición de Génesis 13 Lutero defiende a Abrán de los que lo critican por sus posesiones, ataca a otros que utilizan a Abrán como ejemplo para justificar un supuesto derecho de miembros del pueblo de Dios, de llevar un estilo de vida extravagante y opulento. La prosperidad de Abrán no justifica la búsqueda desenfrenada de las riquezas; ni tampoco puede servir como base de lo que hoy en día se ha dado en llamar la teología de la prosperidad. En su comentario sobre Génesis, Lutero señala que la adquisición de riquezas no siempre significa que Dios haya decidido premiar a uno que vivió de acuerdo con la ley de Dios. Las riquezas que recibió Abrán fueron un don de la gracia, es decir, del amor inmerecido de Dios. No fueron algo que obtuvo Abrán en virtud de su piedad y su vida intachable, pues vimos en Génesis 12 que el patriarca mintió al faraón y a los egipcios al decirles que Saraí era su hermana y no su esposa. De tal manera, casi sacrificó la virtud e incluso la vida de su esposa para salvar su propio pellejo. La prosperidad no es siempre el premio de los santos. En muchos casos, como vemos en los Salmos, el libro de Job y las denuncias de los profetas, los que gozan de la prosperidad son, muy frecuentemente, los violentos, los opresores, los faraones, los injustos, los traficantes de esclavos y los que les quitan sus bienes a las viudas y los huérfanos. Los justos, los profetas, los discípulos que sufren pobreza, persecución, y oprobio, tienen que tomar su cruz y seguir al Hijo del Hombre.

Una nueva prueba: Lot se separa de Abrán

Según los rabinos, la separación que ocurrió entre Abrán y su sobrino Lot fue una de las diez pruebas por las que tuvo que pasar el patriarca (Cassuto 1964:366), pues Lot fue como un hijo para Abrán y Saraí. Si algo malo les hubiera acontecido a ellos, Lot habría sido su heredero, el que mantendría vivo el nombre y la memoria de Abrán. Una de las grandes bendiciones de que disfrutaron Abrán y Saraí durante sus años de peregrinación, fue la amistad y comunión que compartieron con Lot. Aunque el pasaje no lo menciona expresamente, se sobrentiende, de Génesis 13:1, que Lot había acompañado a Abrán y Saraí durante su estancia en Egipto. Quizá durante su estancia en Egipto Lot llegó a apreciar la seguridad y demás beneficios que ofrecía la vida urbana. Ésta podría haber sido una de las razones de la separación entre tío y sobrino. Otra razón seguramente fue la riqueza que ambos obtuvieron en Egipto. Una de las maldiciones que engendra el amor al dinero es la competencia, la tensión entre hermanos, la envidia y el alejamiento espiritual de los seres queridos de uno. Después de viajar tantos años con Abrán y Saraí, Lot decidió separase de ellos y andar otro camino. Hubo un momento en el ministerio de Jesús en que muchos de sus seguidores se volvieron atrás y no anduvieron más con él. Fue en ese momento que Jesús preguntó a los doce: "¿También ustedes quieren irse?" (Jn 6:66-67).

Para evitar las contiendas entre los pastores de ambos, tío y sobrino decidieron separarse, Abrán por un lado y Lot por el otro. Abrán permitió a Lot escoger primero. Olvidando la promesa que Dios les había hecho, Lot decidió escoger la tierra más fértil, la llanura del río Jordán que parecía ser el huerto de Edén, y no un territorio dentro de las fronteras de Canaán. Lutero hasta creyó que la llanura del Jordán en realidad fue una parte de lo que había sido el huerto de Edén. Abrán, por su parte, no quiso abandonar la tierra prometida de Canaán, aunque era menos fértil que el Valle de Sitim. La tierra que Dios había prometido a Abrán y sus descendientes no fue la llanura del Jordán, sino la tierra de Canaán. Lot, guiado quizá por la avaricia, deseó para su familia la tierra bien regada de la llanura, sin tomar en cuenta el peligro de vivir tan cerca de la influencia contaminante de las ciudades de Sodoma y Gomorra.

De modo que la familia de Lot llegó a ser como la buena semilla sembrada entre zarzas y espinas (Mt 13:22), donde "las preocupaciones de este mundo y el engaño de las riquezas ahogan la palabra, por lo que ésta no llega a dar fruto". Lot anhelaba establecerse en un lugar fijo, en una ciudad de altos muros para proteger a sus habitantes. Lot ya estaba cansado de tanto viajar de un lugar a otro, y así llegó a buscar seguridad en la perversa ciudad de Sodoma, y hasta comprometió a sus hijas con hombres de ese lugar. Al principio levantó su tienda en las afueras de la ciudad, pero más tarde lo encontramos viviendo en su propia casa dentro de los muros de Sodoma y sentado a la entrada de la ciudad, donde solían sentarse los nobles de la urbe. Según Calvino, Lot fijó su residencia en la perversa ciudad de Sodoma porque se dejó guiar por la vista y no por fe en la promesa (Waltke 2001:224). Abrán en cambio siguió erigiendo su tienda en lugares apartados de la ciudad de la destrucción. El primer patriarca se dejó guiar por fe en la promesa y no por las riquezas y defensas que le ofrecía una ciudad en la cual reinaba la injusticia, el lujo, y la perversidad. Bien dice el salmista: "Es mejor pasar un día en tus atrios que vivir mil días fuera de ellos. ¡Prefiero estar a la puerta de tu templo, oh Dios, que vivir en las mansiones de la maldad!" (Sal 84:10).

El carácter y prioridades de Lot

Varios estudiosos han hecho la observación de que la descripción que hacen de Lot el *Génesis Rabbah*, el libro de *Jubileos* y el *Génesis Apocriphon* es más nebulosa que la del relato del Texto Masorético. Según estos escritos, Abrán quiso que su sobrino se quedara con él en Canaán, pero Lot se negó porque no compartía la fe de su tío. Según el *Génesis Rabbah*, Lot se apartó de Abrán porque no quería ni a Abrán ni a su Dios (Rickett 2014:629). Aunque Abrán construía altares por toda la Tierra Prometida, no hallamos pasajes que hablen de Lot invocando el nombre del Señor. Aunque el Génesis nunca menciona el origen de la mujer de Lot, los textos citados arriba declaran que Lot se casó con una de las hijas de Egipto. Quizá para el libro de Génesis la consecuencia más importante en la historia de la separación de Lot y Abrán es que por decisión propia Lot se descalificó a sí mismo como heredero de Abrán y heredero de la promesa de la simiente que el Señor en su gracia había dado al padre de los creyentes. Siendo el familiar más cercano de Abrán, Lot hubiera sido, probablemente, la persona designada como heredera de Abrán en el caso de que éste muriera sin prole (Rickettt 2014:611-633). Como veremos más adelante, los autores del NT y los reformadores como Lutero, procuraron resguardar el carácter de Lot y no impugnar al sobrino de Abrán tan contundentemente como los autores rabínicos. En suma, el autor de Génesis quiere subrayar que los herederos de la Tierra Prometida no serían los descendientes de Lot, sino Isaac y sus descendientes.

Abrán prefiere vivir como forastero en Canaán y no en Sodoma

En su discurso ante el Consejo Supremo, Esteban, hablando de Abrán, manifestó: "Y aunque [Dios] no le dio siquiera un poco de terreno donde poner el pie, le prometió que esa tierra se la daría a su descendencia, a pesar de que él no tenía ningún hijo" (Hch 7:5). Hablando de la fe de Abrán, la Carta a los Hebreos recalca: "Por la fe, habitó en la tierra prometida como un extraño en tierra extraña, y vivió en tiendas con Isaac y Jacob, quienes eran coherederos de la misma promesa; porque esperaba llegar a la ciudad que tiene fundamentos, cuyo arquitecto y constructor es Dios" (Heb 11:9-10). El profesor Cassuto comenta que la palabra hebrea para tierra, *eretz,* aparece siete veces en el relato, indicando que es uno de los términos clave del pasaje (1964:368).

Todo indica entonces que el tesoro más grande que Abrán recibió, según el relato de Génesis 13, no fue el oro de Egipto, sino la promesa acerca de la Tierra Prometida y su descendencia en los versículos 14-16. Dios promete multiplicar la descendencia de Abrán en número incontable, como el polvo de la tierra. "Si hay quien pueda contar el polvo de la tierra, entonces también tu descendencia podrá ser contada." Desde la perspectiva del NT, sabemos que la promesa tiene su cumplimiento en la proclamación del evangelio en todas las naciones, y la incorporación de personas de todas las razas, lenguas, pueblos, y tribus al pueblo de Dios por medio de la fe en Jesucristo, el descendiente y simiente de Abrán.

Al fin del relato de la separación de Lot y Abrán, el Señor le dice a éste: "Levántate, recorre la tierra a todo lo largo y lo ancho de ella, porque a ti te la daré" (Gn 13:17). De acuerdo con los archivos del año 1300 aC, los reyes heteos de Anatolia solían recorrer las fronteras de sus dominios durante la fiesta invernal, a fin de afirmar su derecho y autoridad sobre estos territorios. En el día de su entronización, el faraón de Egipto (3000 aC), en procesión festiva, daba una vuelta por los muros de la ciudad, con el fin de afirmar su dominio sobre la ciudad principal del reino. En Josué 6 leemos acerca de los sacerdotes que llevan el arca del pacto de Israel dando siete vueltas alrededor de las murallas de Jericó, como señal de que la ciudad sería tomada por el Señor. A la luz de estos y otros ejemplos, se pone de manifiesto que el recorrido de Abrán por las fronteras de la Tierra Prometida es un acto de fe en que se proclama que toda la tierra de Canaán será entregada a los descendientes del primer patriarca (Waltke 2001:223).

A fin de cuentas, lo más significativo de Génesis 13 no son las muchas posesiones que tenía Abrán, ni la descripción de la llanura del Jordán, ni las incontables andanzas del patriarca, sino el hecho de que Abrán construyó un altar al Señor. La construcción del altar fue un acto de fe en las promesas de Dios, porque implicaba no sólo el restablecimiento del culto del Señor en Canaán, sino el predominio de la adoración de Dios verdadero en la región en que los cananeos y sus aliados adoraban ídolos y ofrecían sacrificios a sus dioses. De hecho,

Lutero opina que la construcción del altar al Señor ayudó a Abrán a predicar a sus vecinos cananeos sobre el Creador del cielo y la tierra, su ley y sus promesas acerca del salvador venidero. De esta manera, Abrán llegó a ser una bendición para sus vecinos en conformidad con la promesa de Dios (Lutero 1960:363).

GÉNESIS 14

Aunque con toda seguridad hubo mucha violencia y guerras en el mundo antes de Abrán, la primera mención de una guerra, en la Biblia, la encontramos en Génesis 14. El relato dice que existió una alianza de cuatro reyes de Mesopotamia con los cinco reyes del valle de Sidín, donde se encontraban las ciudades de Sodoma, Gomorra, Adma, Zeboyin y Soar. Según el relato bíblico, los cinco reyes de dichas ciudades habían estado bajo la hegemonía del rey Quedorlaomer de Elam por doce años, pero en el año decimotercero decidieron rebelarse y no pagar más tributo al rey de Elam y sus aliados. Se ha sugerido que el tributo que anhelaban los orientales provenía de las minas de cobre cerca del Mar Muerto (Arnold 2009:145-150; Speiser 1964:109). La rebelión de los cinco reyes del valle fue la provocación que llevó a los cuatro reyes del Oriente a invadir los territorios de los reyes rebeldes. En la batalla del valle de Sidín, los cuatro reyes del Oriente derrotaron a los cinco reyes locales, y se llevaron una gran cantidad de botín. Además, llevaron a muchos cautivos, quizá para servir como rehenes o ser vendidos como esclavos. Entre los cautivos se encontraba Lot, su esposa y sus dos hijas. La seguridad que había buscado Lot al establecerse en una ciudad de altos muros, se esfumó ante la arremetida de los invasores.

Hasta ahora, los historiadores no han logrado identificar a los reyes invasores con personajes mencionados en inscripciones o relatos históricos provenientes del antiguo Cercano Oriente. Lo que interesa al autor sagrado no es la identidad de los reyes, sino la actuación de Abrán en esta nueva prueba de su fe, y también su encuentro con la misteriosa figura de Melquisedec, rey de Salén y sacerdote del Dios Altísimo.

Al informársele de la batalla de Sidín y del secuestro de su sobrino, Abrán, pensando en el peligro que corría Lot, se olvidó de su propia seguridad, y con el apoyo de sus siervos y vecinos se lanzó en persecución de los invasores. El hecho de que Abrán contó con el apoyo militar de sus vecinos amorreos es un indicio de la estima y amistad que se había ganado entre los habitantes de Hebrón. Lo que el autor sagrado quiere enseñar a sus lectores es que los hijos de Dios pueden tomar las armas y hasta aliarse con los que no son israelitas, cuando se trata de una causa justa cuyo fin no sea la opresión ni la adquisición de botín, sino la liberación de las víctimas de los oprimidos. Después de lanzar un ataque sorpresivo de noche, Abrán, junto con sus aliados y sus 318 siervos, logró la liberación de los prisioneros y el rescate de sus posesiones. Hay quienes opinan que los 318 siervos de Abrán no eran ni esclavos ni trabajadores del patriarca, sino vecinos que procuraban asociarse con un hombre poderoso, rico y justo. En otras palabras, dándose cuenta de qué manera Abrán temía y servía al Señor, sus vecinos se sintieron motivados a confiar en él y en su Dios (Swindoll 2015:43).

Abrán rehusó formar una alianza con el rey de Sodoma, o tomar para sí algo del botín como recompensa por su acción, y se puso en marcha hacia la ciudad de Salén, para su encuentro con Melquisedec y para dar gracias al Señor por haberle dado la victoria frente a un enemigo mucho más poderoso. Si Abrán hubiera ganado la victoria con un ejército más grande y mejor equipado que el de los cuatro reyes orientales, todos habrían concluido que la batalla la ganó gracias a la superioridad de su ejército. En cambio, al lograrse la liberación de los cautivos con sólo 318 aliados sin experiencia militar, la única explicación es que lo sucedido fue un milagro de Dios. ¡A Dios sea la gloria, y no a los caballos, carrozas, espadas, y lanzas de un ejército invencible! Algo similar ocurrió en Jueces 7, en que Gedeón, con sólo trecientos hombres, derrotó un gran ejército de madianitas y amalecitas.

Se rechaza la tentación de valerse de la guerra para enriquecerse

Salén, la ciudad gobernada por Melquisedec, parece ser la misma ciudad de Jerusalén que muchos siglos más tarde conquistó el rey David y convirtió en la ciudad capital de las doce tribus de Israel. A Melquisedec se lo llama sacerdote del Dios Altísimo. La palabra Salén quiere decir paz, y proviene de la misma raíz que shalom. Lo que

Abrán quería después de su victoria era paz; no quiso más guerra, ni más saqueos. El patriarca rechazó la tentación de utilizar su victoria para convertirse en rey, conquistador o simple mercenario. Alzando su mano e invocando a Dios como testigo, el primer patriarca hizo un sagrado juramento con el que rechazó la tentación de enriquecerse con el botín: "He levantado mi mano al Señor, Dios Altísimo, creador de los cielos y de la tierra, para jurar que no tomaré nada de lo que es tuyo, ni siquiera un hilo ni una correa de calzado, para que no digas: 'Yo enriquecí a Abrán'" (Gn 14:22-23).

Es interesante notar en este pasaje que acabamos de citar, que al Señor se lo identifica como Dios Altísimo, creador de los cielos y de la tierra, o sea, Dios de quien Melquisedec es sacerdote. La frase "ni siquiera un hilo ni una correa de calzado" es semejante a frases similares encontradas en documentos legales de la Edad de Bronce, que tienen que ver con el reparto de botín. En uno de los documentos el rey hitita Suppiluliuma I jura haber emprendido una campaña militar para la liberación de un pueblo oprimido, motivado por puro altruismo y no para enriquecerse a sí mismo. Se ha sugerido que, antes de emprender su operación de rescate, Abrán, igual que el rey hitita, habría hecho un juramento de no tomar el botín, y su declaración de Génesis 14:22-23, afirmaría su fiel cumplimiento de dicho juramento. Juramentos semejantes se encontraron en Mesopotamia y Egipto. Recordemos que en la antigüedad muchos conflictos (1 S 30:21-25) y hasta guerras, comenzaron por la cuestión de cómo repartir el botín. Se recuerda en la *Ilíada* de Homero la gran cantidad de sangre derramada como consecuencia de la falta de Agamenón de cumplir con sus promesas respecto al reparto del botín (Morschauser 2013:133-137).

A pesar de su derrota en la batalla del valle de Sitín y su rescate por Abrán y sus aliados, el rey de Sodoma y los demás sodomitas no comprendieron que por medio de estos incidentes Dios los estaba llamando al arrepentimiento. En vez de arrepentirse y rendirse ante el Dios de Abrán, que les había mostrado su gracia y misericordia, volvieron a sus ciudades y vicios. En Génesis 19 leeremos que los sodomitas que escaparon de las manos de los reyes orientales no lograron esquivar la justa ira de Dios Altísimo, creador del cielo y la tierra (Lutero 1963:379).

La importancia de Melquisedec en las Escrituras

Muy poca información acerca de Melquisedec nos brinda el libro de Génesis. Su nombre significa "rey de justicia", o "rey justo". Otros reyes jebuseos de Jerusalén también tuvieron nombres compuestos que, como en el caso de Melquisedec, contenían la raíz *sedec* (justicia, justo), como por ejemplo Adonisedec, en Josué 10:1. Lutero, en consonancia con el Targum Neofiti, el Talmud, San Jerónimo, Efrén el sirio y otros, opinaba que Melquisedec era Sem, el hijo de Noé. Según los cálculos de Lutero, basados en el texto Masorético (pero no en la LXX ni en la Crónica Samaritana), Sem aún vivía en los días de Abrán. En Hebreos 7, el autor sagrado dice que Jesucristo es sumo sacerdote, no del orden de Aarón, sino del orden de Melquisedec. Algunos intérpretes de la Carta a los Hebreos creen que en el tiempo presente Melquisedec lleva a cabo sus oficios sacerdotales, no en un templo o tabernáculo terrenal, sino en el tabernáculo celestial mencionado repetidas veces en la Carta a los Hebreos (Heb 8:1-2). Según tal interpretación, Jesucristo fue hecho sumo sacerdote de ese tabernáculo celestial, donde sigue intercediendo por nosotros (Barnard 2013:469-479).

En el tiempo que media entre el AT y NT, surgieron muchas tradiciones místicas en torno de Melquisedec. Puesto que hemos presentado una reseña de tales tradiciones en nuestro comentario sobre los Salmos, no repetiremos aquí lo que ya hemos presentado en otra parte (Blank 2008:165-166). Baste con decir que a Melquisedec se lo presenta en el NT, no solamente como rey, sino también como sacerdote. De acuerdo con Hebreos, Melquisedec es un tipo o anticipación de Jesucristo quien es, a la vez, el Rey Mesías y sumo sacerdote que se ofreció a sí mismo por los pecados del mundo. Así como Abrán reconoció la autoridad singular de Melquisedec y le entregó los diezmos, nosotros, los descendientes espirituales de Abrán, reconocemos la autoridad y supremacía del Rey Sacerdote, que es aún más grande que Melquisedec, y le ofrecemos nuestros diezmos y también nuestra adoración y nuestras vidas.

¿Fue Melquisedec monoteísta?

Varios estudiosos de la historia de las religiones han notado las semejanzas que existen entre el rey y sacerdote Melquisedec y otros personajes, tanto legendarios como históricos. Se dice, por ejemplo, que en la China, 2600 aC, el pueblo y los emperadores de las primeras tres dinastías fueron monoteístas que adoraron como dios supremo solamente a *Shang Ti*, el Señor del cielo. En el *Shu Ching* (Libro de la Historia) se encuentra el primer relato de un culto religioso entre los antiguos chinos. En esa historia se cuenta que el Emperador Shun (2230 aC) adoraba y ofrecía sacrificios solamente a *Shang Ti*. En otras palabras, Shun, igual que Melquisedec, era rey y sacerdote de Dios Altísimo. Se nos dice, además, que nunca se emplearon ídolos en la adoración de *Shang Ti*. Investigadores cristianos creen que tanto el dios *Shang Ti* que adoraban los chinos, como el *Dios Altísimo,* es el mismo ser divino que adoraba Melquisedec. Este Dios Altísimo es, a la vez, el mismo ser divino que, según Génesis, es el creador de cielos y tierra. Según los investigadores cristianos, el culto a Dios verdadero nunca quedó totalmente opacado entre los gentiles. En la mitología de muchas sociedades, tanto antiguas como modernas, se encuentran recuerdos de los acontecimientos narrados en el libro de Génesis. Estudiantes de la caligrafía china han afirmado recientemente que en los caracteres de la escritura china se encuentran símbolos relacionados con los eventos relatados en Génesis (Kang y Nelson 1979:12-14: Richardson 1984:63-69).

En su exposición de Génesis 14, Lutero hace hincapié en el hecho de que, al sacar pan y vino, el rey y sumo sacerdote de Salén sólo quiso celebrar con una cena festiva la victoria de Abrán frente a los reyes orientales, y no hacer un sacrificio, como aseveraban casi todo los intérpretes medievales. Los eruditos católicos solían interpretar el supuesto sacrificio de Melquisedec como un anticipo profético de la transubstanciación y el sacrificio de la misa celebraba por la Iglesia Romana (Lutero 1963:388). Algunos rabinos, en cambio, interpretaban el pan que sacó Melquisedec como un símbolo de la Torá. En otras palabras, creían que Melquisedec/ Sem enseñó la Torá a Abrán. Y según los mismos rabinos, el vino que sacó fue un símbolo profético de la cautividad en Egipto que habrían de sufrir los descendientes del patriarca (Grypeou y Spurling 2013:199-238).

GÉNESIS 15

El gran texto de la justificación por la fe se encuentra en Génesis 15. Allí se lee que la palabra de Dios vino a Abrán en una visión y le dijo: "No temas, Abrán, yo soy tu escudo, y tu galardón será muy grande." La frase "la palabra del Señor vino" es la fórmula que encontramos en los libros proféticos cuando Dios habla a sus siervos los profetas: "Vino a Joel la palabra del Señor... vino la palabra de Dios a Jonás... vino la palabra de Dios a Miqueas." Tal frase, o fórmula, nos indica que Abrán también debe ser considerado profeta. En realidad, Dios le habló treinta y siete veces a Abrán, en lo que relata el libro de Génesis; pero es en Génesis 15:2 en que por primera vez leemos de Abrán hablando con Dios, preguntándole acerca de cómo y cuándo se cumplirá la promesa. Abrán, preocupado por su ancianidad y la de su esposa, temía por la falta del cumplimiento de la promesa de una gran descendencia. El patriarca recelaba que todas sus posesiones serían heredadas por su mayordomo. El Señor se dirigió a él con las palabras "no temas", no porque el patriarca tuviera miedo de estar en la presencia del Señor, sino que su temor tenía que ver con el cumplimiento de la promesa (Sailhamer 1992:150).

Como muchos hombres de la antigüedad, Abrán temía morir sin tener un heredero o descendiente. Hoy día, en muchas partes del mundo, como China, debe haber un hijo que dirija los ritos fúnebres necesarios para asegurar la supervivencia del antepasado difunto en el mundo del más allá. Sin un hijo, no habrá nadie que herede las propiedades y preserve el nombre de la familia. Sin un hijo, no habrá nadie que cuide a los ancianos en su vejez, cuando ya no puedan cuidarse a sí mismos (Pagolo 1998:63). Ciertamente, incluso en nuestros días, este problema ha sido una gran preocupación de miles de ciudadanos chinos. Debido a la política del gobierno chino de frenar el exceso de población, ha sido dictaminado que haya sólo un hijo por familia. De esta manera, si muere el único hijo de la familia, no habrá heredero. ¿Quién se ocupará entonces de cuidar a los padres ancianos en su vejez? El problema les ha brindado a muchas iglesias cristianas de China la oportunidad de expresar su amor al prójimo, abriendo hogares de cuidado diario para atender a los ancianos. Semejantes medidas no fueron necesarias en el caso de Abrán y Saraí, pues el Señor actuó para calmar los temores de la pareja escogida.

La lucha para no perder la esperanza en las promesas de Dios

Uno de los temas principales que encontramos en Génesis y en toda la Biblia es el de la confianza en las promesas de Dios que debe caracterizar la vida de los fieles. La lucha para no perder la esperanza en las promesas divinas no sólo ocurre en la vida de Abrán, sino también en las vidas de todos los santos: José en la cisterna y en la cárcel del faraón; Jacob en la casa de Labán; Moisés en la tierra de Madián; Israel en Egipto; Agar perdida en el desierto; David perseguido por Saúl; los cautivos israelitas en Babilonia y Asiria; Daniel en el foso de los leones; los tres jóvenes en el horno de fuego ardiente; los salmistas acosados por sus enemigos; Pablo encadenado en Roma; Jesús en la cruz y los mártires de Apocalipsis que preguntan ¿hasta cuándo? Las historias de las tentaciones de estos santos sirven a la finalidad de invitar a los lectores de las Sagradas Escrituras a identificarse con ellos en sus aflicciones y pruebas, y a no perder la esperanza. En todos los relatos el mensaje que se transmite es que a pesar de las demoras, el Creador actuará para restaurar a su creación y vindicar a los que han puesto su confianza en sus promesas (Huddleston 2012:233). En todos los relatos el mensaje de las Escrituras es claro: "El justo por la fe vivirá" (Ro 1:17).

En el relato de Génesis 15 vemos el modo de actuar del Señor para confirmar la fe de Abrán en sus promesas. El pasaje dice: "Entonces [Dios] lo llevó afuera, y allí le dijo: 'Fíjate ahora en los cielos, y cuenta las estrellas, si es que las puedes contar. ¡Así será tu descendencia!'" Abrán tendría que aguardar con esperanza el cumplimiento de la promesa. La demora podría ser larga. En Habacuc 2:3 leemos: "La visión va a tardar todavía algún tiempo, pero su cumplimiento se acerca, y no dejará de cumplirse. Aunque tarde, espera a que llegue, porque vendrá sin falta. No tardará ya." Y así, en uno de los pasajes más excelsos del libro de Génesis y de toda la Biblia, leemos: "Y Abrán creyó al Señor, y eso le fue contado por justicia" (Gn 15:6). En el mismo pasaje de Habacuc que citamos arriba, dice: "Pero el justo vivirá por su fe" (Hab 2:4).

La fe de Abrán fue una fe en la resurrección de los muertos

¿En qué sentido la descendencia de Abrán sería como las estrellas? De acuerdo con la interpretación del libro apócrifo de Enoc y algunos intérpretes patrísticos, como Orígenes, Ireneo, y Ambrosio, los descendientes de Abrán serán como las estrellas no sólo en número, sino también en gloria y esplendor celestial. En la resurrección de los muertos los descendientes de Abrán resplandecerán como las estrellas y serán como los ángeles en su gloria. Recordemos que, en Mateo 13:43, Jesús dice que los justos resplandecerán como el sol en el reino del Padre. Según la opinión de los intérpretes nombrados arriba, en Génesis 15:5 tenemos una promesa de la resurrección y glorificación de los muertos. A la vez, dicha interpretación implica que la fe de Abrán fue una fe en la resurrección de los muertos y no solamente en el crecimiento numérico de su familia (Thiessen 2014:273-290).

El reformador Martín Lutero también pudo vislumbrar una promesa de la resurrección de los muertos en el pasaje de Génesis 15. Se trata de la declaración del Señor en el primer versículo del capítulo: "No temas, Abrán. Yo soy tu escudo, y tu galardón [recompensa] será muy grande." "¿Qué galardón recibió Abrán en esta vida?", pregunta Lutero. Durante su vida terrenal Abrán no llegó a ser dueño de la tierra de Canaán. Sus descendientes no llegaron a ser tampoco como las estrellas en número mientras vivió el padre de los creyentes. Además, Abrán murió antes del nacimiento del redentor prometido. Sin embargo, Dios le prometió un gran galardón. Para recibir el galardón prometido, Abrán tendría que resucitar de entre los muertos, pues no se da un galardón a una persona muerta, a un cadáver, sino a una persona viva. La fe en la promesa del galardón implica una fe en la resurrección de los muertos. De hecho, una parte del gran galardón prometido a Abrán consistió en la resurrección de los muertos (Lutero 1961:36-37). El Señor será el escudo que protegerá a Abrán no sólo frente a todo enemigo mortal (los cuatro reyes del Oriente mencionados en el capítulo 14), sino también frente al último enemigo, la muerte (1 Co 15:26).

Todos los que son justificados por la fe en la promesa de Dios son hijos de Abrán

La palabra y promesa de Dios engendraron en Abrán la fe necesaria para pasar tantos años peregrinando de un lugar a otro. Esta fe no es una obra humana, sino una obra del Espíritu Santo en el ser humano; la fe es fruto de la promesa. En Romanos 10:17 el apóstol Pablo declara: "Así que la fe proviene del oír, y el oír proviene de la palabra de Dios." En otras palabras, Abrán fue justificado por la fe y no por su circuncisión o por haber salido airoso en las diez pruebas por las cuales –según los rabinos– tuvo que pasar. Y no fue justificado tampoco por estar dispuesto a ofrecer a su hijo Isaac en holocausto al Señor. Pablo nos recuerda que la circuncisión de Abrán y el sacrificio de Isaac tuvieron lugar después de su justificación. La intercesión de Abrán y la mayoría de sus pruebas también ocurrieron después de que su fe le fuera contada por justicia. Todas estas obras fueron el resultado y no la causa de la justificación del padre de los creyentes.

También por medio de esta fe Abrán y los suyos dejaron atrás la idolatría y los vicios que se practicaban en Ur de los Caldeos y en Harán. De acuerdo con las enseñanzas de Juan el Bautista, San Pablo y nuestro Señor Jesucristo, todos los que tienen una fe como la fe de Abrán son en verdad hijos de Abrán. Una canción que les gusta entonar a los niños de la escuela dominical, dice: "Padre Abrán tiene muchos hijos; muchos hijos tiene padre Abrán. Yo soy uno de ellos y tú también. Muchos hijos tiene padre Abrán." La canción es sencilla, algunos dirían hasta simplista; sin embargo, encierra una gran verdad: los verdaderos hijos de Abrán no son los que llevan en sus venas la sangre de Abrán, sino los que llevan en el corazón la fe de Abrán. Y esta fe, según Pablo, no es cualquier fe, sino fe en la llegada del Mesías. Abrán es el padre de los creyentes en el sentido de que es el padre de todos los que creen en la promesa de Dios, sean hebreos o no. El nombre Abrán significa "El Padre es excelso". El Padre de quien se trata en este significado no es, por supuesto, el que lleva el nombre, sino Dios. Tal vez es significativo que la primera palabra en el diccionario hebreo es Padre.

La celebración del pacto entre el Señor y Abrán

Para fortalecer la fe de Abrán en la promesa divina, Génesis 15:8-12 relata que el Señor le otorga una señal y prenda de esa promesa, a la manera en que los hombres de aquel entonces pactaban, "partiendo en dos" (Jer 34:18-20), o sea, sacrificando y partiendo en dos los animales sacrificados para formar un camino de sangre entre éstos. Los cinco animales mencionados (Gn 15:9) son de la misma clase que años después los israelitas utilizarían en sus cultos en el templo. Entre los hombres de la antigüedad los animales eran partidos de esta manera como una advertencia de que así será la suerte del que no cumpla con el pacto de sangre. Efectivamente, los que entraban en un pacto de esta naturaleza declaraban: "Si no cumplo con las condiciones del pacto, sea yo cortado en pedazos como estos animales" (Goldingay 2010:116).

Pero lo que tenemos en Génesis 15 no es un pacto establecido entre dos personas o dos grupos de personas, sino un pacto celebrado entre Dios y un ser humano. Es el Señor quien toma la iniciativa en este pacto. Aquí Dios no actúa como testigo o garante de un pacto establecido entre los seres humanos, sino como socio. Además, este pacto, en vez de servir como una advertencia o una amenaza, sirve para alentar y consolar a Abrán y darle la garantía de que si bien sus descendientes tendrían que vivir muchos años como esclavos en Egipto, sin embargo llegarían a heredar la Tierra Prometida. Así como el Señor, en la oscuridad de la noche y en la forma de una antorcha de fuego, pasó por el camino de sangre entre los animales partidos, así en el éxodo el Señor guiará a su pueblo en la forma de una nube durante el día y una columna de fuego durante la noche (Vischer 1946:165-166). Así la misteriosa celebración de Génesis 15:9-17 fue para Abrán lo que la Santa Cena es para nosotros, el fortalecimiento de nuestra fe en la salvación prometida.

Debe tenerse presente que Dios estableció su pacto con Abrán y sus descendientes sólo después de que éste fue declarado justo por su fe. El pacto depende de la justificación y no la justificación del pacto. Más tarde, en el capítulo 17, leeremos de la circuncisión como señal del pacto. Quiere decir que cuando Abrán fue declarado justo por su fe y cuando el Señor estableció su pacto con él, el patriarca aún era incircunciso. Muchos autores señalan que el pacto que el Señor estableció con Abrán fue un pacto incondicional, no uno condicional como lo fueron la mayoría de los pactos de los que se lee en la historia del antiguo Cercano Oriente. Quiere decir que el Señor promete serle fiel a Abrán y sus descendientes, aunque ellos sean culpables de infidelidad. Dios será fiel a su pueblo y cumplirá con su promesa de levantar de entre los descendientes de Abrán un libertador que será la luz de las naciones.

GÉNESIS 16

La historia de Agar nos enseña que Dios verdadero es Dios de los marginados

El hecho de que Abrán no fue un santo sin culpa alguna, sino un pecador salvado por la gracia y la misericordia del Señor, se ilustra en el relato de Génesis 16, la historia de Abrán, Saraí, y Agar.

Lo primero que debemos notar acerca de Agar es que no sabemos su verdadero nombre. La palabra Agar es, en hebreo, *Ha-ger,* que simplemente quiere decir "la extranjera". Es una indicación de su estatus social como persona sin importancia. Al reflexionar sobre la historia de Agar, debemos tener en cuenta también que ella procede de Egipto, es decir, de África. Es probable que haya sido una de las siervas que el faraón le regaló a Abrán durante su estancia en Egipto (Gn 12:16). En su papel de esclava africana, Agar es una persona con quien pueden identificarse muchos afroamericanos, tanto de los Estados Unidos como de otras partes de nuestro continente. Así como Agar, muchos de los esclavos africanos y sus descendientes han sido, en nuestro medio, víctimas del racismo, la violación de sus derechos humanos y de toda clase de abuso. Muchas mujeres latinas no tendrán dificultad en identificarse con Agar, la pobre extranjera que llegó a ser el juguete sexual de Abrán.

La mayoría de los intérpretes bíblicos han censurado muy severamente a Agar. Para ellos, incluyendo al gran Filón de Alejandría, ella es "la mala" en la historia de Abrán y su familia. Es notorio que la historia de Abrán, Saraí, y Agar ha producido reacciones diversas entre los lectores del relato bíblico. Las amas de casa que provienen de la clase media, que viven en la ciudad, y que se casaron en la iglesia, tienden a identificarse con Saraí y darle la razón a la esposa legítima del patriarca. La mayoría de las señoras que se consideran a sí mismas mujeres decentes, consideran a Agar una usurpadora, una destructora del hogar. En el triángulo de Génesis 16, tanto Abrán como Saraí y Agar contribuyeron su parte a la triste historia que allí se desarrolló.

Ninguno está libre de culpa. La culpa de Agar es aspirar a reemplazar a Saraí en el hogar del primer patriarca, usurpar a su ama en los afectos de Abrán. Proverbios 30:21-23 expresa: "Hay tres cosas que sacuden a la tierra, y una cuarta que no puede tolerar:... la criada que suplanta a su ama."

A pesar del desdén con que tratan las amas de casa a Agar, las mujeres que han sufrido por la discriminación, el abuso sexual, la pobreza y el exilio, tienden a identificarse con ella y darle la razón en su conflicto con Saraí. Los musulmanes, los judíos, y los cristianos de piel blanca no acostumbran darle el nombre Agar a una de sus hijas. En cambio, muchos afroamericanos sí le han dado a una de sus hijas el nombre de Agar, o un nombre compuesto que contiene la palabra Agar, como por ejemplo, Hagar-Ann. Para muchos autores que se identifican con la liberación femenina, Agar es una de las grandes heroínas de la Biblia; es una mujer que representa y simboliza la explotación de la mujer (especialmente las mujeres negras, mestizas e indias) por una sociedad patriarcal y machista, y que después de grandes dificultades logró su liberación (Sherwood 2014:286-304).

Juan Calvino consideraba culpable de la lamentable tragedia familiar relatada en Génesis 16, no solamente a Agar, sino también a Abrán y a Saraí. Abrán era culpable, porque en vez de confiar en la promesa de Dios de darle un heredero con su esposa legítima, se dejó convencer por los argumentos de Saraí y las costumbres del ambiente cultural. Saraí era culpable, porque no creyó que para Dios nada es imposible; no creyó que el Creador de la vida es capaz de engendrar vida en el vientre inerte de una mujer estéril. Como en la mayoría de los triángulos pasionales, cada uno tuvo su parte de culpa. Sin embargo, el propósito del autor sagrado no es determinar culpas, sino señalar que Dios verdadero es Dios que ve las lágrimas y oye el clamor de los abandonados, los extranjeros, los esclavos, los pecadores y los que no tienen nombre ni representación entre los que se consideran los amos de la tierra.

Dios oye y atiende a los gritos de los que andan perdidos

En cuanto a Agar, Lutero creyó que huyó de Saraí para obligar a Abrán a reconocer su afecto para con ella y su primogénito. Según

Lutero, Agar tenía que aprender que su aflicción y su condición de esclava no eran señales de la ira, descuido o rechazo de Dios. Tenía que aprender a confiar en Dios y comprender que todo lo que estaba pasando era para llevarla al arrepentimiento y a la fe. Por su parte, el antagonista de Lutero, Tomás de Vio, el Cardenal Cayetano, creyó que todo sucedió para llevar a Agar a un arrepentimiento verdadero, y que Dios oyó su grito porque sus aflicciones merecían su atención. Sailhamer (1992:155) asevera que la referencia al camino de Shur (Gn 16:7) indica que Agar tuvo en mente regresar a Egipto, su país de origen. Pero el Señor la llamó a regresar a las tiendas de Abrán, porque era allí y no en Egipto donde se encontraba la bendición. Recordemos que tanto en el tiempo de la peregrinación de los israelitas por el desierto, como también después de la destrucción del templo, hubo quienes equivocadamente procuraban seguir los pasos de Agar y encontrar refugio en Egipto (Jer 42-44).

Cómo se perdió la pobre Agar

Aunque la mayoría de los comentaristas e intérpretes bíblicos denigran el carácter de Agar o le dan poca importancia, el escritor sagrado, según parece, se identifica más con Agar que con Abrán y Saraí. Él expresa, en su relato, que la esclava Agar, procurando su libertad sólo encuentra el desierto. Quiere ser feliz, pero sólo encuentra angustia y soledad. Quiere ser libre y en su búsqueda de libertad se pierde. Agar está perdida. Como tantas personas en nuestra sociedad moderna, Agar, en su búsqueda de la libertad, se desliga de Dios, de la iglesia, de la responsabilidad. Pero al ir por lo que ella cree es el camino de la libertad, se da cuenta que está perdida. Como tantos otros, Agar confunde su libertad con el desierto.

Pero Dios no quiere que se pierda y se muera sin arrepentirse. Génesis 16 habla de Dios que se preocupa por una pobre esclava africana, una madre soltera, una desechada por la sociedad. A pesar de ser una persona tan insignificante a los ojos de los hombres, Agar es, en la Biblia, la primera persona visitada por un ángel, la única mujer que recibe una promesa de innumerables descendientes. Aunque leemos en la Biblia de muchas personas que, como Abrán, recibieron un nombre nuevo de parte de Dios, Agar es, en la Escritura, la única que se atreve a darle un nuevo nombre a Dios: "Tú eres el Dios que ve" (Gn 16:13). Hasta este momento en la historia de Agar, nadie realmente la había visto como una persona creada a la imagen de Dios. Todos la habían considerado un instrumento útil en la realización de sus propios intereses, pero no una persona importante de suyo, no una hija del Creador, alguien que merecía el respeto, aprecio, amor y protección de sus semejantes. Todos la vieron como una esclava, una extraña, un juguete sexual o alguien de quien aprovecharse, pero no una hermana, una hija, una persona con deseos, sueños, y derechos. Agar reconoce que el único que realmente la veía era "el Dios que ve". En este pasaje, el narrador nos invita a ver a los extraños y desconocidos desde la perspectiva de Dios que ve. Es importante notar en este pasaje que el Señor es el que nos ve con favor (es decir gracia), y no uno que sólo observa lo que hacemos, sin hacer nada por socorrernos.

En la Septuaginta, la traducción de la Biblia hebrea al griego, dice que Agar manifiesta haber visto al Señor "cara a cara". Quizá esta expresión haya sido alguna vez parte del texto hebreo, pero cambiada por los masoretas, para quienes era inaceptable que una mujer tuviera la dicha de ver a Dios en persona antes que Jacob (Gn 32:31) o Moisés (Ex 33:23). Los masoretas eran una familia de estudiosos judíos que editaron el texto de la Biblia en hebreo, que se utiliza en todas las sinagogas judías en la actualidad. También es notable, en este pasaje, la falta de miedo o terror de parte de Agar ante la aparición del Señor o de su ángel (Dines 2013:63). La mayoría de las personas que experimentaron una teofanía del Señor en el AT reaccionaron como Manoa (el padre de Sansón), el cual exclamó: "Seguramente vamos a morir, porque hemos visto a Dios" (Jue 13:22). Al experimentar una gran teofanía del Señor en el templo, el profeta Isaías exclamó: "¡Ay de mí!, ¡Soy hombre muerto! ¡Mis ojos han visto al Rey, el Señor de los ejércitos!" (Is 6:5).

El Dios de Abrán y Saraí es también Dios de Agar la esclava, la madre soltera, la que estuvo perdida en el desierto

Hace años, un traductor de las Sociedades Bíblicas que trabajaba en el África notó el asombro causado por la lectura de Génesis 16 entre los miembros de la tribu en la que estaba trabajando. En muchas partes del continente africano las personas más insignificantes y marginadas de la tribu eran las mujeres más jóvenes de los matrimonios polígamos. Eran ellas las que tenían que cumplir con los trabajos más difíciles y cumplir con las tareas más duras y sucias. Eran ellas las que tenían que aguantar los insultos y los golpes de la primera esposa del cacique o del anciano de la tribu. Ellas eran las personas que habían sido marginadas no sólo dentro de la familia y del clan, sino marginadas también por los espíritus, dioses, y antepasados venerados por la tribu. ¡Cuánto asombro al oír que existe Dios que oye los gritos y ve la aflicción de los que no tienen nombre! Qué asombroso saber que hay Dios, "¡el Dios que ve!" ¡Qué buena nueva saber que hay uno que se preocupa por una pobre madre soltera, una esclava africana, una mujer perdida!

Dios no quiere salvar sólo la vida de Agar, sino también la de Ismael. Muchas compañeras de Agar quizá le hubieran aconsejado abortar al niño que llevaba en sus entrañas. ¿Qué valor podía tener el hijo ilegítimo de una esclava africana, de una muchacha necia que consintió en ser el juguete de un hombre casado? Pero Dios interviene, pues tiene un plan importante tanto para esta esclava como para su hijo. Dios tiene una gran bendición para darles, así como tiene también una gran bendición para nosotros.

El ángel le dice a Agar: "Regresa con tu señora, y ponte en sus manos." Es como si le dijera: Regresa a la casa de Abrán. En su sermón basado en este texto, el conocido intérprete del AT, Gerhard von Rad, pregunta: ¿Dónde está la casa de Abrán hoy en día? ¿Dónde está la casa en que las mujeres desdichadas, abandonadas, y desesperadas puedan encontrar refugio? Según la Confesión de Augsburgo, la casa de Abrán está donde se busca lo que se había perdido. La casa de Abrán está donde se predican las buenas nuevas, las noticias que hablan de uno que se hizo esclavo para redimir a los esclavos y esclavas, de uno que sufrió la soledad y el abandono para rescatar a las Agares e Ismaeles perdidos y solos en el desierto. La casa de Abrán está dónde se administran los sacramentos, el alimento espiritual que ofrece el perdón y el Espíritu de Dios a los que tienen hambre de justicia y sed del Espíritu Santo. La casa de Abrán es la casa abierta no sólo para los poderosos, los amos del poder, los elitistas, sino también para Agar e Ismael.

De las tablillas descubiertas en Nuzi nos enteramos de muchas costumbres y tradiciones del tiempo de Abrán

Según las tradiciones y costumbres del antiguo Cercano Oriente, la conducta de Abrán y Saraí con respecto a Agar de tomarla a ella, una esclava, como segunda esposa para Abrán a fin de procurarse un heredero, no era censurable. Entre las trescientas leyes familiares documentadas en las tablillas jurídicas encontradas en <u>Nuzi</u>, se puede constatar que esta manera de conseguir un descendiente era una práctica común, totalmente aceptable y legal para la sociedad de aquel entonces. Pero las mismas leyes estipulaban que el esposo y la esposa eran responsables por el mantenimiento y buen trato de la concubina y su hijo. Lo que es reprensible en la conducta de Abrán y Saraí, de acuerdo con las antiguas leyes de Nuzi y el Código de Hamurabi, fue el hecho de que Agar fue maltratada por Saraí y obligada a huir al desierto.

Cuando falta la esperanza, las personas caen en la desesperación y llegan a creer que Dios las ha abandonado

Visto desde la perspectiva teológica, tanto Abrán como Saraí fracasaron por una falta de esperanza. La esperanza es una de las tres grandes virtudes cristianas señaladas por Pablo en 1 Corintios 13. La esperanza es confiar firmemente en el cumplimiento de las promesas de Dios. Dios había prometido a Abrán y Saraí (Gn 15:4) un hijo propio como heredero. Pero, al pasar el tiempo y al ir envejeciendo, su esperanza comenzó a debilitarse. Cuando la esperanza llega a marchitarse, pueden suceder una de dos cosas: La primera, que las personas caigan en la desesperación y lleguen a creer que Dios las ha abandonado. Los síntomas de la desesperación son la timidez, la debilidad espiritual, los pecados de omisión, y el fatalismo. Para los teólogos de la Edad Media la desesperación (*acedia, tristitia*) fue considerada como uno de los siete pecados capitales, los pecados que lo llevan a uno a pecar en contra del Espíritu Santo. Las personas que caen en la desesperación llegan a creer que es inútil seguir esperando, luchando, resistiendo a las fuerzas de la injusticia y la depravación. Al perder la esperanza, nos vemos tentados a entregarnos al consumo de bebidas alcohólicas, drogas, y toda clase de vicios. Es lo que pasó con los esclavos israelitas durante su largo cautiverio en Egipto, y lo que ha pasado con millones de latinoamericanos. Llegaron a aceptar sus cadenas y la miseria en que vivían, y viven, como su destino, como la voluntad de Dios para con ellos.

Antes de tratar de convencer al faraón de Egipto de dejar en libertad a los esclavos hebreos, Moisés y Aarón tuvieron que convencer a los israelitas de que el Señor estaba con ellos, y que había llamado a Moisés a ser su libertador. Antes de ser liberados, los israelitas tuvieron que ser concientizados para llegar a creer que el sistema de opresión que impera en contra del pobre y marginado no es invencible. Con Dios nada es imposible, y la buena nueva es que Dios está con su pueblo para cambiar el sistema del mal. Según los llamados teólogos de la liberación, el problema más grande del pueblo de Israel en Egipto fue la desesperación, la falta de esperanza que produce el letargo, la inacción, y el fatalismo. Sin embargo, no fue ésta la manera en que se manifestó la falta de esperanza en las vidas de Abrán y Saraí.

La falta de esperanza lleva a las personas a aventajar a Dios

La segunda manera en que se manifiesta la falta de esperanza en la vida de los miembros del pueblo de Dios es mediante la anticipación o presunción. Tanto la desesperación como la presunción son pecados en contra de la esperanza (Moltmann 1967:23). La presunción (*praesumptio*) es una anticipación prematura y obstinada del cumplimiento de lo que se espera de Dios. Yo, creyendo que Dios ya no va a actuar según su promesa, decido actuar por mi propia cuenta: "He esperado demasiado tiempo y Dios todavía no le ha dado su merecido a mi enemigo. Estoy cansado de esperar que el Señor sea el vengador de los que esperan en él. Estoy cansado de dejar que actúe la ira de Dios (Ro 12:19). Creo que Dios nunca actuará para vindicarme. Por lo tanto, tendré que anticipar el juicio divino y dar rienda suelta a mi sed de venganza." Así opera la anticipación. Por su falta de esperanza, Abrán y Saraí decidieron aventajar a Dios. Si Dios se ha olvidado de cumplir con su promesa de darnos un heredero, tendremos que actuar y procurar uno por nuestros propios medios. La falta de esperanza nos lleva a anticiparnos a Dios, en vez de esperar el momento y el medio escogido por el Señor. Debe notarse que Saraí no oró al tomar su decisión, ni tampoco Abrán ofreció un sacrificio en uno de los altares que había construido. Los dos procuraron resolver su dilema recurriendo a las tradiciones y costumbres de la sociedad en la cual vivían. Sin embargo, el resultado de su decisión y falta de consulta con el Señor, fueron la causa de consecuencias lamentables (Swindoll 2015:70).

Según una interpretación rabínica, los descendientes de Saraí y Abrán tuvieron que sufrir las consecuencias del pecado de sus padres. Estuvieron más de 400 años como esclavos en la tierra de *Ha-ger*. Al volver a la tierra de Canaán recibieron el mandato de ser bondadosos con el extranjero (*Ha-ger*) porque ellos habían sido extranjeros en Egipto.

GÉNESIS 17

El pacto de la circuncisión. Dios se aparece de nuevo a Abrán

Han pasado trece años desde los eventos narrados en el capítulo 16. El joven Ismael ha crecido y Abrán está seguro de que la promesa referida a sus descendientes tendrá su cumplimiento en Ismael. De pronto, Dios se le aparece a Abrán de nuevo. Son muy pocas las veces, en la Biblia, en que Dios se le aparece visiblemente a una persona. En Génesis 17 el autor sagrado no está interesado en describir la apariencia de Dios en la visión de Abrán; su interés está en la palabra y promesa de Dios. Cinco veces el Señor le dirige la palabra a Abrán en este capítulo. La finalidad de los discursos es asegurarle al patriarca que no sólo tendrá descendencia, sino que será padre de una muchedumbre de gentes. Implícita en esta promesa está el hecho de que no todos los descendientes serán hebreos según la carne. La frase "muchedumbre de pueblos" implica que muchos de los descendientes de Abrán y Saraí serán, entre los gentiles, los que lleguen a creer en Jesús, y por su fe estarán entre los descendientes espirituales de Abrán. Son los creyentes descritos en Juan 1:13: "No son engendrados de sangre, ni de voluntad de carne, ni de voluntad de varón, sino de Dios."

Aparentemente, el incidente con Agar, el nacimiento de Ismael y el paso de los años debilitaron la fe de Abrán y Saraí en la promesa del nacimiento de un hijo engendrado por la anciana pareja. El nacimiento de un hijo propio pareció ser una cosa casi imposible, dada la edad avanzada de Abrán (99 años) y su anciana y estéril compañera. Pero, para convencer a Abrán de que para Dios nada es imposible, el Señor se le apareció identificándose como *El Shadai*, un título divino traducido en la RVR como el Dios Todopoderoso. Este antiguo título fue, según Éxodo 6:3, el nombre por el cual los hebreos conocieron a Dios verdadero, antes de que su nombre "El Señor" (*Yahvé*) le fuera revelado a Moisés en la historia de la zarza ardiente (Ex 3). El título *El Shadai* aparece 31 veces en la historia de Job, quien vivió en tiempo de los patriarcas. En el libro de Génesis el nombre *El Shadai* se encuentra asociado con las promesas de fertilidad, en las que se enfatiza la omnipotencia de Dios y su poder para cumplir sus promesas, especialmente las que prometen hacer fructificar la tierra y convertir a la mujer estéril en una madre con hijos (Wenham 1994:20).

Efectivamente, el pacto que el Señor viene a establecer con Abrán tiene que ver con su descendencia. Dios ya había establecido un pacto con Abrán. El relato está en Génesis 15. ¿Cuál es entonces la diferencia entre el pacto de Génesis 15 y el pacto del capítulo 17? Hay tres posibilidades: (1) El pacto del capítulo 17 podría ser una extensión o amplificación del pacto de Génesis 15, por medio del cual la promesa dada a Abrán ahora se extiende también a sus descendientes. (2) Otra posibilidad es que el pacto hecho en el capítulo 15 quedó nulo por la falta de fe de Abrán y Saraí en la cuestión de Agar e Ismael. Según esta interpretación, el pacto del capítulo 17 reemplaza al de Génesis 15. A nuestro juicio tal interpretación debe rechazarse, porque las Escrituras no afirman la invalidez del pacto de Génesis 15; más bien las palabras de Pablo en Gálatas 3:6-9 indican que el pacto es válido aún hoy en día e incluye no sólo a los descendientes físicos de Abrán, sino también a todos los gentiles que, como Abrán, son justificados por la fe. (3) La tercera y más probable de las posibilidades es que en el capítulo 17 tenemos un pacto nuevo que ni reemplaza ni invalida el pacto de Génesis 15.

A diferencia del pacto de Génesis 17, el de Génesis 15 es un pacto de gracia, uno iniciado por Dios sin imposición de condiciones. Es un pacto que no exige méritos ni condiciones de parte del ser humano. De hecho, el pacto con Abrán de Génesis 15 es el único pacto, tanto en Israel como en el antiguo Cercano Oriente, en el que no observamos condiciones (Jocz 1968:23-24). La validez del pacto con Abrán depende exclusivamente de la fidelidad de Dios a su promesa y no del cumplimiento de parte del ser humano de una serie de condiciones o prescripciones. El pacto que se estableció con Israel en el monte Sinaí en cambio, fue con condiciones: los diez mandamientos. El pacto del capítulo 17 de Génesis también establece condiciones: "Anda siempre delante de mí y sé perfecto." Caminar o andar delante de Dios significa ordenar la vida de uno en relación con la presencia, las promesas y las demandas de Dios (Waltke 2001:259). En 1 Reyes 9:4-5, andar delante de Dios quiere decir guardar los estatutos y decretos de Dios, mientras que en 2 Reyes 20:3 quiere decir andar fielmente delante de Dios con corazón íntegro, haciendo las cosas que a Dios le agradan. Otra condición o requisito del pacto de Génesis 17 es la circuncisión. Ésta no se debe considerar, sin embargo, como el contenido del pacto; la circuncisión no es el pacto, sino la señal del pacto.

El nuevo pacto de Génesis 17 no tiene que ver con la justificación, como en Génesis 15, o con la promesa de heredar la Tierra Prometida, sino que tiene que ver con los descendientes de Abrán, y en especial con el nacimiento de Isaac. El autor sagrado cuenta que cuando Dios le anuncia a Abrán el nacimiento de Isaac, que está para suceder prontamente en cumplimiento de la promesa, el anciano patriarca "se postró entonces sobre su rostro, y riéndose dijo en su corazón: '¿Acaso a un hombre de cien años le va a nacer un hijo?'" Para muchos intérpretes, tanto modernos como antiguos, la risa de Abrán es vista como duda o incredulidad. El patriarca se ríe ante la idea de llegar a ser padre de un hijo después de haber perdido el poder de procrear. En cuanto al vigor procreador tanto de Abrán como de Saraí, tendría que ser resucitado, porque en este sentido ambos ya eran como cadáveres. Pero *El Shadai* es Dios que resucita a los muertos. La risa de Abrán pone de manifiesto su falta de fe en la promesa de Dios (Cotter 2003:111; Wenham 1994:28-30; Waltke 2001:262).

No todos los intérpretes, sin embargo, creen que la risa de Abrán fue una manifestación externa de incredulidad interna. Lutero, Calvino, y Delitzsch (1949:225) afirman que Abrán se postró sobre su rostro en señal de reverencia, gozo, exaltación, y gratitud. Según el reformador, la risa del patriarca fue una carcajada estática ante el maravilloso anuncio que acababa de recibir. En su interior su tristeza se convirtió en danza; su risa provino de la fe y no de la duda. Los que siguen a Lutero en su interpretación de la risa de Abrán, dicen que el Señor no reprendió a Abrán por haberse reído. El Señor no le preguntó tampoco al patriarca por la razón de su risa, lo que sí había hecho con Saraí, según Génesis 18:13. Lutero (1961:153) cree que Génesis 17:17 fue el pasaje del AT que Cristo tuvo en mente cuando habló del gozo o risa de Abrán: "Abrán, el padre de ustedes, se alegró al saber que vería mi día; y lo vio, y se alegró" (Jn 8:56).

La promesa que provocó la risa de Abrán no es privativa del patriarca, sino que es para todos sus descendientes. Dios promete hacer de los descendientes de Abrán una gran nación, un pueblo escogido del cual saldrán reyes, reinas, profetas, y maestros. De este pueblo saldrá la simiente por medio de la cual todas las naciones recibirán bendición. Para gozar de los privilegios del pacto, Abrán y sus descendientes deberán ratificarlo y andar en santidad. La señal de ratificación del pacto de parte de Abrán y sus descendientes será la circuncisión. Dicho de otra manera, al recibir la circuncisión los descendientes de Abrán se comprometen a cumplir con todos los mandamientos de Dios (Gl 5:3). La marca en su cuerpo será para ellos un recordatorio de que han sido llamados a ser un pueblo santo y ser perfectos, así como su Dios es perfecto. En el pacto de la circuncisión, Dios promete ser Dios de los descendientes del patriarca.

Lutero reitera una y otra vez en su comentario, que el pacto de la circuncisión no es para todos los pueblos y naciones, sino solamente para el pueblo de Israel. Dios no requiere la circuncisión de los gentiles. Sin embargo, esto no quiere decir que los gentiles hayan sido excluidos del reino de Dios y que estén predestinados a ser reprobados el día del juicio final. No es la falta de circuncisión lo que condena, sino la falta de fe. En los relatos del Génesis ya nos encontramos con varios gentiles que tenían fe en Dios, personas como Melquisedec y Abimelec, el rey de los filisteos a quien Dios se le apareció en una visión. Las mujeres no fueron circuncidadas, sin embargo fueron contadas entre los miembros del pueblo escogido, lo mismo que los niños varones que morían antes del octavo día después de su nacimiento.

Abrán recibe un nuevo nombre al ser circuncidado

El cambio del nombre de Abrán quiere decir que su circuncisión es considerada un nuevo nacimiento. El nuevo nombre del padre de los creyentes tiene que ver con su vocación y destino. El significado del nuevo nombre Abrahán es "Padre de una multitud", o sea, "Padre de muchos pueblos". Más tarde en nuestro estudio de Génesis veremos que el nombre de Jacob fue cambiado a Israel. Recordemos que Simón, el hijo de Jonás, también recibió un nuevo nombre (Pedro) cuando Jesús lo llamó a ser su discípulo. La recepción de un nuevo nombre indica que el que lo recibe ha nacido otra persona, una nueva persona con una nueva vocación y una nueva misión. No es sólo Abrán el que recibe un nombre nuevo en este pasaje; el nombre de Saraí se cambia a Sara (princesa), para enfatizar que ella será madre de muchos pueblos y que entre sus descendientes también habrá reyes y reinas. La Simiente prometida no será el hijo de Agar, sino el de Sara.

La circuncisión fue a la vez una señal de la vocación y misión de los israelitas, así como el bautismo es una señal de nuestra vocación y misión como seguidores de Jesucristo. Los israelitas no fueron las únicas personas en las que se practicaba la circuncisión. Los cananeos, moabitas, amonitas, y árabes también la practicaban, lo mismo que muchos pueblos africanos. La circuncisión, sin embargo, tuvo un cambio radical en el pueblo de Israel, y se le dio una nueva interpretación. Entre los demás pueblos de la antigüedad, la circuncisión era un rito de transición que señalaba la llegada de la pubertad en la vida de un varón. Por medio de la circuncisión dejaba de ser un muchacho y era contado entre los hombres del clan o de la tribu. Por aguantar el dolor de la circuncisión sin gritos ni lágrimas, el varón mostraba que podía soportar el sufrimiento como un verdadero macho y ser considerado adulto. Por medio de la circuncisión un joven africano ya no dormía en la tienda o casa de las mujeres y niños, sino con los hombres. En Israel todo esto cambió. Ahora los varones eran circuncidados a los ocho días de nacidos. La circuncisión fue señal de que los niños también estaban incluidos en el reino de Dios. En Israel la circuncisión ya no fue un rito de la pubertad, sino que llegó a ser un acto sacramental por medio del cual el circuncidado era adoptado como miembro del pueblo de Dios y marcado como tal. Entre los musulmanes, en cambio, se practica la circuncisión en los varones al cumplir los trece años, siguiendo el ejemplo de Ismael, en Génesis 17:23.

Entre los judíos, la ceremonia por la que uno llega a ser considerado adulto no es la circuncisión, sino el *Bar-Mizvah*, un rito algo parecido a la confirmación que se practica en muchas iglesias cristianas. Con la circuncisión el israelita recibía una marca que jamás podría ser quitada. El israelita circuncidado era del Señor para siempre. Para un miembro del pueblo de Israel, la circuncisión obligaba al varón circuncidado a ser fiel al Señor y a los demás miembros del pueblo escogido. Por medio de la circuncisión se comprometía a vivir de acuerdo con la voluntad del Señor y obedecer sus mandamientos. Es importante recordar que el pacto de la circuncisión es anterior al cumplimiento de los mandamientos. A uno no lo circuncidaban y recibían como miembro de la familia de Dios porque hubiera cumplido con los mandamientos del Señor. Uno cumplía con los mandamientos del Señor porque había sido circuncidado y sido hecho miembro del pueblo escogido. No sólo en el NT, sino también en el AT la santificación es un producto de la justificación y no la justificación un fruto de la santificación. Antes de comprometerse Abrahán a andar delante de Dios y ser fiel al Señor, Dios se compromete a ser Dios de Abrahán y sus descendientes. Lo que Dios promete a Abrahán y sus descendientes es ser su Dios y ser fiel a sus promesas de bendecir a su pueblo. Tanto en el AT como en el NT se llama a los creyentes a amar a Dios porque Dios los amó primero.

Los teólogos de la Edad Media solían preguntarse cuál habrá sido la razón por la que se escogió el miembro viril del varón para llevar en su anatomía la señal del pacto. A esa pregunta el célebre teólogo Pedro Lombardo replicó que fue porque Dios quiso castigar con la circuncisión al miembro del cuerpo más propenso al pecado y la desobediencia. En respuesta a tal aseveración, Lutero afirmó que el miembro de nuestro ser del cual proceden todos nuestros pecados y nuestra desobediencia, es el corazón. Por causa de nuestro corazón perverso todos nuestros miembros llegan a ser instrumentos del mal (1961:134). Otro erudito, John Goldingay asevera que la circuncisión fue un reconocimiento simbólico de que la masculinidad del hombre le pertenece a Dios y no a sí mismo. De esta manera, la circuncisión llegó a ser para el creyente un recordatorio constante de llevar una vida caracterizada por la obediencia y la pureza; fue una señal de la disciplina sexual y no del abuso del sexo (2000:13). Al circuncidar el miembro viril de cada varón israelita, se relacionaba la procreación con la promesa de Dios de multiplicar a los descendientes de Abrahán y hacer de Israel una gran nación (Goldingay 2003:202).

A Abrahán no le tocó preguntar: ¿por qué este miembro de mi cuerpo y no otro? Le tocó obedecer el mandato del Señor, y fue lo que hizo. De igual manera, no nos toca a nosotros cuestionar los designios misteriosos de nuestro Dios, sino seguir el ejemplo de Abrahán y obedecer. Los descendientes de Abrahán recibieron la amonestación de no descuidar la circuncisión de sus hijos, como hizo Moisés consigo mismo y con su primogénito (Ex 4:24), o como hicieron los hijos de Israel durante los cuarenta años de peregrinación por el desierto (Jos 5:2-6). El descuido de Moisés casi le costó la vida (Ex 4:20-26). Entre los descendientes biológicos de Abrahán la ordenanza de la circuncisión debió cumplirse hasta encontrar su cumplimiento en el bautismo de Cristo (Col 2:11-13). Según el NT, la circuncisión fue una de las sombras de lo que habría de venir, es decir, una ceremonia que apuntaba a la venida del Mesías y su reino. Con la venida del Mesías y su reino se cumplió la promesa que la circuncisión simbolizaba.

En el Bautismo el bautizado no es despojado de un pequeño pedazo de carne, sino de su naturaleza pecaminosa. La circuncisión del corazón no la hacen las manos de los hombres, sino Dios mediante la resurrección de Cristo: "El bautismo... ahora nos salva, no quitando las inmundicias del cuerpo [el prepucio], sino en el compromiso con Dios de una conciencia limpia por la resurrección de Jesucristo" (1 P 3:21, RVR y Biblia del Peregrino). La circuncisión, aun en el AT, simbolizaba la purificación o circuncisión del corazón. Según los profetas, la circuncisión del cuerpo, sin la circuncisión del corazón, es una negación del pacto (Dt 10:16; Jer 4:4; 9:25; Ez 44:7).

El significado del nuevo nombre que recibió Abrahán. Abrahán, padre de una multitud

Todas las historias que estudiaremos ahora son acontecimientos ocurridos en la vida de Abrahán después de su circuncisión. En relación con su circuncisión, el nombre de Abrán (padre enaltecido) es cambiado a Abrahán, que significa "padre de una multitud". En el antiguo Cercano Oriente, un nombre era mucho más que una etiqueta de identificación; era algo íntimamente entretejido con la personalidad y el destino de uno. El nombre era, con frecuencia, una descripción del carácter interno y la esencia moral de la persona que lo llevaba. (Pagán 2012:166). El hecho de otorgar un nombre a alguien era visto casi como un acto de creación. Se necesitaba un nombre para ser considerado una verdadera persona.

Perder el nombre equivalía ser aniquilado. En la Biblia, la frase "cortar el nombre de uno", con frecuencia significa ser acabado por completo. En el antiguo Egipto y también en muchos otros pueblos de la antigüedad, se solía quitar con un cincel el nombre de un enemigo que había sido grabado en una estatua, estela o tumba. Con tal acción se buscaba impedir que el alma del enemigo siguiera viviendo en el más allá. En la Biblia, el acto de recibir un nuevo nombre implica que por la acción de Dios uno ha llegado a ser una nueva persona con un nuevo destino. La recepción de un nuevo nombre implica una nueva creación. El hecho de que Abrahán recibió un nuevo nombre quiere decir que Dios es capaz de cambiar su destino y convertirlo en lo que su nuevo nombre significa: Padre de una multitud de pueblos, un padre que dará bendición a muchos pueblos y no solamente a sus descendientes según la carne. Abrahán será el padre de muchos pueblos no solamente en un sentido biológico, sino también en un sentido espiritual (Waltke 2001:260).

Los nombres de Dios en el Antiguo Testamento son significativos, porque nos ayudan a definir el carácter del Ser Supremo

En la parte del libro de Génesis que hemos visto en esta unidad, aprendimos los nuevos nombres de Abrahán y Sara y sus significados, y también algunos nuevos nombres que se usaban en el Antiguo Testamento para designar a Dios verdadero. Estos nombres son significativos, porque nos ayudan a definir el carácter del Ser Supremo. Los dos nombres del Creador que aprendimos en los primeros dos capítulos de Génesis fueron *Elohim* y *Yahvé*. Recordemos que el nombre *Elohim* es el plural del nombre "Dios," utilizado entre muchos pueblos del antiguo Cercano Oriente. Es el nombre usado para Dios tanto por los miembros del pueblo de Israel como por sus vecinos no israelitas. Cuando se usa el nombre *Elohim* se enfatiza que el Dios de quien se habla es Dios de todo y de todos, o sea, que estamos hablando de quien es el Creador y Señor de todos los pueblos, y no solamente de los israelitas. El nombre Yahvé, en cambio, es el nombre que había sido revelado a los que son parte de su pueblo, a los que han hecho un pacto con Dios y recibido la circuncisión como señal del pacto. Los tres nombres nuevos de Dios que hemos encontrado en la historia de Abrahán son (en Gn 14:19-20): *Beer-la-ha-Roi* (El vidente que me ve), *El Shadday* (Dios Todopoderoso) y *El Elyon* (Dios Altísimo).

Nota adicional: Abrahán y la Torá

Según las historias del Génesis, Abrahán fue llamado por Dios más de cuatrocientos años antes de que la Torá fuera entregada a Moisés, en Éxodo 19. Esto ha sido un problema para los rabinos, para quienes Abrahán ha sido para el pueblo judío un modelo y ejemplo de los que guardan fielmente la Torá. ¿Cómo pudo Abrahán haber guardado la Torá y ser justificado por su obediencia, si la ley aún no le había sido dada a él y su familia? Recordemos que es una pregunta que Pablo propone a sus lectores en Gálatas 3:17, pues el apóstol quiere convencerlos de que Abrahán fue justificado por su fe en la promesa de Dios, y no por haber cumplido fielmente todas las estipulaciones de la Torá. Los lectores de Génesis se darán cuenta de las muchas veces en que el primer patriarca no actuaba como un modelo de obediencia a la ley. El lector de los relatos de Génesis habrá notado, además, que en el primer libro del AT no se dice nada acerca de que Abrahán y los patriarcas hubieran guardado el séptimo día como día de reposo, o guardado algunas de las muchas leyes acerca de comidas permitidas y prohibidas en el Levítico. En realidad, vemos a los hijos de Jacob casándose con mujeres no israelitas; hasta José se casa con una egipcia, hija de un sacerdote pagano.

Aunque la Torá escrita aún no había sido entregada a Moisés, muchos rabinos enseñaron que la ley moral se encuentra en la ley natural, la ley que cada ser humano lleva en su corazón y es común a todos los seres humanos. Hay una famosa máxima rabínica que dice:

"Abrahán, nuestro padre, cumplió con toda la Torá antes de que la ley fuese dada" (Moberly 2009:124). Según el capítulo 21 del *Libro de Jubileos*, escrito unos 200 años antes de Cristo, Abrahán, poco antes de su muerte, instruye a su hijo Isaac, no sólo acerca del contenido de la ley moral, sino también respecto a las exigencias de la ley ritual. Así que, mientras que para el NT Abrahán es el ejemplo de la justificación por la fe y padre de todos los que creen en la promesa, para los rabinos, en cambio, el primer patriarca llegó a ser el modelo del israelita que cumple fielmente el pacto y los mandamientos de Dios. Desde el punto de vista del Corán, Abrahán es el modelo y ejemplo de la entrega total del ser humano a Dios. La palabra islam de suyo, indica uno que es sumiso a Dios. De modo que, aunque Abrahán es venerado por las tres grandes religiones monoteístas, el judaísmo, el islam, y el cristianismo, su figura opera de una manera distinta en cada una de ellas. Es algo que no siempre toman en cuenta los que procuran reconciliar las diferencias entre estas religiones en torno a la figura de Abrahán (Moberly 2009:200-220).

SEXTA UNIDAD

GÉNESIS 18:1-22:19

GÉNESIS 18

La hospitalidad de Abrahán

Según Romanos 12:13, la hospitalidad es una de las características de las personas cuyas vidas han sido transformadas por Cristo. En Génesis 18 Moisés enseña lo que es y lo que no es la hospitalidad, utilizando los ejemplos de Abrahán, Lot, y los habitantes de Sodoma. En Hebreos 13:2 el autor sagrado expresa: "Y no se olviden de practicar la hospitalidad, pues gracias a ella algunos, sin saberlo, hospedaron ángeles." Los relatos bíblicos a los que hace referencia el autor de Hebreos, son los que encontramos en Génesis 18, en que se lee que tanto Abrahán como Lot fueron visitados por ángeles que se presentaron como peregrinos desconocidos que procuraban albergue. En Mateo 25:34-35 Jesús les dice a los que se encuentran a su derecha: "Vengan, benditos de mi Padre, y hereden el reino preparado para ustedes... fui forastero, y me recibieron."

Donde está la iglesia, manifiesta Lutero, hay hospitalidad (1961:177). Los extranjeros, peregrinos y migrantes siempre son bienvenidos en los hogares e iglesias de los verdaderos cristianos, pues la hospitalidad es parte del ministerio de todos los creyentes. Los que reciben a los extranjeros y refugiados, reciben a Cristo. Por otro lado, no hay nada más abominable que la falta de hospitalidad (Lutero 1961:178). Abrahán, Sara, y Lot sabían por experiencia propia lo que sufren los que andan de un lugar a otro buscando refugio, albergue, y descanso. En una ocasión Jesús declaró: "Las zorras tienen guaridas, y las aves del cielo tienen nidos, pero el Hijo del Hombre no tiene dónde recostar su cabeza" (Mt 8:20). Los que aman al Señor saben que el buen trato que se ofrece al extranjero es un sacrificio de amor que se entrega a Cristo, quien dejó la seguridad y gloria de su hogar celestial para compartir su existencia con nosotros y entregar su vida a fin de prepararnos una morada en la casa del Padre (Mt 25:35; Jn 14:2).

Dice Lutero que el que ha sido tocado por el amor de Cristo no puede pasar al lado de una persona necesitada como si fuera un pajarito que cayó de su nido (1961:182). La bondad de Abrahán debe ser un ejemplo para todos los cristianos acerca de lo que es la hospitalidad. La historia de la iglesia nos brinda maravillosos ejemplos de la hospitalidad cristiana, entre ellos el conde Von Zinzendorf de Sajonia, quien ofreció sus terrenos a centenares de exiliados moravos que habían sido cruelmente perseguidos por su fe en Bohemia. Lutero siempre tuvo su casa llena de toda clase de estudiantes pobres, huérfanos, viudas, ancianos, y peregrinos. Hasta le brindó amparo y albergue al Dr. Carlstadt cuando éste huía de la Guerra de los Campesinos con su joven esposa, la misma noche de su boda. Carlstadt había sido un fiel colega del reformador en la Universidad de Wittemberg, pero después rompió con Lutero, abandonando las filas del reformador para aliarse con la causa de Tomás Münzer y la reforma radical. Aunque Carlstadt llegó a atacar duramente a Lutero y sus enseñanzas, no obstante, en la necesidad, Lutero les abrió las puertas de su hogar y de su corazón a su ex colega y su joven esposa (Bainton 1955:329). En nuestros días tenemos un maravilloso ejemplo de hospitalidad en el ministerio abnegado de la Madre Teresa, quien dedicó su vida para atender y hospedar a los destituidos y enfermos abandonados en las calles de Calcuta.

Se anuncia el nacimiento de Isaac

Nuestro relato comienza con Abrahán sentado a la entrada de su tienda al calor del día, al mediodía según nuestra manera de contar las horas. En las Escrituras encontramos relatos de otras visitas o visiones divinas ocurridas al mediodía, cuando el sol está en el cenit de su recorrido diario por el cielo. Recordamos que Simón Pedro tuvo la visión del gran lienzo a esa misma hora del día, y fue a esa hora también que la mujer samaritana tuvo su encuentro con Jesús. En la antigua sinagoga se solía leer el relato de Génesis 18 el sábado más cercano al solsticio de verano, el día del año en que el sol alcanza su máxima altura en todo el año (Guilding 1960:222). En la antigüedad se creía que al mediodía el dios sol solía visitar la tierra para administrar justicia entre los mortales, porque en muchos pueblos el dios sol era la deidad responsable de administrar la justicia. En las Sagradas Escrituras, el Señor reemplazó al dios sol de los pueblos paganos. En la historia de Sodoma y Gomorra es el Señor quien viene para administrar justicia, es el Señor quien actúa como el juez de toda tierra.

Abrahán invita a los visitantes misteriosos a lavarse los pies y a tomar un bocado de pan. En realidad, el patriarca tiene en mente brindarles un verdadero banquete con panes cocidos del mejor trigo, mantequilla, leche, y un becerro asado tierno y sabroso. Después de cenar, el líder de los visitantes manifiesta la razón de su visita: anunciar a Abrahán y Sara que pronto acunarán en sus brazos ese hijo tan esperado. Sara, al escuchar la conversación detrás de la puerta de la tienda, se ríe para sus adentros. ¿Cómo sería posible que una mujer como ella, ya superada la menopausia, habría de tener un hijo? Además, su marido es un hombre avanzado en años, que ha perdido su capacidad de engendrar hijos.

El visitante, conociendo los pensamientos de Sara, le dice a Abrahán: "¿Por qué se ríe Sara? Ha dicho: '¿Será cierto que voy a dar a luz siendo ya vieja?' ¿Acaso hay para Dios algo que sea difícil?" La declaración expresa sin ambages que el visitante es un mensajero divino llegado con un anuncio de suma importancia. Lo sucedido en el relato nos dice algo acerca de Dios, de que es omnisciente, pues conoce los pensamientos íntimos de Sara. Simultáneamente, el Señor revela su omnipotencia; él es capaz de regenerar una matriz y devolverle a un anciano el vigor de engendrar un hijo. Sara, asustada por esta inteligencia, replica: "No me reí." Pero el Señor le dijo que sí se había reído. Dentro de un año Abrahán y Sara tendrían la oportunidad de reír de nuevo, no de incredulidad, sino de gozo. Se reirán al darle la bienvenida al mundo a su bebé, cuyo nombre será Isaac, que significa risa. De ahí en adelante, cada vez que se mencione el nombre de Isaac, cada vez que lo llamen por ese nombre que significa risa, se acordarán de las circunstancias de su nacimiento milagroso y de las risas provocadas por ese nacimiento. De ahí en adelante, cada vez que se nombre a Isaac se acordarán del hijo amado que no fue engendrado por el deseo de la carne, sino en cumplimiento de la promesa del Señor, quien determinó hacer de la descendencia de Abrahán una bendición para todas las naciones (Levenson 1993:41).

Nada es imposible para Dios

Sara se rio consigo misma porque pensaba que sería imposible que una anciana como ella diera a luz un bebé. Pero el visitante misterioso, conociendo sus pensamientos, pregunta: "¿Acaso hay para Dios algo que sea difícil?" Dicho de otra manera, "¡para Dios no hay nada imposible!" (Lc 1:37). Ésta es la respuesta que le dio el ángel Gabriel a la virgen María cuando ella preguntó: "¿Y esto cómo va a suceder? (dar a luz un niño), ¡nunca he estado con un hombre!" Al decirle el visitante a Sara que nada es imposible para Dios, el autor sagrado nos comunica algo sumamente importante acerca de Dios, quien nos ha escogido para ser su pueblo. Enorme es la diferencia existente entre nuestro Creador y los dioses venerados por los cananeos, egipcios, griegos, romanos, y nuestros filósofos contemporáneos, para quienes existen muchos imposibles. Pero no es así con el Dios de Abrahán. El Dios de Abrahán es aquel que creó un pueblo de la esterilidad de Sara y la vejez de Abrahán. Es el Dios que creó el mundo del caos primigenio y todavía lo sostiene. Es el Dios que creó al ser humano del polvo de la tierra, que separó la luz de las tinieblas y lo temporal de la eternidad; que separó la vida de la muerte y transformó los llantos del Calvario en los aleluyas entonados ante la tumba vacía. Nuestro pasado, presente, y futuro, además de nuestra impaciencia, impotencia, y dudas, están en las manos de Dios. Para nosotros hay miles de imposibles, pero para el Creador de cielo y tierra, para Dios, el de Abrahán, Sara, y nosotros, nada es imposible.

Abrahán, el amigo de Dios, y lo que significaba la amistad en la antigüedad

En Isaías 41:8 Abrahán es llamado amigo de Dios. En el AT solamente Abrahán, el protagonista principal de Génesis, y Moisés (Ex 33:11), el protagonista principal de Éxodo, son llamados amigos de Dios. Uno de los temas que los antiguos filósofos trataban con frecuencia en sus escritos, era la naturaleza de la amistad. Para las personas de la antigüedad una de las cosas más importantes en la vida era hacerse de amigos verdaderos. En sus escritos los filósofos daban mucha importancia a las características de un amigo verdadero. En los manuales que tratan acerca de la amistad, se aconseja a los lectores elegir a sus amigos con sumo cuidado, y conocer de antemano las características de un amigo verdadero. Una de las características más importantes fue la de poder conversar directamente con los amigos y decirles toda la verdad sin tener que fingir o esconder algo. Con un amigo de verdad se pueden expresar no sólo las ideas y los pensamientos, sino también las emociones. Los verdaderos amigos se tienen mutua confianza, tanta como para poder expresar que están en desacuerdo uno con el otro. Un amigo verdadero no teme llamarle la atención a su amigo. Sobre todo, el amigo verdadero es uno que está dispuesto a sacrificar su vida por el otro.

Amistad quiere decir compartir los secretos, los planes, y hasta los sentimientos más íntimos con el amigo

Estas características de la amistad verdadera las observamos en la relación de amistad que existió entre Abrahán y Dios. En muchas oportunidades se lo ve a Abrahán expresando ante Dios sus temores, preocupaciones, dudas, su falta de fe, y hasta su desacuerdo con las decisiones tomadas por el Señor. El Señor, por su parte, no le oculta a Abrahán su decisión de acabar con Sodoma y Gomorra. El Señor dice: "¿Acaso voy a ocultarle a Abrahán lo que voy a hacer?" La respuesta que se espera a la pregunta es: "De ninguna manera." Abrahán no intenta tampoco ocultarle sus sentimientos al Señor, aun cuando esté en desacuerdo con él.

Amistad quiere decir hablar con el amigo con toda franqueza, sin pelos en la lengua

La confianza que un verdadero amigo tiene para con su amigo es tan grande que no teme representar la causa de otros ante su amigo.

Esta característica de la amistad se observa en el modo en que Abrahán se pone a regatear con Dios sobre la suerte de Sodoma y Gomorra. El Señor le había comunicado a Abrahán su intención de destruir las ciudades de la llanura del Jordán por sus muchos pecados, los cuales se habían agravado en extremo. Abrahán no demuestra temor ni pena al procurar que el Señor se arrepienta de su determinación de destruir a Sodoma y Gomorra. Hasta parece reconvenir al Señor al preguntarle: "¿Acaso vas a destruir al justo con el injusto?" Las acciones de Dios le parecen injustas al Padre de los creyentes y, por lo tanto, le dice al Señor: "¿Acaso el Juez de toda la tierra no debe hacer lo que es justo?" Como indica el texto, con sus reclamos Abrahán logra que el Señor cambie su determinación de destruir las cinco ciudades al sur del Mar Muerto. La destrucción se efectuará solamente si se encuentran menos de diez personas justas en Sodoma, Gomorra, Zoar, Adma, y Zeboyin. Se ha dicho que si en un pueblo rebelde hubiera una congregación de cincuenta personas justas, o hasta una congregación de solamente diez, éstos podrían actuar como una levadura buena capaz de llevar toda la masa al arrepentimiento. Un pueblo capaz de tolerar en su medio una congregación de cincuenta justos, no estaría totalmente perdido. No obstante, difícilmente podrían sólo dos o tres justos lograr la conversión de una sociedad tan corrupta como la de Sodoma y Gomorra (Kimelman 2014:19).

La característica de estar dispuesto a hablar con toda franqueza con el amigo e interceder ante él por los que merecen su ira, es la que encontramos en Moisés, el protagonista de los últimos cuatro libros del Pentateuco. Así como en el caso de Abrahán, así Moisés habla con el Señor no como un súbdito ante un gran emperador o tirano, sino como un amigo de verdad con otro amigo de verdad. Dice en Éxodo 33:9-11: "Al entrar Moisés en el tabernáculo, la columna de nube descendía y se quedaba a la entrada del tabernáculo, y entonces el Señor hablaba con Moisés... Y el Señor hablaba con Moisés cara a cara, como habla cualquiera con su compañero." Al igual que Abrahán, Moisés también se pone a reconvenir a Dios y hasta a llamarle la atención. Después del lamentable incidente del becerro de oro, cuando los israelitas adoraron un ídolo de oro, el Señor habló de su determinación de destruir al pueblo idólatra y hacer de Moisés y su descendencia un nuevo pueblo escogido (Ex 32:9-10). Pero Moisés, en vez de acceder a la voluntad de Dios, apremia al Señor a arrepentirse de su decisión de acabar con Israel: "Señor, ¿por qué habría de encenderse tu furor contra tu pueblo?" (Ex 32:11). "Te ruego que les perdones su pecado. De lo contrario, ¡bórrame ya del libro que has escrito!" (Ex 32:31-32). Y la Biblia nos dice que el Señor, haciendo caso a su amigo Moisés, se arrepintió de su determinación de destruir a Israel.

En la Escritura se narran unas cuantas historias en las que la palabra de Dios llega a una persona en una o dos ocasiones solamente. Pero los relatos que encontramos en el Pentateuco nos revelan que el Señor hablaba seguido con sus amigos Abrahán y Moisés. Los pasajes dejan ver la naturaleza recíproca de los encuentros entre el Señor y sus amigos. Cuando se habla con un amigo, se espera una respuesta, una conversación o un diálogo. Es la clase de relación que Dios desea con sus amigos. Los amigos de Dios no son súbditos que tienen que callarse en la presencia de un superior y seguir sus instrucciones al pie de la letra sin abrir la boca. Los amigos no son esclavos. No se espera de un amigo que actúe o reaccione como un esclavo. En su encuentro con Dios, en el incidente de la zarza ardiente, Moisés no teme protestar ante la decisión de ser enviado al faraón a pedir la liberación de Israel (Ex 4:1-10). Un amigo de verdad es quien no sólo no teme compartir con su amigo sus pensamientos más íntimos, sino que tampoco teme expresar sus emociones (Lapsley 2004:124). Observamos eso en el reclamo de Moisés ante el Señor en Éxodo 5:22-23: "Señor, ¿por qué afliges a este pueblo? ¿Para qué me enviaste? Desde que yo vine para hablar en tu nombre al faraón, éste ha afligido a tu pueblo, ¡y tú no lo has librado!" (Ex 5:22-23). Se ha sugerido que Dios pudo soportar los reproches y exteriorizaciones de emoción de sus amigos, porque se dio cuenta que lo que los motivaba no era una obediencia ciega, ni falta de fe, sino el mismo amor que el Señor abrigaba por su pueblo en lo más íntimo de su ser.

Amistad quiere decir dar la vida por el amigo. "Nadie tiene mayor amor que éste, que es el poner su vida por sus amigos" (Juan 15:13)
Lo importante para nosotros, en la lectura de los pasajes que hablan de la amistad que existía entre el Señor y Abrahán y entre el

Señor y Moisés, es que en ellos tenemos una descripción de la clase de amistad, amor, comunión y conversación que caracterizan el pacto entre Dios verdadero y su pueblo. Abrahán y Moisés representan la amistad que debe caracterizar el lazo que une al Señor con Israel y con la iglesia. Los pasajes que hablan de Abrahán y Moisés, como amigos y compañeros del Señor, nos inducen a ver al Dios de la Biblia como un ser cercano y muy interesado en los sufrimientos y problemas diarios de sus escogidos. Dios verdadero, de quien leemos en el Pentateuco, no es uno de los miembros de un panteón de deidades griegas o babilónicas, no es el dios distante del que habla el Corán. El profeta Mahoma nunca manifiesta que "Dios es amor". El amigo de Abrahán y Moisés es Dios que se encarnó en aquel que declara: "Nadie tiene mayor amor que éste, que es el poner su vida por sus amigos... Ya no los llamaré siervos, porque el siervo no sabe lo que hace su señor; yo los he llamado amigos, porque todas las cosas que oí de mi Padre, se las he dado a conocer a ustedes. Ustedes no me eligieron a mí. Más bien, yo los elegí a ustedes" (Jn 15:13-16).

Al ver a Abrahán abogando en favor de las ciudades de Sodoma y Gomorra, vemos actuar al Padre de los creyentes conforme a la misión que le fue encomendada, la de llevar bendición a las naciones. Ya en Génesis 14, Abrahán había conducido un ataque relámpago para salvar a Lot y los demás habitantes de Sodoma y Gomorra de las manos de los cuatro reyes del Oriente. Ahora, en el capítulo 18, Abrahán asume el papel de intercesor para librar a Lot y los habitantes de Sodoma de la ira de Dios. En Génesis 20:17 lo encontramos intercediendo nuevamente, esta vez por Abimelec, el rey de los filisteos y su pueblo, a fin de que Dios los perdone. Al abogar Abrahán así por los habitantes de Sodoma, Gomorra, y el pueblo filisteo, y al interceder Moisés por los israelitas que habían adorado al becerro de oro, los dos grandes profetas de Génesis y del libro de Éxodo se nos presentan como modelos. Porque nosotros también recibimos el llamamiento a un ministerio de intercesión. Al estudiar el tema, debemos tener presente que Abrahán y Moisés son, en su ministerio de intercesión, prototipos del gran sumo sacerdote que está a la derecha del trono celestial, intercediendo ante el Padre por nosotros.

Hay estudiosos de las Escrituras que señalan que el diálogo entre Abrahán y el Señor se presenta como un proceso judicial ante una corte de justicia. El proceso comienza con el clamor contra Sodoma y Gomorra, clamor que va en aumento (Gn 18:20). Las quejas contra las ciudades del llano han llegado hasta Dios. Los términos "el clamor" y "las quejas" provienen del campo semántico de los procesos jurídicos. En otras palabras, los agraviados han pedido al Señor una investigación jurídica de los crímenes de Sodoma y Gomorra y la vindicación de los agraviados.

Los acusados son los habitantes de las cinco ciudades de la llanura. Según el relato de las Escrituras, los crímenes de los acusados fueron muchos: injusticia social, opresión de los pobres, arrogancia, falta de hospitalidad, odio a los extranjeros, y homosexualidad. Según lo que nos relata el AT acerca de la administración de la justicia en Israel, antes de dictar cualquier sentencia, era necesario que el juez llevara a cabo una investigación presencial. Para juzgar justamente, el juez debía basar su juicio en las palabras de –por lo menos– dos testigos oculares (Bruckner 2001:126-129). A la vez, los acusados debían tener un mediador o defensor para abogar en su favor. En el proceso descrito en Génesis 18, Abrahán asume el papel de defensor de los acusados, mientras que el Señor actúa como el "juez de toda la tierra". Puesto que el clamor de los oprimidos había llegado a los oídos del Señor, el supremo juez se acerca ahora a los hombres asumiendo la forma de un ser humano. Así puede conocer de cerca la veracidad de las acusaciones en contra de Sodoma y Gomorra. Lo de Génesis 18 es, entonces, la descripción del descenso a la tierra del "juez de toda la tierra" con la finalidad de llevar a cabo una investigación judicial. El descenso del Señor constituye uno de los diez *yeridot* (descensos del Señor) descritos en la literatura rabínica (Blenkinsopp 2004:127).

Abrahán, en su papel de defensor o abogado, procura la salvación de los que son inocentes de los crímenes cometidos por los habitantes de las ciudades de la llanura. Para conducir un juicio justo, no se debe condenar y castigar a los inocentes juntamente con los criminales. Lo que procura Abrahán es la salvación de Lot y su familia, no la liberación de los culpables impenitentes. Sobre todo, Abrahán quiere que todos los pueblos sepan que el Juez de toda la tierra actúa con justicia.

Los juicios que conduzcan los descendientes de Abrahán siempre deben dar gloria a Dios y su ley. Los eventos relatados en Génesis 18 y 19 ocurrieron antes de la entrega del libro de la ley a Moisés en Éxodo 24, pero se sobrentiende que existe una ley implícita en el corazón del ser humano, una ley que todos deben entender. En el proceso judicial descrito en Génesis 18, se convoca a los lectores del relato a ser parte del jurado, a escuchar el testimonio de los ángeles y a evaluar las palabras de los habitantes de la ciudad. Los lectores tenemos que decidir si a los hombres de la ciudad les asistía el derecho de "tener relaciones" con los huéspedes de Lot. ¿Les asistía el derecho o tenían la autoridad de imponer sus costumbres y tradiciones a los extranjeros que se encontraban en la casa de Lot? ¿Existe una ley escrita por el Creador en el corazón de cada ser humano, que está por encima de las ordenanzas y leyes establecidas por los hombres? Los paganos que no tienen ley escrita, ¿conocen la ley escrita en sus corazones, una ley que los acusa y que los defiende? (Ro 2:15).

El relato bíblico del juicio de Sodoma y Gomorra nos muestra la enorme importancia de la administración de la justicia en el pueblo de Israel. Un treinta por ciento de las 613 leyes que encontraron los rabinos en el AT tiene que ver con administración de justicia. Estas leyes estipulan que se nombren jueces justos, jueces que no se dejen sobornar, jueces que investiguen el clamor de los agraviados y que escuchen con atención, tanto el testimonio de los testigos oculares como también los argumentos de los abogados. Sobre todo, el pueblo de Dios debe tener jueces que dicten juicios justos que den gloria al Juez de toda la tierra. Con lo que pasó con Abrahán en este relato, tanto el patriarca como sus descendientes deben haber aprendido mucho respecto a la administración de la justicia en Israel. Es lo que declara el Señor en Génesis 18:19: "Yo sé que él (Abrahán) ordenará a sus hijos y a sus descendientes que sigan el camino del Señor, y que sean justos y rectos, para que el Señor cumpla en Abrahán su promesa."

En la literatura rabínica se especifica con mucho más detalle la cruel opresión sufrida por los pobres, y hasta por los animales, en Sodoma y Gomorra. Aunque nada se dice en el texto masorético –el AT en hebreo– acerca de la necesidad de dar a los opresores la oportunidad de arrepentirse, los Tárgum (las versiones del AT en arameo) afirman que Dios los había llamado a arrepentirse. Pero, así como los antediluvianos del tiempo de Noé, estos de ahora tampoco hicieron caso (Blenkinsopp 2004:125). De todos modos, su derrota frente a los invasores orientales (Gn 14) debería haberles servido de advertencia a los cinco reyes de la llanura, que la ira de Dios pesaba sobre ellos. Pero desestimaron la advertencia, así como desdeñaron tanto las palabras como el ejemplo del justo Abrahán.

El Dios de Abrahán en su papel de "Juez de toda la tierra" y la destrucción de Sodoma y Gomorra

En la historia de la intercesión de Abrahán en favor de los habitantes de Sodoma y Gomorra encontramos un nuevo nombre o título de Dios. Abrahán se refiere al Señor llamándole "El Juez de toda la tierra" (Gn 18:25). El título nos indica que Dios verdadero, Dios que había escogido a Abrahán, es un Juez justo y no un tirano caprichoso como muchas de las deidades paganas o reyes de las naciones. Al abogar en favor de la familia de Lot y los habitantes de las ciudades del valle de Sidín, Abrahán hace la pregunta: "¿Acaso el juez de toda la tierra no debe hacer lo que es justo?" La respuesta que Génesis 18 y 19 nos brinda es: al reducir a la nada las ciudades de Sodoma y Gomorra, el Señor ciertamente está haciendo lo que es justo. Si Dios hubiera dejado a las ciudades del valle de Sidín sin su merecido castigo, no sería un juez justo. El Señor no hubiera sido un juez justo si hubiese cerrado sus oídos al clamor de todos los oprimidos y explotados por los tiranos que controlaban las ciudades de Sodoma, Gomorra, Adma, y Zeboyin (Gn 14:2, 8).

Los pecados e injusticias de estas ciudades no tuvieron que ver solamente con aberraciones sexuales. Génesis 19:13 dice que el clamor en contra de los habitantes de estas ciudades se hizo conocer en que eran ya demasiadas las quejas que habían llegado a oídos del Señor. Es el clamor de las víctimas de la injusticia, la opresión, y la explotación. Es el clamor de los pobres, necesitados, de las viudas, huérfanos, y extranjeros, los que, según las normas del antiguo Cercano Oriente, debían ser protegidos por los que ejercían autoridad. Los vicios de Sodoma y Gomorra que se destacan en los escritos proféticos del AT indican un alto nivel de corrupción social y abuso de autoridad de parte de los gobernantes. No se dice mucho de la idolatría; el énfasis está puesto en las injusticias cometidas en contra de seres humanos creados a la imagen de Dios. Pero Lutero enfatiza una y otra vez que todos los pecados en contra del prójimo tienen su origen en los pecados contra la primera tabla de la ley, que trata acerca de nuestra relación con Dios. La mención del clamor de los oprimidos se parece mucho a la historia de la zarza ardiente de Éxodo 3:7, en que el Señor le dice a Moisés que había oído el clamor de su pueblo en Egipto y había visto su aflicción. En la historia del diluvio dice que la tierra se había corrompido delante de Dios y estaba llena de violencia. Las aguas del diluvio se desataron porque Dios miró la tierra, y he aquí que estaba corrompida. Al anunciar el juicio del Señor sobre su viña, el pueblo de Israel, el profeta Isaías expresa: "Esperaba él justicia, y sólo hay injusticia; equidad, y sólo hay iniquidad" (Is 5:7).

Dios demuestra su justicia, en primer lugar, al desatar su ira en contra del pecado y la injusticia de los que se niegan a arrepentirse

Lo que recalcan estos pasajes y otros, como Sofonías 2:9, Deuteronomio 29:22 y Ezequiel 16:49-50 es que, aunque el Señor es Dios paciente, lento en enojarse, y misericordioso, también es Dios justo. En su misericordia el Señor está dispuesto a perdonar y proveer un lugar de refugio para el pecador arrepentido, como lo hizo en la historia de Noé y el arca. Para los que se niegan al arrepentimiento y se burlan de los medios de salvación que el Señor ha preparado para quienes confían en sus promesas de perdón y reconciliación, sólo habrá desolación. Aunque los habitantes de Sodoma y Gomorra no tuvieron a su disposición los Diez Mandamientos que fueron entregados a Moisés en el monte Sinaí, los que perecieron en la destrucción descrita en Génesis 19 tuvieron la ley natural escrita en sus corazones. Lo que nos enseña la historia de Sodoma y Gomorra es que Dios en su papel de Juez de toda la tierra obra en consonancia con la ley moral al acarrear sobre las ciudades del valle de Sidín su juicio final.

Dios demuestra su justicia, en segundo lugar, al declarar libre de culpa al pecador arrepentido

Pero hay una segunda cara del carácter de Dios, juez de toda la tierra. Hay dos aspectos referidos al concepto de la justicia de Dios.

Lo señaló magistralmente Martín Lutero en su escrito sobre las dos clases de justicia divina. Por un lado, como ya hemos visto, hay una forma de la justicia de Dios que condena y aniquila el pecado. Por otro lado, hay una segunda forma de justicia divina, que consiste en que el juez de toda la tierra declara libre de culpa al pecador. En comparación con los otros habitantes de Sodoma y Gomorra, Lot y los miembros de su familia parecen ser más justos que sus vecinos. Pero frente a la santidad y justicia perfecta de Dios, Lot y los suyos no son santos. La razón por la cual Lot se vio expuesto a tanto peligro en Sodoma es porque, según Génesis 13, escogió para sí, en su avaricia, los terrenos bien regados de la llanura del Jordán que parecían ser como el huerto de Edén o la tierra de Egipto. Lot prefirió las ventajas económicas de un hogar en Sodoma, y consideró de menor importancia vivir acompañado de su familia en un lugar en el que podría dedicarse a la adoración de Dios verdadero y criar a sus hijos en un ambiente libre de la corrupción y contaminación de las ciudades de la llanura.

La narración del diálogo entre Abrahán y el Señor, en Génesis 18, nos enseña que en muchas oportunidades Dios puede, por un tiempo y por la presencia de los creyentes, contener su ira y no derramar sus juicios sobre una ciudad o nación corrupta. Podría ser que por la presencia de los creyentes de la ciudad en que vivimos, Dios no haya desatado su cólera sobre los malvados. En Hechos 27 leemos que por causa de la presencia de Pablo, Lucas, y Aristarco en el barco que naufragó en la costa de Malta, se salvaron no sólo los tres discípulos sino también todos los presos, soldados, y marineros a bordo, doscientos setenta y seis personas en total (Hch 27:37). Tiene sentido afirmar que la presencia de los verdaderos adoradores de Dios en un pueblo determinado, son una gran bendición para los incrédulos de tal pueblo. Sin embargo, no siempre es éste el caso, como advierten varios textos importantes de las Escrituras. En Ezequiel 14:14, 20 leemos: "En caso de que allí vivieran Noé, Daniel y Job, sólo estos tres hombre se salvarían por su justicia. Palabra de Dios el Señor." "Les digo que si Noé, Daniel y Job vivieran en ella, ni sus hijos ni sus hijas saldrían bien librados; sólo ellos se salvarían por su justicia." Debe recordarse que a fin de cuentas, en el día del juicio final, nadie podrá salvarse por el arrepentimiento y la fe de otro pecador. Sólo hay salvación en la sangre de Cristo. Las Escrituras también nos aseguran que el pecador que se arrepiente y cree en la misericordia del Señor no será condenado por los pecados de sus padres, familia o pueblo: "Pero si el impío se aparta de su impiedad y actúa con justicia y rectitud, entonces vivirá" (Ez 33:19). En Jonás 3 leemos que el rey de Nínive y los habitantes de esa gran ciudad se arrepintieron al oír la palabra de Dios proclamada por el profeta Jonás: "Y al ver Dios lo que hicieron, y que se habían apartado de su mal camino, también él se arrepintió de hacerles el daño que les había anunciado, y desistió de hacerlo" (Jon 3:10).

Según el profesor judío Reuven Kimelman (2014:17-27), el diálogo entre Dios y Abrahán debe entenderse como una de las pruebas más significativas en la vida del primer patriarca. Según Kimelman, un profeta verdadero tiene que desempeñar dos funciones principales: ser portavoz de Dios ante el pueblo, y ser portavoz del pueblo ante Dios. Dicho de otra manera, un profeta tiene el llamamiento de denunciar los pecados individuales y los de todo el pueblo en conjunto, llamándolos al arrepentimiento y a una fe exclusiva en Dios verdadero. Así lo hicieron profetas como Isaías, Jeremías, y Juan el Bautista. Pero al mismo tiempo, un profeta verdadero tiene el deber de abogar en favor de los pecadores ante el Señor, pidiendo la gracia y misericordia divinas. Un profeta verdadero debe dejarse guiar tanto por la justicia como por la misericordia, o sea que la misma tensión entre la justicia y misericordia que opera en el corazón de Dios, debe reflejarse en el corazón del profeta.

Una nueva prueba de Abrahán

Al interceder Abrahán por los habitantes de Sodoma y Gomorra, mostraba misericordia, lo mismo que Moisés (Ex 32:9-14, 30-34) al pedir al Señor que lo borrara del libro de la vida con tal que el pueblo fuera perdonado. Recordemos que el Señor había amenazado destruir a Israel y hacer de Moisés el progenitor de un nuevo pueblo escogido. Al rechazar la oferta, Moisés pasó la prueba que el Señor le había impuesto, igual que en el caso de Abrahán en Génesis 18. Al mostrar con tanta diligencia su deseo de justicia, Moisés y

Abrahán confirmaron su llamamiento como profetas de Dios justo y misericordioso. No todos los profetas, dice el profesor Kimelman, se caracterizaban por la justicia y la misericordia. Los profetas falsos denunciados con tanto ahínco por Isaías y Jeremías, solían procurar que el Señor fuera siempre propicio a su pueblo idólatra y adúltero, pero no se preocupaban por la justicia. Por otro lado, al menos desde el punto de vista de Kimelman, a Elías le faltaba pasión por la misericordia divina, como la que vemos en el amor de Oseas por su esposa infiel. Aunque Elías denunció la idolatría e injusticia de Israel y mató a todos los profetas de Baal con propia mano, nunca abogó por el pueblo, ni se interesó por ver si habría por lo menos diez personas justas, sino que protestó que sólo él había quedado fiel a Dios (1 R 19:10). Kimelman sugiere que esta falta de misericordia de parte de Elías fue la razón por la que el profeta fue llevado a cielo y reemplazado por Eliseo. Abrahán, en cambio, no sólo se mostró apasionado tanto por la justicia como por la misericordia, sino que también llegó a entender que Dios no era solamente Dios justo que en su pasión por la justicia y santidad castiga el pecado, sino también Dios de misericordia que por su amor procura la salvación del pecador. En tal Dios podía confiar Abrahán. Al pedirle Dios más tarde el sacrificio de su hijo Isaac, sabría que viniera lo que viniese Dios actuaría no sólo a base de su justicia, sino también a base de su misericordia.

Sea que aceptemos todos los postulados de Kimelman o no, una cosa queda bien clara, que todos los que enseñan la palabra de Dios en nuestros púlpitos y escuelas tienen que reconocer que han recibido el llamamiento para ser portavoces de Dios ante el pueblo y, al mismo tiempo, portavoces del pueblo ante Dios. En nuestros corazones ha de arder tanto la pasión divina por la justicia como por la misericordia. Recordemos que Jesús, que en Mateo 23 denunció con tanta vehemencia a los escribas, fariseos e hipócritas, es el mismo que lloró sobre Jerusalén, queriendo reunir a sus habitantes bajo las alas de su misericordia cual una gallina a sus polluelos (Lc 19:41). El mismo Jesús que denunció al rey Herodes diciendo que era un zorro (Lc 13:32), fue el que le dijo a la mujer sorprendida en adulterio: "Tampoco yo te condeno. Vete, y no peques más" (Jn 8:11).

Abrahán, maestro de Israel

Según Génesis 18:18, Abrahán había recibido el llamamiento de ser el padre de una gran nación y maestro de sus hijos y descendientes. Su vocación de padre fue ordenarles a seguir el camino del Señor, "y que sean justos y rectos, para que el Señor cumpla en Abrahán su promesa" (Gn 18:19). Es bien sabido que no existían escuelas entre los hebreos antes de los días del rey Salomón. Los responsables de enseñar a los miembros del pueblo a ser justos y rectos eran los padres de familia y los sacerdotes y profetas, quienes tenían la responsabilidad de leer las historias de los patriarcas durante las fiestas celebradas en los santuarios como Silo, Betel, y Gilgal. La historia relatada en Génesis 18 se incluyó en la Biblia hebrea con el propósito de enseñar a los miembros del pueblo escogido a ser justos y rectos. Según el profesor judío Ehud Ben Zivi (1992:27-46), las lecciones más importantes de Génesis 18 para Israel son las siguientes: En primer lugar, existe una ley moral escrita en el corazón de todos los seres humanos. Se encuentran reflejos de esta ley en las tradiciones sapienciales de casi todas las sociedades humanas. Aunque *Elohim* domina sobre toda ley, en su trato con los seres humanos el Creador suele actuar en conformidad con dicha ley moral. Los jueces humanos, como representantes de *Elohim*, han recibido el llamamiento de conformar sus acciones a la misma ley moral. Esta ley es capaz de ser transmitida de una generación a la siguiente. En Génesis 18:19 el Señor dice que Abrahán "ordenará a sus hijos y a sus descendientes que sigan el camino del Señor, y que sean justos y rectos". El camino del Señor, o ley moral, se transmitirá mediante la recitación de las historias de los patriarcas y el aprendizaje de los proverbios y la entonación de los Salmos.

En segundo lugar, a los ancianos y demás líderes de las tribus de Israel se les ordena hacer caso al clamor de los que sufren a causa de la opresión, explotación, inmoralidad, e injusticia de los malvados. Los jueces y demás autoridades tienen la obligación de impartir justicia y castigar a los culpables. Así como Dios escuchó el clamor en contra de Sodoma y Gomorra, así los jueces de Israel deben estar atentos a todo clamor en contra de la injusticia. Así como el Señor envió a dos ángeles a investigar los casos de injusticia de Sodoma, así los jueces de Israel deben investigar todos los abusos cometidos en contra del pueblo y en contra de Dios. El Señor es Dios que no actúa sin primero investigar los pecados de los seres humanos. En Génesis 3:8 se nos dice que el Señor iba y venía por el huerto de Edén para investigar personalmente la falta de Adán y Eva. En Génesis 11:5 dice que el Señor descendió para ver la torre que los hijos de los hombres estaban edificando. Antes de desatar su juicio contra los habitantes de Sodoma y Gomorra, sus crímenes fueron investigados. Así como los malvados de Sodoma y Gomorra recibieron su castigo, así los jueces de Israel no han de darle la espalda a los casos de injusticia y corrupción. Los malvados deben recibir su merecido. Pero se debe escuchar el testimonio de por lo menos dos testigos antes de juzgar a un infractor de la ley de Dios. De esta manera ayudan a mantener el orden cósmico y universal establecido por el Creador.

En tercer lugar, los jueces, reyes, y demás líderes del pueblo escogido emularán la acción del Juez de toda la tierra al no destruir a los inocentes juntamente con los malvados y rebeldes. La responsabilidad de los jueces respecto a la ley moral se transmite, además, por las promesas que hablan de la venida del rey mesiánico que vendrá para establecer la justicia de Dios no sólo en Israel, sino también en todas las naciones (Is 9:6; Jer 23:5; Sal 96:3 y Sal 99:4).

GÉNESIS 19

Después del diálogo entre el Señor y Abrahán, dos de los ángeles dirigen sus pasos hacia Sodoma, para llevar a cabo la investigación judicial acerca de la culpabilidad de la ciudad, y para averiguar si en ella se pueden encontrar diez personas justas. Los ángeles encuentran a Lot sentado en la puerta de la ciudad, esperando la llegada de cualquier extranjero con el fin de invitarlo a pasar la noche en su casa. Era la manera de encontrar refugio en una ciudad donde las vidas de los peregrinos corrían peligro. Se nos dice en 2 Pedro que el justo Lot vivía abrumado por la vergonzosa conducta de los malvados entre los que moraba, y que su alma justa se afligía cada día viendo y oyendo los hechos inicuos de ellos (2 P 2:7). Según Lutero, el ministerio particular de Lot consistía en ofrecer hospitalidad a los viajeros y extranjeros y velar por su bienestar, protegiéndolos de la perversidad que reinaba en las ciudades de la llanura. Hay también mucha perversidad reinando en las grandes ciudades de nuestro mundo moderno. En las fronteras de muchos países los buitres y coyotes están al acecho, procurando aprovecharse física y moralmente de los inmigrantes, especialmente de los que carecen de la documentación necesaria para pasar de un país al otro. Hoy, como en los días de Lot, se necesitan personas e instituciones de buena voluntad y vocación cristiana para salvaguardar las vidas de los extranjeros y peregrinos.

Gracias a Dios hay muchas iglesias cristianas que han creado centros de atención para ayudar a los extranjeros a establecerse en su nuevo lugar de residencia y protegerlos de violencia y abuso. Hace doscientos años varias sociedades misioneras establecieron una red de centros misionales para marineros en los principales puertos del mundo. Muchos años antes, los monasterios cristianos eran lugares donde los viajeros y peregrinos podían pasar la noche y estar a salvo de los peligros y tentaciones de los mesones y tabernas que ofrecían albergue a los viajeros. Al leer las novelas escritas por autores paganos en tiempos de la iglesia primitiva, nos enteramos que la inseguridad y perversidad también regían en los días de los apóstoles. Por esto los autores del NT exhortan a los cristianos a ofrecer su hospitalidad a los hermanos en la fe que tienen que viajar de un lugar a otro: "Bríndense mutuo hospedaje, pero no lo hagan a regañadientes" (1 P 4:9). Tanto en 1 Timoteo como en Tito se menciona la hospitalidad como una de las virtudes que deben caracterizar al líder cristiano (1 Ti 3:2; Tit 1:8).

Lot, en su afán por atender a las necesidades de los extranjeros que se encuentran perdidos y desorientados en la ciudad, debe ser un modelo para nosotros. Lot no sólo esperó a los viajeros en la puerta de la ciudad, sino que además los condujo a su casa, donde les lavó los pies y les dio de comer. Así como Lot estuvo atento esperando la llegada de viajeros, así nuestras iglesias necesitan desarrollar ministerios específicos a fin de brindar apoyo al peregrino y extranjero. Hace unos años, un eminente sociólogo suizo hizo una investigación para explicar el gran crecimiento de ciertas iglesias evangélicas de Brasil y Chile. Una de sus conclusiones fue que dichas iglesias se organizaron para buscar y ayudar a los millones de inmigrantes rurales que diariamente salían del campo en busca de trabajo, educación, y asistencia médica en las grandes ciudades. El nombre de su investigación, publicada por el Consejo Mundial de Iglesias fue: *El refugio de las masas*.

Después de insistir con los visitantes a que pasaran la noche en su casa, a Lot lo asaltan los habitantes de la ciudad, que quieren conocer a los recién llegados. Puesto que la palabra *conocer* se emplea en otras partes de Génesis como un eufemismo para el acto sexual (por ejemplo en 19:8, las dos hijas que no han *conocido* varón), se sobrentiende que los sodomitas quieren violar sexualmente a los huéspedes de Lot. El sobrino de Abrahán, con gran valentía, sale y enfrenta a los sodomitas cerrando la puerta detrás de sí para proteger a sus invitados. Según parece, Lot está dispuesto a sacrificarse a sí mismo en un intento de proteger a los que habían hallado refugio en su casa. Según las normas de la hospitalidad oriental, uno está obligado a defender con su vida a los refugiados en su hogar. Lot hasta está dispuesto a sacrificar a sus dos hijas vírgenes, ofreciéndolas para satisfacer el desenfreno de los sodomitas (Wenham 1994:55-56).

A pesar del esfuerzo de Lot por proteger a los dos visitantes de la violencia y del abuso sexual de parte de los hombres de Sodoma, fueron los dos ángeles disimulados como peregrinos quienes protegieron a Lot. Al llegar a esta parte del relato bíblico, Lutero confiesa su incomodidad para hablar del comportamiento reprobable de los habitantes de Sodoma y Gomorra. El reformador no quiso exponer a los miembros de su congregación a una descripción de actos tan execrables como los que quisieron perpetrar los hombres de Sodoma. Lo que más consternaba a Lutero fue el hecho de que los sodomitas, en vez de sentir vergüenza por sus acciones, se jactaban de ellas. Dice Lutero que a los que se jactan de sus perversidades, les queda solamente el fuego del infierno (1961:249). La sodomía, en la opinión de Lutero, es una abominación monstruosa que sin duda viene de Satanás (1961:255). Tal actitud de Lutero dista mucho de la de algunos que, desatinadamente, se identifican como seguidores del reformador y aprueban complacidos las relaciones sexuales entre personas del mismo sexo. Las palabras de San Pablo no son menos contundentes: "Y aunque saben bien el juicio de Dios, en cuanto a que los que practican tales cosas son dignos de muerte, no sólo las hacen, sino que también se regodean con los que las practican" (Ro 1:32).

Si Lutero, en su comentario de Génesis, alababa la hospitalidad de Lot, se queda horrorizado sin embargo por la abominable sugerencia de entregar sus dos hijas vírgenes a los hombres de la ciudad a fin de salvaguardar a sus huéspedes de los apetitos lascivos de los sodomitas. ¡De ninguna manera se puede contrarrestar un acto abominable con otro igual! Cuando en su furia los hombres de la ciudad intentan atacar a Lot y cometer con él maldades peores que las que tenían pensadas para los visitantes, los ángeles actúan para salvar a Lot y a sus hijas. No es sino hasta ese momento que Lot se da cuenta que sus huéspedes en realidad son ángeles del Señor, enviados a salvar al patriarca tanto de la furia de los hombres de la ciudad como de las consecuencias de la destrucción de las ciudades de la llanura. Una de las benditas tareas de los ángeles es la de cuidar de los escogidos del Señor. Hablando de los ángeles, en Hebreos 1:14 leemos: "¿Y acaso no son todos ellos espíritus ministradores, enviados para servir a quienes serán los herederos de la salvación?" El Salmo 34:7 nos asegura que: "Para defender a los que temen al Señor, su ángel acampa alrededor de ellos."

Los ángeles de Dios fueron enviados a Sodoma como mensajeros para avisarles a Lot y a su familia de la destrucción de las ciudades de la llanura. Los ángeles sacaron a Lot y sus hijas de la ciudad y así salvaron sus vidas. Con frecuencia se mencionan ángeles en los relatos del Pentateuco y algunos de los relatos de Josué y los Jueces. Más tarde, en los libros históricos del AT, los ángeles son reemplazados por los profetas, y éstos son ahora los mensajeros enviados por el Señor para llamar a los israelitas a arrepentirse y salvarse antes de que les sobrevenga la destrucción de su ciudad y nación.

Así como Dios confundió el lenguaje de los habitantes de Babel, así los ángeles obran ahora para nublar la visión de los perversos en su intento de romper la puerta y entrar en la casa. No es la única vez que el Señor y sus ángeles hieren con ceguera a la gente. En 2 Reyes 6:8-23 se relata que una banda de soldados sirios, enviados para tomar preso a Eliseo y a su siervo Giezi en la ciudad de Dotán, fueron cegados. En Hechos 12:11-12 la mano del Señor cayó sobre el mago Elimas y éste quedó ciego sin poder ver el sol por algún tiempo. El castigo le sobrevino porque había intentado impedir la conversión del procónsul Sergio Paulo. En el caso de los hombres armados que fueron enviados para secuestrar a Eliseo, éstos se arrepintieron al darse cuenta de su error. Sin embargo, no fue el caso de la jauría de desvergonzados que intentaron poner sus manos sobre Lot, sus hijas, y sus huéspedes.

La destrucción de Sodoma y Gomorra nos enseña la importancia de hacer caso al llamado al arrepentimiento

A pesar de la justicia y buen ejemplo de Abrahán, quien arriesgó su vida para salvar al rey de Sodoma y los habitantes de la ciudad de la mano de sus enemigos (Gn 14), los moradores de Sodoma y Gomorra no se arrepintieron como el rey de Nínive ante la predicación de Jonás. Hasta los yernos de Lot se burlaron y rieron de él cuando se les avisó del juicio divino que estaba por venir sobre la ciudad. La risa burlona de los yernos que rechazó tajantemente la palabra divina, fue muy diferente a la risa de Sara de Génesis 18:12-15 y a la de Abrahán en Génesis 17:17. Los yernos de Lot y los habitantes de Sodoma tuvieron la oportunidad de salvarse, pero se negaron a hacer suya la gracia divina. San Pedro nos recuerda que "Dios también condenó a la destrucción a las ciudades de Sodoma y de Gomorra, y las redujo a cenizas, para que sirvieran de escarmiento a los futuros impíos" (2 P 2:6).

En vez de sentirnos espiritualmente seguros y superiores a los habitantes de Sodoma, haremos bien en recordar las palabras de Jesús: "¡Pues yo les digo que no! Y si ustedes no se arrepienten, también morirán como ellos" (Lc 13:5). Y en otra ocasión, al hablar Jesús a los habitantes de la ciudad donde había predicado tantos sermones y realizado tantos prodigios, afirma: "Y tú, Cafarnaún, que te elevas hasta el cielo, hasta el Hades caerás abatida. Porque si en Sodoma se hubieran hecho los milagros que se han hecho en ti, hasta el día de hoy habría permanecido. Por tanto les digo que, en el día de juicio, el castigo para Sodoma será más tolerable que para ti" (Mt 11:23-24). En Lucas 17:28-30 el Señor manifiesta: "Lo mismo sucedió en los días de Lot: la gente comía y bebía, compraba y vendía, plantaba y edificaba casas; pero cuando Lot salió de Sodoma, llovió del cielo fuego y azufre y los destruyó a todos. Así será el día en que el Hijo del Hombre se manifieste."

El relato bíblico dice que los ángeles tuvieron que tomar de la mano a Lot, su esposa, y sus hijas para sacarlos fuera de la ciudad antes de proceder a destruir el lugar, destrucción que acabó con cuatro de las cinco ciudades de la llanura. En el momento en que fue necesario darse prisa, Lot y los suyos vacilaron, pensando en sus amigos y seres queridos que iban a perecer en la conflagración. Quizá creyeron que con su demora podrían lograr que cambiara la determinación de Dios de poner fin a Sodoma, Gomorra, Adma, y Zeboyin. En vez de huir hacia las montañas donde se encontraban Abrahán y Sara, Lot y los suyos dirigieron sus pasos hacia la pequeña ciudad de Soar. De esta manera se alejaron aún más del tío que había abogado por ellos, y por cuya intercesión fueron rescatados de la destrucción (Cotter 2003:123). Queda claro que Lot y sus hijas se salvaron, no por sus propios méritos, sino por la intercesión de Abrahán. De igual manera, nosotros seremos salvos del fuego del juicio final, no por nuestros méritos, sino por la intercesión del sumo sacerdote que tenemos a la derecha de Dios Padre.

A fin de cuentas, la tragedia de Lot es la consecuencia de su decisión de separarse de Abrahán y su casa. La historia de Lot es una advertencia para todos los lectores de Génesis, porque el triste fin de esta historia puede repetirse en las vidas de los que abandonan al pueblo del pacto y tratan de vivir sus vidas separados de la verdadera iglesia y de la promesa divina (Sailhamer 1992:171).

Otras interpretaciones del pecado de Sodoma

No todos los intérpretes de Génesis 19 están convencidos de que el pecado principal de los sodomitas fuera la homosexualidad. Según la tesis de Brian Doyle, profesor de la Universidad Católica de Leuven en Bélgica, el pecado de Sodoma fue el de querer obligar a los visitantes celestiales a revelar a los sodomitas sus conocimientos secretos y fórmulas mágicas. Según esta tesis, los sodomitas, como Abrahán en el capítulo anterior, advirtieron que los visitantes misteriosos eran en realidad seres celestiales. Lot, por su parte, no se dio cuenta de la identidad de sus huéspedes, pues como indica su nombre, Lot tenía el entendimiento tapado o cubierto por un velo. En hebreo el significado de la palabra "Lot" es: velado. Recordemos que en 2 Corintios 3:15 Pablo afirma que a los judíos inconversos un velo les cubre el corazón cuando leen las profecías de Moisés que se refieren a Cristo. Lot, el del entendimiento velado, no reconoció la identidad de sus visitantes. Más tarde, en la cueva de Soar, no se dio cuenta tampoco de que sus hijas se acostaron con él.

De acuerdo con la tesis de Doyle, la palabra "conocer" de Génesis 19 no significa contacto sexual como en Génesis 4:1 ("Adán conoció a Eva, su mujer"), sino conocimientos secretos, misterios prohibidos, poderes ocultos y fórmulas mágicas, como en Génesis 2 (el árbol del conocimiento del bien y del mal). Dicho de otra manera, el pecado de los sodomitas fue similar al de los constructores de la torre de Babel, quienes quisieron subir a las regiones celestiales para conseguir conocimientos secretos y, quizá, la vida eterna. Lot, según los proponentes de esta teoría, no entendió las intenciones del populacho hasta que los ángeles actuaron para impedirles la entrada a la casa. El relato de Génesis 19 emplea dos palabras hebreas diferentes para designar la puerta, la entrada. Según la tesis elaborada por Doyle, en este pasaje la palabra "puerta" se refiere a la puerta de seguridad de la casa de Lot, mientras que la palabra "entrada" significa acceso a los secretos celestiales (Doyle 2004:431-448). Por interesante que sea la interpretación de Doyle, su tesis no cuadra con Judas 7, que nos dice que la ciudad de Sodoma fue destruida por vicios contra la naturaleza, una referencia clara a actos homosexuales. 2 Pedro 2:7 habla de la conducta pervertida de los malvados de Sodoma. Según otro autor, el pecado de los sodomitas fue doblemente reprobable e imperdonable porque intentaron violar a dos seres celestiales (Miller 2000:50).

Una segunda interpretación alterna del pecado de Sodoma

Según otros intérpretes, la falta de los ciudadanos de la ciudad condenada fue no reconocer ni respetar las antiguas tradiciones respecto al santuario, la hospitalidad, y el trato a los extranjeros. Según esta hipótesis, Lot se encuentra en la puerta de la ciudad amurallada cumpliendo con su deber como uno de los porteros de la ciudad.

Su deber era el de determinar la identidad e intenciones de los que deseaban entrar en la ciudad. En la antigüedad, la llegada de visitantes extranjeros era casi siempre causa de preocupación para los habitantes de una ciudad. Hacía poco Sodoma y los otros pueblos cercanos habían estado en guerra con cuatro reyes del Oriente (Gn 14) y, a lo mejor, los sodomitas temían nuevas incursiones de afuera. Los dos visitantes podrían haber sido espías enviados a reconocer las debilidades de los sodomitas. Recordemos que Josué envió dos espías a Jericó para reconocer el territorio. El relato de Josué 2 narra cómo los exploradores buscaron refugio en la casa de Rajab. El rey de Jericó, temiendo una invasión de parte de los israelitas, mandó sus hombres a la casa de Rajab a fin de apresar a sus huéspedes. En Génesis 42:9 José acusa a sus hermanos de espionaje: "Ustedes son espías. Han venido a ver los puntos vulnerables del país." Gracias a la estrategia del espionaje cayó la ciudad de Betel en manos de la tribu de José (Jue 1:22-25). Según la Ilíada de Homero, la ciudad de Troya cayó en poder de los invasores griegos gracias a la misma estrategia. En la antigüedad, lo mismo que hoy, el espionaje se castiga con la pena de muerte.

Según la segunda hipótesis alterna, Lot, en su función de portero, invita a los extranjeros a pasar la noche en su casa. De esta manera, cumple con las antiguas leyes de la hospitalidad, pero esto le brinda, a la vez, la oportunidad de vigilar las actividades de los viajeros con el fin de conocer sus intenciones. Según tal interpretación, los oficiales de la ciudad llegan a la casa de Lot para conocer a sus huéspedes. Ya hemos comentado que el verbo hebreo *yada* (conocer) tiene varios significados. Uno de ellos es hacer averiguaciones, o llevar a cabo una investigación o interrogatorio. Adoptando este significado del verbo, algunos intérpretes creen que los oficiales de la ciudad vienen para examinar a los visitantes y determinar si son espías o simplemente viajeros que necesitan de un lugar para pasar la noche. De la literatura de la época sabemos que tales interrogatorios eran, con frecuencia, sumamente brutales. En muchas instancias los sospechosos eran torturados y hasta mutilados. De modo que los oficiales le piden a Lot que entregue a sus huéspedes para interrogarlos. Pero Lot rehúsa, porque de acuerdo con las antiguas tradiciones orientales de la hospitalidad, había dado refugio a sus visitantes y era su deber defender sus vidas e integridad con su propia vida.

Según esta interpretación de Génesis 19, Lot les ofrece a los oficiales de la ciudad un recurso pacífico. El ofrecimiento consiste en entregarles a sus hijas como rehenes. Un rehén, según el diccionario Larousse, es "una persona que queda en poder del enemigo como prenda de la ejecución de un convenio". Recordemos que José tomó a Simeón como rehén y lo tuvo cautivo hasta que sus hermanos regresaron con Benjamín. La idea no era que los oficiales de la ciudad abusaran sexualmente de las hijas de Lot, sino que quedaran resguardadas bajo vigilancia hasta el próximo día después de la salida de los visitantes de la ciudad. Los oficiales de la ciudad, sin embargo, no aceptaron la propuesta de Lot, sino que intentaron violentar su hogar y hacerle daño. Fue entonces que por esta falta de hospitalidad y por no respetar las normas tradicionales referidas al trato de extranjeros, el juicio de Dios vino sobre la ciudad (Morschauser (2003:461-485).

La hipótesis resumida arriba sale en defensa de la actuación de Lot en esta historia: no fue un déspota patriarcal para quien las vidas de las mujeres eran una nonada. Se nos dicen que esta hipótesis cuadra mejor con las palabras de Jesús de Mateo 10:15, en que compara a Sodoma con las ciudades que no ofrecen hospitalidad a los que son enviados a proclamar el evangelio. Sin embargo, la hipótesis no cuadra con la Carta de San Judas, que sí atribuye la destrucción de Sodoma y Gomorra a sus perversidades de índole sexual, y no sólo a su falta de hospitalidad: "También Sodoma y Gomorra, y las ciudades vecinas, que lo mismo que aquéllos practicaron la inmoralidad sexual y los vicios contra la naturaleza, fueron puestas como ejemplo y sufrieron el castigo del fuego eterno" (Jud 7). En los escritos de muchos intérpretes modernos se nota una renuencia a calificar la homosexualidad como una perversión que merece el castigo divino. Los intérpretes que abogan en favor de una teología gay, son renuentes a aceptar textos como Judas 7 y 2 Pedro 2:6 como una interpretación correcta de Génesis 19. No obstante, el intérprete bíblico tiene la obligación de interpretar la Escritura por medio de las Escrituras, y no dejarse llevar por toda nueva corriente teológica.

Las ruinas de Sodoma y Gomorra se han buscado al sur del Mar Muerto en la parte más baja del mundo

Las investigaciones arqueológicas llevadas a cabo al sur del Mar Muerto indican que las ciudades de Sodoma y Gomorra no fueron destruidas por una erupción volcánica, sino por un terremoto de gran violencia, acompañado de relámpagos que prendieron fuego los gases naturales y las depresiones de asfalto, azufre, y petróleo que caracterizan esa región (Sarna 1966:142). La destrucción de Sodoma y Gomorra se menciona no solamente en las Sagradas Escrituras, sino también en los relatos de los historiadores romanos Tácito y Estrabón.

Entre las formaciones geológicas que se encuentran al sur del Mar Muerto hay muchas columnas de sal y azufre, algunas de las cuales parecen tener la forma de una mujer. Las columnas se formaron por los muchos desastres naturales ocurridos cerca de donde habían estado las ciudades de la llanura. Éstas se encontraban al sur de lo que hoy se conoce como el Mar Muerto. En los tiempos de Jesús el Mar Muerto era llamado *Lacus Asphaltitis* por los romanos, o sea, Lago de Asfalto. En el transcurso de los siglos han surgido de las profundidades del mar enormes bloques de asfalto que parecen grandes toros decapitados. Con frecuencia manan cantidades de asfalto líquido de las reservas subterráneas debajo del mar. Se estima que hay por lo menos diez mil millones de barriles de petróleo debajo del Mar Muerto.

El Mar Muerto está ubicado en un valle en la parte más baja del mundo, a unos 420 metros por debajo del nivel del mar. El fondo del mar se encuentra 300 metros más abajo. El valle en el cual se formó el Mar Muerto se encuentra entre dos planchas tectónicas que se mueven en direcciones opuestas, causando frecuentes terremotos. Debido a la dispersión de las aguas del río Jordán para la agricultura, el nivel del Mar Muerto está bajando al ritmo de un metro por año. Sus aguas son las más saladas del mundo. En tiempos del AT el nombre del Mar Muerto era *Yam ha-Melech*, Mar de Sal. Por miles de años los turistas han acudido al Mar Muerto para bañarse en sus aguas, las cuales tienen muchas propiedades medicinales. El paisaje alrededor del mar es espectacular. En las montañas que lo rodean hay cantidades de cuevas, siendo la más famosa y visitada la que se conoce como la "Cueva de Lot" donde, se dice, Lot y sus dos hijas se refugiaron después de que la mujer de éste se convirtiera en una columna de sal (Niemi 2008:34).

La historia de la mujer de Lot nos advierte del peligro de mirar hacia atrás

La mujer de Lot, que pereció por mirar hacia atrás después de haber escapado de la conflagración que destruyó a Sodoma y Gomorra, fue para los escritores del NT y de la iglesia antigua un ejemplo de los que comienzan bien y terminan mal. La mujer de Lot, cuyo nombre y procedencia desconocemos, había confiado en la palabra de Dios y juntamente con su esposo e hijas abandonó Sodoma. Pero en su fuga, en vez de pensar en el nuevo futuro que el Señor tenía preparado para ella, se puso a pensar en todo lo que había dejado atrás. Quizá la mujer había nacido en Sodoma; las Escrituras no nos cuentan si había salido de Harán con su esposo, o si era de otra parte. Lo que pasó con la mujer de Lot es una advertencia de que uno puede perder su salvación. Ni en el NT ni en el AT se apoya el concepto de "una vez salvo, siempre salvo". El autor de la Epístola a los Hebreos exhorta vehementemente a sus oyentes a no volver la mirada atrás procurando la salvación en las ceremonias, ritos, y sacrificios del judaísmo. A los hebreos se los exhorta a mirar hacia delante: "Fijemos la mirada en Jesús, el autor y consumador de la fe" (Heb 12:1-2). Habiendo comenzado su carrera y ministerio, Jesús no volvió la mirada hacia atrás. Así también se nos exhorta a nosotros a correr con paciencia la carrera que tenemos por delante. San Pablo tilda de insensatos a los creyentes de Galacia que habían encontrado la salvación en la cruz de Jesucristo y que ahora quieren volver atrás y buscar la salvación en la ley de Moisés. A su manera, las dos hijas de Lot también volvieron la mirada hacia atrás al acostarse con su progenitor. Las dos habían salido bien libradas físicamente de la ciudad condenada, pero algo de la moralidad pervertida de Sodoma se les había quedado pegado. Es más fácil salir de Sodoma que lograr que Sodoma salga de uno.

En el AT leemos que los israelitas, después de haber cruzado el Mar Rojo con Moisés, murmuraron en contra de Moisés y del Señor queriendo regresar a Egipto para poder llenarse las barrigas: "¡Cómo extrañamos el pescado que comíamos en Egipto! ¡Y los pepinos, melones, puerros, cebollas y ajos que nos regalaban! ¡Ahora andamos con la garganta reseca, pues no vemos nada más que este maná!" (Nm 11:5-6). Después de recibir el informe de los diez cobardes espías (Nm 13), los israelitas estaban listos para apedrear a Moisés y Aarón y volver a Egipto. Desde la cárcel en Roma, el apóstol Pablo escribe: "Demas me ha desamparado. Prefirió este mundo, y se fue a Tesalónica" (2 Ti 4:10). En Lucas 9:62 el Señor Jesús afirma: "Nadie que mire hacia atrás, después de poner la mano en el arado, es apto para el reino de Dios." Y Pablo, en Filipenses 3:13-14, expresa: "Hermanos, yo mismo no pretendo haberlo alcanzado ya; pero una cosa sí hago: me olvido ciertamente de lo que ha quedado atrás, y me extiendo hacia lo que está adelante; ¡prosigo a la meta, al premio del supremo llamamiento de Dios en Cristo Jesús!" Jesús nos advierte diciendo: "¡Acuérdense de la mujer de Lot!" (Lc 17:32). Acerca de este pasaje de Génesis, hay una glosa en el Targum que dice que la mujer de Lot fue convertida en una columna de sal hasta el día de la resurrección de los muertos. El NT, sin embargo, no dice nada al respecto (Smith 2011:233).

De modo que los únicos que lograron escapar de la conflagración fueron Lot y sus dos hijas. Por causa de ellos la ciudad de Soar fue la única de las cinco ciudades de la llanura que no fue destruida. Pero después, por miedo, Lot y sus hijas abandonaron Soar y se quedaron a vivir en una cueva. El modo en que Lot se dejó emborrachar y ser seducido por sus propias hijas indica la debilidad de su carácter, lo que hemos hecho notar en otras ocasiones. A fin de cuentas, el padre dispuesto a comprometer la virtud de sus propias hijas y entregarlas a la turba de maleantes borrachos, ahora, borracho él, se acuesta con ellas. El autor sagrado quiere dejar en claro que la gran tragedia de la vida de Lot es la consecuencia de su decisión de separarse de Abrahán y su casa. La advertencia para nosotros, en lo que hace a la triste suerte de Lot, es que su historia puede repetirse en las vidas de quienes abandonan al pueblo del pacto y la verdadera iglesia.

A pesar de sus debilidades y falta de fe, Lot y sus dos hijas fueron salvados, pero no por su propia justicia. La Escritura (Gn 19:29) es muy clara al afirmar que Lot se salvó porque el Señor se acordó de Abrahán y de la promesa que le había dado. Según Génesis 19:16, Lot y sus hijas no se salvaron por su propia justicia, sino por la misericordia y compasión del Señor. Lo que enseña el pasaje es que la presencia de los justos en una sociedad o en un pueblo determinado puede ser una fuente de bendición para los injustos que habitan allí. El Juez de toda la tierra habría preservado a las ciudades de la llanura si en ellas se hubiesen encontrado tan sólo diez personas justas. Lamentablemente, no había diez personas justas; sin embargo Lot y sus hijas se salvaron. Se salvaron porque Dios se acordó de Abrahán.

En Isaías 53, el profeta afirma que todos perderemos el rumbo, como ovejas, y cada uno tomará su propio camino (v 6). Cada uno de nosotros merece ser aniquilado del mismo modo en que fueron consumidos los habitantes de Sodoma y Gomorra. Entre todos los miembros de la raza humana no se hallaron cincuenta, ni diez justos para preservar a la humanidad del juicio que se avecinaba. Había un solo justo, y por medio de este justo nuestra llaga fue sanada. Los que confían en él y su muerte en la cruz por nosotros, serán salvados, porque el Señor descargó sobre él todo el peso de nuestros pecados. Al recordar la historia de Sodoma y Gomorra, nuestra reacción no debe ser de autosatisfacción. Ni tampoco debemos felicitarnos por no ser tan perversos como los habitantes de las ciudades de la llanura. La suerte de Sodoma y Gomorra debe ser para nosotros más bien un llamamiento al arrepentimiento. Lo que pasó con las ciudades malvadas de la llanura bien podría repetirse, pero en grado mayor, con el advenimiento del día del Señor. En la siguiente profecía, el profeta Malaquías parece aludir a la destrucción de Sodoma y Gomorra: "¡Ya viene el día, candente como un horno! En ese día, todos los soberbios y todos los malhechores serán como estopa, y serán consumidos hasta las raíces. ¡No quedará de ellos ni una rama! Lo digo yo, el Señor de los ejércitos" (Mal 4:1).

La cueva de Lot

No debe sorprendernos que Lot y sus hijas buscaran refugio en una cueva. En Palestina y Siria las investigaciones arqueológicas han demostrado que por miles de años las cuevas y tumbas han sido lugares de refugio para miles de personas en tiempos de invasión, guerras civiles, inestabilidad social, y persecución tanto política como religiosa. Recordemos que David y sus seguidores se escondieron en la cueva de Adulán (1 S 22:1), y que Abdías, el mayordomo del rey Acab, escondió a cien profetas del Señor en cuevas, de cincuenta en cincuenta, y los sustentó con agua y pan (1 R 18:5). Los autores de los salmos 57 y 142 atribuyen estos cantos a David "cuando huyó de delante de Saúl a la cueva". En 1 Samuel 13:6 leemos: "Y cuando los soldados de Israel se vieron acorralados (porque el pueblo estaba en apuros), se escondieron en cuevas y en fosos, y en peñascos y tras las rocas y en cisternas."

En muchas de estas cuevas y tumbas se han encontrado en las paredes inscripciones y grafiti de los refugiados que, al igual que Lot y sus hijas, buscaban un refugio seguro. Los mensajes dejados en las paredes de las cuevas incluyen oraciones dirigidas al Señor, maldiciones para los enemigos, trozos de salmos y los nombres de algunos de los refugiados. Por los objetos escondidos en las cuevas se ha determinado que entre los refugiados se encontraban tanto pobres campesinos como miembros de la nobleza. Entre tiestos y objetos de cerámica se encontraron también anillos, joyas, documentos, herramientas, textiles, objetos de cobre, vidrio, y coronas. Los objetos encontrados en algunas cuevas indican que éstas fueron lugares de refugio por más de cuatro mil años. Las inscripciones en las paredes de las cuevas revelan que quienes las pintaron o grabaron fueron tanto personas letradas como también personas poco ilustradas. Los objetos y miles de restos humanos encontrados en las cuevas de la Tierra Prometida nos recuerdan los conflictos, peligros, y sufrimientos de los habitantes de Palestina a lo largo de su historia. Las oraciones grabadas en piedra son un testimonio elocuente y conmovedor de la fe en el Señor que ayudó a sostener a miles de refugiados que, como Lot y sus hijas, tuvieron que sobrevivir en un ambiente peligroso, precario, inseguro, y hostil (Parker 2003:259-288). En medio de los peligros que nos acechan en un mundo lleno de peligros, oremos con los antiguos israelitas: "Señor, en ti busco refugio... ¡Sé para mí una roca de refugio, en donde siempre pueda resguardarme" (Sal 71:1, 3).

Las hijas de Lot

Al final del capítulo 19 encontramos el triste relato de lo ocurrido entre Lot y sus dos hijas, una historia de incesto no apta para menores.

Esto debe servirnos también de advertencia. Lot había escogido llevar a su familia a vivir en una ciudad conocida por su corrupción e inmoralidad. Allí su esposa y sus hijas quedaron expuestas diariamente a las normas de conducta, perversiones, y malos ejemplos de sus vecinos. La influencia maligna del ambiente de Sodoma debe haber tenido su efecto en el modo de pensar de las hijas de Lot. Aunque los ángeles del Señor lograron sacar a Lot y sus dos hijas de Sodoma y salvar sus vidas del castigo de la ciudad, no pudieron, sin embargo, sacar a Sodoma del corazón de ellos. Al emborrachar a su propio padre para acostarse con él y tener descendencia, las hijas, a su manera, miraron hacia atrás igual que su desafortunada madre. A consecuencia de lo que pasó en la cueva de Lot, las hijas de Moab (el hijo de la hija mayor) son consideradas por los israelitas moralmente relajadas y perversas. Iguales a la madre de su raza, se las califica como hijas de fornicación. Al estudiar el incidente de Baal Pegor (Nm 25), el estudiante podrá ver que, instigado por el mago Balaam, el pueblo de Israel "empezó a prostituirse con las mujeres de Moab" (Nm 25:1). Hasta uno de los jefes de la tribu de Simeón, llamado Zimri, fornicó con Cozbi, hija de uno de los príncipes de Madián. Tanto Zimri como Cozbi fueron lanceados por Finés, hijo del sacerdote Eleazar, hijo del sumo sacerdote Aarón. Deuteronomio 23:3 declara: "No entrará jamás en la congregación del Señor ningún amonita ni moabita, ni siquiera hasta la décima generación." (Los amonitas son los descendientes de la segunda hija de Lot).

Sin embargo, leemos en el libro de Rut, que una descendiente de Moab, Rut, no sólo entró en la congregación de Israel, sino que llegó a ser la bisabuela del rey David. Según narra el libro de Rut, la suegra de ésta, la anciana Noemí, envió a su nuera, que era viuda, a que se acostara con el rico hacendado Booz, a la manera de las hijas de Moab. Aprovechándose de la embriaguez de Booz, con una actitud semejante a la de las hijas de Lot, "Rut llegó sigilosamente, descubrió los pies de Booz y se acostó" (Rut 3:7b). La idea de Noemí parece haber sido conseguir que Booz se enamorara y se casara con Rut, pero de forma indebida. Sin embargo, en vez de imitar el ejemplo de las hijas de Lot, la virtuosa Rut quedó acostada a los pies de Booz, sin que pasara nada indebido entre ambos. De esta manera, Rut se ganó el amor de Booz por las buenas, y en parte expió la falta de la madre de Moab. De esta manera, impidió que fuera empañado el honor del segundo rey de Israel (su bisnieto David). En vez de mirar hacia atrás a las costumbres de Sodoma o de Moab, Rut miró hacia adelante a la promesa de Dios, y confesó: "Tu pueblo será mi pueblo, y tu Dios será mi Dios" (Rut 1:16b). A pesar de Deuteronomio 23:3, el nombre de Rut aparece en la lista de los antepasados de Jesucristo (Mt 1:4) como una muestra de que la justificación que viene por la fe habla con más autoridad que las palabras de la ley.

En su comentario sobre Génesis, el reformador Martín Lutero hace todo lo posible por interpretar las acciones de Lot y sus dos hijas en el mejor sentido. Lutero considera como venial y no moral el pecado en que incurrieron el padre y sus dos hijas. Lot, según la opinión del reformador, no estaba en sus cabales, sino sumamente agitado, aturdido y traumatizado por la pérdida de su querida esposa, sus bienes materiales, siervos y amigos. En su depresión estaba fuera de sí y no era responsable por sus acciones. En cuanto a las dos hijas, Lutero cree que las protagonistas del relato fueron motivadas tanto por compasión como por desesperación, pero no por lujuria o concupiscencia. Actuaron para proveer un heredero para su padre, no sea que la familia, el *toledot*, y el nombre de su padre desaparecieran para siempre. Según la opinión de Lutero, Lot y sus hijas fueron personas santas víctimas de una terrible desgracia, pero que no perdieron su salvación (Lutero 1961:308-310). Lutero no fue el único en considerar santos a Lot y a sus hijas. Miles de años después de la destrucción de Sodoma, los cristianos bizantinos construyeron una iglesia y un monasterio dedicados a San Lot, sobre una montaña al este del Mar Muerto (Hunt 2013:177).

En consonancia con las opiniones de Lutero, tanto Josefo como Filón de Alejandría defendieron las acciones de las hijas de Lot, alegando que creyeron que toda la humanidad había perecido en la conflagración que arrasó con su mundo, de manera que la supervivencia de la raza humana dependía de su actuación de conservar la descendencia de su padre: "Ya no hay en la tierra ningún hombre que se allegue a nosotras, como es la costumbre de toda la tierra" (Gn 19:31). Según esta interpretación del texto, las madres de Moab y Amón son dignas de gran honor, porque sacrificaron su virtud con el fin de preservar la raza humana (Grossman 2014:41).

Una investigadora feminista insiste en que la hija mayor de Lot debe ser considerada la heroína del relato, porque sacrificó su honor para preservar la vida de su familia y asegurarle una descendencia a su padre. Para preservar la familia, las hijas de Lot tuvieron que tomar la iniciativa y actuar con valentía, tomando el control de una manera subversiva que ignoró el predominio del varón en una sociedad patriarcal. Así, nos dice la autora, tienen que actuar las mujeres cuando fracasa la capacidad del hombre de actuar de un modo decisivo (Hunt 2013:187-202).

Uno de los temas que cual hilo dorado atraviesa el libro de Génesis y todo el AT es el de la simiente o descendiente de la mujer, cuya venida fue profetizada en Génesis 3:15. Una de las principales preocupaciones del AT era mostrar que la bendición de ser uno de los ascendientes de la simiente pasaba del padre al hijo y del hijo al nieto y así en adelante. Abrahán, que recibió la promesa de ser portador de la bendición, debió entregar la bendición a su descendiente. Por mucho tiempo Abrahán creyó que Ismael sería la persona designada para recibir la promesa y pasarla a sus descendientes. Pero vimos en Génesis 17:23 que el Señor descalificó a Ismael. Otra sería la persona designada para ser el próximo portador de la bendición. Si Abrahán, ya viejo, llegase a morir sin tener otro hijo, la bendición bien podría pasar a Lot, el familiar más cercano al patriarca. Creo que el autor sagrado insertó el relato de la desgracia de Lot precisamente antes de la historia del nacimiento de Isaac, para dejar en claro que Lot y sus descendientes también habían sido descalificados. El descendiente esperado que aplastaría la cabeza de la serpiente no podría ser un descendiente de Moab ni de Ben Amí. Tendría que ser otro descendiente de Abrahán aún no nacido.

GÉNESIS 20

El rapto de Sara. Abrahán y Abimelec

La finalidad de la historia del rapto de Sara por Abimelec, rey de los filisteos, es asegurarle al lector de la Torá que Abrahán es el verdadero padre del heredero de la promesa. Aunque Sara fue a parar al harén del rey filisteo junto a las esposas y concubinas de éste, nunca llegó a tener relaciones con él. La Torá nos dice que Dios le habló a Abimelec en sueños de noche, para advertirle del peligro que corría por haber codiciado la mujer de su prójimo. La intervención de Dios no fue tan sólo para evitar que el rey filisteo cometiera adulterio, sino también para proteger a Sara y al futuro heredero de la promesa. Si Sara hubiera dado a luz después de haber tenido relaciones con Abimelec, habría habido duda sobre la verdadera paternidad de Isaac. Entonces hubiera surgido la pregunta: "¿Quién es el verdadero padre de Isaac: Abrahán o Abimelec?" Si no se hubiese podido comprobar la paternidad abrahánica de Isaac, Ismael bien podría haber reclamado para sí la bendición que el Señor había prometido al hijo de Abrahán. Entonces, los descendientes de Ismael, los árabes, hubiesen podido con justicia declararse los verdaderos dueños de la Tierra Prometida. Según el punto de vista del pasaje bíblico, la lucha entre israelitas y árabes por la tierra de Palestina tuvo su comienzo aun antes del nacimiento de Isaac, en el confuso triángulo compuesto por Abrahán, Sara, y Agar.

El tema de la bendición atraviesa todo el libro de Génesis

La historia que narra el Génesis no es tan sólo la historia de los comienzos, sino también la historia de la bendición. El tema de la bendición atraviesa todo el *Bereshit*, desde los primeros versículos hasta el último capítulo. La creación se considera una inmensa bendición, de la cual todavía gozamos. Por medio de los seres humanos hechos a su imagen, el Creador provee, autoriza, y envía a sus representantes a ser agentes de bendición para todo el mundo. Abrahán recibe el llamamiento de salir de Ur de los Caldeos no sólo para recibir bendición, sino también para que por medio de él y su simiente, todas las naciones reciban la bendición de Dios.

Las bendiciones que Dios otorga a todas las naciones por medio de Abrahán y la simiente, son también para Abimelec y los filisteos, en cuya tierra encontramos a Abrahán y Sara, en Génesis 20. El texto sagrado indica que esta nueva prueba del patriarca ocurrió, por lo menos en parte, porque el patriarca juzgó mal el carácter de Abimelec y de los filisteos. El error de Abrahán consistió en asumir que Abimelec y sus súbditos eran como los reyes y habitantes de Sodoma y Gomorra, totalmente perversos, sin temor de Dios e incapaces de arrepentimiento. Por sus experiencias con los habitantes de las ciudades de la llanura, Abrahán había llegado a creer que todos los gentiles eran iguales. Es decir, se había formado un estereotipo de lo que es un gentil. Una de las lecciones que tenemos que aprender en nuestro peregrinaje como extranjeros por este mundo, es no juzgar a los hombres a base de los estereotipos y prejuicios que tanto abundan en nuestra cultura. Tales estereotipos casi siempre perjudican nuestro esfuerzo de comunicar bendición a los demás. No todos los filisteos que se encuentran en las páginas de la Biblia son como Goliat, enemigos declarados de Dios y su Palabra. Leemos también acerca de muchos filisteos que se hicieron partidarios del rey David y hasta llegaron a constituir su guardia personal.

Por medio del relato de Génesis 20, el autor sagrado se esmera en demostrarnos la inocencia de Abimelec. El Señor se preocupa por el bienestar de Abimelec y los suyos, pues se le aparece en un sueño para advertirle respecto del peligro que corría su vida. Literalmente, el Señor le advierte a Abimelec que se está muriendo. Pero la enfermedad de Abimelec fue una gran bendición, pues impidió que el rey de los filisteos y también Abrahán, por su complicidad en el asunto, fueran culpables del pecado de adulterio. En nuestro análisis de Génesis 18, observamos los muchos términos jurídicos que aparecen en la narración. Los estudiosos de Génesis han observado que también en Génesis 20 hay muchos términos y conceptos que provienen del campo semántico de los litigios y procesos jurídicos. De hecho, en Génesis 20 se encuentran dos procesos jurídicos. Los protagonistas de los litigios son Abrahán, Sara, Abimelec, y el Señor.

En el primer caso (Gn 20:3-8) el Señor visita a Abimelec en un sueño y lo acusa de un pecado mortal, un pecado que conlleva la pena de muerte, no sólo para el rey, sino también para su familia. El rey de los filisteos instaló en su tienda la esposa de otro hombre. Ante tal acusación de parte del juez supremo, Abimelec, actuando como su propio abogado, se defiende. En su defensa declara que había actuado por ignorancia, pues tanto Abrahán como Sara habían manifestado que eran hermanos. Además, el rey alega que nunca tocó a Sara debido a la enfermedad con la que el Señor lo había afligido. Abimelec se declara inocente del pecado de adulterio. El Señor reconoce la inocencia del rey y lo absuelve. Abimelec es justificado.

Este pasaje, como muchos otros del AT, subraya la importancia de la administración de justicia en el pueblo de Israel. Se debe atender al clamor de los oprimidos. Las acusaciones tienen que investigarse. Los acusados deben tener el derecho de defenderse. Los jueces tienen el deber de juzgar con justicia, sin sobornos de por medio, sin hacer acepción de personas. Como expresamos anteriormente, el treinta por ciento de las 613 leyes que encontraron los escribas en la Biblia hebrea, tienen que ver con los procesos jurídicos. En Éxodo 18:13-27, siguiendo los sabios consejos de su suegro, Moisés nombra jueces para el pueblo de Israel antes de la entrega de los Diez Mandamientos en Éxodo 20.

Abimelec acusa a Abrahán

En el segundo caso jurídico de Génesis 20, Abimelec acusa a Abrahán de faltar a la verdad. A consecuencia de las mentiras de Abrahán y Sara el rey casi comete un gran pecado, que podría haber causado su muerte. Tal pecado hubiera complicado, al mismo tiempo, la vida matrimonial de Abrahán y Sara. También hubiera proyectado una sombra de duda sobre la promesa del heredero que esperaban el patriarca y su esposa. En la discusión que Abimelec sostuvo con Abrahán, se observa claramente que Abimelec reconoce que es un gran pecado codiciar la esposa del prójimo y tener relaciones íntimas con ella. Aunque Abrahán trata de defenderse de las acusaciones de Abimelec, queda claro que es el culpable y que, por lo menos en este relato, un rey gentil conoce mejor el camino del Señor que el padre de los creyentes. En esta narración se observa, nuevamente, la existencia de una ley implícita en el corazón de las personas que no recibieron las palabras de la ley escrita en dos tablas de piedra o en un rollo de la Torá.

Aunque el rey de los filisteos no conocía los diez mandamientos revelados en las dos tablas de piedra, sabe, sin embargo, que es un pecado codiciar la mujer del prójimo. Abimelec, al igual que Meliquisedec, fue una de esas personas que creyeron en la existencia de Dios supremo, justo, y santo, que hizo el cielo y la tierra. Abimelec y

Melquisedec aparecen como ejemplos de muchos gentiles que temían al Señor porque sus vidas fueron tocadas por él, ya que "no se dejó a sí mismo sin testimonio" (Hch 14:17, RV 1977). La caída en pecado de Adán y Eva nunca logró borrar totalmente de la memoria de los seres humanos todo recuerdo de Dios verdadero (Richardson 1984:41). El temor del Señor del que se habla en esta narración es, como se ha indicado antes, un temor reverente de respeto, honor, y alta estima. Es imposible respetar, honrar, y tener al Señor en alta estima, si no se cree en él como el único creador de todo lo que existe y el único soberano del universo. En otras palabras, el temor implica el monoteísmo.

Es interesante notar que en el diálogo entre el Señor y Abimelec se emplea el nombre divino *Elohim* y no *Yahvé*, pues en la Biblia hebrea *Elohim* es el nombre por medio del cual los gentiles se dirigen a Dios verdadero. Solamente a los miembros del pueblo de Israel se les permite emplear el nombre divino *Yahvé* (Cotter 2003:131). Es de notar además que en esta conversación quien dialoga con el Señor, Abimelec, no se ríe de las advertencias divinas, como hicieron los habitantes de Sodoma. Abimelec hace caso a la voz de Dios y le devuelve a Abrahán su esposa, la cual había tomado sin saber que se trataba de una mujer casada. En Génesis 20:8 leemos: "A la mañana siguiente Abimelec se levantó y llamó a todos sus siervos, y claramente les repitió todas estas palabras. Esto les provocó mucho miedo." Al igual que los marineros paganos del relato de Jonás 1, los gentiles de la casa de Abimelec temen al Señor y se muestran dispuestos a escuchar su Palabra (Sailhamer 1992:175-176). Abrahán fue culpable de haber engañado a Abimelec, porque pensó que no había temor de Dios entre los filisteos. En realidad, a Abrahán le faltó el temor de Dios en este incidente (Bruckner 2001:229).

Según Charles Swindoll, lo sucedido con Abrahán en Génesis 20 fue el caso de un pecado habitual que llegó a manifestarse nuevamente en la vida del patriarca. El pecado habitual o repetido, fue recurrir a la mentira como una forma de salir del apuro (2015:180). Observamos que, según Génesis 12:10-20, el patriarca y su familia salieron de la Tierra Prometida para ir a vivir a Egipto, porque "sucedió que hubo hambre en la tierra". Ni en Génesis 12 ni en Génesis 20 dice que el Señor ordenó a Abrahán salir de Canaán. Quizá en ambas ocasiones la razón de la migración de Abrahán se debió a que le faltaba fe en la providencia de Dios. En ambas ocasiones, Abrahán y Sara se encontraban en una situación incómoda y peligrosa por el temor que sentían ante los reyes paganos. Este peligro, nos dice Swindoll, hizo que Abrahán regresara "a su pecado habitual, porque estaba tratando de resolver sus problemas confiando en su propio ingenio en lugar de confiar en el cuidado de Dios". Lo sucedido debe servir para hacernos recordar cuáles son nuestras propias debilidades, y para tener mucho cuidado de orar y velar para no caer en el mismo error una y otra vez. El enemigo suele lanzar sus ataques apuntando a nuestras debilidades. Lo malo en este caso fue que Sara se hizo cómplice de Abrahán en el engaño; podría haber rehusado participar de lo que propuso su esposo.

Lutero (1961:347-349) opina que con Abimelec tenemos un modelo de persona verdaderamente arrepentida, un gentil con un espíritu contrito. El rey de los filisteos no trata de justificarse, ni de presentar excusas o endilgarles la culpa a otros. No pregunta tampoco por la cantidad de méritos que tendría que aportar para conseguir el perdón de Dios. Sabe que solamente Dios, en su gracia, puede librarlo de su culpa. Abimelec pecó porque no sabía que Sara fuera la esposa de Abrahán, y por lo tanto, no reconoció su error hasta que Dios le habló por medio de un sueño.

Todos nosotros, como Abimelec, somos culpables de pecados que reconocemos y también de pecados que no podemos reconocer o recordar. Por lo tanto, nos dice Lutero, debemos orar con David: "¿Acaso hay quien reconozca sus propios errores? ¡Perdóname por los que no puedo recordar!" (Sal 19:12). Puesto que en muchas ocasiones pecamos sin darnos cuenta que hemos ofendido al Señor, oremos cada día: "Perdónanos nuestras deudas, como también nosotros perdonamos a nuestros deudores" (Mt 6:12).

En el relato que estamos viendo se observa que Abrahán, semejante a Jonás, es lento para aprovechar la oportunidad de compartir su fe con el rey filisteo e impartirle una bendición. Ante los reclamos de Abimelec, Abrahán confiesa su error: "Pues simplemente pensé que aquí no hay temor de Dios, y que me matarían por causa de mi mujer" (Gn 20:11). Abrahán estaba equivocado. El Señor tuvo que llamarle la atención a su siervo por medio del rey filisteo, así como con frecuencia juzga a su pueblo mediante los reclamos de los que no son parte de su iglesia. "Entonces Abrahán oró a Dios, y Dios sanó a Abimelec, a su mujer y a sus siervas." Para ser perdonado, Abimelec tuvo que devolver a Sara a su marido; ella se encontraba aún en la tienda del rey de los filisteos. En segundo lugar, Abrahán tuvo que interceder por Abimelec. El texto indica claramente que Abimelec fue salvado porque el Señor respondió a la oración de Abrahán.

A fin de cuentas, Abrahán llegó a ser una bendición para sus vecinos filisteos, de acuerdo con la promesa del Señor: "En ti serán benditas todas las familias de la tierra" (Gn 12:3). Al hablarle a Abimelec, el Señor se refiere a Abrahán como "profeta": "Porque él [Abrahán] es profeta y orará por ti. Así vivirás" (Gn 20:7). Es la primera vez que encontramos la palabra profeta en la Biblia hebrea. El pasaje nos da a entender que una de las funciones más importantes de los profetas bíblicos era orar, no solamente en favor de los miembros del pueblo escogido, sino también en favor de los gentiles. Nos equivocamos si creemos que los profetas tuvieron como función principal denunciar pecados y pronosticar juicios apocalípticos. Una de las funciones principales de los verdaderos profetas de Dios era la de interceder. De esta manera, anticipaban el ministerio de Jesucristo, el más grande de los profetas. El profeta de Dios no sólo proclama la ley, sino también el evangelio.

Al igual que Abrahán, muchos misioneros cristianos han sido enviados a vivir entre los gentiles y ser para ellos agentes de bendición. En su misericordia y amor por todo el género humano, Dios con frecuencia prepara los corazones de personas como el justo rey Abimelec, para recibir el mensaje del evangelio y compartir las buenas nuevas con sus familiares, socios y vecinos. Es parte de nuestra tarea misionera buscar a tales personas, y recordar que en muchas culturas se pueden encontrar restos de la verdadera religión que conocieron nuestros antepasados. En su libro *"Eternity in the Hearts"* (*Eternidad en sus corazones*), el misionero bautista Don Richardson ha recopilado muchas evidencias de un conocimiento de Dios verdadero, de parte de muchos pueblos del mundo. Las historias citadas por dicho autor revelan que en muchas culturas se ha conservado no sólo la ley natural, sino también algo de las promesas de Dios de bendecir a todas las naciones por medio de un salvador venidero.

El hecho de que Abrahán encontró en Abimelec y los filisteos personas que temían a Dios, es uno de los muchos ejemplos que tenemos en las Escrituras de que todos los seres humanos saben por naturaleza que existe una diferencia entre el bien y el mal. El libro de Génesis toma por sentado que los habitantes de Sodoma y Gomorra fueron moralmente responsables por las abominaciones que cometieron; no tenían excusa. No cometieron las atrocidades que nos relatan la Ley y los Profetas por ignorancia o falta de instrucción moral (Goldingay 2003:239). Nuestros antepasados conocían la diferencia entre el bien y el mal, porque así fueron creados por Dios, y por lo tanto, están sin excusa (Ro 1:20, 27, 32).

La bendición implica vida, prosperidad, fertilidad, una familia grande, paz, abundantes cosechas, tierra, animales, salud

Para los antiguos israelitas la palabra bendición implicaba vida, prosperidad, fertilidad, una familia grande, paz, abundantes cosechas, tierra para labrar, animales, buena salud; en resumen, todas las cosas mencionadas por Lutero en su explicación de la cuarta petición del Padrenuestro. La bendición no es lo mismo que la salvación. La salvación es la restauración de las bendiciones perdidas. Es salvación cuando uno queda curado de un cáncer terminal. Es una bendición no haberse enfermado nunca y no necesitar ser sanado. El segundo libro del Pentateuco, Éxodo, es el gran libro de salvación del AT, en tanto que el libro de Génesis es el gran libro de bendición. Para tener una idea de la amplitud de la idea de bendición y maldición en el AT, vale la pena leer cuidadosamente Deuteronomio 28, donde Moisés explica con lujo de detalles todo lo que implica la bendición del Señor para su pueblo escogido.

GÉNESIS 21

Entre las bendiciones que le fueron prometidas a Abrahán, encontramos la de la tierra y la de tener muchos descendientes, y también la del futuro nacimiento de un gran libertador o Mesías. Así como un padre, al llegar al fin de sus días, designa un heredero para que reciba sus propiedades y lleve a cabo sus proyectos, así Abrahán tuvo que pasar la promesa que recibió del Señor a uno de sus hijos, y este hijo, un día, tuvo que pasársela a uno de sus hijos. El Génesis nos relata los conflictos ocasionados por la transmisión de la promesa de una generación a otra. ¿Quién recibirá la bendición de Abrahán: Isaac o Ismael? ¿Quién será el heredero de Isaac: Esaú o Jacob? ¿Cuál de los doce hijos de Jacob será designado heredero de la promesa: el primogénito Rubén; José, el hijo más amado; o Judá, el valiente? De los cinco hijos de Judá, ¿cuál será el designado? En todos los casos mencionados aquí, el hijo escogido para recibir la promesa no fue el hijo mayor, el cual, según las convenciones de la sociedad, debía ser el preferido.

Al escoger al segundo o al último, el Señor nos da a entender que el reino de Dios no opera como los reinos del mundo. En éstos se da preferencia al más fuerte, al más inteligente, al más bien parecido o al más violento. El reino de Dios opera a base de la gracia, el amor no merecido de Dios, el amor que con frecuencia da la preferencia al marginado, al oprimido, al menospreciado, y al más débil. En los relatos bíblicos encontramos con frecuencia la expresión: "Los primeros serán los últimos, y los últimos serán los primeros" (Mt 20:16). Al observar en las Escrituras cómo Dios escoge a unos y no a otros, debe tenerse muy en cuenta que con frecuencia al escogido se lo selecciona para cumplir con una misión muy difícil, que involucra grandes pruebas, sufrimientos, y muchas veces la muerte. No todos están preparados para soportar los rigores que tendrá que aguantar el escogido del Señor, o sea, el hijo amado.

El nombre de Isaac, el más tranquilo de los patriarcas, proviene de un vocablo que quiere decir risa

Y así nace Isaac, el hijo de la promesa, el menos conocido y más quieto de los patriarcas de la línea del Mesías del Génesis. Como sabemos, el nombre Isaac quiere decir risa: "Reísac" será su nombre. Al escuchar el anuncio del futuro nacimiento de su hijo, Sara se rio, no de alegría sino sarcásticamente. Fue una risa triste, amarga, como tantas risas que escuchamos en la vida. En esta vida hay tantos que, como Sara, están en un tris de perder la esperanza y, por lo tanto, sus risas y sonrisas suenan huecas, vacías, y falsas. También hay risas crueles, sarcásticas, burlonas, y necias. Eclesiastés 7:6 dice que la risa del necio es como el estrépito de los espinos debajo de la olla. Muchas de las risas que escuchamos son producto de la incredulidad. Cuando Lot le advirtió a sus yernos de la necesidad de huir de Sodoma y Gomorra, se rieron. Pero la palabra de Dios también nos habla de una sonrisa que es saludable, positiva, bendita, y feliz. De esta clase fue la sonrisa que se escuchó cuando nació Isaac. Dios había transformado la risa incrédula y amarga de Sara en una de pura felicidad. Tales sonrisas son un anticipo de la alegría que nos envolverá cuando sean enjugadas las lágrimas de nuestros ojos, cuando ya no habrá muerte, ni llanto, ni clamor, ni dolor. Tales sonrisas son una anticipación del momento en que, con Abrahán y Sara, estaremos sentados en el reino de nuestro Padre. Nosotros, juntamente con Abrahán, Isaac, Jacob, y la gran multitud de patriarcas, santos, ángeles, y mártires, estaremos sentados a la mesa con las tres personas divinas, así como se sentaron Abrahán y Sara con los tres misteriosos visitantes que hicieron acto de presencia ante su tienda.

Abrahán y Sara intentaron adelantar y anticipar el día del nacimiento del heredero de la bendición por medio del proyecto con Agar. Quisieron adelantar el día de la risa, en vez esperar el momento o día oportuno que el Señor había escogido. Eclesiastés 3:1-4 nos enseña que hay un momento en que se llora, y otro momento en que se ríe, un momento en que se sufre, y un momento en que se goza. Con el nacimiento de Isaac, había concluido el tiempo de espera. Había llegado el día de la risa y del gozo. Las Escrituras nos instan a no frustrarnos ni entregarnos a la desesperación por la demora del cumplimiento de la promesa, sino a esperar el momento oportuno determinado por Dios, el momento de la llegada de uno más grande que Isaac, que enjugará las lágrimas de nuestros ojos y celebrará con nosotros el nacimiento de la nueva creación.

Dios, que se manifiesta en el Génesis, es Dios que cambia las risas amargas y falsas del mundo en verdaderos brotes de alegría y felicidad. Las Escrituras no nos invitan a andar con caras tristes y serias todo el tiempo. Los muchos dichos, ocurrencias y juegos de palabras que encontramos en la Biblia, nos indican que nuestro Padre tiene un fantástico sentido del humor. Las travesuras cómicas de tantos animales y de nuestros propios hijos, son un indicio de que el Creador es también el autor de la alegría y la risa y que es posible rendir culto a Dios por medio de nuestras risas y sonrisas. Contamos con el testimonio de Sara, Abrahán, e Isaac.

Un gran banquete que terminó mal. La expulsión de Agar e Ismael

El autor sagrado nos cuenta que Abrahán preparó un gran banquete para celebrar el rito del destete de su hijo, un acontecimiento que con frecuencia se celebraba cuando el niño cumplía tres años (Waltke 2001:293). En muchas culturas el destete constituye un importante rito de paso en la vida de un individuo, pues marca el momento en que el niño pasa de una dependencia casi total de su madre a una nueva etapa de la vida, en la cual tendrá una relación mucho más íntima con el mundo de su padre, sus hermanos, y otros miembros del clan. El término "gran banquete" señala, en las Sagradas Escrituras, una fiesta de muchos invitados en la que se consume una gran cantidad de comida, especialmente carne, y gran abundancia de vino. Además, se solían celebrar juegos, contar ocurrencias, hacer adivinanzas y tener competencias. Parece que en estas celebraciones se toleraba la intoxicación o semi-intoxicación de los celebrantes. De unos grabados encontrados en Mesopotamia, Egipto, y Grecia, nos enteramos que no solamente los hombres, sino también las mujeres solían beber en exceso en tales celebraciones comunales. En los relatos de las Escrituras el vino se toma en compañía de familiares y amigos, a modo de celebración del compañerismo y los lazos de amistad que los unen mutuamente. La única persona en la Biblia que no estuvo acompañada, sino que bebió en soledad, fue Noé. Tales consideraciones han inducido a algunos investigadores a concluir que los acontecimientos relatados en Génesis 20 ocurrieron realmente, al menos en parte, porque los protagonistas, en especial Sara y Abrahán, actuaron bajo la influencia de las copas que habían bebido.

Lo que preocupaba a Sara era que Ismael se burlaba de su hijo. La palabra que se traduce como "burlar" en la RVC implica reírse maliciosamente, es decir, con malas intenciones (Waltke 2001:294).

Levenson cree que Ismael se jactaba de ser el primogénito de su padre y el heredero de la mayor parte de sus bienes, burlándose así de Isaac y su madre (1993:101). En la tradición rabínica consta que Ismael planeaba hacerle daño a su hermano menor, tal vez quitarle la vida. El desprecio que sentía Sara se puede notar en el hecho de que no se refiere a Agar y su hijo por sus nombres. Los apelativos siempre son: "esta sierva... y el hijo de una sierva" (Gn 21:10)

Hay un viejo dicho que reza: *In vino veritas.* En otras palabras, las personas bajo la influencia del vino pierden sus inhibiciones, es decir, su capacidad de reprimir sus verdaderos sentimientos, deseos, motivaciones, y agresiones. Debido a la intoxicación de los celebrantes, muchos de los banquetes descritos en la Biblia no terminan según los planes de los anfitriones y las expectativas de los huéspedes. Cualquier cosa podía suceder durante estas celebraciones. En los banquetes descritos en la Biblia siempre hay un elemento de incertidumbre, de sorpresa, y hasta de tragedia, tal como sucedió en el banquete de Belsasar, en Daniel 5, cuando apareció una mano que trazó una escritura en la pared del palacio real. Durante un banquete José, el primer ministro de Egipto, reveló su verdadera identidad a los hijos de Jacob. Durante un banquete Absalón vengó la honra de su hermana Tamar y dio muerte a su medio hermano Amnón, el cual, en el momento de su muerte, tenía el corazón alegre por el vino (2 S 13:28). Un poco más adelante, en Génesis 29, leemos que Labán se aprovechó de las muchas copas que había tomado su yerno Jacob en la fiesta de su boda (otro rito de paso) con Lea, y de esta manera se aseguró el futuro de sus dos hijas. Fue durante un banquete que el rey Asuero, "cuyo corazón estaba alegre por causa del vino" (Est 1:10-20) mandó que la reina Vasti se presentara para exhibir su belleza ante los pueblos y los príncipes. Como la reina no quiso presentarse ante el rey, éste, en su embriaguez, se encendió en ira y tomó la decisión de divorciar a la reina y escoger a otra en reemplazo de ella.

Según la opinión de por lo menos un autor (Walsh 2000:13-29), Sara se pasó de copas en el banquete preparado para celebrar el destete de Isaac; y el resultado se manifestó en su agresión y hostilidad hacia Agar e Ismael. A Sara le molestaba ver a Ismael haciendo gala ante todo el mundo de ser un miembro pleno de la familia, con derecho a heredar una buena parte de las posesiones de Abrahán. Según Deuteronomio 21:15-17, al hijo primogénito le tocaba recibir una doble porción de la herencia de su padre. A lo mejor, Sara quería todo el patrimonio para su hijo Isaac, y así, bajo la influencia del vino, puso de manifiesto las verdaderas intenciones de su corazón. Los reclamos de Sara dejaron frustrado a Abrahán quien, a lo mejor, también había tomado unas cuantas copas demás, y así accedió a la presión de su esposa. De esta manera, el banquete que debió haber sido una ocasión de convivencia, alegría, y solidaridad familiar, terminó malogrando las festividades y dejando un sabor amargo en la boca de los participantes. Se ha dicho, como una gran verdad, que el vino es una bebida con dos caras: por un lado aumenta la felicidad y alegra el corazón triste, y por otro lado puede desatar las cadenas con las que tenemos amarrado al viejo Adán (Walsh 2000:26).

Según el Corán, Abrahán e Ismael construyen la casa de la peregrinación en la Meca

Para evitar un futuro conflicto entre sus dos hijos amados, según Génesis 21 Abrahán accede al propósito de Sara de echar a Agar y a su hijo de la casa. Acorde a las normas de la sociedad de aquel entonces, si se despedía a una esclava concubina había que otorgarle a ella y a su hijo la libertad. Debemos entender, entonces, que tanto Agar como Ismael salieron del hogar de Abrahán como personas libres y no como esclavos. No hay absolutamente nada en el texto de Génesis que apoye la idea de algunos comentaristas rabínicos de que la razón de la expulsión de Ismael fue que éste había intentado abusar sexualmente de su hermano menor. El Corán (2:125) nos presenta otra interpretación de la salida de Agar e Ismael de la tierra de Canaán. En la versión del Corán, el libro sagrado del islam, Abrahán, Agar, e Ismael se quedaron sin agua en su viaje por el desierto. Abrahán y Agar, tomando caminos diferentes, salieron en busca de un manantial. Durante la búsqueda, Agar recorrió siete veces la distancia entre *As Safa* y el monte de *Al Marwa*. De repente comenzó a brotar de la tierra un manantial. Al manantial lo llamaron *Zamzam*, y es el lugar donde se levantó la ciudad sagrada de La Meca. Allí se le ordenó a Ismael y Abrahán a construir la *Ka'bah*, la casa de peregrinación. Todos los años, en su viaje a La Meca, los musulmanes procuran imitar el recorrido de Agar y su descubrimiento del manantial. En la tradición islámica se considera que Ismael, por ser el hijo mayor de Abrahán, es el verdadero heredero (Isbouts 2007:68). Desde el punto de vista de la teología judaica, una de las diez pruebas por las que tuvo que pasar el Padre de los creyentes fue tener que despedirse de su querido hijo Ismael.

Agar e Ismael rescatados (Génesis 21:8-21)

La expulsión de Agar e Ismael de la casa de Abrahán evidencia el enorme repudio de Dios de toda clase de orgullo y presunción. Dicha expulsión de la casa de Abrahán equivale a una excomunión, pues en el tiempo de los patriarcas la casa de Abrahán era la verdadera iglesia. Tanto en el AT como en el NT, la finalidad de la excomunión no es la ruina del pecador, sino su arrepentimiento. Como en el caso de Agar e Ismael, la excomunión cumple con la finalidad de humillarnos y llevarnos al arrepentimiento (Lutero 1964:62-63). Nos dice San Pedro: "Por lo tanto, muestren humildad bajo la poderosa mano de Dios, para que él los exalte a su debido tiempo" (1 P 5:6).

Dice el texto sagrado en Génesis 21:17: "Pero Dios oyó la voz del niño (Ismael)... desde el cielo." Dios oye la voz de los que han sido humillados por la ley, los que sienten hambre y sed, no solamente del agua del manantial, sino del agua de la vida. La función de la ley es despertar en el corazón del ser humano sed por la misericordia, la gracia, y el perdón de Dios. El Señor no viene al pecador humillado y arrepentido para condenarlo, sino que le trae palabras de aliento y consuelo. "No tengas miedo –dice el ángel de Dios– que Dios ha oído la voz del niño ahí donde está" (Gn 21:17). A los pecadores humillados y arrepentidos el Señor no les exige incienso, holocaustos, peregrinaciones, obras de penitencias, rezos y mortificaciones de la carne, sino fe en su promesa, fe en las palabras de absolución, fe en su misericordia. Según Lutero, tenemos en este relato una excelente descripción del uso correcto de la ley y el evangelio. En su orgullo y presunción, Agar e Ismael se habían opuesto a la decisión de Dios de que Isaac fuera el heredero de la bendición; sin embargo, no perecieron. Se arrepintieron y fueron perdonados. Dios también tenía una bendición para Ismael, porque él también sería padre de una gran nación. Agar e Ismael no perecieron, no murieron de sed. Dios le abrió los ojos a Agar, para que viera muy cerca de ella un manantial, el que, según la observación de Lutero, siempre había estado allí, pero en su desesperación y con lágrimas en sus ojos, Agar no lo podía ver (1964:71-72). El agua de la vida también está muy cerca de nosotros, pero tantas veces no nos percatamos de su presencia; somos como María Magdalena, estamos cara a cara con el Señor y no lo reconocemos.

Según el profesor Levenson, en este pasaje tenemos un ejemplo más de lo que, para él, es uno de los temas principales del libro de Génesis y también de todo el AT. Es el tema de la muerte, del sacrificio o la pérdida del hijo amado y su subsiguiente resurrección. Al atender al deseo de Sara y expulsar a Agar e Ismael enviándolos al desierto, Abrahán decretó la muerte de su hijo primogénito. El profesor Levenson dice que la expulsión de Ismael por Abrahán debe considerarse como el sacrificio o muerte de su hijo amado. Agar tendió al niño bajo un arbusto y se alejó un poco, porque no quería ver cuando el niño muriera. Solamente por la intervención del ángel del Señor fue librado Ismael de una muerte segura. En el capítulo siguiente vemos que otro hijo amado de Abrahán también se salva de la muerte (Levenson1993:126-142). En el AT se denomina con frecuencia al pueblo de Israel como el hijo amado del Señor (Oseas 11:1). Pero, según Oseas, Israel se alejaba cada vez más de su Padre. Por su rebelión Israel fue llevado a Babilonia para morir en el exilio; pero como en el caso de Ismael e Isaac, Israel, el hijo que estaba destinado para el sacrificio, regresó de la cautividad, es decir, resucitó de entre los muertos (Levenson 1993:39).

GÉNESIS 22

Según la tradición rabínica, la atadura de Isaac es la última de las diez pruebas de Abrahán

Una de las historias más dramáticas y emocionantes de toda la Biblia es el relato de la prueba de Abrahán en Génesis 22. Para los teólogos judíos fue la última y más importante de las diez pruebas por las cuales tuvo que pasar el patriarca. Al tocar el tema de las pruebas en la Biblia, es importante distinguir entre las pruebas y las tentaciones. En las escuelas los profesores suelen valerse de pruebas para constatar que los estudiantes adquirieron comprensión de los temas tratados, o sea, descubrir lo que tienen en sus cerebros. Dios, por su parte, se vale de las situaciones difíciles por las que tenemos que pasar en la vida para poner de manifiesto la fe o la falta de fe en nuestros corazones. Según Deuteronomio 8:2: "...el Señor tu Dios te ha traído estos cuarenta años para afligirte y ponerte a prueba, y para saber lo que había en tu corazón, y si habrías de cumplir o no con sus mandamientos." En el libro de Job, el acusador insinúa que los actos de piedad de Job son producto de un interés personal y no de una verdadera fe en el Señor. Así, Job es puesto a prueba para descubrir si de verdad cree en Dios de todo corazón. Dios desea que las pruebas tengan la finalidad de afirmar la fe, la esperanza, y el amor de sus hijos. Lo que quiere es premiar a los que pasan la prueba y poner en ellos su sello de aprobación, del modo en que los fabricantes de automóviles colocan en sus productos un sello que declara que su vehículo es capaz de pasar todas las pruebas.

La tentación, en cambio, no proviene de Dios sino del enemigo, cuyo propósito es destruir nuestra fe y apartarnos del Señor. En su explicación de la sexta petición del Padrenuestro, Martín Lutero manifiesta: "Dios, en verdad, no tienta a nadie; mas rogamos en esta petición que Dios nos guarde y preserve, de modo que el diablo, el mundo y nuestra carne no nos engañen ni seduzcan a creencias erróneas, desesperación y otros graves vicios y afrentas; y que por fin, aunque fuéramos tentados a ello, sin embargo venzamos y obtengamos la victoria" (Meléndez: 362). Sabemos por experiencia que Satanás procura convertir las pruebas que Dios nos envía y cambiarlas en tentaciones. Al mismo tiempo Dios, en su gracia, es capaz de transformar nuestras tentaciones para convertirlas en bendiciones, tal como sucedió en la historia de la tentación de Jesús. Leemos en Génesis 22, que al ser probado Abrahán no murmuró en contra del Señor, como lo hicieron los hijos de Israel en el desierto, sino que obedeció. La obediencia de Abrahán fue un producto de su fe. En Hebreos 11:17 tenemos esta declaración: "Por la fe, cuando Abrahán fue puesto a prueba, ofreció a Isaac; y el que había recibido las promesas ofrecía a su único hijo, a pesar de que Dios le había dicho: 'Por medio de Isaac te vendrá descendencia.'"

De acuerdo con el mismo pasaje de Hebreos 11 que acabamos de citar, la fe que demostró Abrahán al levantar el cuchillo para sacrificar a su hijo, fue fe en el poder de Dios capaz de resucitar a Isaac de las cenizas del holocausto: "Y es que Abrahán sabía que Dios tiene poder incluso para levantar a los muertos; y en sentido figurado, de entre los muertos lo volvió a recibir" (Heb 11:19).

La fidelidad de Abrahán de pasar exitosamente las diez pruebas fue –según los rabinos– lo que les valió a los descendientes de Abrahán las bendiciones que el Señor le había prometido al Padre de los creyentes en Génesis 12:2-3. De acuerdo con la teología rabínica, Dios perdonó a los israelitas después del incidente del becerro de oro en Éxodo 32, a base de los méritos que Abrahán consiguió para sus descendientes al mostrarse dispuesto a sacrificar a su hijo en holocausto al Señor (Gregory 2008:66-81). En su libro sobre la muerte y resurrección del hijo amado, el profesor judío Jon Levenson afirma que la obediencia de Abrahán al mandato de sacrificar a su hijo amado fue el remedio que contrarrestó la desobediencia del primer hombre al comer la fruta prohibida (1993:140). Según Levenson, Abrahán no actuó a base de su fe en la promesa (como afirmaron Pablo, Lutero, Kierkegaard, y von Rad), sino a base de una obediencia total, aparte de la promesa.

En el tiempo de Jesús, muchos judíos creyeron que los méritos obtenidos por Abrahán al aprobar airosamente estas diez pruebas, y los ganados por Isaac al aceptar ser la víctima inocente en la última de las pruebas, fueron suficientes para cubrir todos los pecados de los descendientes de Abrahán. Es muy probable que el rico de la parábola del rico y Lázaro, de Lucas 16:19-31, haya pensado así. Los teólogos medievales desarrollaron una enseñanza semejante a la arriba mencionada, según la cual se podían aplicar los méritos sobrantes de los santos a los pecadores que carecían de la cantidad de buenas obras necesarias para escapar del purgatorio. Los méritos sobrantes eran llamados méritos supererogatorios. Estos se guardaban, supuestamente, en una tesorería de méritos y podían ser vendidos por el Papa a pecadores carentes de los méritos necesarios para la salvación. Tales ideas fueron atacadas duramente por los reformadores, quienes sostuvieron que el único que posee méritos de sobra es nuestro Señor Jesucristo. Los méritos de Cristo, sin embargo, no se venden, sino que son donados gratuitamente a todos que se arrepienten y creen en el evangelio.

En el leccionario de la antigua sinagoga, la historia de Génesis 22, llamada la *aqedah* (o atadura de Isaac) es, juntamente con Éxodo 12, una de las lecturas para la fiesta de la Pascua. Ambas lecturas tienen que ver con el sacrificio de un cordero en lugar del hijo amado. En la lectura de Éxodo 12 el hijo amado es Israel, y en Génesis 22 es Isaac. Según el *Libro de Jubileos*, una obra de epígrafe fraudulento escrita unos 150 años antes de Cristo, la obediencia de Abrahán al mandato de Dios les valió a los descendientes de Abrahán las bendiciones mencionadas en Génesis 12, a saber, la multiplicación de su descendencia como los astros del cielo, la bendición de heredar las ciudades de sus enemigos, y la de ser bendición a todos los pueblos de la tierra (Diez Macho 1983 II:126).

Según el Nuevo Testamento la salvación no se encuentra en el sacrificio de Abrahán, sino en el sacrificio de Jesucristo

En desacuerdo con las interpretaciones rabínicas y sacerdotales que afirman que hay perdón de los pecados, salvación y vida eterna en los méritos que ganaron Abrahán e Isaac para sus descendientes, el NT declara que es solamente por el sacrificio de otro Hijo amado que recibimos salvación. Atento a la voz del Padre y el testimonio de Juan el Bautista, en el bautismo de nuestro Señor Jesús él es tanto el Hijo amado en quien el Padre tiene su complacencia, como el Cordero de Dios que quita el pecado del mundo. Abrahán sólo estuvo dispuesto a sacrificar a su hijo amado Isaac; pero el Padre celestial sacrificó real y verdaderamente a su Hijo amado, Jesús. Isaac se salvó porque un cordero fue sacrificado en su lugar, pero ningún cordero fue inmolado en lugar de Jesús, porque él mismo es nuestro cordero. A fin de cuentas, el Padre no aceptó el sacrificio de Isaac, porque tenía preparado un sacrificio mucho mejor, un sacrificio que limpia para siempre el pecado y la impureza de todos los seres humanos de todos los tiempos.

Las palabras clave de esta historia se encuentran en Génesis 22:8 "Dios proveerá el cordero para el holocausto." El énfasis que da el autor sagrado a la provisión de un cordero para el sacrificio, nos motiva a leer el pasaje desde la perspectiva de Isaac, y no sólo desde el punto de vista de Abrahán. En Isaac está el futuro del pueblo escogido; todo Israel, toda la iglesia, está encubierto para ser manifestado en el hijo atado sobre el altar. Cuando en el templo y la sinagoga se leía la historia de la atadura de Isaac, la mayoría de los oyentes se identificaba con Isaac. Las buenas nuevas que se proclamaban en esta historia a los hijos de Israel eran que Dios, quien había provisto un sacrificio expiatorio para Isaac, proveerá un sacrificio expiatorio para todos los que confían en él. Abrahán llamó el lugar del sacrificio *Yahvé-yireh,* que quiere decir: el Señor proveerá. Según muchos intérpretes, el lugar donde Abrahán sacrificó el carnero fue el sitio en el que siglos más tarde se construyó el templo de Salomón y donde, sobre el altar del santuario, se sacrificaría un cordero cada mañana y otro cada tarde. Desde la perspectiva del NT, la provisión de un carnero o cordero para el sacrificio sobre el monte Moriah apunta al sacrificio del Cordero de Dios en la cruz del Calvario. Se ha sugerido que la idea central de un sermón sobre este pasaje debe ser: "En Jesucristo, el Señor, se ha provisto un cordero para ser sacrificado por nosotros a fin de que podamos vivir" (Greidanus 2007:205). A la pregunta de Isaac: "¿dónde está el cordero para el holocausto?" (Gn 22:7), el predicador cristiano afirmará: "Éste es el Cordero de Dios, que quita el pecado del mundo" (Jn 1:29).

En el Nuevo Testamento encontramos una alusión a la "atadura de Isaac" en Juan 3:16

Si Abrahán expresó su amor hacia Dios con su disposición de inmolar a Isaac, el Padre celestial puso de manifiesto su amor para con nosotros al hacer lo que Abrahán iba a hacer en obediencia al mandato divino. En Juan 3:16 el apóstol compara la atadura de Isaac con el sacrificio de Cristo al escribir: "Porque de tal manera amó Dios al mundo, que ha dado a su Hijo unigénito, para que todo aquel que en él cree no se pierda, sino que tenga vida eterna." Pablo también pensaba en la relación entre la atadura de Isaac y la crucifixión de

Cristo al escribir: "El que no escatimó ni a su propio Hijo, sino que lo entregó por todos nosotros, ¿cómo no nos dará también con él todas las cosas?" (Ro 8:32). En 1 Pedro 1:18-19 leemos: "Ustedes saben que fueron rescatados de una vida sin sentido, la cual heredaron de sus padres; y que ese rescate no se pagó con cosas corruptibles, como el oro y la plata, sino con la sangre preciosa de Cristo, sin mancha y sin contaminación, como la de un cordero, que ya había sido destinado desde antes de que Dios creara el mundo."

Una de las lecciones que el relato de la atadura de Isaac transmitió a los hebreos del AT fue, darles instrucciones acerca de la celebración de la fiesta de la Primavera, la fiesta de la Pascua. Los dioses venerados por las tribus cananeas de Palestina eran en su mayoría dioses de la fertilidad, cuya ayuda se procuraba para asegurar lluvias abundantes, una buena cosecha, y mucho ganado. Para conseguir el favor de los dioses, los cananeos, como muchos otros pueblos antiguos, solían ofrecer sacrificios humanos a Baal y a otros dioses de la fertilidad. En la primavera, al sacar a pastar a sus ovejas en los campos, los pastores cananeos tenían la costumbre de ofrecer a sus hijos primogénitos a Baal en holocausto. En el holocausto, los niños se volvían humo que subía al cielo para alimentar a los dioses. Los dioses, a su vez, sustentaban a sus adoradores enviándoles sol, lluvia, buen tiempo, y cosechas abundantes.

Al entrar en la tierra de Canaán después del éxodo de Egipto, los israelitas estuvieron expuestos al peligro de asimilar las prácticas paganas de sus vecinos idólatras. En sus escritos los profetas denuncian a los israelitas que a un mismo tiempo adoran al Señor y ofrecen a sus hijos en holocausto a Baal. Se nos dice que el rey Manasés de Judá pasó a su hijo por el fuego, es decir, lo ofreció en holocausto (2 R 21:6); lo mismo hizo también el rey Acaz (2 R 16:3). En cumplimiento de un voto que hizo al Señor, uno de los jueces, Jefté, ofreció a su única hija en holocausto (Jue 11) después de haber vencido de modo impresionante a los hijos de Amón. Hasta Saúl, el primer rey de Israel, estuvo a punto de ofrecer a Jonatán, su hijo primogénito, en holocausto al Señor a fin de no ser derrotado por los filisteos. Afortunadamente, el pueblo salvó a Jonatán (1 S 14:38-52)

Años atrás, Lawrence E. Stager y Samuel R. Wolff, arqueólogos de la Universidad de San Francisco, encontraron en las ruinas de la antigua ciudad de Cartago un templo a Baal. Cerca de las ruinas del templo se encontraron veinte mil pequeños jarrones. En cada uno de ellos encontraron las cenizas de uno o más niños que habían sido sacrificados a Baal (Smith 2014:54-56; Levenson 1993:20-21). En las ruinas del pueblo de Pozo Moro en el sureste de España, se halló una torre construida aproximadamente en el año 500 aC. En la torre hay una escultura en relieve que, según la opinión de los arqueólogos, nos ofrece una proyección gráfica del sacrificio de un niño. Pozo Moro parece haber sido una colonia de los púnicos, los neofenicios de Europa.

Jeremías 32:35 denuncia a los israelitas que sacrificaban sus niños a Moloc en el valle de Ben Jinón. Según 2 Crónicas 28:3, hasta uno de los reyes de Judá, Acaz, ofreció a sus hijos en holocausto. En tiempos de guerra o del sitio de una ciudad por un ejército enemigo, hubo reyes que sacrificaron a sus hijos primogénitos en holocausto, con el fin de propiciar a sus dioses y, de esta manera, lograr la salvación del pueblo. Al ser asaltada su fortaleza por los ejércitos de Edom, Israel y Judá, Mesa, el rey de Moab (850 aC), tomó a su hijo primogénito y lo ofreció en holocausto sobre la muralla (2 R 3:4-27). En un relieve grabado en la pared de un templo en Karnak (Egipto), se muestra cómo los ciudadanos de Ascalón tiraban a sus niños sobre las cabezas de los soldados egipcios que asaltaban los muros de la ciudad. Un autor cree que en la cultura cananea uno de los requisitos exigidos a un rey o líder militar era el de sacrificar su posesión más preciada, para propiciar a los dioses en tiempo de una emergencia nacional. La posesión más preciosa era el hijo primogénito (Logan 2009:665-685). El sacrificio del hijo primogénito, el que iba a heredar el trono de su padre, debe entenderse como el sacrificio del rey. Dicho de otra manera, el hijo es sacrificado en sustitución de su progenitor.

Una de las cosas que Dios enseña a su pueblo por medio de la historia de la atadura de Isaac es que el Señor no es como Baal. El Señor no quiere ni requiere sacrificios humanos. En vez de sacrificar al hijo primogénito en la fiesta de la Primavera, o para obtener una victoria frente a sus enemigos, se instruye a los israelitas a ofrecer, en lugar del hijo primogénito, un cordero sin mancha y sin defecto. Tal enseñanza fue sumamente necesaria en los días de los jueces y de los profetas, pues un creciente número de historiadores y estudiosos han llegado a la conclusión de que muchos israelitas llegaron a creer, por su sincretismo, que se podía aplacar la ira del Señor y conseguir su favor mediante sacrificios humanos. En los libros de los Reyes leemos que Manasés (2 R 21:6) y Acaz (2 R 16:3), ambos reyes de Judá, sacrificaron a sus hijos a Dios. Además, muchos reyes del Reino del Norte (1 R 17:17) también sacrificaron a sus hijos e hijas. Hasta el juez Jefté sacrificó a su propia hija al Señor en cumplimiento de una promesa (Jue 11:34-40). En Deuteronomio 18:10 el Señor denuncia el sacrificio humano como una abominación practicada por las naciones paganas: "Que no haya en ti nadie que haga pasar a su hijo o a su hija por el fuego." En Miqueas 6:7 se pregunta: "¿Debo darle mi primogénito a cambio de mi rebelión? ¿Le daré el fruto de mis entrañas por los pecados que he cometido?" La respuesta a esa pregunta será mil veces no. "¡Hombre! El Señor te ha dado a conocer lo que es bueno, y lo que él espera de ti, y que no es otra cosa que hacer justicia, amar la misericordia, y humillarte ante tu Dios" (Miq 6:8).

Lo que tuvieron que aprender tanto Abrahán como sus descendientes fue que no somos justificados por el cordero que le ofrecemos a Dios en sacrificio, ya sea un cordero animal sin defecto, o un hijo nuestro. El lema de Génesis 22 es: "Dios proveerá" (v 8). Seremos perdonados, justificados, y santificados, no por nuestro cordero, sino por el Cordero de Dios. ¡No por tu cordero, sino por mi Cordero! afirma el Señor. Lamentablemente, en su ignorancia y rebeldía muchos seres humanos le dan la espalda al Cordero que fue inmolado para nuestra salvación. En su *War Requiem* (Misa para los difuntos) el compositor británico Benjamín Britten afirma que en la Segunda Guerra Mundial las naciones de Europa, en su orgullo y furia, cual Abrahánes enloquecidos y rechazando el sacrificio provisto por Dios, se dejaron inducir a sacrificar a sus propios hijos. La misa del compositor pacifista fue escrita en 1962 para la consagración de la nueva catedral de San Miguel en Coventry, Inglaterra. La antigua catedral construida en el siglo 14 fue totalmente destruida por las bombas de la *Luftwaffe* alemana en 1940.

Génesis 22 y Éxodo 12 nos ayudan a entender el significado de nuestra
celebración de la Pascua

Cada año que los israelitas se reúnen para celebrar la Pascua deben recordar tanto la historia de la atadura de Isaac, como la historia de la Pascua relatada en Éxodo 12. Aunque muchas de las fiestas que celebraban los israelitas en el AT fueron, originalmente, fiestas paganas relacionadas con los ritmos cíclicos de la naturaleza (primavera, verano, otoño, invierno), ahora son fiestas que han sido recicladas y transformadas en fiestas que recuerdan las grandes intervenciones salvíficas del Señor en la historia de su pueblo. En la vieja liturgia de Israel el enfoque de la celebración de la Pascua no estaba dirigido hacia la renovación anual de las fuerzas de la fertilidad, sino hacia la liberación de los esclavos hebreos de la servidumbre en Egipto. Durante esa liberación los primogénitos de cada familia de Israel fueron salvados porque, como en el caso de Isaac, un cordero sirvió como sustituto del hijo amado. Al ver la sangre del cordero en la puerta de la casa, el ángel de la muerte pasó de largo. La palabra "pascua" quiere decir pasar por encima. En el interior de la casa señalada con la sangre del cordero, los miembros de la familia comieron la carne asada del cordero sacrificado y tomaron el vino rojo, símbolo de la sangre derramada para obtener su liberación de la pestilencia destructora, la última plaga de Egipto. La celebración de la Pascua en Israel le recuerda al pueblo de Dios que en el día final "a tu izquierda caerán mil, y a tu derecha caerán diez mil, pero a ti no te alcanzará la mortandad. ¡Tú lo verás con tus propios ojos! ¡Tú verás a los impíos recibir su merecido!" (Sal 91:7-8).

Abrahán fue justificado por su fe en aquel que tiene el poder de resucitar
a los muertos

En Romanos 4 Pablo hace hincapié en el hecho de que Abrahán y sus descendientes fueron escogidos, llamados, y bendecidos por la misericordia y gracia de Dios, y no porque el "padre de los creyentes" hubiera pasado exitosamente las diez pruebas que los antiguos rabinos encontraron en el ciclo abrahánico de Génesis, enumeradas por primera vez en la literatura judaica en Jubileos 17:17 y 19:3-9. Según Pablo, Abrahán fue justificado por su fe en la promesa de Dios, pues "su fe no flaqueó al considerar su cuerpo, que estaba ya como muerto (pues ya tenía casi cien años), o la esterilidad de la matriz de Sara" (Ro 4:19). Así, al creer en la promesa de Dios referida al nacimiento de Isaac, Abrahán creyó en la resurrección de los muertos, porque en cuanto a poder engendrar un hijo, Abrahán y Sara ya estaban como muertos. Nuevamente se puso de manifiesto la fe de Abrahán en el poder de Dios para resucitar a los muertos, al estar dispuesto a sacrificar a Isaac. Porque, para creer que sería padre de muchos pueblos por medio de la descendencia de Isaac, Abrahán tenía que haber creído en el poder de Dios para resucitar a Isaac después de haber sido inmolado.

Para comprender la importancia de este pasaje para Israel, tenemos que recordar que todas las promesas que Dios le había hecho a Abrahán quedan depositadas en Isaac. En el momento de la atadura de Isaac, Isaac es Israel, pues lleva dentro de sus lomos a Israel, sus doce hijos y el Mesías prometido. Si Isaac muere sin resucitar de entre los muertos, también mueren las promesas, también muere Israel y el libertador prometido. Al perecer en las llamas del holocausto, quedarán solamente los huesos del hijo de la promesa. Siglos más tarde, el Señor le mostró al profeta Ezequiel un valle de huesos secos. Los huesos de la visión de Ezequiel simbolizaban al pueblo escogido, el cual había sido destruido en el holocausto que fue la destrucción de Jerusalén y Judá por Nabucodonosor en 586 a.C. El Señor le preguntó a Ezequiel: "Hijo de hombre, ¿cobrarán vida estos huesos?" (Ez 37:3) ¿Se levantará Israel, se levantará Isaac de las llamas del holocausto? ¿Se levantará el Mesías de Israel, de Isaac, y de nosotros de la tumba, del poder del Seol? Si Cristo, nuestro Isaac, no resucitó, nuestra fe es vana: aún estamos en nuestros pecados (1 Co 15:17). Al igual que Abrahán, se nos induce a esperar en Dios que resucita a los muertos.

Según una de las muchas tradiciones rabínicas en torno a la figura de Isaac, hay una que dice que al estar atado sobre el altar del sacrificio, Isaac tuvo una visión de la *shekinah*, o sea, la gloria refulgente del Señor. Tal visión, según los rabinos, dejó a Isaac muy debilitado de la vista. De esta manera, se intenta explicar la razón por la que más tarde Isaac se volvió ciego y pudo ser engañado por su hijo Jacob. Es interesante esta tradición no bíblica de la *aqedah,* porque nos trae a la memoria a otra persona que tuvo una visión de la gloria de Dios, y después quedó ciego por tres días y debilitado de los ojos por el resto de su vida. Se trata de Saulo de Tarso, quien más tarde aparece en el libro de Hechos como Pablo. Son muchos los que opinan que el aguijón en la carne del cual escribió Pablo en 2 Corintios 12:1-13 y Gálatas 4:13-14, fue una debilidad de la vista. Se nos dice que cada vez que se le agravaba esa enfermedad, el apóstol se acordaba de la visión que había tenido de la gloria de Cristo y de la misericordia que Cristo tuvo para con él. Los estudiosos que apoyan esta interpretación del aguijón de Pablo creen que el apóstol firmaba sus cartas con "grandes letras" (Gl 6:11) porque no podía ver bien las letras pequeñas. También nos recuerdan que durante su defensa ante el Sanedrín, el apóstol no pudo reconocer al sumo sacerdote Ananías, quien, con sus vestimentas sacerdotales le pareció al apóstol una pared blanqueada (Hch 23:3). En la isla de Malta (Hch 28:3), debido a la debilidad de su visión, Pablo no pudo distinguir entre una serpiente y una rama seca que quiso arrojar al fuego. Los habitantes de la isla se dieron cuenta del error del apóstol, antes que él (Hull 2002:52-56).

Una interpretación equivocada

Según Edir Macedo, el fundador de la Iglesia Universal del Reino de Dios (IURD), la historia del sacrificio de Abrahán debe servir como paradigma de la clase de sacrificios que se requieren de los miembros de su iglesia y de las personas que esperan recibir prosperidad, sanidad, liberación de los demonios, y otras grandes bendiciones divinas. Según Macedo, así como Abrahán estuvo dispuesto a entregar a su hijo como un sacrificio al Señor, así los que quieren recibir bendiciones de Dios también deben ser obedientes y realizar grandes sacrificios financieros en favor de su iglesia, sabiendo que sus diezmos y ofrendas les darán el derecho de obligar a Dios a cumplir su promesa de derramar sus bendiciones sobre los que tienen una fe como la de Abrahán (Bledsoe 2010:87). El énfasis dado a tales sacrificios financieros es una de las enseñanzas principales de la iglesia de Macedo, la que también es conocida como "La iglesia de la oración fuerte al Espíritu Santo", una secta brasilera fundada en 1977, y que ahora tiene miles de sucursales no sólo en América, sino también en África, Europa, y Rusia. El bien conocido lema de la IURD es "pare de sufrir", aunque muchos afirman que realmente debería ser "pague por sufrir". Al igual que muchas otras iglesias que enfatizan la que llaman *teología de la prosperidad*, la IURD se olvida de que los que son de Cristo ofrendan al Señor y no procuran la prosperidad, sino que expresan su gratitud por el sacrificio de Cristo y comparten sus bendiciones materiales con el más pequeño de los hermanos de Jesús. Los discípulos de Jesús no tienen el llamamiento de procurar la prosperidad, sino el bienestar del prójimo.

La acumulación de riquezas, de artículos de lujo y el consumo conspicuo que caracterizan a ciertos predicadores de la prosperidad en el llamado "tercer mundo", obedece a que se quiere mostrar públicamente que dichos líderes son auténticos profetas de Dios cuya obediencia a la voluntad divina ha arrojado como resultado la prosperidad que proclaman en sus mensajes. Sin embargo, en muchas partes del mundo donde impera el concepto de la limitación de lo bueno, tal ostentación y despliegue de bienes de consumo se interpreta de otra manera. El concepto de la limitación de lo bueno es el término que utilizan los antropólogos para designar la idea, muy arraigada en muchas sociedades, de que en el mundo hay solamente una cantidad muy limitada de los recursos que los seres humanos necesitan para sobrevivir. Según esta manera de entender la realidad, los que acumulan y acaparan cantidades desproporcionadas de estos recursos, o sea "lo bueno", lo hacen a expensas de otros que ahora tienen menos. En muchas culturas del continente africano se cree que sólo por medio de la brujería es posible acumular poder, bienes de consumo, y riquezas en demasía. En vez de ver a los predicadores de la prosperidad como profetas de Dios, muchos africanos los consideran brujos o hechiceros que han conseguido su prosperidad con la ayuda de los poderes ocultos. Se los califica como caníbales sociales, pues un caníbal es por definición uno que se alimenta devorando a sus semejantes (Stabell 2010:469). Según la teoría de la dependencia popularizada por la teología de la liberación, los ricos son ricos porque han arrebatado y acaparado por medios ilícitos los bienes y los recursos que necesitan los pobres para sobrevivir. Utilizar el relato de la atadura de Isaac para justificar una teología de la prosperidad o una sociedad de consumo, sería el colmo de una hermenéutica equivocada e irresponsable, y una afrenta a Dios, quien llamó a Abrahán para ser una bendición a todas las naciones.

Al igual que Isaac, Jesús fue obediente hasta la muerte

Cuando los cristianos celebramos la Santa Cena, no sólo recordamos el gran sacrificio del Padre de dar al mundo a su Hijo amado. Recordamos también la obediencia del Hijo que no rehusó subir al monte Moriah para ser entregado en manos de sus enemigos y dar su vida para nuestra redención. Los comentarios de los rabinos sobre la *aqedah* enfatizan la fe de Abrahán, pero también la disposición de Isaac a ser inmolado y quemado en holocausto. Del mismo modo en que Isaac cargaba la leña para el sacrificio sobre sus hombros, Jesús no rehusó cargar la pesada cruz. Si Jesús no hubiera aceptado ser el Cordero de Dios que quita el pecado del mundo, tendríamos que sufrir las consecuencias de nuestra rebelión frente al Padre y las injusticias que cometemos en detrimento de nuestro prójimo. Por eso celebramos la Cena del Señor, no sólo para celebrar el amor del Padre, sino el amor del que fue obediente hasta la muerte. Él mismo nos mandó celebrar esta fiesta "en memoria de mí" (Lc 22:19). Celebramos la fiesta en memoria de él cuando ponemos nuestra fe y esperanza en la sangre que derramó para limpiarnos de todo pecado.

SÉPTIMA UNIDAD

GÉNESIS 22:20-25:10

GÉNESIS 23

Muerte y entierro de Sara

Génesis 23 relata la compra de un terreno para la sepultura de Sara. Abrahán se lo compró a los hititas que vivían en la vecindad de Hebrón. Sara murió a la edad de ciento veintisiete años. Al dirigirse a los hititas Abrahán se identifica como extranjero y forastero. La palabra hebrea *ger* (extranjero) es la misma que encontramos en el nombre Agar (*ha ger*) cuyo nombre significa "la extranjera". En el antiguo Cercano Oriente un *ger* es una persona que no tiene propiedad, ni morada fija, ni derechos legales. Es uno que migra de un lugar a otro, como los beduinos que con sus rebaños se trasladan de un lugar de pastoreo a otro. Hay historiadores que afirman que los primeros hebreos no fueron sólo pastores de ovejas, sino que también trabajaban como transportistas y comerciantes ambulantes que se movían de un lugar a otro transportando su mercancía sobre mulas. El segundo término que utiliza Abrahán al hablar de sí mismo es "forastero", un vocablo que identifica a alguien que ha construido una vivienda pero que no tiene título de propiedad; es decir, un invasor. Hoy en día se usa la palabra "invasor" para designar a las miles de personas que, en nuestros países, se trasladan de las zonas rurales para edificar viviendas humildes en las favelas, rancherías, y barrios en los cerros que circundan las grandes ciudades de la

371

América Latina. De modo que Abrahán, el padre de los creyentes, es una persona con quien muchos hispanoamericanos podrán identificarse porque, según la Biblia, Abrahán fue un forastero, extranjero, e invasor.

Al hablar de sí como extranjero y forastero, Abrahán nos da a entender que es una persona acostumbrada a andar de un lugar a otro con su ganado, pero que a veces, cuando le convenía, establecía su domicilio en una aldea, pueblo o ciudad. En las congregaciones en las que serví en Venezuela, había miembros que durante una parte del año vivían en el campo. Sembraban y cosechaban maíz y yuca durante el verano, pero durante el tiempo de la sequía se trasladaban a la ciudad en procura de trabajo en el mercado informal. Hemos visto así que las personas que con frecuencia se trasladan de un lugar a otro son, como Abrahán y los patriarcas, personas más abiertas a la proclamación del evangelio que las personas cuyas familias han vivido siempre en un mimo lugar, generación tras generación. Los pentecostales y otros grupos de evangélicos han tenido mayor éxito sembrando nuevas comunidades de creyentes entre los extranjeros y forasteros modernos, que entre las viejas élites y los que se afanan por preservar sus antiguos derechos, creencias, y tradiciones. Quienes, como Abrahán, han salido del pueblo de sus antepasados y dejado atrás muchas de sus antiguas formas de pensar y actuar, estarán más dispuestos a abrazar nuevas ideas y formas de vivir. Debido a los frecuentes cambios de domicilio, los extranjeros y forasteros han aprendido, igual que Abrahán, que en este mundo no tenemos una morada fija, un lugar seguro. En realidad, todos somos extranjeros y forasteros, porque nuestra verdadera morada y ciudadanía no está en este mundo, sino en la nueva Jerusalén.

La compra de la cueva de Macpela es un anticipo de la adquisición de toda la tierra de Canaán por parte de los descendientes de Abrahán

Hasta este momento, Abrahán, en todas sus andanzas por la Tierra Prometida, no había conseguido un lote de tierra con título de propiedad. Pero ahora, con la muerte de su querida esposa Sara, el padre de los creyentes necesita un lugar donde enterrar a los miembros de su familia. El sitio que quiere adquirir como lugar de sepelio es la cueva de Macpela, una propiedad que pertenece a un cierto Efrón, el heteo, uno de los hijos de Het. Observando cuidadosamente la cultura y las costumbres de sus vecinos, Abrahán negocia la compra del terreno con los ancianos del pueblo en una ceremonia pública. Los 400 siclos de plata que finalmente paga por la cueva de Macpela es un precio demasiado alto. El rey Omri pagó solamente 600 siclos (dos talentos) de plata por toda la extensión de tierra que iba a ocupar la ciudad de Samaria (1 R 16:24). El rey David sólo pagó unos cincuenta siclos de plata por el terreno que le compró a Ornán el jebuseo, lugar donde quiso construir un altar al Señor (2 S 24:24). Pero Abrahán, como extranjero y forastero, está dispuesto a tolerar el engaño y pagar esa suma, con tal de conseguir un lugar dónde enterrar a los miembros de su familia. Debe notarse que la propiedad comprada por Abrahán fue algo más que una cueva, pues dice que contaba también con una cantidad de árboles.

El hecho de que Génesis dedica todo el capítulo 23 a la compra de la cueva de Macpela, habla de la importancia que tiene el relato en la historia de la salvación. Sara no debe recibir sepultura en tierra extranjera, sino en la Tierra Prometida a Abrahán. Si Sara hubiera sido enterrada en una sepultura prestada, ésta difícilmente podría haber sido vista como un memorial por sus descendientes, ya que después de un tiempo sus restos serían exhumados y la tumba usada para sepultar a otras personas, como se acostumbra hoy en día en muchas partes del mundo, incluso en Alemania en el cementerio donde fueron sepultados los restos de mis propios antepasados.

La compra del lote es un acto de fe de parte de Abrahán, pues este pedazo de tierra es la primicia, la primera cuota de la tierra que el Señor había prometido dar a su pueblo. Esta primicia es la garantía de que en el futuro toda la tierra de Canaán sería de los descendientes del primer patriarca, tal como el Señor prometió en Génesis 12:7. Más tarde Abrahán también fue enterrado en el mismo sitio. La Escritura no nos dice nada respecto a la causa de la muerte de Sara. Por lo tanto, tenemos que rechazar como tradición humana, sin base bíblica, la opinión de rabinos como Rashi, quien afirma que Sara murió de tristeza cuando Satanás le informó que Abrahán realmente había sacrificado a Isaac en un holocausto sobre el monte Moriah (Cotter 2003:161).

En Jeremías 32 leemos que el profeta, en vísperas de la cautividad babilónica, compró una heredad de su primo Janamel en su pueblo natal de Anatot. Dicha compra se realizó como una señal de que después de la cautividad los israelitas regresarían a la Tierra Prometida para labrar la tierra, sembrar, cosechar, y vivir en paz. Tanto en Jeremías 32 como en Génesis 23, la compra de una heredad opera como una señal profética que anuncia la fidelidad del Señor de cumplir con su promesa de dar la Tierra Prometida a los hijos del pacto (Sailhamer 1992:180). A la vez, la compra de la propiedad de Efrón el heteo apunta no sólo a la posesión de Canaán por parte de Israel, sino también al cumplimiento de la promesa de Jesús de dar la tierra por herencia a los mansos (Mt 5:5). Con fe los mansos esperan el cumplimiento de dicha promesa, como nos lo recuerda Pedro al anunciar: "Pero, según sus promesas, nosotros esperamos un cielo nuevo y una tierra nueva, donde reinará la justicia" (2 P 3:13).

Debe notarse que en el relato referido a la compra de la cueva de Macpela y la sepultura de Sara, el autor sagrado no menciona en ningún momento que el sitio del entierro de Sara hubiera llegado a ser un centro de peregrinaje o un sitio que sus descendientes solían visitar a fin de rendir culto a los antepasados fallecidos, según la costumbre de sus vecinos. Hacemos notar que es también costumbre en muchas culturas del mundo de hoy llevar ofrendas para propiciar a los espíritus de los difuntos y asegurarse que sean benévolos con los vivos (Pagolu 1998:77-79). Todo intento de los vivos de entrar en contacto con los muertos se denuncia en el AT como una abominación, un acto que milita en contra de la fe (Is 65:4; 1 S 28:3-25). Según el pacto que el Señor estableció con Abrahán y sus descendientes, la adoración se rinde sólo a Dios (Bray 1993:69-73). Las lamentaciones rituales de Génesis 23:2, no están dirigidas a los espíritus de los difuntos, sino que son expresiones del dolor que sienten los familiares. En ningún momento se menciona en Génesis que los patriarcas hayan solicitado de los difuntos conocimientos secretos o información acerca de eventos futuros. Los antiguos egipcios colocaban granos, frutos, gansos, y vegetales en las tumbas de los faraones fallecidos, con el fin de proveerles alimento en el reino de los muertos. Pero no leemos de prácticas semejantes entre los patriarcas y sus descendientes.

El buen testimonio de Abrahán ante los gentiles es un ejemplo de cuál debe ser nuestra conducta entre los que no conocen a Dios verdadero

Como extranjero y forastero Abrahán puede negociar la compra de una parcela de tierra solamente con la aprobación de toda la comunidad (Westermann 1987:165). Como uno cuya misión es ser una bendición para todos, Abrahán procura no ofender a sus vecinos. Por lo tanto acata todo el protocolo requerido. De Abrahán podemos aprender a conducirnos con mucho tacto y consideración con los que no son de la iglesia. De Abrahán pueden aprender los misioneros a respetar los aspectos culturales y las formas de etiqueta de los pueblos en que viven como extranjeros y forasteros, cuando sus costumbres y tradiciones no vulneran la voluntad de Dios. El que desea comunicar las buenas nuevas de Jesucristo tiene que entender que todas las culturas son parte de la buena creación de Dios. Las culturas de las naciones, así como la cultura en la cual hemos nacido, tienen elementos tanto buenos como malos. Los elementos buenos tienen que respetarse como algo que pertenece al ámbito de la ley natural, mientras que los elementos negativos serán transformados por la influencia del evangelio. Los misioneros tienen el llamamiento de poner la levadura de la Palabra en la masa de la sociedad, pero no llegar nunca a lo que algunos antropólogos han calificado de genocidio cultural. En el mismo capítulo en que Pedro nos recuerda que somos extranjeros y peregrinos en este mundo, también nos exhorta: "Por causa del Señor, muéstrense respetuosos de toda institución humana, se trate del rey, porque es el que gobierna, o de sus gobernadores, porque el rey los ha enviado para castigar a los malhechores y para elogiar a los que hacen el bien. La voluntad de Dios es que ustedes practiquen el bien, para que así hagan callar la ignorancia de la gente insensata (1 P 2:11-15). Por su buen testimonio entre los gentiles, los hijos de Het reconocieron a Abrahán como un "príncipe de *Elohim*".

Los que viven vidas justas recomiendan con su conducta al Dios de la justicia. Lamentablemente, no todos los descendientes de Abrahán siguieron en los pasos de su gran antepasado. En Romanos 2:24 Pablo se queja de que el nombre de Dios es blasfemado entre los gentiles por causa de la mala conducta de algunos que tienen el sobrenombre de judíos. En el Sermón del monte dice Jesús: "...que la luz de ustedes alumbre delante de todos, para que todos vean sus buenas obras y glorifiquen a su Padre, que está en los cielos" (Mt 5:16).

La compra del terreno donde está la cueva de Macpela, con su título de propiedad, parece ser un asunto demasiado insignificante como para incluirlo en el libro de Génesis. Pero no es así. Lo que sucede en Génesis 23 es para el futuro pueblo de Israel un evento de gran trascendencia. La adquisición de la pequeña parcela de tierra es una acción profética que simboliza la futura posesión de toda la tierra de Canaán por los descendientes de Abrahán. En el acontecimiento se vislumbra y se anticipa el cumplimiento de la promesa divina hecha a Abrahán: "A tu descendencia le daré esta tierra" (Gn 12:7). La cueva de Macpela es para el pueblo escogido la primicia, la primera cuota de lo que será suyo, una tierra en la que fluye leche y miel.

Es posible que los heteos a quienes Abraham compró la cueva hayan sido parte de una poderosa raza no semita que llegó a dominar Anatolia

Las personas entre las que vivía Abrahán, en Hebrón, y de quienes compró su parcela, se identifican como heteos. Aquí la palabra "heteo" simplemente puede significar una persona no semita, pero también puede designar un miembro del antiguo reino de los hititas, un pueblo indoeuropeo que por muchos siglos dominó la región de Anatolia en la parte central y oriental de Asia Menor (Lasor 1995:91). No se sabe cómo un grupo de heteos llegó a establecerse en la región de Hebrón en el tiempo de Abrahán. Es muy posible que no hayan sido del mismo pueblo que unos siglos más tarde invadió Siria y amenazó tanto el dominio de los egipcios como el de los asirios, en el antiguo Cercano Oriente.

Los heteos con los cuales convivía Abrahán deben haber estado viviendo en Canaán durante mucho tiempo, pues el patriarca no tuvo dificultad de conversar con ellos en la lengua de Canaán. Más tarde, en la historia de Israel, leemos de heteos que habían sido incorporados a las tribus de Israel, siendo el más famoso de ellos Urías, uno de los 30 valientes del rey David. Al reclamarle a Jerusalén sus pecados e infidelidades, el profeta Ezequiel manifiesta en nombre del Señor su Dios: "Tú, Jerusalén, eres desde tu origen cananea de nacimiento. Tu padre era un amorreo, y tu madre una hitita" (Ez 16:3).

Isaac, el segundo patriarca, es el objeto y no el sujeto de los acontecimientos que se desarrollan en torno de él

Después de la muerte de Sara y la compra de la cueva de Macpela, Isaac, el segundo de los patriarcas, llega a ser el foco del narrador divino. Isaac es el más quieto y menos conocido de los patriarcas, el único que no sale fuera de las fronteras de la Tierra Prometida. Los otros patriarcas salen en busca de sus esposas, pero en Génesis 24 leemos que Abrahán envía a su siervo a buscar una novia para su hijo. En la historia de la *aqedah*, como en la mayoría de los textos que tratan del segundo patriarca, Isaac es el objeto y no el sujeto de los acontecimientos que se desarrollan en torno de él. Más tarde leeremos que Isaac se vuelve ciego y que lo engaña su hijo Jacob. En vez de pasar la bendición que había recibido de Abrahán a su hijo Esaú, Isaac se la pasa a Jacob, quien la consigue por medio de un engaño. En otro relato, Isaac, sin recurrir a la violencia y sin defender sus derechos, permite que los siervos de Abimelec le quiten los pozos que él mismo había cavado. Estos relatos han inducido a ciertos judíos burlones y faltos de respeto, a caracterizar a Isaac como un hombre endeble o hasta necio. Los burlones se ríen de Isaac, cuyo nombre significa risa, diciendo: "¡Qué necio, el pobre Isaac ni se dio cuenta de que iba a ser sacrificado! Se dejó engañar al ser amarrado al altar. Cuando se percató de lo precario de su situación, ya era demasiado tarde. ¡No seas tú como Isaac, no te dejes engañar!"

Isaac identificado como el pacificador

Entre los personajes destacados en la narrativa del AT, Isaac ha sido identificado como el pacificador. Por ser pacificador, muchos lo calificaron de necio. Los pacificadores y los que padecen persecución por causa de la justicia, siempre serán calificados como necios por los hijos de esta generación perversa y adúltera. De Juan el Bautista decían que "tiene un demonio", y al Hijo del Hombre le decían "glotón y borracho" (Mt 11:18-19). Simón Pedro y los demás discípulos se molestaron con Jesús por declarar que le era necesario ir a Jerusalén a padecer mucho en manos de los ancianos, de los principales sacerdotes y de los escribas, y que lo matarían. De acuerdo con lo que creían los discípulos, Jesús también sería un necio si dejara que lo sacrificasen sin ofrecer la más mínima resistencia; sería tan necio como Isaac. En l Corintios 1:18 el apóstol Pablo declara que "el mensaje de la cruz es ciertamente una locura para los que se pierden". A los apóstoles y a los miembros de la iglesia primitiva también los calificaron de locos y necios por seguir en las pisadas de Jesús, un pobre profeta de Nazaret quien permitió que lo engañaran, amarraran y sacrificaran como si fuera un pobre Isaac. Pero este mismo Jesús nos enseñó con sus palabras y con su ejemplo que los pacificadores serán llamados hijos de Dios y que el reino de los cielos es para los que padecen persecución por causa del reino de Dios (Mt 5:9-10). Pablo, por su parte, nos recuerda que "Dios eligió lo necio del mundo, para avergonzar a los sabios; y lo débil del mundo, para avergonzar a lo fuerte. También Dios escogió lo vil del mundo y lo menospreciado, y lo que no es, para deshacer lo que es" (1 Co 1:27-28).

Comparado con los otros patriarcas, Isaac es muy diferente. No es como su padre Abrahán, ni como sus hijos Esaú y Jacob. Su vida, en comparación con la de los otros patriarcas, aparece como mucho más ordinaria, como la vida de la mayoría de los cristianos y de los discípulos de Jesús. En el NT leemos mucho acerca de la vida y las hazañas de San Pedro, y muy poco acerca de la vida de los otros once apóstoles. Acerca de la vida de algunos de ellos no sabemos casi nada. Pero en un barco, como en el que viajaban los discípulos, se necesita no sólo un capitán como Pedro, sino también a los otros tripulantes, para remar y componer las velas. Sin el trabajo y la fidelidad de todos los marineros, el barco de la iglesia hace mucho tiempo se habría hundido. El barco de la fe también necesita creyentes ordinarios, discípulos fieles como Isaac quienes, con sus oraciones y su perseverancia, son tan importantes como los renombrados aventureros y héroes.

GÉNESIS 24

La búsqueda de una esposa para Isaac. El peligro de los matrimonios mixtos

El capítulo 24 de Génesis es el más largo del primer libro de la Torá. La historia que narra la búsqueda de una esposa creyente para Isaac, es el último acto de fe de Abrahán. A fin de que la promesa se transfiera a las generaciones futuras, es necesario que Isaac tenga una esposa y un heredero. La tienda de Sara ha quedado vacía y hace falta una madre en Israel.

Lo que ha llamado la atención de los eruditos dedicados al estudio de este pasaje, es la meticulosidad con que se presentan todos los pequeños detalles mencionados en la historia. Los detalles, aparentemente insignificantes, arrojan mucha luz sobre las costumbres y tradiciones de las personas que vivieron en el tiempo de los patriarcas. También llama la atención la maravillosa oración del criado de Abrahán. Mucho difiere esta oración de los ejemplos de oración encontrados en las tablillas de escritura cuneiforme de los vecinos paganos de Israel. La oración del criado de Abrahán, juntamente con muchos de los Salmos, ha servido como modelo de oración para muchas generaciones de creyentes en el transcurso de los siglos. Igualmente notables en este capítulo son las ideas presentadas respecto al matrimonio entre dos creyentes (Ravasi 1994:184-185).

Se supone que el fiel criado de Abrahán es Eliezer de Damasco, mencionado en Génesis 15:2. Por medio de su amo Abrahán, Eliezer debe haber llegado a conocer a Dios verdadero y haber sido circuncidado juntamente con todos los varones de la casa de Abrahán, según Génesis 17:27. Abrahán sigue cumpliendo con su misión de ser el portador de bendición a las naciones al convencer a sus siervos y criados a renunciar a sus ídolos y entregarse a la adoración del único Dios verdadero. Damasco, el lugar de nacimiento de Eliezer, es una de las ciudades más antiguas del mundo. Los otros varones incorporados a la familia de la fe, al ser circuncidado Eliezer, también deben haber venido de diferentes pueblos y tribus del antiguo Cercano Oriente. Así, desde el principio, el pueblo escogido ha sido una comunidad internacional compuesta de personas de muchas naciones y no una entidad racista. No es por preconceptos raciales que Abrahán no quiera que su hijo amado se case con una de las hijas de los cananeos, sino por su idolatría y las prácticas abominables asociadas con la adoración de deidades como Baal, Astarte, Mot, y Yam. Entre las prácticas abominables señalamos no sólo los sacrificios humanos de los cuales ya hemos hablado, sino también la prostitución ritual o sagrada que se practicaba en muchas partes de Canaán. Una de las maneras en que los cananeos procuraban recibir de sus deidades abundantes lluvias, buenas cosechas, hijos, y ganado, era con la celebración de ritos de fertilidad en el templo de Baal. Para llevar a cabo estos ritos, las hijas de los cananeos prestaban servicio en los templos de Baal como sacerdotisas, cuya responsabilidad era prostituirse con los hombres que iban al templo a participar en estos ritos.

Los cananeos practicaban los sacrificios humanos, la prostitución ritual, la brujería y el culto a los muertos

Además de los sacrificios humanos y la prostitución ritual, los cananeos solían practicar la brujería, la hechicería, y toda clase de ritos relacionados con el culto a los muertos. Para Israel, todo lo relacionado con la muerte y el culto a los muertos era una abominación e inmundicia, o sea, una forma de entregarse al dominio de los demonios y los espíritus del mal. A la larga, tales abominaciones practicadas entre los israelitas fueron una de las causas del cautiverio babilónico y el destierro de los israelitas después de la destrucción de Jerusalén en el 587 aC.

Podemos ver, entonces, por qué Abrahán no quiso un matrimonio entre Isaac y una de las hijas de los cananeos. Más tarde, en la historia del pueblo escogido, muchos israelitas no se mostraron tan preocupados como Abrahán por conseguir una esposa creyente para su hijo amado. Lutero comenta que en este asunto Abrahán aparece como un ejemplo de cómo los padres han de procurar buenos y piadosos cónyuges para sus hijos e hijas (1964:254). Por medio de los matrimonios mixtos muchos israelitas cayeron en el sincretismo, y como consecuencia se mezclaron muchos elementos paganos con la enseñanza de la Torá. Muchas de las exhortaciones para los israelitas, en el Libro de Deuteronomio, tienen que ver con este peligro.

Eliezer de Damasco nos sirve de ejemplo de lo que es un enviado, o sea, un misionero

Al llevar a cabo su misión tan cabalmente, el damasceno Eliezer es para nosotros un modelo de lo que es un enviado, y de cómo debe obrar. Dicho de otra manera, en Eliezer podemos observar las características de lo que es un misionero. En primer lugar, concede prioridad a la voluntad del que lo envía y no a sus propias prioridades o deseos. Del diálogo de Dios con Abrahán, en Génesis 15:2, sabemos que en la eventualidad de que Abrahán muriera sin tener hijos, Eliezer habría llegado a ser el heredero de su amo. Según los criterios del mundo, a Eliezer le hubiera convenido no tener éxito en su tarea de conseguir una esposa para Isaac. Si Isaac no hubiera llegado a casarse y tener hijos, el propio Eliezer podría haber sido nombrado heredero. Pero como todo fiel mayordomo o misionero, Eliezer no había sido llamado para que lo sirvan, sino para servir y ser fiel en la misión que se le había encomendado.

En segundo lugar, podemos observar que en su oficio de enviado o emisario de Abrahán, Eliezer recibe plena autoridad para actuar en nombre de su amo. Tan grande es la confianza que Abrahán deposita en su emisario, que lo que Eliezer llegue a acordar en Harán quedará también acordado por Abrahán e Isaac en Canaán. No podemos leer las instrucciones que Abrahán le da a Eliezer, sin pensar en las palabras de Jesús a sus discípulos antes de enviarlos a llevar a cabo su misión: "De cierto les digo que todo lo que aten en la tierra, será atado en el cielo; y todo lo que desaten en la tierra, será desatado en el cielo" (Mt 18:18). "El que los recibe a ustedes, me recibe a mí; y el que me recibe a mí, recibe al que me envió" (Mt 10:40). "El que los escucha a ustedes, me escucha a mí. El que los rechaza a ustedes, me rechaza a mí; y el que me rechaza a mí, rechaza al que me envió" (Lc 10:16).

En tercer lugar, el enviado de Abrahán puede emprender su largo viaje con plena confianza en la protección del Señor. Abrahán le asegura: "[El Señor] enviará a su ángel delante de ti, y de allá tomarás una mujer para mi hijo" (Gn 24:7). Los enviados del Señor pueden contar con la segura protección de los santos ángeles en el cumplimiento de su misión. Lutero nos exhorta a dar gracias siempre al Señor por los ángeles que nos cuidan en el desempeño de nuestro ministerio (1964:255).

Jesús se identificó a sí mismo como el enviado del Padre

En los pasajes que hemos citado se puede observar que Jesús no habla sólo de sus discípulos como mensajeros o misioneros; también habla de sí mismo como el enviado o el misionero del Padre. Jesús es el misionero del Padre que habla en su nombre y que obra con toda la autoridad del Padre. En tal sentido podríamos decir que Jesús fue el apóstol del Padre, así como Eliezer fue el apóstol o enviado de Abrahán, y nosotros los apóstoles de Jesucristo. En su gran oración como sumo sacerdote, Jesús le dice al Padre: "Tal como tú me enviaste al mundo, así yo los he enviado al mundo" (Jn 17:18). Y nuevamente, en Juan 20:21, Jesús dice a los suyos: "La paz sea con ustedes. Así como el Padre me envió, también yo los envío a ustedes." A la luz de estos textos, aprendamos del siervo de Abrahán cómo orar para que el Espíritu y su ángel nos guíen a fin de cumplir fielmente con la voluntad y la misión que se nos ha encomendado, olvidándonos de lo que podría haber sido nuestra voluntad.

La adoración de las "aseras" se considera una aberración: la única esposa del Señor es Israel, o sea la iglesia

En un sentido podemos decir que Jesús fue enviado por el Padre, tal como Eliezer fue enviado por Abrahán. Jesús salió del seno de su Padre para buscar una esposa, la cual es la santa iglesia cristiana, la nueva Israel. A diferencia de las deidades paganas como Baal, Júpiter, y Marduk, nunca se habla de una diosa como consorte de Dios verdadero. Sin embargo, algunos israelitas, equivocadamente, solían colocar a lado del altar del Señor árboles o postes sagrados llamados "aseras", en representación de la esposa del Señor. Tal práctica fue atacada claramente por los profetas de Israel como una aberración de la fe, porque los responsables de ella pensaban que el Señor tenía que ser un dios de la fertilidad igual a las deidades veneradas por los vecinos paganos de Israel. En el AT, la única esposa o novia del Señor es el pueblo de Israel. En los textos de los profetas encontramos pasajes muy líricos que describen cómo el Señor encontró abandonada en el desierto a una pequeña niña a punto de perecer. Esta niña tan lastimada y sucia era Israel. Después de rescatarla, bañarla, y alimentarla, el Señor crió a la pequeña huérfana. Con el tiempo la muchacha abandonada creció y llegó a ser una bella mujer, la cual el Señor tomó por esposa. Lamentablemente, esta esposa, como la mujer del profeta Oseas, le fue infiel a su marido. En sus escritos los profetas de Israel esperaban no sólo la llegada de cielos nuevos y una tierra nueva, sino también una esposa nueva, una nueva Israel para acompañar a su Señor en el reino de Dios y en la gran fiesta de bodas que se describe en el Apocalipsis.

A la luz de los textos que hablan de Israel como la consorte del Señor podemos apreciar mejor pasajes como Efesios 5:21-33, donde Pablo exhorta a los maridos a amar a sus esposas "así como Cristo amó a la iglesia, y se entregó a sí mismo por ella, para santificarla. Él la purificó en el lavamiento del agua por la palabra, a fin de presentársela a sí mismo como una iglesia gloriosa, santa e intachable, sin mancha ni arruga ni nada semejante". En el caso de Jesús, Cristo es el mensajero enviado en busca de una esposa. No lo hace por medio de intermediarios. Pero en un sentido, a todos nosotros se nos envía a desposar a personas de todas las naciones con un solo esposo, Cristo Jesús, así como lo hizo el apóstol Pablo al escribir: "El celo que muestro por ustedes proviene de Dios; ustedes son como una doncella pura, a la que he comprometido en matrimonio con un solo esposo, que es Cristo" (2 Co 11:2).

La novia se gana con palabras de amor y no por obligación

Eliezer se encontró con Rebeca junto a una fuente de agua. Unas semanas más tarde Receba se encontró con Isaac frente al pozo de "el que vive y me ve", el mismo manantial donde Agar tuvo su encuentro con el Ángel del Señor. También junto a un pozo Jacob se encontró con Raquel, y Moisés con su futura esposa, Séfora. Junto al pozo de Jacob en Samaria la mujer Samaritana tuvo su emocionante encuentro con aquel que es el verdadero esposo de la iglesia y verdadero Señor de nuestras vidas. Ante otra fuente, la pila bautismal, nosotros nos unimos a Cristo por medio de las aguas del Bautismo (Ravasi 1993:188).

Aunque en la antigüedad los matrimonios los concertaban los familiares de los novios, en esta historia se le pregunta a Rebeca si ella está dispuesta a ir a Canaán con el enviado de Abrahán. Rebeca no está obligada a casarse con Isaac en contra de su voluntad. Tiene la opción de rechazar el acuerdo que pactaron sus familiares con Eliezer. Al comentar el detalle, el autor del pasaje da a entender que sería una equivocación obligar a una persona a casarse si ella no está de acuerdo. Sería igualmente contraproducente llevar a las personas a las aguas del Bautismo en contra de su voluntad, como se ha hecho en muchas oportunidades en la historia de la iglesia, especialmente durante el tiempo de la Conquista, en que miles de indígenas fueron empujados hacia el río a punta de lanza por los conquistadores. Aberraciones de evangelización semejantes ocurrieron entre los sajones durante el reinado de Carlomagno. Así como el novio conquista a la novia con dulces palabras de amor, como las que encontramos en el Cantar de los Cantares, los pecadores renuentes se ganan para la iglesia con las dulces palabras del evangelio. Así es como Cristo ganó a la samaritana para el reino de Dios junto al pozo de Jacob.

La oración de Eliezer nos enseña que Dios verdadero está presente en todas partes

Al fijarnos en la oración del enviado de Abrahán, notamos que Eliezer no utiliza una fórmula litúrgica al dirigirse al Señor. Tales fórmulas se encuentran en los Salmos y en las oraciones utilizadas en la sinagoga. La oración de Eliezer le brota del corazón y del cumplimiento de la importante misión que su amo le había confiado. Al elevar su plegaria al Señor, Eliezer no busca primero un santuario especial para asegurarse que su oración será escuchada. El criado de Abrahán aprendió que Dios verdadero está presente en todas partes y no sólo en templos hechos por manos humanas. También sabe que el mismo Dios que estuvo con Abrahán en Hebrón está ahora con él en Harán de Siria. A diferencia del concepto geográfico tan común entre los antiguos, de que su dios es dios de una reducida porción de tierra fuera de la cual carece de poder, Dios que creó el cielo y la tierra puede ejercer su poder en cualquier parte de su creación, tal como lo afirma el salmista: "¿Dónde puedo esconderme de tu espíritu? ¿Cómo podría huir de tu presencia? Si subiera yo a los cielos, allí estás tú; si me tendiera en el sepulcro, también estás allí" (Sal 139:7-8).

Eliezer nos enseña a pedir con fe, sin dudar nada

Llama la atención la confianza con que Eliezer se dirige al Señor. No duda que su oración será escuchada. Ha recibido de Abrahán la promesa de que su misión tendrá éxito. Puede orar con confianza, porque su oración está basada en la promesa. Santiago nos insta a orar con la misma confianza: "Pero tiene que pedir con fe y sin dudar nada, porque el que duda es como las olas del mar, que el viento agita y lleva de un lado a otro. Quien sea así, no piense que recibirá del Señor cosa alguna" (Stg 1:6-7). Casi en seguida la oración del fiel mensajero recibe su respuesta. "Sucedió que, antes de que él acabara de hablar, apareció Rebeca, que había salido con su cántaro al hombro" (Gn 24:15). Comentando este versículo, Lutero cita Isaías 65:24: "Antes de que me pidan ayuda, yo les responderé; no habrán terminado de hablar cuando ya los habré escuchado." En el Salmo 138:3 leemos: "Cuando te llamé, me respondiste." Al ver el modo tan maravilloso con que su oración ha obtenido respuesta, el siervo de Abrahán no puede hacer otra cosa que inclinarse y adorar al Señor (Gn 24:26), pues sabe que allí entre los pastores, los camellos, y las ovejas él se encuentra en la presencia del Señor (Wallace 1982:15). El hecho de que Eliezer pide una señal al Señor no significa falta de fe en la promesa de Dios, como en el caso de Gedeón (Jue 6:36-40). Gedeón puso el vellón afuera en el rocío, porque dudaba de la promesa del Señor. Eliezer, en cambio, procura la guía del Señor en el cumplimiento de su misión (Greidanos 2007:239).

Rebeca pasó la prueba que Eliezer había propuesto para conseguir la esposa ideal para Isaac. Cargar agua para diez camellos que no habían bebido por muchos días no fue tarea fácil para una mujer. Pero la disposición de Rebeca de mostrar hospitalidad al visitante, pone de manifiesto no sólo su energía y su fortaleza física, sino un buen corazón dispuesto a servir en vez de ser servido. Rebeca es una muchacha que respeta a los ancianos y hasta a los animales. Podría haber dicho: "Allí tiene el agua, sírvase usted mismo." Por su disposición de servir, Eliezer se da cuenta de que Rebeca es una muchacha de buena crianza, que muestra compasión hasta con los animales. Ella se dirige a Eliezer con respeto, y le dice "Señor". Le ofrece alojamiento y paja para sus animales, sin que Eliezer se lo pidiera, y sin conocer la procedencia ni la misión del siervo de Abrahán. Nótese que Eliezer aún no había pedido nada para sí mismo ni para sus animales.

Eliezer no se deja llevar por las apariencias sino por lo que está dentro del corazón de las personas

El siervo de Abrahán, así como el Señor en la historia del ungimiento de David en 1 Samuel 16, no juzgó según el parecer de la persona o por lo que uno tiene delante de los ojos. Miró al corazón. Demasiadas veces en la vida nos dejamos llevar por las apariencias y no por lo que está dentro de las personas. Los medios de comunicación gastan dinero a millones todos los años para indoctrinarnos y lavarnos el cerebro, en su intento de hacernos creer que se puede juzgar a base de la ropa de marca con que uno se viste, por los zapatos deportivos que calza, el perfume que utiliza, la marca de whisky que prefiere, o por el automóvil que conduce. Se paga una fortuna a los artistas y atletas más famosos para usar los productos que quieren que compremos. ¡Gracias a Dios el siervo de Abrahán no se dejó engañar por las apariencias!

Como Eliezer, tenemos que aprovechar las puertas que Dios nos abre antes de que se vuelvan a cerrar

Al entrar en la casa de Labán, el hermano de Rebeca, el enviado de Abrahán anuncia su misión antes de comer. Para un mensajero o apóstol, proclamar la Palabra de su Señor es más importante que la comida. Al proclamar la palabra el siervo toma en cuenta a todos. Les explica que la tarea con la cual está comprometido es la voluntad de Dios. Reconociendo la importancia de su misión y el hecho de que el Señor está allí dándole su apoyo, el siervo de Abrahán teme apagar el Espíritu si demora en llevar a cabo su misión. Hay que aprovechar el momento. Del mismo modo nosotros tenemos que aprovechar las puertas que Dios nos abre antes de que se vuelvan a cerrar. Lutero escribe: "Se nos exhorta a no dudar de los asuntos de Dios ni tardar en ponerlos por obra. Hay que quitar todos los obstáculos que se interpongan en el camino y puedan retrasarnos en la obra acometida... Quien no actúa a la hora o en el momento en que el Espíritu Santo lo llama, nunca más lo aprovechará, pues una vez ido, jamás regresa" (citado en von Rad 1988:318).

Es evidente que Eliezer aprendió a orar con tanta confianza y fe por estar cerca de Abrahán y observar cómo oraba el Padre de los creyentes. Así también los discípulos de Jesús aprendieron orar al observar a nuestro Señor mientras hablaba con el Padre. Tanto Eliezer como Jesús oraron con cada paso que tomaron para el cumplimiento de sus respectivas misiones. Por medio de relatos como el del viaje de Eliezer, las Sagradas Escrituras nos instan a seguir su ejemplo, a confiar en la presencia del omnipresente Dios en todas nuestras jornadas, a orar por la fortaleza y la sabiduría que necesitaremos para llevar a cabo su voluntad. En este capítulo de Génesis escuchamos las oraciones que eleva Eliezer al trono de Dios, y se nos dice además que el propio Isaac solía salir a la hora de la tarde a meditar y orar. Estas observaciones subrayan la importancia de la oración en la vida de los miembros del pacto.

Una de las diferencias principales entre las teologías occidentales y las orientales tiene que ver con la práctica de la meditación y los modelos de oración. En el judaísmo, el cristianismo, y el islamismo, se presupone un Ser Supremo que realmente existe, y no una vacuidad fundamental detrás de los actos de contemplación, como, por ejemplo, en varias clases de budismo. En realidad, el momento crítico en las vidas de muchos individuos mencionados en la Escritura se da cuando personas como Abrahán, Moisés, y Ana se dirigen a Dios en oración (Giller 2011:151).

La voluntad de Dios se realiza no sólo con grandes manifestaciones de poder como diluvios, la destrucción de ciudades impenitentes, y la confusión de lenguas, sino también por la fidelidad de personas humildes como el siervo de Abrahán, que le dijo todo a Dios en oración. Dios llevó a cabo su propósito y logró el cumplimiento de la promesa hecha a Abrahán por las armas de guerreros valientes como Josué y Sansón, y también por el amor entre dos personas sencillas como Isaac y Rebeca. Fue Dios quien guió a Eliezer en su búsqueda de una esposa para el hijo de su amo. Fue Dios quien hizo que naciera el amor entre estas dos personas que no se habían visto antes del día en que Rebeca llegó a la tierra de los cananeos para ser la esposa de Isaac. La Escritura dice que Isaac trajo a Rebeca a la tienda de su madre Sara y la tomó por esposa y la amó; y así se consoló Isaac después de la muerte de su madre. Este amor entre un hombre y una mujer también es un milagro de Dios. Y fue por un milagro como éste que nació el heredero de la promesa. Así se siguió la línea que terminaría con el nacimiento del Salvador del mundo.

Tienen gran importancia los matrimonios de los fieles en la realización de la voluntad del Señor y la venida de su reino

El tiempo que el Génesis dedica a la enumeración de todos los detalles en torno al compromiso de Isaac y Rebeca muestra la gran importancia que tiene en las Escrituras el matrimonio entre dos creyentes. El pueblo de Israel no hubiera perdurado por tres mil años si no hubiera sido por la celebración de miles y miles de matrimonios como el de Isaac y Rebeca. Las promesas de Dios a los patriarcas hubieran caído todas en el olvido de no ser por las oraciones de fieles como Abrahán, Eliezer, e Isaac. Israel hubiera desaparecido hace mucho tiempo juntamente con las grandes civilizaciones de la antigüedad, si no hubiera sido por padres como Abrahán y madres como Sara, que tomaron en serio su responsabilidad de criar a sus hijos en los caminos de Dios, Dios del pacto. La promesa de bendecir a todas las naciones por medio de la simiente de Abrahán se hubiera esfumado, si padres como Abrahán no hubieran procurado con todas las fuerzas a su disposición conseguir para sus hijos matrimonios con personas que compartían la fe del Padre de los creyentes. La primera responsabilidad de esos padres fue la de transmitir la fe de Israel y de Cristo de una generación a la otra. Lamentablemente, algunos grandes y valientes hombres de Dios, como David, fracasaron miserablemente en la manera en que criaron a sus hijos y arreglaron los matrimonios de ellos. Debido a esto es que en Génesis 24 tenemos mucho más que una historia que relata un episodio de las vidas de Abrahán, Eliezer, Rebeca, e Isaac. Tenemos aquí una historia en la que nos encontramos con cuatro personas que son para nosotros modelos de fe, cuatro santos cuyas vidas piden se emuladas, cuatro viajeros cuyas pisadas debemos seguir.

Al evaluar el énfasis teológico que encontramos en Génesis 24, vale la pena citar las palabras que encontramos en el comentario del celebrado erudito luterano Gerhard von Rad, quien por muchos años ocupó la cátedra de Antiguo Testamento en la Universidad de Heidelberg: "El tema de la promesa a los patriarcas, que domina todos los relatos subsiguientes, desaparece aquí por completo. En cambio pasa a primer plano la descripción de una expresa conducción divina de los acontecimientos, que no vuelve a aparecer con tanta evidencia en ninguna otra parte, con excepción de la historia de José. Aquí no tenemos frases como: "Dios golpeó al faraón", "abrió los ojos de Agar", "visitó a Abrahán", "hizo llover fuego del cielo". etc. No se rompe ningún nexo causal, sino que el milagro se manifiesta más bien en una conducción de los acontecimientos, oculta y despojada de todo elemento sensacional. En nuestro relato el campo de actividad propio de dicha conducción no es tanto el mundo exterior y espacial, sino más bien el íntimo ámbito del corazón de los hombres, en que Dios obra misteriosamente, dirigiendo, allanando, y eliminando las resistencias. Así ocurre tanto en el ruego dirigido a Rebeca junto a la fuente de agua, como en la sorprendente aquiescencia otorgada por su parentela (1988:319-320).

Rebeca, modelo de esposa ideal

Rebeca es, de las madres del pueblo de Israel, la más decidida, la más atractiva, la de carácter más enérgico. De todas las mujeres del AT, Rebeca es la única a quien Dios habla directamente, revelándole a ella, y no a su esposo Isaac, cuál sería el destino de sus dos hijos. La genealogía que encontramos en Génesis 22:2-24 nos presenta a Rebeca y nos asegura que ella será la esposa que el Señor escogió para Isaac, el que va a llevar adelante la promesa de la simiente. La genealogía nos da a entender que Rebeca es descendiente, no de uno, sino de los dos hermanos de Abrahán. De una manera muy especial Rebeca es de la familia escogida. Ella será la esposa ideal para ser madre de la nación por su genealogía, y además por su carácter. Llegamos a conocer el carácter de Rebeca porque el autor bíblico nos da una descripción de su vida interior, y por sus acciones y su modo de ser. Se observa la bondad y abnegación de Rebeca no sólo en la atención que le dedica a un extranjero totalmente desconocido, sino también en su ofrecimiento espontáneo de buscar agua para los diez camellos sedientos después de su largo viaje. ¿Cuántas veces tuvo que bajar Rebeca al pozo con su cántaro para saciar la sed de estas bestias? Se nos dice que un camello sediento es capaz de ingerir 95 litros de agua por vez (Greidanus 2007:239).

Muy raras veces los pasajes narrativos del AT (a diferencia de los textos poéticos como Job, Cantares, y los Salmos) hablan de la psicología o pensamientos íntimos de sus protagonistas. Los textos (en prosa) prefieren indicar el carácter de las personas al describir su apariencia externa, sus palabras, sus acciones, y hasta su nombre. En el nombre Rebeca percibimos la presencia de la raíz hebrea *brk* (*bendecir, bendición*). Se ha notado también que en hebreo la pronunciación del nombre Rebeca suena como *rebabah*, que significa: *millares de millares*. La expresión nos recuerda –del v 60– la bendición que recibió Rebeca al salir de su hogar: "Hermana nuestra, que seas la madre de miles y miles." Rebeca, sin embargo, no hace gala de su nombre o su significado (Wenham 1994:151). Cuando el siervo de Abrahán le pregunta su nombre, Rebeca responde modestamente que es hija de Betuel, un antepasado de Abrahán. Notamos también que el autor de Génesis pondera: "Esta joven era de aspecto muy hermoso, y aún virgen, pues no había conocido varón" (24:16).

Llegamos a conocer el carácter de Rebeca no sólo por su belleza, su virtud, y la hospitalidad para con los siervos de Abrahán y sus bestias, sino también porque igual a Abrahán, está dispuesta a dejar todo, su familia, pueblo natal, y país para cumplir con su destino como madre de la raza. Su fe, como la de Abrahán, es una fe total e incondicional. En realidad, Rebeca habla poco, lo hace sólo cuando le hablan. Pero cuando habla, percibimos en sus palabras preocupación por el cumplimiento de la promesa que Dios había dado no sólo a Abrahán, sino también a ella. A pesar de las palabras de Gerhard von Rad antes citadas, Génesis 24 sí tiene que ver con la promesa. Dada la debilidad de Isaac que ya hemos mencionado, el segundo patriarca necesitaba una esposa de carácter para actuar con decisión a fin de asegurar que la promesa fuera dada a la persona que Dios había escogido (Teugels 1994:89-104).

Para algunos autores, la vida de Rebeca podría servir de argumento para una dramatización de la esposa ideal de la que habla Proverbios 31 (Aitken: 1984:3-23). Génesis 24:58 marca el punto culminante del relato. Los familiares de Rebeca intentan demorar su salida para Canaán, ponen un obstáculo en el camino del cumplimiento de la promesa. Surge la pregunta: ¿Accederá Rebeca a este intento de frustrar la transmisión de la promesa a un nuevo portador de la bendición divina? Todo depende de la decisión de Rebeca, la que guiada por la mano de Dios responde: "Sí, quiero irme con él." La respuesta de Rebeca nos recuerda la respuesta de otra joven virgen que tuvo que decidir si aceptaba el plan singular que Dios tenía para su vida. Cuando el mensajero del Señor le anunció que había sido escogida para ser la madre del Mesías, María respondió diciendo: "Yo soy la sierva del Señor. Cúmplase en mí lo que has dicho" (Lc 1:38). Si Rebeca o María hubieran decidido no acceder a la voluntad de Dios, la historia de la salvación habría sido muy diferente de lo que hemos aprendido.

En Génesis 22 encontramos el relato de cómo el Señor proveyó un cordero que se sacrificó en lugar de Isaac. En el capítulo 23 nos enteramos que el Señor también proveyó una esposa para el segundo patriarca. Al final del relato, todos los protagonistas, es decir, el siervo, Rebeca, Labán, e Isaac reconocen la mano de Dios en todos los acontecimientos presentados con tanto detalle en esta historia. Nada ocurrió por casualidad, sino que todo fue dirigido por el Señor, quien había escogido a Rebeca para ser la segunda madre del pueblo escogido. Quien tiene ojos para ver y oídos para oír divisará detrás del telón de fondo del drama relatado en Génesis 23, la providencia divina.

Con referencia a la identidad de Cetura, la segunda esposa de Abrahán, hay muchas opiniones diferentes

Después del relato del matrimonio de Isaac y Rebeca no hay relatos de otras aventuras en la vida de Abrahán, ni de más diálogos entre el primer patriarca y Dios. Solamente se nos dice que Abrahán tomó otra mujer, llamada Cetura, y que con ella tuvo otros hijos, seis en total. El autor judío Benno Jacob cree que Abrahán engendró hijos de las concubinas mencionadas en Génesis 25, antes y no después de la muerte de Sara. No sabemos quién fue Cetura, ni cuándo tuvo Abrahán seis hijos con ella. Lutero opina que Cetura fue Agar, quien se unió nuevamente con Abrahán, pero no como concubina sino como esposa y mujer libre. Si fue así, no lo sabemos. Quizá Cetura fue el verdadero nombre de Agar. Según vimos anteriormente, Agar es solamente un sobrenombre que quiere decir "la extranjera"; no es el nombre propio de una persona. Uno de los hijos de Cetura mencionado en Génesis 25:2 es Madián, de quien proceden los madianitas, una tribu del desierto con la que los israelitas tuvieron problemas después de establecerse en Canaán, en el tiempo de Josué y los Jueces. De los madianitas también provino el futuro suegro de

Moisés, Jetro, sacerdote al servicio de Dios verdadero. Los otros cinco hijos de Cetura llegan a ser, como Madián, los progenitores de diferentes tribus árabes. De esta manera, el texto enfatiza que Abrahán en verdad es padre de muchos pueblos y no solamente de los israelitas. Dios cumple con su promesa de hacer de Abrahán el Padre de una multitud de naciones. El nombre Cetura trae su origen, según creen algunos, de la misma raíz de la palabra para incienso. Las regiones en las que se establecieron los hijos de Cetura son las que se encuentran esparcidas a lo largo de la ruta usada por las caravanas que traían incienso a Palestina desde el sur de la península arábiga.

OCTAVA UNIDAD

GÉNESIS 25:11-27:40

GÉNESIS 25

El séptimo toledot. Los descendientes de Ismael, Génesis 25:12-18

La séptima división del libro de Génesis es la más corta de los diez *toledot*. Aunque en las tradiciones del islam Ismael es uno de los protagonistas más significativos, el libro de Génesis dedica solamente siete versículos para relatarnos algo sobre sus descendientes y las tierras en que vivían.

El octavo toledot. La línea de Isaac, Génesis 25:19-35:29

Con génesis 25:9 comienza la historia o *toledot* de Isaac, en el cual se relatan los hechos de Esaú y Jacob, los dos hijos de Isaac y Rebeca. Es uno de los ciclos de historias más largos del Génesis. El *toledot* termina en Génesis 35:29 con el relato de la muerte y sepultura de Isaac.

El nacimiento de Esaú y Jacob

Para el lector del primer libro del AT debe ser muy obvio que muchos de los relatos del escritor inspirado tienen la finalidad de prefigurar o anticipar eventos futuros en la historia del pueblo escogido. El relato del nacimiento de Esaú y Jacob es una de las historias. Rebeca, la segunda madre del pueblo escogido, fue estéril por mucho tiempo, al igual que Sara. El hecho de haber quedado embarazada se debe a las oraciones de Isaac en su favor. El segundo patriarca, igual que Abrahán y su siervo Eliezer, es para nosotros un modelo de persona que ora. Cuando Rebeca vio a su futuro esposo por primera vez, junto al pozo llamado "el que vive y me ve", lo encontró meditando en el campo.

Rebeca también acostumbraba llevar sus problemas al Señor en oración. Tuvo un embarazo muy difícil. Sus dolores y malestares eran tan intensos que quería morir. En otra oportunidad, frustrada con las costumbres perversas de los hititas, manifiesta: "Mi vida es un fastidio" (Gn 27:46). Según el relato de Génesis 25, la causa del malestar de Rebeca fue que llevaba dentro de sí a dos hermanos, que ya antes de nacer luchaban dentro de ella para lograr la supremacía. Esta contienda prenatal fue el preludio de una más prolongada entre los dos hermanos, para determinar cuál de ellos sería el heredero de la promesa que el Señor le había dado a Abrahán y que Abrahán, a su vez, había pasado a Isaac y no a Ismael. Como ya hemos subrayado, el Libro de Génesis bien podría ser llamado la historia de la promesa y de cómo pasó de una generación a otra. La historia de la promesa siempre señala hacia el futuro, al nacimiento de aquel que sería designado el libertador de su pueblo y el Salvador de todas las naciones.

Al nacer primero, Esaú aparentemente parece ser el ganador. Según las tradiciones del antiguo Cercano Oriente, Esaú tenía el derecho de la primogenitura, o sea, el de heredar una doble porción de los bienes de su padre. Además, Esaú heredaría la promesa y la bendición divina que fueron otorgadas primero a Abrahán y después a Isaac. La Escritura dice que el nombre Esaú le fue dado al primer hijo de Isaac y Rebeca porque nació rubio y todo velludo como una pelliza. El nombre Esaú significa rojo. Dicen que en muchas partes del antiguo Cercano Oriente existían prejuicios en contra de las personas de cabellera roja y personas muy peludas (Wenham 1994:176). Edom es otra palabra que quiere decir rojo. Edom es el nombre de la región de rocas rojizas que más tarde sería el territorio en el que los descendientes de Esaú establecieron su reino. Este territorio montañoso queda al otro lado del río Jordán y del Mar Muerto, en lo que hoy en día es parte del Reino de Jordania. El texto bíblico dice que al nacer Esaú, inmediatamente después salió su hermano, trabada su mano en el calcañar de Esaú, como si estuviera tratando de tirar a su hermano hacia atrás para poder nacer antes que él. Viendo esto, los que observaron lo sucedido seguramente exclamaron: "¡Qué vivo, ese pequeño está procurando quitarle a su hermano mayor el derecho de ser el primogénito y heredero de la promesa! Por eso su nombre será Jacob."

Ahora bien, el significado del nombre Jacob es: tramposo, engañador, logrero, vivo, agarrador, suplantador; o sea, uno dispuesto a valerse de cualquier truco, bueno o malo, para escalar, para conseguir para sí el predominio o la hegemonía sobre los demás. Como veremos más adelante, este nombre describirá perfectamente la actuación de Jacob en su relación con su hermano y la relación de sus descendientes con los descendientes de Esaú, los edomitas o idumeos. Aun antes de nacer los dos hermanos, el Señor había indicado a Rebeca que el vencedor en la lucha no sería Esaú sino Jacob: "El mayor servirá al menor." En el relato del nacimiento de los dos hermanos observamos que Jacob fracasó con su sueño de ser el primero. Pero como veremos, nunca abandonó ese sueño, sino que siguió luchando para cambiar su suerte por todos los medios posibles, hasta que aprendió que nuestro tiempo están en las manos de Dios y que es sólo él quien, en su gracia, puede cambiar nuestro destino.

Esaú vende su primogenitura

En el siguiente relato vemos cómo las palabras proféticas del Señor comienzan a cumplirse. Jacob utiliza su sutileza y se aprovecha de la debilidad de su hermano. La debilidad de Esaú es la de dar prioridad a la satisfacción de sus apetitos más inmediatos, y no toma en cuenta las consecuencias a largo plazo de sus acciones. En esta historia, conocida por cada alumno de la escuela dominical, Jacob logra hacerse con la primogenitura de su hermano a cambio de un potaje de lentejas, de color rojo. Tener la primogenitura implicaba importantes ventajas socioeconómicas y el derecho de ser el heredero exclusivo de su padre. Más adelante en nuestro estudio de Génesis, aprenderemos que, a fin de cuentas, el predominio de Jacob sobre Esaú no es algo que se obtuvo a base de trucos y engaños, sino por la gracia y misericordia de

Dios. Es el Señor del pacto quien lleva a cabo sus propósitos, a pesar de nuestros fracasados intentos de establecer nuestro predominio y adelantarnos a expensas de otros.

Hay investigadores que han visto el conflicto entre Esaú y Jacob como un ejemplo típico de la rivalidad sociocultural entre cazadores y pastores nómadas. Esaú, cual típico miembro de una cultura de cazadores, es descrito como rústico, de lenguaje brutal, de pocas luces e interesado primordialmente en la comida y las cosas inmediatas (Ravasi 1994:192). Lutero escribe: "Esaú sólo piensa en el vientre y rechaza como insignificante la promesa." Jacob, en cambio, se nos presenta como un hombre calculador, astuto, previsor, y prudente; algunos dirían: como un típico judío. Según Lutero, "Jacob sabe que las cosas sagradas son preparaciones para la vida futura y por eso las tiene en gran estima y anhela poseerlas" (Ravasi 1994:195).

Calvino cree que Isaac debe haber sabido de la profecía que Rebeca había recibido del Señor, a saber, que el mayor serviría al menor (Gn 25:23). Siendo así, al querer otorgar Isaac la bendición al mayor, insiste porfiadamente en cumplir con su voluntad y no la del Señor (1975:84). En su comentario sobre Génesis, Calvino pregunta: "¿Cómo es que Esaú pone en venta su primogenitura, si no es porque carece del Espíritu de Dios y sólo siente la tierra? ¿Y cómo su hermano Jacob renuncia a su comida, si no es porque, guiado por el Espíritu Santo, se alza por encima del mundo, aspirando a la vida celestial? Es preciso destacar la necedad de Esaú, que no vacila en vender su primogenitura interponiendo el nombre de Dios mediante juramento. Es tan esclavo de su vientre que pone a Dios por testigo de su propia ingratitud." Según el cuadro que se pinta del hijo mayor de Isaac en Génesis 25, Esaú es un ejemplo de las personas denunciadas por el apóstol Pablo en Filipenses 3:19: "Ellos sólo piensan en lo terrenal. Su dios es el vientre, su orgullo es su vergüenza, y su fin será la perdición."

La evaluación que Hebreos 12:16-17 nos brinda del carácter de Esaú, es igualmente severa: "Que no haya entre ustedes ningún libertino ni profano, como Esaú, que por una sola comida vendió su primogenitura. Ya ustedes saben que después, aunque deseaba heredar la bendición, fue rechazado y no tuvo ya la oportunidad de arrepentirse, aun cuando con lágrimas buscó la bendición." Al escribir estas palabras, el autor de la Epístola a los Hebreos se dirige a un grupo de creyentes que, debido a una persecución, estaban tentados a abandonar su fe y volver a la sinagoga. Para el autor divino, abandonar la fe con el fin de evitar sufrimientos por causa de Cristo sería una acción tan reprensible como la de Esaú, quien vendió su primogenitura por un potaje de lentejas. Negar a Cristo es vender nuestra primogenitura comprada a precio de sangre.

En realidad, Esaú no está muerto, todavía vive entre nosotros, y está muy metido dentro de nosotros. Todavía, como Esaú, estamos tentados a satisfacer nuestro hambre existencial y nuestra sed de la eternidad con las pobres lentejas que nos ofrece esta generación perversa y adúltera. Permítanme citar aquí las acertadas palabras del padre Gianfranco Ravasi, quien declara: "El retrato que el apóstol traza de los cretenses como "glotones ociosos" (Tit 1:12), podría aplicarse igualmente a nuestra sociedad, cada vez más sensual, vulgar, y egoísta, condicionada por motivos comerciales y por la imagen exterior. Y, sin embargo, es bien sabido que, al cabo de un cierto tiempo de ilusión, lo que surge de una escala de valores centrada en las cosas no es sino amargura, tristeza, rabia y violencia. Más aún, a veces se llega a tener la sensación de haber sido estafados por la vida, y de ahí la facilidad con que tanta gente se precipita a las drogas, la indiferencia, la bestialidad e incluso el suicidio. El grito violento que Esaú (Gn 27, 38), entre gemidos, eleva al cielo al darse cuenta de su absurda elección, es un poco el emblema y la síntesis de tantos fracasos existenciales vinculados en un absurdo enfoque de los valores" (1994:196). La triste vida de Esaú nos llama a dar prioridad a las realidades celestiales y a no cerrarle nuestros corazones a Jesús cuando él nos implora: "Por lo tanto, busquen primeramente el reino de Dios y su justicia, y todas estas cosas les serán añadidas" (Mt 6:33).

GÉNESIS 26

Isaac entre los filisteos

Debido a una sequía y escasez de alimentos en la región de Hebrón, Isaac se traslada con su familia a Gerar, para vivir como forastero entre los filisteos. No buscó refugio en Egipto, pues el Señor le había prohibido salir de las fronteras de la Tierra Prometida. Ya en Génesis 20 vimos que Abrahán, en una situación similar, se vio obligado a fijar sus tiendas en el territorio de los filisteos. Isaac no teme establecer su residencia entre los filisteos, pues el Señor promete darle su bendición y proteger a su familia durante su estancia en Gerar. Dios le promete que estas mismas tierras donde ahora tiene que vivir como forastero, llegarán a pertenecer a sus descendientes. En las historias relatadas en el Pentateuco vemos que, a diferencia de los otros pueblos y tribus con que Abrahán y sus descendientes tuvieron contacto, los filisteos no fueron descendientes de Sem o de Cam, sino de Jafet. No son uno de los pueblos indígenas del antiguo Cercano Oriente, sino invasores europeos que a causa de una serie de catástrofes naturales se vieron obligados a abandonar sus países de origen.

Los filisteos, invasores provenientes de Creta y las islas griegas

Según Deuteronomio 2:23 y Jeremías 47:4, los filisteos vinieron de Caftor, o sea la isla de Creta en el Mar Mediterráneo. En Amós 9:7 el Señor dice a su pueblo: "¿Acaso ustedes, israelitas, son ante mí diferentes a los etíopes? ¿No fui yo quien sacó de Egipto a Israel? ¿Y quién trajo de Caftor a los filisteos, y de Quir a los arameos?" Los arqueólogos nos dicen que durante el segundo milenio aC se había erigido una gran civilización en la isla de Creta y las islas griegas cercanas.

Aproximadamente en el año 1500 aC, la isla de Thera (conocida hoy en día como Santorín), quedó totalmente destruida a causa de una tremenda erupción volcánica que desató un pavoroso tsunami que causó terrible destrucción en Creta y las demás islas griegas. El desastre, juntamente con grandes sequías en la región, fueron las razones principales por las que innumerables cantidades de personas que huían de la destrucción, dejaron atrás las ruinas de su gran civilización e invadieron Anatolia, Palestina, y Egipto.

Los pueblos del mar conquistan Anatolia e invaden Egipto

En Anatolia, los invasores del Egeo y los cretenses, los llamados "pueblos del mar", lograron destruir totalmente el colosal imperio de los hititas o heteos que ni los egipcios habían logrado derrotar. Después de someter Anatolia y las regiones costeras de Siria y del Líbano, los pueblos del mar, atacando por tierra y mar, avanzaron sobre el imperio egipcio, ansiosos de apoderarse de los tesoros de los faraones y de las ricas tierras ribereñas del río Nilo. Debilitados por sus guerras con los hititas y las interminables luchas internas, los egipcios estuvieron a punto de ser aplastados por los invasores. Finalmente en el año 1194 aC el faraón Ramsés III, fundador de la vigésima dinastía egipcia, les infligió una derrota contundente a los invasores y, de esta manera, salvó a su pueblo. No logrando establecerse en Egipto, un grupo de los invasores egeos y cretenses se estableció en la costa de Palestina. Éstos son los filisteos con quienes tuvieron que luchar los israelitas, especialmente Saúl y David, por el control de Palestina. El nombre Palestina es un término romano que quiere decir "tierra de los filisteos".

Las batallas y luchas entre los filisteos y egipcios ocurrieron después del tiempo de Abrahán e Isaac. Al parecer, ya en el tiempo de los patriarcas algunos pequeños grupos de cretenses se habían establecido en Gerar, donde Isaac tuvo su encuentro con el rey Abimelec. El nombre abimelec, lo mismo que el nombre faraón, es un título que llevaban todos los reyes; no es, entonces, el nombre propio de uno de los reyes en particular. Quiere decir que el Abimelec con quien tuvo contacto Isaac no es necesariamente el mismo Abimelec con quien Abrahán tuvo que ver. Aunque habían aprendido el idioma de los cananeos y adoptado algunas de sus prácticas religiosas, los filisteos, a diferencia de los israelitas, no practicaban la circuncisión. Por lo tanto, en muchas partes del AT, se hace referencia a los filisteos como los incircuncisos.

Los conflictos en Génesis 26 prefiguran las relaciones entre filisteos e israelitas

Los conflictos entre los pastores de Isaac y los de Gerar por los pozos de agua, prefiguran los futuros conflictos entre israelitas y filisteos por las tierras y fuentes de agua en la Sefelá, la zona situada entre los montes de Judá y la llanura costera del Mediterráneo de 300 a 400 metros sobre el nivel de mar. Los filisteos jugaron un papel importante en la historia del pueblo escogido. A veces, como en la historia de Isaac y Abimelec, filisteos e israelitas vivieron juntos en paz, en tanto que en otros momentos o dominaban los israelitas a los filisteos, o los filisteos a los israelitas. Durante los días de Sansón (Jue 13-16), los filisteos dominaban los territorios que habían sido asignados por Josué a las tribus de Dan y Judá. Finalmente, no sabiendo cómo hacerle frente al poder militar de los filisteos y sus armas de hierro, los miembros de la tribu de Dan se vieron obligados a abandonar la Sefelá y migrar al extremo norte de Israel, cerca de las cabeceras del río Jordán. El dominio de los filisteos sobre los israelitas en el tiempo de los jueces se debió al hecho de que habían importado armas de hierro y se aseguraron el monopolio de dicho metal (Haag 1964:710).

David y los filisteos

A pesar de los frecuentes encuentros bélicos entre israelitas y filisteos, leemos de israelitas como David, quien fue a buscar refugio entre los filisteos cuando el rey Saúl procuraba acabar con él. David hasta sirvió como mercenario bajo Aquís, el rey filisteo de Gat. Años más tarde un cacique filisteo, un tal Itaí geteo, vino a pie desde Gat, una de las cinco ciudades de los filisteos, a buscar refugio con la protección de David, justamente en el momento en que Absalón, el hijo rebelde de David, tramaba un golpe de estado en contra de su padre. Itaí y sus seiscientos hombres escogieron huir con David y, algunos meses más tarde, apoyaron a David un su lucha por reconquistar el trono. Así el filisteo Itaí, al mando de sus seiscientos hombres, fue uno de los comandantes que lucharon junto con los hombres de David para darle la victoria en la batalla decisiva en contra de Absalón y sus aliados. David tuvo a su lado un contingente de mercenarios filisteos como su guardia personal. Estos fieles guerreros fueron los famosos cretenses y peleteos (2 S 15:18) de los cuales leemos en la historia de David.

Muchos de los filisteos que servían a David llegaron a ser creyentes en Dios verdadero y fueron incorporados al pueblo de Israel. Así como hubo filisteos que lucharon en las filas de Israel, también hubo israelitas que lucharon en las filas de los filisteos en contra del rey Saúl, el primer rey de las doce tribus (1 S 14:21). Quizá la historia más conocida en que participan los filisteos, es el relato del encuentro del joven David con Goliat, el gran campeón de los filisteos. Lo que nos llama la atención en la narración es que los dos ejércitos acuerdan dejar que su conflicto se resuelva mediante una lucha a muerte entre dos campeones, cada uno de ellos en representación de los grupos en pugna. Este combate a muerte entre dos campeones se parece mucho a las historias de los antiguos griegos descritas en las obras de Homero, como por ejemplo el celebrado combate entre Héctor y Aquiles, en la Ilíada. Al igual que sus famosos antepasados que participaron en la guerra de Troya, los filisteos bíblicos conservaban algunas de las tradiciones y rasgos culturales de sus antepasados griegos. Hasta los autores bíblicos repararon en la valentía de sus adversarios filisteos. En 1 Samuel 4:8, leemos que al saber que el arca del pacto había entrado en el campamento de Israel, los guerreros filisteos no se acobardaron, sino que exclamaron: "¡Ay de nosotros! ¿Quién nos librará del poder de este Dios tan poderoso? ¡Fue él quien castigó a los egipcios con plagas en el desierto! Hermanos filisteos, tenemos que luchar con valor para no convertirnos en esclavos de los hebreos, como ellos lo han sido de nosotros. ¡Portémonos varonilmente, y peleemos!"

Isaac, agente de bendición

Durante su estancia en los dominios de los filisteos, Isaac abandonó la vida nómada y se dedicó a la agricultura. El Señor bendijo sus labores. La prosperidad del segundo patriarca fue tan grande que provocó la envidia de los filisteos y engendró un brote de violencia entre los siervos de Isaac y los filisteos. Consecuentemente, Abimelec expulsó a Isaac de la ciudad de Gerar y el patriarca se vio obligado a volver a vivir como nómada, así como su padre Abrahán. Pero después el rey de los filisteos y su comandante, Ficol, llegaron a la conclusión de que el Señor los había bendecido a ellos por causa de Isaac. Dios le había prometido a Abrahán y sus descendientes: "Bendeciré a los que te bendigan, y maldeciré a los que te maldigan" (Gn 12:3). Abimelec, no queriendo perder las bendiciones que su pueblo había recibido debido a la estancia de Isaac entre ellos, salió en busca del patriarca para celebrar con él un pacto de paz.

Los eventos del Génesis ilustran el Decálogo

En Génesis 26:2 el autor sagrado nos dice que el Señor se le apareció a Isaac. No dice, sin embargo, cómo se le apareció Dios al segundo patriarca, si fue en un sueño, por una visión, por medio de un ángel o cara a cara. No sabemos. Lo que importa no es el modo en que apareció, sino el contenido del mensaje que el Señor le comunicó a Isaac. Dios le prohíbe descender a Egipto. En cambio, lo insta a seguir viviendo entre los filisteos. Además, el Señor le repite a Isaac las mismas promesas sobre la descendencia y la simiente, que le había dado a Abrahán. En Génesis 26:4-5 el Señor le dice a Isaac: "Todas las naciones de la tierra serán bendecidas en tu simiente, porque Abrahán escuchó mi voz, y guardó mis preceptos, mis mandamientos, mis estatutos y mis leyes." Lo que nos llama la atención en este pasaje es que Abrahán vivió varios siglos antes de que los mandamientos, leyes y preceptos del Señor le fueran entregados a Moisés en el monte Sinaí. ¿De qué manera llegó Abrahán a conocer la ley antes que Moisés? De las muchas respuestas a la pregunta, la mejor se encuentra en lo que Pablo escribe en Romanos 2:16, en que habla de la obra de la ley escrita en el corazón de los hombres, no solamente de los judíos, sino también de los gentiles.

En Génesis 26:8 vemos la ley escrita en el corazón de Abimelec, el rey filisteo. Cuando Abimelec, atisbando por la ventana de su casa, ve a Isaac que acaricia a Rebeca, se da cuenta de que es la esposa y no la hermana de Isaac, y en seguida siente remordimientos y temor por haberla codiciado. No es necesario que Dios le hable a Abimelec en un sueño para advertirle del peligro de codiciar la esposa del prójimo. El mismo Abimelec es acusado por la ley escrita en su corazón. De esta manera, el narrador sagrado nos da a entender que entre los gentiles hay personas que temen a Dios. En realidad, no fue necesario que Isaac le mintiera al rey para proteger la virtud de Rebeca. En un sentido, el rey filisteo fue más justo que Isaac.

Los acontecimientos en las vidas de los patriarcas nos ayudan a comprender que los comienzos del pueblo escogido también nos ilustran concretamente acerca de lo que el Señor tuvo en mente al entregar a su pueblo los diez mandamientos. Desde la perspectiva del Decálogo, en Génesis 26 el enfoque está puesto en los últimos dos mandamientos: "No codiciarás la casa de prójimo, ni a su mujer" (Ex 20:17). Dios, en su providencia, tuvo que actuar para proteger a la familia de Isaac de los filisteos que codiciaban tanto la prosperidad de su hacienda como la belleza de su mujer. Al contarles a los lectores de la Torá la codicia de Abimelec y los habitantes de Gerar, el escritor sagrado los exhorta a no andar en el camino de los filisteos que no podían controlar el deseo de apoderarse de lo que el Señor le había dado a su prójimo. En cambio, los insta a emular el ejemplo de Isaac, el patriarca pacífico, el patriarca cuya presencia entre sus vecinos implica bendición para ellos. La bella escena de Isaac acariciando amorosamente a Rebeca, en Génesis 26:8, nos recuerda que el contacto físico entre esposos se cuenta entre las más preciosas bendiciones del Señor, y merece nuestra aprobación y emulación, como también lo resaltan las trece canciones del Cantar de los Cantares.

Jacob obtiene la bendición de Isaac

Habiendo empleado la astucia para inducir a su hermano a venderle la primogenitura, observamos que en Génesis 27 Jacob se asegura el derecho de la primogenitura y consigue, además, la promesa dada por Dios a Abrahán e Isaac. Es la promesa de ser el antepasado de los futuros reyes y gobernantes del pueblo de Dios y, sobre todo, del gran libertador mesiánico por medio del cual todas las naciones de la tierra recibirán bendición y salvación. Nuevamente, fiel a su nombre y con el apoyo de su madre Rebeca, Jacob procura la bendición de Dios por medio del engaño.

En Génesis 27 vemos a Isaac, ya ciego, que envía a su hijo favorito, Esaú, a salir a cazar algo para comer. La comida que debía preparar el hijo mayor era para dar fortaleza al alma de la persona cuya responsabilidad era impartir la bendición. Pero Rebeca, en apoyo de su hijo favorito, Jacob, y aprovechando la ceguera del patriarca, logra disfrazar al hijo menor y hacerlo pasar por su hermano mayor. En un intento de justificar las acciones de Rebeca y Jacob, algunos comentaristas argumentan que por su desprecio de las cosas de Dios y su apego a las cosas del mundo, Esaú ya había perdido tanto la promesa como la primogenitura. No podía perder lo que nunca fue suyo. Otros comentaristas justifican la actuación de Rebeca al afirmar que la madre ataca lo que ella considera una injusticia social, o sea, el hecho de otorgar un privilegio exclusivo al hijo mayor, especialmente en un caso de mellizos. Lo que hace Rebeca es atacar el privilegio de aquel que es "grande" y que excluye al que es pequeño, algo que tiene consonancia con el proceder del Señor (Westermann 1987:193).

Lutero y Calvino defienden a Rebeca

Lutero admiraba mucho a Rebeca y decía que ella y Jacob tenían el derecho de despojar a Esaú de lo que no le pertenecía. Según Lutero, lo que motivó a Rebeca fue el cumplimiento de la promesa y la preservación de la línea mesiánica. Tamar, de quien trataremos en Génesis 38, hizo algo más atrevido todavía a fin de que la promesa se cumpliera. Al igual que Sara al buscar otra esposa para Abrahán, estas madres de Israel trataron de anticiparse al Señor y no esperaron hasta que llegara el momento que Dios había escogido. Observamos en estas tres madres, Rebeca, Tamar, y Sara, un gran celo por la realización de la voluntad de Dios y la promoción de la venida de su reino. Pero el celo en sí no es suficiente. Hablando de los judíos de su tiempo, el apóstol Pablo expresa: "Me consta que ustedes tienen celo por Dios, pero su celo no se basa en el conocimiento" (Ro 10:2). El celo por las cosas sagradas y divinas puede llevarnos a procurar los objetivos del reino de Dios, empleando los medios del reino de este mundo o hasta del reino del enemigo. Uno de los instrumentos de ese reino es la mentira. Jesús nos dice que el diablo ha sido un mentiroso desde el principio, o sea, desde el día que indujo a Eva a probar el fruto prohibido. El celo sin sabiduría y sin conocimiento, ha inducido a los hombres a emprender cruzadas, persecuciones e inquisiciones en el nombre de Cristo. Se han perpetrado grandes iniquidades con las mejores intenciones, y grandes injusticias en el nombre de la justicia.

Tal vez sea significativo –no se relata en ninguna parte– que Rebeca y Jacob no procuraron la voluntad del Señor en oración, tal como lo hizo Eliezer el siervo de Abrahán, en el desempeño de su misión. Al planificar el engaño de Isaac, Rebeca y Jacob no procuraron la guía del Señor. Quizá sea significativo también, que después de la huída de Jacob de la casa de su padre, el autor sagrado no menciona más a Rebeca. Mientras que el hagiógrafo dedica un capítulo entero a relatar la sepultura de Sara, no sabemos ni cuándo ni cómo murió la segunda madre del pueblo escogido. La única referencia a Rebeca en el libro de Génesis, después de lo ocurrido en el capítulo 27, es lo que se menciona en Génesis 49:37, que fue sepultada en la cueva de Mamré, donde también fueron sepultados Isaac, Sara, y Lea. Lo triste en el caso de Rebeca es que nunca más llegó a ver al hijo por quien se había arriesgado tanto. No sólo Jacob, sino también su querida madre sufrieron las amargas consecuencias del engaño.

La tragedia de una familia disfuncional

Sea justificable o no lo que Rebeca hizo, lo que no se justifica es que, para satisfacer sus propias necesidades emocionales e intereses egoístas, los padres prefieran a uno de sus hijos. Lo que debemos lamentar es la falta de comunicación entre Isaac y Rebeca. Sin consultar el uno con el otro, actúan cada uno por su cuenta. No comparten sus sueños respecto al futuro de sus dos hijos. Cada uno procura criar a su hijo predilecto conforme a su propia personalidad, y encontrar en él una satisfacción emocional que quizá no encontró en su propia relación conyugal. No se ponen de acuerdo sobre la manera correcta de criar a sus hijos hasta que es demasiado tarde. Tanto Esaú como Jacob tuvieron sus defectos, pero en vez de tratar de corregir los defectos de sus respectivos hijos preferidos, tanto Isaac como Rebeca pasaron por alto las faltas de los mellizos. Se nota que Rebeca habla de Jacob (pero no de Esaú) como "mi hijo" (Gn 27:6), mientras que Isaac suele hablar de Esaú (pero no de Jacob) como "mi hijo" (Gn 27:1).

En el capítulo anterior vimos que, para salir de un aparente peligro, Isaac y Rebeca mintieron al rey Abimilec de los filisteos diciendo que eran hermanos y no esposos. Habiendo aceptado que las mentiras pueden ayudar a resolver dificultades, uno se acostumbra a echar mano de las falacias como una buena manera de salir de un apuro o adelantar sus proyectos. Rebeca no sólo había caído en este error, sino que también se lo enseñó a su hijo predilecto.

En realidad, Isaac había quedado ciego no sólo en cuanto a su habilidad de percibir las realidades materiales, sino también para ver tanto el verdadero carácter de su hijo mayor como conocer los designios del Señor acerca del futuro de la familia escogida. Respecto a la ceguera física de Isaac, el texto de Génesis no dice ni cuándo ni cómo ocurrió. Sin embargo, hay una tradición rabínica que asevera que la vista del segundo patriarca comenzó a fallar después de su atadura relatada en Génesis 22. Según dicha tradición, la gloria de Dios se manifestó en el momento en que el Señor llamó a Abrahán diciéndole que no extendiese su mano sobre su hijo. En consecuencia, por haber visto tan de cerca la manifestación de la *shekinah*, Isaac comenzó a perder la visión gradualmente. Al menos es lo que creyeron los escribas cuyas opiniones se encuentran en el comentario midrásico, conocido como el *Génesis Rabbah* (Cotter 2003:200).

Las personas que pierden la visión por lo general experimentan un desarrollo más notable de los demás sentidos: Tacto, audición, olfato, gusto y, a veces discernimiento, o sea, la percepción interior de las cosas y de las personas. Se nota en el caso de Isaac, quien se vale del tacto, olfato, y la audición para determinar la identidad del hijo que se presenta ante él con la comida preparada con tanto esmero. La voz parece ser la de Jacob, pero la piel y el olor parecen ser de Esaú. En definitiva, Isaac se deja llevar por su gusto por la carne y el vino. La comida sabrosa y los tragos de vino nublan los pensamientos del anciano y le roban el discernimiento, haciendo que confunda a Jacob con Esaú, su hijo preferido.

Es evidente que Isaac había consentido a su hijo favorito Esaú, mientras que Rebeca había hecho lo mismo con Jacob. Si algo nos enseña Génesis 27 es que todos nuestros hijos son dones preciosos de Dios que merecen nuestra protección, apoyo, y amor. Las preferencias familiares únicamente provocan envidia, celos, y conflictos entre los hijos. Es algo que se percibe no sólo en la historia de Jacob y Esaú, sino también en la historia de José y sus hermanos. Al descubrir el engaño de su hermano, Esaú resuelve vengarse del usurpador, y Jacob, para salvar su vida, se ve en la obligación de huir a un país lejano. Según las observaciones de antropólogos y sociólogos, los conflictos entre hermanos que engendran las disputas sobre herencias y primogenituras, son características de todas las sociedades patriarcales. Lo podemos ver también en los relatos del NT, por ejemplo en la parábola del hijo pródigo y en el incidente de Lucas 12:13 en que uno de la multitud le dice a Jesús: "Maestro, dile a mi hermano que comparta conmigo la herencia." La respuesta de Jesús fue: "Hombre, ¿quién me ha puesto como juez o mediador entre ustedes?"

Caiga sobre mí tu maldición

Es interesante la reflexión que nos ha dejado sobre este texto uno de los grandes padres de la Iglesia Oriental, San Juan Crisóstomo. Hablando del papel que desempeñó Rebeca en el drama, el gran patriarca de Constantinopla reflexiona: "Cuando Rebeca mandó a su hijo a que llevase a término aquella iniciativa de ella para recibir la bendición de su padre, y como viera que su hijo estaba como perplejo, le quitó todo el miedo que abrigaba con estas palabras: "Hijo mío, ¡que caiga sobre mí tu maldición!" (Gn 27:13). Ésta es en verdad la voz de una madre que ama entrañablemente a su hijo. Pues bien, Cristo nos amó mucho más, porque no sólo dijo esto mismo que dijo Rebeca, sino que lo hizo; no lo prometió solamente, sino que lo puso en práctica. Bien claro lo afirma Pablo con las palabras: "Cristo nos redimió de la maldición de la ley, y por nosotros se hizo maldición" (Gl 3:13) (Homilías. 6 N. 4).

Las consecuencias amargas de un engaño

A pesar de todos sus preparativos y cálculos, el engaño de Rebeca y Jacob se descubre. Jacob se ve obligado a huir para salvar su vida, pues Esaú está resuelto a dar muerte a su hermano, así como Caín acabó con la vida de Abel. Nunca más verá Rebeca al hijo que tanto amaba y al que tanto quiso ayudar. Jacob, como el hijo pródigo, tiene que abandonar su hogar y salir hacia un país lejano, sin llevarse la herencia que tanto anhelaba. La tristeza de Raquel por perder a Jacob, y los veinte años que éste pasó fuera de la Tierra Prometida, nos enseñan que los engaños y decepción no aseguran las bendiciones de Dios. Al final, como veremos más adelante en la odisea de Jacob, los engañadores son engañados. Las bendiciones del Señor son nuestras por su gracia, su perdón, y misericordia, y no por causa de las trampas que arman los tramposos. Es una lección que Jacob aprendió. Lo veremos en los capítulos que siguen.

Jacob, el tercer patriarca

Hasta ahora se ha hablado del carácter de Rebeca, y también del de Esaú. Será mucho más difícil evaluar el carácter de Jacob, pues es mucho más complejo el cuadro que el escritor sagrado nos pinta del tercer patriarca. Jacob, cuya historia se narra en las páginas de la Escritura, es no sólo un fascinante personaje histórico, sino también el prototipo del pueblo que lleva su segundo nombre: Israel. Jacob es no sólo el hombre que luchó con Dios, sino también el que una y otra vez estaba en pugna consigo mismo. Por un lado observamos a Jacob el calculador, el que siempre está tratando de dar prioridad a sus propios intereses, de triunfar en la vida y de aprovecharse de los demás para promover su porvenir. Es decir, no es difícil vernos a nosotros mismos y a nuestra cultura individualista y egocéntrica en este hombre. Pero hay otra cara del carácter de Jacob. El protagonista de la parte central de Génesis es también una persona que Dios había escogido para ser el instrumento de un proyecto mucho más grande de lo que podemos imaginar. Al leer el relato de la vida de Jacob en las Escrituras, estamos conscientes de la presencia del Señor en todos los sucesos de su larga peregrinación. Aunque Jacob quisiera ser el hombre autónomo, el capitán de su propio barco, siente que a su barco se lo llevan corrientes y vientos que no puede controlar con sus cálculos, artimañas, y trampas.

Jacob: simul iustus et peccator

Jacob quiere ser fiel al destino que Dios le preparó. Quiere seguir en los pasos de fe de su abuelo Abrahán y ser un hombre de paz como su padre Isaac. Pero no le resulta fácil. Jacob tiene que crecer en su fe poco a poco; tiene que aprender las lecciones que el Señor le quiere enseñar por medio de tantos conflictos, sufrimientos, y pruebas. En las historias de la parte central de Génesis vemos cómo Dios perfecciona el carácter de Jacob y su comprensión de los propósitos del Señor. Jacob no es un santo, sino un pecador que tiene que luchar con sus propias faltas y debilidades y, a pesar de ellas, desempeñar el papel que Dios le había asignado en la historia de la salvación. Lutero dijo que nosotros los creyentes somos santos y pecadores a la vez. Puede ser que por eso nos resulta tan fácil identificarnos con Jacob, el agarra talón, el Israel que valientemente luchó con Dios para recibir una bendición. La historia de Jacob es fascinante, porque el tercer patriarca no vive solamente en el primer rollo de la Torá sino en nosotros mismos.

Jacob es el hijo que se queda con la bendición del padre. Como se puede apreciar al leer las palabras que Isaac pronunció sobre Jacob, las cosas que el padre desea para su hijo son mayormente bendiciones materiales: las grosuras de la tierra, la abundancia de trigo y de mosto, el rocío del cielo, el dominio sobre los hijos de su madre y de otros pueblos. Con los años Jacob y sus descendientes llegaron a conseguir todas estas cosas. Veinte años más tarde vemos a Jacob sentado con sus dos esposas, sus dos concubinas y sus hijos. Tiene grandes majadas de ovejas y chivos, abundancia de trigo y mosto. Pero todo esto cosas no le da el contentamiento, la paz, y la felicidad que tanto había anhelado cuando acordó con Rebeca quitarle la bendición a su hermano.

En lo más íntimo de su corazón Jacob sabe que no es merecedor de las muchas bendiciones y posesiones de que goza. Jacob sabe, al igual que muchas personas que viven en el llamado Primer Mundo y que gozan de lo que se ha dado en llamar "el sueño americano" o "la sociedad de consumo", que su estilo de vida depende de maniobras comerciales y económicas. Estas personas saben cómo se ha estafado a nuestros hermanos del Tercer Mundo, privándolos de su primogenitura. Jacob, lo mismo que nosotros, tuvo que aprender que la verdadera vida no consiste en acumular gran cantidad de bienes de consumo, o en la abundancia de los bienes que uno posee (Lc 12:15), sino en tener una conciencia limpia, hacer justicia, amar misericordia, y humillarse ante Dios (Miq 6:8). La vida de Jacob fue una vida de aprendizaje. En el transcurso de su larga vida, el tercer patriarca llegó a comprender, a costa de duras pruebas, cuál era la voluntad de Dios para con él, y en qué consiste la verdadera bendición. Este peregrinar de Jacob es, a la vez, el viaje de fe al que son llamados sus descendientes, los que conforman el pueblo escogido, el pueblo en el cual nosotros también hemos recibido nuestra primogenitura bautismal.

Jacob, con quien nos encontramos en Génesis 27, es un hombre cauteloso y calculador. Al principio no está seguro si debe participar en el plan de su madre para engañar a su padre y arrebatarle la bendición a su hermano. Lo que teme Jacob no es el engaño en sí, ni la idea de aprovecharse de su hermano, ni la ceguera de su padre, sino que teme ser descubierto. Porque lo que más teme no es causarle dolor a su hermano, sino que caiga sobre él la maldición de su padre. Sabe que Isaac es un profeta de Dios, quien había heredado la bendición y la promesa de su padre Abrahán. El que fuera maldecido por Isaac, también sería maldito ante Dios. Como veremos en el desarrollo de esta historia, Dios no maldijo a Jacob por su traición, pero sí permitió que otros se aprovecharan de su propia ceguera. Al ser engañado por su suegro y más tarde por sus propios hijos, Jacob aprendió lo que es cosechar los frutos amargos del engaño. Es significativo que, en Génesis 37:31, lo engañan con la sangre de un cabrito muerto, así como él, por medio de la carne de un cabrito, se aprovechó de su padre ciego y lo engañó. Según Deuteronomio 27:18, "maldito sea el que haga que el ciego pierda el camino".

"No codiciarás la casa de tu prójimo" (Éxodo 20:17). "No tomarás en vano el nombre del Señor tu Dios" (Éxodo 20:7)

Nuevamente, los relatos del Génesis ilustran gráficamente lo que se prohíbe en el Decálogo. Aquí, el enfoque nuevamente está sobre el mandamiento que nos prohíbe codiciar la casa de nuestro prójimo. Todos conocemos casos concretos en que conocidos, vecinos, y familiares han sido víctimas de un engaño relacionado con una herencia, propiedad o casa. Nuestras historias, novelas y telenovelas están llenas de relatos de tales fraudes y de los odios, sufrimientos, y venganzas que engendran. El pasaje que estamos viendo también nos ilustra cómo un pecado lleva a otro. Al preguntar Isaac a Jacob: "¿Cómo fue que tan pronto hallaste algo que cazar, hijo mío?" Jacob respondió: "Es porque el Señor, tu Dios, me permitió encontrarlo" (Gn 27:20). De esta manera, Jacob se hace culpable de tomar el nombre de Dios en vano. Usar el nombre de Dios para engañar, es blasfemia. Aquí debemos notar también que Jacob habla del Señor como el Dios de Isaac, pues todavía no se atreve a confesar al Señor como "Dios mío", o "Dios nuestro".

El conflicto entre Israel y Edom

Lamentablemente, la historia del conflicto entre Esaú y Jacob no termina con la muerte de ambos, sino que sigue con la historia de sus descendientes. De esto da constancia Números 20 (el cuarto libro del Pentateuco), y muchos otros textos en diferentes partes del

AT. Números 20:14-21 relata cómo los israelitas, en su travesía por el desierto, llegaron a las fronteras de Edom, la tierra donde vivían los edomitas, descendientes de Esaú. Moisés, respetando la soberanía de Edom y la bendición que Isaac le había otorgado a Esaú, envía embajadores al rey de Edom desde Cades, donde había brotado agua de la roca. Dirigiéndose al rey como hermano, Moisés le pide permiso para pasar por su tierra rumbo a la Tierra Prometida de Canaán. En su mensaje dice Moisés: "Te rogamos que nos dejes pasar por tu tierra. No pasaremos por ningún campo de cultivo, ni por ninguna viña, ni beberemos agua de tus pozos. Iremos por el camino principal, sin apartarnos ni a la derecha ni a la izquierda, hasta que hayamos cruzado tu territorio" (Nm 20:17).

Los edomitas rehusaron dar paso a Moisés y los hijos de Israel

A pesar de las buenas intenciones de Moisés y los israelitas, el rey de Edom le responde diciendo: "Por mi país no pasarás, pues de lo contrario saldré armado contra ti" (Nm 20:18). La negativa de los edomitas hizo necesario que los israelitas se desviaran y tomaran otra ruta. Aunque el incidente no resultó en un conflicto armado, incrementó, sin embargo, la antipatía entre los dos pueblos. A pesar del incidente, en el Deuteronomio Moisés instruye a los israelitas a no aborrecer a los edomitas, "porque son tus hermanos", y a no aborrecer a los egipcios, "porque tú fuiste extranjero en su tierra" (Dt 23:7). Los conflictos armados entre edomitas e israelitas, de los que leemos en las Escrituras, ocurrieron muchos años después, durante los reinados de Saúl, David, y Salomón (1 S 14:17).

Los edomitas dominados por el rey David se levantan de nuevo

En 2 Samuel 8:13-14 leemos que el rey David "luchó contra los edomitas en el Valle de la Sal, y allí acabó con dieciocho mil soldados de ellos. Por todo Edom puso guarnición, y los edomitas se convirtieron en súbditos de David." Un poco más tarde los edomitas se sublevaron, y el general Joab fue enviado a Edom para aplastar la rebelión. Pero un edomita llamado Hadad, de sangre real, logró escapar de la matanza de los varones de Edom. Buscando refugio en Egipto, Hadad halló favor delante del faraón, el cual le dio por mujer a la hermana de la reina Tapenés (1 R 11:19-20). Genubat, el hijo de Hadad y la princesa egipcia, regresó a Edom para dirigir la resistencia edomita.

Después de la división del reino, durante el reinado de Joram de Judá, los edomitas se sublevaron nuevamente y lograron librarse del dominio de Judá y, de esta manera, Edom pudo seguir siendo un reino independiente gobernado por sus propios reyes (2 R 8:20-22). Con la bendición que Isaac le otorga a Esaú, en Génesis 27:40, le promete: "Vivirás gracias a tu espada, y servirás a tu hermano; y una vez que te hayas fortalecido te quitarás del cuello su yugo."

Edom apoya a Babilonia en la destrucción de la ciudad santa

Aprovechándose de la destrucción de Jerusalén y la deportación de los judíos a Babilonia en 587 aC, los edomitas extendieron sus dominios y ocuparon territorios judíos en el sur de la Tierra Prometida. Según las denuncias de los libros proféticos, los edomitas apoyaron a los babilonios en el saqueo de Jerusalén y especialmente en la destrucción del templo. En vez de dar refugio y apoyo a los judíos que lograron escapar de los babilonios, los edomitas los remataban o los apresaban para venderlos como esclavos. Estos actos de infamia de parte de los edomitas en perjuicio de los descendientes del hermano de Esaú, provocaron las amargas profecías en contra de Edom de parte del profeta Abdías: "No debiste haber entrado por las puertas de mi pueblo el día que éste fue quebrantado. ¡No, no debiste haberte deleitado con su mal el día que fue destruido, ni debiste despojarlo de sus bienes en el día de su desgracia! ¡No debiste pararte en las encrucijadas para matar a los que intentaban escapar! En ese día angustioso, ¡no debiste entregar a los sobrevivientes!" (Abd 13-14). Otras profecías en contra de Edom se encuentran en Ezequiel 25:12-14; 35:1-15; Isaías 63:1-6; Lamentaciones 4:21, y Amos 1:11. En Malaquías 1:2-3 encontramos las palabras: "Sin embargo, a Jacob lo he amado, pero a Esaú lo he aborrecido." Leídas en el contexto de la historia de Judá, estas palabras no se refieren al Esaú hermano mellizo de Jacob, sino al pueblo de Esaú o Edom, que traicionó a Israel cuando se unieron a los babilonios durante la destrucción y saqueo de la ciudad santa.

La soberbia de Edom denunciada por Abdías

Los edomitas se sentían muy seguros allí en sus pueblos en lo alto de las montañas rojizas del lado oriental del Mar Muerto. Seguramente, ningún ejército sería capaz de alcanzar las alturas de Edom y destruir sus pueblos, así como los babilonios destruyeron a Jerusalén y los demás pueblos de Judá. En Abdías 3-4, 21 el profeta dice: "A ti, que habitas en las más altas montañas y entre las grietas de las peñas, y que en tu corazón piensas que nadie te hará rodar por los suelos, tu soberbio corazón te ha engañado. Yo te haré caer, aunque levantes el vuelo como el águila y pongas tu nido entre las estrellas... Entonces vendrán al monte Sión unos libertadores, y juzgarán al monte de Esaú, y el reino será del Señor." Siglos más tarde la profecía de Abdías acerca de Edom se cumplió. Durante el reinado de los reyes macabeos, Edom fue conquistado e incorporado al reino macabeo. Sus ciudadanos, los idumeos, fueron circuncidados y obligados a abandonar a sus dioses y aceptar la soberanía del Señor.

Herodes el Grande, un descendiente despreciable de Esaú

Cuando los romanos, al mando del general Pompeyo, conquistaron a Jerusalén e incorporaron el reino de Judá al Imperio Romano, los conquistadores escogieron a un idumeo, o sea, un descendiente de Esaú, para reinar sobre Judea como gobernador cliente o títere de Roma. Éste fue Herodes el Grande, un monarca que la mayoría de los judíos nunca aceptó, porque no era un descendiente de Jacob sino de su hermano Esaú. Aparentemente, en la persona de Herodes los descendientes de Esaú lograron recuperar, al fin, la primogenitura que su gran antepasado había vendido por un potaje de lentejas rojas. Pero el aparente triunfo de los edomitas no fue de larga duración. Durante los días en que gobernaba Herodes el Grande, el verdadero rey de los judíos, descendiente de Jacob y también de David, nació en Belén de Judá. Durante la guerra con Roma (66-70 dC) un ejército de idumeos marchó sobre Jerusalén en apoyo de los revolucionarios zelotes. Después de la derrota de los revolucionarios a mano de los romanos, los idumeos desaparecen de la historia. Cada año miles de turistas viajan a lo que fue el reino de los idumeos en las montañas rojizas de Edom, para visitar las ruinas de la ciudad de Petra, escondida en las hendiduras de la peña. En Petra se refugiaron muchos cristianos durante la guerra entre los romanos y los revolucionarios judíos. Jesús había advertido a sus seguidores: "Cuando en el lugar santo vean la abominación desoladora... los que estén en Judea, huyan a los montes" (Mt 24:15-16). Hace unos años se filmó en Petra, entre las rojizas rocas de Edom, la última parte de la tercera película de las aventuras de Indiana Jones.

En Génesis 36 encontramos una lista de las generaciones de Esaú y de los reyes que gobernaron a los edomitas después de que Esaú y Jacob se separaron. Los muchos nombres y genealogías del capítulo testifican respecto de los tratos que hubo entre los descendientes de los dos hijos de Isaac, y de que por mucho tiempo hubo paz entre israelitas y edomitas. Sabemos que en las montañas de Edom existían depósitos considerables de hierro, los que fueron utilizados por los israelitas durante el tiempo en que gobernaron a los edomitas, o en los años en que hubo buenas relaciones entre los dos pueblos. Edom también fue famoso por los sabios que vivían en su territorio. Uno de ellos fue Job, de quien se lee en el libro bíblico que lleva su nombre. Job era de la tierra de Uz, una región que la mayoría de los historiadores creen que fue parte de Edom. Algunos eruditos hasta identifican a Job con Jobab (Gn 36:33), segundo rey de Edom antes de la instauración de la monarquía en Israel.

Job, un descendiente destacado y ejemplar de Esaú

Aparentemente, los eventos relatados en el Libro de Job tuvieron lugar durante el tiempo de los patriarcas, la estancia de Israel en Egipto y el tiempo de los jueces. Dice el relato que Job ofrecía sacrificios a Dios verdadero, no en un templo, sino donde él mismo vivía. Además, Job, sus tres amigos sabios, y el joven Eliú, no adoraban ídolos sino a Dios verdadero. De esto vemos que no todos los descendientes de Esaú renegaron de su fe en el Dios de Abrahán, Isaac, y Jacob. Se supone que muchos de los descendientes de Esaú perdieron su fe en el Dios de Abrahán a causa de los matrimonios de Esaú con dos mujeres heteas. Su tercera esposa, Mahalat, era hija de Ismael, y por lo tanto debe haber conocido al Señor. A lo mejor, los descendientes de las dos esposas paganas de Esaú siguieron adorando los ídolos que veneraban sus madres, mientras que sus descendientes, por medio de la hija de Ismael, lograron preservar el conocimiento del Dios de Abrahán entre los edomitas. Es interesante observar que en las profecías del AT en contra de Edom no se dan los nombres de dioses falsos venerados por el pueblo; en cambio en las denuncias en contra de los moabitas y amonitas, sí se los nombra.

La historia de la promesa

Visto desde una perspectiva diferente, el relato que se encuentra en Génesis 27 y en todo lo que resta de Génesis, es mucho más que la historia de los mellizos Jacob y Esaú. Es la historia de la promesa y de la bendición, y de cómo la promesa fue transferida de una generación a otra. Es la historia de todas las adversidades y dificultades que tuvieron que ser vencidas antes de que la promesa encontrara su cumplimiento en la persona del Mesías prometido, por medio de quien todas las naciones recibirían bendición. La palabra clave en el relato de la historia del engaño de Jacob es bendecir, o bendición. La raíz hebrea *brk,* de la cual viene el verbo bendecir y el sustantivo bendición, aparece 22 veces en el relato (Greidanos 2007:265).

Lo importante en esta historia no es lo que hubo con Jacob, Esaú, Isaac, y Rebeca, sino lo que pasó con la promesa de bendición para todas las naciones. El mensaje que el autor sagrado quiere transmitir a sus lectores es que los engaños, mentiras, artimañas, y trucos de los seres humanos no consiguen estorbar el cumplimiento de la promesa. Dios sabe aprovechar los engaños de los hombres para implementar su plan de bendecir a todas las naciones por medio del Mesías prometido. Es algo que se puede ver, no sólo en nuestro estudio de este capítulo de la Torá, sino también en otras partes de la Escritura. En 2 Samuel 11-12 se relata el terrible ardid del rey David, por medio del cual entregó al capitán Urías, causando su muerte. De esta manera el rey logró tomar para sí a Betsabé, la esposa de Urías. El terrible crimen, sin embargo, no canceló la promesa. Un hijo de Betsabé y David llegó a ser el portador de la promesa y un antepasado de Jesús de Nazaret, un rey mucho más justo que David.

En los santos evangelios aprendemos que el Mesías prometido fue traicionado por Judas Iscariote, acusado después por testigos falsos y condenado y crucificado por un gobernador que sabía que era inocente. Sin embargo, Dios utilizó esta larga cadena de engaños, traiciones, mentiras, y decepciones para llevar adelante su plan de bendecir a todas las naciones por medio del sacrificio de su Hijo unigénito (Greidanos 2007:269). El proyecto del Padre tendrá su cumplimiento final cuando: "en el nombre de Jesús se doble toda rodilla de los que están en los cielos, y en la tierra, y debajo de la tierra; y toda lengua confiese que Jesucristo es el Señor, para gloria de Dios el Padre" (Flp 2:10-11).

Las tabletas de Nuzi nos ayudan a entender Génesis 27

En las tabletas de Nuzi, que datan del siglo 15 aC, se han encontrado varios paralelos a algunas costumbres mencionadas en Génesis 27. Entre estas tradiciones vale la pena observar que en el antiguo Cercano Oriente la primogenitura podía venderse. Además, se estipulaba que la bendición patriarcal tenía el mismo peso que una ley, y no podía sujetarse a revisión (Greidanos 2007:29). Por lo tanto Isaac, según las normas culturales de su tiempo, no pudo quitarle la bendición ya otorgada a Jacob y otorgársela a Esaú.

La segunda bendición (Gn 27:39-40) que Isaac le otorga a Esaú es, en realidad, una anti bendición, pues en vez de asignar a Esaú una parte de la Tierra Prometida, se le profetiza que su morada estará lejos de la tierra fértil. En vez de prometerle libertad y paz, Isaac anunció que Esaú, el mayor, tendría que servir a su hermano menor y vivir con la espada en la mano.

NOVENA UNIDAD

GÉNESIS 27:41–36:43

GÉNESIS 27:41–28:22

Como resultado del intento de apropiarse de la bendición y reclamar para sí la herencia que le tocaba al hijo mayor, Jacob el engañador parece haber perdido todo ahora. Cuando por nuestros propios medios intentamos asegurar nuestro futuro, prosperidad, y salvación, corremos, como Jacob, el riesgo de perder lo que tanto anhelamos. En Romanos 9:30-32 el apóstol declara que lo que Israel más anhelaba era alcanzar la justicia. No obstante, muchos israelitas perdieron dicha salvación porque la buscaban por medio de las obras de la ley y no por fe en la promesa de Dios. En este pasaje, Jacob parece reflejar la actitud de sus descendientes según la carne al tratar de asegurar para sí la bendición divina por medio de estratagemas, mañas y astucia. Lo que logró con sus engaños y viveza fue provocar la ira de su hermano Esaú y convertirlo en otro Caín que intentó quitarle la vida a su hermano menor. Por medio de la muerte de Jacob, Esaú cree que le será posible recuperar la primogenitura y la promesa de prosperidad, las cuales le habían sido robadas mediante intrigas por su hermano menor: "Ya están cerca los días de guardar luto por mi padre. Entonces mataré a mi hermano Jacob" (Gn 27:41).

Jacob se convierte en un fugitivo

En Génesis 27-28 se observa a Jacob que huye de la furia asesina de su propio hermano. Siguiendo el consejo de sus padres, dirige sus pasos hacia Harán, en Siria, donde aún vive la familia de Rebeca. Jacob procuró asegurar su futuro en la Tierra Prometida, sin embargo ahora es expulsado de la tierra que el Señor le había prometido a Abrahán y sus descendientes. Así como Adán y Eva, que fueron expulsados de otra tierra prometida y obligados a vivir al este de Edén, así el engañador fugitivo tendrá que cruzar las fronteras de Palestina e ir a vivir al este de la tierra que fluye leche y miel. ¿Podrá Jacob sobrevivir como exiliado, como refugiado, extranjero en tierra extraña? ¿Volverá un día a los brazos de su madre querida? ¿Le perdonará Dios de Abrahán e Isaac? ¿Le perdonará su hermano ofendido? ¿Dios de la Tierra Prometida le permitirá al hijo pródigo regresar al lugar de su nacimiento? Muchos de nuestros lectores no tendrían dificultad en identificarse con Jacob y los temores que lo agobiaban en su huida hacia el río que marcaba la frontera entre la Tierra Prometida y las regiones desconocidas del Este. Millones de hispanos, al igual que Jacob, se han visto literalmente en la necesidad de trasladarse a otros países, huyendo de los huracanes y terremotos que acabaron con sus terrenos, casas, animales, y sueños; huyendo de la persecución de gobernantes represivos y asesinos; huyendo de problemas familiares, sociales y económicos; huyendo de Dios y, quizá, de sí mismos.

Una de las preguntas que suelen angustiarnos al cruzar una frontera es: ¿Quién me cuidará y protegerá en tierra extraña? ¿Me darán la bienvenida los habitantes de esta tierra? ¿Querrán aprovecharse de mí? ¿Respetarán mis derechos de humano? ¿Cómo será mi vida en medio de tantas personas para mí desconocidas? ¿Perderé mis tradiciones, mis valores, mi propia identidad? ¿Tendré que ser como los demás habitantes de esta tierra extraña? ¿Tendré que adoptar sus hábitos, costumbres, manera de hablar, sus vicios, y sus dioses? Hay que recordar que en el tiempo del AT, la gran mayoría de las personas creía que las divinidades a quienes adoraban y servían, eran espíritus o dioses territoriales cuya autoridad y poderes no se extendían más allá de las fronteras de cierta región geográfica. Al entrar en otro territorio, el inmigrante tendría que llegar a conocer y venerar al señor o *baal* de la región en que ahora se encontraba. Lo que tendría que aprender Jacob es que Dios de sus padres es mucho más que un espíritu territorial o divinidad local. Él es el Creador de cielos y tierra, cuya autoridad y poder se extienden sobre todo el cosmos.

El general sirio Naamán, después de ser sanado al bañarse siete veces en el río Jordán creyó, equivocadamente, que el Señor era solamente Dios de la Tierra Prometida, y que sólo se lo podía adorar en esa "tierra santa". Por lo tanto, al emprender su regreso a Siria, Naamán manda cargar sobre un par de mulas sacos llenos de "tierra santa" para llevarla a su casa en Damasco. Seguramente querría depositar esa tierra en una de las habitaciones de su casa y, de esta manera, convertir dicha habitación en un pequeño santuario donde podría seguir adorando, sobre tierra santa, a Dios que lo había sanado de su lepra (2 R 5:17-19).

En su huida, Jacob se encuentra en un lugar solitario donde tendrá que pasar la noche durmiendo bajo las estrellas, recostado sobre la tierra, con una piedra como almohada y sin paja o heno para cobijarse. Algunos sugieren que las piedras no le servían como almohada (Wenham 1994:221), sino para proteger su cabeza. Cansado, afligido, asustado, y perplejo, se acuesta. Seguramente se siente atormentado por todo lo que le había sucedido, por todo lo que había hecho, por el odio de su hermano, por el dolor que le había causado a su padre, por estar separado de su madre tal vez para siempre. Seguramente el patriarca se siente acusado por su propia conciencia, su propio corazón. Lutero (1968:210) comenta que, en adición a la perturbación de su corazón, Jacob tuvo que aguantar los dardos de fuego del maligno (Ef 6:16), o sea, las palabras de condenación que el acusador lanza como dardos encendidos al pecador con el fin de hacerlo caer en la incredulidad y la desesperación.

La visión de la escalera mística

Mientras el fugitivo duerme, Dios se le manifiesta en un sueño. En su visión nocturna Jacob ve una escalera mística apoyada en tierra, que se eleva hasta el extremo del cielo. Unos ángeles bajan a la tierra, mientras que otros suben para postrarse ante el Señor, cuya gloria se ve en lo alto de la escalera. ¿Cuál será el significado de esta teofanía o epifanía (manifestación de Dios) del Señor? ¿Habrá venido Dios de Abrahán e Isaac para recriminar a Jacob por sus engaños, sus trucos, sus mentiras? ¿Había llegado el momento de rendir cuentas al juez de toda la tierra? ¿Sería entregado en las manos de Esaú, o quizá echado fuera donde hay lloro y crujir de dientes? ¿Será la suerte de Jacob, como la de Caín, condenado a ser un fugitivo para siempre? En vez de maldecir o castigar a Jacob por sus mentiras y engaños, el Señor le habla de bendiciones. En esta teofanía misteriosa sucede lo inesperado, lo insólito, lo maravilloso. Para el pecador cargado de culpa, de remordimientos y mil ansiedades, la palabra que procede del trono celestial no es una palabra de condenación, de reproche o de juicio, sino de gracia.

En efecto, el Señor se manifestó a Jacob para confortarlo y confirmarle la bendición que tanto ansiaba, de ningún modo para maldecirlo o condenarlo. Lo que Jacob no pudo lograr con su astucia, lo consigue por pura misericordia y bondad divinas. Jacob encuentra bendición, no por lo que él es, sino por lo que Dios es: "¡EL SEÑOR! ¡EL SEÑOR! ¡Dios misericordioso y clemente! ¡Lento para la ira, y grande en misericordia y verdad! ¡Es misericordioso por mil generaciones! ¡Perdona la maldad, la rebelión y el pecado!" (Ex 34:6-7). Aquí tenemos una prueba contundente, tomada de la Torá, que deja en claro que somos salvos, no por haber cumplido con las obras que demanda la ley, sino por la gracia divina. No es posible obtener la bendición de Dios mediante nuestra astucia, trucos o engaños. Recibimos la salvación solamente de pura gracia, la gracia de aquél que es nuestra escalera de Jacob, el único enlace entre Dios y el ser humano.

El texto clave es Génesis 28:13-15: "En lo alto de la escalera, veía al Señor, que le decía: 'Yo soy el Señor, el Dios de tu padre Abrahán y el Dios de Isaac. A ti y a tu descendencia les daré la tierra donde ahora estás acostado. Tu descendencia será como el polvo de la tierra, y te esparcirás hacia el occidente y el oriente, hacia el norte y el sur. En ti y en tu simiente serán bendecidas todas las familias de la tierra. Date cuenta de que yo estoy contigo. Yo te protegeré por dondequiera que vayas, y volveré a traerte a esta tierra. No te dejaré ni un momento, hasta que haya hecho lo que te he dicho."

La bendición que Jacob recibe es la misma que el Señor les había otorgado a Abrahán e Isaac, la bendición de heredar la Tierra Prometida, de tener una gran multitud de descendientes y de ser un antepasado de la simiente en la que todos los pueblos del mundo recibirían bendición. Además, el fugitivo recibe la promesa de ser protegido por la mano de Dios mientras esté fuera de la Tierra Prometida. Los ángeles que Jacob ve bajando por la escalera son los ángeles que lo guiarán y protegerán en el país lejano, como dice el Salmo 91:11-12: "El Señor mandará sus ángeles a ti, para que te cuiden en todos tus caminos. Ellos te llevarán en sus brazos, y no tropezarán tus pies con ninguna piedra." Así es como Efrén el Sirio y Martín Lutero interpretaron la misión de los ángeles en la visión de Jacob, interpretación que nos parece acorde con el tema principal del relato y también el tema de todo el libro de Génesis.

Jacob no fue invitado a subir la escalera mística con el fin de encontrar refugio en las regiones celestiales, porque había sido escogido para cumplir con una misión aquí en la tierra. Su misión fue la de fundar una familia, una comunidad santa, una nación escogida. Sus doce hijos serían los antepasados de las doce tribus de Israel. La misión de esta comunidad sagrada sería ser una luz a las naciones, y de esta comunidad saldría el Mesías en el cual todas las naciones encontrarían bendición, porque vendrá para reconciliar a los hermanos enemistados y enseñar al lobo a convivir con el cordero y al león a andar junto al buey (Is 11:6-9). En su reinado de paz las espadas se volverán rejas de arado y las lanzas hoces (Is 2:4). Como hijos espirituales de Jacob se nos llama a seguir con la misión de erigir comunidades de paz y reconciliación entre las naciones del mundo. Y para la ejecución de esta misión podemos contar con la presencia del Señor y de los ángeles que descienden del trono de Dios para apoyar a los que han sido llamados.

No nos parece correcta la interpretación de algunos rabinos, que afirman que los ángeles de la visión eran los ángeles de las naciones, y que su ascenso y descenso representaban y guiaban los destinos de todas las naciones del mundo (Grypeau 2013:290).

Jacob llegará a tener una descendencia grande

Veremos en el próximo capítulo (29) que, al dar a Jacob dos esposas, dos concubinas y doce hijos varones, el Señor comenzó a cumplir con la promesa dada al patriarca en su visión nocturna. Gracias a la bendición del Señor y por ser fiel a su promesa, Jacob llegó a tener una gran familia. Sin embargo, la descendencia de Jacob no llegó a ser como el polvo de la tierra ni en la tierra de Palestina, ni en Egipto. El cumplimiento último de la promesa se realizaría en Jesucristo, quien es la simiente prometida tanto a Adán y a Eva como a los patriarcas. Con la proclamación del evangelio a todas las naciones después del día de Pentecostés, el Espíritu Santo comienza a crearle a Jacob una descendencia de todos los pueblos, lenguas, razas, y naciones. El cumplimiento último de la promesa profética de constituir una descendencia de Jacob del polvo de la tierra ocurrirá en la Parusía: "Después de esto vi aparecer una gran multitud compuesta de todas las naciones, tribus, pueblos y lenguas. Era imposible saber su número. Estaban de pie ante el trono, en presencia del Cordero, y vestían ropas blancas; en sus manos llevaban ramas de palma." "Éstos han salido de la gran tribulación. Son los que han lavado y emblanquecido sus ropas en la sangre del Cordero" (Ap 7:9, 14).

Jacob llegó a Betel afligido, deprimido, desanimado, y agobiado por un mundo tan lleno de falsedad, mentiras y, sobre todo, por sus propios engaños. ¿Dónde estaba la justicia? ¿Dónde estaba Dios en este mundo de engaños? Nosotros con frecuencia también nos sentimos deprimidos por el engaño y la falsedad que encontramos en nuestra sociedad, en el gobierno, en nosotros mismos y, a veces, en la iglesia y sus líderes. El enemigo procura utilizar todo este engaño para entristecernos, amargarnos, y destruir nuestra fe. La historia de la escalera de Jacob nos estimula a no fiarnos de los innumerables casos de falsedad en nuestro derredor, sino de las palabras de la promesa dadas a Jacob, y a nosotros. La historia de Jacob resalta que a pesar de todos los engaños relatados en estas páginas, el Señor llevó a cabo sus planes y cumplió con la promesa dada a los patriarcas y a nosotros. El Señor utilizó hasta los engaños, mentiras, y astucia de tramposos como Jacob y Labán, para dar origen a una descendencia desde el polvo de la tierra. En su infinita sabiduría Dios utilizó los chismes, falsos testimonios, mentiras, y engaños de bribones como Judas Iscariote, Caifás, Anás, Herodes, y Poncio Pilato, para llevar a cabo su plan de redención de los pueblos de la tierra (Greidanos 2007:280-295). A pesar de todos los trucos y trampas del enemigo, el Cordero de Dios se sacrificó en la cruz a fin de librarnos de toda culpa y condenación, y sufrir la consecuencia de nuestras falsedades y engaños.

Por medio de la historia de la escalera de Jacob Dios quiere asegurarnos que mientras cumplamos con el mandato de llevar a todas las naciones la bendición prometida a los patriarcas, nunca estaremos solos. A pesar de los engaños y mentiras de los enemigos de la cruz y del Padre de las mentiras, Dios nos asegura: "Date cuenta de que yo estoy contigo. Yo te protegeré por dondequiera que vayas… No te dejaré ni un momento, hasta que haya hecho lo que te he dicho" (Gn 28:15). Más tarde leeremos en la Biblia que, lo mismo que su gran antepasado, los descendientes de Jacob tuvieron que abandonar la tierra prometida a Abrahán, Isaac, y Jacob, y ser llevados como esclavos a Babilonia. Así como Jacob, tuvieron que vivir como exiliados, extranjeros, y siervos, no por veinte, sino por setenta años. Así como Jacob se vio obligado a servir a Labán casi como esclavo, así los israelitas también fueron obligados a servir como esclavos y siervos de los babilonios. Los profetas de Israel nos dicen que la cautividad babilónica fue el resultado de la infidelidad de Israel para con el Dios de su padres. Pero aún en los momentos de angustia y en el exilio, los israelitas contaron con la misma promesa que el Señor le dio a Jacob: "Yo te protegeré por dondequiera que vayas, y volveré a traerte a esta tierra" (Gn 28:15). La promesa se cumplió en la vida de Jacob, y también en la de sus descendientes. El Señor nos promete también a nosotros: "Y yo estaré con ustedes todos los días, hasta el fin del mundo" (Mt 28:20). Tanto para Jacob como para nosotros, nuestro Señor es Emanuel: Dios con nosotros.

No se nos invita a subir por la escalera mística

Un conocido espiritual negro de los afroamericanos de los Estados Unidos, llamado *"La Escalera de Jacob"* (Himnario Bautista 1978:148) invita, en su primera estrofa, a los fieles a ascender paso a paso la escalera hasta llegar al cielo: "Vayamos todos caminando, y subiendo la escalera, hacia el cielo, hacia el cielo, siervos de la cruz." Por bello e inspirador que sea el canto, en realidad no capta el mensaje del relato bíblico. En el relato bíblico a Jacob no se lo invita a subir la escalera mística para llegar ante la presencia de Dios. En el Evangelio según San Juan leemos que Jesús declara: "Nadie subió al cielo, sino el que descendió del cielo, que es el Hijo del hombre" (Jn 3:13). El propósito de la historia de la escalera de Jacob no es enseñarnos que es posible, mediante ayunos, meditaciones, obras de caridad, sacrificios, mortificaciones de la carne y otras técnicas místicas, subir al cielo en espíritu a través de una escalera (*climax,* en griego) como la que vio Jacob en su visión.

En la historia de las religiones la escalera ha sido, y sigue siendo, un símbolo casi universal de la ascensión de las almas al cielo. En su celebrada obra *Fedón,* en la cual Platón discute sus ideas sobre la inmortalidad del alma, el filósofo habla de la unión estática con la divinidad como el fin que persigue no sólo la religión, sino también la filosofía. La incorporación del alma a la divinidad se presenta como el ascenso por una escalera de tres gradas, a saber, purificación, ilumina-ción, y unión. En su ascenso a la fuente de su esencia, el alma del sabio tendrá que pasar por los planetas antes de llegar a su destino eterno (Grypeau 2013:289). Por medio de pensadores cristianos como Oríge-nes, Seudo Dionisio y San Juan Climaco, las ideas de Platón y el neoplatónico Proclo (412-485 dC), fueron incorporadas a la teología cristiana. Utilizando la historia de la escalera de Betel como texto, el abad de los monjes del Monte Sinaí Juan Climaco (575-649 dC) enseñó, en su obra *La escalera del paraíso,* que son treinta las gradas por las cuales tendrá que pasar el alma del asceta o místico en su ascenso a la presencia de Dios. Cada grada representa una virtud que tendrá que adquirir el ermitaño en búsqueda de la perfección y santi-dad. En la parte superior de la escalera se encuentra el Señor, listo para echar hacia abajo al místico indigno (Grypeau 2013:302).

Los místicos procuraron el empleo de muchas técnicas en su ascenso por la escalera mística

Juan Climaco, conocido también como San Juan de la Escalera, escribió que el místico o monje que llega a las últimas gradas de la escalera se convierte en un ángel en la tierra en el sentido más amplio de la palabra (Nygren 1982:595). Según Juan Climaco, no todos los que procuran subir por la escalera mística lograrán llegar a la última grada donde se realizará la unión con Dios, pues durante el ascenso serán atacados por los demonios, sus propios apetitos carnales, y su falta de perseverancia. Para alcanzar la purificación necesaria a fin de escalar todas las gradas, el místico tendrá que morir a todas las sensaciones y pasiones del mundo material; tendrá que llegar a ser apasionado como la divinidad. Así como Jacob fue humillado en su encuentro con Dios en Peniel, el alma del místico tendrá que pasar por una serie de humillaciones en su purificación, antes de su ascenso a Dios. Tendrá que renunciar a todos los placeres de la vida presente, sujetándose a ayunos, vigilias, mortificaciones y un bautismo de lágrimas. Tales ideas llegaron a ejercer una gran influencia en la teología monástica y mística de la iglesia de la Edad Media. También San Buenaventura, en su obra maestra *Itinerarium mentis in Deum,* utilizó el simbolismo de la escalera para introducir a sus lectores al misticismo cristiano (Eliade 1985:192). Los reformadores, por su parte, rechazaron tales interpretaciones del relato bíblico de la visión del tercer patriarca en Betel. Sin embargo, la idea de la salvación como un ascenso por una escalera mística, sigue teniendo millones de seguidores tanto en el cristianismo como en el judaísmo, las religiones orientales, y el islam.

Según dicen, Mahoma tuvo una visión de una escalera que salía del templo en Jerusalén, por la cual las almas de los justos subían al cielo a Dios. Dante también, en su *Divina Comedia, el Paraíso,* describe la visión de una escalera de oro que asciende hasta el más lejano cielo, por la cual pueden pasar las almas de los benditos (Eliade 1958:107). La ascensión al cielo fue uno de los temas teológicos que discutían los sabios judíos durante la celebración de la fiesta del Año Nuevo. Antiguamente los judíos preparaban los panes para la celebración de dicha fiesta en forma de escaleras (Guilding 1960:79). En el transcurso de los siglos muchos místicos intentaron subir en espíritu al séptimo cielo y tener allí una visión de Dios en su gloria, llamada también la visión beatífica. De esta manera –decían– el alma del místico lograba asegurar su salvación. El texto de Génesis, no obstante, no dice nada de una escalera mística por la que las almas puedan ascender al cielo mediante vigilias, meditaciones, mortificaciones, y prácticas de yoga. A Jacob no se lo invita a subir al cielo por la escalera de Betel. Más bien, la escalera es para los ángeles de Dios que son enviados a cuidar del patriarca en su viaje a Harán.

A Dios no lo encontramos mediante nuestros intentos de subir al cielo en espíritu, sino mediante el descenso de Dios a nosotros. Es Dios quien desciende del cielo en la encarnación de su Hijo Jesucristo. Es Dios quien viene a nosotros en las aguas del Bautismo, en el pan y el vino de la Eucaristía, y en la proclamación de la palabra de la cruz. Mediante la visión de una escalera mística Jacob vio a los ángeles de Dios subiendo y bajando. La escalera que vio fue en realidad un tipo o símbolo de Jesucristo, el intermediario, el puente, el camino, la vía que nos conecta con el Padre. Desde los días de San Justino mártir (100-165 dC), los intérpretes cristianos han afirmado que lo que Jacob vio en su visión no fue una epifanía o manifestación de Dios el Padre, sino una visión de la segunda persona de la Santa Trinidad, a Cristo, el Hijo de Dios (Grypeau 2013:307-308). Tanto Ireneo de Lyon (202 dC) como Hipólito de Roma (170-235 dC), afirmaban que la escalera debe entenderse como un símbolo de Cristo en la cruz, porque solamente por medio de la cruz de Cristo podemos pasar de la tierra al cielo. Tal interpretación alegórica de la escalera nos recuerda las palabras de Jesús: "Y cuando yo sea levantado de la tierra, atraeré a todos a mí mismo" (Jn 12:32).

La escalera de Jacob en el Nuevo Testamento

En Juan 1:46-51 el evangelista relata el encuentro de Jesucristo con Natanael, una narración en la cual se observan varias alusiones a la escalera de Jacob. En primer lugar, al ver Jesús a Natanael, dice de él: "¡Aquí tienen a un verdadero israelita, en quien no hay engaño!" El Señor hace una comparación entre Jacob, el primer israelita en quien hubo mucho engaño y Natanael, en quien no hubo engaño. Jacob, cuyo nombre es también Israel, vio en su visión una escalera que servía de puente o conexión entre la esfera en que viven los seres humanos y el cielo, donde se encuentran Dios y sus ángeles. Natanael no ve la escalera mística que vio Jacob en su visión, pero sí ve a Jesús, y no en una visión, sino en carne y hueso ante sus propios ojos. Entonces Jesús le dice a Natanael: "De cierto, de cierto les digo, que de aquí en adelante verán el cielo abierto, y a los ángeles de Dios subir y bajar sobre el Hijo del Hombre." Las palabras de nuestro Señor se cumplieron cuando Jesucristo fue resucitado de la muerte, el día en que los ángeles subían y bajaban sobre el Hijo del Hombre acostado, no en Betel, sino en la tumba de José de Arimatea. Los ángeles bajaron del cielo, quitaron la piedra que tapaba la tumba y dijeron a las mujeres y a los discípulos que no buscaran al que había resucitado. ¡He aquí, uno más grande que Jacob en este lugar! (ver Mt 12:6). Las palabras de Jesús a Natanael también indican que el puente entre el cielo y la tierra ya no se encuentra en un lugar geográfico particular como Betel o Jerusalén, sino que la gloria divina (*shekinah*) ahora se verá en un hombre, el Señor Jesucristo. Él será ahora el lugar de la revelación (Guilding 1960:171; Cullmann 1953:73).

Con frecuencia se construyeron santuarios en el lugar donde hubo una visión

Al despertar de su sueño, Jacob declaró: "Realmente el Señor está en este lugar, y yo no lo sabía. Sintió miedo, y dijo: ¡Qué terrible es este lugar! ¡No es otra cosa que la casa de Dios y la puerta del cielo!" (Gn 28:16). Después Jacob hace un voto de levantar en Betel un santuario en el lugar donde tuvo la visión. El estudio de la historia de las religiones nos enseña que en muchas partes del mundo, especialmente en América Latina, son considerados como sagrados los sitios donde las personas han tenido visiones o sueños en que se les han aparecido espíritus, ángeles, santos, vírgenes, o hasta Dios. Se cree que en tales lugares los poderes del otro mundo se manifiestan con suma intensidad y, por lo tanto, son sitios en los cuales es posible recibir de tales poderes bendiciones, sanidades, y toda clase de milagros. Por esta razón se han construido santuarios, ermitas, basílicas e iglesias en los lugares donde ocurrió una epifanía, o sea una manifestación de los poderes del otro mundo. Con frecuencia, a los receptores de tales visiones se los instruye a construir un santuario, templo o ermita. Abundan ejemplos de dicho fenómeno. Entre otros: la Basílica de la Virgen de Guadalupe sobre el monte Tepeyac, el santuario del Ánima dc Taguapirc cn Santa María de Ipire en Venezuela, y la Capilla de la Virgen de Fátima en Portugal.

Ante tantas apariciones, epifanías, visiones, sueños, santuarios, y ermitas, el reformador Martín Lutero (1968:244-247) nos recuerda que no todos los sueños y visiones provienen de Dios. En algunos casos Dios sí habla por medio de visiones, tanto a creyentes como a paganos, como en el caso de los sueños del faraón en el tiempo del patriarca José y las visiones de Nabucodonosor en los días del profeta Daniel. Tales mensajes constituyen una de las bendiciones que Dios otorga a todos los seres humanos, sean creyentes o no. Son como las lluvias, los días de sol y las buenas cosechas mencionadas en Hechos 14:17. En otros casos, nos explica Lutero, las visiones y sueños pueden ser producto de nuestras propias ansiedades y fantasías. Otros sueños, visiones y profecías, observa el reformador, proceden del Padre de las mentiras, siempre dispuesto a sembrar confusión, herejía y angustia.

Un santuario, basílica o ermita no deben considerarse una Betel, una casa de Dios o una iglesia porque fueron construidos sobre un sitio donde alguien recibió una visión. Lo que hace de un sitio una casa de Dios, nos dice Lutero, es la proclamación del evangelio, la promesa de la simiente en quien hay perdón de pecados y vida eterna. Donde se proclama la Palabra, allí es la habitación de Dios, allí es Betel, o sea, la morada donde Dios habita con nosotros: "El que me ama, obedecerá mi palabra; y mi Padre lo amará, y vendremos a él, y con él nos quedaremos a vivir" (Jn 14:23). Si quieren subir por la escalera de Jacob y entrar en el reino de los cielos –nos dice Lutero (1968:247)– vayan al lugar en que se proclama el evangelio y se ofrece el Santo Sacramento, y se celebra el Santo Bautismo. ¡Cuán maravilloso es ese lugar! ¡No es otra cosa que la casa de Dios y la puerta del cielo!

El voto de Jacob y el pilar

El autor sagrado nos cuenta que, después de despertar de su sueño, Jacob marcó el lugar donde tuvo la visión de la escalera mística con una piedra, que elevó como un pilar, y sobre la que derramó aceite para poder identificarla a su regreso a la Tierra Prometida. Hizo un voto comprometiéndose a construir en ese sitio un santuario para la adoración a Dios, quien se le había aparecido en la visión y le había conferido su bendición. La piedra, o pilar, que erigió Jacob y ungió con aceite también ha sido, como la escalera, el objeto de un sinfín de interpretaciones tipológicas y alegóricas. Los intérpretes rabínicos identificaron la piedra, o roca, como la piedra principal del futuro santuario de Betel, o del templo construido por el rey Salomón en Jerusalén. Después de la destrucción del templo por los romanos en el año 70 dC, varios escritos rabínicos, como por ejemplo el *Genesis Rabbah*, declararon que la piedra es un símbolo profético de la reconstrucción del templo en la redención final cuando será restaurada la nación de Israel y reunificadas todas las tribus dispersas entre los gentiles (Grypeau 2013:297). En escritos rabínicos más tardíos (por ejemplo la *Tanhuma Buber Toledot 20*) la piedra levantada por Jacob se identifica con el futuro rey Mesías, el ungido del Señor. Los mismos escritos rabínicos identifican la piedra de Génesis 28 con la piedra mencionada en Zacarías 4:7 y Daniel 2:34-35. Del lado cristiano, San Justino Mártir y también Afrahat de Siria, identificaron la piedra con nuestro Señor, pues en el NT Jesús es tanto el nuevo templo (Jn 2:21) como la principal piedra de ángulo (Ef 2:20), y en el Salmo 45:7 se declara: "Dios, tu Dios, te ha ungido como rey; ha derramado en ti el perfume de alegría" (Grypeau 2013:312).

Con su voto, Jacob prometió dar un diezmo de sus bienes para el mantenimiento del santuario y de los sacerdotes, cuya responsabilidad sería atender el santuario de Betel. Se entiende que un voto es una oración solemne en que el suplicante promete cumplir con una tarea santa, o un favor especial, después de haber recibido la bendición deseada. Algo así como la mujer que le promete a cierta virgen colocar diez velones sobre su altar si sana la enferma de su aflicción. Los rabinos enseñaron que la ley sobre los diezmos de Deuteronomio 14:22 se basaba en el voto que hizo Jacob en Betel: "Cada año deberás presentar, sin falta, la décima parte de todo el grano que tu campo produzca."

El voto de Jacob y los votos monásticos

En su comentario sobre Génesis, el reformador Martín Lutero menciona que muchos teólogos se habían aprovechado de la historia del voto de Jacob, en Génesis 28:20-22, para enseñar la necesidad de guardar los votos monásticos como la mejor manera de alcanzar la bendición de Dios y la justificación en el día final. En oposición a semejantes ideas, el Reformador manifiesta que no se consigue la justificación por guardar los votos. Los votos, dice Lutero, vienen después, y no antes de la justificación. Los votos, los diezmos, y las ofrendas que entregamos a los pobres, no son la causa de nuestra justificación, sino una consecuencia de la justificación que recibimos como un don de gracia. Jacob hizo su voto y entregó los diezmos, no con la finalidad de ser justificado, sino porque Dios en su misericordia no le pagó de acuerdo con sus engaños, mentiras, y trucos. Hacemos votos y cumplimos con los mismos como una acción de gracias a Dios, quien nos amó cuando todavía éramos rebeldes. Los votos que se realizan con el fin de obtener la salvación son, a la vista de Dios, una abominación y una blasfemia (1968:258).

Hay una gran diferencia entre el voto de Jacob y los votos monásticos. El voto de Jacob fue fruto de su fe, mientras que los votos monásticos del tiempo de Lutero se calificaban como sacrificios expiatorios. Los diezmos y las ofrendas mencionados por Jacob en su voto no tenían como finalidad la obtención de favores divinos para uno mismo, sino para el mantenimiento de la casa de Dios y de los ministros de la Palabra en el santuario de Betel. Según Lutero, debemos emular el ejemplo de Jacob y comprometernos ante Dios de ayudar con nuestros diezmos y ofrendas especiales en el mantenimiento de pastores, maestros, misioneros, y escuelas de los profetas. Hoy, como en tiempo de Jacob y en tiempo de Lutero, tenemos que llamar al pueblo cristiano a hacer votos con el fin de mantener escuelas de jóvenes, hogares para ancianos, y programas de alimentación de los hambrientos, socorrer a las víctimas de terremotos, tempestades, y guerras. Tales votos dedicados por los creyentes como una manera de expresar su acción de gracias al Salvador, son en verdad agradables a la vista del Señor (Lutero1968:258-262).

Anexo A - La escalera de Jacob y la importancia de Betel en el Antiguo Testamento

El relato del encuentro del tercer patriarca con Dios, en la historia de la escalera de Betel, fue importante para los israelitas porque subrayaba la importancia de Betel y su santuario en tiempo del AT. El enlace que establece el relato de Génesis 28 entre el famoso santuario de Betel y el tercer patriarca, daba una importancia especial a ese lugar y a los que solían congregarse en su templo e involucrarse en las fiestas, sacrificios, ritos sagrados, y coronaciones celebrados siglos más tarde en Betel. La conexión entre el patriarca y el templo de Betel ayudó a los israelitas de las diez tribus del norte a hacer de Betel uno de los grandes centros de adoración de Israel.

La historia del santuario del Señor en Betel

En el AT se menciona Betel con mayor frecuencia que cualquier otra ciudad, con la excepción de Jerusalén y Samaria. Josué la capturó (Jos 8), la reconquistaron los cananeos, y luego la volvieron a conquistar las tribus israelitas en tiempo de los jueces (Jue 1:22). Allí fue donde se ubicó el arca después de la entrada de los israelitas en la Tierra Prometida en los días de Josué (Jue 20:27). Después, el arca fue llevada a Silo (1 S 3:3; 4:3). Durante el reinado de David el arca fue llevada a Jerusalén, hecho que se celebra en el Salmo 24. Casi un siglo más tarde, después de la división del reino que siguió a la muerte del rey Salomón, Betel llegó a ser el santuario principal del reino del norte y rivalizó con el de Jerusalén de Judá. Fue en el santuario de Betel donde Jeroboán I ubicó uno de sus becerros de oro (1 R 12:28-29); y fue allí que predicó Amós su sermón escalofriante sobre la idolatría (Am 4:4) y se metió en problemas por ello (Am 7:10-13).

Después de la ocupación del Reino del Norte por Asiria, ocurrida en el año 722 aC, Betel siguió desempeñando un papel importante como santuario del Señor, según 2 Reyes 17:28. Pero el rey Josías del Reino del Sur lo destruyó y, según parece, nunca volvió a recuperarse de aquel golpe (2 R 23:15). Hay eruditos que creen que algunos sacerdotes y levitas que lograron escapar de Betel en tiempo de la invasión de los asirios, fueron incorporados al servicio del Señor en el templo de Jerusalén. Muchos de los refugiados pertenecían al gremio de cantores sagrados conocidos como "Los Hijos de Asaf". La arqueología confirma que existió una ciudad cerca de Betel antes de la época de Jacob y que se llamaba Luz. Los vestigios arqueológicos más antiguos descubiertos por excavaciones en Betel, datan del Bronce medio (hacia 2000-1600 aC).

Recordemos que Abrahán también estuvo en Betel. Fue uno de los primeros sitios que visitó al llegar a la Tierra Prometida. Allí construyó un altar e invocó el nombre de Dios (Gn 12:8). Lo que resulta aún más significativo es que Abrahán se dirigió a Betel después de haber sido avergonzado en Egipto y cuando quiso renovar su lealtad a Dios y redescubrir el secreto de su fe (Gn 13:3-4).

Betel como casa de Dios y puerta del cielo

Todos los pasajes citados arriba nos hablan de Betel como un lugar en que personas importantes de la historia del pueblo de Dios habían tenido encuentros con Dios. En estos pasajes Betel luce como un lugar que Dios había escogido para revelarse a los hombres, donde era más fácil entrar en comunión con Dios y recibir su bendición. Fue por esta razón que solían construirse templos y santuarios en lugares como Betel. Fueron lugares, según los historiadores de las religiones, donde el Ser Supremo y los ángeles bajaban a la tierra, y por lo tanto se llamaban "puertas del cielo", lugares idóneos para la construcción de una casa de Dios, un templo. Al presenciar la teofanía en Betel, Jacob exclama: "¡Qué terrible es este lugar! ¡No es otra cosa que la casa de Dios y la puerta del cielo!" Sin embargo, Lutero nos recuerda que todos los lugares donde alguien tuvo una visión o un sueño, no justifican la construcción de un santuario y el establecimiento de un culto en el lugar. El padre de las mentiras también puede disfrazarse como un ángel de luz y manifestarse a uno en un sueño o una visión. La historia de la iglesia en tiempo de Lutero (y también la historia de América Latina), deben enseñarnos a no multiplicar santuarios, pues de esta manera se desarrollan cultos, herejías, y centros de herejía (Lutero 1968:127).

Después de su encuentro con Dios en Betel, Jacob promete volver al lugar de la teofanía y erigir un templo, una casa de Dios, y apartar diezmos para el mantenimiento de los sacerdotes que sirvan en tal templo. Si Jacob no llegó a cumplir personalmente con su promesa, entonces el templo con su ministerio fue establecido por sus descendientes. Los eruditos están de acuerdo con que este relato ha sido preservado en el AT para responder a la pregunta de futuras generaciones de israelitas: "¿Por qué fue escogido Betel para ser el sitio del templo que allí se construyó?" Al aportar el diezmo al templo de Betel, las generaciones posteriores se integraron en cierto modo al voto de Jacob; se identificaron con él, y consideraron como obligación perpetua la promesa que el patriarca había hecho.

Algunos autores creen que existe una relación entre la visión de Jacob y los *zigurats* de la Mesopotamia, acerca de los que discutimos en nuestro estudio de Génesis 11, esas torres de varios pisos tan importantes para la religión babilónica. Cada piso estaba conectado por rampas, cuya intención fue precisamente servir como escaleras, idénticas a las que vio Jacob uniendo la tierra y el cielo: un camino por el cual podían descender sus dioses para ayudarlos y recibir sus sacrificios. Pues no solamente el nombre Betel, sino también Babilonia tiene que ver con un lugar sagrado que une el cielo con la tierra. La palabra *Bab-ilani* significa: "puerta de los dioses". Al percibir la teofanía en Betel, Jacob salía de la Tierra Prometida rumbo a Mesopotamia, donde había muchos zigurats, muchas torres consideradas "casas de Dios" y "puertas del cielo". Quizá la revelación que recibió Jacob fue para decirle que el lugar que Dios había escogido como lugar de revelación y culto, para él y sus descendientes, no se encontraba en Mesopotamia, sino en la tierra que Dios le había prometido a él y sus descendientes.

En su comentario sobre Génesis, Gerhard von Rad escribe: "El ensueño muestra primeramente eso que Jacob más tarde llamará con gran precisión "la puerta del cielo", es decir, ese lugar angosto por el que, según la imagen que tenían los antiguos, se producía todo el intercambio entre la tierra y el cielo. Por allí iban y venían sin cesar los "mensajeros de Dios", no para llevarle a él las oraciones de los hombres, sino para cumplir las órdenes divinas o vigilar la tierra. En la historia de Job, por ejemplo, el acusador pertenece a esta categoría de mensajeros divinos, y tenía que pasar por aquel mismo sitio para "andar recorriendo la tierra" (Job 1:7). En la primera visión de Zacarías se esboza una bella imagen del regreso nocturno de los mensajeros de Dios montados en sus corceles, de su llegada a aquel paso y del informe que rinden.

La escalera de Jacob y la función del templo como enlace entre el cielo y la tierra

Varios eruditos modernos opinan que "eso que nosotros llamamos la escalera de Jacob", no debe entenderse sin embargo como una escalera propiamente dicha (así como aparece en los folletos de la escuela dominical), pues difícilmente podríamos imaginarnos a los mensajeros de Dios, carentes de alas, subiendo y bajando a la vez por ella. La palabra hebrea (*sulam*) procedente de la palabra hebrea *salal* "amontonar", "elevar", designa más bien una especie de rampa o un terraplén escalonado. Para comprender todo esto hemos de saber además que en el antiguo Oriente se distinguía de modo casi general entre el lugar de la aparición terrestre de una divinidad y su morada propiamente dicha, la cual era celeste. Y así, en las gigantescas torres/templo erigidas por los babilonios, el aposento superior simboliza la morada de la divinidad, mientras que abajo, a ras del suelo, está el templo de la aparición. Ambas partes se comunican mediante una larga rampa, elemento característico de las edificaciones culturales. El historiador griego Herodoto (484-420 aC) las llama "grados" en su detallada descripción. También Jacob establece una distinción bien clara en tal sentido: ésta es la casa de Dios, es decir el lugar donde él se aparece y que deberá convertirse en santuario para el culto; y "ésta es la puerta del cielo".

En Betel el Señor no sólo se manifiesta a Jacob, sino que también le habla. Repite las promesas tradicionales hechas a Abrahán e Isaac. La tierra sobre la cual dormía sería de él y sus descendientes. Éstos serían numerosos como el polvo de la tierra. A través de él y sus descendientes todas las familias de la tierra recibían bendición. Dios afirma, luego, que si bien ahora partía de esa tierra, él lo volvería a traer. Estaría con él siempre y no lo abandonaría hasta que se cumpliera todo lo que había predicho. ¿Dónde, en todas estas palabras, hay algún vestigio de reconvención por pecados cometidos? Por el contrario, Dios aparece como intentando alentar el ego decaído de Jacob, confirmar una herencia que parecía escapársele de las manos y garantizarle la ayuda divina en su obtención. A fin de cuentas, Jacob recibe la bendición, no mediante su esfuerzo, sus obras, sus engaños, sus trucos, y astucia, sino por la gracia del Señor.

Gibson escribe en su comentario:

"Jacob quedó profundamente afectado por esta experiencia. No puede haber duda de ello. Era la primera vez que Dios le hablaba directamente y no por intermediarios. Es la primera vez que leemos que Dios le habla a una persona por medio de un sueño. Jacob se sintió apabullado. Se trataba de algo nuevo. Una vez solamente había pronunciado el nombre de Dios hasta entonces, y eso fue cuando simuló ante Isaac que era Esaú que había vuelto muy pronto de la caza. 'Es porque el Señor, tu Dios, me permitió encontrarlo' (Gn 27:20). Nunca se lo había escuchado pronunciar una oración a '*mi* Dios'. Pero ahora Dios era su Dios. No antes. Dios sería su Dios si cumplía su promesa y lo acompañaba en su viaje, atendía a sus necesidades y lo devolvía sano y salvo a ese lugar. ¿Leímos bien? Me temo que sí. Jacob se había encontrado con Dios personalmente por primera vez, y eso lo había conmovido profundamente pero, siendo quien era, no pudo evitar intentar algún tipo de negociación afirmando que sólo cumpliría su parte del arreglo si Dios cumplía la suya primero."

"Esta escena de Betel es muy apreciada, pero con demasiada frecuencia se la ha visto a través de ojos pietistas. No se trata de una escena de conversión ni de confesión; se trata de una situación en la cual se adelanta una parte de la gracia de Dios. Jacob era su elegido y era necesario fortalecerlo para lo que aún habría de venir."

"Al final del relato, Jacob levanta la piedra que había usado como almohada y la ubica como pilar conmemorativo. Si era el mismo tipo de piedra hallado con frecuencia en las excavaciones de los lugares sagrados cananeos, debe haber tenido unos siete pies (dos metros) de altura. ¡Hazaña considerable para alguien que nos ha sido presentado como físicamente débil comparado con su temible hermano Esaú! Pero ahora Jacob se sentía como si realmente tuviera más de dos metros de altura. Llevaba las de perder y ya no tenía a Rebeca a su lado. Sin embargo, bajo la apariencia del Dios de sus padres, había encontrado a uno que vigorizaría su

brazo y fortalecería su voluntad hasta alcanzar la victoria final"
(Gibson 1989:177-178).

Jesucristo es nuestra puerta del cielo y casa de Dios

Von Rad comenta que los detalles de esta historia fueron incorporados al AT porque el santuario de Betel y su fundación fueron importantes para el pueblo de Israel. Betel es el lugar donde un engañador
fugitivo recibió palabras de gracia en vez del castigo merecido. Nosotros, engañadores fugitivos, encontramos palabras de gracia en Jesucristo. Jesús es nuestra casa de Dios, nuestra puerta del cielo. Jesús es la
presencia del Padre, es donde encontramos el refugio que nos reguarda
de los Esaú que nos persiguen, donde recibimos la bendición que Dios
prometió a nuestro padre Abrahán. La presencia divina plena no se
encuentra ya en el espacio geográfico de Betel o Jerusalén, sino en
Jesucristo. La construcción completa de este templo perfecto ocurre,
según Juan, en la cruz, cuando del costado herido de Cristo brota
sangre y agua (Jn 19:34), en alusión al manantial fecundador que
brotaba, según Ezequiel 47, de la pared lateral derecha del templo. Del
nuevo templo que es Cristo crucificado –comenta San Agustín– fluye
el agua bautismal de la salvación con la sangre del cáliz eucarístico.

Lutero (1968:243) comentaba "Betel" de la siguiente manera: "Me
gusta imaginar que aquel lugar fuera justamente el monte Calvario,
donde se durmió el Señor. Así, el lugar donde Jacob vio la escalera,
sería el mismo en el que Cristo, verdadero Jacob, durmió en el sepulcro
y resucitó, y los ángeles subían y bajaban. Éste es el verdadero 'Betel'."

Nota litúrgica

En los leccionarios históricos Génesis 28:10-17 es la lectura del AT
para el decimonoveno domingo después de Trinidad. El santo evangelio para el mismo día es Mateo 9:1-8, la historia de la curación del palí-
tico a quien Jesús dijo: "Ten ánimo, hijo; los pecados te son perdonados."
El célebre compositor y teólogo Johann Sebastián Bach escribió tres de
sus cantatas para ser entonadas el decimonoveno domingo después de
Trinidad, BWV 48, BWV 5 y BWV 90. Dos de las cantatas parecen
reflejar la situación de Jacob en su huida hacia Betel, especialmente la
número 5, *"Wo soll ich fliehen hin"*. El texto de las primeras dos partes

de la obra de Bach bien podrían expresar los sentimientos de Jacob (y los nuestros) en su huida y búsqueda de refugio:

¿Adónde huiré,
cargado como estoy
con tantos y tan graves pecados?
¿Dónde encontraré refugio?
Aunque todo el mundo aquí viniera
mi angustia no desaparecería.

El horrible pecado no sólo me ha manchado,
peor aún, ha oscurecido mi alma.
Dios debería rechazarme por impuro,
pero una gota de la sagrada sangre
realiza tan grandes maravillas,
que aún no he sido rechazado.
Las heridas son un mar abierto
donde se hunden mis pecados,
y cuando navego en su corriente
me libero de mis impurezas.

Según Bach, la angustia del alma perseguida por el terror y el recuerdo de sus pecados encuentra respuesta en la cuarta parte de la composición, la cual es una magnífica actualización del relato bíblico a la luz del evangelio:

Mi fiel Salvador me consuela.

En su tumba están enterrados
todos los pecados que he cometido.
Aunque mis transgresiones son tan grandes,
él me hace libre y seguro.
Cuando los fieles se refugian en él,
ni la angustia ni el dolor
les atormentan
y pronto se desvanecen.

La Cantata 48 también refleja la situación de Jacob en su huida, tal como se puede notar en el nombre de la obra: *"Ich elender Mensch, wer wird mich erlösen?"* (¡Miserable de mí, ¿quién me librará?!). Lamentablemente, la historia de Jacob y la escalera de Betel no han sido incluidas en el leccionario de tres años, en uso en la mayoría de las congregaciones cristianas que siguen un esquema litúrgico; aunque sí aparece en el leccionario de cuatro años, en uso en algunas partes de la Gran Bretaña. Y Génesis 28:10-17 es la lectura para el cuarto domingo después de Epifanía en el Año A, acompañada de Mateo 21:12-16 (evangelio) y Hechos 7:44-50 (epístola).

En la liturgia de la antigua sinagoga la *haftarot* (lectura de los profetas) que corresponde al *seder* (lectura del Pentateuco) de la escalera de Jacob es Isaías 60:15 ss (Mann 1971:LII-LIII). Dicha lectura profética sirve para actualizar y aplicar la profecía del Señor a los descendientes de Jacob quienes, como su antepasado, se vieron obligados a salir de la Tierra Prometida. La profecía de Isaías infunde aliento y esperanza al pueblo de Israel, así como la profecía de Génesis 28 le dio fortaleza y esperanza a Jacob: "En vez de estar abandonada y aborrecida, tanto que nadie transitaba por ti, haré que tengas renombre eterno, que seas el gozo de todas las generaciones." El *seder* de Génesis 28 se leía el segundo o tercer sábado del sexto mes, Elul (Guilding 1960:234), o sea, algunas semanas antes de la fiesta del Año Nuevo.

GÉNESIS 29

Jacob en Harán

En Génesis 29-30 se nos cuenta la llegada del tercer patriarca a Harán, en Siria, donde vivían los familiares de su madre, Rebeca. Es la historia de cómo Dios comenzó a cumplir con una de las promesas que le había otorgado a Jacob en Betel, a saber, la promesa de hacer que su descendencia sea tan numerosa como el polvo de la tierra. Es también una historia en la que el autor sagrado nos cuenta de nuevos engaños y mentiras. El propósito del autor sagrado es hacer saber a sus oyentes y lectores que el Señor lleva a cabo sus planes y cumple con la promesa hecha a los padres, a pesar de las fallas, equivocaciones, y pecados de los hombres.

En el primer acto del drama, al llegar a Harán Jacob se encuentra con Raquel hija de su tío Labán, y se enamora de ella. Es un caso de amor a primera vista, no siempre lo más recomendable. A diferencia del siervo de Abrahán, quien fue enviado a Harán para buscar una esposa idónea para Isaac, Jacob no procura la guía de Dios, no ora al Señor pidiendo que le revele su plan para esta fase de su vida, a fin de encontrarse con una mujer creyente y temerosa del Señor. Jacob siempre quiere arreglar las cosas a su manera. A diferencia del siervo de Abrahán, para su encuentro con Labán Jacob no llega portando ricos regalos para todos los miembros de la familia; llega casi con las manos vacías, y se ve en la necesidad de trabajar como siervo de su tío para ganarse la vida. En la escena que nos pinta el narrador, se observa a Labán corriendo para encontrarse con su sobrino, así como en el pasado salió corriendo para recibir al siervo que Abrahán había enviado en busca de una esposa para Isaac. A lo mejor, Labán esperaba encontrar a Jacob seguido de una caravana de mulas y camellos, todos cargados de ricos regalos enviados por Isaac y Rebeca. Imagínense el desengaño del avariento tío al encontrarse con el pobre refugiado, muerto de hambre, sin animales, sin regalos, y sin dinero.

Resulta que el tío con el que Jacob se encuentra, es una persona más tramposa que él mismo. Labán se aprovecha del gran amor que Jacob siente por Raquel para obligarlo a trabajar siete años por la mano de la doncella. La palabra "servir" es uno de los vocablos clave en los capítulos que narran lo que ocurrió durante los veinte años que Jacob pasó en el extranjero. En la casa de su padre, Jacob, como hermano menor no quiso ser siervo de Esaú, su hermano mayor. Ahora se encuentra en tierra lejana como siervo, casi esclavo, de su tío, así como siglos después sus descendientes serían esclavos en Egipto y Babilonia. Según los textos de Nuzi, el precio que debía pagar el novio a su suegro era de 30 a 40 siclos. El precio que se pagaba a un pastor de ovejas por un año de trabajo estaba fijado en 10 siclos (70 siclos por siete años). De esto se desprende que Jacob le ofreció a Labán el doble.

Después de terminar los primeros siete años de servicio, llega el momento de celebrar y festejar las bodas de Jacob y Raquel. Labán, aprovechando la oscuridad y las copas de más que su nuevo yerno había bebido la noche de la boda, cambia a la novia por su hermana mayor Lea, disfrazada de Raquel. Jacob, quien una vez se disfrazó de Esaú su hermano para recibir la bendición de su padre Isaac, ahora es víctima de un engaño similar. El novio no se da cuenta del engaño hasta el amanecer del próximo día. Entonces se da cuenta de que no se había casado con Raquel sino con Lea, y que había pasado toda la noche en sus brazos. En su narración el autor sagrado nos dice que, en tanto que Raquel era de lindo semblante, los ojos de Lea, sin embargo, eran tiernos. La Biblia del Peregrino traduce "ojos apagados". Así nos da a entender que Jacob se sintió atraído por Raquel porque era guapa y de buen parecer. En cambio, despreciaba a Lea por un defecto que tenía que ver con sus ojos. Según la opinión del teólogo John M. Hull, quien es ciego y ha escrito un excelente libro sobre la Biblia y la ceguera, Lea era medio ciega, no veía bien, tenía ojos débiles (Hull 2001:7). En ningún momento se menciona en esta historia que Jacob amaba a Lea. Sin embargo, por el engaño de Labán Lea llegó a ser la primera esposa de Jacob, y el primer hijo de Lea, el primogénito y heredero de su padre. El hecho de que Dios permitió que Jacob fuera engañado por Labán, se ha incluido en la narración para indicar al lector que Dios no aprobaba las intrigas por las que el tercer patriarca procuraba asegurar su futuro (Sailhamer 1992:194).

Aunque el desprecio que Jacob sentía por Lea tuvo que ver con sus ojos o su visión, fue él quien en su luna de miel tuvo un problema con la vista. ¡Justicia poética! Al reclamarle a su suegro por este engaño, Labán le explica que en su país no se permite dar preferencia a la hija menor antes que a la mayor. Aquí se insinúa indirectamente que en el país de donde viene Jacob quizá se permitía que el menor usurpe los derechos del mayor; pero aquí las cosas son diferentes. Es una lección dura que han tenido que aprender muchos inmigrantes. Pero entonces Labán le ofreció a Jacob la oportunidad de casarse también con Raquel, a cambio de otros siete años de servicio. De resultas, ambos se ponen de acuerdo con que después de una semana se celebre una segunda boda, la de Jacob y Raquel. Si hay una moraleja que se desprende de esta triste narración, podría ser ésta, que como corolario los engañadores son engañados y los tramposos caen a su vez en una trampa. A fin de cuentas, Jacob no sólo se casó con las dos hermanas, sino que también tomó como concubinas a Bilá, la sierva de Raquel, y a Zilpa, la sierva de Lea.

GÉNESIS 30

Al relatar la historia familiar de Jacob, en ningún momento la Biblia intenta poner su sello de aprobación a la poligamia. En el principio el Creador unió a Adán con una sola esposa. La monogamia de nuestros primeros padres debe ser el modelo para los miembros del pueblo escogido, aunque hay ciertas excepciones, como veremos más adelante cuando tratemos de la legislación sobre el levirato. En realidad, todos los matrimonios polígamos descritos en la Biblia terminan en rencores, conflictos, tristezas, e infelicidad. El matrimonio polígamo descrito con más detalles en las Escrituras es el de Jacob. Precisamente dicha poligamia en el seno de la familia de Jacob, fue lo que causó un sin fin de rivalidades, intrigas, chismes, celos, enemistades, y más engaños; y no sólo entre las cuatro mujeres, sino también entre sus respectivos hijos. Cada esposa procura dar a luz más hijos que su rival, a fin de ganar para sí el amor de su esposo.

Nacen los hijos de Jacob

Viendo que Lea había sido menospreciada por Jacob, Dios se apiada de ella y se identifica con su dolor, así como tuvo compasión de Agar, la concubina de Abrahán. Dice el narrador sagrado: "Al ver el Señor que Lea era menospreciada, le dio hijos; pero Raquel era estéril" (Gn 29:31). Uno tras otro, Lea da a luz sus primeros cuatro hijos varones: Rubén, Simeón, Leví, y Judá. Es obvio que Lea, con tantos hijos varones, cree que puede ganar el amor de su esposo. Raquel, en cambio, se angustia por su incapacidad de dar a luz. Cada una tiene envidia de lo que la otra tiene (Waltke 2001: 411). Echando la culpa de su esterilidad a Jacob, Raquel le grita: "¡Dame hijos, pues de lo contrario me muero!" (Gn 30:1). La demanda de Raquel provoca la ira del patriarca, pues Jacob sabe, como todo lector de la Biblia, que los hijos son dones de Dios y no algo que el ser humano sea capaz de producir sin la bendición de su Creador. El Salmo 113:9 declara: "El Señor concede a la mujer estéril un hogar y la alegría de tener hijos."

Seguramente el deseo de Jacob habrá sido que el próximo portador de la promesa fuera uno de los hijos de Raquel, su esposa favorita. Pero Dios había decidido que Lea fuese la escogida que diera a luz el hijo que sería el antepasado del prometido Mesías. A la postre, lo que hace avanzar la historia de la salvación hacia su consumación no es lo que planifica el hombre, sino la mano de Dios.

La poligamia de Jacob no debe interpretarse como la manifestación de una concupiscencia incontrolable de parte del patriarca, sino como su afán de tener hijos y herederos. Jacob sabía que de entre sus hijos saldría el portador de la promesa, es decir, la simiente prometida a Adán y Eva destinada a redimir a la humanidad. En su comentario sobre Génesis, Lutero aboga enérgicamente en favor de Jacob, y lo defiende de sus detractores monásticos quienes condenaban al patriarca por haberse casado con cuatro mujeres en vez de optar por el celibato. Mejor una vida en familia con sus múltiples problemas y luchas, que una castidad corrupta en la que los monjes pasan sus días codiciando tanto a las jóvenes como a mujeres casadas. Para el Reformador, la solicitud con que el Espíritu Santo se ocupa de la vida familiar de Jacob, nos muestra que Dios se preocupa más por lo que sucede en el hogar que por lo que pasa en el convento. Es más importante administrar bien un hogar que administrar un monasterio. Lo que el autor sagrado nos relata en Génesis 30 nos muestra que nuestro Dios se interesa por las angustias de la mujer estéril en su ansia de dar a luz. Se identifica con el desprecio que sufría Lea al ver que su esposo daba preferencia a las caricias de Raquel. Se preocupa por los sacrificios que tienen que realizar los padres de una familia grande para alimentar, vestir, educar, y criar a sus hijos en el temor de Dios (Lutero 1968:325-333).

Al mismo tiempo, Lutero aboga vehementemente en favor de la virtud y el honor, tanto de Raquel como de Lea, como también de Bilá y Zilpa. Los intérpretes monásticos solían tratar con mucho desprecio a las esposas de Jacob, especialmente a la pobre Lea, por haber dado a luz tantos hijos (siete, incluyendo a Dina). La tildaban de cochina y se la consideraba una mujer depravada por querer tener siempre relaciones sexuales con Jacob. Lutero, en cambio, la considera una mujer ejemplar que cumplió con el mandado del Creador de fructificar y multiplicar (Gn 1:28-29). A Raquel Lutero la ve como un ejemplo de cómo los cristianos deben perseverar en la oración. Al pasar tantos años sin poder dar a luz, Raquel se puso más ferviente y persistente en sus plegarias, así como la viuda de Lucas 18, Ana, Elisabet, y la mujer cananea. Con demorar tanto en responder sus oraciones, el Señor estaba probando la fe de Raquel, estimulándola a orar con mayor fervor. Raquel es para Lutero (1968:345-346) el ejemplo perfecto del creyente que ora con fe, la persona que asalta a Dios día y noche con sus ayunos e insistentes plegarias. Debemos orar así como nos alienta Santiago: "Pero tiene que pedir con fe y sin dudar nada, porque el que duda es como las olas del mar, que el viento agita y lleva de un lado a otro. Quien sea así, no piense que recibirá del Señor cosa alguna" (Stg 1:6-7).

El lector se puede dar cuenta de la rivalidad entre Lea y Raquel hasta en los nombres que les ponen a sus hijos y a los hijos de las concubinas. Por ejemplo, Raquel llama Dan al primer hijo de su sirvienta Bilá, pues Dan (Daniel) en hebreo significa "Dios me ha hecho justicia" o "Dios me ha vindicado". Se sobrentiende que se trata de la justicia que Raquel procura en su lucha con Lea (Wenham 1994:245). Hay que entender también que los hijos de Zilpa y Bilá, sirvientas de Lea y Raquel respectivamente, fueron considerados hijos legítimos de las dueñas de las sirvientas o concubinas, así como Ismael, el hijo de la esclava Agar, fue considerado hijo de Abrahán y Sara. Lea y Raquel, no Jacob, les ponen los nombres tanto a sus propios hijos como a los hijos de las sirvientas. Esto no indica que los hijos de las concubinas deban ser considerados hijos adoptivos de las dueñas de las sirvientas. Debe observarse también que los nombres que las esposas de Jacob ponen a sus hijos, expresan su fe en Dios de Abrahán y no en los dioses de su padre, Labán. La acción indica que Lea y Raquel han llegado a ser parte de la familia de Jacob, y también de la familia de la fe (Waltke 2001:410).

En Génesis 30:14-15 observamos a las dos hermanas, Lea y Raquel, negociando por unas mandrágoras que había encontrado Rubén en el campo. Las mandrágoras (llamadas también manzanitas del amor) son frutas con propiedades afrodisíacas que, según se decía, también servían para inhibir la infertilidad. Lea desea las mandrágoras pues quiere despertar en Jacob el amor que debe tener para con su primera esposa. Aparentemente, Jacob ha dejado de cumplir con sus responsabilidades matrimoniales con Lea desde el nacimiento de su cuarto hijo. Raquel, por su parte, desea las mandrágoras para tener un hijo. Lea se pone de acuerdo con entregar las manzanitas del amor a Raquel, con la provisión de que pueda pasar la noche con Jacob. El narrador sagrado dice que Lea concibió dos hijos más y una hija. Raquel, por su parte, también quedó embarazada y dio a luz su primer hijo, José. Aun reconociéndole cualidades afrodisíacas a las mandrágoras, tanto el narrador como la misma Raquel (30:22-24), sin embargo, indican que el nacimiento de José se debió al Señor quien escuchó y respondió la oración de Raquel y la libró de su desgracia. En el Cercano Oriente, como en muchas otras sociedades, la esterilidad se consideraba una desgracia, producto, quizá, de una maldición o mal de ojo.

Rubén pierde sus derechos de primogenitura

Uno de los eventos más desagradables en esta confusa historia familiar tuvo que ver con el mismo Rubén, quien, de niño encontró las mandrágoras. Años más tarde Rubén, ya grande, cometió un delito que le causó la pérdida de sus derechos de primogénito y heredero de la promesa. Génesis 35:22 nos relata que Rubén perdió sus derechos al meterse en el lecho de su padre y hacerse culpable de fornicar con Bilá, la sierva de Raquel y concubina de Jacob. En la historia de José y sus hermanos veremos que las enemistades entre los hijos de Jacob casi le cuesta la vida a José. La historia familiar de Jacob debe inducir al lector que tiene ojos para ver, a optar por la monogamia a fin de evitar la amargura de corazón y de alma que tanto afligió al tercer patriarca y casi lo mató de tristeza y dolor. Seguramente el Espíritu Santo tuvo en mente la historia de la familia de Jacob al inspirar al autor sagrado a escribir: "No descubrirás la desnudez de la hermana de tu mujer, mientras ésta viva, pues la harías su rival" (Lv 18:18).

Solamente después de que Lea diera a luz seis varones y una hija, y que las dos concubinas dieran a luz dos hijos varones cada una, Raquel finalmente dio a luz también. Después de leer esta historia, el lector quizá se sienta tentado a preguntarle al autor sagrado: ¿Dónde estaba Dios en todo esto? ¿Había abandonado el Señor a Jacob y sus mujeres?

¿Se había olvidado Dios de la promesa de esa noche en Betel de protegerlo por dondequiera que fuera? ¡De ninguna manera! Dios no se olvida de cumplir lo que ha prometido. El Señor se estaba valiendo de las circunstancias, hasta del disturbio en el seno de la familia con el fin de darle prole al patriarca. Si Jacob no se hubiera casado con Lea, la de los ojos opacos, no habría nacido su primogénito Rubén, ni tampoco su hijo Leví de cuya tribu salieron Aarón y Moisés. Si Jacob no se hubiera casado con Lea, nunca habría nacido Judá. Y si Judá no hubiera visto la luz del día, tampoco habrían nacido de la tribu de Judá el gran rey David y su descendiente aún más grande, nuestro Señor Jesucristo.

¿Emplearon magia blanca dentro de la familia escogida?

Según Waltke, Raquel recurrió al uso de la magia pagana con lo de las mandrágoras, una falta de fe en la promesa de Dios. Al final del capítulo 30 vemos a Jacob recurriendo también a la magia blanca en un intento de engañar a Labán. En la opinión de Lutero (1968:79-80), Jacob aprendió la magia blanca de Dios. La magia en cuestión tuvo que ver con la idea de que un niño o un animal podría nacer con las características de la imagen mental que tuviera el progenitor en el momento de la concepción de la criatura. Jacob le había propuesto a Labán trabajar seis años más en sus campos. Su sueldo sería toda oveja o chivo que naciera de diversos colores, es decir, todos los animales listados, pintos, y salpicados.

Labán aceptó la proposición de Jacob, pero ese mismo día (Gn 30:35) apartó los machos cabríos manchados y rayados, y todas las cabras manchadas y salpicadas de color, y todas las que tenían algo de blanco y todas las ovejas de color oscuro. Entonces mandó a sus hijos que escondieran los animales, llevándolos a una región distante tres días de camino de donde estaba su yerno. De esta manera Labán quería evitar que nacieran animales de diversos colores entre las ovejas y chivos a cargo de Jacob. De modo que Labán no cumplió con el acuerdo establecido con Jacob. Jacob, dándose cuenta del engaño y la duplicidad de Labán, manifestó que su suegro había cambiado su sueldo unas diez veces (Gn 31:7). Durante veinte años de servicio en los campos de Labán, Jacob tuvo que sufrir en carne propia la triste suerte de tantos inmigrantes explotados por terratenientes, ricos propietarios y empresarios que se niegan a pagar un sueldo justo a sus trabajadores. Bien se expresó el profeta Jeremías: "¡Ay de ti, que eriges tu palacio sin justicia, y tus salas sin equidad! ¡Ay de ti, que explotas a tu prójimo y no le pagas el salario de su trabajo!" (Jer 22:13). Con razón reclamó Jacob por la injusticia de su suegro, así como lo hizo hace algunos años el líder sindicalista y activista estadounidense César Chávez. Chávez sintió la necesidad de reclamar a los terratenientes de California sueldos justos y un trato humanitario para los chicanos que trabajaban en sus fincas, viñedos y plantaciones.

Bien dice Lutero que el nombre Labán escrito al revés es Nabal, palabra que en hebreo quiere decir necio. Es necio el explotador, dice Lutero, porque las ganancias mal habidas son como grano puesto en un saco lleno de agujeros. Jacob, por su parte, intentó salirse con la suya mediante un engaño o magia blanca. Al colocar varas sin la corteza delante de las ovejas cuando concebían, el patriarca procuró asegurarse el nacimiento de una mayor cantidad de ovejas de diversos colores. Al formarse una imagen mental de las varas de diversos colores en el momento de la concepción, debían nacer corderitos y chivitos con manchas y de colores diversos. Esto fue, según Waltke, una señal de la débil fe de Jacob, pues procuraba que la promesa se cumpliera mediante el empleo de la magia blanca que se practicaba en ese tiempo. El hecho de que se multiplicaran más las ovejas de color, sin embargo, no fue el resultado de las prácticas mágicas empleadas por Jacob, sino la consecuencia de la promesa del Señor quien seguía bendiciendo a Jacob a pesar de su débil fe (Waltke 2001:421). Lutero, como hemos notado arriba, creía que Dios le enseñó la magia blanca a Jacob.

GÉNESIS 31

El pacto entre Jacob y Labán

Labán, el padre de las dos esposas de Jacob, Lea y Raquel, había engañado a Jacob, el engañador, en su noche de bodas cuando Lea, disfrazada de Raquel, le fue entregada como esposa. De esta manera, el que había utilizado un disfraz para engañar a su propio padre, ahora es engañado por otro disfraz. Por supuesto, Lea también tiene que haber estado de acuerdo con engañar a su futuro esposo de esta manera, una engañadora más en esta historia de engañadores y engañados. Más tarde Labán procurará engañar a Jacob nuevamente, no pagándole debidamente los años de trabajo que había realizado su yerno cuidándole los rebaños. Harto de los engaños de Labán, Jacob decide engañar él y huir a Canaán, llevando consigo sus mujeres, hijos, y rebaños. La historia de las relaciones entre Jacob y Labán está repleta de toda clase de engaños y contra engaños. Pero uno de los temas que quiere destacar el autor sagrado en la historia de Jacob y sus hijos es cómo fracasan todos los engaños, maniobras, disfraces, y trampas inventados por el patriarca y sus descendientes, para asegurar su futuro y salvaguardar su destino como pueblo escogido. Una y otra vez se observa en la historia sagrada que son la gracia del Señor y su fidelidad a las promesas dadas a Abrahán, Isaac, y Jacob, las que sostienen a Israel y su prole en todas sus luchas.

Raquel roba los terafim de su padre, Labán

Un siervo que se va sin preaviso, como Jacob aquí, siempre estará bajo sospecha de haberse llevado algo que no le pertenece. Los ídolos o *terafim* que se llevó Raquel, sin el conocimiento de su esposo, son objetos religiosos utilizados en la adivinación. A lo mejor fue por medio de la adivinación que Labán aprendió que fue por causa de Jacob que el Señor lo había bendecido a él y su familia. Todos los pueblos que rodeaban a Israel solían practicar la adivinación, lo que le fue prohibido al pueblo escogido (Dt 18:10, 14; Lv 19:26). La magia y la adivinación son técnicas que procuran adquirir conocimientos y poderes de fuerzas ocultas no controlados por el Señor (Waltke 2001:418).

Aunque hay autores que opinan que los *terafim* fueron representaciones de los ancestros fallecidos, es más probable que se tratara de representaciones de los dioses a quienes los devotos deseaban consultar. Dichas imágenes tienen forma humana, pero no son tan grandes en tamaño. Podían estar hechas de madera, piedra o de un metal precioso como la plata. En Jueces 17 se narra que un tal Micaía mandó fundir cien siclos de plata para hacer una imagen del Señor, la cual colocó en su casa. De este modo su casa se convirtió en un santuario al cual iban las personas, tanto para venerar al Señor como para procurar su voluntad. Como en el caso de Micaía, la posesión de tales imágenes talladas daba cierto prestigio al dueño, y lo señalaban como una persona con acceso a consultas divinas (Flynn 2012:711).

Quizá Raquel se llevó los *terafim* para obstaculizar los intentos de Labán de utilizar la adivinación para causarle daño a Jacob y a su familia. El río mencionado en Génesis 31:21 tiene que ser el Éufrates. Pero Jacob no necesita la ayuda de Raquel y sus trucos. Dios había prometido ayudar a Jacob, y aquí actúa para salvar a Jacob de la ira de Labán, así como actuará más tarde para librarlo de Esaú. Labán, que había engañado y robado a Jacob, ahora lo acusa de engaño y robo y, quizá, de usurpar su autoridad. Las tablas de Nuzi establecen que la posesión de los ídolos familiares le daba a uno el derecho de heredar los bienes de la familia (Greidanus 207:63).

Según las leyes de los heteos, los antiguos habitantes de Anatolia, los culpables de robar objetos sagrados merecían la pena capital. Pero, ¿qué clase de dios es uno al que se lo roban? ¿Qué clase de dios es el que puede quedar contaminado con sangre menstrual? No obstante, Jacob puso en peligro de muerte a su querida esposa al declarar que no quedaría con vida la persona en cuya posesión se encontrasen los ídolos. La acción de Jacob al emitir tal declaración, parece ser un caso de un juramento respecto de algo incierto. En nuestro estudio cate-quético del mandamiento que nos exige no tomar en vano el nombre de Dios, se nos enseña a no hacer juramentos referidos a cosas incier-tas o desconocidas. Por su parte, Labán es culpable de falso testimo-nio al acusar a Jacob personalmente de haber hurtado sus ídolos.

Los terafim y cómo el autor de Génesis se burla de los ídolos

El autor de Génesis ha incluido estos detalles aquí como una burla a los ídolos y los que confían en ellos. Al sentarse Raquel sobre los *terafim* durante su período menstrual, hace que estos objetos sean ritualmente contaminados e impuros. El cuadro que nos pinta el autor sagrado de una mujer en su estado de inmundicia sentada sobre los ídolos de su padre, hubiera provocado la risa y burla de cualquier israelita que hubiese aprendido a no hacerse "imagen, ni semejanza alguna de lo que está arriba en el cielo, ni abajo en la tierra, ni en las aguas debajo de la tierra" (Ex 20:4). Lutero observa que si Raquel hubiera sido devota de los *terafim,* nunca se habría atrevido a sentarse encima de ellos. De ninguna manera se puede acusar a Raquel de ser idólatra. Mentirosa sí, idólatra no.

Raquel miente; dice que no fue ella quien hurtó los ídolos de Labán. Así como su esposo, Raquel parece haber aprendido a salirse con la suya por medio de la astucia y el engaño. Algunas autoridades rabínicas han sugerido que la muerte prematura de Raquel fue el resultado de su engaño y la maldición de su marido, pues Jacob, sin saber la identidad de la persona que hurtó los ídolos de Labán, maldijo al culpable: "Pero al que encuentres con tus dioses en su poder, no quedará con vida" (Gn 31:32). Goldingay comenta que Raquel, por sus engaños y mentiras, demuestra ser hija digna de su padre Labán y esposa digna del tramposo Jacob (2003:240).

¿Fue Raquel culpable en verdad de un doble pecado, de hurtar y no respetar la autoridad de su padre? Es una pregunta que ha provocado mucha discusión tanto entre los rabinos como entre los comentaristas cristianos. Lutero se destaca entre los más animados defensores de la hija menor de Labán. El reformador insiste en que Raquel no fue culpable de hurto, pues lo que hizo fue cobrarse el sueldo que su padre le debía. Su acción de llevarse los *terafim* de Labán debe considerarse igual a la acción de los israelitas cuando salieron de Egipto llevándose los tesoros que habían pedido prestados a sus vecinos egipcios. Lo que se llevaron los israelitas en el éxodo no fue el producto de un saqueo, sino la apropiación de los bienes que los egipcios les habían retenido por tantos siglos (Ex 11:2-3). Además, dice Lutero, la apropiación de Israel de los tesoros de Egipto y la de Raquel de los tesoros de su padre, fueron ordenadas por Dios (1970:19, 23). Lo que ordena Dios en la primera tabla de la ley, tiene precedencia sobre lo que está escrito en la segunda tabla (1970:27-28). O sea, hay que obedecer lo que manda Dios, anteponiéndolo a lo que ordenen nuestros padres y autoridades civiles. Dios nos prohíbe adorar dioses ajenos. En obediencia al primer mandamiento, Raquel actuó para impedir la adoración de los ídolos de parte de Labán. Así, el primer mandamiento toma precedencia sobre el mandamiento que nos exige honrar a nuestros padres terrenales. Lutero admite que el principio de poner la primera tabla con precedencia a la segunda, se presta para muchos abusos. Lo vemos en Marcos 7:11, en que Jesús increpa a los fariseos que se negaban a prestar ayuda económica a sus padres con el argumento de que habían quedado eximidos de tal obligación por razón de los diezmos y ofrendas que entregaban al templo.

Labán y Jacob celebran un pacto de paz. No habrá más engaños

El pacto entre Jacob y Labán es un ejemplo de un pacto entre iguales. El pacto entre el Señor y Abrahán, en Génesis 15 y 17 fue, en cambio, un ejemplo de un pacto unilateral, en el que el más fuerte impone las condiciones a otro más débil. Otro ejemplo de un pacto entre iguales es el pacto entre el faraón de Egipto y el rey de los heteos, que se encontró en las cartas de *El Amarna*. Se solía certificar y celebrar un pacto entre iguales con un sacrificio, una cena sagrada de paz con la invocación a Dios, a fin de que velara sobre las dos partes como testigo. De esta manera, se aseguraba que ambas partes guardaran las condiciones del acuerdo mutuo, sin engaños posteriores.

Labán y Jacob deben haber aprendido que, a fin de cuentas, el engañador termina siendo engañado. Con la finalidad de que los descendientes de Labán y Jacob se acuerden y guarden el pacto de paz entre tío y sobrino, se erige un pilar conmemorativo en el límite entre el territorio de Labán y la tierra prometida a Jacob. La palabra hebrea *mizpa* quiere decir torre o pilar de testimonio. El pilar o *mizpa* serviría para recordarles a los descendientes de Labán a no cruzar nunca la frontera de la Tierra Prometida para atacar a los descendientes de Jacob. Y recordará a los descendientes de Jacob a no entrar nunca en el territorio de Labán para perjudicar a sus descendientes. Jacob hace el juramento no en el nombre de <u>mi Dios</u>, sino en el nombre de Dios de Abrahán y <u>temor de Isaac</u>. Solamente aquí se designa al Señor como el temor de Isaac, nombre que probablemente significaba Dios al que Isaac temía. Solamente después del encuentro con Dios en Peniel comienza Jacob a hablar del Señor como su Dios personal.

Tómese nota de que fue Jacob y no un sacerdote, quien inmoló los animales para el sacrificio y la celebración de una cena con Labán y sus familiares, sobre el monte. Más tarde, en la historia de Israel, se procuró centralizar el culto en un santuario único, aboliendo de esta manera los santuarios y altares regionales y el ejercicio de acciones sacerdotales por personas que no pertenecían a un gremio o tribu sacerdotal. En el tiempo de los patriarcas se nota –y no sólo entre los hebreos sino también entre sus vecinos– la existencia de una forma de religiosidad popular en que los jefes de familia o del clan dirigían los ritos y ceremonias tales como el establecimiento de una alianza, la celebración de un matrimonio o una circuncisión. Las ceremonias, como la que se describe en este capítulo, cumplían con la finalidad de fomentar y fortalecer la identidad del grupo social y mantener la estructura social del clan o tribu bajo la autoridad del líder patriarcal. Las cenas que se celebraban en aquellas ocasiones, mantenían la unidad del grupo y les recordaban a todos los participantes sus mutuas obligaciones sociales y morales. A la vez, servían para designar a quiénes el clan reconocía como miembros del grupo y a quiénes no. La participación en el sacrificio y la cena determinaba quién pertenecía al grupo. En muchas sociedades, semejantes sacrificios, cenas, y pactos se celebraban cuando se integraban nuevos miembros al grupo. Entre otras cosas, la celebración de una circuncisión simbolizaba un pacto de incorporación al grupo (Blenkinsopp 2004:53-66).

GÉNESIS 32:1-21

Al despedirse de Labán y sus compañeros, Jacob sigue su camino hacia la Tierra Prometida, de la cual había huido hacía veinte años a causa de la ira de su hermano Esaú. Ahora, al acerarse al río que marca la frontera entre Siria y la Tierra Prometida, el patriarca se encuentra con una multitud de ángeles. ¿Cómo se explica la aparición de las huestes celestiales? ¿Fue su función –como han sugerido algunos– guardar la entrada a la Tierra Prometida, así como los querubines con sus espadas encendidas guardaban el camino al huerto de Edén y al árbol de la vida? (Sailhammer 1992:197) ¿O quizá se encontraban allí para impedir la entrada del patriarca engañador a la tierra que le fue prometida a Abrahán e Isaac? ¿O llegaron los ángeles para dar la bienvenida al patriarca y los suyos, y protegerlos, en su paso por el río, de un ataque de Esaú o de cualquier otro enemigo? (Cotter 2003:239).

Lutero estaba convencido de que los ángeles que salieron al encuentro de Jacob fueron enviados para defenderlo. Jacob fue escogido para heredar la Tierra Prometida y, según la palabra de Dios, los ángeles "¿acaso no son todos ellos espíritus ministradores, enviados para servir a quiénes serán los herederos de la salvación?" (Heb 1:14). Con frecuencia encontramos ángeles en los relatos de los primeros libros del AT. Se los llama huestes o guerreros del Señor. Son los soldados espirituales enviados para proteger a los escogidos del dominio de Satanás y los espíritus del mal. La presencia de los ángeles en el camino de Jacob es, según Lutero, una señal dada al patriarca para asegurarle que no importa cuán poderosas parezcan ser sus dificultades, luchas, y enemigos, es Dios quien sigue guiando sus pasos y los nuestros. Si no fuera por las huestes celestiales, nos asegura Lutero, Satanás ya habría acabado con la buena creación de Dios. El hecho de que todavía existen aves, peces, bestias, ríos, y el aire que respiramos, es una evidencia de que el poder de Dios y sus ángeles aplicado a la preservación de la creación, es mayor que todas las fuerzas del maligno que intentan aniquilar el mundo. Sin el consentimiento de Dios, las fuerzas del mal no nos pueden tocar.

La lucha que sostienen las huestes celestiales en defensa de la creación y de los seres humanos es, de acuerdo con la exposición de Lutero, solamente una función secundaria. Su vocación primaria es la de alabar y glorificar al Creador, como podemos observar de Lucas 2:13 en que se relata que apareció "una multitud de las huestes celestiales, que alababan a Dios y decían: ¡Gloria a Dios en las alturas! ¡Paz en la tierra a todos los que gozan de su favor!" (Lutero 1970:87-90).

En toda mención de las Sagradas Escrituras referida a los ángeles, los autores dejan en claro que éstos no son dioses ni poderes que deban ser venerados y servidos por los seres humanos. Son ministros enviados a servir, y no para ser servidos. Cualquier ángel que pide ser adorado o venerado por los seres humanos no es un ángel del Señor, sino un espíritu al servicio de Satanás. Como ejemplo de las huestes celestiales que luchan contra los espíritus del mal, Lutero cita Daniel 10:20, en que se relata que el ángel del Señor regresaba de luchar contra el príncipe de Persia. El príncipe de Persia tiene que haber sido un ángel rebelde al servicio de Satanás (Lutero 1970:88). El hagiógrafo nos cuenta que Jacob llamó Majanayin al lugar de su encuentro con las huestes celestiales. Majanayin en hebreo significa "dos campamentos". Los dos campamentos en cuestión pueden ser el campamento de Jacob y el de los ángeles. Pero otros creen que se refiere a los dos campamentos que estableció Jacob cuando dividió en dos grupos a sus hijos, esposas, siervos, y animales que le seguían. En la eventualidad de un ataque de Esaú u otro enemigo, por lo menos uno de los dos grupos contaría con la posibilidad de escapar. Por lo menos, así pensaba Jacob, siempre preparado con un truco nuevo.

La oración de Jacob

Después de dividir a los suyos en dos campamentos, Jacob eleva su voz al Señor en oración. En realidad, es la plegaria más larga que encontramos en el libro de Génesis y, según Lutero, una oración ejemplar que nos puede enseñar mucho sobre cómo orar. El ruego de Jacob se dirige a Dios de Abrahán y de Isaac, no a mi Dios, el de Jacob. Más tarde el patriarca llamará al Señor mi Dios, apropiándose del Dios de sus padres. Según Martín Lutero, hay tres cosas que hacen de la plegaria de Jacob una oración excelente y ejemplar y, a la vez, un incienso grato ante el Señor (1970:109-111):

En primer lugar, en su oración Jacob pone toda su confianza en la palabra y promesa de Dios; para ser exactos, en la promesa que le concedió el Señor a Jacob en la visión de la escalera de Betel. El patriarca reconoce que a pesar de todas sus riquezas, no es capaz de librarse a sí mismo de la mano de Esaú. Admite que es demasiado pequeño y débil para resolver sus problemas. Pide ser librado de la mano de Esaú. En segundo lugar, Jacob se siente verdaderamente contrito. Todas sus aflicciones y calamidades son consecuencias de su presunta astucia e impulsos de asegurar su futuro. Por sus propias estrategias y poder había intentado quedarse con la herencia de su padre sin tomar en cuenta la guía y voluntad de Dios. En su angustia, el patriarca se da cuenta de que está cosechando lo que él mismo había sembrado. No sólo necesita que lo libren de la venganza de Esaú, sino que necesita tanto el perdón de Dios como el de su hermano. En la oración de

Jacob se nota también que su preocupación principal no es su propio bienestar, sino el de sus esposas, hijos, y siervos (Cotter 2003:243).

Una tercera cosa que nos llama la atención en la oración de Jacob es que en ningún momento intenta justificarse a sí mismo. Más bien, está muy consciente de su indignidad: "Yo soy menor que todas las misericordias y que toda la verdad con que has tratado a este siervo tuyo" (Gn 32:10). Lutero nos dice que no debemos orar diciendo: "Soy un santo monje, una virgen pura, un obispo excelente", como el fariseo en el templo que se elogió a sí mismo con estas palabras: "Ayuno dos veces a la semana, y doy la décima parte de todo lo que gano" (Lc 18:12). Tales expresiones, observa el reformador, son como excremento que contamina nuestras oraciones. La oración de Jacob más se parece a la del publicano: "Dios mío, ten misericordia de mí, porque soy un pecador" (Lc 18:13). Jacob no multiplica expresiones, usando vanas repeticiones como los paganos que piensan que por su palabrería serán oídos y recompensados (Mt 6:7). Jacob reconoce que no fue por su astucia y engaños que recibió tantas bendiciones durante sus veinte años de servidumbre en la casa de Labán, sino que fue la mano del Dios de sus padres.

GÉNESIS 32:22-32

Después de poner a buen recaudo a los suyos, enviar los regalos a su hermano y orar al Señor, Jacob decide que sería mejor cruzar de noche por el vado del río Jaboc con su gente y sus animales. A un enemigo sería más difícil atacarlo de noche. Así discurría Jacob. Pero de repente lo ataca un hombre desconocido que parece querer impedirle la entrada a la Tierra Prometida. Durante toda la noche Jacob y su adversario luchan a orillas del río. ¿Quién será este asaltante nocturno que quiere negarle al patriarca el retorno a la tierra que Dios había prometido a Abrahán, Isaac, y Jacob? Algunos comentaristas judíos han propuesto que el adversario fue el ángel de Esaú; otros insisten en que tenía que haber sido el ángel Gabriel u otro ángel. Pero después de la lucha, Jacob manifiesta: "He visto a Dios cara a cara, y sigo con vida" (Gn 32:30). El profeta Oseas expresa: "En el seno materno agarró a su hermano por el talón, y cuando creció luchó con un ángel y logró vencerlo"

(Os 12:3-4a). ("En el seno materno tomó por el calcañar a su hermano, y con su fuerza luchó con un <u>ser divino.</u> Luchó con el ángel, y prevaleció." RV 1977). Estas palabras indican que Dios se humilló y tomó la forma de un ser humano para luchar con el patriarca. Para muchos comentaristas judíos, sería imposible que Dios hubiese adoptado la forma de un ser humano y no sólo se dejara ver, sino que también se dejara vencer en un combate de lucha libre.

Sin embargo, para Dios nada es imposible. Si leemos la historia de la lucha de Jacob en Peniel desde la perspectiva del NT, recordaremos que el Hijo de Dios se hizo carne y habitó entre nosotros lleno de gracia y de verdad, y su gloria fue vista por los hombres (Jn 1:14). En Jesucristo Dios no sólo se humilló y se hizo carne, sino que dejó que lo vencieran y lo clavaran en un madero. Lutero creyó que fue la segunda persona de la Santa Trinidad quien luchó con Jacob y después le cambió el nombre. Este Cristo, nos dice Lutero, es el mismo que en varias ocasiones habló con los patriarcas y profetas. Las diferentes revelaciones de Dios en el AT fueron, según el Reformador, teofanías con la manifestación de la segunda persona de la Trinidad a los hombres en forma angelical o humana. Según Lutero, en su lucha con Jacob en Peniel, Cristo no vino para destruir al engañador, sino para confirmarlo, fortalecerlo, e ilustrarlo acerca de la promesa (1970:144). Estaba probando la fe de Jacob. Quería ver si persistía en lo suyo y pondría su fe en sus trucos, astucia, y engaños de siempre. ¿Buscaría salirse con la suya una vez más? ¿Trataría de justificarse a sí mismo o de echarles la culpa a otros, como hicieron Adán y Eva al encontrarse cara a cara con su Creador y juez? Así nunca hubiera logrado vencer a Dios. Recordando la promesa que Dios le había hecho veinte años antes en Betel, puso su confianza en la Palabra y promesa de Dios. En efecto, Jacob le recordó a Dios a ser fiel a su propia Palabra. Una y otra vez, en sus escritos, Martín Lutero nos recuerda que la única manera de vencer a Dios es mediante su propia Palabra. O sea que Jacob es un excelente ejemplo de uno que fue justificado, no por obras, sino por fe, fe en la promesa de Dios. Nunca debemos olvidar que, a fin de cuentas, Cristo es el centro y el contenido de la promesa.

Hacia el final del relato se nos dice que Jacob recibe un nombre nuevo: Israel, pues ha luchado con Dios y con los hombres (Esaú y

Labán) y ha vencido. Como ya hemos visto, el cambio de nombre significa una transformación de la vida. Quien recibe un nuevo nombre es una nueva persona con un nuevo destino. Recordemos que el nombre Abrán fue cambiado a Abrahán, el de Sarai a Sara, el de Simón a Pedro y el de Saulo a Pablo. Sin embargo, veremos que en los capítulos de Génesis que siguen, el tercer patriarca unas veces es llamado por su nombre nuevo, y otras por su nombre anterior. ¿Indicaría esto que Jacob/Israel, a pesar de lo sucedido, aún no había sido transformado por completo en un hombre nuevo? Parece que a veces se portaba como una persona nueva y otras veces como el viejo engañador (Cotter 2003:246). Como nosotros, Jacob es, a la vez, santo y pecador. Israel, que ha luchado con Dios y con los hombres, tendrá que seguir luchando consigo mismo, con su viejo hombre, lo mismo que todos nosotros.

Un aguijón en la carne

Jacob, lo mismo que Abrahán, ha recibido un nuevo nombre. Ahora Jacob será llamado "el guerrero que ha luchado con Dios y ha vencido". Como en el caso de Abrahán, el nuevo nombre de Jacob implica que es una nueva criatura, uno que ha nacido otra vez. Pero, aunque comienza una nueva vida, está rengo; lleva en su cuerpo un recuerdo de su vieja vida, de lo que era. El apóstol Pablo también llevaba en su cuerpo una aflicción crónica que él mismo llama "un aguijón en el cuerpo". La enfermedad o aflicción no se le quitó, aunque oró tres veces para ser librado de ella. Se quedó con su aguijón en el cuerpo como un recuerdo de la clase de persona que había sido antes de su encuentro con Dios en el camino de Damasco. Quedó así a fin de que no se gloriara demasiado por sus muchos dones espirituales y de su vocación como apóstol a los gentiles. El aguijón en el cuerpo de Pablo sirvió para recordarle que el poder de Dios se perfecciona en la debilidad y que todos los grandes logros del siervo de Dios se deben a la gracia de Dios manifestada en Jesucristo (2 Co 12:1-13).

El toque que Jacob recibió en la cadera fue su aguijón en el cuerpo, que le recordó por el resto de su vida que las bendiciones que disfrutaban él y sus descendientes se debían a la gracia y misericordia de Dios, y no a la astucia, vivezas, y trampas usadas anteriormente.

Es una lección que necesitan recordar tanto Israel como sus descendientes, entre los cuales nos contamos nosotros. Por esto los hijos de Israel, hasta el día de hoy, no comen del tendón que se contrajo cuando Jacob fue tocado por la mano de Dios. La lucha de Jacob con su adversario misterioso a riberas del río Jaboc fue su encuentro en el "camino de Damasco". Lutero comenta que el aguijón en el cuerpo de Jacob debía recordarle también a no confiar en la carne, es decir, no confiar en la fuerza y el vigor del cuerpo humano (1970:148). Una vez, en un arranque de brío, Jacob quitó la pesada piedra que tapaba el pozo en el que los pastores de Harán solían abrevar sus rebaños. Pero con un toquecito de su dedo el Señor descoyuntó el muslo del patriarca por el resto de su vida. Israel, el luchador, tuvo que andar renqueando. Nuestros aguijones en el cuerpo nos recuerdan nuestra debilidad, "que toda carne es como la hierba, y que su belleza es como la flor del campo. La hierba se seca, y la flor se marchita, porque el viento del Señor sopla sobre ella. Y a decir verdad, el pueblo es como la hierba. Sí, la hierba se seca, y la flor de marchita, pero la palabra de nuestro Dios permanece para siempre" (Is 40:6-8).

A fin de cuentas, el sufrimiento y agonía que tuvo que soportar Jacob en su lucha con el Señor, fueron realmente para su propio bien, para la mortificación del cuerpo, su crecimiento en la fe y la santificación. Proverbios 3:11-12 expresa lo siguiente: "Hijo mío, no desdeñes la corrección del Señor; no te sientas mal cuando te reprenda. El Señor corrige al que ama como lo hace el padre con su hijo amado." A la iglesia de Laodicea escribe el Señor: "A todos los que amo, yo los reprendo y los castigo; así que muestra tu fervor y arrepiéntete" (Ap 3:19). Por medio de su aguijón en el cuerpo, Israel llegó a entender, como Pablo, que el poder de Dios se perfecciona en la debilidad (2 Co 12:9).

Nota litúrgica

En el leccionario histórico de un año, Génesis 32:22-32 es la lectura del AT para el segundo domingo de Cuaresma, *Reminiscere*. El evangelio para el domingo es Mateo 15:21-28, que relata el encuentro entre Jesús y la mujer cananea, otra persona que tuvo que luchar con Dios para recibir una bendición. Lutero comenta que en ambos pasajes el Señor estaba probando la fe de ellos, incluso jugando, tanto con Jacob como con la cananea. Según el reformador, la intención del Señor siempre fue dar su bendición a los dos. Ambos lograron vencer en su lucha, porque se aferraron a la promesa de Dios y no a su propia justicia.

En el nuevo leccionario de tres años, Génesis 32:22-30 es la lectura para el vigésimo cuarto domingo del tiempo de Pentecostés (Año C). El evangelio para el domingo es Lucas 18:1-8, un texto que relata otra lucha, la de la pobre viuda con el juez injusto que no temía a Dios ni respetaba a los hombres. Pero, al igual que Jacob y la mujer cananea, la viuda no dejaba de pedir justicia y reclamar por sus derechos. A fin de cuentas, inesperadamente, como Jacob y la cananea, la viuda también venció. Al relatar la parábola, Jesús declara: "¿Acaso Dios no les hará justicia a sus elegidos, que día y noche claman a él?" Una de las claves para entender las parábolas de Jesús es buscar en ellas el elemento inesperado, sorprendente, revolucionario o subversivo.

En la liturgia de la antigua sinagoga, la lectura profética que se leía juntamente con el *seder* de Génesis 32 (lectura del Pentateuco para el primer o segundo sábado de *Tishri*), era Jeremías 30:10ss (Mann 1971:LIV-LV). La lectura profética o *haftarot* promete el retorno del pueblo de Israel, de su lugar de servidumbre en Babilonia, a la Tierra Prometida, así como a su antepasado Jacob le fue permitido regresar de su servidumbre en la casa de Labán: "Así que no tengas miedo, mi querido siervo Jacob. No tengas ningún temor, Israel, porque yo te salvaré, a ti y a tu descendencia, de esa tierra lejana donde ahora estás cautivo. Tú, Jacob, volverás de allá, y vivirás tranquilo y en paz, sin que nadie te infunda terror." Se recuerda que el primer sábado de Tishri corresponde con *Rosh-ha-shanah*, la fiesta del Año Nuevo. Dos de los temas que caracterizan la celebración de dicha fiesta, son el juicio y el ascenso a la presencia de Dios. O sea, la esperanza de que en el día del juicio final Israel será declarado libre de culpa (justificado), tal como lo fue Jacob en Peniel. La esperanza de Israel es ver a Dios cara a cara y no morir (Guilding 1960:76-77).

Anexo B. Un sermón sobre Génesis 32:22-30: Luchando con Dios

En lo que sigue presentamos una reflexión sobre Génesis 32 en forma de sermón, para celebrar dos acontecimientos que solemos recordar el 31 de octubre: la fiesta de la Reforma y Halloween, la noche de brujas.

Introducción: Nuevamente llegó el tiempo del año en que se acostumbra celebrar la noche de brujas o Halloween. Es el tiempo en que nuestros hijos quieren salir con sus disfraces y máscaras para pedir caramelos y otros dulces a los vecinos. Preocupados por el bienestar de nuestros hijos tratamos de impedirles que lo hagan, o hasta de asustarlos. Decimos: "Hijo mío, no salgas, o si sales, no te alejes mucho de casa. Es de noche y te podría salir al encuentro un duende o una fantasma de verdad." Pero los hijos sólo se ríen y salen de todos modos. Nuestro texto de hoy nos relata la historia de un hombre que se llamaba Jacob, que salió de noche a caminar por la ribera de un río en medio de la bruma.

Jacob es atacado por un adversario misterioso

Jacob fue atacado de repente por una figura desconocida y extraña que salió de la neblina y de la oscuridad. Toda la noche Jacob forcejeó con su adversario misterioso. Estaba muy asustado y temía por su vida, pero siguió luchando incluso después de que el atacante logró desencajarle el muslo. Al final de esta narración tan extraña y misteriosa, a Jacob se le dio un nombre nuevo y una gran bendición. ¿Cuál será el significado de esta historia? ¿Por qué se encuentra en nuestras Biblias? ¿Qué mensaje nos transmite Dios con esta historia?

Quizá sea un buen comienzo para nuestra reflexión recordar el nombre del protagonista de la historia. Se da muchas veces que una de las claves para entender el significado de un texto, es buscar lo que significan los nombres de los actores principales. Tantas veces los nombres que encontramos en la Biblia son solamente palabras que suenan bien y que utilizamos para etiquetar a las personas. Un nombre es un símbolo de lo que uno es. Al niño que sacaron del río lo llamaron Moisés, porque ese nombre significa "sacado del agua". El ángel le dijo a María que su hijo sería llamado Jesús, porque el nombre Jesús quiere decir Salvador. El niño de María sería aquél que salvaría al mundo de su pecado. Pero el significado del nombre Jacob es tramposo, engañador, suplantador, agarra talón. Y si nos ponemos a estudiar la historia de Jacob, veremos que eso es exactamente lo que fue.

Si te acuerdas de las lecciones que aprendiste en la escuela dominical, recordarás que cuando Jacob y su hermano mellizo Esaú todavía estaban en el vientre de su madre, ya luchaban por quién sería el más grande. Esaú nació primero para ganarse el privilegio de obtener todos los derechos de primogenitura; pero el pequeño Jacob nació inmediatamente después, agarrado del talón de Esaú. A lo mejor la partera se rio y exclamó: "Miren cómo ese tramposo agarra el talón de su hermano. Parece como que quisiera tirarlo hacia atrás otra vez dentro del vientre de su madre a fin de nacer primero. Este niño quiere ser el número uno. Debemos llamarlo Jacob, o sea, el agarra talón." Y así lo llamaron. De este modo, durante toda su vida Jacob siguió agarrando, por las buenas y por las malas, haciendo todo lo posible por ser el primero. ¿Recuerdas que Jacob se aprovechó de la fatiga y el hambre de su hermano Esaú y le vendió un plato de lentejas a cambio de sus derechos de primogénito? ¿Recuerdas que Jacob se disfrazó con la ropa de su hermano para hacerse pasar por él y, de esta manera, conseguir que su padre lo bendijera en lugar de Esaú? Cuando Esaú se dio cuenta del engaño, gritó y exclamó "¡Qué bien le queda el nombre Jacob! ¡Ya me ha suplantado dos veces! ¡Primero me arrebató mi primogenitura, y ahora me ha arrebatado mi bendición!" –"Pero yo voy a arreglar cuentas con este tramposo. Lo quitaré de en medio de una vez por todas." Así las cosas, Jacob tuvo que huir de la Tierra Prometida, buscar refugio en Siria y pasar veinte años en ese país lejano, porque no le había importado el daño que causaría en su anhelo de ser el número uno.

La historia de Jacob es también la historia de nosotros

Pero Jacob no es solamente el nombre de un personaje que vivió hace muchos siglos en el tiempo del AT, es nuestro nombre también.

Demasiadas veces nosotros, individualistas que somos, pasamos por encima de otros, pisoteando sus emociones y el amor que nos tienen, en nuestro afán de triunfar en la vida. En nuestra ambición de ser el número uno, somos capaces de manipular a nuestros amigos y utilizarlos al servicio de nuestros intereses mezquinos. Vivimos en una sociedad caracterizada por la competencia, donde la supervivencia del más apto y la ley de la jungla han reemplazado la regla dorada. Leemos de estudiantes de medicina que arruinan los trabajos de sus compañeros de clase, para obtener ventaja sobre ellos. Sabemos que con frecuencia tanto segundos en jerarquía como secretarias, se valen del chisme y la calumnia para descalificar a sus compañeros de trabajo y, de esta manera, conseguir un ascenso. Conocemos casos en que las mentiras y las indirectas han servido de artimañas efectivas para arrebatarle a un amigo su prometida o su esposa. Y, ¿cuántas veces no se ha abortado un feto porque su nacimiento hubiera estorbado a los progenitores en su carrera de triunfar en la vida? En la sociedad individualista de la cual somos parte, se nos enseña a procurar primero nuestro propio bienestar; y ¡ay de aquel que se interponga en nuestro camino! Al recordar la historia de Jacob, tenemos que aceptar individualmente: Yo también soy un tramposo; Jacob es también mi nombre.

Jacob regresa a la Tierra Prometida y al encuentro con Esaú

Nuestra historia comienza con el retorno de Jacob a la Tierra Prometida después de haber pasado veinte años en un país lejano. En la parábola del hijo perdido, el hijo menor salió de su casa rico y regresó pobre. En la historia de Jacob el hijo menor sale pobre y regresa rico. Durante su estancia en el país lejano Jacob ha adquirido cuatro esposas, once hijos y una hija. Posee grandes cantidades de ovejas, chivos, ganado, y sirvientes. Pero ahora ha llegado el momento de volver a casa y reclamar la herencia que su padre le dejó. Dice: "Ya ha llegado el tiempo de asentarme en la heredad de mi padre y dejar que mis raíces se extiendan en esta buena tierra. Seguramente mi hermano Esaú habrá muerto, y si todavía vive, se habrá olvidado de algo que pasó hace tantos años." Y así, con su familia y sus rebaños, Jacob se prepara para cruzar el río Jaboc y entrar nuevamente en la tierra de Canaán. Pero, precisamente en ese momento recibe una mala noticia: Esaú, su hermano, viene a su encuentro con 400 hombres armados.

Esaú se está acercando, y Jacob, asustado, le envía una ofrenda de ovejas y chivos en un intento de ganar la buena voluntad del hermano ofendido. Esaú viene y Jacob, asustado, baja de noche a la ribera del río Jaboc para vigilar y orar. Esaú viene y Jacob no sabe qué hacer exactamente. Amigo: ¿Hay un Esaú en tu vida? ¿Hay un Esaú cuya llegada temes? ¿Es ese Esaú un hermano, un padre, una madre, un hijo, una ex novia, un ex socio, un amigo que traicionaste? La llegada de Esaú puede significar el fracaso de nuestros proyectos y planes, un balde de agua fría para tus sueños, o mis sueños. La llegada de Esaú puede significar que ha llegado el tiempo de segar lo que nosotros mismos hemos sembrado. ¿Cómo podré arreglar cuentas con mi hermano Esaú? No es solamente el problema de Jacob; podría, fácilmente, ser tu problema o mi problema.

Y ahora, repentinamente, Jacob es víctima de un ataque. Alguien ha salido de la oscuridad y de la bruma, o tal vez de su pasado, para impedirle la entrada a la Tierra Prometida. ¿Quién será ese adversario? ¿Será un espíritu malo, el espíritu del río o el fantasma de un viajero que se ahogó en el río? ¿Será el diablo, o uno de los hombres armados de Esaú? Podría ser el ángel de la guarda de Esaú, ¿o será Esaú? Quizá es solamente una pesadilla o la conciencia atribulada de Jacob; o ¿será algún gran temor reprimido que finalmente consiguió desprenderse del subconsciente de Jacob?

Nuestra necesidad de arreglar cuentas con Dios

Según el pasaje que estamos viendo, quien atacó a Jacob de noche en la ribera del río Jaboc, no es hombre, ni fantasma, ni ángel o demonio, sino el Señor, él mismo. Lutero dice que fue nuestro Señor Jesucristo quien luchó con Jacob. Pero parece ser algo demasiado fantástico. ¿Cómo es posible que el Señor, que hizo el cielo y la tierra, viniera a la tierra y se dejara vencer por carne y sangre? Pero es precisamente lo que sucedió, y no sólo a orillas del río Jaboc, sino en el pesebre de Belén. Sí, Dios se hizo hombre. Sí, Dios se dejó vencer por el hombre. Fue clavado en una cruz a fin de hacer llegar su bendición no sólo a Jacob, sino también a ti y a mí.

Jacob está esperando a Esaú. Espera arreglar cuentas con su hermano, pero primero tiene que arreglar cuentas con Dios, lo mismo que nosotros. Si realmente queremos enfrentarnos a nuestros problemas, si de verdad queremos acabar con los grandes problemas en nuestras vidas, si queremos arreglar las cosas que nos atormentan por dentro, tendremos que arreglar cuentas con nuestro Señor Jesucristo primero. No importa cuánto hayamos viajado, o cuán famosos hayamos llegado a ser, nunca llegaremos a ninguna parte sin arreglar cuentas con Dios primero. Sí, hay muchos y grandes problemas en nuestras vidas, como, por ejemplo, el del hombre que descubre que su esposa lo engaña con otro, o la esposa que tiene un marido que se está ahogando literalmente en el alcohol, o los padres que tienen un hijo que consume drogas, o el joven que teme tener SIDA. Son todos problemas enormes, pero antes de poder resolverlos, tenemos que arreglar cuentas con Dios.

El Señor sigue viniendo, para luchar contra nosotros. Cuando se proclama la Palabra se nos llama a luchar contra el Creador de cielos y tierra. Dios viene a luchar contra nosotros por medio de su ley, sus mandamientos. Mediante los mandamientos nos ataca, nos condena, nos hace besar la tierra. Nos dice: "Yo sé quién eres tú. Tú eres el engañador, el suplantador, el tramposo, el agarra talón, el que dice mentiras para lograr sus fines y llevar a cabo sus planes, y para eliminar a sus rivales. Tú eres Jacob, y ahora te tengo en mis manos y te voy a poner impedimentos. No te voy a permitir que entres en la Tierra Prometida. No te daré acceso al futuro con que soñaste. Soy tu adversario, tu enemigo, tu destructor.

Jacob se aferra a la promesa que recibió hace 20 años

¿Cómo podría un ser humano luchar contra Dios? ¿Con qué armas podríamos prevalecer? ¿Con ofrecerle nuestros sacrificios, presentarle una extensa lista de nuestras virtudes, compararnos con otros, mostrarle que no somos tan malos como los demás, inventar toda clase de excusas ingeniosas? Jacob sabía, en su desesperación, que no podría confiar en ninguno de estos trucos. Lo único a que podía aferrarse era esa promesa que el Señor le había dado hacía 20 años, cuando huía de su hogar y de la ira de Esaú. En ese momento, el Señor se le apareció en lo alto de una escalera divina. En ese momento el Señor le dijo: "Jacob, a pesar de lo sucedido entre ti y tu hermano, te voy a bendecir. Te bendeciré, no por ser quien eres ni por lo que has hecho. Te voy a bendecir por lo que yo soy y por lo que yo he hecho. Te bendeciré porque soy rico en misericordia. Te bendeciré porque soy

Dios que ha bajado a la tierra como hombre, y que como hombre me dejo derrotar y ser clavado en un madero. Te voy a bendecir porque soy Dios que sufre en carne y sangre la maldición que pesa sobre los mentirosos y engañadores, los suplantadores y tramposos, los embaucadores y todos los que procuran agarrarse del talón de su hermano." Recordando su visión misteriosa, Jacob se afianza en la promesa de bendición que el Señor le había dado en aquel momento y exclama: "Señor, acuérdate de que tú has prometido bendecirme. Yo reclamo mi bendición y no te soltaré hasta que me bendigas." ¡Y, milagro de milagros, el Señor se acuerda de Jacob y le otorga su bendición!

En nuestro Bautismo Dios nos ha otorgado su promesa. En nuestro Bautismo Dios de Jacob ha prometido bendecirnos y hacernos instrumentos de bendición. En nuestro Bautismo el Señor ha establecido con nosotros un pacto y promete ser nuestro Dios. Pero tantas veces, al igual que Jacob, nos descarriamos y negamos nuestro Bautismo y el pacto que él celebró con nosotros. Tantas veces nos apartamos de las bendiciones que el Señor derrama sobre nosotros, y dejamos de ser la clase de personas que él quiere que seamos. Tantas veces damos prioridad a nuestros propios proyectos y los sueños que imaginamos para nuestro futuro. Sin orar, sin consultar con Dios, declaramos: "He decidido seguir esta carrera; he decidido casarme con esta chica, aunque no sea creyente; he decidido seguir un estilo de vida en el que será necesario emplear ciertos trucos y trampas para triunfar. Así es la vida." Y eso hacemos. Pero al poner en marcha nuestros planes, encontramos que algo o alguien impide, bloquea nuestro avance. Y entonces, de repente, todo se echa a perder. Las cosas no salen como esperábamos. ¿Quién está luchando en contra de nosotros? ¿Será un espíritu malo o Satanás? Pero, quizá no sea el demonio, sino Dios que se ha puesto a luchar contra nosotros, así como luchó contra Jacob. Y, a veces, él decide tirarnos al suelo.

El joven estudiante universitario, Martín Lutero, se preparaba para ser abogado. Era el hijo de un minero que quería triunfar en el mundo. El joven Martín estaba tan absorbido en sus planes y sueños, que le era difícil ver que Dios tuviera en mente algo diferente para él. El joven universitario se encontraba en el camino a la fama y la fortuna cuando, súbitamente, fue despedido de la silla de su caballo por una centella. Alguien tenía otros planes para él, y este alguien no dejó de luchar contra Lutero hasta que el futuro reformador se aferró a la promesa y dejó que ésta moldeara su vida.

Un nuevo nombre y un nuevo nacimiento

Cuando el Señor se pone a luchar contra nosotros, no lo hace para destruirnos, sino que nos llama a que volvamos a nuestro Bautismo, a su pacto, a su promesa, y al propósito que tiene para nuestras vidas. Cuando Jacob se levantó del suelo, todo aporreado, con moretones y la cadera desencajada, el Señor le dio un nombre nuevo: "Tu nombre ya no será Jacob, sino Israel" (Gn 32:28). Ya no serás Jacob, el suplantador, el logrero, el engañador, el vivo, el agarra talón. Tú eres Israel, el guerrero de Dios. Cuando Dios lucha contra nosotros, no es que quiera castigarnos o hacernos sangrar, sino que quiere darnos un nombre nuevo, un carácter nuevo, un futuro nuevo. Cuando el Señor viene a luchar contra nosotros, lo hace con la finalidad de otorgarnos una bendición y para hacer de nosotros, como de Jacob, instrumentos de bendición.

Al levantarse del suelo, "a ese lugar Jacob le puso por nombre 'Peniel', porque dijo: 'He visto a Dios cara a cara, y sigo con vida'" (Gn 32:30). ¡Solamente en Jesús podemos ver el rostro de Dios! Solamente en Jesús podemos ver a Dios y no morir. Solamente en Jesús pueden ser cambiados nuestros nombres de Jacob a Israel. Solamente en Jesús recibimos bendición y llegamos a ser instrumentos de bendición. "¡Oh Señor!, no permitas que te dejemos ir, y nunca dejes de bendecirnos en el nombre de Jesús. Amén."

GÉNESIS 33

La reconciliación entre Esaú y Jacob

Después de relatarnos el encuentro entre Dios y Jacob a la orilla del río Jaboc, el autor sagrado procede a darnos una descripción del encuentro entre Jacob y su hermano Esaú. Jacob ya le había enviado a su hermano un sustancioso regalo consistente de muchas cabras, ovejas, carneros, y camellos, a fin de aplacar su ira y motivarlo a renunciar a su derecho de vengarse por la pérdida de su primogenitura y la bendición de su padre Isaac. La aceptación del costoso regalo por Esaú sería una señal pública de la buena voluntad del hermano ofendido y de su disposición de perdonar a Jacob y renunciar a su derecho a la venganza. Inversamente, el rechazo del regalo significaría una continuación de la enemistad entre los dos hermanos. Por lo tanto, Jacob insta a Esaú a aceptar el regalo. De acuerdo con las costumbres del antiguo Cercano Oriente, Esaú no acepta el regalo de Jacob inmediatamente, pues eso significaría no solamente una falta de ética sino una pérdida de honor. Cuanto más el receptor de un regalo se demora en aceptar lo ofrecido, más honor se le atribuye.

Los antropólogos sociales comentan que en toda cultura existe un proceso para la entrega y recepción de regalos, proceso que es necesario seguir para no ofender ni al donante ni al receptor (Bridge 2014:263-278). En algunas culturas, el ofrecimiento de un regalo podría interpretarse como un acto de agresión, una maniobra que le ayudaría al donante a ganar honor a expensas del receptor, o como una manera de humillarlo. Es importante que los trabajadores transculturales, como misioneros, médicos, y diplomáticos, conozcan el significado social del intercambio de regalos antes de cometer una indiscreción social que podría perjudicar su misión.

Los acontecimientos relatados en Génesis 33 deben haber provocado gran sorpresa entre los primeros oyentes y lectores de Génesis. En vez de atacar a Jacob y los suyos, Esaú corre al encuentro de su hermano y, echándose a su cuello, lo abraza y lo besa. En respuesta a la oración de Jacob, Dios le ha quitado a Esaú el deseo de vengansa. En vez de enviar sus cuatrocientos hombres armados para atacar a Jacob y los suyos, Esaú les ordena protegerlos y ayudarlos en su viaje. A fin de cuentas, no fueron necesarios todos los preparativos de Jacob, todos sus regalos, toda su astucia. El Señor ha cumplido con su palabra; el Señor ha sido el refugio de Israel; el Señor cambió el corazón de Esaú. Dios, el de Peniel, efectuó una reconciliación entre los dos hermanos enemistados. Lo sucedido debe recordarnos que nuestro Señor es Dios de reconciliación, quien nos dio a nosotros el ministerio de la reconciliación (2 Co 5:18). Tal reconciliación es posible solamente mediante Jesucristo, quien fue enviado por Dios para, "por medio de él reconciliar consigo todas las cosas, tanto las que están en la tierra como las que están en los cielos, haciendo la paz mediante la sangre de su cruz" (Col 1:20). En su encuentro con Dios en Peniel, Jacob fue reconciliado con Dios, y por medio de esa reconciliación recibió el poder para reconciliarse con su hermano. "Perdónanos nuestros pecados, porque también nosotros perdonamos a todos los que nos deben" (Lc 11:4).

Después de la reconciliación con su hermano, Jacob decide no seguir a Esaú con los suyos para vivir bajo su protección en Seir, sino que se dirige a Siquén para vivir bajo la protección de Dios. En lo que resta del capítulo se nos relatan los movimientos de Israel de un lugar a otro, la construcción de casas para su familia, de altares para la adoración de Dios y de tiendas para la protección de sus animales. Lutero se deleita con la lectura de las actividades diarias del patriarca, pues son evidencia de que el Espíritu Santo se preocupa por las tareas cotidianas de los trabajadores, ganaderos y dueños de casa. El Reformador nos recuerda que muchos monjes despreciaban tales actividades ordinarias y daban importancia sólo a las que consideraban espirituales: vigilias, ayunos, mortificaciones del cuerpo, y la veneración de los santos (1970:181). Fue durante este tiempo que Jacob compra, por primera vez, una parcela de terreno para su familia. La heredad estaba ubicada cerca de la ciudad de Siquén, que se menciona en el Evangelio de San Juan 4:5, pues allí se encontraba el pozo de Jacob donde Jesús se encontró con la mujer samaritana.

Nota litúrgica

La reconciliación es siempre una obra maravillosa del Espíritu Santo en la vida de los hombres. Gracias a la misericordia divina se terminaron los rencores y odios entre los dos hermanos. Ambos estuvieron juntos en el sepelio de su padre. Sin embargo, los descendientes y Esaú y Jacob no lograron vivir en paz como hermanos. Lo vemos reflejado en la lección profética que corresponde a la lectura del *seder* para Génesis 33, en la liturgia de la antigua sinagoga. Dicha lectura profética (*haftarot*) es el breve libro de Abdías (un solo capítulo). En él se profetiza la destrucción total de los edomitas, los descendientes de Esaú que establecieron su reino en el monte Seir, al otro lado del río Jordán. Durante la destrucción de Jerusalén por el rey

Nabucodonosor de Babilonia, en vez de mostrar solidaridad con sus hermanos israelitas, los edomitas se pusieron a perseguirlos, matarlos, y venderlos como esclavos. Hay que recordar que en los escritos rabínicos Esaú llegó a ser símbolo de la Roma cristiana y de todos los que fueron considerados enemigos de los judíos.

Hacia el final del capítulo 33 el hagiógrafo nos cuenta que, después de su encuentro con Esaú, Jacob se fue a Sucot. Allí edificó una casa e hizo enramadas para su ganado. La palabra Sucot significa enramadas, y es el nombre de una de las tres grandes fiestas del pueblo de Israel en el AT, o sea, la Fiesta de las Enramadas o Tabernáculos, celebrada entre los días 15 y 21 del mes de Tishri. En la liturgia de la antigua sinagoga, el *seder* sobre la construcción de las enramadas por Jacob es una de las lecturas para la Fiesta de los Tabernáculos, fiesta que también rememora las enramadas que construían los viñadores en el tiempo de la cosecha de uvas, y la elaboración de las tiendas que utilizaron los israelitas durante su peregrinación por el desierto después del Éxodo. Sucot queda cerca de la ciudad amurallada de Siquén. Se nos dice que Jacob compró el campo de Sucot a los hijos de Jamor por cien monedas y después construyó un altar a Dios de Israel.

GÉNESIS 34

Historias no aptas para menores

En Génesis 34 encontramos una historia que nunca aparece en nuestras lecciones de escuela dominical o de la escuela bíblica de vacaciones, porque es una narración no apta para menores. Se trata de la violación (o seducción) de Dina y la cruel venganza de sus hermanos tomada en contra de un pueblo indefenso. Aquí vemos a Jacob furioso por la conducta de sus hijos quienes, abusando de un pacto sagrado celebrado en el nombre del Señor, emplean la circuncisión para armar una trapa mortal con el fin de engañar y después asesinar a los habitantes de Siquén. Al condenar a sus hijos por haber tomado en vano el nombre del Señor, el padre de Simeón y Leví debe haber recordado que en una oportunidad él mismo había preparado un engaño en el que utilizó el nombre del Señor para apoderarse con disimulo de la promesa dada a su padre y a su abuelo.

En el capítulo 32 vimos que Jacob recibió un nombre nuevo después de su lucha con el ángel, en Peniel. Recordemos que, en las Escrituras, la recepción de un nuevo nombre con frecuencia implica un cambio de destino o un cambio de carácter, vale decir un nuevo nacimiento, tal como ocurre en nuestro Bautismo. En el capítulo 34 Jacob/Israel se reconcilia con su hermano Esaú. Esta reconciliación es una indicación de que el tercer patriarca está viviendo en conformidad con su nuevo nombre. Pero en la historia de la seducción y violación de Dina, Jacob parece sufrir una recaída. Al menos así lo considera la mayoría de los estudiosos de la Biblia (Betchtel 1994:19-36). Se nos dice que la conducta de Jacob no cuadra con la de Israel, sino que es una reincidencia de su viejo carácter. Jacob nunca había apreciado mucho a su primera esposa Lea, ni a los hijos de Lea. Siempre había dado preferencia a Raquel y sus hijos. En esta historia no se lo ve demasiado preocupado por la suerte de Dina, la que todavía se encuentra en poder de Jamor y los habitantes de Siquén.

En su discusión acerca de este pasaje, los rabinos increpan al patriarca por no haber enseñado la Torá a su hija y haberla aconsejado acerca del peligro de tener trato con los gentiles. Dina parece ser la hija olvidada de una esposa despreciada, una hija atrapada en una familia disfuncional. Es posible que Dina buscara el compañerismo de las muchachas gentiles del contorno, porque le faltaba el cariño de su padre; echaba de menos su preocupación por ella (Cotter 2003:253). Así las cosas, Dina se alejó de la protección de la familia para <u>ver</u> a las hijas del país y fue <u>vista</u> y violada por el hijo del cacique del pueblo. Los rabinos solían utilizar esta historia para enseñar a los padres de las jovencitas acerca del peligro de relacionarse con los gentiles. Es deber del padre judío cuidar muy bien de sus hijas, no dejarlas salir nunca solas y advertirles de los muchos peligros fuera del hogar. Según los cálculos de Lutero, Dina debió haber sido una niña de unos doce años cuando ocurrió su rapto y violación (1970:189).

Lo que más preocupaba a Jacob fue su propio bien (Gn 34:30) y no la suerte de su hija. Anteriormente, tanto Abrahán como Isaac habían puesto en peligro la virtud de sus propias esposas por miedo de ser atacados por los egipcios y los filisteos. Los hermanos de Dina, especialmente los hijos de Lea, son los que sienten la obligación de actuar en defensa de su hermana. El suceso debe haber profundizado aún más la brecha ya existente entre Jacob y los hijos de Lea, y preparado el escenario para la historia de José y sus hermanos. Aprendemos, del relato, acerca de la necesidad de luchar sin descanso en contra de nuestra vieja naturaleza pecaminosa, lo que Pablo llamaba nuestro viejo hombre. Nuestra vocación es vivir de acuerdo con la nueva naturaleza que hemos recibido en nuestro Bautismo. Es interesante notar que mientras el nombre Israel significa "el que ha luchado con Dios", el nombre Siquén en hebreo quiere decir "asno" y el de Dina "vindicación" o "restitución" (Lutero 1970:208; Wenham 1994:248).

De acuerdo con las tradiciones y leyes vigentes en Mesopotamia, Anatolia, y Palestina en el tiempo de los patriarcas, Jacob procuró arreglar el conflicto mediante la negociación. Los códigos legales vigentes en el antiguo Medio Oriente estipulaban que el varón responsable por la desfloración de una virgen libre, tenía la obligación de pagar una multa al padre de la joven. El hombre responsable de la violación o seducción de una virgen, también podía ser obligado a casarse con ella. En realidad, el pasaje no dice concretamente que Dina fue violada. Podría haber sido seducida sin ofrecer resistencia a los reclamos amorosos de Siquén. Fuera violación o un simple encuentro sexual con consentimiento mutuo, las leyes estipulaban el pago de la misma multa de restitución, pues el acto se consideraba una violación del honor del padre y los derechos del futuro esposo de la mujer en cuestión. En Éxodo 22:16-17 se estipula que el culpable será responsable de pagar la dote señalada para las vírgenes (cien piezas de plata). En el caso de Jacob y los habitantes de Siquén, lo ocurrido debe entenderse como una violación del pacto de amistad que se estableció cuando Jacob compró un terreno a Jamor (Wagner 2013:145-161).

Rubén, Simeón, y Leví fueron descalificados y perdieron la primogenitura

Uno de los propósitos de la historia relatada en Génesis 34 es explicar cómo el segundo y tercer hijo de Israel fueron descalificados por lo sucedido y perdieron tanto la primogenitura como la promesa de ser los antepasados del futuro rey mesiánico. En Génesis 35:21 leemos que Rubén, el hijo mayor de Israel, había perdido la primogenitura por haber tenido relaciones con Bilá, una de las concubinas de su padre. En 1 Corintios 5:1-13 el apóstol Pablo pide que sea excomulgado de la congregación uno de los líderes de la comunidad cristiana, por haber tenido relaciones con la mujer de su padre. A la luz de la vieja cultura cananea, el pecado de Rubén fue mucho más que una debilidad de la carne. Según las convenciones del antiguo Cercano Oriente, tomar la concubina del padre era visto como un intento de apoderarse de la autoridad y el liderazgo que ejercía su progenitor sobre el clan o la tribu. Quizá Rubén consideró que la falta de decisión y liderazgo de parte de su padre en el asunto de la violación de Dina lo habían descalificado como líder del clan. Algo similar a la falta de decisión de David en el asunto de la violación de su hija Tamar, lo que lo habría descalificado como rey (2 S 13).

Uno de los primeros actos de Absalón, el hijo rebelde de David que organizó un golpe de estado en contra de su padre, fue acostarse con las diez concubinas de David ante los ojos de todo Israel, en una tienda que había sido puesta en la azotea (2 S 16:21-22). Con esta acción el hijo rebelde declaraba que a su padre debía considerárselo como muerto, y que todos los privilegios y derechos de que había gozado el líder derrotado, ahora eran de su hijo, juntamente con todos los demás símbolos del poder. Pero Rubén falló en su intento de asumir el liderazgo del clan, y así perdió no sólo su primogenitura sino también la bendición. Con la exclusión de los primeros tres hijos de Israel, el camino queda abierto para que el cuarto hijo, Judá, sea el hijo designado para heredar la bendición. En otro capítulo de Génesis, tampoco apto para menores, veremos que Judá casi pierde el derecho de heredar la bendición pero, al final, lo recupera. La descalificación de los primeros tres hijos de Israel y la elección de Judá se reafirman en la profecía que Israel pronuncia en su lecho de muerte, en Génesis 49:1-12.

Desde un punto de vista antropológico, podríamos interpretar la acción de Rubén y de Absalón como casos de contextualización extremada, o sea, la adaptación o incorporación de modelos de conducta de la cultura cananea contrarias a la fe de Israel. Contrariamente, el acto de Simeón y Leví es un rechazo fundamentalista de cualquier contextualización o diálogo con otros. La acción adoptada por Jacob es lo que algunos misiólogos cristianos han llamado contextualización crítica, la adaptación o incorporación a la comunidad de ideas y costumbres de la cultura de los vecinos que no comprometen la fe y la justicia practicadas en la comunidad creyente. Tal contextualización podría servir como un puente por el cual introducir nuevas ideas y costumbres en la comunidad de la fe, y también como un puente a través del cual la fe del pueblo de Dios podría penetrar la cultura vecina y transformarla.

La mortificación que tuvo que soportar Israel por la mala conducta de sus hijos, pone de manifiesto que los hijos de Israel no siempre fueron fieles a su misión. No siempre fueron una bendición para las naciones. No siempre fue glorificado Dios de Israel por el testimonio de los que habían recibido en sus cuerpos la señal del pacto. Por eso fue necesario que viniera un fiel siervo del Señor para vigorizar las tribus de Jacob y ser una luz a las naciones (Is 49:6), y para llevar la salvación hasta lo más recóndito de la tierra. Del siervo venidero dice Isaías: "¡Aquí está mi siervo, mi escogido, en quien me complazco! Yo lo sostengo; sobre él reposa mi espíritu. Él traerá la justicia a las naciones. No gritará ni levantará la voz; no se hará oír en las calles. No hará pedazos la caña quebrada, ni apagará la mecha humeante. Traerá la justicia por medio de la verdad" (Is 42:1-3). La gritería a la que alude Isaías en la profecía es la de los guerreros que entran en las casas con violencia para quemar y matar, como hicieron los hijos de Israel. Simeón y Leví no perdonaron la caña quebrada, o sea, las personas debilitadas e incapacitadas por razón de su circuncisión, sino que, con saña y sin misericordia apagaron la mecha humeante de la lámpara de Siquén. El siervo del Señor, que saldrá de la tribu de Judá, vendrá más bien manso y humilde y sentado sobre un asno, no sobre un caballo de guerra.

Los patriarcas no fueron santos, sino pecadores rescatados por pura gracia

Las historias de Génesis 34 y 38, aparte de no ser aptas para menores, se escribieron, como dice el apóstol Pablo, para amonestarnos a nosotros quienes vivimos en los últimos tiempos (1 Co 10:11). Muchos de los personajes que encontramos en las páginas de la Escritura se nombran, no porque sean santos, y cuyas vidas ejemplares exijan nuestra emulación, sino porque son ejemplos tristes de lo que puede sucedernos a nosotros si descuidamos nuestra salvación y la promesa del Espíritu Santo. No se debe considerar al Libro de Génesis como una galería donde se exhiben las vidas y virtudes de los santos; se parece más a un archivo médico lleno de casos de personas gravemente enfermas. Al incluir estas historias entre las páginas de la Biblia, el Espíritu Santo nos dice: "¡Cuidado con no ser otro Rubén, Simeón, Leví, Dina o Siquén! ¡Cuidado con que sus tristes historias no se repitan en las vidas de ustedes!" "Así que, el que crea estar firme, tenga cuidado de no caer" (1 Co 10:12).

Para Lutero, lo de este capítulo es una ilustración clara de cómo la gente común sufre a causa de los pecados cometidos por sus gobernantes. No sólo Jamor y Siquén murieron víctimas de la venganza de los hijos de Jacob, sino todos los hombres de la ciudad. Los príncipes parecen estar por encima de la ley, abusan de los derechos de los campesinos, y en vez de confesar sus pecados y arrepentirse, justifican y defienden sus crímenes. Por los pecados de David, el castigo de Dios cayó sobre todo el pueblo de Israel (2 S 24:15). Por el secuestro de Helena de parte de un príncipe, se desató la guerra de Troya y todo el pueblo pereció. Por los pecados de los príncipes de los estados europeos, dice Lutero, los turcos invadieron Europa y amenazaron con destruir a los estados alemanes (1970:206).

El contexto sociocultural de Génesis 34

Paralelamente a la historia de la violación o seducción de Dina y la venganza de Simeón y Leví, hay una importante dimensión sociocultural que llegó a tener un papel significativo en el período de los jueces y de la monarquía. Esta dimensión tuvo que ver con cuál sería para los israelitas la mejor manera de acomodarse a la vida campesina de labrar la tierra y vivir como vecinos de personas de otros pueblos, personas con otras tradiciones, costumbres, y dioses. Es una situación que llegó a ser un gran problema para los israelitas después de su regreso de Egipto y su entrada en la tierra de Canaán, en tiempo de los jueces.

El peligro del sincretismo

Una posible opción para Israel fue la presentada por Siquén, el hijo de Jamor. Fue la opción de integrarse plenamente a las poblaciones no israelitas, casándose con sus mujeres y dando a sus propias hijas en casamiento a los hijos de esas poblaciones. Es la opción que escogieron muchos israelitas durante el período de los jueces. El resultado fue el sincretismo, o sea, no sólo un matrimonio de jóvenes enamorados de ambos pueblos, sino una unión de creencias y prácticas religiosas que incluía la adoración de ídolos, el sacrificio de niños, y la hechicería. Consecuentemente, muchos israelitas quedaron contaminados, como Dina, ritualmente impuros e incapacitados de poder adorar a Dios verdadero en espíritu y en verdad.

La inclusión de prosélitos al pueblo escogido

Otra opción para Israel fue la que presentó Jacob. Consistió en la incorporación de los que no eran israelitas al pueblo de Dios por medio de la circuncisión, el abandono de los dioses falsos y una fe exclusiva en el Señor. La opción se ejemplifica en la historia de Rut, quien al abandonar Moab con su suegra Noemí, manifestó: "A dondequiera que tú vayas, iré yo; dondequiera que tú vivas, viviré. Tu pueblo será mi pueblo, y tu Dios será mi Dios. Donde tú mueras, moriré yo, y allí quiero que me sepulten. Que el Señor me castigue, y más aún, si acaso llego a dejarte sola. ¡Sólo la muerte nos podrá separar!" (Rut 1:16-17).

Más tarde veremos que algunos de los hijos de Jacob (quizá todos) se casaron con mujeres no israelitas, las cuales fueron convertidas a la fe de Abrahán, Isaac, y Jacob. Génesis nos cuenta que tanto Judá como José se casaron con mujeres no israelitas: Judá con una cananea, y José con Asenat, una egipcia hija de un sacerdote de On. Siglos más tarde se hizo muy popular entre los judíos de la dispersión un libro apócrifo conocido como *José y Asenat*. Allí se cuenta cómo esta mujer pagana llegó a renunciar a todos los ídolos y prácticas abominables de Egipto y confesar su fe en el Señor y ser integrada al pueblo del pacto. Este libro apócrifo fue adoptado como un manual de catequesis para prosélitos en las sinagogas de la dispersión. La inclusión de prosélitos en la congregación de Israel fue apoyada por el gran rabino Hillel, líder de una de las dos escuelas rabínicas del tiempo del NT.

Algunos autores, como Bechtel (1994:19-36), defienden las buenas intenciones de Siquén, Jamor, y los habitantes de la ciudad, afirmando que el joven príncipe estaba verdaderamente enamorado de Dina, y que lo ocurrido entre ambos no fue una violación, sino un acto de consentimiento mutuo. Según la Torá, una violación ocurre cuando una mujer grita y ofrece resistencia al hombre que quiere acostarse con ella. Es una violación cuando el hombre, con violencia, obliga a una mujer a acostarse con él. El texto de Génesis no habla de violencia de parte de Siquén, ni de gritos de parte de Dina. Por lo tanto, Bechtel difiere de los intérpretes feministas para quienes Dina ha llegado a ser el símbolo de las millones de mujeres que han sido abusadas, violadas, y explotadas por los hombres, y por la sociedad machista en la cual se encuentran. Según Bechtel, Dina y Siquén son dos individuos que intentan fragmentar las barreras sociales y tribales que separan a dos grupos de personas. Lo que se violó son las fronteras establecidas por un grupo tribal o religioso para defender su identidad y su carácter particular. Es también una equivocación afirmar que la mujer carecía de valor entre los israelitas y sus vecinos. Todo lo contrario, por su habilidad de dar a luz, las mujeres eran las personas de quienes dependía la supervivencia de la tribu, o sea, la supervivencia de los ancianos en sus descendientes. Una de las cosas que se procuró evitar con las leyes en contra de matrimonios con extranjeros, fue la pérdida de las mujeres de la tribu por su incorporación a otras tribus y pueblos.

Debe notarse que en el relato de Génesis 34, Siquén, Jamor, y los hombres del pueblo de Siquén están de acuerdo en recibir la circuncisión y hacer un pacto con Israel. No tanto por motivos religiosos, sino para percibir los beneficios económicos de tal acuerdo: "Su ganado y sus bienes, y todas sus bestias, serán nuestros" (Gn 34:23). En el pacto que los habitantes de Siquén quieren establecer con Israel, no se menciona nada de la renuncia a los ídolos. No dice nada en cuanto a la adoración del Dios de Israel, ni tampoco se hace mención de una confesión de pecado o de un arrepentimiento verdadero. Lutero enfatiza que por un verdadero arrepentimiento y fe en la gracia de Dios, un pecado grande, aún un pecado mortal como el de Siquén, se hace pequeño (venial). Pero sin arrepentimiento un pecado pequeño se convierte en un pecado mortal (1970:200). Según la perspectiva de la misión del pueblo de Dios en el mundo, el pacto entre Siquén e Israel es inadecuado. Fue por eso que en una fecha posterior los rabinos insistieron no sólo en la circuncisión de prosélitos, sino también en su bautismo.

El Bautismo cristiano es un lavamiento, un acto divino de purificación que tiene como finalidad la eliminación y extirpación de toda idolatría, hechicería, injusticia e inmundicia. Para los miembros de las primeras comunidades cristianas, y también para nosotros, el Bautismo es la renuncia al Diablo y todas sus obras: "En cuanto a su pasada manera de vivir, despójense de su vieja naturaleza, la cual está corrompida por los deseos engañosos" (Ef 4:22) "Así que despójense de toda impureza y de tanta maldad, y reciban con mansedumbre la palabra sembrada, que tiene el poder de salvarlos" (Stg 1:21). "Por lo tanto, desechen toda clase de maldad, todo engaño e hipocresía, envidias y toda clase de calumnia. Busquen, como los niños recién nacidos, la leche espiritual no adulterada, para que por medio de ella crezcan y sean salvos" (1 P 2:1). Hay que recordar que la injusticia de los malvados nunca justifica la maldad de parte de los justos. Cuando los justos pretenden vengarse de la maldad de los injustos, ellos mismos se vuelven injustos también.

El peligro del fundamentalismo

Una tercera opción, representada por Simeón y Leví, fue la de los zelotes en el tiempo de Jesús. Esta opción fundamentalista excluía toda posibilidad de inclusión de no israelitas dentro del pueblo de Israel. Recordemos que cuando Josué y los ancianos de Israel concordaron hacer un pacto de paz con los habitantes de Gabaón y permitirles (Jos 9) ser incorporados al pueblo de Dios, toda la congregación se puso a murmurar en contra de Josué y de los príncipes (Jos 9:18). Algunos, con fervor fundamentalista, estuvieron dispuestos a masacrar a los gabaonitas, lo mismo que más tarde quiso hacer el rey Saúl (2 S 21). Los miembros de la tribu de Leví, y especialmente Finés hijo de Eleazar, fieles al ejemplo de su antepasado, tomaron sus lanzas para eliminar del campamento de Israel a los varones que habían tenido relaciones sexuales con las hijas de Moab, en el incidente de Baal Pegor relatado en Números 25. Para el movimiento revolucionario y ultra nacionalista de los zelotes en tiempo del NT, Finés fue uno de los grandes héroes del pueblo escogido. La no inclusión de prosélitos dentro de la congregación de Israel fue la posición de Shammai, el líder de la otra gran escuela rabínica en tiempo del NT.

Antes de terminar con este capítulo y pasar al 35, nótese que nunca en el capítulo 34 (ni tampoco en el capítulo 16) se menciona a Dios. Quizá el autor sagrado quiere decirnos con esto que Dios no está involucrado en la maldad que cometen los hombres, aun cuando [estos profesen ser los escogidos del Altísimo (Cotter 2003:257).

Después de los eventos narrados en Génesis 34, Siquén sigue siendo una ciudad habitada por los cananeos, aunque en Génesis 33:19 se menciona que Jacob había comprado una parte del campo a los hijos de Jamor, el padre de Siquén. La compra se menciona en la historia del encuentro de Jesús con la mujer samaritana en Juan 4:12. En Génesis 34 se nos dice que Dina sale de la casa de su padre para ver a las mujeres del lugar y se encuentra con un príncipe extranjero. Como ya hemos notado, el encuentro de Dina con Siquén no arrojó como resultado la incorporación de la tribu de Siquén a la tribu de Jacob. No redundó en la demolición de las barreras que separaban a los hijos de Jacob de sus vecinos. Pero en Juan 4 se nos relata cómo Jesús y sus discípulos, siendo todos judíos, cruzaron fronteras culturales, tribales, y sociales y estuvieron cerca del lugar donde Dina se encontró con un príncipe extranjero. El evangelista nos cuenta que la mujer samaritana salió de su pueblo y se encontró con un extranjero quien era más que un príncipe. Su encuentro fue con el Rey de reyes y Señor de señores. A diferencia de la historia de Génesis 34, el encuentro entre la samaritana y Jesús sí resultó en la incorporación de los habitantes de Siquén a la nueva Israel mesiánica.

Según el AT, la ciudad de Siquén llegó a ser una de las ciudades más importantes de Israel. Por un tiempo, Siquén fue la capital del Reino del Norte, después de la división del Reino Unido (Haag 1964:1861-1862).

GÉNESIS 35

Después de los lamentables sucesos de Siquén, Dios le ordena a Jacob peregrinar con los suyos hacia Betel, donde Dios se le había aparecido en la visión de la escalera celestial. Jacob había prometido que al retornar a la Tierra Prometida, erigiría al Señor un altar y un santuario en el lugar donde recibió la visión nocturna y la promesa del Dios de sus padres. Para llegar a Betel Jacob tiene que pasar por el territorio de los cananeos, quienes serían capaces de atacar a Israel para vengar el asesinato de los habitantes de Siquén. Pero el Señor hace caer sobre las tribus paganas su terror, y Jacob y los suyos llegan en paz a Betel.

Antes de llegar a Betel la familia tiene que purificarse de la inmundicia y contaminación contraídas por la violación de Dina y la masacre de los habitantes de Siquén. Es la única mención de purificación en el libro de Génesis. Los hijos de Israel tienen que deshacerse previamente de los ídolos que les habían quitado a los habitantes de Siquén. No está permitido acercarse al altar de Dios cargando las imágenes de dioses ajenos. Consecuentemente, Jacob manda enterrar los ídolos bajo una encina cerca de Siquén. Siglos más tarde, en tiempo de Jesús, los judíos consideraron inmundos a Samaria y sus habitantes por la presencia de dichos ídolos allí enterrados. Los tristes sucesos ocurridos en Siquén convencieron a Jacob/Israel de la necesidad de una reforma en el seno de su familia.

Toda reforma verdadera comienza con un retorno a la adoración de Dios verdadero y el rechazo de todo dios ajeno. Quiere decir, un retorno al primer mandamiento y a la primera tabla de la ley, un retorno a la palabra de Dios y un rechazo de toda herejía y doctrina falsa. Después de la reforma de la fe, tiene que seguir una reforma de la vida, las costumbres, y las relaciones humanas; es decir, un retorno al prójimo y a la segunda tabla de la ley (Lutero 1970:232-233). En muchas sociedades, tanto antiguas como contemporáneas, se cree que las cosas contaminadas atraen a los demonios, así como la carne podrida atrae a las moscas. Para Israel, los ídolos constituyen el mayor foco de contaminación. Todo lo que haya tenido contacto con la idolatría tiene que ser purificado.

Al cumplir Jacob con su promesa de erigir un altar a Dios, el Señor le habla para afirmar su fe y ratificar por segunda vez, no sólo su nuevo nombre Israel, sino también la bendición original de bendecir toda la tierra por medio del hombre creado a imagen de Dios (Gn 1:27), y de enviar la simiente para aplastar la cabeza de la serpiente. En Génesis 35:11 se destaca que de Israel saldrá "una nación, y reyes, y un conjunto de naciones". La mención del conjunto o compañía (*go'im* en hebreo) de naciones recalca la promesa hecha a Abrahán y sus descendientes en Génesis 12:2 y 17:4-5. Es la promesa de bendecir a todas las naciones bajo el gobierno del rey mesiánico, cuyo reino se describe en el Salmo 72 y en muchos otros pasajes, tanto en los Salmos como en los Profetas (Jer 3:6-4:4; Is 19:24-25; 56:3-7; Zac 2:11). Nuevamente el Señor reitera que Abrahán y sus descendientes fueron escogidos para subsanar la división de la humanidad descrita en la historia de la Torre de Babel. La promesa de unir a los descendientes de Abrahán con las naciones de los gentiles encontró su cumplimiento en Cristo Jesús y en el establecimiento del Israel de Dios (Gl 6:16), compuesto tanto de creyentes judíos como gentiles bautizados en el nombre Jesús (Lee 209:482).

Jacob/Israel, por su parte, promete servir y adorar solamente a Dios de Abrahán e Isaac como su Dios personal. Tal vez, por lo que sucedió en Siquén, Jacob temía que hubiera perdido el derecho de ser llamado Israel y heredero de las promesas y bendiciones del Dios de sus padres. Cuando ocurren tragedias y hechos lamentables en nuestras vidas, muchas veces nos sentimos tentados - como Jacob -, a creer que nuestros nombres han sido borrados del libro de Dios. Así como Jacob en Betel, necesitamos ser perdonados, consolados, y reafirmados en la fe. Sucede cuando con fe recibimos el cuerpo y la sangre de Cristo en la Santa Cena, en que el Señor nos asegura que por su cruz, él sigue siendo nuestro refugio, buen pastor y salvador. A fin de que las tragedias y aflicciones no nos aparten de él, el Señor nos enseñó a orar: "Y no nos metas en la tentación" (Lc 11:4). En la explicación que brinda Martín Lutero de esta petición en su Catecismo Menor, escribe: "Rogamos en esta petición que Dios nos guarde y preserve, de modo que el diablo, el mundo y nuestra carne no nos engañen ni seduzcan a creencias erróneas, desesperación y otros grandes vicios y afrentas; y que por fin, aunque fuéremos tentados a ello, sin embargo venzamos y obtengamos la victoria" (Meléndez: 362). A pesar de la maldad de los hijos de Jacob y la violación de su hija, la promesa no fue anulada.

Génesis 35 relata la muerte de tres personas. La primera es Débora, la nodriza de Rebeca. Es extraño que en la Biblia se mencione su muerte, y no la de la madre de Jacob y Esaú. Probablemente Rebeca murió mientras Jacob todavía estaba en Harán. De ser así, madre e hijo nunca más llegaron a verse después de la partida de Jacob de Canaán. Lutero opina que Débora tiene que haber sido una persona extraordinaria, quizá una profetisa cuyas sabias palabras de consuelo, aliento, y guía contribuyeron a dar estabilidad a esta familia agobiada por tantas pruebas y tentaciones (1970:252-256). La muerte de Débora debe haber sido un duro golpe para Jacob, pues el encino, lugar de su sepultura, lo llamó "encina del llanto". Aparentemente el encino de Débora fue un árbol bien conocido por los habitantes de Betel (Wenham 1994:325).

La segunda muerte que se menciona en este capítulo es la de la esposa favorita del tercer patriarca. Cerca de Betel, en Belén, muere Raquel, dando a luz a Benjamín, el último hijo de Israel y el único que nació en la Tierra Prometida. Recordemos que en Génesis 30:1 leemos que Raquel había implorado a su esposo: "¡Dame hijos, pues de lo contrario me muero!" Y ahora el don de un hijo es la causa de su muerte (Wenham 1994:326). En sus últimos momentos de vida Raquel quiso llamar a su hijo *"Benoní"*, "hijo de mi tristeza", pero Jacob le cambió el nombre por Benjamín, que significa "hijo de la mano derecha".

El patriarca levantó un pilar para marcar la sepultura de su querida esposa. La tumba de Raquel llegó a ser un lugar importante en el antiguo Israel, pues se la menciona en 1 Samuel 10:2 y Jeremías 31:5. La tumba está ubicada en el territorio de la tribu de Benjamín, el hijo cuyo nacimiento provocó la muerte de su madre. Por allí tuvieron que pasar los cautivos encadenados de Israel rumbo a Babilonia. El profeta Jeremías, en lenguaje simbólico, escribe a Raquel diciendo que lloraba, en su tumba, la triste suerte de sus hijos. Para consolar a la madre de la raza, el profeta le promete el regreso de sus hijos de la cautividad. En Mateo 2:18 el evangelista nos presenta a Raquel llorando de nuevo, esta vez por los inocentes masacrados por Herodes, y por el Mesías que tiene que huir, en busca de refugio, a Egipto. Dice Sailhamer (1992:203) que la agonía de Raquel en sus dolores de parto simbolizaba, para el pueblo escogido, la larga espera por la venida de su Mesías.

La lista de los nombres de los doce hijos de Israel, que encontramos después del relato de la muerte de Raquel, llama la atención sobre el hecho de que Dios había sido fiel y había cumplido su promesa de darle prole a Israel. Los doce hijos serán los fundadores de las doce tribus de Israel y el anticipo del gran pueblo que será levantado del polvo de la tierra (Sailhamer 1992:204). Al final del capítulo 35 el autor sagrado nos cuenta de la muerte de Isaac en la ciudad de Hebrón a la edad de 180 años. Los dos hermanos, Esaú y Jacob, se encontraron nuevamente en el sepelio de su anciano padre.

GÉNESIS 36

El noveno toledot. *Las generaciones de Esaú*

En el libro de Génesis el autor sagrado nos brinda no sólo una genealogía de los hijos escogidos para recibir la promesa de la simiente (Set, Isaac, y Jacob), sino también una de los hijos no escogidos: Caín, Ismael, y Esaú. La genealogía e historia de los descendientes de Esaú, en el capítulo 36, muestra cómo se cumplieron las palabras proféticas (Gn 27:39) que pronunció el patriarca Isaac respecto al destino de Esaú y sus descendientes. Éstos también fueron bendecidos. Establecieron un reino en el monte Seir al otro lado del río Jordán. Muchos años antes del establecimiento de la monarquía en Israel, hubo poderosos reyes que gobernaron en Edom, el territorio de los descendientes de Esaú. Algunos de los moabitas se hicieron idólatras, mientras que otros, como Job y sus tres amigos, seguían adorando al Dios de Abrahán e Isaac. En Génesis 36 tenemos una lista de los reyes y caciques de Edom, que reinaron antes del éxodo de los israelitas de Egipto. El autor sagrado nos ofrece, también, una reseña de algunas de sus hazañas. En las últimas décadas se llevaron a cabo una serie de excavaciones arqueológicas en la región de Edom, que han arrojado mucha luz sobre la cultura material de los antiguos moabitas. Habiendo brindado a sus oyentes y lectores una reseña de la historia de los descendientes de Esaú, el autor sagrado nos prepara ahora para la historia de José y sus hermanos.

Como en el caso del séptimo *toledot*, el de las generaciones de Ismael, se relata la historia de los descendientes de Esaú, después del relato de la muerte del progenitor del pueblo que lleva su nombre. El autor sagrado ha incluido en su obra tanto el séptimo como el noveno *toledot,* porque estos rechazados hijos de los patriarcas aún vivían bajo la bendición divina dada a Abrahán (Waltke 201:482). Al igual que Najor, Ismael, y Jacob, Esaú engendró doce hijos legítimos de sus tres esposas. A diferencia de Jacob, quien buscó a sus dos esposas en Harán, entre los descendientes de Téraj el padre de Abrahán, Esaú buscó a sus esposas entre los cananeos y heteos que vivían en Palestina. Fue la idolatría de las esposas paganas de Esaú lo que hizo renegar de la fe de Abrahán a muchos de sus descendientes.

La inclusión de las crónicas acerca de los descendientes de Esaú en el libro de Génesis evidencia la preocupación de Dios por el bienestar de los pueblos no israelitas, pueblos que en muchas oportunidades fueron contados entre los enemigos de Israel. El hecho de que Ismael y Esaú no fueran elegidos para ser portadores de la promesa de la simiente, no implica que no hayan sido salvados. Lutero estaba convencido de que tanto Ismael como Esaú creyeron en la promesa y fueron justificados por fe y salvados, juntamente con muchos de sus descendientes. Tenemos que distinguir, dice Lutero (1970:284), entre la promesa y la misericordia. Algunos de los que recibieron la promesa del Salvador no recibieron, sin embargo, misericordia o gracia, porque no creyeron en la promesa. En cambio otros, como Ismael y Esaú, no recibieron la promesa del nacimiento de la simiente o el Rey Mesías de entre sus descendientes, y sin embargo recibieron misericordia, porque creyeron.

Como quedó señalado más arriba, los edomitas llegaron a ser para los escribas un símbolo de todos los enemigos de Israel, es decir, de todos los gentiles calificados por Pablo en Romanos 11:16-24 como ramas del olivo silvestre. La inclusión del *toledot* de Esaú en el libro de Génesis debe hacernos recordar que Dios todavía se preocupa por esas ramas silvestres porque, según el plan secreto de su voluntad (misterio, Ef 1:9; 3:7-8), las ramas del olivo silvestre serán injertadas en el buen olivo natural. Al mismo tiempo, la inclusión del *toledot* de Edom en el rollo de Génesis debe ser, para los descendientes de Israel, una advertencia sobre que las ramas naturales pueden ser desgajadas por la incredulidad y reemplazadas por las ramas silvestres de Edom

(Vischer 1946:193). Sin duda, el autor sagrado incluyó la historia de la reconciliación de Jacob y Esaú en su narración como una manera de convocar a las tribus de Israel y de Esaú a procurar la paz y la reconciliación, como lo hicieron, en su tiempo, sus progenitores. Durante la mayor parte de sus respectivas historias, los descendientes de Esaú y de Israel vivieron en conflicto. Hoy en día, en todo el planeta, continúan los odios, conflictos, y guerras entre hermanos, entre tribus y pueblos hermanos. Tenemos que leer la historia de la reconciliación de Esaú y Jacob como un llamamiento a todo el género humano, una invitación a la reconciliación extensiva a todos los pueblos, tribus, y naciones, pues somos todos hijos de un mismo Padre.

Comenzando con Génesis 36:31, el autor sagrado nos ofrece una lista de "los reyes que reinaron en la tierra de Edom, antes de que los hijos de Israel tuvieran rey". Puesto que muchos de los caciques y reyes de los edomitas mencionados en este capítulo gobernaron después del tiempo de Moisés, Lutero comenta que esta parte del libro de Génesis no debe de haber sido escrita por el gran libertador, sino por otro autor, quien por inspiración del Espíritu añadió al rollo de Génesis los acontecimientos e historias del noveno *toledot* (1970:303-304).

DÉCIMA UNIDAD

GÉNESIS 37:1-41:57

GÉNESIS 37

El décimo toledot. *las generaciones de Jacob*

En el último de los diez *toledot* del Génesis encontramos relatada la historia de la última parte de la vida de Israel, y también la conocida historia de su hijo José y sus hermanos. En la última parte de Génesis se relata cómo Dios salvó, en su providencia, la vida de José e hizo de él su instrumento para bendición y salvación de su propia familia y de todo el pueblo de Egipto. En esta última parte leemos que los hijos de Jacob son transformados por la gracia y el perdón de Dios, a fin de llegar a ser un prototipo de la futura iglesia. En el décimo *toledot* encontramos detalles del comienzo del cumplimiento de las promesas hechas por el Señor a Abrahán. Israel comienza a experimentar un gran crecimiento numérico, y llega a ser una bendición a las naciones. El libro concluye con la muerte de José. Su cuerpo embalsamado queda entre los israelitas en Egipto, esperando el éxodo, el retorno de los hijos de Israel a la Tierra Prometida.

Las causas de una familia dividida

En Lucas 13 Jesús advierte a sus seguidores que por causa del reino de Dios las familias experimentarían divisiones: El padre contra los hijos, los hijos contra el padre, la hija contra su suegra y viceversa. Si alguna vez existió una familia dividida, fue la de Jacob y sus 12 hijos. Al leer Génesis 37, nos damos cuenta de las causas de tan terrible escisión.

(1) En primer lugar, Jacob había engendrado hijos con cuatro mujeres diferentes. La competencia entre las mujeres y sus hijos fue la causa de muchos celos e intrigas. ¿A quién le tocaría la mayor parte de la herencia? ¿Quién sería el jefe de familia después del deceso del progenitor? ¿Quién sería dueño de la mejor tierra para sus animales? Aunque Dios había hecho una sola mujer para acompañar a nuestro padre Adán, en los tiempos del Antiguo Testamento muchos practicaban la poligamia. De lo relatado en las páginas del Antiguo Testamento, concluimos que los hombres que practicaban la poligamia no tuvieron una vida familiar feliz.

(2) En segundo lugar, había división en la familia de Jacob por culpa de él mismo, pues Israel mostró una decidida preferencia por uno de sus hijos, José, el hijo de su esposa preferida, Raquel. En vez de compartir un mismo amor con todos sus hijos, Jacob daba los mejores regalos y las responsabilidades más importantes a José. Entre los regalos que le dio a su hijo preferido se contaba una bella túnica de mangas largas. En la Septuaginta y las traducciones que siguen a la LXX, dicha prenda se llama una túnica de muchos colores, mientras que en otras traducciones se prefiere la designación de túnica ceremonial o túnica real. Era una prenda como las túnicas que llevaban los príncipes. La única vez, fuera de ésta, que encontramos el sustantivo hebreo utilizado para designar la túnica de José, está en 2 Samuel 13, en que se describe la túnica que llevaba Tamar, la hija del rey David. La túnica de Tamar, igual a la de José, terminó rasgada después de la cruel y traicionera violación que sufrió la princesa de parte de su medio hermano Amnón. Quizá la túnica de José indicaba que Jacob quería darle la primogenitura al hijo de su querida Raquel, y nombrarlo su principal heredero y jefe de la familia. Lutero (1970:323) creía que se trataba de una túnica

sacerdotal, tan blanca como la nieve, una como la que Ana hizo para el niño Samuel para indicar que su hijo había sido designado líder espiritual del pueblo de Dios (1 S 2:19). Con el regalo de la túnica especial para José, Jacob aparentemente hizo patente su rechazo y desprecio para con sus demás hijos, y así provocó sus celos. Para sus hermanos, la túnica de José llegó a ser un símbolo de favoritismo, rechazo, y repudio. Aprendamos del mal ejemplo de Jacob que todos nuestros hijos son regalos de Dios, aunque algunos estén más dotados que otros.

(3)   La tercera causa de división fueron los sueños de José; al respecto aprenderemos en el transcurso de nuestro estudio del capítulo 37.

(4)   La cuarta causa de división fue que José no se dejó influir por las malas costumbres que sus hermanos habían aprendido de sus vecinos paganos en la tierra de Canaán. Es difícil decir no a la pandilla; y cuando uno lo hace, los otros se sienten juzgados y condenados por nuestra negativa de participar en lo que no cuadra con la voluntad de Dios.

Lutero enfatiza que José prefiere la compañía de los hijos de las siervas (Gad, Aser, Neftalí, y Dan) y no la de los hijos de Lea. Los hijos de Lea fueron los más violentos y orgullosos, los que abusaban de sus privilegios y traían oprobio sobre la casa de su padre.

Recordemos que fueron Simeón y Leví los responsables por la masacre de Siquén. José, según Lutero, fue un amante de la justicia, y su primera preocupación fue obedecer a su padre y hacer que el buen nombre de él se respetara. José no era un delator o soplón, como lo consideran muchos comentaristas modernos (Wenham 1994:350; Greidanos 2007:347), sino un hijo obediente y fiel que no podía hacer la vista gorda ante el mal. Ni se puede, tampoco, catalogar a José como un muchacho engreído y egoísta, lo que sí hacen algunos autores modernos que han estudiado a Freud, Jung, y Ricoeur. Lutero, siempre dispuesto a defender la integridad moral de personas como José, Raquel, Lea, y Jacob, prefiere no psicoanalizar los motivos ocultos de los patriarcas y matriarcas. Según el Reformador (1970:319-320), José tuvo que hablar porque los pecados de sus hermanos perjudicaban el buen testimonio de la familia, de su padre, y de la iglesia. Las malas acciones de sus hermanos tenían que denunciarse (Ef 5:15; Col 4:5).

En el ámbito de la iglesia, los corruptos y violentos siempre se indignan cuando les reprochan sus pecados. Procuran tapar su maldad con su influencia, su dinero, y su autoridad. En Romanos 2:17-24 se denuncia el mal testimonio de personas que se jactaban de ser parte del pueblo de Dios, pero que eran ladrones, sacrílegos, y adúlteros. Citando a Isaías 52:5 el apóstol reitera: "Por causa de ustedes, el nombre de Dios es blasfemado entre los paganos." Debido a su celo por la iglesia, los reformadores de todos los tiempos se vieron en la obligación de denunciar a los que con sus acciones reprobables motivaron a otros a hablar mal de Dios y su iglesia. Los reformadores de la iglesia han tenido que sufrir reiteradamente por las murmuraciones y la mala voluntad de los que fueron denunciados. Consecuentemente, los reformadores como Juan el Bautista, Juan Hus, Pedro Valdo, Juan Wiclef, y Jesús, han sido perseguidos y algunos asesinados.

En su comentario sobre Génesis, el padre Gianfranco Ravasi se expresa así: "Toda la narración de "José y sus hermanos" está sembrada de finísimas insinuaciones. Por poner un ejemplo, mientras José anda extraviado por el campo, manifiesta: "Estoy buscando a mis hermanos" (Gn 37:16). En realidad, encontraría enemigos feroces. "Miren, aquí viene el soñador. ¡Vamos, matémoslo ya!" (Gn 37:19-20). Es lo que dicen cuando divisan a su hermano. También a los profetas se los llama "soñadores".

En realidad, los sueños de José eran profecías y por eso corre la suerte de los profetas. Para acallar las bocas de los profetas y anular sus profecías, los malvados, en vez de arrepentirse, procuran medios para perseguir y matar a los que se atreven a anunciarles la palabra del Señor. Juan el Bautista fue decapitado, Juan Hus quemado en la hoguera, Jesús fue crucificado y Jeremías golpeado, encarcelado, y arrojado al fondo de un pozo fangoso (Jer 38:6). A José también lo arrojan a un pozo. Si José hubiera quedado donde lo tiraron, habría muerto de hambre y sed, o sido atacado por las fieras. Leemos de aquel tiempo de leones que merodeaban por la región de Siquén (1 R 13:24), buscando a quien devorar. Si tal cosa le hubiera sucedido a José, sus hermanos podrían haber informado a su padre, y sin mentir, que a su hijo preferido se lo había devorado una fiera.

"Cuando Rubén volvió al pozo… no halló a José adentro" (Gn 37:29). Para sus hermanos, José ya no existía, era como si hubiera muerto. Jacob, quien una vez engañó a su propio padre con la vestimenta de su hermano, ahora es engañado por la túnica de su hijo. Viendo la túnica destrozada y cubierta de sangre, Jacob se rasgó los vestidos y gritó: "¡Alguna mala bestia se lo comió!" (Gn 37:33). El lector sabe que José fue víctima de la ferocidad y atroz maldad de sus hermanos. Sí, el odio fraterno despedazó a José. Los hermanos demostraron ser bestias feroces.

¡Qué bueno y delicioso es que los hermanos estén en unión!

En todo caso, el tema fundamental que este pasaje sugiere para la reflexión es el de la fraternidad, un tema exaltado por el autor del libro de Eclesiastés: "Dos son mejor que uno, porque sacan más provecho de sus afanes. Si uno de ellos se tropieza, el otro lo levanta. ¡Pero ay de aquel que tropieza y no hay quien lo levante! Si dos se acuestan juntos, mutuamente se calientan; pero uno solo no puede calentarse. Uno solo puede ser vencido, pero dos presentan resistencia. El cordón de tres hilos no se rompe fácilmente" (Ec 4:9-12). Pero el pasaje que más nos permite celebrar esta virtud (que es otra de las caras del amor) es sin duda el Salmo 133, el canto a la fraternidad y a la dulzura de la vida en armonía: "¡Qué bueno es, y qué agradable, que los hermanos convivan en armonía! Es como el buen perfume que resbala por la cabeza de Aarón, y llega hasta su barba y hasta el borde de sus vestiduras. Es como el rocío del monte Hermón, que cae sobre los montes de Sión. Allí el Señor ha decretado para su pueblo bendición y vida para siempre."

Si quisiéramos transcribir ahora en clave cristiana este canto a la fraternidad del Israel de Dios, podríamos recurrir a las palabras de Jesús pronunciadas en su testamento la última noche de su vida: "En esto conocerán todos que ustedes son mis discípulos, si se aman unos a otros" (Jn 13:35).

La historia de José y sus hermanos nos enseña que los que son de la misma sangre no necesariamente se aman los unos a los otros. Lo que sucedió entre los hijos de Jacob nos recuerda con qué facilidad los hermanos carnales pueden transformarse en enemigos mortales. La clase, la raza, la religión, el patrimonio, y la sociedad no bastan por sí solos para crear la solidaridad y la fraternidad. La familia, que para unos es un lugar de refugio, seguridad, cooperación, y amor mutuo, para otros puede ser un hervidero de tensiones, envidias e instintos violentos. Ni siquiera la religión, la iglesia, y el hecho de pertenecer a una misma congregación religiosa, garantizan de suyo y automáticamente la fraternidad. Una y otra vez, las declaraciones de solidaridad y apoyo mutuo, los abrazos y otras manifestaciones externas, son pura retórica sin contenido, tras la que se ocultan oscuras tensiones, celos, y rivalidades. Las disensiones en la familia de Jacob pueden servir de espejo en el cual observar las luchas y odios entre hermanos del mundo de hoy, un mundo que, a pesar de tantos adelantos en conocimientos científicos, pedagogía, tecnología, organización social, y medicina, no ha podido exorcizar los demonios que provocan tantas divisiones, traiciones familiares, guerras civiles, y luchas fratricidas.

Frente a las disensiones, desunión, y falta de armonía entre hermanos, Jesús declaró: "Por tanto, si traes tu ofrenda al altar, y allí te acuerdas de que tu hermano tiene algo contra ti, deja allí tu ofrenda delante del altar, y ve y reconcíliate primero con tu hermano, y después de eso vuelve y presenta tu ofrenda" (Mt 5:23-24). En la envidia y rivalidades de los hermanos de José tenemos el triste retrato de una familia desunida, y no sólo de la familia de Jacob, sino de la familia de las naciones que componen nuestro mundo moderno. Con la inclusión de la historia de José y sus hermanos en su narración, el autor sagrado exhorta a nuestra familia de naciones a arrepentirse y humillarse como los hermanos de José, y pedir perdón a uno más grande que José, uno que se sacrificó a sí mismo para reconciliar a todos con el Padre y los unos con los otros, Jesús.

Al reflexionar acerca de la historia que estamos viendo, debemos preguntarnos cuáles fueron las causas de la falta de armonía fraternal en la familia de Jacob. ¿Cuáles son las causas de la falta de armonía fraternal en tantas congregaciones cristianas que cuentan con el llamamiento de ser familias de la fe? ¿Cuál es el remedio para la carencia del amor fraternal entre hermanos cristianos?

El manto de José y lo que simbolizaba

La Septuaginta, la traducción del Antiguo Testamento al griego, habla de una túnica de muchos colores, mientras que el texto masorético menciona un manto con mangas largas. Los que tienen túnicas con mangas largas son los que no necesitan trabajar con las manos, como las hijas del rey (Tamar en 2 S 13:18 s). El manto de Jesús también fue muy elegante y provocó los celos de los enemigos del Señor.

Es interesante notar las repetidas veces que encontramos la palabra manto, o túnica, en los relatos referidos a José y sus hermanos. Primeramente, tenemos el relato de la túnica de José en Génesis 37. Esa túnica simbolizaba el amor de su padre y la futura realización de los sueños de José. En Génesis 38, Tamar se quita su túnica de viuda y se viste como una ramera. En Génesis 39, la túnica de mayordomo que José había recibido de Potifar, queda en las manos de la mujer de éste y, como consecuencia, José se ve obligado a vestir la ropa áspera de los presos del calabozo. En Génesis 41 dice que, al tener que presentarse ante el faraón para interpretar sus sueños, José se afeita y se cambia de ropa. Al nombrar a José gobernador de Egipto el faraón lo vistió con ropas de lino finísimo, y le puso un collar de oro en el cuello, así como vistieron de púrpura a Daniel y le pusieron en el cuello un collar de oro que señalaba su nombramiento como el tercero en el imperio (Dn 5:29). En la historia de José, el cambio de ropa casi siempre señala un cambio de estatus, o sea, la investidura de una posición superior (primer ministro, mayordomo, primogénito, etc.), o la degradación y un estatus inferior (esclavo, preso, etc.).

En el antiguo Cercano Oriente, se regalaban mudas de ropa fina a los reyes, embajadores, y huéspedes de honor. Recordemos las diez mudas de vestidos que llevó Naamán de Damasco para regalarle al profeta Eliseo (2 R 5:5). En Génesis 45:22, dice que José le regala un vestido nuevo a cada uno de sus hermanos, los mismos que le habían quitado su hermosa túnica (Matthews 1995:25-36). El primero en regalar una túnica fue Dios, cuando hizo túnicas de piel para cubrir la desnudez y la vergüenza de Adán y Eva (Gn 3:21). Fue Dios quien cambió las vestiduras viles del sumo sacerdote Josué por ropa de gala, para dar a entender que sus pecados habían sido perdonados y su vida consagrada al cumplimiento de su ministerio en el templo del Señor

(Zac 3:1-5). De la misma manera, el Señor viste de ropa blanca a los que confían en él, "los que han lavado y emblanquecido sus ropas en la sangre del Cordero" (Ap 7:14).

En realidad, la ropa que vestimos viene a ser un lenguaje que cumple con la finalidad de informar quiénes somos, cuál es nuestro oficio, nuestra vocación, nuestro sexo, nuestro estatus social y la autoridad que nos ha sido conferida (Huddlestun 2002:47-62). A los profetas se los conocía por los vestidos de piel que llevaban puestos (Zac 13:4). A las prostitutas también se las conocía por su manera de vestirse. Aunque muchas veces la túnica hace de símbolo que indica quién uno es, en otras ocasiones puede servir para engañar a los demás, así como hicieron los gabaonitas con los israelitas (Jos 9:5-13). Los hijos de Jacob intentaron engañar a su padre, presentándole la túnica toda destrozada y sangrienta de su hijo, diciéndole: "Esto es todo lo que queda de tu hijo". De hecho, Jacob se dejó engañar. La túnica que veía era solamente el trapo que una vez había envuelto a su hijo, pero su hijo no estaba ahí, estaba en Egipto destinado a ser elevado a una posición de suprema importancia y vestido con una túnica más fina que la que le había regalado su padre. No debemos permitir que nos engañen como a Jacob. Cuando estemos ante la urna o la tumba de un hermano o hermana que se han dormido en Cristo, no debemos creer que estamos viendo todo lo que resta de la persona que tanto amábamos. Estamos ante la túnica con que una vez se vestía nuestro ser querido. Pero él no está ahí, sino en presencia del Rey.

Los sueños de José

En la historia de José se habla de seis sueños. Son revelaciones divinas, no simplemente sueños humanos. Lutero dice que él mismo había hecho un pacto con Dios, según el cual no querría recibir revelaciones por medio de sueños, visiones o ángeles. La Palabra le bastaba al Reformador, aunque no niega que otros hubieran recibido revelaciones de Dios mediante sueños, y que aún otros el don de interpretar dichos sueños. Según el Reformador, el mundo ha sufrido demasiado a causa de los sueños y falsas ilusiones de Satanás y del papado. Lutero profesa creer en la suficiencia de la Escritura: Tenemos el Decálogo, el Credo y el Padre Nuestro. Hay pasajes de las Escrituras que hablan tanto del peligro que constituyen los sueños, como también de las revelaciones que algunos reciben por medio de ellos. (Sir. 34:7; Ec 5:7; Nm 12:6-8; Jl 2:28). Lutero cree que no sólo Dios, sino también Satanás puede enviarnos una visión o sueño verdadero, o sea, una descripción de eventos futuros. Sin embargo, Satanás no los emplea para el bien de los mortales sino para su destrucción (1970:331). Satanás, al igual que un mono o simio que procura imitar lo que hacen los demás, siempre procura imitar a Dios, y suele emplear sueños y visiones para confundir a los seres humanos. Hay cosas futuras que Dios, para nuestro bien, no quiere que sepamos. Lutero nos recuerda que los autores clásicos como Livius, describieron en sus libros los sueños que habían recibido los protagonistas de sus historias, y las consecuencias infortunadas de esos sueños.

De las Escrituras aprendemos que a veces el Señor envía sueños y visiones a personas que no fueron parte del pueblo escogido: Nabucodonosor, Abimelec, el faraón, los magos del Oriente. Dichas personas no tuvieron acceso a la palabra escrita, y por lo tanto, Dios tuvo que revelarse a ellos por medio de visiones, sueños y epifanías. Incluso hoy en día encontramos misioneros que trabajan en regiones del mundo en que se prohíbe la distribución de la Biblia. Estos misioneros manifiestan que sucede con frecuencia que ciertas personas llegan a creer en el Señor Jesucristo después de haber recibido un sueño o visión. Así fue en los casos de las conversiones del famoso profeta Saddu Sundar Singh, el celebrado científico francés Blaise Pascal, y el filósofo y misionero Raimundo Lulio. Aunque Dios puede hablar con nosotros por medio de sueños, prefiere revelarse en su Palabra y en los sacramentos. Sabemos también que en su gobierno del universo Dios puede emplear la ministración de ángeles, tantos buenos como malos.

En resumen, hay tres posibles fuentes de sueños: (1) El hombre; (2) Satanás; y (3) Dios. Pero aun en el caso de un origen divino de los sueños, se necesita un buen intérprete como José o Daniel, uno que tiene el don de la interpretación, que proviene del Espíritu Santo. Según las Escrituras, comparada con la vida eterna nuestra vida es un sueño (Sal 119:105; Is 29:8). Hay que interpretar los sueños a luz de la Palabra y no la Palabra a la luz de los sueños. El sueño de José se cumplió no sólo en Egipto sino también en Cristo. Todos, como afirma Filipenses 2:10, tendrán que rendirse ante Cristo, así como todos tuvieron que rendirse ante José. Pero a todos también se los convoca a recibir bendición en el nombre de Jesús.

Sin la guía del Espíritu Santo fácilmente se malinterpreta un sueño, aunque éste sea de origen divino. Es lo que pasó con los hermanos de José al oírlo relatar su primer sueño. En este sueño se levantaba el manojo de José y quedaba derecho, en tanto que los manojos de sus hermanos lo rodeaban y se inclinaban ante el manojo de José. Al escuchar el relato, sus hermanos replicaron: "¿Acaso vas a ser tú nuestro rey, o nos vas a gobernar?" (Gn 37:8). Los hermanos creen que José sueña con establecer una dinastía por la que tanto él como sus descendientes reinarían sobre sus hermanos y sujetarían a las futuras tribus a su dominio. Pero como veremos más adelante, no fue la voluntad de Dios que los futuros reyes del pueblo escogido salieran de la tribu de José, sino de la de Judá. En Jueces 9, leemos que Abimelec, un descendiente de Manasés, el hijo mayor de José, intentó establecerse como rey e imponer su autoridad sobre el pueblo de Israel. Abimelec, hijo del juez Gedeón, contrató hombres ociosos y vagabundos, que lo siguieron. Con la ayuda de mercenarios mató a sus setenta hermanos y se estableció como rey en Siquén. Pero el reinado de Abimelec fue muy corto; sus súbditos se levantaron en su contra, y en una batalla en la ciudad de Tebés, una mujer dejó caer parte de una rueda de molino desde la torre de la ciudad. La piedra cayó sobre la cabeza de Abimelec y le quebró el cráneo (Hilbert 2011:259-283). Así terminó el breve reinado de este descendiente de José. Algunos estudiosos de las Escrituras creen que Abimelec había interpretado el primer sueño de José como una profecía que autorizaba el establecimiento de una dinastía "joseánica." Pero Abimilec se equivocó, y por su equivocación murió. Sin el don de la interpretación, hasta las profecías y sueños que provienen de Dios pueden ser la causa de grandes problemas.

El segundo sueño de José (Gn 37:9) refuerza el primero. Es de notar que, como en el caso del doble sueño del faraón, de Génesis 41:25, los dos sueños de José son uno, y por medio de ellos Dios muestra lo que va a hacer. En el segundo sueño de José el sol, la luna y once estrellas se inclinan ante él en una muestra de reverencia. En la antigüedad, los cuerpos celestiales se utilizaron, con frecuencia, cual símbolos de personajes importantes tales como gobernantes, caciques y conquistadores. Entre los judíos, incluso hoy día, los doce signos del zodiaco se identifican con las doce tribus de Israel. Las profecías que hablan de la caída de las estrellas del cielo (Mc 13:25) podrían interpretarse como portentos o presagios del derrocamiento de todos los reyes del mundo. El segundo sueño de José provoca aún más la envidia de sus hermanos. Hasta Jacob se siente disconforme con el supuesto significado del augurio, y reprende a su hijo favorito: "¿Qué clase de sueño es éste que tuviste?" (Gn 37:10). Pero entonces el autor sagrado nos dice que Jacob meditaba acerca de esto, o sea que Israel consideró las palabras de José como importantes y hasta proféticas, y las guardó en su memoria con la esperanza de recibir, en el futuro, una interpretación más clara. ¿Quién conoce el significado de esta señal? (Lutero 1970:338-339) Así también la virgen María guardó en su corazón las palabras proféticas de los pastores de Belén (Lc 2:19).

José sale para cumplir una misión

Así como en la vida de Jesús, la pasión de José comienza cuando su padre lo envía para cumplir una misión. "Israel le dijo a José: Tus hermanos están apacentando las ovejas en Siquén. Ven, que voy a enviarte con ellos. Y José respondió: Aquí me tienes" (Gn 37:13). Los hijos de Jacob habían ido a Siquén, el mismo lugar (Gn 34) donde Dina, la hija de Jacob, había sido violada y donde sus hermanos fueron a vengar la deshonra de su hermana masacrando a los habitantes de la ciudad. Siquén queda unos ochenta kilómetros al norte del valle de Hebrón. Quizá Jacob teme por el bienestar de sus hijos. Están en una comarca donde los sobrevivientes de las acciones violentas de ellos en el pasado, podrían tomar represalias. Jacob envía a José a encontrarse con sus hermanos, y José sale con su manto real de mangas largas. No es la ropa de un pastor de ovejas. Evidentemente, Jacob no quiere que su hijo preferido trabaje con sus manos como los demás. De esta manera, sin caer en la cuenta de lo que está haciendo, provoca aún más el odio de sus hijos hacia José.

Los hermanos de José lo quieren matar

Cuando José llega a Siquén, descubre que sus hermanos se habían ido a Dotán, otros veintidós kilómetros al norte. Guiándose por información que le dan, sale hacia Dotán en busca de sus hermanos. Divisando la llegada de José desde lejos por su manto real, sus hermanos conspiran para matarlo; dicen: "Miren, aquí viene el soñador. ¡Vamos, matémoslo ya! Echémoslo en uno de los pozos, y digamos que alguna mala bestia se lo comió. ¡Y vamos a ver qué pasa con sus sueños!" (Gn 37:19-20). La escena descrita por el autor sagrado se parece a la de la conspiración de los viñadores malvados de la parábola de Jesús, en Marcos 12:1-20: "Éste es el heredero. Vamos a matarlo, y la herencia será nuestra." Los enemigos de Jesús también conspiraron en su contra. Acordaron quitarle la vida. El Salmo 2:2 dice: "Los reyes de la tierra hacen alianzas; los caudillos se declaran en contra del Señor y de su Mesías." Pero, ¡ay de los que se apresuran a derramar sangre inocente!, pues "ellos atentan contra su propia vida; ¡ellos mismos se tienden la trampa!" (Pr 1:18). A la postre, "La piedra que desecharon los constructores ha venido a ser la piedra angular" (Mc 12:10).

El odio de los hermanos de José en realidad va dirigido en contra de sus sueños y sus profecías. Al enunciar el contenido de sus visiones, pone en marcha el cumplimiento de los eventos profetizados en ellas. Los hermanos no quieren que José llegue a ejercer dominio sobre ellos. No quieren doblar las rodillas delante de él y llamarlo Señor. A fin de que sus profecías no se cumplan tendrán que matar al soñador. Quieren acabar con José porque no quieren aceptar la palabra de Dios que sigue proclamando. Así han sido perseguidos y asesinados los profetas de Dios, desde los tiempos antiguos hasta ahora.

Rubén interviene para salvar a José de la muerte

El lugar en que rodean a José y lo agarran es Dotán, la misma ciudad donde los enemigos del profeta Eliseo lo rodearon y procuraron poner sus manos sobre el varón de Dios y su siervo (2 R 6:8-23). Pero Eliseo clamó al Señor, y el Señor envió una multitud de ángeles de a caballo y carros de fuego para proteger la vida del profeta. Pero ningún ángel llega para librar a José del odio de sus hermanos. En este capítulo de las Sagradas Escrituras, ¿dónde está Dios?

No se lo menciona ni una sola vez en todo el relato. ¿Ha olvidado el Señor a su siervo? ¿Cómo permite que éste sea golpeado, maltratado, desnudado, vendido y entregado a manos de extraños? ¿Qué pasa cuándo nos odian, persiguen, maltratan, encarcelan, violan, y matan? ¿Se olvida Dios de nosotros, como aparentemente se olvidó de José?

Una y otra vez Lutero, en su gran comentario sobre Génesis, presenta preguntas así a sus lectores. Lo que sucede en la historia de la pasión de José se parece, en grado menor, a lo que le pasó al Hijo del Hombre, quien también fue traicionado, maltratado, golpeado, vendido, y entregado a los gentiles. Todas estas preguntas hay que verlas a la luz del gran plan de Dios para salvar a la humanidad. Aunque no encontremos el nombre de Dios en el relato, sabemos que él opera detrás del escenario. Al final del libro de Génesis (Gn 50:20), leemos que José les dice a sus hermanos: "Ustedes pensaron hacerme mal, pero Dios cambió todo para bien, para hacer lo que hoy vemos, que es darle vida a mucha gente." Las palabras de José nos dan a entender que Dios, en su sabiduría y amor utiliza, según su criterio, los abusos e injusticias de los malvados para cumplir con sus promesas y llevar a cabo su plan de salvación para todos los pueblos.

El único que intenta salvar la vida de José es Rubén, su hermano mayor: "Pero Rubén, al oír esto, lo libró de sus manos y dijo: No lo matemos. Además, para librarlo de sus manos y hacerlo volver a su padre, Rubén les dijo: No derramen sangre. Arrójenlo en este pozo que está en el desierto, pero no le pongan la mano encima" (Gn 37:21-22). Rubén es el primogénito de los doce hermanos. Es quien debe asumir la responsabilidad de las acciones de los demás. Rubén no siempre había sido el más responsable. Llevado por la pasión, se había acostado con la concubina de su propio padre, demostrando así que carecía de las cualidades para ser jefe de la familia después del fallecimiento de su progenitor. Muchos intérpretes creen que la túnica especial que Jacob le dio a José, era un símbolo de la primogenitura. O sea, que Jacob le había quitado a Rubén el derecho de ser el jefe de la familia y se lo había dado a José. En otra parte leemos que el segundo hijo, Simeón, y el tercero, Leví, también perdieron su derecho a la primogenitura por la masacre de los habitantes de Siquén.

José, echado en un pozo, pide justicia y misericordia

Rubén no quiere que él y sus hermanos sean hallados culpables del asesinato de su propio hermano. No quiere ser un segundo Caín. Teme que la sangre derramada de su hermano clame desde la tierra pidiendo venganza, pidiendo ojo por ojo, diente por diente. Rubén sabe lo que tiene que hacer, pero le falta la valentía para oponerse directamente a los demás. Por lo que pasó entre Rubén y la concubina de su padre, el hijo mayor de Jacob había perdido la autoridad que debía haber tenido sobre sus hermanos menores (Lutero 1970:367). Rubén, escuchando las súplicas y reclamos de José pidiendo justicia y misericordia, piensa venir de noche para rescatarlo del pozo. Recordemos que en los salmos la cisterna seca, el pozo sin agua, es un símbolo del *sheol*, el reino de los muertos. En el mundo moderno en el cual vivimos, hay tanta injusticia y violencia como en los tiempos de José y sus hermanos. En nuestro redor hay muchos que, como José, se encuentran en un pozo sin escapatoria; viven como si ya estuvieran en el *sheol*. En el mundo en el cual vivimos hay miles y miles de inocentes como José, que se encuentran atrapados, maltratados, abandonados, olvidados, cada uno en el fondo de un pozo de angustia y amargura, cada uno en su propio infierno. ¿Escuchamos sus reclamos? ¿Percibimos en sus gritos la voz de nuestro hermano José pidiendo socorro y reclamando justicia? ¿Qué estamos haciendo para librarlos del pozo?

Los hermanos de José no hicieron caso a sus gritos: "Así que, cuando José llegó a donde estaban sus hermanos, ellos le quitaron su túnica, la túnica de colores que llevaba puesta" (Gn 37:23). La bella túnica que José había recibido de su padre Jacob le fue quitada. Era una túnica hermosa, como la que llevan los príncipes. Para José esta túnica era un símbolo, una anticipación, una promesa de que un día él sería un príncipe de verdad que tendría poder y autoridad para actuar en el nombre del rey. Pero la bella túnica le fue quitada, así como cuando los soldados le quitaron a Jesús su manto. Leemos en el Evangelio según San Juan: "Cuando los soldados crucificaron a Jesús, tomaron sus vestidos y los partieron en cuatro, una parte para cada soldado. Tomaron también su túnica, la cual no tenía ninguna costura, y de arriba abajo era de un solo tejido. Y dijeron entre sí: No la partamos. Más bien, echemos suertes, a ver quién se queda con ella.

Esto fue así para que se cumpliera la Escritura, que dice: Repartieron entre sí mis vestidos, y sobre mi ropa echaron suertes" (Jn 19:23-24).

Los hermanos llevan la túnica ensangrentada de José para comprobar su muerte. Aunque la túnica de José estaba toda destrozada, él no sufrió igual suerte. Los hermanos de José "por la fuerza lo arrojaron en el pozo. Pero el pozo estaba seco; no tenía agua" (Gn 37:24). La arqueología bíblica dice que los pozos eran grandes agujeros en forma de botella hechos en la tierra, y que servían para conservar hasta el verano el agua caída en invierno, y en los que fácilmente se podía hacer desaparecer a un hombre (cf Jer 38:6).

En Génesis 37:31 dice que los hermanos "tomaron la túnica de José, degollaron un cabrito, y con la sangre tiñeron la túnica". La entrega de la túnica ensangrentada no es pura maldad cínica de los hermanos; tiene más bien un aspecto jurídico, pues esa prenda de José servía como prueba de su muerte. De esta manera Jacob pudo "comprobar" por sí mismo, solemnemente, con validez jurídica, la muerte de José; y los hermanos quedaban liberados de toda responsabilidad ulterior. Así, el que una vez engañó a su padre por medio de un cabrito, ahora termina engañado por sus propios hijos por medio de otro cabrito. Sin embargo, la sangre que ve Jacob no es la sangre del hijo amado, sino la del cabrito. Como en la historia del sacrificio de Isaac, un cabrito muere, y no el hijo amado.

El pozo profundo, tenebroso y vacío aparece con frecuencia en las Escrituras como un símbolo del *sheol*, el reino de la muerte. En el Salmo 40:1-2 leemos: "Yo puse mi esperanza en el Señor; y él inclinó su oído y oyó mi clamor; me sacó del hoyo de la desesperación, me rescató del cieno pantanoso, y plantó mis pies sobre una roca; ¡me hizo caminar con paso firme!"

¿Qué haremos nosotros cuando la vida nos agreda y nos encontremos dentro de un pozo tenebroso y seco? ¿Qué haré yo cuándo me encuentre en un hoyo demasiado profundo como para salir por cuenta propia? ¿Qué haré si me encuentro sin fuerza para salir y nadie oye mis gritos desesperados? La historia de José, al igual que las demás historias del Antiguo Testamento, se escribió para nuestra edificación, y nos enseña que no hay pozo, cisterna u hoyo tan profundos, a los que el brazo extendido de Dios no pueda llegar para rescatarnos.

A veces cavamos nosotros mismos los hoyos en los cuales nos encontramos atrapados. A veces, con nuestras mentiras nos encontramos en una crisis que no logramos resolver. Al echar a José al pozo seco, los hermanos de José se habían tirado a sí mismos en el pozo de la condenación. Según los rabinos, el castigo que recibieron los hermanos de José por haberlo entregado a los egipcios como esclavo, fueron los muchos años de esclavitud que tuvieron que soportar los descendientes de los hijos de Jacob en Egipto.

Pero según el pasaje de Génesis, José no murió en ese pozo tenebroso: "Cuando los mercaderes madianitas pasaron por allí, ellos sacaron del pozo a José y lo vendieron a los ismaelitas por veinte monedas de plata. Y ellos se llevaron a José a Egipto" (Gn 37:28). Los madianitas que pasaban llevando especias aromáticas para vender en Egipto eran, como los hijos de Jacob, descendientes de Abrahán. Judá, que parece ser el hermano que goza de más autoridad entre los demás, sugiere no matar a José ni dejarlo morir lentamente de hambre y sed, sino venderlo a los mercaderes por veinte monedas de plata. Veinte monedas de plata eran, según las crónicas babilónicas, el precio que se solía cobrar por la venta de un esclavo. ¿Sugirió Judá vender a José en vez de matarlo porque, como Rubén, realmente quiso salvar a su hermano? La Biblia no lo dice; lo que sí sabemos es que José fue sacado del hoyo de la muerte y entregado a los madianitas para ser revendido luego en Egipto. Los madianitas, aunque parientes de los israelitas, no hicieron caso tampoco a las súplicas de su primo.

De la misma manera que José fue traicionado y vendido por sus propios hermanos, Jesús también fue traicionado y vendido, no por veinte, sino por treinta piezas de plata, y llevado cautivo. Y así como la traición de la que José fue víctima resultó en la posterior salvación de sus hermanos, así también todo lo que le sucedió a Jesús resultó en nuestra salvación y nuestra liberación de la esclavitud de Satanás. Tenemos que reconocer que con nuestra envidia, celos y resistencia a la palabra de Dios, somos culpables de haber traicionado y vendido a nuestro Señor. Una y otra vez vemos en el Génesis que los sufrimientos de José son anticipos de lo que sufrió nuestro Señor Jesucristo.

Después de vender a su hermano a los madianitas, los hermanos de José llevan su túnica hecha trizas y sangrienta a su padre Jacob. Al ver la túnica hermosa de José toda rota y cubierta de sangre, Jacob cree que su hijo fue despedazado por una fiera. En la Palestina de aquel entonces abundaban toda clase de fieras, como leones, leopardos, osos, y lobos. Hay varios relatos en la Biblia de hombres fuertes como Sansón, que habían vencido a leones, como también hay historias de personas que fueron atacadas y devoradas por un león (1 R 13:24-25). Lutero dice que cuando Jacob vio la túnica hecha jirones de José, el viejo patriarca murió por dentro; en cierto sentido descendió al reino de los muertos. Génesis 37:34 dice: "Entonces se rasgó los vestidos, puso cilicio sobre sus lomos, y durante muchos días guardó luto por su hijo." Cuando en el antiguo Cercano Oriente ocurría una tragedia, los dolientes solían rasgar sus vestidos, ponerse ropa áspera, entonar amargos lamentos y lanzar gritos de dolor al cielo.

Jacob había sufrido un golpe detrás de otro: La muerte de su querida Raquel, la violación de Dina, la masacre de Siquén, el incesto de Rubén, la muerte de Débora. La supuesta muerte de José fue para el anciano Jacob el colmo de las tribulaciones y aflicciones. Si Raquel hubiera estado viva, seguramente habría muerto de dolor (Lutero 1970:367). Por sus mentiras y su engaño, los hermanos de José no sólo son culpables de atentar en contra de la vida de su hermano, sino también de matar a su padre. Ahora, por el resto de sus vidas, los hermanos tendrían que aguantar el remordimiento y los asaltos de sus propias conciencias. Aunque después los hermanos se arrepintieron y obtuvieron perdón, nunca pudieron borrar completamente de sus corazones el recuerdo de lo que habían hecho. El apóstol Pablo, aunque fue perdonado por su pecado de perseguir a la iglesia, nunca logró borrar de su memoria lo que hizo. Siempre quedan cicatrices en el alma, las que nos recuerdan lo que fuimos e hicimos. Tales recuerdos, por amargos que sean, sirven para evitar una nueva caída. Es más fácil para Dios perdonarnos a nosotros, que nosotros nos perdonemos a nosotros mismos. Nuestra conciencia siempre seguirá molestándonos. Lutero la describe como un cuzco negro que suele atacarnos y mordernos los talones (1970:370). Aún después de ser perdonados por José y por Dios, los hermanos de José sufrieron por las cicatrices que sus crímenes habían dejado en sus conciencias.

Con frecuencia nosotros, al igual que Jacob, tenemos que sufrir una tribulación y aflicción tras otra. Como a Jacob, nuestras tribulaciones y pruebas nos tientan a desconfiar de Dios y a creer que nuestro Creador nos abandonó completamente. En tales momentos, dice Lutero, tenemos que recordar nuestro Bautismo y la promesa que Dios nos hizo en aquel lavamiento en el agua y el Espíritu, de que él siempre será nuestro querido Padre y estará con nosotros en todas nuestras tribulaciones, y nos resucitará del pozo de desaliento y restaurará a la dignidad de los que han sido sellados como hijos de Dios. Jacob no había sido abandonado por Dios; más bien el Señor estaba presente con Israel en todas sus luchas y pruebas: "Dichoso el que hace frente a la tentación porque, pasada la prueba, se hace acreedor a la corona de vida, la cual Dios ha prometido dar a quienes lo aman" (Stg 1:12). Por medio de las tribulaciones, mortificaciones y pruebas que sufre Jacob, el Señor obra ahogando al viejo hombre, al engañador Jacob dentro de nosotros, a fin de que nazca el nuevo hombre, Israel, el hombre del Espíritu. San Pablo declara: "Por lo tanto, no nos desanimamos. Y aunque por fuera nos vamos desgastando, por dentro nos vamos renovando de día en día. Porque estos sufrimientos insignificantes y momentáneos producen en nosotros una gloria cada vez más excelsa y eterna. Por eso, no nos fijamos en las cosas que se ven, sino en las que no se ven; porque las cosas que se ven son temporales, pero las que no se ven son eternas" (2 Co 4:16-18).

Al observar en este capítulo tanto las tribulaciones de Jacob como las de José, tenemos que recordar que por medio de las aflicciones y sufrimientos el Espíritu Santo moldea nuestro hombre interior, a fin de que se conforme cada vez más a la imagen de aquel que es la imagen visible de Dios invisible. En vez de desesperarnos en las tribulaciones o de maldecir y desear vengarnos de los malvados, Cristo nos exhorta a amar a nuestros enemigos, bendecirlos y orar por su conversión. Si permitimos que los deseos de venganza nos dominen, el enemigo habrá ganado la victoria, conformándonos a la imagen de los malvados. Santiago nos ofrece un consejo mejor, al escribir: "Hermanos míos, considérense muy dichosos cuando estén pasando por diversas pruebas. Bien saben que, cuando su fe es puesta a prueba, produce paciencia" (Stg 1:2). La paciencia de la cual habla Santiago es la que confía y espera el cumplimiento de la promesa de Dios y la manifestación de su perfecta justicia.

José es vendido como esclavo y llevado a Egipto

Jacob, cuyo nombre significa engañador, ha sido engañado otra vez. Su hijo en realidad no está muerto sino que va rumbo a Egipto donde, más tarde, llegará a ser gobernador de esa gran nación, y salvador de su propia familia. En tanto que Jacob lo cree muerto, José está sentado a la diestra del gran rey, lo mismo que cuando los enemigos de Jesús lo creen muerto, él está sentado a la diestra de Dios Padre todopoderoso. Y nosotros, cuando en el cementerio nos quedamos mirando los restos mortales de un hermano o una hermana que duermen en el Señor, nos sentimos tentados, como Jacob, a creer que esto es todo lo que queda de la persona que amábamos y abrazábamos. No nos dejemos engañar. Los que han muerto en Cristo no han bajado al *Sheol*; no se han vuelto ánimas solitarias condenadas a vagar sobre el planeta para siempre; no han reencarnado; no han sido devorados por esa mala bestia que se llama la muerte, sino que están reinando con Cristo en gloria. Pedro vio la túnica de Jesús convenientemente doblada dentro de la tumba, pero Jesús ya no estaba allí, porque había resucitado y vestía una túnica nueva, más espléndida que la túnica especial de José. Había resucitado con un cuerpo glorioso, como los cuerpos nuevos que recibirán todos los que creen en él.

Génesis 37 concluye con José vendido por los madianitas en Egipto a Potifar, capitán de la guardia del faraón, el rey del país. Todo parece haber fracasado para José y sus sueños. Pero a pesar de todos los errores de Jacob al consentir demasiado a su hijo preferido, a pesar de la envidia, celos, y odio asesino de sus hermanos, a pesar de la indecisión de Rubén, a pesar de haber sido echado en un pozo profundo y después vendido como esclavo, Dios –a quien no se menciona en el relato, y no muestra su rostro– obra detrás del escenario. Y así obra también detrás del escenario de nuestras vidas y de las de nuestras familias. Dios mueve las piezas y lleva a cabo su voluntad. Mientras que los hermanos de José se interesan sólo en cavar su propia fosa, Dios trabaja invisiblemente para llevar a cabo su redención. Más tarde llegará el momento en que doblarán la rodilla ante José y lo proclamarán señor. Y así también llegará el día cuando "en el nombre de Jesús se doble toda rodilla de los que están en los cielos, y en la tierra, y debajo de la tierra; y toda lengua confiese que Jesucristo es el Señor, para gloria de Dios el Padre" (Flp 2:10-11).

GÉNESIS 38

La historia de cómo la promesa de Abrahán pasó a Fares, el hijo que tuvo Judá con su nuera Tamar

Como ya hemos mencionado en nuestro estudio de lo ocurrido con Dina, en Génesis 38 encontramos otra historia no apta para menores. El libro de Génesis incluyó el relato para mostrar cuán importante fue para Israel la promesa de Abrahán, y cómo esa promesa se transmitió de una generación a otra. Como veremos más adelante, el hecho de que José fuera el hijo preferido de su padre y había sido escogido para salvar a su familia, no quiere decir que también había sido escogido para heredar la promesa. La promesa sería dada a Judá, el cuarto hijo de Jacob, pero ¿quién sería el heredero de Judá? Los primeros dos hijos que Judá tuvo con una mujer cananea mueren, y le queda un solo hijo, Sela, el más joven. Pero Judá no quiere casar a Sela con su nuera Tamar, según lo establece la ley del levirato. La promesa de la simiente prometida está en situación de riesgo, y Judá no se muestra muy preocupado por preservarla. Quien sí actúa para asegurarse que la descendencia de Judá sea la portadora de la promesa, es Tamar. La continuación de la línea del prometido libertador no estriba en las acciones del patriarca Judá, sino de una mujer extranjera desconocida. El autor sagrado no menciona de qué familia o pueblo procede Tamar. Aunque se nos dice que la mujer con quien se casó Judá era adulamita (una cananea), el hagiógrafo no quiso revelar a sus lectores el origen de Tamar.

La ley del levirato

Según la ley del levirato, vigente en Israel en los días del AT e incluso hoy en día en muchas sociedades africanas, el cuñado de una viuda sin hijos tiene la obligación de casarse con la mujer de su difunto hermano, a fin de proveer un heredero que lleve el nombre del fallecido y mantenga el linaje familiar. Se sobreentiende que la viuda será una esposa adicional del cuñado. Al morir Er, el esposo de Tamar, le correspondía al segundo hijo de Judá, Onán, casarse con ella. El primer hijo de ese nuevo enlace sería considerado hijo de Er y no de Onán. La ley del levirato queda regulada en Deuteronomio 25, y se la supone también vigente en el libro de Rut. Pero ningún otro pasaje del AT vuelve a ocuparse de su sentido ni de los fines que perseguía. El hijo engendrado por el hermano debía ser considerado el continuador del linaje tribal del muerto, "para que su nombre no sea borrado de Israel" (Dt 25:6). Pero Onán cumplió con esa obligación sólo en apariencia. El narrador guarda silencio respecto al motivo de su mala conducta. Quizá Onán quería que uno de sus propios hijos –no uno que llevara el nombre de su hermano– fuera el heredero principal de Judá y de la promesa dada a Abrahán, Isaac, y Jacob. La historia relatada en Génesis es, en realidad, la historia de la promesa. Y por haber tramado en contra de esa promesa y en contra de su propio hermano, el Señor hizo que también Onán muriera.

En los cinco pasajes del AT en que se hace referencia a la ley del levirato (Gn 38, Dt 25:5-10; Rut 3 y 4; Lv 18:16 y 20:21) se detecta un elemento de inconformidad o tensión de parte del cuñado, ante la exigencia de cumplir con la ley. En algunos casos, el cuñado teme perder su buen nombre o parte de la heredad que le podría corresponder. En otros casos, el cuñado teme que él mismo podría quedar sin heredero propio si su esposa (o esposas) no pudieran darle otro hijo varón. Si el cuñado ya tiene una esposa, el hecho de tomar una segunda esposa (su cuñada) podría significar una carga económica que no querría aceptar. Los rabinos debatían sobre la posibilidad de un conflicto entre la ley del levirato y la ley que prohibía a un hombre tener relaciones sexuales con la esposa de su hermano. Con el fin de apaciguar tales objeciones, se solía celebrar una ceremonia de vergüenza con el fin de humillar al cuñado renuente y obligarlo a casarse con la viuda para salvar su honor. Por otra parte, en todos los pasajes del AT que tratan del levirato, la viuda es la persona que realmente está interesada en la consumación de ese matrimonio, pues para ella el levirato era una institución que le garantizaba seguridad e hijos que pudieran asumir la responsabilidad por ella en su ancianidad (Weisberg 2004:403-429).

Las consagradas

Para poder comprender la conducta de Tamar, relatada en Génesis 38, el lector deberá evitar en lo posible toda comparación con circunstancias modernas que lo inducirían a emitir los consiguientes juicios, pues las costumbres actuales nada tienen que ver con aquellas. En el antiguo Cercano Oriente era de uso muy extendido que la mujer casada se ofreciese a los extranjeros a base de ciertos votos. Tal sacrificio de su castidad rendida a Astarté, diosa del amor o a Baal, dios de la fertilidad, era visto por los cananeos como una obligación religiosa, similar a la obligación que tienen los mormones hoy en día de dedicar dos años de su vida al trabajo misionero de su iglesia. Los cananeos y los babilonios consideraban la llamada "prostitución sagrada" como algo muy distinto a la prostitución ordinaria. Por supuesto, los profetas de Israel condenaron rotundamente esta práctica como escandalosa y abominable. La perversa costumbre fue estrictamente prohibida por la ley y los maestros de sabiduría, en pasajes tales como Deuteronomio 23:19; Números 30:7; Oseas 4:13 y Proverbios 7:1-27.

El historiador Herodoto (484-420 aC) cuenta de los babilonios lo siguiente: "Cada mujer del país debe, por lo menos una vez en su vida, tenderse en el templo de Afrodita y dejarse poseer por un extraño... La mayoría de ellas hacen como sigue: se sientan en la floresta sagrada de Afrodita... Los forasteros acuden allá y escogen a una. La mujer que allí se sienta no deberá regresar a casa en tanto un extraño no le arroje dinero."

En la zona fronteriza entre Israel y Canaán, donde se desarrolla toda la historia que estamos viendo, la aparición de una "consagrada" en los caminos no tenía nada de extraordinario. Así pues, Tamar no se presenta como una prostituta en el común sentido del término, sino como una mujer casada que rinde culto a la costumbre antedicha; y así fue como lo consideró Judá. Es significativo que también nuestro relato haya usado en los versículos 21 y 22 el término "consagrada" que recuerda el sentido sacro de tal uso. Se lee de "consagradas" y de la prostitución sagrada, como algo practicado en el antiguo Cercano

Oriente y también en la India, y hasta entre los aztecas de México, donde la diosa Ichpuchtli era venerada como la patrona de las consagradas y prostitutas.

El dilema de Judá

Con la muerte de sus hijos, Judá se enfrenta a un dilema nada fácil: si seguía la antigua ordenanza, tendría que casar a Tamar con su tercer hijo; así se lo prescribía también su amor de padre para con el primogénito fallecido. Pero, por otra parte, tenía buenas razones para temer por la vida del hijo que le quedaba, puesto que los antiguos suponían que en tales casos quedaba en la mujer una especie mortífera (cf Tobías 3:7 ss). Sería que por un mal de ojo todos los esposos de Tamar estaban destinados a morir. Ante semejante alternativa, Judá se comportó con Tamar de un modo poco sincero. No resulta muy claro si la alusión a la falta de madurez de Sela no fue sino un pretexto; en cualquier caso Judá no debió haber devuelto a Tamar a casa de su padre. Fue una medida inadecuada, pues sólo la que era verdadera viuda sin cuñados debía volver a la casa paterna (Lv 22:13). La injusticia que cometió Judá consistió en considerar definitiva tal solución, haciéndole creer a Tamar que sólo era transitoria.

Tamar se había dado cuenta ya de que Judá quería deshacerse de ella definitivamente. Posiblemente llegó a tal certeza al enterarse del comportamiento de Judá después de la muerte de su mujer, además de la noticia de que Sela ya había alcanzado la pubertad. Como se puede observar en el Libro de Rut, la obligación del levirato no concernía sólo al cuñado, de tal suerte que Tamar bien pudo contar con que Judá la tomaría a la sazón por esposa. Sea como fuere, es ella quien toma la iniciativa, de modo que hasta el final del episodio es esta figura femenina la que ocupa el centro del interés, pues el narrador apunta minuciosamente todos los detalles de su comportamiento, entreteniendo así al lector con particularidades muy interesantes desde el punto de vista de la historia de la cultura.

No sabemos con exactitud cómo era el traje de las viudas, pero queda claro que no llevaban velo, siendo que la costumbre de la mujer soltera y casada era llevarlo puesto cuando estaba fuera de casa (Gn 24:65). En la Septuaginta (el AT en griego) dice que Tamar se maquilló la cara para hacerse más atractiva. Además, según la LXX, Tamar se puso un vestido diáfano o semitransparente para provocar a su suegro. Es obvio que los traductores de la LXX consideraban a Tamar una prostituta común al emplear la palabra griega "povrnh" en su descripción en el versículo 15. Tales detalles no fueron parte del texto masorético, una indicación de que sus redactores procuraban proteger tanto la reputación de Tamar como la sensibilidad de los lectores del texto sagrado (Dines 2013:63-65).

Es interesante notar que el versículo 18 es el único texto en todo el AT en el cual ocurren juntas las palabras "prenda" y "sello". Puesto que Judá no lleva consigo dinero con el cual pagar a la supuesta prostituta por sus servicios, le deja su báculo, su cordón, y su sello como prenda o fianza. Según mutuo acuerdo, Tamar devolvería la prenda a Judá al recibir el cabrito que él había prometido enviarle. De esta manera Judá quiere mostrar que es un hombre que cumple con su palabra, aunque bien sabemos que no había cumplido con su palabra de casar a Tamar con su hijo menor. Lo que nos llama la atención es que por medio de lo que sucede en esta historia sórdida y no apta para menores, Dios sí cumple su palabra empeñada a Abrahán y provee un nuevo heredero y portador de la promesa, un descendiente que aparecerá tanto en la genealogía del rey David como en la de Jesucristo. Se destaca también en este relato el tema de un engaño por medio de un cabrito.

Nuevamente se nota en esta historia que Dios lleva a cabo su plan de liberar a la humanidad hasta valiéndose del pecado de seres humanos imperfectos como Judá y Tamar. El mismo relato nos enseña también que los pecados más feos son perdonados cuando hay verdadero arrepentimiento, y fe en la promesa. Para los rabinos Judá es el personaje principal en el relato, porque confesó su pecado, y por medio de su confesión salvó de la hoguera la vida de tres personas: Tamar, Fares, y Zara. Ya vimos como Judá salvó otra vida más, al convencer a sus hermanos de vender a José como esclavo en vez de matarlo. Los rabinos afirmaban que por salvar estas cuatro vidas Judá fue escogido ser el portador de la promesa (Grypeau 2013:362-364).

Varios autores modernos consideran a Tamar el personaje principal del relato, una verdadera heroína que luchó en contra de la deshumanización y la violación de su dignidad, y en favor de los derechos de la mujer y del marginado. Tamar es, por supuesto, una mujer, una extranjera y una viuda, o sea, una persona que, tanto en la antigüedad como en muchas partes del mundo actual, carece de los derechos y recursos necesarios para sobrevivir como una persona digna de respeto y honor. La deshumanización es, por definición, tratar a alguien como si no fuera un ser humano creado a la imagen de Dios, con los mismos derechos que los demás. Deshumanización es tratar al otro como una cosa, como una posesión, y no como alguien. Llegados al punto de considerar al otro como cosa, y no alguien, se vuelve más fácil abusar de él, ignorarlo y marginarlo. La deshumanización se manifiesta en nosotros cuando vemos al otro no como un ser humano creado a la imagen de Dios, un hermano con nombre y apellido, sino simplemente como ese extranjero, ese indocumentado, o ese muerto de hambre.

Con demasiada frecuencia se explota y obliga a las personas vulnerables, como las extranjeras y viudas, a trabajar en fábricas clandestinas con sueldos muy por debajo de lo que establece la ley. Con demasiada frecuencia los vivos y corruptos devoran las casas de las viudas y de los huérfanos. Con demasiada frecuencia las extranjeras y las viudas sufren abusos y violaciones de parte de las guardias fronterizas y las autoridades cuya responsabilidad es defender los derechos humanos de los más vulnerables. Al no cumplir con su promesa de casar a Tamar con su hijo menor, Judá violó la dignidad de Tamar; lo mismo, al querer aplicarle a Tamar la pena de muerte por lo que hizo, sin exigir el mismo castigo para el hombre con quien tuvo relaciones. Así se puso de manifiesto la injusticia que es parte integral de toda sociedad machista. Puesto que la Torá (Lv 21:9) establece que debe quemarse a la hija de un sacerdote culpable de fornicación, muchos comentaristas judíos y patrísticos concluyeron que Tamar tenía que haber sido la hija de un sacerdote cananeo. Sin embargo, el texto no dice nada acerca del padre o la familia de Tamar, ni de las leyes que regían su conducta.

El casi linchamiento de Tamar nos recuerda la historia de la mujer sorprendida en adulterio, en Juan 8:1-11, o lo que podría haberle sucedido a la virgen María si José la hubiera acusado públicamente de adulterio (Mt 1:19). En su comentario sobre Génesis, Lutero lamenta que el sacrificio de Tamar hubiera destruido la vida del feto, o sea, la vida de una persona inocente del pecado de sus padres. Dicha declaración del Reformador muestra que Lutero, en conformidad con los rabinos y comentaristas patrísticos, consideraba como seres humanos hechos a la imagen de Dios a los niños aún no nacidos (1965:43). La gran ironía que encierra el relato es que si Tamar hubiera sido quemada junto con su feto, Judá habría perdido lo que más anhelaba: un heredero. Con su disfraz Tamar logró no sólo engañar al engañador, sino salvarlo de cosechar las consecuencias de su propia necedad. Cuando los ojos de Judá le fueron abiertos para reconocer que la disfrazada era Tamar, reconoció su pecado y al mismo tiempo confesó que su nuera era más justa que él (Kruschwitz 2012:383-410). Algunos años más tarde el mismo Judá se encontró con otro disfrazado, su hermano José. El encuentro también terminó con una confesión de pecado y una reconciliación familiar.

Según los intérpretes feministas, lo que hizo Tamar no debe considerarse un pecado, sino un acto de resistencia a la hipocresía e injusticia de las sociedades que marginan a las mujeres, las viudas, y las extranjeras. Quizá, nos dicen, lo que sucedió sirvió no sólo para que Judá reconociera su injusticia, sino también para transformarlo en la persona que, según Génesis 44, llegó a humillarse ante José y ofrecerse como esclavo en lugar de su hermano Benjamín (Claassens 2012:659-674). Tales argumentos, sin embargo, no deben utilizarse para justificar lo que hicieron Tamar y Judá. La Torá enseña que la fornicación, el adulterio y el incesto son pecados en contra del mandamiento que dice: "No cometerás adulterio" (Ex 20:14). Historias como la que encontramos en Génesis 38 no se escribieron para proporcionarnos una licencia para pecar; no son modelos de conducta a seguir para los miembros del pueblo escogido, sino advertencias para mostrarnos los dolores, sufrimientos, y peligros que corren los que no hacen caso a los mandamientos de Dios (Lutero 1965:12).

En los últimos años se han publicado cantidades de monografías y estudios bíblicos dedicados a la historia relatada en Génesis 38 y la actuación de Tamar en dicha historia. La gran mayoría de las publicaciones han sido escritas por feministas, para quienes Tamar es una de las grandes heroínas de la Biblia, pues arriesgó su vida para atacar al machismo y patriarcado que caracterizan los acontecimientos relatados en el libro de Génesis y otros libros bíblicos (Jackson 2002:29-46). El concepto de patriarcado se desarrolló en los siglos 19 y 20 por historiadores y sociólogos en sus estudios de la sociedad romana, en la cual se afirmaba que el padre de familia o patriarca romano tenía una autoridad absoluta sobre su esposa, hijos, y esclavos, incluyendo el poder de decretar la vida o muerte (*patria potestas*) de cualquier miembro de la familia. En su famoso libro sobre la economía y la sociedad (*Wirtschaft und Gesellschaft*) el celebrado sociólogo alemán Max Weber utilizó la palabra patriarcado, no sólo para describir una supuesta característica de la antigua sociedad romana, sino también como una descripción del dominio, casi universal, que ejercía el padre de familia sobre su esposa, hijos y siervos. En muchos comentarios y diccionarios bíblicos se afirmaba, además, que el patriarcado era especialmente acentuado en todas las sociedades semíticas, incluyendo la del antiguo Israel.

Tales estudios indujeron a muchos feministas y pensadores marxistas a denunciar el patriarcado como parte de una perversa ideología capitalista, que permite a los hombres explotar y utilizar a las mujeres, en el transcurso de toda la historia. Así, el término patriarcado llegó a significar el dominio de todos los hombres sobre todas las mujeres. Para muchos intérpretes de la Biblia, las personas como Abrahán, Isaac, Jacob y sus doce hijos, llegaron a considerarse, no como héroes y modelos de la fe, sino como perversos explotadores de las mujeres y niños, y enemigos declarados de los derechos humanos de los más débiles. Es justicia, nos dice un intérprete feminista, que Judá fuera engañado por Tamar, quien le exigió el pago de un chivo por sus servicios a un hombre que con la sangre de un chivo engañó a su padre Jacob y le hizo creer que José había sido devorado por una fiera. Recordemos también, que el mismo Jacob utilizó, en una ocasión, la carne y la piel de un chivito para engañar a su propio padre y robarle la bendición a su hermano Esaú (Jackson 2002:29-46).

¿Es el Antiguo Testamento un libro patriarcal?

No obstante los muchos libros y artículos escritos por feministas que atacan al patriarcado en Génesis, hay renombrados feministas quienes, a base de sus investigaciones acerca del papel de la mujer en el AT, han llegado a la conclusión de que el Antiguo Israel no fue una sociedad patriarcal, como supuestamente lo fue la antigua sociedad romana. Carol Meyers, una feminista y presidente de la Sociedad de la Literatura Bíblica, declaró que la idea del patriarcado es un concepto del mundo occidental y no una "ley social" o un rasgo inmutable de todas las sociedades (2014:26).

En el Antiguo Israel encontramos muchos ejemplos de mujeres que ejercieron un papel de liderazgo como profetisas, juezas, comerciantes, reinas, adivinas, consejeras, y encargadas de muchas industrias caseras, mujeres que conjuntamente con sus esposos tomaron decisiones importantes que tenían que ver con el bien de la familia. Ya hemos visto que Sara logró convencer a Abrahán de tomar a Agar por segunda esposa y después expulsarla a ella y a su hijo Ismael de la casa. También Rebeca convenció a Isaac de enviar a Jacob a Harán a procurar una esposa de entre sus familiares (Meyers 2014:8-27). La sunamita (2 R 4:8-10), no su esposo, fue agente instrumental en la preparación de un aposento especial para el profeta Eliseo; y fue ella misma, no su esposo, quien tomó la decisión de ir a vivir por siete años en la tierra de los filisteos (2 R 8:1-6). En ningún pasaje de la Biblia se encuentra un texto en que el padre de familia decrete la pena de muerte a un hijo suyo, lo cual hacían, supuestamente, los padres de familia en la antigua Roma. La decisión de Judá de quemar a Tamar no se basaba en un derecho sobre su persona, como afirma de Vaux (1965:20), porque con despedirla y enviarla a la casa de su padre, Judá manifestó que ya no consideraba a Tamar como alguien bajo su responsabilidad y autoridad. El intento de Judá de mandar a la hoguera a Tamar fue algo tan ilegal como su propuesta de vender a su hermano José.

Según los relatos de las historias bíblicas, la familia en el Antiguo Israel no fue un patriarcado semejante al de la sociedad romana. Israel fue más bien una sociedad en la que ciertas actividades fueron la responsabilidad del hombre, en tanto que otras fueron de la competencia de la mujer, y aún otras la responsabilidad de ambos trabajando en conjunto. Según Meyers, la palabra que mejor describe la sociedad de Israel en el AT no es patriarcado, sino *heteroarquía*, por supuesto un neologismo (2014:27). Es por las razones expuestas arriba, que no hemos suprimido las palabras "patriarca" y "patriarcal" en la presente obra. En nuestra opinión, el término "patriarca" no indica un tirano y déspota, sino un líder escogido por Dios para guiar a su familia en los caminos del Señor y ser el responsable, juntamente con su esposa, de la crianza de sus hijos y siervos en el temor de Dios.

Los gemelos son una bendición de Dios

El relato del nacimiento de los gemelos de Tamar es la segunda historia de un nacimiento de gemelos, en el libro de Génesis. Con el nacimiento de los gemelos el Señor le devolvió a Judá los dos hijos que le había tomado por su desobediencia (Wildavsky 1994:37-48). El nacimiento de Fares y Zeraj, como también el de Esaú y Jacob, son vistos por el autor bíblico como una gran bendición. En muchas partes del mundo, especialmente en partes de África, como también entre ciertos grupos de indígenas de América Latina, el nacimiento de gemelos se considera una maldición, una obra de espíritus maléficos. En tales sociedades se suele sacrificar a los gemelos o abandonarlos en la selva. Leemos acerca de tal práctica en el afamado libro del autor nigeriano Chinua Achebe *Things Fall Apart*. De la historia de las misiones recordamos a la célebre misionera escocesa Mary Slessor, la "reina de Calabar" (1848-1915), quien dedicó una buena parte de su ministerio al rescate de gemelos, al enseñar a base de la palabra de Dios, que los gemelos son una bendición de Dios y no una maldición. Los historiadores afirman que de esta manera la misionera presbiteriana logró salvar la vida de miles de niños gemelos en Nigeria. La historia del nacimiento de los hijos de Tamar y Rebeca se presta para ayudar a los misioneros cristianos de hoy a enseñar que los gemelos son un don de Dios que ha de ser recibido con gratitud, gozo, y acción de gracias.

En defensa de los acusados

Génesis 38 invita al lector a reconocer que los gemelos son una bendición de Dios, y además enseña que nosotros, como pueblo de Dios, tenemos el llamamiento de defender a las personas como Tamar, falsamente acusadas y condenadas a sufrir la tortura y la muerte, y de amonestar a quienes, como Judá, son tan ciegos que no reconocen su propia culpabilidad. A Tamar casi la quemaron viva; se salvó porque supo defenderse y porque hizo que le fueran abiertos los ojos a Judá para ver y confesar su propia culpabilidad.

En muchas sociedades, todos los años se linchan, torturan, y queman vivos a miles y miles de mujeres, hombres, y niños, porque alguien los ha acusado de hechicería. Según la cosmovisión de muchas sociedades de África, Asia, y América, las enfermedades, las muertes, y los infortunios son causados, consciente o inconscientemente, por la hechicería o el mal de ojo. Cuando alguien muere o enferma inesperadamente, los familiares suelen buscar los servicios de un chamán o adivino a fin de descubrir la identidad de la persona responsable de la enfermedad o accidente que ha segado la vida de la víctima. Con frecuencia, la persona acusada de hechicería es cruelmente torturada a fin de hacerle confesar su culpabilidad. Según las normas de tales culturas, cada muerte tiene que ser vengada.

Entre 1450 y 1770 fueron acusadas 90.000 personas de ser hechiceras y brujas ante los tribunales civiles y eclesiásticos de los países europeos; unas 45.000 fueron ejecutadas (Priest 2015:27-42). En 1692, en una colonia llamada Salem, en Massachusetts, fundada por puritanos que habían salido de Inglaterra en búsqueda de un lugar donde practicar su fe cristiana sin ser perseguidos, ahorcaron a ocho mujeres acusadas de brujería.

Según la teología de sus tres amigos, los desastres, sufrimientos, y enfermedades de Job fueron causados por sus pecados. En otras partes del mundo, sin embargo, se cree que los males y desastres que sufren las personas son causadas por quienes por su envidia, orgullo o deseos de venganza, emplean la hechicería en detrimento de sus semejantes. A los miembros del clan, tribu o familia del muerto les toca encontrar al culpable de la hechicería y darle muerte. Estudios antropológicos realizados en Perú, afirman que un 37 por ciento de los homicidios de personas adultas del pueblo de Aguaruna, se debe a muertes infligidas a los acusados de hechicería. En las regiones montañosas de Papúa Nueva Guinea, los hombres acusados de hechicería son quemados vivos. En Tanzania, centenares de mujeres ancianas acusadas de ser brujas, han sido asesinadas a machetazos por bandas de vengadores drogados.

La peor suerte que puede correr una persona en tales sociedades, no es ser víctima de una supuesta hechicería, sino ser acusada falsamente de ser hechicera. Algunos de los acusados prefieren confesarse culpables, aun siendo inocentes: "Así me matan de una vez y no me siguen torturando." En Kinshasa, miles de huérfanos han sido abandonados por las calles de la ciudad después de ser acusados de causar la muerte de sus padres. Con frecuencia estas acusaciones han sido endosadas por pastores de las "iglesias cristianas", particularmente de las que proclaman el evangelio de la sanidad y la prosperidad. Ha habido pastores "cristianos" que, en vez de actuar como defensores de los acusados, prestaron su apoyo a los acusadores, desempeñando así la obra predilecta de Satanás, cuyo nombre significa acusador. Gracias a Dios, otros cristianos han dedicado sus vidas a rescatar a los niños abandonados en las calles de Kinshasa y otras ciudades africanas. En el país de Ghana, las mujeres acusadas de brujería han sido llevadas a campamentos de brujas (*Witch Camps*), donde pueden vivir protegidas por la iglesia y otras personas de buena voluntad, en el equivalente moderno de las ciudades de refugio que establecieron los israelitas en la Tierra Prometida (Priest 2015:34).

El caso de Tamar y de las miles de personas falsamente acusadas de hechicería nos recuerdan que en muchos casos los acusados son los débiles, los más vulnerables, y los que no tienen voz. Con frecuencia los verdaderos culpables, como en el caso de Judá y la mujer de Potifar, son los primeros en acusar. Con lágrimas en los ojos recordamos las miles de personas desaparecidas en nuestras llamadas guerras sucias, después de haber sido acusadas falsa o equivocadamente, no de ser hechiceros o brujos, sino miembros de movimientos políticos considerados subversivos.

En vez de emprender una cacería de brujas en los pueblos de Galilea, Jesús buscó con compasión a los atormentados, a los endemoniados, y a los que habían sido acusados, condenados, y rechazados por la sociedad. En su ministerio, el Señor procuró rescatar e integrar a la comunidad de la fe, tanto al endemoniado de Gadara como a la mujer sorprendida en adulterio. En vez de ser quemada o expulsada para siempre de la familia de Jacob, Tamar termina con vida y con su nombre escrito en la lista de los antepasados del rey David y de Jesucristo. La historia de Tamar y Judá debe enseñarnos a ser lentos para acusar y prestos para defender, especialmente a los indefensos, los pobres, y los marginados. Siguiendo el ejemplo de Jesús, se nos convoca a ser la voz de los que no tienen voz (Gibbs 2015:11).

Nota litúrgica

El *seder* sobre el dilema de Tamar, siendo una historia no idónea para menores, no figura en los pasajes leídos en los leccionarios en uso en nuestras congregaciones cristianas. Sin embargo, en el leccionario de la antigua sinagoga, la historia de Judá y Tamar era leída el último sábado del mes de *Tishri*, o sea, después de la fiesta de los Tabernáculos. Uno de los *haftarot* (lectura profética) que coincide con Génesis 38, en la antigua liturgia, es el relato de David y Betsabé en 2 Samuel 11 y 12. En Génesis 38:26 Judá es inducido a confesar su pecado, así como David fue inducido a condenarse a sí mismo (2 S 12:5): "Juro por el Señor que ese hombre merece la muerte." Según una hipotética reconstrucción del antiguo calendario cristiano algunos eruditos llegaron a la conclusión que el seder sobre Tamar era leído el mismo sábado en que se leía la historia de la mujer sorprendida en adultero en las asambleas de los judíos que creían en Jesús (Guilding 1960:111). Quizá San Pablo tuvo en mente tanto la historia de David como la de Tamar y Judá cuando expresó: "Por tanto tú, que juzgas a otros, no tienes excusa, no importa quién seas, pues al juzgar a otros te condenas a ti mismo" (Ro 2:1).

GÉNESIS 39

José, mayordomo en la casa de Potifar y sus tres tentaciones

Potifar es el capitán de la guardia, quizá también el capitán de los verdugos del faraón. Pero Dios le dio a José favor ante los ojos de Potifar. Éste se dio cuenta de que José no era como los otros trabajadores, que eran flojos, desobedientes, deshonestos. Potifar percibió que el Señor estaba con José, y le dio una posición de gran responsabilidad: lo nombró mayordomo sobre toda su casa. El autor sagrado indica la razón de la prosperidad de José en Génesis 39:2: "Pero el Señor estaba con José, y éste prosperó en la casa del egipcio, su amo." El capitán de la guardia depositó toda su confianza en José, y José procuró no traicionar esa confianza. No pidió aumentos de sueldo ni se promocionó a sí mismo. Su futuro estaba en las manos de Dios. José no abusó de la nueva autoridad que le fue confiada. El poder y la autoridad que uno adquiere, pueden convertirse fácilmente en una trampa y tentación. Muchas personas, en circunstancias similares, caen en la tentación y abusan del poder que se les confía.

Con toda seguridad José aprendió a ser un fiel mayordomo de bienes ajenos, siguiendo el ejemplo de su padre Jacob. En Génesis 31:38-41 vemos que el tercer patriarca se preocupó sobremanera de las manadas de su suegro Labán, aguantando calor, frío excesivo, hambre, desprecio, y un sueldo mísero. No obstante, Jacob se esforzó día y noche para no perder ni un solo corderito. De tal palo, tal astilla.

José es descrito como bien parecido. Solamente a cuatro hombres de la Biblia se los describe así: David, Saúl, Absalón, y José. Su bella presencia también llega a causarle dificultades. Se presenta la mujer de Potifar tentándolo todos los días. José responde diciendo: "¿Cómo podría yo cometer algo tan malo y pecar contra Dios?" Un erudito sugirió que la mujer de Potifar habría cubierto su ídolo con su blusa y después le dijo a José: "Ahora mi dios no puede ver nada". José respondió: "Pero mi Dios ve todo."

En nuestro comentario aquí, rechazamos como suposiciones sin crédito las muchas tradiciones rabínicas (por ejemplo el *Génesis Rabbah*) que dicen que Potifar, atraído por la bella presencia de José, compró al esclavo hebreo con fines homosexuales. Dichas tradiciones, mencionadas también por Jerónimo, añaden que Dios frustró las malas intenciones de Potifar al convertirlo en eunuco.

Cómo venció José la tentación sexual

La tentación sexual es una de las más peligrosas y difíciles. Ya vimos en el capítulo anterior cómo el patriarca Judá se dejó tentar al ver a una mujer junto al camino de Timnat. La palabra de Dios nos dice claramente qué hacer en el momento de la tentación sexual: ¡Huye, aléjate corriendo! No dice: Siéntate para analizar la situación, ni nos dice que entremos a dialogar con la otra persona para determinar qué hacer. Lo que dice es: ¡Huye, corre, vete! No te pongas a analizar lo que te puede suceder si rehúsas. José sabía que la mujer de Potifar era una víbora, una pícara capaz de hacerle mucho daño, incluso vengarse de él. Y lo que hizo José fue huir. Hoy en día la mujer de Potifar nos habla por medio de las telenovelas, por la Internet, por cable, por correos electrónicos. Es capaz de presentar muchos argumentos, tales como: "Solamente esta vez"; "mi esposo no me entiende, pero tú sí"; "lo que todo el mundo hace no puede ser tan malo"; "nadie se va a enterar"; "de todos modos, nos vamos a casar, entonces por qué esperar"; "tus amigos te van a rechazar si no haces lo que ellos". Pero José no hizo caso a ninguno de los argumentos. No hizo caso a las consecuencias inmediatas de su rechazo a la invitación de la mujer. No le hizo caso a sus propias emociones, sino a la palabra de Dios (Swindoll 2000:43). Y José huye, dejando su ropa en las manos de la mujer de Potifar.

Si José hubiera hecho caso a la invitación de la mujer, podría haber obtenido, con la ayuda de ella, favores, riquezas, y más autoridad en los asuntos de Egipto. Podría haberse aprovechado de la influencia de la mujer para subir más rápidamente por los escalones del poder, tal como hicieron los amantes de otras mujeres poderosas del mundo, como por ejemplo el infame Mallo, amante de la reina María Luisa, esposa del rey Fernando VII de España (Arana 2013:45). Pero guiado por el Espíritu Santo, José rechaza aprovecharse de una relación ilícita como un atajo hacia la consecución de la realización de sus sueños (Greidanus 2007:385). Recordemos que Jesús también rechazó el atajo al poder que le ofreció Satanás (Mt 4:9).

La tercera tentación de José fue la más dura de todas. Es la tentación de amargarse por lo que le ha pasado: culpar, guardar rencor, planificar venganza.

Hay una tercera razón por la que José va a parar a la cárcel. Dios lo estaba probando. Dios había escogido a José para llevar a cabo un proyecto muy importante, un plan de salvar a mucha gente de una gran calamidad. Y José figuraba en su plan. Por medio de él Dios iba a bendecir a muchos pueblos y familias. Porque se venía una gran hambruna sobre la tierra, capaz de segar la vida de miles y miles de personas. Pero para llevar a cabo su plan de salvación, Dios necesitaba una persona que pudiera administrar su proyecto sin caer en la corrupción y el abuso de poder. La misión de José, al igual que la misión de Jesús y la de nosotros, es servir y dar la vida por los demás. Nuestra misión no es procurar que los demás nos sirvan. Para poner en marcha su plan, Dios necesitaba a uno que fuera capaz de resistir las tentaciones. Dios necesitaba a uno que había vencido la tentación de dedicar su vida al ajuste de cuentas; uno que no pagara mal por mal.

El hecho de que José perdiera su posición de honor en la casa de su amo egipcio, no quería decir que el Señor lo había abandonado. El autor sagrado nos dice que el Señor estaba con José, e hizo que se ganara el favor del jefe de la cárcel en la que lo habían echado. Éste puso en manos de José el cuidado de todos los presos. En el último versículo del capítulo 39 se repite una vez más la frase clave de esta parte de la historia sagrada: "El Señor estaba con José y prosperaba todo lo que él hacía." La lección principal que para nosotros tiene el capítulo 39 es asegurarnos la presencia del Señor junto a su pueblo, tanto en los momentos de prosperidad como de adversidad (Greidanus 2007:384). En Romanos 8:35-39 San Pablo nos reitera la misma enseñanza: "¿Qué podrá separarnos del amor de Cristo?" El Señor está junto a los que han sido acusados falsamente. El Señor está con los que han sido encarcelados injustamente. El Señor está con nosotros cuando pasamos por el valle de sombra de muerte. El Señor está con nosotros en la prosperidad y en la aflicción, porque su nombre es Emanuel, Dios con nosotros.

GÉNESIS 40

Las vivencias de José en la cárcel de Egipto

En el capítulo 40 encontramos a José maltratado, encarcelado, olvidado, tirado en una cárcel en un país extranjero. No es difícil identificarnos con José, porque muchos de nosotros también hemos sido maltratados injustamente. En primer lugar, José fue maltratado por su propia familia, víctima de los celos, intrigas, y odios fratricidas. Sus propios hermanos habían planeado quitarle la vida. Terminaron tirándolo en un pozo profundo y vendiéndolo como esclavo. Muchos de nosotros también hemos sufrido maltratos de nuestra propia familia. Millones de mujeres han sido violadas por miembros de su familia. José fue maltratado en su trabajo. Perdió su puesto por el chisme y las mentiras. Fue víctima de los celos y pasiones enfermizas de una mujer depravada. Fue metido en la cárcel, acusado falsamente de ser un violador. José también sigue estando en la cárcel por la ingratitud e infidelidad de una persona a quien ayudó, el copero del rey. Interpretó el sueño del copero del faraón. Este oficial había prometido hablar por él, pero olvidó su promesa. Muchos de nosotros hemos sufrido traiciones semejantes. Hemos derramado lágrimas debido a que las personas en quienes confiábamos no cumplieron con sus promesas: la promesa de pagar un préstamo, una promesa de matrimonio, la promesa de ser fiel hasta la muerte. Las personas que han quedado desilusionadas una y otra vez, se desilusionan también con Dios. Tal el peligro más grande que José tiene que afrontar en la cárcel.

Cuando, como José, nos encontramos encarcelados en una prisión de injusticias, maltratos, y engaños, tenemos que aprender a orar: Dios, ayúdame a sobrevivir en esta situación sin rencor, sin deseos de venganza, sin remordimientos, sin envenenarme, sin perder mi fe. Señor, utiliza lo que está pasando para transformarme, para enseñarme paciencia, humildad, y esperanza. Ayúdame a comprender y consolar a otros que también están sufriendo. Ayúdame a sobrellevar con fe y esperanza todo lo que tengo que sufrir por hacer el bien. "¿Qué mérito hay en soportar malos tratos por hacer algo malo? Pero cuando se sufre por hacer el bien y se aguanta el castigo, entonces sí es meritorio ante Dios. Y ustedes fueron llamados para esto. Porque también Cristo sufrió por nosotros, con lo que nos dio un ejemplo para que sigamos sus pasos" (1 P 2:20-21).

Después de ser restaurado en su posición, el copero del rey se olvidó de José. Pero lo importante es que Dios no se olvidó de él. El Señor se acuerda de su siervo al revelarle dos sueños al faraón, sueños que solamente pueden ser interpretados por José. Dios se acuerda de José porque no es su voluntad que Egipto perezca. Dios había estado con José tanto en la prosperidad como en la adversidad. En su providencia, lo había escogido como su instrumento para salvar a Egipto y las naciones vecinas de la gran hambruna que se venía. Así también había escogido a Israel y a la iglesia para salvar al mundo por medio del Mesías que vendría. En Juan 3:16 Jesús declara: "Porque de tal manera amó Dios al mundo, que ha dado a su Hijo unigénito, para que todo aquel que en él cree no se pierda, sino que tenga vida eterna" (Greidanus 2007:399).

GÉNESIS 41 – PRIMERA PARTE

Los sueños del faraón y la ciencia de la oniromancia

En el antiguo Cercano Oriente, y especialmente en Egipto, los hombres –muy particularmente los gobernantes– estaban "encantados" con los sueños. Lo estaban hasta tal punto que crearon innumerables sistemas interpretativos que, por su refinamiento, poco tenían que envidiarle a los psicoanálisis de nuestros días; aunque sus objetivos eran muy diferentes. La oniromancia, es decir, la técnica de la interpretación de los sueños, en la que sobresale José, era considerada una ciencia teológica. En un papiro egipcio se lee: "Dios ha creado las medicinas para curar las enfermedades, el vino para curar la tristeza y los sueños para guiar a los ciegos por el camino de la vida." El sueño era el trámite de la revelación divina, sobre todo en los asuntos referentes a los soberanos... En nuestro caso, el sueño del faraón es una parábola vinculada en la columna vertebral de la economía egipcia, el Nilo, y simbolizada por las vacas gordas y las flacas, por las espigas llenas y las vacías. La vida egipcia gira en torno a la ganadería y la agricultura, y sobre ellas versa el sueño interpretado por José. Para los egipcios los sueños son sombras del futuro. Para ellos todas las cosas tienen una relación entre sí, todo tiene importancia.

En la historia de José, los sueños son un medio por el cual recibe la revelación divina en la historia. La interpretación de sueños pertenece al ámbito de la profecía. Los sueños que pueblan la Biblia son parte del lenguaje humano empleado para poder describir la experiencia trascendente dentro de la cual se revela el misterio de Dios. Así se nos presenta José, como el sabio y profeta que sabe descifrar los signos divinos relativos a la historia humana. A José se lo describe en este pasaje de acuerdo con los rasgos y las características del sabio que encontramos en el libro de Proverbios. Está en contacto con el mundo egipcio, como lo estuvo Salomón, modelo de los sabios y fundador de la sabiduría hebrea (1 R 5 y 10). José rechaza la seducción de la mujer ajena, pues como uno que ha recibido la verdadera sabiduría, sabe que "los labios de la mujer ajena destilan miel; su paladar es más suave que el aceite, pero termina siendo amargo como el ajenjo, y tajante como una espada de dos filos" (Pr 5:3-4). Si te guía el Espíritu de Dios, "te librarás de la mujer ajena, de esa extraña que con sus palabras te halaga" (Pr 2:16). José, como ese hombre político y sagaz de quien habla el libro de Proverbios, sabe cómo desechar el odio y ser rápido para perdonar: "El odio despierta rencillas; pero el amor cubre todas las faltas" (Pr 10:12). En su trato con sus hermanos, en Egipto, José ejemplifica el cumplimiento del dicho: "No digas: 'Le haré lo que él me hizo. Le daré a ese hombre lo que se merece'" (Pr 24:29). Sobre todo, José es un hombre que tiene temor de Dios en su corazón (Jer 31:31-34; Gn 42:18; Pr 1:7; 15:33). El retrato que el autor sagrado nos pinta de José es el de un hombre en el que está el espíritu de Dios (cf Gn 41:38).

El retrato de José que encontramos en la última parte de Génesis es diferente del cuadro que nos pinta el primer libro de Moisés acerca de Abrahán, Isaac, y Jacob. Éstos, aunque nunca perdieron su fe en Dios y sus promesas, con frecuencia fracasaron en su intento de poner en práctica lo que profesaban con sus labios. José, en cambio, es para los lectores de Génesis un modelo de la clase de obediencia y fidelidad que Dios espera de su pueblo escogido. Hasta a nosotros, hoy en día, el modelo de José nos enseña mucho acerca de la verdadera sabiduría. En el Salmo 105:22 se lo califica como un maestro de sabiduría: "Le dio poder para frenar a los grandes, y sabiduría para enseñar a los sabios." Es el prototipo de la clase de líder y gobernante que deben procurar y seguir los miembros del pueblo escogido. Dicho de otra manera: un prototipo del Mesías (Sailhamer 1992:213).

De hecho, el cuadro que el autor sagrado pinta de José se corresponde en gran manera a la descripción que nos brinda el Salmo 8 acerca del papel del ser humano como virrey y mayordomo de la creación, papel que originalmente le fue otorgado al primer hombre en el Edén. Ya hemos visto cómo fracasó Adán (que simboliza a toda la humanidad) en el fiel cumplimiento de tal papel. En la buena y sabia administración de los recursos de Egipto, y con el fin de proveer para las necesidades tanto de egipcios como hebreos y otros extranjeros, José simboliza el gobierno del Hijo del Hombre al que apunta el mismo Salmo 8: "Hiciste al hombre poco menor que un dios, y lo colmaste de gloria y de honra. ¡Lo has hecho señor de las obras de tus manos! ¡Todo lo has puesto debajo de sus pies!" (Sal 8:5-6). En su papel de sabio y fiel mayordomo de la creación, José triunfó, mientras que Adán fracasó. La historia de José nos obliga a mirar hacia el pasado y comparar su vida con la del primer hombre. A la vez, nos obliga a mirar hacia el futuro, hacia la venida del último Adán, hacia aquél a quien José tipifica (Sailhamer 1992:215).

El verdadero sabio, guiado por la iluminación divina, penetra en el interior de los acontecimientos históricos y capta su sentido último, así como Dios lo quiere. De hecho, en la maraña de la historia se mueve Dios escondido (*Deus absconditus*) sin ruido, a la sordina, de acuerdo con una de las características de la teología sapiencial, que no exalta las grandes acciones divinas, sino más bien las pequeñas epifanías cotidianas, su presencia en los cruces de las calles, en las pequeñas alegrías y dolores, en el trabajo y en las estaciones, en la abundancia y en la carestía. José no habla nunca con Dios, como los patriarcas anteriores, pero habla a menudo de Dios en el nombre de Dios, lo que lo convierte en mediador y profeta. Es Dios, en efecto, quien "le manifiesta todo", haciéndolo así "inteligente y sabio" (Gn 41:39). Al faraón le declara sin vacilaciones: "No depende de mí. Pero Dios dará al faraón una respuesta propicia" (Gn 41:16). La verdad es que en la raíz de los sueños está sólo Dios: "Dios ha mostrado a su Majestad lo que él está por hacer" (Gn 41:28). Y una vez más: "El hecho de que su Majestad haya tenido el mismo sueño dos veces, significa que Dios ha decidido hacer esto, y que muy pronto lo hará" (Gn 41:32). En los sueños interpretados por José aparecen elementos tanto buenos (siete vacas gordas, siete espigas llenas, tres sarmientos maduros) como malos (vacas de muy feo aspecto, espigas menudas y marchitadas, tres canastillos blancos). José recibió de Dios no sólo la capacidad de conocer el significado de los sueños, sino también de distinguir entre el bien y el mal, un don que solamente viene de Dios. El conocimiento del bien y del mal, que se malogró en el huerto de Edén, se le revela nuevamente a la humanidad en la Torá (Sailhamer 1992:214-215).

El verdadero sabio es, por supuesto, una persona que recibe la revelación divina con el fin de guardarla en su corazón, no como un mero espectador pasivo. Y una vez recibida la revelación, el sabio se apresura a ponerla en práctica en aquellos puntos que competen al empeño humano.

El "soñador" José no es un fatalista entregado a horóscopos inapelables: su interpretación de los sueños no es astrología, sino teología; su sabiduría no es mágica, sino religiosa. Sale del sueño para entrar en la vida, donde debe desplegarse el empeño humano. Los sueños no tienen nada de esotérico, sino que por el contrario, en virtud del valor simbólico trascendente antes explicado, se convierten en guía para descubrir la voluntad de Dios y ponerla en práctica. Más aún, son una invitación a intervenir como actores en la historia para transformarla, como en este caso, en que se controló la carestía mediante la planificación, la inteligencia, la intuición, y la realización. El sabio no es esclavo de la naturaleza y de los acontecimientos, sino libre ejecutor del consejo y la disposición divinos. El pasaje que hemos propuesto como objeto de nuestra reflexión se convierte, pues, en un modelo de vida sabia también para nosotros, en los diversos contextos de nuestra biografía y de nuestra vida cotidiana personal...

Al estudiar la historia de José, se debe tener muy en cuenta que su capacidad de interpretar sueños es un don espiritual muy especial. Es un don que no se brinda a todos los creyentes, ni a todos los profetas o pastores. En 1 Corintios 12 y Romanos 12 San Pablo nos enseña que el Espíritu reparte los diferentes dones de gracia según su voluntad, no la nuestra. En el transcurso de la historia de la iglesia se percibe el gran daño ocasionado por personas que, careciendo del don de la interpretación, intentan dar a conocer el significado de sus propios sueños y los sueños de otros. Como en la antigüedad, hoy día los sueños y la oniromancia pueden arrastrarnos al mundo de la superstición, de la magia, de la astrología, de lo irracional, y de lo satánico. Los sueños mal interpretados han resultado en innumerables herejías, como por ejemplo las que han sido propagadas por supuestos profetas tales como José Smith, Tomás Müntzer, William Brannon y Pedro el Ermitaño. Los sueños mal interpretados han sido responsables por emprendimientos tales como la famosa cruzada de los niños, en la cual miles de ellos murieron o fueron esclavizados. Lamentablemente, en nuestros días, unos cuantos supuestos profetas han abandonado la Palabra escrita como algo sin relevancia o anticuado. En lugar de proclamar ley y evangelio, se han dedicado a proclamar el supuesto significado de sus propios sueños.

En la célebre biblioteca del rey asirio Asurbanipal se descubrió un auténtico tratado sobre los sueños en clave mágica, catalogados por afinidades: "Si alguien, en sueños, construye una silla, o una puerta, una cama, una mesa, una banqueta o una barca...", y siguen varias interpretaciones. Son muchos los horóscopos que no son otra cosa sino el simple producto de fantasías, como ocurre hoy con algunas de las columnas astrológicas de los periódicos, verdaderos estafadores y explotadores de las ilusiones y la estupidez humana.

Hasta en el cristianismo se han infiltrado espiritualidades soñadoras y mistificadoras, que recurren a literalidades espirituales y carismáticas, aceptan alienaciones y las venden por ascesis. Llevan a cabo incursiones en algún movimiento devocional visionario, sobre todo mariano, y transforman la fe en milagrería. Los verdaderos "sueños" bíblicos implican en realidad, como ya hemos visto, fidelidad a la gran comisión y el amor hacia el prójimo. La verdadera mística consiste en el cumplimiento fiel de los compromisos cotidianos, la lectura bíblica y una vida dedicada a los débiles, oprimidos, y marginados. La teología exige también el juicio de la razón. La devoción sin fundamento cristológico, y sin una vida en conformidad con el Decálogo, es folclore o superstición. José se convierte para todos en signo de la auténtica espiritualidad, que confía en la venida del reino de Dios y la renovación de la creación, pero que a la vez se dedica al llamamiento de Dios de ser una bendición a todos los pueblos en nuestro mundo actual.

Como los hubo en la vida de José, así hay también en nuestras vidas tiempos de abundancia y escasez, vacas gordas y vacas flacas. Como José, nosotros también necesitamos administrar bien nuestros recursos, las bendiciones que Dios nos ha otorgado. En la vida de la iglesia hemos tenido épocas en que gozamos de la presencia de muchos pastores y misioneros, y épocas en que los obreros fueron pocos. José había aprendido a administrar los bienes de su amo siendo mayordomo en la casa de Potifar. Fue fiel en lo poco, y ahora ante el faraón tendrá la oportunidad de ser fiel en lo mucho.

Ante el faraón José muestra humildad. No se adelanta ni pide favores, no presenta su *currículum vitae*. Se niega a promocionarse a sí mismo. En la cárcel había aprendido a dejar todo en las manos de Dios. Muchas veces nosotros manipulamos y maquinamos para hacer progresar nuestros proyectos. Como los fariseos, procuramos los mejores puestos. José no procuró el mejor puesto, pero lo recibió. Del faraón José recibió un anillo de oro con el sello del rey. El anillo era como una tarjeta de crédito de hoy día. Con el anillo podía sellar recibos, documentos, y leyes. Nuevamente, en la Biblia Dios exalta a los pobres y humilla a los grandes. Nuestro Dios es quien puede dar vuelta la tortilla por completo y efectuar cambios drásticos, como lo expresa María en el *Magníficat,* o como se observa en la parábola del rico y Lázaro.

Las lecciones que aprendió José

José aprendió en la escuela de la experiencia, no en un seminario o instituto bíblico. Fue escogido por Dios, seleccionado y preparado por intermedio de pruebas, aflicciones, y sufrimientos. Hablando de sus sufrimientos, el Salmo 105:17 declara: "Pero antes envió a uno de sus hombres; envió a José, que fue vendido como esclavo. Los egipcios le pusieron grilletes en los pies, y lo arrojaron tras los hierros de la cárcel. Pero finalmente se cumplieron sus dichos." ¿Qué aprendió José en sus años de aprendizaje? ¿Qué lección aprendió de su tiempo en el pozo, en la casa de Potifar, de sus años en la cárcel? Entre otras cosas, José aprendió: (1) A esperar en Dios y no dejarse dominar por el pánico. Los coperos de la vida con frecuencia nos olvidan y no cumplen sus promesas; pero Dios no se olvida sus promesas; (2) que cuando por fin llegó la recompensa, dio gracias al Señor sin sentir orgullo; (3) que Dios cumple con sus promesas. Las tragedias no son el fin, sino el principio.

José no les reprochó al copero, ni a sus hermanos, ni a la mujer de Potifar y su esposo. Tiene ahora una posición encumbrada en el gobierno de Egipto, ha conseguido poder. Tiene en sus manos el poder para vengarse y ajustar cuentas, pero no lo hace. Hemos visto muchas películas y telenovelas que llevan títulos tales como "el Vengador" o "el Terminador," en las que los protagonistas buscan venganza. Pero José no se deja influir por las telenovelas, sino por el Espíritu de Dios. En la vida real la venganza destruye no sólo a los culpables de nuestro sufrimiento sino también a los vengadores y terminadores.

José pasó dos años en la cárcel, y aparentemente no sucedió nada. Pero muchas veces, cuando en apariencia no pasa nada, pasa mucho. Dios trabaja silenciosamente en uno, en su iglesia y en su mundo. Dios está perfeccionando, refinando, preparando. Moisés estuvo cuarenta años cuidando ovejas. Pablo pasó tres años en Arabia. Jesús se mantuvo oculto en el pequeño pueblo de Nazaret por casi treinta años, antes de predicar su primer sermón o sanar al primer enfermo de su aflicción.

Dios le brindó a José la respuesta a los sueños del faraón, la respuesta que no pudieron brindar los sabios, magos, y científicos. Hay cosas que solamente Dios puede revelar.

José tuvo que vencer muchas tentaciones

La tentación que venció José en la casa de Potifar fue pequeña en comparación con las tentaciones que tendría que enfrentar ahora que es el primer ministro de Egipto. Para quien tiene poder, autoridad, y prosperidad, una de las tentaciones más grandes es la del orgullo, la soberbia, la tentación de abusar del poder, de arreglar cuentas con los que le causaron sufrimiento. Si José se hubiera dejado llevar por las tentaciones, se habría destruido a sí mismo, habría entregado su vida en manos del príncipe de las tinieblas, habría fracasado en el cumplimiento de la misión para la cual el Señor lo había preparado.

Lo que le pasó a José cuando lo llevaron a la presencia del faraón podría llamarse una resurrección y ascenso. Hemos visto a José en el fondo de un pozo, como esclavo en la casa de un poderoso capitán y como preso en la cárcel. Durante todo este tiempo de pruebas y tentaciones el Señor lo estaba preparando para ser un gran gobernante, un instrumento de salvación para su familia y hasta para los gentiles. Cuando llegó el momento oportuno (*kairos*) determinado por Dios,

José fue resucitado y elevado a una posición de autoridad, honor y poder a la diestra del gran rey de Egipto. Su resurrección y ascenso son tipos o prefiguraciones proféticas de la resurrección y ascensión de nuestro Señor Jesucristo (Flp 2:5-11).

Lutero nos recuerda que el triunfo que obtenemos sobre nuestras adversidades puede convertirse en la prueba o tentación más difícil. El Reformador nos refiere a la gran valentía de Alejandro Magno, mediante la que logró quedar victorioso frente a todos sus enemigos. Sin embargo, Alejando siempre fue esclavo de su propia valentía. Sansón, con su gran poder, pudo vencer una y otra vez a los filisteos, pero no pudo vencerse a sí mismo. Su caída no fue provocada por uno más fuerte que él, sino por su "viejo hombre". Lutero (1965:177-178), quien había leído con avidez las historias y biografías de Herodoto y Jenofonte, comenta que casi siempre las victorias de los grandes héroes llegan a ser la razón de sus caídas. El triunfo más grande que obtuvo José fue la victoria sobre sus propios triunfos, prosperidad, y ascenso a la mano derecha del faraón.

¿En qué condiciones puede un cristiano prestar servicios a un gobierno secular?

A diferencia de tantos grandes héroes que perdieron todo a causa de su ascenso a una posición de gran autoridad y poder, José se mantuvo fiel a Dios, a su pueblo, y a su misión. No rehuyó su comisión; más bien aceptó servir en un gobierno en el que el rey y sus demás ministros no conocían a Dios verdadero. Siempre existieron personas y grupos que afirmaron que todos los reinos y gobiernos del tiempo presente son parte del reino de Satanás y del sistema del mal que impera en la actualidad. Consecuentemente, los que son hijos de la luz nunca deben tener participación en el reino de las tinieblas. Dicho de otra manera: los creyentes no deben aceptar los cargos de prefecto, gobernador, alcalde, senador, diputado, fiscal, magistrado o verdugo. Algunos grupos prohíben a sus miembros servir como soldados o policías.

Frente a tal desprecio del gobierno secular, la experiencia de José, como también las historias de Esdras, Nehemías, Erasto (Ro 16:23), Daniel, Sadrac, Mesac, y Abednego, nos enseñan que es parte de la vocación del creyente servir al prójimo, ya sea cristiano o pagano, y desempeñarse honesta y abnegadamente en los puestos asignados por la sociedad y las autoridades seculares. Es un error creer que la doctrina de la vocación tiene que ver solamente con los que forman el clero o una orden monástica. A lo antedicho, debe agregarse que un creyente puede ocupar un puesto en el gobierno secular, siempre que no niegue su fe, adore un dios falso o participe en la corrupción de otros oficiales. El creyente que presta servicio en un gobierno secular, siempre debe estar preparado a sufrir por su fe, así como Daniel, que fue arrojado al foso de los leones, y sus tres amigos que fueron tirados al horno de fuego ardiente. Lutero opina que sería un acto de cobardía para un cristiano rehusar aceptar la vida sumamente difícil de gobernante, y elegir más bien esconderse como un recluso en un monasterio (1965:194).

José, quien fue fiel en lo poco, es promovido a tareas más grandes

José, en vez de rehuir responsabilidades, se dedica plenamente a la administración de la economía de Egipto, sembrando y cosechando trigo, nombrando oficiales y capataces competentes, construyendo graneros y visitando e inspeccionando los preparativos de sus siervos. Un fiel administrador, nos dice Lutero, tiene que velar por el fiel cumplimiento de las tareas de sus siervos, prescindiendo de los flojos, los aprovechadores, y los infieles. Lo que hizo José en la administración de Egipto es lo que nos toca hacer en la administración de la iglesia, apartando a los que no cumplen con su ministerio, a los que enseñan herejías y a los que pretenden ser servidos, y no servir (Lutero 1965:205). Los trabajos y responsabilidades que José tiene ahora, son mucho más grandes que los que tenía cuando cuidada el ganado de su padre o cuando servía como mayordomo en la casa de Potifar. Pero José, que había aprendido a ser fiel en las cosas relativamente más pequeñas, ahora se siente preparado para cumplir con tareas sumamente difíciles. Así es como Dios nos prepara para servir en su reino. El que es fiel en lo poco, será convocado a cumplir con asuntos mucho más importantes en el futuro.

Otra lección que nos enseña la historia de José, es la de aprovechar las oportunidades que Dios nos ofrece mientras tengamos el tiempo para actuar. Hay que aprovechar los siete años de prosperidad antes que vengan los años de escasez. Hay que trabajar durante el día antes que venga la noche en que nadie puede trabajar (Jn 11:9). Tenemos que conseguir aceite para nuestras lámparas antes que venga el novio (Mt 25:1-11). Podemos engañarnos a nosotros mismos y creer que los años buenos nunca tendrán fin. Es imposible que fallara el descenso y la subida del nivel de las aguas del río Nilo.

El matrimonio de José

Así como en el Edén Dios le dio a Adán una esposa, el autor sagrado nos dice, en Génesis 41:45, que el faraón le dio a José a Asenat, hija de Potifera, sacerdote de On. Asenat fue la madre de los dos hijos del patriarca, Manasés y Efraín. El matrimonio de José con una mujer no hebrea, hija de un sacerdote pagano, llegó a constituir un gran problema para los Targum, como también para los comentaristas rabínicos. ¿Sería posible que la madre de dos de las tribus más importantes fuera una egipcia? ¿Sería posible que Dios diera su bendición a la boda del ejemplar patriarca, cuando tanto Abrahán como Isaac buscaron para sus hijos esposas que fueran de la misma familia de la fe, y cuando profetas tales como Esdras, Malaquías, y Nehemías condenaron en forma tan contundente e inequívoca los matrimonios mixtos entre los miembros del pueblo escogido y sus vecinos paganos? Una solución muy poco convincente de los rabinos fue la de sugerir que Asenat sería en realidad la hija de Dina y Siquén, que había sido llevada a Egipto y adoptada por el sacerdote Potifera (Grypeau 2013:335-337).

Otros intérpretes judíos censuraron la acción de José por haberse casado con una pagana y, de esta manera, haber perdido la primogenitura que su padre Jacob había deseado para él. Además, al acceder a la iniciativa del faraón de proveerlo con una esposa pagana, el patriarca daba un mal ejemplo a sus descendientes, los samaritanos, quienes son censurados con frecuencia por los profetas por su predilección por los matrimonios mixtos.

Otra solución más positiva fue la de hacer de Asenat el tipo de prosélito ideal, o sea, que Asenat viene a ser el modelo (como también la moabita Rut) del extranjero que renuncia completamente a su pasado idólatra y sus prácticas paganas, y procura refugio y salvación bajo las alas del Señor, y sigue todos los preceptos de la Torá. Entre los libros apócrifos y pseudoepígrafes, hay uno que lleva por título *José y Asenat*, escrito en tiempo del NT, y que llegó a servir como manual de instrucción para los paganos que de corazón querían convertirse en judíos. (El texto de esta obra puede ser bajado gratuitamente por Internet).

Del lado cristiano, el matrimonio de José y Asenat nunca llegó a constituir un problema para los padres de la iglesia primitiva, pues para ellos el matrimonio de Asenat y José simboliza la unión de la iglesia de Jerusalén con la iglesia de los gentiles, lo que San Pablo celebra en su epístola a los Efesios: "[Cristo] De dos pueblos hizo uno solo, al derribar la pared intermedia de separación... para crear en sí mismo, de los dos pueblos, una nueva humanidad, haciendo la paz, y para reconciliar con Dios a los dos en un solo cuerpo mediante la cruz" (Ef 2:14-16). Para los padres orientales, como San Efrén el sirio y Afrahat, el matrimonio de José y Asenat simboliza y profetiza las bodas escatológicas del Cordero de Dios con la gran multitud de gentiles de todos los pueblos, naciones, razas, y lenguas, según se describe en el libro de Apocalipsis (Grypeau 2013:354).

UNDÉCIMA UNIDAD

GÉNESIS 42:1-50:26

GÉNESIS 41 – SEGUNDA PARTE

José, gobernador de Egipto

En lo que resta del libro de Génesis no veremos más a José como ese joven ingenuo, el hijo consentido de su padre, ni como el hombre que tuvo que soportar una prueba angustiosa tras otra, sino como el hombre maduro cuyos sueños por fin se realizan. De aquí en más veremos a José, el gobernador de Egipto, "el Portador del sello real", "el Mayordomo de palacio", "el Señor de las dos tierras", "el Jefe de toda la tierra". José se nos presenta ahora como el modelo del líder que emplea el poder político para el bien de la comunidad. Es importante tener en cuenta que en la Torá el poder político no es necesariamente algo malo, algo que corrompe, sino algo necesario para el bien público (Bruggemann 1984:296). La historia de José nos enseña que la fe, en vez de asumir una actitud pasiva ante los problemas que surgen en la vida política, tiene la responsabilidad de actuar y asumir un papel proactivo en favor de la comunidad. En la historia de José se puede observar el modo en que Dios actúa en nuestro mundo, no solamente por medio de ángeles, milagros, diluvios, y terremotos, sino también por medio de hombres sabios que aprendieron a emplear el poder del Estado para el bienestar de ricos y pobres, poderosos y débiles, israelitas y egipcios. Dios de la historia de José es Dios que da empuje a sus propósitos por medio de actores humanos como el sabio José.

José, modelo del gobernante sabio

Para los israelitas que tuvieron que vivir en la diáspora entre pueblos paganos, José llegó a ser el modelo del creyente que vive entre incrédulos, pero sin comprometer su fidelidad al Dios verdadero y, a la vez, ser tanto un leal sujeto del emperador como una fuente de bendición para los de su propio pueblo y para los de su pueblo adoptivo. En el desempeño de sus obligaciones, José, como gobernador, tuvo que vivir en medio de un reino y un sistema político en que había mucha corrupción, muchos vicios e injusticias. Pero a pesar de ello, en sus tribulaciones José había aprendido a ser fiel. A diferencia de otros gobernantes egipcios, fue el esposo de una sola mujer. A diferencia de tantos otros gobernantes antiguos y modernos, José no dio preferencia a unos en detrimento de otros. Proveyó de trigo a todos, buenos y malos, nativos y extranjeros, ricos y pobres. Todas las naciones fueron bendecidas por medio de él. Según algunos eruditos, la historia de José fue el modelo del gobernante sabio para los jóvenes que estudiaban para ser siervos públicos, en las escuelas sapienciales durante el reinado del rey Salomón.

El hombre sabio pasa por muchas pruebas

José hasta puede ser un ejemplo y modelo para nosotros hoy en día. José puede enseñar cómo vencer las tentaciones a quienes aspiran a posiciones de autoridad en la iglesia o en el Estado. En todas las tentaciones José salió aprobado y se mostró capaz de ejercer las responsabilidades que le fueron asignadas. En primer lugar, como mayordomo en la casa de Potifar, rechazó la tentación de aprovecharse de su posición para enriquecerse o evidenciar alguna parcialidad hacia los que estaban bajo su autoridad. Al mismo tiempo, no se dejó enredar con la mujer ajena. Finalmente, José no dejó que lo dominaran las ganas de vengarse de los que le causaron tanto sufrimiento. No procuró arreglar cuentas con sus hermanos, ni con Potifar y su mujer, ni con el copero que se había olvidado de él. El gobernante que no puede controlar la tentación de las faldas, o la tentación de vengarse o de enriquecerse ilícitamente, será un fracaso en su gestión de gobernante. Si José hubiera fallado en estas pruebas, el Señor habría tenido que buscar a otro para cumplir con la misión de salvar a Israel y Egipto de la hambruna.

A veces, cuando un aspirante a una posición de liderazgo fracasa en las pruebas por las que tiene que pasar, el Señor quizá le brinde una nueva oportunidad. Las pruebas se repetirán de otra forma y en otro momento. Es lo que sucedió en el caso de Simón Pedro, que negó a su Señor en un momento crítico. Es lo que pasó con Juan Marcos, que abandonó a Pablo y Bernabé durante el primer viaje misionero. Tanto Simón Pedro como Juan Marcos aprendieron de sus fracasos, y cuando se presentó una nueva oportunidad de desempeñar fielmente una posición de liderazgo, aprobaron. En todo esto vemos que uno de los principios del liderazgo en la Biblia es el principio que nos comunicó Jesús en Lucas 16:10: "El que es confiable en lo poco, también lo es en lo mucho; y el que no es confiable en lo poco, tampoco lo es en lo mucho." Este dicho de Jesús queda ejemplificado en la carrera de José, un excelente modelo del mayordomo fiel. Las muchas historias y parábolas bíblicas que tratan de mayordomos injustos y tracaleros nos muestran la importancia de tener gobernantes sabios, no sólo en el Estado, sino también en la Iglesia.

José, un ejemplo del migrante que no perdió su fe en el país lejano

José es para nosotros un modelo del mayordomo y creyente fiel que, debido a las circunstancias, está lejos de su familia y su lugar de origen en un territorio extranjero, donde los naturales adoran a otros dioses y hablan otro idioma. A pesar de todos sus sufrimientos, pruebas, y tentaciones, José nunca pierde su esperanza y su fe en Dios de sus antepasados. Lo que sostiene a José es la promesa de gracia que Dios le dio a Abrahán, y que él mismo recibió en los sueños que le reveló Dios del Pacto. En todo esto, José nunca trató de ocultar ante los egipcios su origen o su fe en Dios, como hizo su bisabuelo Abrahán cuando, para protegerse, mintió al faraón y le dijo que Sara era su hermana y no su esposa (Gn 12:10-20). Aunque le dieron una esposa egipcia, una posición de importancia en el gobierno, y un nuevo nombre egipcio, José nunca se olvidó quién era él y quién su Dios. La integridad de José ha sido un ejemplo para miles de creyentes judíos y cristianos que han tenido que vivir en cautiverio o como refugiados e inmigrantes (Kim 2013:220). La venta de José a los traficantes de esclavos, nos hace recordar los millones de hombres, mujeres, y niños vendidos a traficantes de esclavos y traídos en condiciones sumamente infrahumanas hasta América Latina. Los que se creen los amos de nuestro mundo pueden cambiar nuestros nombres, nuestra condición social, el idioma que hablamos, y nuestra ubicación geográfica, pero no pueden cambiar la fe y la esperanza de los que confían en la gracia del Señor y en la promesa del evangelio. El mensaje que transmite la historia de José a los inmigrantes que confían en el Señor es que el Señor nunca los olvidará ni abandonará. A pesar de su aparente descuido y abandono, el Señor encamina las cosas para bien.

El hombre sabio puede percibir la mano invisible de Dios en la historia

Además de los atributos del hombre sabio que ya hemos visto en la historia de José, cabe señalar también su capacidad de percibir la mano invisible de Dios en la historia y en los acontecimientos diarios. Una de las características de los relatos que se narran en Génesis 37-50 es que Dios está oculto. No hay teofanías ni voces del cielo. No se puede ver ni escuchar a Dios directamente; no obstante, él está ahí. Está presente en los detalles y acontecimientos aparentemente insignificantes. Pero, sobre todo, está presente en el sueño que le fue revelado a José. Y aunque los enemigos del sueño intentan matar al soñador para negar su poder, el sueño se cumplirá. Por medio de ese sueño, toda la familia se salvará. No es un sueño ordinario que se pueda analizar según los cánones de la psicología de Freud o de Jung. El de José es un sueño profético que viene del Señor, y que mira hacia el futuro y no hacia atrás a los traumas de nuestra infancia o a la subsconsciencia colectiva de la humanidad. El sueño revelado a José proyecta una realidad alterna a la que presentan los sistemas, las ideologías, y los imperios que pretenden determinar nuestra existencia.

Los sueños de José realmente resultan en algo así como las utopías de las cuales les encanta hablar a nuestros teólogos de la liberación, pues nos pintan un mundo muy diferente del mundo construido por los poderosos y las élites dominantes. Las utopías y los sueños que se originan al proclamarse la palabra de Dios, nos presentan una visión del reino de Dios; y esta visión del reino de Dios choca con las realidades políticas, económicas, y sociales que hemos llegado a conocer por medio de la experiencia. Los sueños utópicos presentan una visión alterna de la realidad y de lo que puede ser nuestro futuro. Los sueños utópicos son capaces de poner en tela de juicio los sistemas, ideologías, e imperios que han establecido su hegemonía en nuestro mundo, y que se jactan de sus supuestas prerrogativas divinas. Los sueños utópicos nos dicen que hay otras maneras de ordenar la sociedad y de establecer el derecho, y es precisamente por esto, que las utopías constituyen una amenaza para los faraones, emperadores, presidentes y corporaciones multinacionales que se creen los dueños de los destinos de los demás. Es por esto que siempre habrá quienes procuren matar tanto al sueño como al soñador. Asesinaron al Dr. Martín Luther King Jr., pero no han podido matar su sueño de un mundo sin racismo e injusticia. Es por esta oposición a los principados y potestades de este mundo que José tuvo que vivir en medio de tanto engaño, tentación, y seducción; y es por esta misma razón que nosotros, que hemos heredado el sueño utópico del reino de Dios, tenemos que vivir en un mundo de engaño, tentación, y seducción. Pero como los enemigos del reino no lograron matar ni al sueño ni al soñador que sembró su sueño en nuestros corazones, tampoco lograrán impedir la realización de ese sueño. El sueño del reino, como el sueño de José, no está sujetado a la ley de causa y efecto, ni a los cálculos nuestros, sino que está en las manos del Creador de cielos y tierra.

En el pasaje que estamos viendo, notamos algo muy interesante e instructivo: al conceder tantos poderes a José, el faraón y sus consejeros reconocen que ante la amenaza del hambre, ellos son incapaces de salvar al país, y que en el joven hebreo hay una sabiduría de lo alto que ellos no poseen. Al observar la escena en la que vemos a José ante el gran faraón de Egipto, notamos que ha ocurrido una inversión de poder. Los sabios, magos, y altos consejeros son incapaces de percibir las señales que el Señor les ha enviado. No son capaces de gestionar lo necesario para salvar al país. Es como Jesús dijo en Mateo 11:25: "Te alabo, Padre, Señor del cielo y de la tierra, porque estas cosas las escondiste de los sabios y de los entendidos, y las revelaste a los niños." De esta manera, la historia de José en Egipto deslegitima y descentraliza las estructuras de poder, y remarca una vez más lo dicho por el apóstol Pablo en 1 Corintios 1:25: "Porque lo insensato de Dios es más sabio que los hombres, y lo débil de Dios es más fuerte que los hombres."

Con la sabiduría que el Señor le otorgó, José se atreve a hablar con el faraón no sólo de cosas agradables, como los siete años de abundancia, sino también de las grandes amenazas que representan los siete años de hambre y escasez.

La sabiduría de José se basa en el temor de Dios

Podemos engañarnos a nosotros mismos y creer que los años buenos nunca tendrán fin. Los magos del faraón creen que es imposible que falle el alza y la bajante del nivel del río Nilo. Los magos del faraón no se atreven a hablar con él de los años malos. Todo el mundo desea dar una interpretación favorable al faraón, pero José no puede hacer tal cosa, su misión es proclamar la palabra de Dios. Los tiempos están en las manos de Dios, y él tiene algo que enseñarnos con las cosas que suceden. El faraón es un hombre sabio, pues reconoce la sabiduría que se manifiesta en José, y que esta sabiduría viene de la presencia del Espíritu de Dios en José. Y así el faraón les dice a sus ministros: "¿Podremos encontrar a otro hombre como éste, en quien esté el espíritu de Dios?" (Gn 41:38). El Espíritu de Dios que está en José es la fuente de sus dones de sabiduría, liderazgo, y discernimiento, y de su poder para resistir las tentaciones. Es decir, son los dones que José necesita para cumplir con la misión para la cual Dios lo escogió. José es un hombre lleno del Espíritu Santo, un prototipo de personas como Esteban (Hch 6:4) y Bernabé (Hch 11:24). La presencia del Espíritu Santo en José parece ser una posesión permanente y no algo temporal, como lo fue en algunos de los jueces y otras figuras carismáticas del AT (Levison 2009:48-51).

En realidad, los sabios de Egipto que están al servicio del faraón no son verdaderos sabios, porque su sabiduría no tiene su base en un conocimiento de Dios verdadero. La sabiduría de José sí está fundada en Dios. Es una sabiduría idéntica al temor de Dios. Por primera vez en el libro de Génesis encontramos la palabra sabiduría. El faraón de la historia de José no es como el faraón de la historia de Moisés. El que hace oídos sordos a la sabiduría de Dios se destruye a sí mismo. El faraón de José escuchó la sabiduría de Dios y su pueblo se salvó. El faraón de Moisés endureció su corazón ante la sabiduría de Dios y pereció junto con su pueblo. Para nosotros, la sabiduría de Dios nos ha sido entregada en la persona y en la cruz de su Hijo Jesucristo.

Pero ya es tiempo de pasar de la investidura de José al reencuentro con sus hermanos, quienes, al traicionarlo y venderlo como esclavo fueron, sin saberlo, los instrumentos del Señor para elevar a José a la posición de poder en que se encontraba.

GÉNESIS 42–45

Jacob envía a sus hijos a comprar alimentos en Egipto

Génesis 42 nos lleva nuevamente a Canaán, al campamento de Jacob y sus once hijos. Veinte años pasaron desde que vendieron a José. Lea y las concubinas no se mencionan, aparentemente ya han fallecido. Después de tantos años, Jacob todavía lamenta la pérdida de su hijo favorito, sin saber que José llegó a primer ministro de Egipto. La sequía que arrasó Egipto también se hizo sentir en la tierra de Canaán y la familia de Israel. Jacob, todavía en sus cabales y como jefe de familia, ordena a sus hijos ir a Egipto para comprar alimentos, porque hasta Canaán llegó la noticia de que hay trigo en la tierra de los faraones. Los diez hijos mayores salen, pues, en busca de trigo; cuantos más hombres, más grano se puede comprar. Benjamín, el hijo menor de Jacob y su amada Raquel, no acompaña a sus hermanos. Porque, reflexiona Jacob: "No vaya a pasarle algo malo" (Gn 42:4). Israel teme que, así como a José, algo podría sucederle también a Benjamín. Jacob sospecha que la pérdida de José puede no haber sido un accidente; quizá los hermanos de su hijo favorito tuvieron algo que ver con su desaparición. Benjamín había remplazado a José como hijo favorito de la casa. ¿Serían capaces los hermanos mayores de planificar también la desaparición de Benjamín? Sólo Dios sabe. A fin de cuentas, son diez y no once los hermanos que salen de Canaán para encontrarse con José en Egipto (Mandolfo 2004:460).

El primer encuentro de José y sus hermanos

Al reconocer José a sus propios hermanos entre los extranjeros que llegan a Egipto a comprar grano, los acusa de ser espías. Ante la acusación, los hermanos insisten con que son miembros de una sola familia.

Las familias no proyectan actos subversivos, ni planifican guerras. Por lo tanto, no podrán estar interesados en espiar (Westermann 1987:288). De acuerdo con Lutero, creemos que en todo lo que sigue, José está procurando la manera de llevar a sus hermanos a un verdadero arrepentimiento, antes de anunciarles su verdadera identidad y otorgarles su perdón. Para cumplir con tal propósito, José hace que sus hermanos sientan en carne propia algo de lo que él tuvo que sufrir a causa de su envidia y traición. Así como él quedó atrapado en aquel pozo, así los hermanos ahora tienen que pasar tres días en la cárcel. Y allí comienzan los remordimientos. El crimen que habían cometido y querido enterrar en la región más oscura de su subconsciente, ahora aflora con ímpetu: "Realmente hemos pecado contra nuestro hermano, pues lo vimos angustiarse y rogarnos, y no le hicimos caso. Por eso nos ha sobrevenido esta angustia" (Gn 42:21).

Los hermanos confiesan su culpa

Al ser encarcelados los hermanos de José, sus conciencias los acusan. Las conciencias cauterizadas se reactivan. Exclaman: "Somos culpables." No le echan la culpa a Jacob por consentir a su hijo. Ni le echan la culpa a José. Admiten su culpa. Reconocen que son responsables por sus acciones. Recuerdan la angustia en los ojos de su hermano cuando lo arrojaron al pozo. No pueden borrar esa escena de su memoria. Además, reconocen la mano de Dios en lo que está sucediendo. Según el Salmo 51, una de las características de un verdadero arrepentimiento es la confesión de la responsabilidad de nuestras transgresiones. No podemos echarle la culpa a otras personas, al diablo o a Dios, como hicieron Adán y Eva después de comer del fruto prohibido. El salmista declara: "Reconozco que he sido rebelde; ¡mi pecado está siempre delante de mis ojos! Contra ti, y sólo contra ti, he pecado; ¡ante tus propios ojos he hecho lo malo! Eso justifica plenamente tu sentencia, y demuestra que tu juicio es impecable" (Sal 51:3-4).

Las atribuladas conciencias de los hermanos los atacan nuevamente al encontrar el dinero en sus sacos. Al encontrar el dinero, recibieron lo que no merecieron y se ponen a temblar. Se ponen a temblar así como Isaac, cuando se dio cuenta de haber dado su bendición al hijo que no era su primogénito. Al experimentar la bondad se sintieron aún más culpables. Nuevamente las conciencias cargadas de culpa de los hermanos los asaltan cuando regresan a Egipto con su hermano Benjamín y los invitan a cenar en la casa de José. En vez de interpretar el gesto bondadoso del gobernador como un acto de bondad y favor, los diez hermanos creen que todo es una trampa por medio de la cual el gobernador intenta esclavizarlos para siempre. Tales pensamientos, nos dice Lutero (1965:333), provienen de sus conciencias atormentadas, cargadas con la culpa de lo que hicieron con José muchos años antes. Los hombres hemos desarrollado un sin fin de estrategias para librarnos de las acusaciones de una conciencia cargada de culpa. Tratamos de tranquilizarla, suprimirla, divertirla, sobornarla, callarla, drogarla, ignorarla, hipnotizarla, cauterizarla, o dormirla; pero cuando menos lo esperamos, la conciencia tranquilizada o dormida recibe una sacudida de parte de la ley, y se despierta. Y como las furias de la mitología griega, nos ataca y nos acusa de nuevo. La conciencia, dice Lutero, se convierte en una bestia salvaje y maligna del infierno, que no deja de atormentar a los pecadores. Imagínense que junto con todo lo que nos sucede en la vida, se esconde una trampa, o sea, el castigo que nos aplicará una justicia implacable por las injusticias que hayamos cometido. Es lo que pasa con los hermanos de José. Proverbios 28:1 declara: "El impío huye sin que nadie lo persiga."

Hay sólo un remedio que puede calmar y tranquilizar las conciencias, y es la proclamación de las buenas nuevas del perdón y nueva vida que ofrece Dios a los malhechores y pecadores por causa del sacrificio de su Hijo. Los hermanos de José recibieron este mensaje de perdón y reconciliación de los labios de su propio hermano, del hermano resucitado de la oscuridad del pozo y de la cárcel sombría. Nosotros, en cambio, recibimos el mensaje de perdón y reconciliación de nuestro hermano resucitado de la oscuridad de la tumba. Recibimos el perdón del hermano que nos dice: "La Paz sea con ustedes" (Jn 20:19). La intención de José nunca fue humillar a sus hermanos con el fin de hacerlos sufrir como él había sufrido; lo que quería era llevarlos al arrepentimiento. Los humilló con el fin de exaltarlos a su debido tiempo. 1 Pedro 5:6 declara: "Por lo tanto, muestren humildad bajo la poderosa mano de Dios, para que él los exalte a su debido tiempo."

En la liturgia de la antigua sinagoga se acostumbraba leer Isaías 55:1-5 para acompañar la lectura de Génesis 42, que relata el hallazgo de los hermanos de José del dinero del trigo en sus costales, después de salir de Egipto. El texto proclama: "Vengan y compren, y coman. Vengan y compren vino y leche, sin que tengan que pagar con dinero ¿Por qué gastan su dinero en lo que no alimenta, y su sueldo en lo que no les sacia?" Al relacionar ambos textos, los escribas que compusieron el antiguo leccionario de la sinagoga quisieron enfatizar que Dios nos da gratuitamente sus bendiciones más grandes. En las Escrituras, el pan es, con frecuencia, un símbolo de la Torá, mientras que el agua es símbolo del Espíritu Santo. En nuestros leccionarios modernos se lee Isaías 55:1-5 para acompañar la lectura de Mateo 14:13-21, en la cual se narra cómo Jesús alimentó a los 5000, sin dinero y sin precio.

Pero en todo esto, José aún no intervine, pues quiere conocer bien los sentimientos de sus hermanos y comprobar si ya experimentaron un verdadero cambio de conciencia, o si todavía albergan en sus corazones las mismas malas intenciones de antes. ¿Son sinceras sus palabras de arrepentimiento, o es solamente otro embuste más en la larga historia de engaños cometidos desde el día en que Jacob intentó agarrar el talón de su hermano?

José disfraza, por lo tanto, no sólo su apariencia y manera de hablar, sino también sus verdaderos sentimientos. Asume el aspecto feroz e implacable de un juez cruel y despiadado, mientras que detrás de su disfraz su corazón desea ardientemente abrazar a sus hermanos. Observamos que José, a escondidas, voltea su rostro mientras las lágrimas de amor brotan de sus ojos. Aquí vemos en José un reflejo de nuestro Padre celestial, quien en incontables oportunidades quiere correr hacia nosotros sus hijos pródigos y abrazarnos, pero primero se oculta detrás de la máscara de la ley y espera hasta que ésta haya obrado en nosotros la angustia y el remordimiento que sintieron los hermanos de José. Muchos se atemorizan ante el Dios de la ley y se llenan de pavor al contemplar el rostro implacable del Juez supremo, ignorando que detrás de la máscara de la ley late un corazón lleno de amor. El corazón de Dios, tan lleno de gracia y misericordia, es lo que vemos en la cruz de Jesucristo. En la cruz el Padre se quita el disfraz y nos deja ver cuán enorme es el precio que tuvo que pagar para rescatarnos de lo que somos e hicimos.

El regreso de los hermanos a Canaán

Los hermanos de José tienen que volver una vez más a Canaán y presentarse ante su anciano padre, pero sin uno de ellos. La primera vez que pasó esto fue cuando regresaron con la túnica ensangrentada de José. En aquella oportunidad urdieron toda clase de mentiras y embustes para ocultar lo que realmente había sucedido con el hermano desaparecido. Ahora, vuelven a la casa paterna nuevamente sin uno de ellos, esta vez sin Simeón, al que José retendrá en la cárcel hasta que regresen con su hermano menor, Benjamín. Éste había quedado con su padre en Canaán, porque era lo único que le quedaba a Jacob de su querida esposa Raquel. Y ahora, los hermanos quieren que Benjamín también vaya a Egipto con ellos, a fin de conseguir la liberación de Simeón y comprobar así ante el gobernador que los hijos de Jacob son hombres de palabra.

Jacob, por su parte, queda sumergido nuevamente en angustia y amargura. Reconviene a sus hijos por haberle revelado al gobernador todos los pormenores de la familia. ¿Por qué no le mintieron al gobernador? ¿Por qué no lo engañaron? "¿Por qué me hicieron ese daño, de hacerle saber a ese hombre que tenían otro hermano?" (Gn 43:6). En su negación de todo, Jacob ataca a sus hijos quienes, por fin, le están diciendo toda la verdad. Recordemos que el nombre Jacob quiere decir engañador. En muchas oportunidades Jacob había actuado de acuerdo con el significado de su nombre. Había engañado a su padre Isaac, a su hermano Esaú, y a su suegro Labán. El problema con los engañadores es que creen que todo el mundo es como ellos, que todos quieren engañar. Cuando finalmente nos dicen la verdad, no les creemos. Si los hijos de Jacob llegaron a ser engañadores también, es porque siguieron el ejemplo que su propio padre les había enseñado, y la Palabra dice que "al Señor le repugnan los labios mentirosos" (Pr 12:22). De modo que Jacob no quiso escuchar a sus hijos cuando ellos por fin le dijeron la verdad. Puede ser por razones similares que nosotros también dudamos cuando Dios nos manifiesta su verdad.

Al recibir las noticias que sus hijos le traen de Egipto, Jacob se llena de miedo y pavor. Los hijos regresaron con el alimento que fueron a buscar. Milagrosamente, su dinero les fue devuelto y no fueron ejecutados como espías. Por cierto, Simeón está preso en Egipto, pero todo podría haber salido peor. En todo lo sucedido Jacob no puede percibir que tal vez la mano de Dios esté en todo esto, y que lo ocurrido sea parte de un plan para con Jacob y su familia.

El fatalismo de Jacob le impide ver lo que el Señor está haciendo en su vida

Veces hay en que sí debemos tener miedo. Por ejemplo, cuando cometemos maldad. Pero hay otros momentos en que Dios nos llama a abrirnos ante las nuevas posibilidades que él tiene para nuestro presente y futuro. La reacción de Jacob parece ser: "Todo el mundo está en contra de mí" o, "fui predestinado para sufrir todas estas tragedias, una tras otra". En vez de dar gracias a Dios porque Simeón sigue con vida, Jacob declara que está muerto. Vemos aquí a un Jacob temeroso y sumergido en actitudes negativas, un hombre dominado por el miedo. Manifiesta que sólo le queda un hijo, cuando en realidad Simeón está vivo y sus otros diez hijos están delante de él ¡Qué fatalismo! Su actitud parece ser: "Si es la voluntad de Dios librarme de morir de hambre sin enviar mis hijos a Egipto, qué así sea. Si en cambio es su voluntad que muera de hambre, ¡que se haga su voluntad! " Es la voz del diablo –dice Lutero– que nos dice que no se debe hacer nada, que no hay que actuar para hacerle frente a la escasez de alimentos, porque todo ha sido predestinado (1965:308). ¿Cómo es posible que Jacob fuera un buen líder del pueblo de Dios con una actitud tan negativa? No se pregunta qué significado puede tener el hecho de que el dinero por el grano les haya sido devuelto. Declara enfáticamente: "¡No irán de regreso a Egipto!" Pero Dios sabe cómo apretarle las clavijas a Jacob y obligarlo a reconsiderar su actitud. Así procede Dios también con nosotros.

Cuando por fin las circunstancias obligan a Jacob a reconsiderar su actitud, el patriarca asume nuevamente su papel como padre de familia y manda a sus hijos a llevar regalos al primer ministro de Egipto, para endulzarlo (Pr 21:14). Definitivamente, se pone a orar con sus hijos y a encomendarlos a la protección de *El Shaddai*. Nosotros también debemos orar: "Oh Dios, nuestro *El Shaddai,* enséñanos a confiar en ti, a estar abiertos a lo que tú haces en nuestras vidas, y a no pensar negativamente."

Los bienes y las bendiciones no merecidos incomodan a los hermanos de José

Ahora veremos lo que pasó cuando los hermanos regresaron a Egipto con Benjamín. La parte más emotiva de la historia de José y sus hermanos tiene lugar cuando éstos se presentan nuevamente ante el gran Visir de Egipto con su hermano menor, Benjamín. Se regocijan al encontrarse nuevamente con su hermano Simeón, sano y salvo. Pero quedan perturbados ante la actitud del gobernador, que los alinea según el orden de nacimiento de cada uno, de mayor a menor. ¿De dónde habrá obtenido esa información? ¿Tendrá poderes ocultos? También quedan desconcertados por la manera en que se los agasaja en la sala de banquetes del gobernador. ¿Qué habrán hecho para merecer tanto honor? ¿No cabe la posibilidad de que el dinero que encontraron en sus sacos después de salir de Egipto en su último viaje, haya sido puesto allí por error por los siervos del gobernador? ¿Por qué tantas bendiciones, si lo que merecían no era sino sólo maldición? Nuevamente, los bienes y las bendiciones no merecidas incomodan. El NT nos enseña que la bondad de Dios demostrada a los que no merecemos sus bendiciones, debe inducirnos al arrepentimiento.

Encuentran la copa de José en el saco de Benjamín

Y así, contentos, los once hermanos emprenden el viaje de regreso a la casa de su anciano padre. Pero la alegría les dura poco. Los siervos de José los interceptan y los increpan diciendo que la copa de José ha sido hurtada. Al ser encontrada la copa en el saco de Benjamín, el hijo menor de Jacob, lo acusan de robo y lo llevan de vuelta a Egipto. El supuesto crimen de Benjamín es particularmente serio, porque se trata de un objeto sagrado, hurtado de la casa del hombre con quien habían cenado. El hecho de cenar juntos establece un lazo de amistad entre los participantes. Traicionar al anfitrión de uno es equivalente a tomar la Santa Cena indignamente. El relato dice que la copa de José era usada para adivinar. Es poco probable que José utilizara su cáliz para la adivinación, una práctica muy común entre los egipcios, pero prohibida en la Torá como una abominación pagana (Lv 19:26; Dt 18:10). Los adivinos solían descubrir secretos y pronosticar el futuro a base de las formas o figuras que aparecían en los líquidos dentro de un envase, algo similar a lo que hacen los adivinos de hoy al leer las hojas de té o la borra del café (Westermann 1986:132).

Mientras los siervos de José se preparan para llevar detenido a Benjamín, sus hermanos se rasgan las vestiduras en señal de dolor y consternación. Nuevamente llegan a la conclusión de que Dios los está castigando por lo que le habían hecho a José muchos años atrás. En aquel entonces, los hermanos abandonaron a su hermano y dejaron que fuera llevado para ser vendido como esclavo. Pero ahora no están dispuestos a abandonar a Benjamín a una suerte semejante. Regresan todos a Egipto, dispuestos a hacer lo imposible para conseguir la liberación de su hermano menor y no provocar un nuevo dolor al corazón de su anciano padre. Llegados a la casa de José, los hermanos se postran delante de él, rostro en tierra. La palabra "postrarse" es un verbo más eficaz que el que se utilizó en Génesis 43:26. El autor sagrado ha escogido esta palabra para subrayar el cumplimiento de los sueños de José cuando tenía 17 años. Pero no es la postración de los hermanos del soñador lo que señala su arrepentimiento. José se convence del verdadero arrepentimiento de sus hermanos durante la hermosa escena en que Judá, hablando en nombre de todos los hermanos, pide quedar como esclavo del gobernador en lugar de Benjamín.

La actitud de Judá de ofrecer su vida por Benjamín nos recuerda el sacrificio de Cristo

Judá, el cuarto hijo de Jacob y Lea, se arrodilla ante José y se ofrece a sufrir en lugar de Benjamín. Fue Judá quien urdió el plan de vender a su hermano José a los mercaderes ismaelitas (Gn 37:27). Rubén, el hijo mayor de Jacob, tenía otro plan: Rescatar a José del pozo y así salvarle la vida. Pero los otros hermanos, siguiendo el consejo de Judá, se pusieron de acuerdo en hacer caso omiso a los gritos y lágrimas del soñador, lo vendieron a los traficantes de esclavos. Se ha sugerido que lo que llevó a Judá a tomar tal determinación, fue interés propio

(Kim 2013:231). Uno de los temas que corre como un hilo rojo por todo el rollo de Génesis es el de la primogenitura. De acuerdo con las tradiciones y leyes del antiguo Cercano Oriente, la primogenitura le tocaba al mayor de los hijos varones. Es decir, el derecho de la primogenitura pertenecía a Rubén, pero el hijo mayor de Jacob perdió tal derecho al acostarse con Bilá, una de las concubinas de su padre. Tanto Simeón, el segundo hijo de Jacob, como Leví, el tercero, perdieron el derecho a la primogenitura al matar a filo de espada a Jamor, Siquén, y los demás varones de Siquén (Gn 34). Como consecuencia de estos hechos tan desagradables, la primogenitura le tocaba ahora a Judá, el cuarto hijo. Pero al regalarle a José la túnica especial, Jacob indicó con tal acción que ignoraba el derecho de Judá, para entregarle la primogenitura a José. A Judá le favorecía la eliminación de José para asegurarse el derecho de primogenitura.

El cuadro que el Génesis nos ofrece del carácter de Judá deja mucho que desear. Según el relato divino, Judá es más que un hombre impetuoso, es un gran pecador que no merece ser portador de la promesa o del derecho de primogenitura. Vimos, en Génesis 38, que Judá se casó con una mujer cananea y que buscó otra mujer cananea como esposa para su hijo mayor. Además, intentó tener relaciones incestuosas con su nuera, pensando que era una prostituta, y después ordenó que fuera quemada. La historia de José, sin embargo, no es un relato acerca de la perdición de Judá y sus hermanos, sino de su transformación. La historia de José y sus hermanos es la historia de la transformación de toda una familia; es una historia de gracia, reconciliación, y perdón. En todos estos sucesos obra el Dios del Pacto, transformando el carácter de Judá, de sus hermanos, de Jacob y hasta de José. Judá nunca hubiera deseado salvar a su hermano Benjamín, quien se había convertido en el hijo predilecto del anciano patriarca Jacob. Judá hubiera permitido que Benjamín quedara como esclavo del gobernador de Egipto, otro rival eliminado. El cambio que la gracia de Dios obró en la vida de Judá, jefe de pecadores, es semejante al milagro ocurrido en la vida de Saulo de Tarso, otro jefe de pecadores, al ser transformado en el apóstol Pablo.

La entrega de su propia vida por la de su hermano es, de parte de Judá, un anticipo de la acción de su descendiente Jesús, quien no sólo se ofreció a entregar su vida por muchos (cf Is 53:11), sino que en verdad se sacrificó por todos nosotros. En Juan 15:12-13, nos dice Jesús: "Éste es mi mandamiento: Que se amen unos a otros, como yo los he amado. Nadie tiene mayor amor que éste, que es el poner su vida por sus amigos." Así nos exhorta el Señor a estar dispuestos a sacrificar nuestras vidas los unos por los otros, como lo hizo Judá, y como lo hizo Jesús de Nazaret, el gran descendiente de Judá. Lutero considera que las palabras de Judá ante el gobernador de Egipto constituyen una de las grandes oraciones de la Biblia. Aquí no encontramos palabras vacías o vanas repeticiones, palabras que proceden de la boca pero no del corazón. Aquí Judá no ora como el fariseo en el templo, intentando justificarse a sí mismo, sino que implora la misericordia y la gracia de su Señor. Si nuestras oraciones a Dios fueran así, él no podría ignorar nuestras súplicas (Lutero 1965:369).

José se da a conocer a sus hermanos

Ha llegado el momento para José de revelar su verdadera identidad e intenciones. José, que se quita el disfraz dejando de hablar en una lengua desconocida, se revela a sus hermanos no como juez implacable, ni como un justiciero o vengador de sangre, sino como un hermano que ama y perdona. No lo hace porque sus hermanos sean merecedores de tanto amor y misericordia, sino porque el Dios de José y Dios de nosotros es, como dice el Salmo 103:8-12: "Misericordioso y clemente... lento para la ira, y grande en misericordia. No nos reprende todo el tiempo, ni tampoco para siempre nos guarda rencor. No nos ha tratado como merece nuestra maldad, ni nos ha castigado como merecen nuestros pecados. Tan alta como los cielos sobre la tierra, es su misericordia con los que le honran. Tan lejos como está el oriente del occidente, alejó de nosotros nuestras rebeliones."

Cuán diferente es la escena de la manifestación de José a sus hermanos, comparada con el relato del gran Homero en la Odisea, en que cuenta que después de veinte años de exilio, Odiseo (Ulises), el rey de Ítaca, regresa de la guerra de Troya disfrazado de pobre mendigo. Llegado a su palacio, Ulises se da cuenta que sus supuestos amigos intentan apoderarse de su herencia y de su esposa, la fiel Penélope. Cuando por fin se quita la careta y se revela como el gran guerrero

que casi todos daban por muerto, comienza la sangrienta e implacable venganza en contra de los traidores y pretendientes. Las palabras
del gobernador de Egipto: "Yo soy José, su hermano" (Gn 45:4), no
nos recuerdan la historia de Ulises, sino otra escena, aquella en que
Jesús se presenta en medio de sus amigos que lo daban por muerto:
"¡La paz sea con ustedes!... ¿Por qué se asustan?... ¡Miren mis manos
y mis pies! ¡Soy yo!" (Lc 24:37). Al presenciar la manifestación de
aquel que creían muerto, tanto los discípulos de Jesús como los hermanos de José se llenaron de gozo, pero también de miedo, pues se
sentían culpables por lo que había pasado y temían la ira del que había
regresado de la muerte. Las palabras "yo soy José, su hermano" no se
pronuncian para infundir temor, sino para traer *shalom*, ¡la paz sea
con ustedes!

Habiendo escuchado su confesión de pecado y tomado en cuenta
la sinceridad de su arrepentimiento, José pronuncia la absolución
sobre sus hermanos. Cuando la ley obra en nosotros la contrición y
el arrepentimiento, es el momento de proclamar las buenas nuevas
de perdón, y no dejar que el pecador arrepentido y angustiado siga
sufriendo remordimientos de conciencia. Sin lugar a duda, el pecado
de los diez hermanos mayores de José es sumamente grande y conde-
nable, pero la misericordia divina es más grande aún. Romanos 5:20
declara: "Pero cuando el pecado abundó, sobreabundó la gracia."

En este relato vemos la presencia de Dios invisible en la manifestación de la misericordia y la gracia de José para con sus hermanos. El
Señor oculto se hace visible en el perdón que José ofrece a sus hermanos. Este mismo amor de Dios se ha hecho visible para nosotros en la
persona de su Hijo Jesucristo, y en sus palabras: "Padre, perdónalos,
porque no saben lo que hacen" (Lc 23:34). Pues, como dice el apóstol
Pablo en Colosenses 1:15: "Él es la imagen del Dios invisible."

En Jesucristo, el Juez supremo, se ha quitado el disfraz y revelado
como Dios de amor. Éstas sí son buenas nuevas. En el Islam, a Alá se
lo venera con una infinidad de títulos y nombres divinos, pero nunca
como el amor. Ni una sola vez en el Corán, o en las obras teológicas de
los sabios musulmanes, encontramos una declaración que diga: Alá
es amor. En una oración proveniente del antiguo Cercano Oriente,
el que suplica compara al dios sumerio *Enlil* con una "madeja

enmarañada de hilos de la que no se ve la punta". Un ser divino concebido de esta manera no puede ofrecer ninguna esperanza o confianza a su pueblo. Lo único que puede hacer es estimular el terror (Ravasi 1994:290). Pero José, al presentarse vivo a sus hermanos después de tantos años, no quiere infundir terror en el corazón de ellos. Lo que José quiere otorgar es la paz, su *shalom*. La escena de Génesis 45 nos hace recordar el reencuentro de Jesús con sus discípulos, después de su resurrección. Al darse cuenta de la presencia del Señor resucitado en medio de ellos, los discípulos se llenaron de miedo. Pero Jesús, como José, llegó para consolar a sus hermanos. Su primera palabra es *shalom,* paz a ustedes. Los discípulos, lo mismo que los hermanos de José, habían abandonado a su hermano y merecían que se los regañara, acusara, y condenara. Pero la palabra de Jesús para ellos no es *anatema,* sino *shalom*. Como José, Jesús es el Príncipe de paz.

En la historia de José y sus hermanos vemos que se brinda no sólo el perdón, sino la reconciliación y el restablecimiento de las relaciones fraternas. Para mostrarles que la reconciliación es genuina, José comienza a hablarles amigablemente. Son los mismos hermanos que, según Génesis 37:4, no podían hablarle de manera pacífica. Uno de los frutos del perdón y la reconciliación es el diálogo y la comunicación. Habiendo sido reconciliados con el Padre por medio de nuestro hermano Jesús, estamos habilitados para entrar en diálogo con el Padre y hablarle amigablemente. Esto es la oración cristiana. Podemos hablar con el Padre como con un amigo, sin temor ni terror. Es por esto que en el Catecismo del Dr. Martín Lutero se estudia el Padrenuestro después de haber aprendido el Credo. O sea que, conociendo que la barrera que nos separaba del Padre ha sido quitada por el sacrificio de Cristo, podemos hablar amigablemente con Dios. Lutero nos dice en su Catecismo Menor que Dios nos invita a invocarle con las palabras "Padre Nuestro", para que "creamos que él es nuestro verdadero Padre y nosotros sus verdaderos hijos, de modo que con valor y plena confianza le supliquemos, como hijos amados a su amoroso padre."

El Dios de Abrahán se revela como Dios Salvador

En la historia de José, el Dios de Abrahán, Isaac, y Jacob se revela como Dios de amor y Dios salvador. José nos da a entender que lo que el

Señor tuvo en mente con lo acontecido en su vida y en la de sus hermanos fue "preservar su descendencia en la tierra y [...] darles vida mediante una gran liberación" (Gn 45:7). La frase traducida en *La Reina Valera Revisada* como "para preservar su descendencia en la tierra", en lengua hebrea quiere decir literalmente "para preservarlos como un remanente o resto en la tierra y mantenerlos vivos como una multitud de sobrevivientes". Se hace referencia aquí a los temas del "resto" (*seerit* en hebreo) y de la "salvación" (*peléta* en hebreo). Son dos conceptos básicos en todo el panorama de la historia bíblica. El concepto del "resto" tiene que ver con un grupo que logra huir de una gran catástrofe, para convertirse en el fundamento de un pueblo o una humanidad nuevos. Es el resultado de la preservación divina. En la historia del gran diluvio, de Génesis 6-9, se alude a este tema por primera vez, pero sin utilizar la palabra "resto" o "remanente". Noé y los miembros de su familia logran escapar de la gran inundación para asentar la base de un mundo nuevo. Más tarde, Abrahán y los miembros de su familia son apartados de los otros pueblos para formar un pueblo escogido, el cual será una fuente de bendición para todas las naciones de la tierra. De la gran destrucción que acabó con las ciudades de Sodoma, Gomorra, Adma y Zeboyin, Lot y sus dos hijas son preservados como un remanente, o resto, del cual surgirían los moabitas y los amonitas.

Siglos más tarde, durante el reinado de Ajab y su malvada reina, Jezabel, una mayoría de los israelitas abandonó al Señor y optó por doblar la rodilla ante Baal, el dios cananeo de la fertilidad y de las tormentas. El profeta Elías se desesperó por la idolatría de Israel, y llegó a expresar que él era el único en toda la tierra que no había adorado a Baal: "Señor, Dios de los ejércitos. Los israelitas se han apartado de tu pacto, han destruido tus altares, han matado a tus profetas, ¡y sólo quedo yo!" (1 R 19:10, 14). Pero el Señor le respondió: "Yo voy a hacer que queden siete mil israelitas que nunca se arrodillaron ante Baal" (1 R 19:18). De modo que también en los tiempos de Elías el Señor había preservado un remanente como base de un pueblo renovado y una iglesia reformada.

La importancia del concepto del remanente o resto en la teología bíblica

El concepto del remanente o resto adquiere prominencia en las profecías de Isaías y Jeremías, quienes presenciaron la caída de Israel y de Judá en tiempo de los grandes imperios de Asiria y Babilonia. Durante la llamada cautividad babilónica, para muchos israelitas las promesas de un Mesías y un pueblo escogido tan numeroso como las estrellas del cielo, parecían pura fantasía. Fue entonces que los profetas anunciaron que Dios había resuelto salvar a un remanente, un resto del pueblo de Israel, y traerlo nuevamente a la Tierra Prometida. Del remanente nacería el Mesías tan esperado por el pueblo de Dios: "Yo mismo reuniré al resto de mis ovejas. Las haré venir de todos los países por los que las esparcí, para devolverlas a sus apriscos. Allí se reproducirán y se multiplicarán" (Jer 23:3). "Cuando llegue ese día, sucederá que el Señor levantará una vez más su mano para recobrar el remanente de su pueblo que aún quede en Asiria, Egipto, Patros, Etiopía, Elam, Sinar y Jamat, y en las costas del mar" (Is 11:11). "Israel, si tu pueblo llega a ser como la arena del mar, que vuelve a él, la destrucción acordada rebosará de justicia; porque Dios, el Señor de los ejércitos, llevará a cabo en medio de la tierra la destrucción que ya ha sido decidida" (Is 10:22-23). Unos setenta años después de la deportación a Babilonia, el rey Ciro de Persia decretó fin a la cautividad babilónica y permitió que un remanente del pueblo de Israel regresara a Judea bajo el liderazgo de Zorobabel, para reconstruir la ciudad de Jerusalén y levantar un nuevo templo para la adoración del Señor. Los libros de Esdras y Nehemías relatan cómo ese remanente, que regresó de Babilonia, fue agente instrumental en la construcción de una sociedad israelita en la cual la adoración de dioses ajenos dejó de existir.

Según el relato del libro de los Hechos de los Apóstoles, en tiempo de la iglesia primitiva un gran número de gentiles fue convertido y llegó a confesar su fe en Jesucristo como el Salvador del mundo. Lamentablemente, muchos judíos le dieron la espalda a la proclamación de los apóstoles, y rechazaron así el mensaje de las buenas nuevas. Volviendo al concepto del remanente, en la carta a los Romanos el apóstol Pablo asevera que los israelitas que han creído en el Señor constituyen un nuevo remanente que, juntamente con los gentiles que han creído, han llegado a constituir un Israel renovado y reformado: "Aunque los descendientes de Israel sean tan numerosos como la arena del mar, tan sólo el remanente será salvo"

(Ro 9:27) "De la misma manera, aun en este tiempo ha quedado un remanente escogido por gracia" (Ro 11:5). Todos los pasajes que hablan del remanente convencieron a Martín Lutero de que aún en los momentos más oscuros de la historia del mundo y de la iglesia, la verdadera iglesia nunca deja de existir. Aún en las tribulaciones de los últimos tiempos, cuando se levanten falsos cristos y falsos profetas, y cuando la fe de muchos se enfríe, siempre habrá un remanente fiel. Nunca llegará el momento en que la verdadera iglesia deje de existir.

Debe ser evidente que los hermanos de José fueron salvados no solamente del hambre, sino también de sí mismos

En medio de la gran hambruna que azotó tanto a Canaán como Egipto y muchos otros países del antiguo Cercano Oriente, los miembros de la familia de Jacob fueron salvados y preservados como un remanente en la tierra de Egipto, por la pura gracia de Dios. A pesar de sus muchos pecados, sus divisiones y su falta de fraternidad, Dios mostró su misericordia a la familia de Jacob, y por medio de la sabiduría de José preservó para sí un remanente en la tierra de los faraones y las pirámides. El pequeño remanente de setenta personas que emigró con Jacob a Egipto, incrementó de tal manera que se cumplió la primera parte de la promesa que Dios le había dado a Abrahán: "Yo haré de ti una nación grande" (Gn 12:2). Es evidente en todo lo sucedido, que Dios estuvo no sólo con José, sino también con su padre y sus hermanos. El Señor obró para salvar a José de todas sus pruebas y sufrimientos, y para salvar a sus hermanos de sí mismos. Durante muchos años los hermanos de José habían tratado de ocultar su culpa y ocultar su crimen. Pero, cuanto más uno oculta y no confiesa su pecado, más grande se hace la carga de culpa que el pecador lleva dentro de sí. David confiesa: "Mientras callé, mis huesos envejecieron, pues todo el día me quejaba. De día y de noche me hiciste padecer; mi lozanía se volvió aridez de verano" (Sal 32:3-4). Es lo que experimentaron los hermanos de José. El pasaje nos invita a no seguir ocultando nuestras rebeliones; nos exhorta a que las confesemos, como finalmente lo hicieron los descendientes de Jacob: "Te confesé mi pecado; no oculté mi maldad" (Sal 32:5).

GÉNESIS 46

El reencuentro de José con su padre

Hay dos acontecimientos sobresalientes en la última parte de la historia de José. Ya hemos tratado el primero, que fue la reconciliación de José con sus hermanos. El segundo es el reencuentro de Jacob con el hijo que había creído muerto. Después de conseguir del faraón permiso para traer a su padre y al resto de su familia de Canaán a Egipto, José envió carruajes para buscar a su padre y a las esposas e hijos de sus hermanos. La parte de Egipto que le sería dada a la familia de Jacob era la tierra de Gosén, en el noreste del delta del río Nilo. En esa región apartada Israel tendría la oportunidad de crecer numéricamente, y a la vez preservar su identidad (Lasor 1995:112). Habiendo luchado tanto para obtener la bendición y la promesa de heredar la Tierra Prometida, Jacob podría haber sentido recelo de abandonar Canaán ahora y mudarse a Egipto, y de esta manera perder la tierra que el Señor había destinado para sus descendientes. Sin duda, Jacob recordaba los problemas que tuvieron Abrahán y Sara cuando, durante otro tiempo de escasez de alimentos, abandonaron Canaán para buscar refugio en Egipto. En esa ocasión el faraón quiso aprovecharse de los inmigrantes y hacer suya la esposa del patriarca. Tales experiencias fueron una de las razones por las que el Señor había prohibido a Isaac salir fuera de las fronteras de la Tierra Prometida.

El Señor promete cuidar a Jacob y su familia en el extranjero

Para evitarle cualquier escrúpulo o remordimiento de conciencia, el Señor se le aparece a Jacob en una visión de noche, en que le promete acompañar a su pueblo durante su estancia en Egipto. El Señor promete, además, preservar a sus descendientes y traerlos de regreso a la tierra que fluye leche y miel. Las palabras del Señor son consoladoras: "No tengas miedo de ir a Egipto, porque allí haré de ti una gran nación (Gn 46:3). Jacob tiene su mirada puesta en el pasado y en las dificultades que tuvieron que pasar sus antepasados en el extranjero. Dios, en cambio, tiene la mirada enfocada hacia el futuro y al cumplimiento de la promesa dada a Abrahán: "Yo haré de ti una nación grande" (Gn 12:2). Esto es precisamente lo que sucedió durante el tiempo que la familia de Jacob estuvo en Egipto. Entraron unas setenta personas y salió una gran nación. Los descendientes de Jacob vivirían segregados en Egipto para evitar el peligro de matrimonios mixtos, peligro que tuvieron que enfrentar los patriarcas en Canaán. Según los historiadores, la región de Gosén estaba escasamente poblada en el tiempo de la llegada de los hebreos a Egipto. La renovación de la promesa a Jacob antes de emigrar a Egipto hace de puente de enlace entre los relatos de los patriarcas en Génesis y su entrada a Egipto, y la historia de la liberación y salida del pueblo escogido de Egipto en la gran narración del Éxodo.

La primera vez que Jacob salió de la Tierra Prometida, el Señor le habló y le dio su bendición en la visión de la escalera mística y los ángeles que subían y bajaban por ella. Al regresar de Siria veinte años más tarde, Jacob tuvo otro encuentro con el Señor, al luchar con el ángel y recibir una confirmación de la bendición. Ahora, al prepararse para cruzar la frontera de la Tierra Prometida por tercera vez, Jacob recibe una nueva visión del Señor y una nueva bendición. Puesto que el Señor es el verdadero dueño de la tierra, los que entran y salen deben conseguir su permiso. Por lo tanto, Jacob se esmera en conocer la voluntad del Señor antes de partir hacia Egipto. Según la opinión de algunos estudiosos de Génesis (incluyendo a Lutero), la frontera de la Tierra Prometida coincide con lo que antes del Diluvio fuera la frontera del huerto de Edén (Sailhamer 1992:152).

En la visión nocturna que tuvo Jacob antes de salir de Canaán, el Señor le promete acompañarlo e ir con él a Egipto: "Yo iré contigo a Egipto, y también te haré volver" (Gn 46:4). Jacob y sus descendientes serán sostenidos y fortalecidos en el extranjero por las promesas y la presencia de Dios. A diferencia de los dioses venerados por sus vecinos paganos, Dios de Israel viaja con su pueblo. Los dioses de las naciones paganas, en cambio, se quedaban en un territorio determinado. Al salir del territorio gobernado por sus dioses, los paganos se veían en la necesidad de conseguir la protección de los dioses locales quienes, según se creía, ejercían su dominio allí. La presencia de Dios verdadero en todas partes es uno de los grandes temas del Génesis y de todo el resto de las Escrituras. Es la promesa de la presencia de Dios con su pueblo la que infunde en sus hijos confianza y valentía:

"Esfuércense y cobren ánimo; no teman, ni tengan miedo de ellos, porque contigo marcha el Señor tu Dios, y él no te dejará ni te desamparará" (Dt 31:6). A los hijos de Israel, que tienen que peregrinar de un lugar a otro sorteando toda clase de peligros, el Señor les promete: "Cuando pases por las aguas, yo estaré contigo; cuando cruces los ríos, no te anegarán" (Is 43:2). El Señor que promete estar siempre con su pueblo se llama Emanuel, Dios con nosotros (Mt 1:23). Y el Señor se lo promete no sólo a Jacob, sino a todos los que confían en él: "Y yo estaré con ustedes todos los días, hasta el fin del mundo" (Mt 28:20).

El Señor les promete a Jacob y a su familia su protección durante el viaje a Egipto y su permanencia allí, además de la promesa de que así como Abrahán e Isaac murieron en paz, él también moriría en paz. José cerrará sus ojos. Después de su muerte, Jacob volverá a la Tierra Prometida, y no sólo para ser enterrado en la cueva de Macpela al lado de su querida Raquel, sino que volverá en su descendencia en tiempo del éxodo. Después de contarnos acerca de la visión nocturna que tuvo Jacob, el autor sagrado nos brinda una lista de todos los miembros de su familia que fueron con él a Egipto. Son unas setenta personas. Es interesante notar en esta lista la mención de las hijas de Jacob. Es la única referencia en el libro de Génesis de otras hijas de Israel. En los relatos anteriores se menciona únicamente a Dina, la cual no aparece en la lista de Génesis 46. En la lista se nota que algunas de las esposas (tal vez todas) de los hermanos de José eran cananeas. José se reencuentra con su padre al llegar la caravana de inmigrantes a la tierra de Gosén.

El pasaje no nos brinda las palabras que intercambiaron padre e hijo al encontrarse, aparte de comentar los abrazos y las lágrimas de gozo. Es una escena de gran ternura, que nos recuerda el reencuentro de Jesús con María Magdalena en el jardín de José de Arimatea. Las palabras de Jacob (Gn 46:30), al abrazarse nuevamente con su querido hijo después de tantos años, nos recuerdan también lo expresado por Simeón al tomar en sus brazos al niño Jesús: "Señor, ahora despides a este siervo tuyo, y lo despides en paz, de acuerdo a tu palabra. Mis ojos han visto ya tu salvación" (Lc 2:29). Los cristianos entonan las palabras de Simeón después de celebrar la Eucaristía, pues en la

Cena del Señor abrazamos al Salvador, quien, como José, resucitó de la ignominia, el desprecio y el foso, para ser Señor de todos.

GÉNESIS 47

José presenta a sus hermanos al faraón

No conocemos la identidad del buen faraón que nombró gobernador a José y proveyó para su padre y sus hermanos en la región de Gosén. Hay historiadores que creen que la llegada de la familia de Jacob tuvo lugar durante el tiempo en que el país estuvo gobernado por una dinastía de invasores extranjeros que invadieron la tierra de Egipto y reinaron allí por casi cien años. Aprovechando la circunstancia de las luchas civiles entre dinastías rivales (Dinastías XIII y XIV), y provistos de mejores armas y técnicas militares, los invasores extranjeros entraron en Egipto en dos oleadas, la primera en el año 1720 aC y la segunda en el 1690 aC. Los invasores, conocidos como *hicsos,* eran en su mayoría semitas occidentales, o sea, amorreos, como Abrahán. Esto puede explicar algo acerca del buen trato que recibieron los miembros de la familia de Jacob de parte del faraón y sus consejeros. El término *hicsos* quiere decir "jefes orientales". Al tomar el control de Egipto, los *hicsos* establecieron su capital en la ciudad de Avaris (también conocida como Tanis), y reinaron en Egipto y parte de Palestina entre los años 1650-1542 aC. Su divinidad principal fue el dios cananeo Baal, identificado con el dios egipcio Seth (Bright 1966:66-67). Después de muchas luchas, los invasores orientales fueron derrotados y expulsados de Egipto por Amosis I, fundador de la decimoctava dinastía (Lasor 1995:92). La toma de poder de una nueva dinastía explicaría en parte por qué los hebreos perdieron los privilegios de que habían gozado durante el reinado de los *hicsos.* Eso explicaría también la razón por la que los israelitas llegaron a ser esclavizados por los faraones de la dinastía XVIII. Pero es solamente una de las tantas teorías que intentan establecer una correlación entre el Pentateuco y la historia de Egipto.

Antes de presentar a sus hermanos al faraón, José los instruye bien en cuanto a cómo formular su petición para quedarse en Egipto. Hay que asegurarle al faraón que los hebreos no llegaron en busca de posiciones de poder o autoridad. No son espías; ni tampoco son agentes de un poder imperialista que hubiera venido para infiltrarse en el país y después conquistarlo. Su presencia en Egipto no debe constituir una amenaza para los que gobiernan el país. Han llegado por la hambruna que está azotando a Palestina, y no por razones políticas o territoriales. No son como los colonos españoles, portugueses e ingleses, que llegaron a establecerse en el territorio de los aztecas, incas, y mayas, y después se apoderaron del país y desalojaron a los habitantes originarios. No son tampoco como los gringos que pidieron permiso al gobierno mejicano para trabajar en Texas y California, y después de establecerse en territorio mexicano, intentaron independizarse de México.

Para quedarse en Egipto, los hermanos de José y sus familias están dispuestos a realizar los trabajos más sucios y despreciables, esos trabajos que los propios egipcios no están dispuestos a realizar. Tal ha sido siempre la suerte de los inmigrantes que se trasladan de un país a otro en busca de trabajo. Recuerdo que cuando mi padre llegó a los Estados Unidos en el año 1928, durante la gran depresión mundial, buscó trabajo, y encontró uno de lavaplatos en el restaurante de un hotel de Chicago. Los egipcios despreciaban el trabajo de pastores y ganaderos. Para ellos era una abominación tener que trabajar como pastores de ovejas. En muchas partes del mundo los habitantes de las ciudades desprecian a las personas que no tienen residencia fija, es decir, los que tienen que trasladarse constantemente de un lugar a otro, como los gitanos, los beduinos, los migrantes que son contratados a cosechar uvas, tomates, y betabeles (remolachas). De acuerdo con los escrúpulos de los egipcios, algo en la clase de trabajo que realizaban los hebreos los hacía inmundos. Aún hoy día, en algunas parte de África, se considera inmundos a los pastores. Entre algunas tribus de Nigeria el trabajo de cuidar a las ovejas y a los chivos se delega en los que padecen enfermedades mentales. El trabajo de pastor no se considera un trabajo digno de una persona buena y sana. Esto ha constituido un problema para los traductores de las sociedades bíblicas. Pues, ¿cómo se va a designar a Jesús como el buen pastor, si de esta manera se lo califica de loco? Hasta en el Oeste de los Estados Unidos, los pastores de ovejas son despreciados por los vaqueros.

Es digno de notar que José, a diferencia de muchos de nuestros políticos y muchos clérigos del tiempo de Lutero, no procura para sus hermanos y sobrinos altos puestos en el gobierno de Egipto. Como buen mayordomo, José conoce el peligro que constituye el nepotismo para la buena administración de un país, de una empresa o una iglesia. Por el bienestar de sus hermanos y del país de Egipto, José prefiere que los miembros de su familia trabajen honestamente con sus manos, antes que colocarlos en puestos de autoridad para los cuales no están preparados. Comoquiera que sea, el faraón procede a ubicar a los hermanos de José entre los pastores de su ganado. Como tales, serán oficiales reales que gozarán de la protección real. Inscripciones encontradas en Egipto hablan del gran número de animales que poseían los faraones. Según una inscripción del tiempo de Ramsés III, el faraón empleaba 3.264 ganaderos, mayormente extranjeros (Wenham 1994:446).

Sabemos muy bien que en la India se considera inmundos a los que realizan ciertos trabajos, quedan relegados a castas inferiores y se los considera personas inmundas que no deben tener contacto social o religioso con los que pertenecen a las castas superiores. Otros son catalogados tan inmundos y despreciables que no se los considera dignos de pertenecer a casta alguna. Éstos son los *dalits* o parias, que constituyen el 20 por ciento de la población. Y es entre los *dalits* que más ha crecido la iglesia cristiana en la India. Tanto en la India como en Egipto, como también en otras partes del mundo, vemos a Dios entre los marginados y desposeídos, entre los menospreciados, los inmigrantes y los que se considera inmundos. No obstante, la luz de la presencia divina brilla en la tierra de Gosén entre los despreciados descendientes de Abrahán, Isaac, y Jacob, aunque en el resto de Egipto prevalece la oscuridad de la idolatría y la superstición. Allí, viviendo y trabajando como extranjeros, peregrinos y marginados en el gran imperio egipcio, los israelitas aprenderían lo que significa ser el pueblo de Dios.

Así son las cosas en la escuela de Dios. Los descendientes de Abrahán tendrán que aprender, al igual que muchas comunidades cristianas en América Latina y en los Estados Unidos, a vivir como marginados del imperio. Pero vivir como marginados de la gran sociedad no quiere decir vivir marginados de la presencia de Dios. Tener que cumplir con trabajos considerados por los egipcios demasiado difíciles y sucios, no quiere decir que una persona humilde y marginada carezca de una vocación y misión divina. Así como los israelitas en Egipto, nosotros tenemos el llamado de ser bendición para todas las naciones. Y fue gracias a la presencia del pueblo de Dios en la tierra de Egipto, que las bendiciones del Señor fueron derramadas no sólo sobre Israel, sino también sobre Egipto. Es lo que significa la escena en la que vemos a Jacob imponiendo su bendición a Egipto. La bendición que otorga Jacob es, a la vez, la bendición de Dios verdadero, e implica que Egipto será colmado de prosperidad, paz y abundantes cosechas. Todas estas bendiciones se pueden resumir en una sola palabra: *shalom*.

José y Daniel, y el problema de la asimilación

Es muy instructivo comparar las grandes semejanzas que hay entre la historia de José, en la última parte de Génesis, y los relatos acerca de Daniel (Dn 1-6). En ambos relatos, un joven creyente en Dios verdadero se encuentra cautivo en un país extranjero. Allí vive subordinado a la autoridad de un emperador que desconoce al Señor y en medio de personas que veneran a otros dioses y observan tradiciones, costumbres, y cultos diferentes de los del pueblo de Israel. Tanto en la historia de José como la de Daniel, el rey tiene un sueño para el que no encuentra interpretación. En ambos casos, el gobernante queda turbado en espíritu, y manda llamar a los magos y adivinadores para que le den la interpretación correcta. Pero no tiene éxito hasta tanto no se presenta el protagonista héroe de la historia ante el rey. En ambos relatos el gobernante y sus consejeros reconocen la presencia divina en la persona del héroe, el cual no busca gloria y honor para sí mismo, sino que da toda la gloria a Dios, quien conoce todos los misterios demasiado profundos para los seres humanos. Tanto en el libro de Génesis como en el libro de Daniel, el gobernante reconoce al héroe como un siervo de Dios y le da no sólo un nuevo nombre, sino también una posición importante en su gobierno.

En ambos relatos hay un mensaje para los creyentes que viven lejos de la Tierra Prometida en la llamada diáspora, o sea, en la dispersión de los israelitas entre las naciones paganas. El mensaje parece cuadrar bien con los consejos que el profeta Jeremías dio a los judíos que habían sido llevados cautivos a Babilonia (Jer 29): "Construyan casas y habítenlas; planten huertos y coman de sus frutos. Cásense y tengan hijos e hijas; den mujeres a sus hijos, y maridos a sus hijas, para que tengan hijos e hijas; y multiplíquense allá. ¡No se reduzcan en número! Procuren la paz de la ciudad a la que permití que fueran llevados. Rueguen al Señor por ella, porque si ella tiene paz, también tendrán paz ustedes" (Jer 29:5-7). En otras palabras, los creyentes que viven bajo la autoridad de un imperio pagano deben vivir como buenos ciudadanos del país, y no como subversivos que siempre tratan de desestabilizar la sociedad en la cual están viviendo.

A la luz de la carta de Jeremías a los cautivos, José se destaca como un buen ejemplo de la asimilación: aprende el idioma del imperio, se viste como los nativos, se hace cortar la barba y el cabello, se casa con una egipcia de la alta sociedad y acepta una alta posición en el gobierno de Egipto, donde logra que el faraón se apodere del ganado, las tierras, y hasta los cuerpos de los ciudadanos comunes (Gn 47). ¿Se extralimita José en su afán de asimilación? ¿Se aviene a los proyectos imperialistas del faraón? Es difícil emitir un juicio, pues se trata de hechos que ocurrieron hace más de tres mil años. Algunos teólogos de la liberación opinan que José se vendió a los intereses del imperialismo egipcio. El gran rabino judío, Filón de Alejandría, también expresó su desacuerdo con el grado de asimilación de la cultura y tradiciones de Egipto que observamos en la carrera de José. Nosotros también debemos preguntarnos: ¿Hasta qué punto es José un ejemplo y modelo para nosotros que vivimos en medio de imperios paganos y bajo su autoridad? Para responder a la pregunta debemos tener presente la regla hermenéutica que nos exige interpretar la Escritura a la luz de las Escrituras.

Es importante leer la historia de José a la luz de las historias acerca de Daniel. Si tuviéramos solamente la historia de José en nuestras Biblias, podríamos concluir que los creyentes que se encuentran viviendo bajo la autoridad de uno de los grandes imperios paganos siempre deben someterse a la autoridad de tal imperio, sin ofrecer ninguna clase de resistencia. Pero en las Escrituras no tenemos solamente el modelo de José, sino también los de Daniel, Moisés, y otros héroes de la fe. Las historias de Daniel 1-6 nos cuentan que hay otro hombre de Dios que llega a ocupar una posición de suma importancia en el gobierno de uno de los grandes imperios del Cercano Oriente. Pero, al exigirle que deje de servir a su Dios, el profeta prefiere ser echado al foso de los leones. En la interpretación de los sueños y visiones de los reyes de Babilonia, Daniel no trata de ocultar o suavizar el inminente juicio divino en contra de esa ciudad, proclamado en dichos sueños (Rindge 2010:85-104). Y Moisés, aunque con nombre egipcio y criado dentro del palacio del faraón, "rehusó llamarse hijo de la hija del faraón, y prefirió ser maltratado junto con el pueblo de Dios, antes que gozar de los deleites temporales del pecado... Por la fe salió de Egipto, sin temor a la ira del rey, y se mantuvo firme, como si estuviera viendo al invisible" (Heb 11:24-27). Las historias de José, Daniel, y Moisés se presentan con tres diferentes modelos de asimilación. Cuál sea el modelo que debamos seguir, quedará determinado por las circunstancias en las que nos encontremos y por la presencia del Espíritu Santo quien nos guiará a toda verdad (Jn 16:13).

Jacob bendice al faraón (Génesis 47:7-12)

Después de haber llevado a sus hermanos a la presencia del faraón, José procede a presentar también a su padre al rey de Egipto. Con mucha cordialidad y respeto el Faraón pregunta por la edad y salud del anciano patriarca. Al final del encuentro, el anciano Jacob imparte su bendición al faraón. El patriarca que una vez tuvo que luchar para recibir una bendición, es ahora quien otorga bendiciones a otros, entre ellos, el gran faraón de Egipto (Wenham 1994:447). Debe notarse en esta bendición un cumplimiento parcial de la promesa que el Señor le dio a Abrahán, de que en él y sus descendientes todas las naciones recibirían bendición.

José le salva la vida a un pueblo hambriento (Génesis 47:13-28)

Muchos teólogos modernos critican severamente la política de José en relación con su administración y el reparto de comida a los agricultores hambrientos de Egipto. A José se lo condena como cómplice de un faraón ambicioso que se aprovechó de la falta de alimentos, para acaparar todo el ganado y terrenos del país. Lo acusan además de haber convertido a Egipto en un estado feudal, en el cual hasta las vidas de sus habitantes llegaron a ser propiedad del faraón. Un erudito judío censura duramente a José por su descuido de las tradiciones de su pueblo y por asimilar las costumbres de un país pagano. El mismo erudito, Aaron Wildavsky (1994:37-38), asevera que para salvar a su familia, José el hebreo se hizo egipcio, dejó de hablar el idioma de sus antepasados, se casó con una egipcia, adoptó un nombre egipcio y comió alimentos inmundos. Además, aconsejó al rey a esclavizar, en beneficio del Estado, a los agricultores de Egipto. La asimilación de José de la cultura de Egipto subraya la diferencia entre José y Moisés. Moisés comenzó su vida como egipcio, pero progresivamente iba renunciando a las tradiciones, costumbres y gloria de Egipto, para convertirse en el caudillo de un pueblo de esclavos y gran maestro de la Torá.

Según John Goldingay, el Señor había escogido a José para bendición de todo el pueblo de Egipto. Pero, en realidad las acciones de José resultaron ser una bendición para el faraón y los nobles del país, y no para los pobres agricultores que tuvieron que abandonar sus terrenos y vivir como esclavos del imperio. Nos sorprende, dice Goldingay, que uno que había sufrido tanto como esclavo oprimido y maltratado, llegara a ser el instrumento por medio del cual tantos miles de egipcios fueron esclavizados. El mismo autor expresa que en este relato se pueden observar no sólo algunas acciones que no llevan el sello de aprobación del Señor, sino también la facilidad con que un libertador del pueblo puede, al presentársele la oportunidad, llegar a convertirse en opresor del pueblo (2003:238-239). Según Paulo Freire, los libertadores tienen que aprender a vencer a los opresores externos, y también al opresor que cada uno lleva dentro de sí en lo más íntimo.

No obstante tales críticas, creemos que el autor divino no escribió el último *toledot* de Génesis con el fin de censurar a José, ni para poner en tela de juicio su manera de administrar el repartimiento de grano a los hambrientos. Según nuestro criterio, el autor sagrado nos presenta a José como un mayordomo modelo y administrador por excelencia, como uno que por su sabiduría salvó la vida de miles de personas.

Se nota en este pasaje (Gn 47:13-28) que los habitantes de Egipto se vieron obligados a gastar todo su dinero en la compra de trigo. Por la necesidad tan apremiante tuvieron que entregar al faraón sus animales, sus terrenos, y hasta sus personas, a cambio de la comida que necesitaban para sobrevivir. Hay que entender que era una práctica común en el mundo antiguo (incluso en Israel) que una persona se vendiera a sí misma para poder librarse de una deuda onerosa, a fin de no morirse de hambre. Era preferible vivir como siervo de un patrón bondadoso, que morir de hambre o pasar años en una cárcel para deudores. Hay que entender también que las personas que se habían vendido a sí mismas podían, después de la crisis, redimirse mediante precio. En Egipto, los agricultores pudieron seguir viviendo en sus casas y terrenos como antes. Lo que se les exigió fue que entregasen al faraón la quinta parte de sus cosechas por el usufructo de la tierra. En contraste con la política de otros gobernantes, terratenientes, y prestamistas de su tiempo, tal política muestra una gran preocupación de parte de José, y también del faraón, por las penurias de los necesitados. En otras partes del mundo antiguo se obligaba a los deudores a pagar el cuarenta o cincuenta por ciento de la cosecha a los dueños de la tierra. Se han encontrado documentos en los que se menciona que algunos prestamistas cobraban hasta el ochenta por ciento de interés.

Comparando la política de José con la de los terratenientes, prestamistas, y nobles de su tiempo, Lutero declara que tanto José como el faraón contaron con la guía del Espíritu Santo para implementar una política tan favorable al pueblo. El Reformador hasta declara que en el juicio final el faraón de José se levantará para condenar a los ambiciosos y avaros príncipes, usureros, y prestamistas de Alemania por la insoportable carga de impuestos e intereses con los que oprimían a los campesinos alemanes. En vez de condenar a José como un maldito capitalista o imperialista, los agricultores de Egipto alaban a Dios por haberles enviado un salvador: "¡Nos has devuelto la vida!" (Gn 47:25). Vemos aquí a José como un tipo o prefiguración de Cristo, quien es el pan de vida (Jn 6:35-40).

Debe notarse que en sus gestiones como gobernador José mostró gran consideración por los sacerdotes de Egipto, los cuales no tuvieron que entregar sus terrenos al faraón a cambio de alimento. Lutero opina que, gracias a las enseñanzas de José, muchos sacerdotes egipcios, y también el faraón, fueron convertidos al conocimiento del Dios verdadero, y salvados (1966:137). Para llegar a esa convicción el Reformador se vale del Salmo 105:20-22: "El rey ordenó que le abrieran la cárcel; el señor que gobierna los pueblos lo liberó. Lo nombró señor de su casa y lo puso a cargo de sus posesiones. Le dio poder para frenar a los grandes, y sabiduría para enseñar a los sabios." Lutero hasta alaba al faraón por preocuparse tanto por el sostén que concedía a los sacerdotes de Egipto, pues sirve de ejemplo a los avaros príncipes y gobernantes de Alemania que se mostraban tan remisos a sostener a los pobres predicadores del verdadero evangelio en sus territorios.

Los últimos días de Jacob. Israel llama a José (Génesis 47:29-31)

Sabiendo que se acercaba el fin de su vida, Israel llama a José para hablar de su entierro y rogarle que no sea sepultado en Egipto, sino junto a Abrahán, Sara, Isaac, Rebeca, y Lea en la cueva de Macpela, en la tierra que el Señor prometió dar a Abrahán y sus descendientes. Poniendo su mano debajo del muslo de su padre, la parte del cuerpo que representa la procreación de nueva vida, José jura solemnemente cumplir con la voluntad de su anciano padre. La petición de Israel evidencia que, hasta el fin de sus días, el patriarca mantuvo firme su fe en la promesa del Señor de hacer de la familia escogida una gran nación. De los huesos secos de Jacob, sepultados en el polvo de la Tierra Prometida, saldría una gran nación. Dios será fiel a la promesa dada a los padres. De acuerdo con la traducción de la RVR, la BP y la NVI, después de recibir la promesa de José, Israel se inclina sobre la cabecera de su cama.

¿Por qué se inclinó Israel? ¿Hacia quién, o qué, se inclinó? ¿Rindió devoción al báculo de José? Así opinaban algunas autoridades rabínicas, pues la palabra hebrea para cabecera proviene de la misma raíz que báculo. Hay una larga discusión sobre este punto en los antiguos comentarios y en el gran comentario de Lutero. Lutero (1966:143-145), por su parte, después de rechazar las opiniones de Agustín, Lira, y la mayoría de las interpretaciones rabínicas, afirma que habiendo recibido el juramento de José, el patriarca se inclinó hacia la cabecera de la cama en un gesto de devoción y adoración hacia Cristo, quien le había dado su Palabra por medio de José. Para Lutero, la cabecera de la cama representa a Cristo. Al inclinar la cabeza, Jacob da a entender que reconoce la presencia del Señor en su Palabra, así como los cristianos inclinan sus cabezas al recibir el Santo Sacramento, en reconocimiento por la presencia del cuerpo y la sangre del Señor en el pan y el vino. La mayoría de los comentaristas modernos opina que Jacob se inclinó hacia Dios en sumisión, humildad, y adoración.

Hay, sin embargo, otra manera de entender las palabras del autor sagrado. La palabra hebrea que en estas versiones se traduce como <u>cabecera</u>, también lleva el significado de <u>báculo o cacique</u> (el jefe de una tribu). Optando por esto último, Raymond de Hoop (2004:467-480) cree que Israel se inclinó hacia su hijo José como su sucesor, como el cacique escogido de la tribu de Israel. En otras palabras, al despedirse de este mundo, Jacob entrega su autoridad como *pater familias* a su hijo favorito, inclinándose en sumisión ante quien es el nuevo jefe de la familia. De esta manera, el autor sagrado nos señala el cumplimiento del segundo sueño de José (Gn 37:10): "¿Qué clase de sueño es éste que tuviste? ¿Acaso tu madre, tus hermanos y yo vendremos a postrarnos ante ti?" Si esta fuera en verdad la interpretación que el autor sagrado tuvo en mente, nos ayudaría a entender cómo, más tarde, Judá y sus descendientes llegaron a suplantar poco a poco a José y sus descendientes como cabezas de los clanes y tribus de Israel.

GÉNESIS 48

Jacob bendice a los hijos de José y los adopta como suyos

Al recibir la noticia de que su padre está enfermo, José viaja hacia Gosén en compañía de sus dos hijos, Manasés y Efraín, para visitar a su progenitor y presentar sus hijos a su abuelo con el fin de recibir la bendición del anciano patriarca. Así como, en el capítulo anterior, el gran patriarca dio su bendición al faraón, ahora otorga su bendición a José y a sus dos hijos. La bendición que recibe José consiste en reemplazar a Rubén como principal heredero de su padre. Es decir, a José se le confiere el derecho de la primogenitura. Entre los judíos el primogénito suele recibir una porción doble de la heredad. En el caso de José, la porción doble se dividirá entre sus dos hijos Manasés y Efraín. El texto (Gn 48:5) dice que Jacob adopta a sus dos nietos como sus hijos. Desde ahora serán contados como dos de las tribus de Israel. En el relato referido a la repartición del territorio de la Tierra Prometida, en el libro de Josué, ambos reciben un territorio cada uno. En el futuro, Manasés y Efraín serán conocidos como hijos de Jacob y no como hijos de José.

Aunque ambos hijos reciben la bendición del anciano patriarca, el hijo menor, Efraín, recibe la bendición mayor. Como en tantos otros relatos del libro de Génesis (y también en el resto del AT), el hijo menor recibe la bendición mayor que implica la recepción de una doble porción de la herencia. Por medio de la adopción de sus dos nietos como hijos, Israel llega a tener el incremento que Dios le había prometido en Génesis 35:11. Jacob menciona la muerte de Raquel para manifestar que su querida esposa no pudo darle el incremento que esperaba, pero ahora, con la adopción de Efraín y Manasés, el incremento prometido llega a ser una realidad (Lutero 1966:156).

Efraín, el hijo menor, recibe la bendición mayor

José no está muy conforme con la decisión de su padre de bendecir primero a Efraín y después a Manasés. José había colocado a Manasés más cerca de la mano derecha de Jacob para que recibiera la bendición mayor. Pero Israel cruzó sus manos para dar la bendición mayor a Efraín. Esto, según el texto, le causó disgusto a José quien, como la mayoría de los intérpretes de este pasaje, pensó que debido a su senectud y su ceguera Jacob no estaba en sus cabales al darle la bendición mayor al menor, y no a su hermano. Sin embargo, es más probable que Israel, en quien descansaba el Espíritu de profecía, sabía exactamente lo que estaba haciendo. Guiado por el Espíritu, y pese a su ceguera, Jacob pudo interpretar correctamente la voluntad del Señor, quien en tantas otras oportunidades había escogido al menor, al más débil y marginado como instrumento de su voluntad. José en cambio, aun sin estar ciego, no fue capaz de ver el futuro. Sin embargo, a pesar de su disgusto, accede a la voluntad de Jacob, en filial obediencia a su progenitor (Mandolfo 2004:449-465).

El incidente le proporciona a Lutero la oportunidad de hablar largamente sobre el respeto y el honor que los hijos deben a sus padres en obediencia al mandamiento que nos exhorta a honrar a nuestros padres y nuestras madres. El Reformador contrasta la obediencia de José con la desobediencia de los escribas y fariseos del tiempo de Jesús, y la de muchas comunidades monásticas de su propio tiempo. Según algunos comentaristas monásticos, incluyendo al gran Jerónimo, el monje que desee ingresar en el claustro, debe desdeñar el afecto natural para con sus padres si éstos intentaran impedir su entrada en el monasterio. Aunque su madre le muestre los pechos que lo amamantaron, el candidato debe, de ser necesario, pisotear a sus progenitores y abandonar sus deberes filiales con el fin de refugiarse en el claustro. Tal actitud, dice el Reformador, se opone radicalmente al excelente ejemplo que nos brinda José, quien, aun siendo el gran virrey de Egipto, aprueba mansa y obedientemente la voluntad de su anciano padre. Aunque la ley natural dicte que el hijo mayor tenga la preeminencia, el Espíritu puede denegar la ley natural (Lutero 1966:170). El apóstol Pablo nos advirtió que en los últimos días vendrán tiempos peligrosos: "Habrá hombres amantes de sí mismos... desobedientes a los padres, ingratos, impíos, sin afecto natural" (2 Ti 3:2-3). No fue éste el comportamiento del patriarca José, quien accedió a la voluntad de su anciano padre Jacob. Así, "Por la fe, cuando Jacob murió, bendijo a cada uno de los hijos de José, y adoró apoyado en la punta de su bastón" (Heb 11:21).

GÉNESIS 49

Testamento profético de Jacob (Génesis 49:1-27)

En Génesis 49 se encuentra el primero de los tres grandes poemas narrativos del Pentateuco. Los otros dos están en Números 24 y Deuteronomio 32-33. Los tres poemas tienen una decidida trayectoria escatológica, pues tratan de lo que va a pasar en los últimos tiempos. Es en estos poemas en que podemos ver más claramente cuál es el enfoque principal del Pentateuco, y la razón por la cual fue arreglado y presentado de la manera en que lo tenemos en el canon de la Biblia hebrea. Los tres grandes poemas son proclamaciones de tres importantes profetas inspirados por el Espíritu Santo: Jacob, Balaam, y Moisés. Sus mensajes proféticos alientan y alimentan la esperanza de quienes, como Adán y Abrahán, fueron creados a la imagen de Dios y convocados para cumplir lo que hemos llamado la gran comisión del Antiguo Testamento. En el libro de Génesis hemos visto cómo el plan de Dios para el hombre y para su creación, había sido impedido y estorbado por la desobediencia de los seres humanos y su inclinación hacia el mal (*yetzer-ha-ra*) y las fuerzas ocultas.

La historia de la humanidad y la del pueblo escogido ha quedado marcada por un desastre tras otro. Después de leer todo el rollo de Génesis, el lector fácilmente podría llegar a la conclusión de que, a fin de cuentas, todo terminará con un retorno al caos primordial y la destrucción de todo lo creado, incluyendo al ser humano. Pero, no es éste el mensaje que proclama el libro de Génesis y el Pentateuco. El mensaje de los tres grandes poemas escatológicos del Pentateuco es que, a pesar de los fracasos de la humanidad, la desobediencia de Israel y la continua inclinación al mal, Dios se mantiene fiel a su promesa de aplastar la cabeza de la serpiente bajo la planta del rey y salvador mesiánico prometido en Génesis 3:15, Números 24:15 ss; Deuteronomio 18:15 y Génesis 49:10.

En cuanto a su antropología (la doctrina del ser humano), el Pentateuco es muy pesimista. El ser humano, por su inclinación hacia lo malo (*yetzer-ha-ra*), demuestra ser incapaz de obedecer la voluntad de Dios y guardar el pacto que el Creador hizo con el hombre en el principio. La caída en pecado del primer hombre se repite en la caída de Israel en el caso del becerro de oro. Aun los grandes hombres de fe como Noé, Abrahán, Isaac, Jacob, Moisés, y Aarón, llegan a dudar de la promesa y sufren sus propias caídas. La inclinación al mal se menciona por primera vez en Génesis 6:5, aunque ya se nota su presencia en la historia de Adán y Eva y la historia de Caín y Abel. En Génesis 8:21 el Señor afirma que "desde su juventud las intenciones del corazón del hombre son malas". Casi al final del Pentateuco se profetiza con anticipación, que los israelitas invalidarían el santo pacto y serían echados fuera de la Tierra Prometida, así como Adán y Eva fueron echados fuera del huerto de Edén. Ni la Torá podrá salvar a Israel. A pesar de su antropología tan pesimista, el Pentateuco tiene para sus lectores un mensaje más optimista. A pesar de la infidelidad del ser humano, Dios es fiel a su promesa, y en los últimos días obrará para anular las consecuencias de la caída en pecado, y la inclinación al mal. Dios enviará la simiente que aplastará la cabeza de la serpiente. Hará expiación por los pecados de su pueblo y dará a los suyos un corazón nuevo (Postell 2011:146).

En el Antiguo Testamento, Génesis es el gran libro de la bendición, mientras que Éxodo es el gran libro de la salvación

Los últimos capítulos del primer libro del Pentateuco concluyen con las bendiciones pronunciadas por Jacob para sus hijos y sus descendientes. Génesis es el libro en el cual se señala al Señor como la fuente y el dador de toda bendición. En el segundo libro del Pentateuco se destaca al Señor como el gran salvador y libertador. Entre los libros del Antiguo Testamento Génesis es el gran libro de la bendición y Éxodo el gran libro de la salvación. En los últimos capítulos de Génesis vimos que Jacob llegó a ver nuevamente a su querido hijo José, después de tantos años de angustia y dolor. Ahora, al encontrarse con él, Jacob puede entonar su *Nunc Dimittis*: "Señor, ahora despides a este siervo tuyo, y lo despides en paz" (Lc 2:29). Pero antes de descansar en paz, le falta todavía una última tarea, la de bendecir a cada uno de sus hijos y los hijos de José. Jacob ya había bendecido al faraón, y ahora quiere pronunciar una bendición individual y muy especial sobre cada uno de los suyos.

De acuerdo con las creencias de nuestro mundo occidental, una persona a punto de morir llega a ver pasar ante sus ojos, como en una pantalla de televisión, toda su vida anterior, desde su niñez hasta el tiempo presente. Así lo describe el celebrado autor colombiano Gabriel García Márquez, en la primera página de la novela *Cien años de soledad*, con referencia al coronel Aureliano Buendía. Para los antiguos, sin embargo, la creencia era que a las personas que están por morir –especialmente si son personas importantes– se les permite ver, no el pasado, sino el futuro. Es lo que ocurre en Génesis 49. Jacob no sólo bendice a sus hijos, sino que también pronuncia una profecía sobre el futuro de cada una de las doce tribus, descendencia de sus doce hijos.

En Deuteronomio 33 encontramos las palabras con que Moisés, poco antes de su muerte, bendijo a cada una de las doce tribus. Al leer las palabras que Jacob dirige a sus hijos en Génesis 49, nos damos cuenta de que las características de los doce patriarcas son, con frecuencia, descripciones de las características de las tribus que descendieron de los doce hijos de Jacob. Dicho de otra manera, Rubén es, a la vez, una persona histórica, el hijo primogénito de Israel, y al mismo tiempo una personificación de la tribu llamada Rubén. Hay un sentido en que cada uno de los doce patriarcas sigue viviendo y manifestando su personalidad en la historia de la tribu que lleva su nombre. De paso, rechazamos como erróneas las ideas de algunos eruditos que mantienen que los doce patriarcas fueron solamente personificaciones de las doce tribus, pero nunca personas históricas.

Entre las bendiciones y profecías de Jacob, las más largas e importantes son las otorgadas a los descendientes de José y de Judá. Las tribus de José y Judá serían las más grandes y poderosas de las doce tribus. Las dos tribus de José: Efraín y Manasés, dominarán el Reino del Norte, mientras que Judá y Benjamín, el Reino del Sur. La primogenitura le será dada a José, y no a Rubén, Simeón o Leví, por las razones que ya hemos mencionado. Las profecías pronunciadas por Israel sobre sus primeros tres hijos, antes parecen ser maldiciones que bendiciones. "Maldito sea su furor", dice Jacob refiriéndose a Simeón y Leví: "Sus espadas son armas de violencia... Yo los dividiré en Jacob, y los dispersaré en Israel" (Gn 49:5-7). Debe ser obvio que el Espíritu Santo es quien realmente habla aquí por boca de su profeta Jacob. Lo que profetiza el Señor es que las tribus de Simeón y Leví nunca serán contadas entre las tribus más fuertes y grandes, sino que más bien los miembros de dichas tribus serán dispersados y absorbidos por las otras tribus. Más tarde en la historia del pueblo escogido, las profecías se cumplieron: los levitas asumieron responsabilidades sacerdotales entre los israelitas y fueron repartidos para cumplir su ministerio en los territorios de las otras tribus.

Pero la promesa de ser el antepasado del futuro rey Mesías es para la tribu de Judá. Aunque Rubén, Simeón y Leví se arrepintieron de sus pecados y fueron perdonados, sus pecados fueron castigados para

servir de advertencia a las generaciones futuras de las graves consecuencias de menospreciar los mandamientos del Señor. Así también
en nuestros días, cuando un criminal se arrepiente de sus delitos, es
perdonado por Dios y recibe la absolución por los ministros de la
iglesia, pero tiene que pagar su deuda con la sociedad. No en vano
llevan las autoridades la espada –nos enseña la Escritura en Romanos
13– pues el deber del juez y del verdugo no es perdonar, sino castigar
los pecados. De tal manera, los descendientes de Rubén, Simeón, y
Leví tuvieron que sufrir la pérdida de algunos de sus privilegios, por
los pecados de sus padres.

La tribu de Rubén nunca se contó entre las más importantes de la
confederación de tribus. La tribu de Simeón fue absorbida gradualmente por la tribu de Judá. No se menciona la tribu de Simeón en la
bendición con la que Moisés se despidió de Israel antes de su muerte
(Dt 33). Según la opinión de muchos padres de la iglesia primitiva,
Simeón fue, entre los hermanos, el principal promotor de arrojar a
José al pozo, en un intento de quitarle la vida. Tanto San Jerónimo
como Martín Lutero creyeron, además, que Judas Iscariote (llamado
hijo de Simón en Juan 6:71) provenía de la tribu de Simeón, y por lo
tanto dicha tribu fue la más desdichada de la confederación israelita
(Lutero 1966:50).

A los descendientes de Leví se los apartó para servir como sacerdotes y funcionarios del templo, pero nunca recibieron un territorio
propio como las otras tribus; su herencia sería el servicio que prestaban al Señor. De esta manera, los levitas quedaron esparcidos entre las
otras tribus en cumplimiento de sus funciones sacerdotales. A pesar
de la profecía gravosa que recibieron los descendientes de Leví, las
Escrituras hablan de grandes hombres de Dios que surgieron de la
tribu de Leví, hombres de la talla de Moisés, Aarón, Samuel, Sadoc,
Jeremías, y Juan el Bautista. Aunque Dios a veces obra con dureza
–observa Lutero– siempre deja un espacio para la gracia (1966:227).
De entre los descendientes de las personas más viles, Dios en su misericordia es capaz de levantar los más grandes defensores de la fe. Por
guardar la palabra del pacto y no rendir culto al becerro de oro, la profecía de Jacob respecto de los hijos de Leví fue mitigada por Moisés en
su sermón de despedida (Dt 33:8-11).

Al leer las profecías pronunciadas por Jacob, uno puede observar que entre sus descendientes habrá muchos verdaderos creyentes del Señor que seguirán los pasos de Abrahán, Isaac, e Israel, pero también muchos infieles e hipócritas que harán que el nombre de Dios sea blasfemado por los gentiles. A través de toda la historia de Israel habrá una división entre los hijos de Israel según la carne y los hijos de Israel según el Espíritu. No obstante, pese a las luchas futuras y la oposición que tendrán que sufrir los verdaderos hijos de Abrahán, Isaac, y Jacob, las promesas dadas por Dios a los padres encontrarán su cumplimiento en el Mesías venidero. Las puertas del Hades no prevalecerán contra la iglesia del Señor (Mt 16:18).

Como ya se ha observado, el derecho de la primogenitura le fue quitado a Rubén y otorgado a José, según nos dice 1 Crónicas 5:1. Puesto que en la antigüedad el hijo mayor solía recibir una doble porción de la herencia de su padre, en la repartición de la tierra en Canaán, José recibió dos territorios, uno para su hijo Efraín y otro para su hijo Manasés. Ya se mencionó en el capítulo anterior que Jacob adoptó a los dos hijos de José como propios.

Por la exclusión de los tres primeros hijos de Jacob, la promesa de ser el antepasado del futuro rey Mesías se otorga a la tribu de Judá. Tanto para los comentaristas rabínicos como para los padres de la iglesia primitiva, los versículos 8-12 de Génesis 49 son los más importantes de las palabras de la bendición y profecía pronunciadas por Israel. Como tales, merecen un estudio más detallado, pues tienen que ver con el futuro de la tribu de Judá, la cual llegará a ser la más notable e importante de las doce, pues de ella saldrá el rey David y con toda certeza el Mesías.

Una interpretación escatológica y mesiánica de Génesis 49:8-12

En el versículo 8 Jacob dice de Judá y de la tribu que lleva su nombre: "A ti, Judá, te alabarán tus hermanos." Según los comentaristas rabínicos, Judá recibe alabanzas de sus hermanos por haber impedido que la sangre de José fuera derramada; también porque por medio de su confesión, Tamar y sus dos hijos no fueron quemados. Son cuatro las vidas salvadas por el patriarca Judá; además fue Judá quien ofreció su propia vida como fianza o rescate por su hermano

Benjamín, anticipando de esta manera el sacrificio del Redentor. Sobre todo, Judá será alabado por sus hermanos porque de su tribu saldrá el futuro redentor, salvador de Israel y de todas las naciones.

En Génesis 49:10 leemos: "No se te quitará el cetro, Judá; ni el símbolo de poder de entre tus pies, hasta que venga Siloh." El cetro simboliza la monarquía y al rey que reinará con cetro de hierro, como dice el Salmo 2:9. En el versículo 9, a Judá se lo llama león. Así como el león es el rey de las fieras, Judá reinará sobre las otras tribus, y de la tribu de Judá saldrá el Cordero quien a su vez será llamado el León de la tribu de Judá (Ap 5:5). En la profecía de Israel, se describe a Judá como un joven león descansando en su guarida después de haber devorado su presa (Sailhamer 1992:235).

Aunque la tribu de Judá no recibió los derechos de primogenitura, sí llegó a ser la más poderosa y la portadora de la promesa. Así se expresa 1 Crónicas 5:1-2: "Rubén fue el hijo primogénito de Israel. (Aunque él era el primogénito, finalmente no fue contado como tal porque deshonró el lecho de su padre; así que sus derechos de primogenitura pasaron a los hijos de José, hijo de Israel. Y aunque Judá llegó a ser el más importante de sus hermanos, y el jefe de ellos, el derecho de primogenitura se le dio a José)." En el Salmo 78 dice: "Desechó los campamentos de José, y no escogió a la tribu de Efraín, sino que prefirió a la tribu de Judá y al monte Sión, que tanto ama" (Sal 78:67-68).

La profecía acerca del cetro implica que el gobierno siempre corresponderá a la tribu de Judá hasta que venga Siloh. Tanto el *Targum de Onquelos*, de *Seudo-Jonatán* y *Neofiti*, como también el *Genesis Rabbah,* identifican a Siloh con el Rey Mesías que vendrá. Muy importante, tanto para los intérpretes rabínicos como para los padres cristianos, fueron las palabras: "Y en torno a él se congreguen los pueblos." Los pueblos son todas las naciones no judías, todos los gentiles que serán incorporados al reino del Rey Mesías. Por medio de la simiente de Abrahán todos los pueblos recibirán bendición. Para los intérpretes cristianos esta profecía del tercer patriarca se hizo realidad cuando los apóstoles llevaron las buenas nuevas de la cruz a todas las naciones (Grypeau 2013:372). Acudirán las naciones a Siloh llevando sus ofrendas y tributos, como también profetiza el Salmo 72:8-11. Recordemos que reyes y reinas entregaron sus tributos y ofrendas a

David y Salomón, y que los magos del Oriente depositaron sus tesoros a los pies del Hijo de David (Mt 2:11). En el Apocalipsis dice que vendrán multitudes del norte, del sur, del oriente y del occidente, para rendir culto al Cordero y proclamarlo Rey de reyes y Señor de señores.

En Génesis 49:11 Israel profetiza que Judá atará su pollino a una vid, y su borrico a una cepa, lavará en vino sus vestidos y en la sangre de las uvas su manto. El cuadro presentado aquí es de prosperidad, abundancia, y paz. En el reino que establecerá Siloh habrá tanta abundancia de vino que se lo podrá utilizar como si fuera agua. Al dueño del asna no le importará atar su bestia a la viña y dejar que se alimente de su fruto. Siempre habrá viñas y vino de sobra. Lutero, en cambio, refiere la profecía acerca de la abundancia al vino espiritual, es decir, al Espíritu Santo y sus dones. En la era mesiánica, dice Lutero (1966:251), habrá un derramamiento tan grande de los dones espirituales, que los creyentes andarán embriagados por el Espíritu, cantando, danzando, alabando a Dios, amando a sus enemigos y perdonando las ofensas de los que pecaron en contra de ellos. Otros intérpretes, en desacuerdo con Lutero, creen que el vino rojo en el cual se lavan los vestidos de Siloh, es la sangre de los enemigos de Dios. Según tal interpretación, el futuro Mesías vendrá como un conquistador victorioso que regresa de la batalla con sus vestidos salpicados de la sangre de sus enemigos (Is 63:1-3). En Apocalipsis 19:11-13, el que viene montado en un caballo blanco tiene la ropa que vestía teñida de sangre. Este conquistador, cuyo nombre es "El Verbo de Dios", es llamado Fiel y Verdadero porque juzga y pelea con justicia (Sailhamer 1992:236).

Otra imagen interpreta que la referencia: "Con los ojos rojos por el vino y los dientes blancos por la leche" (Gn 49:12), tiene que ver con la hermosura del Mesías prometido (Wenham 1994:479). En otras parte del AT hay descripciones más detalladas de la hermosura del Mesías esperado (Cnt 5:10-16; Sal 45:2-5). Las diferentes interpretaciones acerca de la venida de Siloh ilustran cuán difícil es para las personas que viven en pleno siglo 21 distinguir con exactitud el significado de las palabras proféticas pronunciadas tantos siglos antes del nacimiento de Jesús. En algunos casos, el intérprete consciente tendrá que admitir su incapacidad de entender el significado de algunas palabras o frases de las Escrituras, y no condenar como ignorantes o herejes a los que interpretan el texto de otra manera. Lo importante es que el intérprete invoque al Espíritu Santo antes de comenzar su estudio de las Escrituras, y que sea guiado por la fe en Cristo que le ha sido dada. Lutero nos recuerda que no se puede entender el AT sin la fe en nuestro Señor Jesucristo (1966:287).

Y así la última gran declaración de Jacob cierra con un mensaje de esperanza para toda la humanidad. Hablando de esta bendición, el gran teólogo medieval Ruperto de Deutz expresó: "Es sabido que de la tribu de Judá salieron reyes, pero a excepción de David, Ezequías, y Josías, todos ellos fueron pecadores, y no merecieron que tan gran patriarca hablara con tal énfasis de su fortaleza. Debe, pues, entenderse que sólo Cristo es el rey elegido de quien puede decirse con justicia que las palabras dirigidas al patriarca Judá en realidad apuntan al Judá futuro, a Cristo.

Aunque sabemos que en las profecías referidas a los otros hijos de Jacob se encuentran alusiones y referencias a personas y eventos futuros, no ha sido fácil para los estudiantes de las Escrituras ponerse de acuerdo acerca de la interpretación de éstas. Por ejemplo, en Génesis 49:16-17 Jacob declara: "Dan juzgará a su pueblo, como una de las tribus de Israel. Dan será como una serpiente, como una víbora junto al camino, que muerde los talones del caballo, y hace caer de bruces al jinete." ¿Cuándo y cómo se cumplió esta profecía? Según el *Targum Neofiti* la víbora a la que se refiere es un hijo ilustre de la tribu de Dan, a saber, Sansón bar Manoa, cuyas luchas para liberar a Israel se relatan en Jueces 13-16. Aunque la tribu de Dan fue una de las más pequeñas en Israel, podía, como la pequeña víbora, infligir mucho daño a los filisteos por medio de las hazañas de Sansón (Wenham II 1994:481). En su gran comentario sobre Génesis, Martín Lutero, en consonancia con el Targum, encontró el cumplimiento de la profecía en las luchas con las que el Señor vindicó a su pueblo. El significado de la palabra Dan es: "vindicado" o "juzgado". Recordemos que por veinte años Sansón sirvió como uno de los jueces de su pueblo (Jue 16:31). Otros intérpretes, en desacuerdo con el Targum y con Lutero, manifiestan que la víbora a la que se hace referencia, es el anticristo. Por lo tanto, intérpretes como San Jerónimo, creyeron que el anticristo saldría de la tribu de Dan (Lutero 1966:283-284), y ésta sería la razón por la cual no se menciona a Dan en la lista de las tribus en Apocalipsis 7:1-8.

En cuanto a las profecías en torno a los otros hijos de Jacob, Lutero, en consonancia con intérpretes modernos como Wenham, encuentra el cumplimiento de muchas de las palabras de Israel en hechos que ocurrieron en tiempo de los Jueces. El nombre del patriarca Gad, por ejemplo, viene de una palabra que significa "salteador". Según el testamento profético de Israel, Gad será atacado por bandoleros, o sea, bandas de salteadores provenientes de las tribus paganas del norte de Transjordania, cerca de donde los descendientes del patriarca recibieron su heredad entre los territorios de los moabitas y amonitas. Pero, según la profecía de Jacob, los hijos de Gad asaltarán la retaguardia de los salteadores. Las luchas profetizadas aquí, tuvieron lugar en tiempo de los Jueces, cuando los hijos de Gad se vieron obligados a pelear para mantenerse en el territorio que les fue asignado por Josué (Haag 1964:728-729).

Todo el libro de Génesis está orientado hacia la esperanza y el futuro

Como podemos observar al leer Génesis 49, en su lecho de muerte Jacob no mira hacia el pasado, a sus fracasos y triunfos, a sus sufrimientos y alegrías, sino hacia el futuro. Todo el libro de Génesis está orientado hacia la esperanza y el futuro. En sus andanzas por Mesopotamia, Siria, Canaán, y Egipto, los patriarcas se movieron abrigando en sus corazones la promesa de la tierra, la descendencia y el futuro rey Mesías. Sin embargo, durante sus vidas aquí en la tierra, los patriarcas y sus descendientes vieron el cumplimiento de la promesa solamente en forma parcial. Pero fue la esperanza en el cumplimiento de las promesas la que sostuvo a los hijos de Israel durante siglos de opresión, esclavitud, cautiverio, y exilio. Nosotros, que también somos hijos de Abrahán por la fe, encontramos apoyo en estas mismas promesas. La Tierra Prometida ideal y el pueblo perfecto, los encontraremos en la gloria de la Jerusalén celestial, en el establecimiento definitivo del reino de Dios y en la segunda venida gloriosa de nuestro rey mesiánico. Una existencia carente de toda perspectiva mesiánica de liberación, es una muerte anticipada.

El llamamiento que hace Jacob al final de su vida y en los inicios de la historia de la salvación, es una invitación a mirar hacia el futuro, a reconocer que en nuestro mundo desgarrado por la violencia de Simeón y Leví, marcado por el vicio de Rubén, humillado por los defectos de todos los hijos del hombre, brilla también la chispa del renacimiento. Existe también la fuerza del espíritu del león de Judá, la frescura de la naturaleza que se despierta todas las primaveras y que la bendición de Judá describe con pasión; existe la esperanza en aquel Hijo del Hombre que nos llevará hacia nuevos horizontes de luz. No abandonemos, pues, el sendero de la esperanza, precisamente porque creemos en Dios de la Biblia, que es Dios de la esperanza.

GÉNESIS 50

La muerte de Jacob

El autor sagrado nos cuenta que el tiempo de lamentación por Jacob, en Egipto, duró setenta días. Quizá los primeros cuarenta días del período correspondían a la preparación del cuerpo, y los últimos treinta a la lamentación oficial, o sea, lo mismo que en el caso de Moisés (Dt 34:8). Los historiadores nos informan que el proceso de embalsamar el cuerpo de una persona de gran importancia duraba cuarenta días. El hecho de que el período de lamentación para un faraón fuera de setenta y dos días, indica que Jacob tuvo el sepelio de un rey (Greidanos 2007:466).

Antes de morir, Jacob pidió ser sepultado en la cueva de Macpela, donde reposaban los restos de Abrahán, Sara, Isaac, Rebeca, y Lea. ¿Por qué se hizo todo el gasto de trasladar los restos mortales del tercer patriarca a Canaán? ¿No hubiera sido mucho más fácil sepultarlo en Egipto cerca de las tumbas de los faraones? Pero Israel no quiere que sus descendientes se olviden que la tierra que les fue prometida no es Egipto, sino Canaán. Jacob no quiere que sus descendientes se acostumbren sobremanera a Egipto y al estilo de vida del país. No quiere que sus descendientes sean inducidos a servir a los dioses de Egipto y olvidar a Dios de sus padres. Israel quiere que sus descendientes estén siempre pendientes del cumplimiento de la promesa de la simiente y la venida de Siloh (Gn 49:10), del León de la tribu de Judá. Es por esto que uno de los enfoques principales del último capítulo de Génesis es el de la sepultura. La raíz *qbr* (en hebreo), de la cual provienen las palabras sepultar y sepultura, ocurre 14 veces en esta parte del libro (Greidanus 2007:460).

Para poder enterrar a su padre en la cueva de Macpela, José tiene que conseguir primero el permiso del faraón. José presenta la petición para salir de Egipto muy diplomáticamente, no sea que el deseo de sepultar a su padre en Canaán, y no en Egipto, se interprete como un desprecio hacia Egipto y los egipcios, o como que quisiera desentenderse de sus responsabilidades (Lutero 1966:321). La presencia de José en los asuntos del gobierno es de gran importancia para la estabilidad del país, de modo que no debe pasar demasiado tiempo fuera. La descripción de la salida de José y sus hermanos de Egipto para dar sepultura a Jacob, se parece mucho a la descripción del Éxodo del segundo libro de la Torá (Ex 12-14). Los hijos de Jacob salen con sus carruajes y animales de carga, seguidos por los soldados egipcios en sus carros de guerra con el fin de proteger a los viajeros de las bandas de asaltantes que solían atacar a las caravanas. Siglos más tarde los esclavos hebreos que lograron salir de Egipto en la noche de la Pascua, también fueron seguidos por jinetes y carros de guerra, pero con la finalidad de hacerlos volver a la esclavitud.

Los hermanos de José temen la venganza de su hermano

Después de la muerte y entierro de Jacob, los hermanos de José se llenan de miedo nuevamente. Temen que José no les había dado su merecido por respeto a su padre Jacob. Pero ahora que Jacob ha muerto, temen que José realmente no los haya perdonado, y esperan el ajuste de cuentas. De las palabras de Esaú, en Génesis 27:41, se sabe que en algunos casos el vengador esperaba hasta la muerte del padre para cobrarse la venganza de otros miembros de la familia: "Ya están cerca los días de guardar luto por mi padre. Entonces mataré a mi hermano Jacob."

Así es como terminan muchas películas, novelas, e historias de la vida real. Quizá algunos lectores de Génesis, que llegan a conocer la historia de José y sus hermanos por primera vez, esperaban un final así. Pero no es lo que sucede. No hay un ajuste de cuentas; los hermanos no reciben su merecido; lo que experimentan es la gracia; lo que reciben es misericordia. Se nos hace más difícil entender la gracia que la venganza. Los hermanos de José ya habían oído una vez las palabras de perdón, pero les había sido difícil creer en ellas por la gran culpa que aún sentían dentro de sí. Para nosotros también es difícil creer en el perdón de Dios, pero no porque Dios no nos haya perdonado, sino porque nosotros no nos hemos perdonado del todo. En otras palabras, aunque Dios nos haya perdonado totalmente y sin reservas, nuestras conciencias siguen acusándonos, atormentándonos, y mordiéndonos como las serpientes de fuego que atacaron a los israelitas en el desierto. Los que eran mordidos se salvaban cuando con fe alzaban la mirada hacia la serpiente de bronce que Moisés había levantado en un asta. Para el alma mordida por el veneno de la culpa y por recriminarse a sí misma, hay un solo remedio: alzar la mirada hacia aquel que fue levantado en la cruz en sacrificio por nuestro pecado, y recibir con fe su absolución (Lutero1966:325).

A fin de que tengamos la seguridad del perdón, necesitamos, al igual que los hermanos de José, oír las palabras de perdón y absolución una y otra vez. Las palabras que oímos por primera vez en el Bautismo, cuando Jesús viene a nosotros y declara: La paz sea contigo; soy Jesús, tu hermano, el que por tus pecados fue arrojado al pozo de la muerte. Pero he resucitado, y porque vivo, tú también vivirás. Estas palabras de perdón y absolución las oímos en el Bautismo y cada vez que cenamos con él.

Para que sus hermanos no desesperen por el recuerdo de su pecado, José les reitera que lo que pasó fue parte del plan de Dios para salvar a Israel y a Egipto: "Ustedes pensaron hacerme mal, pero Dios cambió todo para bien, para hacer lo que hoy vemos, que es darle vida a mucha gente" (Gn 50:20). Meditando acerca de estas palabras, Lutero (1966:332) nos advierte que nunca lleguemos a pensar que sea lícito cometer un pecado a fin de brindarle a Dios la oportunidad de transformar lo malo que hacemos en bueno. Así pensaban las personas condenadas por Pablo en Romanos 3:8, cuyo lema era: "Hagamos males para que vengan bienes." Tal error sería una señal de falta de verdadero arrepentimiento y de verdadera fe en Dios.

Un grupo de investigadores de la vida de José han insinuado que José había usado su autoridad para manipular las vidas de sus hermanos, hacerles sufrir humillaciones y jugar con los sentimientos de los suyos. En otras palabras, lo acusan de no haber sido sincero cuando les anunció el perdón de sus pecados. En contra de tal insinuación y acusación errónea, el pasaje nos señala las lágrimas que José derramó en secreto al encontrarse con sus hermanos. Al escuchar cómo se recriminaban a sí mismos, José, en vez de deleitarse, se puso a llorar. Hay nueve escenas, en Génesis, que relatan el reencuentro de familiares separados. En siete de los nueve encuentros se describen las lágrimas de alegría de los protagonistas. En la literatura de la antigüedad, las lágrimas señalan el estado emocional y la sinceridad de los actores del drama. Tenemos un ejemplo en la Odisea de Homero, que relata el regreso de Ulises a los suyos después de una atribulada ausencia de veinte años. Según los investigadores, las lágrimas señalan el fuerte deseo del que llora por restablecer los lazos familiares, y al mismo tiempo indican a los suyos cuánto sufrió el protagonista a causa de la separación. Las lágrimas de José subrayan su declaración de reconciliación (Bosworth 2015:619-639).

Nosotros, cual los hermanos de José, no necesitamos prestar atención a nuestros sentimientos de culpa, ni a las acusaciones de nuestras conciencias y a las del diablo, sino a la palabra, promesa, y absolución de Cristo. Estas palabras de *shalom* tienen su base, no en lo que nosotros hayamos hecho o lo que sintamos, sino en lo que él hizo por nosotros en la cruz. Las palabras de consuelo que José pronuncia nuevamente en presencia de sus hermanos son como la absolución que nos otorga Cristo al escuchar nuestra confesión de pecados y el reconocimiento de nuestra contrición. Cristo nos da el sello de su absolución en la Santa Eucaristía que celebramos con él en su casa de adoración. José también selló su disposición de perdonar a sus hermanos con una cena digna de verse en su propia casa, en ocasión del regreso de los hermanos a Egipto acompañados por su hermano Benjamín.

Tanto José como Jesús no promovieron la venganza, sino el perdón y la reconciliación

En la más famosa novela de Alejando Dumas, Edmundo Dantés, después de 20 años de cárcel, logra fugarse del castillo de If y de la muerte, para convertirse en el Conde de Monte Cristo. Para vengarse de sus falsos amigos y socios, Edmundo Dantés asume otra identidad y comienza a planificar la ruina de los responsables de su condena y de sus sufrimientos por un crimen que no cometió. José y Jesús también fueron traicionados, acusados falsamente, y echados a la cárcel. Ambos escaparon de la muerte y llegaron a una posición de autoridad, riqueza, y poder. Pero no usaron su poder y autoridad para vengarse de sus enemigos, sino para perdonar y procurar la reconciliación.

¡Cuán fácil es abusar de las riquezas, la prosperidad, la autoridad, y el poder! José, como gobernador de Egipto, está en una posición que le permite hacer mucho bien, pero también mucho mal. José no sólo puede ser un instrumento de Dios para salvar muchas vidas, sino también un instrumento de Satanás para destruir muchas vidas. La autoridad y el poder ponen a prueba el carácter de los hombres. Ninguna bestia es tan salvaje como un hombre con poder. A fin de cuentas, lo que nos enseña la vida de José y de Jesús es cómo usar las bendiciones, el poder, y la autoridad que hemos recibido como seres humanos creados a la imagen de Dios, para promover la *shalom*, el perdón, y la reconciliación.

La inclusión del relato de la reconciliación de José con sus hermanos en la Escritura debe entenderse como una anticipación profética (tipo) de la reconciliación de todas las tribus de Israel dentro del futuro reino mesiánico del Príncipe de paz. Otro de los temas principales que recorre todo el libro de Génesis y la literatura profética de Israel es el de la reconciliación de los hermanos. La esperanza de una reconciliación entre las doce tribus en un reinado de paz aún no era una realidad en el tiempo en que se cerró el canon del AT. En tiempo del NT los descendientes de las tribus del Norte (los samaritanos) y los de las tribus del Sur (Judá y Benjamín) siguieron enemistados. De modo que la esperanza de la reconstitución escatológica de las doce tribus está puesta en su cumplimiento en el futuro (Huddleston 2012:197-198). Apocalipsis 7:1-8 nos ofrece una visión de la futura reunión de todas las tribus de los hijos de Israel.

Las palabras de José a sus hermanos son una evidencia de que la adversidad no es una señal que indica la ausencia de Dios. El narrador de la historia de José menciona la presencia de Dios con José en los momentos en que su vida corre más peligro y su aflicción es más grande. De hecho, Dios está presente en las aflicciones y sufrimientos de José para obrar el bien, para salvar vidas, y efectuar una reconciliación entre los hermanos enemistados. A fin de cuentas, el mal que planificaron los hermanos en contra de José no resultó en su destrucción. El cambio operado en la vida de los hermanos nos muestra que nadie está predestinado a ser reprobado y cosechar el mal que sembró con sus hechos, pensamientos, y palabras (Jacobs 2003:328). Con Dios hay misericordia, y el poder de cambiar y transformar vidas es inherente en esta misericordia. El mismo Dios que actuó en los hermanos de José para transformar su odio asesino en amor, es quien transformó a Saulo de Tarso en el apóstol Pablo. Y es el mismo Dios que nos encomendó a nosotros el ministerio de la reconciliación.

La familia en el libro de Génesis

El relato de la reconciliación de José y sus hermanos señala la importancia que tiene la familia en el primer rollo de la Biblia hebrea. Cada uno de los diez *toledot* tiene que ver con una familia, y con las luchas, problemas, victorias, esperanzas, debilidades, y fracasos de los miembros de estas familias. Las familias cuyas historias se encuentran en Génesis son, en muchos casos, disfuncionales, están repletas de intrigas, engaños, decepciones, infidelidad, fraude, y deseos de venganza. Un autor expresó que el vocabulario de la decepción corre como un río por toda la historia de los patriarcas y sus familias, mientras que el concepto de la verdad (*emet*) raras veces figura en los relatos de la familia elegida. La falta de poder y posición social de las mujeres, en una sociedad paternalista, parece ser una de las razones que llevaron a las protagonistas de Génesis a emplear el engaño, la decepción y hasta la magia para lograr sus fines. Se observa tal predisposición hacia el engaño en las vidas de mujeres como Eva, Sara, Agar, Rebeca, Raquel, Tamar, las hijas de Lot y la esposa de Potifar. En Génesis se observa la orientación patriarcal de las genealogías, por la ausencia de los nombres de las mujeres en la mayoría de los *toledot*.

Pocos son los protagonistas de Génesis que no emplearon mentiras y engaños para lograr sus objetivos. La mayor excepción es el siervo de Abrahán, a quien se lo envía a buscar una esposa para Isaac. En

Génesis 24 queda subrayado que en tres ocasiones el emisario habló la verdad (Goldingay 2003:285). A pesar de la triste historia de engaños y decepción en Génesis, los planes del Señor no se frustran. En su sabiduría el Señor emplea lo insensato y necio de este mundo, para hacer progresar su programa de redención (1 Co 1:21-30).

Los problemas de índole sexual originados por la infertilidad, los derechos de los hijos, la poligamia, y los celos, también juegan un papel significativo en las historias familiares de Génesis. Cada vez que se invoca la ley del levirato para resolver el problema de la infertilidad, el resultado se traduce en más conflicto e infelicidad. Ésta fue, quizá, una de las razones que indujo al pueblo judío a abandonar tanto la ley del levirato como la poligamia. Pese a los numerosos conflictos sexuales dentro de la familia de la fe, el Señor siguió fiel a su promesa de bendecir a Israel y hacer de su pueblo una fuente de bendición para otros.

En los diez *toledot* de Génesis no se encuentran muchos ejemplos de una familia feliz que pudieran servirnos como modelos de lo que debe ser una familia devota. Lo asombroso en estas historias es que el Señor sigue acompañando a los miembros de estas familias disfuncionales en sus dificultades, apoyándolos en sus luchas, fortaleciendo su débil fe, perdonando sus pecados y fomentando la reconciliación. En muchas de las historias familiares de Génesis se destaca la necesaria intervención de Dios para poner fin a los conflictos entre hermanos, que amenazan la supervivencia de la familia. A pesar de todos sus defectos y errores, el Señor sigue utilizando las familias para llevar adelante su proyecto de bendecir a todas las familias de la tierra, mediante la familia escogida de Abrahán.

En realidad, las familias cuyas historias se relatan en Génesis, no son tan diferentes de la gran mayoría de las familias de nuestra sociedad moderna, e incluso de las que participan en los eventos y actividades de nuestras congregaciones (Goldingay 2003:286-287). La popularidad de la cual gozan estas historias en nuestras comunidades de fe estriba en parte en el hecho de que se ve en ellas un reflejo de nuestra propia realidad. El mensaje que tienen los diez *toledot* de Génesis para nosotros es que el Señor no ha abandonado a nuestras familias, sino que sigue acompañándonos y ayudándonos a encontrar reconciliación y bendición en el evangelio del Príncipe de paz.

La muerte de José (Génesis 50:22-26)

El último *toledot* del rollo de Génesis finaliza con la muerte de José a la edad de 110 años. Antes de morir, José dio instrucciones a sus hermanos e hijos de no enterrar sus restos mortales en Egipto, sino disponer lo necesario para llevarlos a la Tierra Prometida en ocasión del retorno de los hijos de Israel al país de sus antepasados, en cumplimiento de la promesa dada por Dios a Abrahán, Isaac, e Israel. Es la misma promesa de hacer de Israel una gran nación y darle la tierra de Palestina como herencia. Es la promesa de la venida de la simiente, el líder mesiánico que saldrá de la tribu de Judá para gobernar a su pueblo. Es, a la vez, la promesa de impartir bendición a todas las naciones por medio de la simiente prometida. Durante todo el tiempo como gobernador de Egipto, José no lo había olvidado. Hasta el último día de su vida confió en el cumplimiento de la promesa. La permanencia de Israel en Egipto por tantos años no implicaba su anulación. El autor de la carta a los Hebreos manifiesta: "Por la fe, cuando José murió, anunció la salida de los hijos de Israel y dio instrucciones en cuanto a qué hacer con sus restos mortales" (Heb 11:22). El autor sagrado añadió estos detalles al rollo de Génesis para recordarles a los hijos de Israel a mantenerse fieles a la promesa, y firmes pese a los altibajos de la historia y de la existencia humana.

En cierto sentido, el libro de Génesis termina de forma inconclusa. Los restos mortales de José, embalsamados, quizá momificados, quedan en Egipto esperando su traslado a la Tierra Prometida, hecho que ocurre muchos siglos después, tal como lo relata Éxodo 13:19. De esta manera, el rollo de Génesis anticipa una continuación de la historia sagrada en el rollo de Éxodo, y más adelante aún. Así como en el caso de José, nuestra historia también es inconclusa. Nacemos, vivimos, y morimos. Nuestros huesos, restos y cenizas vuelven a la tierra, esperando el cumplimiento de la promesa que nos ha dado aquel que ha venido a dar bendición y *shalom* a todas las naciones. Dios nos ha dado la promesa de resucitarnos, transformarnos, y trasladarnos a un reino donde no habrá lágrimas, ni dolor, ni muerte. Él ha prometido absolvernos de todas nuestras culpas en el día del juicio final: "Por tanto, no hay ninguna condenación para los que están unidos a Cristo Jesús" (Ro 8:1). Nos ha prometido una herencia (Gl 3:29), y nos ha prometido "un cielo nuevo y una tierra nueva, donde reinará la justicia" (2 P 3:13). Desde la perspectiva del NT, los huesos momificados de José, que esperan el cumplimiento final de las promesas divinas, simbolizan nuestra propia espera, en fe, del último capítulo de la historia que comenzó con la creación de los cielos y la tierra (Greidanus 2007:472). A fin de cuentas, el más sincero deseo del autor de este comentario es, que nuestro estudio del libro de Génesis nos induzca a orar: Maranata. Amén, sí, ¡Ven, Señor Jesús!

Bibliografía

Aitken, Kenneth T.
1984 "The Wooing of Rebekah: A Study in the Development of the Tradition." *Journal for the Study of the Old Testament.* Issue 30, pp 3-23. Sheffield: JSOT Press.

Albright, William Foxwell
1968 *Yahweh and the Gods of Canaan.* London: The Athlone Press.

Anderson, Bernhard W.
1978 "From Analysis to Synthesis: The Interpretation of Génesis 1-11". *Journal of Biblical Literature.* Vol. 97:1, pp 23-39 Missoula, Montana: Society of Biblical Literature.

Arana, Marie
2013 *Bolívar.* New York: Simon & Schuster.

Arnold, Bill T.
2009 *Genesis.* Cambridge: Cambridge University Press.

Atkinson, David
1990 *The Message of Genesis 1-11.* Downers Grove: Inter-Varsity Press.

Averbeck, Richard E.
2013 "A Literary Day, Inter-Textual and Contextual Reading of Genesis 1-2" in *Reading Genesis 1-2, An Evangelical Conversation.* Ed. J. Daryl Charles, pp 7-34. Peabody, Massachusetts: Hendrickson Publishers.

Bainton, Roland H.
1955 *Lutero.* Buenos Aires: Editorial Sudamericana.

Barnard, Jody A.
2013 "Ronald Williamson and the backround of Hebrews." *Expository Times*. Vol. 124:10, pp 469-479. London: SAGE Publishing Company.

Barram, Michael
2014 "Occupying Genesis 1-3: Missionally Located Reflections on Biblical Values and Economic Justice." *Missiology*, 42:4, pp 386-399. London: SAGE Publishing.

Barton, Stephen C.
2015 "Why Do Things Move People? The Jerusalem Temple as Emotional Repository." *Journal for the Study of the New Testament*. Vol. 37:4, pp 351-380. London: SAGE Publishing.

Bauckham, Richard
2011 *Living With Other Creatures*. Waco: Baylor University Press.

Beale, Gregory K.
2008 *We Become What We Worship: A Biblical Theology of Idolatry*. Downers Grove, Illinois: Inter-Varsity Press.

Bechtel, Lyn M.
1994 "What if Dinah is not Raped? Genesis 340." *Journal for the Study of the Old Testament*. Issue 62, pp 19-36. Sheffield: Sheffield Academic Press.

Ben Zivi, Ehud
1992 "The Dialogue between Abraham y YHWH in Gen. 18:23-32." *Journal for the Study of the Old Testament*. Issue 53, pp 27-46. Sheffield: Sheffield Academic Press.

Biblia de la Reforma
2014 *La Biblia de la Reforma: Biblia de Estudio*. Saint Louis: Editorial Concordia.

Blank, Rodolfo
1996 *Teología y Misión en América Latina*. Saint Louis: Editorial Concordia.

Bledsoe, David Allan

2010 "Igreja Universal do Reino de Deus: A survey of selected areas." *Missionalia*. Vol. 38: No, 1. Menlo Park: South African Missiological Society.

Blenkinsopp, Joseph

2004 *Treasures Old and New: Essays in the Theology of the Pentateuch*. Grand Rapids: William B. Eerdmans Publishing Company.

2009 "Abraham as Paradigm in the Priestly History in Genesis." *Journal of Biblical Literature*. Vol. 128:2, pp 225-241. Atlanta: Society of Biblical Literature.

2011 *Creation, Un-Creation, Re-Creation*. London: T & T Clark International.

Block, Daniel I.

2013 "Eden A Temple? A Reassessment of the Biblical Evidence" in *From Creation to New Creation*. Ed. Daniel M. Gurner & Benjamin L Gladd, pp. 3-29. Peabody, Massachusetts: Hendrickson Publishers.

Bonhoeffer, Dietrich

1959 *Creation and Fall*. London: SCM Press Limited.

Bonilla, Plutarco

1978 *Los milagros también son parábolas*. Miami: Editorial Caribe.

Bosworth. David A.

2015 "Weeping in Recognition Scenes in Genesis and the Odyssey." *Catholic Biblical Quarterly*. Vol. 77:4, pp 619-639. Washington DC: Catholic Biblical Association of America.

Bovell, Carlos R.

2004 "Genesis 3:21; The History of Israel in a Nutshell? *Expository Times*. Vol. 115:11, pp. 361-366. London: Contiuum International Publishing Group Ltd.

Bray, Jason S.

1993 "Genesis 23 – A Priestly Paradigm for Burial." *Journal for the Study of the Old Testament*. Issue 60, pp 69-73. Sheffield: Sheffield Academic Press.

Bridge, Edward J.
2014 "The Slave is the Master: Jacob's Servile Language to Esau in Genesis 33:1-17." *Journal for the Study of the Old Testament.* Vol. 38:3, pp 263-278. London: SAGE Publishing.

Bright, John
1966 *La Historia de Israel.* Bilbao: Desclée de Brouwer.

Brighton, Louis A.
1999 *Revelation.* Saint Louis: Concordia Publishing House.

Brock, Brian
2010 "On Generating Categories in Theological Ethics: Barth, Genesis and the Ständelehre." *Tyndale Bulletin,* 61:1, pp 45-68. Cambridge: Tyndale House.

Brown, Jeannine K.
2010 "Creation's Renewal in the Gospel of John." *Catholic Biblical Quarterly.* Vol. 72:2, pp 275-290. Washington DC: Catholic Biblical Association of America.

Bruckner, James K.
2001 *Implied Law in the Abraham Narrative.* Sheffield: Sheffield Academic Press.

Bruggemann, Walter
1982 *Genesis.* Atlanta: John Knox Press.

Burch, Greg W.
2013 "Bimodal Mission Advancement in Ministry with Street-living and Working Children." *Missiology.* Vol. 41:2. La Mirada, CA: American Society of Missiology.

Burdett, Michael S,
2015 "The Image of God and Human Uniqueness: Challenges from the Biological and Informational Sciences." *Expository Times.* Vol. 127:1, pp 3-10. London: SAGE Publishing.

Calvino, Juan
1975 *Genesis*. London: The Banner of Truth Trust.

Carrasco, David
1990 *The Religions of Mesoamerica*. San Francisco: Harper Collins.

Carroll, M Daniel R.
2000 "Blessing the Nations: Toward a Biblical Theology of Mission from Genesis." *Bulletin for Biblical Research* 10:1, pp 17-34. Albuquerque: Trinity Southwest University Press.

Cassuto, Umberto
1961 *From Adam to Noah*. Jerusalem: The Magnes Press.
1961b *The Documentary Hypothesis*. Jerusalem: The Magnes Press.
1964 *From Noah to Abraham*. Jerusalem: The Magnes Press.

Cate, Robert L.
1990 *Introducción al Estudio del Antiguo Testamento*. El Paso: Casa Bautista de Publicaciones.
1979 *Introduction to the Old Testament as Scripture*. London: SCM Press LTD.

Claassens, L. Juliana
2012 "Resisting Dehumanization: Ruth, Tamar and the Quest for Human Dignity." *The Catholic Biblical Quarterly*. Vol. 74:4, pp 659-674. Washington DC: The Catholic Biblical Association of America.

Clifford, Paula
2010 "Where Were You When I Laid the Foundation of the Earth? Climate Change and a Theology of Development." *Expository Times*. Vol. 121:4, pp 176-179. London: SAGE Publishing.

Collins, C. John
2014 "Adam and Eve in the Old Testament", pp 3-32 in *Adam, the Fall and Original Sin*. ed. Hans Madaueme & Michael Reeves. Grand Rapids: Baker Academic.

Cullmann, Oscar
1955 *Early Christian Worship*. London: SCM Press.

Davidson, Robert
1973 *Genesis 1-11*. Cambridge at the University Press.

De Hoop, Raymond
2004 "Then Israel Bowed Himself... (Genesis 47:31)." *Journal for the Study of the Old Testament*. Vol. 28:4, pp 467-480. London: Continuum.

De La Torre, Miguel A.
2011 *Genesis*. Louisville: Westminster John Knox Press.

De Vaux, Roland
1965 *Ancient Israel Volume 1, Social Institutions*. New York: McGraw-Hill.

Delitzsch, Franz
1949 *Biblical Commentary on the Old Testament, Volume I The Pentateuch*. Grand Rapids: William B. Eerdmans Publishing Company.

Diez Macho, Alejandro
1983 *Apócrifos del Antiguo Testamento Tomo II*. Madrid: Ediciones Cristiandad.

Dines, Jenifer M.
2013 "What if the Reader is a She? Biblical Women and their Translators." in *The Reception of the Hebrew Bible in the Septuagint and the New Testament*. Ed. David J. A. Clines & J. Cheryl Exum. pp 56-82. Sheffield: Sheffield Phoenix Press.

Doriani, Daniel
2014 "Original Sin in Pastoral Theology", pp 251-270. *Adam, the Fall, and Original Sin*. Ed. Madueme, Hans & Reeves Michael. Grand Rapids: Baker Academic.

Doyle, Brian

2004 "Knock, Knock. Knockin on Sodom's Door: The Funcion of Door/Entrance in Genesis 18-19." *Journal for the Study of the Old Testament*. Vol. 28:4. London: Continuum.

Duncan, John

2015 "The Hope of Creation." *New Testament Studies*. Vol. 81:3, pp 411-427. Cambridge: Cambirdge University Press.

Eliade, Mircea

1958 *Patterns in Comparative Religion*. London: Sheed and Ward Ltd.
1959 *The Myth of the Eternal Return*. New York: Harper & Brothers Publishers
1978 *A History of Religious Ideas. Volume 1*. Chicago: University of Chicago Press.
1985 *A History of Religious Ideas, Volume III*. Chicago: University of Chicago Press.

Embry, Brad

2011 "The 'Naked Narrative' from Noah to Leviticus: Reassessing Voyeurism in the Account of Noah's Nakedness in Genesis 9:22-24." *Journal for the Study of the Old Testament*. Vol. 35:4, pp 417-433. London: Sage Publishing Company.

Flynn, Shawn W.

2012 "The Teraphim in Light of Mesopotamian and Egyptian Evidence." *Catholic Biblical Quarterly*. Vol. 74:4, pp 694-711. Washington DC: Catholic Biblical Association of America.

Fokkelman, J. P.

1975 *Narrative Art in Genesis*. Amsterdam: Van Gorcum, Assen.

Forrest, Robert W. E.

1994 "Paradise Lost Again: Violence and Obedience in the Flood Narrative" *Journal for the Study of the Old Testament*. Issue 63, pp 3-18. Sheffield: Sheffield Academic Press.

Fredriksen. Paula
2010 "Judaizing the Nations: The Ritual Demands of Paul's Gospel". *New Testament Studies*. Vol. 56:2, pp 232-252. Cambridge: Cambridge University Press.

Freedman, David Noel
2000 *The Nine Comandments*. New York: Doubleday.

García Martínez, Florencio
2003 "Eve's Children en the Targumim" in *Eve's Children*. Ed. Gerard P. Luttikhuizen, pp 27-45. Leiden: Brill.

George, Sam
2011 "Diaspora: A Hidden Link to 'From Every Everywhere to Everywhere' Missiology." *Missiology*. Vol. XXXIX:1, pp 45-56. Saint Louis: American Society of Missiology.

Gibbs, Philip
2015 "Beyond the Fence: Confronting Witchcraft Accusations in the Papua New Guinea Highlands." *International Bulletin of Missionary Research* 39:1, pp 8-11. New Haven, CT: Overseas Ministries Study Center.

Gibson, John L. C.
1988 *Génesis I*. Ediciones La Aurora: Buenos Aires.
1989 *Génesis II*. Ediciones La Aurora: Buenos Aires.

Glaser, Ida J.
1997 "Qur'anic Challenges for Genesis." *Journal for the Study of the Old Testament*. Issue 75, pp 3-19. Sheffield: Sheffield Academic Press.

Glissmann, Volker
2009 "Genesis 14: A Diaspora Novella?" *Journal for the Study of the Old Testament*. Vol. 34:1, pp 33-45. London: Sage Publications.

Goldingay, John

2000 "The Significance of Circumcision." *Journal for the Study of the Old Testament.* Issue 88, pp 3-18. Sheffield: Sheffield Academic Press.

2003 *Old Testament Theology,* Vol. I, Israel's Gospel. Downer's Grove: Inter-Varsity Press.

2010 *Key Questions About Chtistian Faith: Old Testament Answers.* Grand Rapids: Baker Academic.

González, Ángel

1969 *Abraham, Father of Believers.* London: Burns and Oates/ Herder & Herder.

Gregory, Bradley C.

2008 "Abraham as the Jewish Ideal: Exegetical Traditions in Sirach 443:19-21." *The Catholic Biblical Quarterly.* Vol. 70:1, pp 66-81. Washington DC: The Catholic University of America.

Greidanus, Sidney L.

2007 *Preaching Christ from Genesis.* Grand Rapids: William B. Eerdmans Publishing Company.

Grossman, Jonathan

2014 "Associative Meanings in the Character Evaluation of Lot's Daughters." *The Catholic Biblical Quarterly.* Vol. 76:1, pp 40-57. Washington DC: The Catholic University of America.

Grumett, David

2011 "Eat Less Meat: A New Ecological Imperative for Christian Ethics?" *Expository Times.* Vol. 123:2, pp 54-62. London: SAGE Publishing.

Grypeou, Emmanouela & Spurling, Helen

2013 *The Book of Genesis in Late Antiquity.* Leiden: Brill.

Guilding, Aileen

1960 *The Fourth Gospel and Jewish Worship.* Oxford: Oxford University Press.

Gupta, Nijay K.

2014 "They Are Not Gods! Jewish and Christian Idol Polemic and Greco-Roman Use of Cult Statues." *Catholic Biblical Quarterly.* Vol. 76:4, pp 704-719. Washington DC: Catholic Biblical Association of America.

Haag, A; van der Born, A.: de Ausejo, S.

1964 *Diccionario de la Biblia.* Barcelona: Editorial Herder.

Hafemann, Scott

2014 "Noah, the Preacher of (God's) Righteousness; The Argument from Scripture in 2 Peter 2:5 and 9." *Catholic Biblical Quarterly.* Vol. 76:2, pp 306-320. Washington DC: The Catholic Biblical Association.

Halteman, Matthew C.

2013 "Knowing the Standard American Diet by its Fruits: Is Unrestrained Omnivorism Spiritually Beneficial?" *Interpretation.* Vol. 67:4, pp 383-395. Thousand Oaks, CA: SAGE Publishing.

Hendel, Ronald S.

1985 "The Flame of the Whirling Sword: A Note on Genesis 3:25". *Journal of Biblical Literature.* Vol. 104:4, pp 671-674. Atlanta: Society of Biblical Literature.

1987 "On Demigods and the Deluge: Toward an Interpretation of Genesis 6:1-4." *Journal of Biblical Literature.* Vol. 106:1, pp 13-26. Atlanta: Society of Biblical Literature.

Hiebert, Pual G.

2008 *Transforming Worldviews.* Grand Rapids: Baker Academic.

2009 *The Gospel in Human Contexts.* Grand Rapids: Baker Academic.

Hilbert, Benjamin D. H.

2011 "Joseph's Dreams, Part Two." *Journal for the Study of the Old Testament.* Vol. 35:4, pp 435-461. London: SAGE Publishing.

Himnario Bautista

1978 *Himnario Bautista.* El Paso: Casa Bautista de Publicaciones.

Hitchcock, Christina

2014 "A living god, a living Word: Christian and Muslim revelation in perspective." *Missiology*. Vol. 42:4, pp 375-385. Los Angeles: SAGE Publishing.

Huddleston, Jonathan

2012 *Escatology in Genesis*. Tübingen: Mohr Siebeck.

Huddlestun, John R.

2000 "Divestiture, Deception and Demotion: The Garment Motif in Genesis 3-39." *Journal for the Study of the Old Testament*. Issue 98. Vol. 26:4, pp 47-62. London: Sheffield Academic Press.

Hull, John M.

2002 *In the Beginning There was Darkness*. Harrisburg, PA: Trinity Press International.

Hummel, Horace D.

1979 *The Word Becoming Flesh*. Saint Louis: Concordia Publishing House.

Hunt, Margaret

2013 "The two daughters of Lot (Genesis 19:1-38)." *Lutheran Theological Journal*. Vol. 47:3, pp 173-186. Adelaide: Australian Lutheran College.

Isbouts, Jean-Pierre

2007 *The Biblical World, An Ilustrated Atlas*. Washington DC: The National Geographic Society.

Jackson, Melissa

2002 "Lot's Daughters and Tamar as Tricksters and the Patriarchal Narratives as Feminist Theology." *Journal for the Study of the Old Testament*. Issue 98. Vol. 26:4, pp 29-46. London: Sheffield Academic Press.

Jacob, Benno

1974 *The First Book of the Bible, Genesis*. New York: KTAV Publishing House, Inc.

Jacobs, Mignon R.

2003 "The Conceptual Dynamics of Good and Evil in the Joseph Story: An Exegetical and Hermeneutical Inquiry." *Journal for the Study of the Old Testament*. Vol. 27:3, pp 309-338. London: Sheffield Academic Press.

Jacobsen, Thorkild

1981 "The Eridu Genesis." *Journal of Biblical Literature*. Vol. 100:4, pp 513-529. Chico, CA: Society of Biblical Literature.

Jensen, Matthew D.

2015 "Noah, the Eighth Proclaimer of Righreousness: Understanding 2 Peter 2:5 in Light of Genesis 4:26." *Journal for the Study of the New Testament*. Vol. 37:4, pp 458-469. London: SAGE Publishing.

Jeremias, Joachim

1969 *Jerusalem in the Time of Jesus*. London: SCM Press LTD.

Jocz, Jakob

1968 *The Covenant: A Theology of Human Destiny*. Grand Rapids: Eerdmans.

Kaminski, Carol M.

2014 *Was Noah Good? Finding Favour in the Flood Narrative*. London: Bloomsbury T & T Clark.

Kang, C. H. & Nelson, Ethel R.

1979 *The Discovery of Genesis*. Saint Louis: Concordia Publishing House.

Keener, Craig S.

2011 *Miracles. Volume I*. Grand Rapids: Baker Academic.

Keiser, Tomas A.

2009 "The Divine Plural: A Literary-Contextual Argument for Plurality in the Godhead." *Journal for the Study of the Old Testament*. Vol. 34:2, pp 131-146. London: Sage Publishing.

Kennedy, James M.
1990 "Peasants in Revolt: Political Allegory in Genesis 2-3." *Journal for the Study of the Old Testament.* Issue 47, pp 3-14. Sheffield: Sheffield Academic Press.

Kidner, Derek
1985 *Génesis.* Buenos Aires: Ediciones Certeza.

Kim, Hyun Chul Paul
2013 "Reading the Joseph Story (Genesis 37-50) as a Diaspora Narrative." *Catholic Biblical Quarterly.* Vol. 75:2, pp 219-238. Washington DC: Catholic Biblical Association of America.

Kimelman, Reuven
2014 "Prophesy as Arguing with God and the Ideal of Justice." *Interpretation.* 68:1, pp 17-27. Thousand Oaks, CA: SAGE Publishing.

Knowles, Michael P.
1995 "Abraham and the Birds in Jubilees 11: A Subtext for the Parable of the Sower?" *New Testament Studies.* Vol. 41:1, pp 145-151. Cambridge: University of Cambridge Press.

Koch, Kurt
1971 *Between Christ and Satan.* Grand Rapids: Kregel Publications.

Kramer, Samuel Noah
1959 *History Begins at Sumer.* New York: Doubleday Anchor Books.

Kraus, Hans-Joachim
1966 *Worship in Israel.* Oxford: Basil Blackwell.

Labberton, Mark
2014 *Called.* Downer's Grove Illinois: Inter-Varsity Press.

Lapsley, Jacqueline E.
2004 "Friends with God?" *Interpretation.* Vol. 58:2, pp 117-129. Richmond: Union Theological Seminary in Virginia.

Lee, Chee-Chiew

2009 "*Go'im* en Genesis 35:11 and the Abrahamic Promise of Blessing for the Nations." *Journal of the Evangelical Theological Society.* Vol. 52:3, pp 467-482.

Lerner, Berel Dov

2009 "Please Consider Not Taking the Lord's Name in Vain." *The Expoistory Times.* Vol. 121, Number 7, pp 339-341. London: SAGE Publishing.

Lessing, R. Reed

2010 "Yahweh Versus Marduk: Creation Theology in Isaiah 40-55." *Concordia Journal.* Vol. 36:3, pp 234-244, Saint Louis: Concordia Seminary.

Leupold, H. C.

1942 *Exposition of Genesis.* Colombus, Ohio: The Wartburg Press.

Levenson, Jon Douglas

1993 *The Death and Resurrection of the Beloved Son.* New Haven: Yale University Press.

Longman III, Tremper

2013 "What Genesis 1-2 Teaches (and What it Doesn't)." In *Reading Genesis 1-2, An Evangelical Conversation.* Ed. J. Daryl Charles, pp 103-128. Peabody, MA: Hendrickson Publishers.

Luther, Martin

1958 *Lectures on Genesis, volume 1.* Saint Louis: Concordia Publishing House.
1960 *Lectures on Genesis, volume 2.* Saint Louis: Concordia Publishing House.
1960 *Lectures on Deuteronomy.* Saint Louis: Concordia Publishing House.
1961 *Lectures on Genesis, volume 3.* Saint Louis: Concordia Publishing House.
1965 *Lectures on Genesis, volume 7.* Saint Louis: Concordia Publishing House.
1966 *Lectures on Genesis, volume 8.* Saint Louis: Concordia Publishing House.
1968 *Lectures on Genesis, volume 5.* Saint Louis: Concordia Publishing House.
1970 *Lectures on Genesis, volume 6.* Saint Louis: Concordia Publishing House.
1979 *Obras de Martín Lutero, volumen 6.* Buenos Aires: Ediciones La Aurora.

Mandolfo, Carleen
2004 "'You Meant Evil against Me': Dialogic Truth and the Character of Jacob in Joseph's Story." *Journal for the Study of the Old Testament.* Vol. 28:4, pp 449-465. London: Continuum.

Mann, Jacob
1971 *The Bible as Read and Preached in the Old Synagogue.* New York: KTAV Publishing House, Inc.

Matthews, Victor H.
1995 "The Anthropology of Clothing in the Joseph Narrative." *Journal for the Study of the Old Testament.* Issue 65, pp 25-36. Sheffield: Sheffield Academic Press.

Maxfield, John A.
2015 "Martin Luther as profesor and teacher of the Bible: Preface to his Genesis Lectures." *Lutheran Theological Journal 49:2*, pp 74-85. Adelaide: Australian Lutheran College.

Meléndez, Andrés, editor
1989 Libro de Concordia. Saint Louis: Editorial Concordia.

Meyers, Carol L.
2014 "Was Ancient Israel a Patriarchal Society?" *Journal of Biblical Literature*, pp 8-27. Atlanta: Society of Biblical Literature.

Míguez-Bonino, José
1999 "Génesis 11:1-9, A Latin American Perspective." In *Return to Babel.* Ed. John R. Levison & Priscilla Pope-Levison, pp 13-16. Louisville: Westminster John Knox Press.

Milgrom, Jacob
2004 *Leviticus: A Book of Ritual and Ethics.* Minneapolis: Fortress Press.

Miller, James E.
2000 "Sexual Offenses in Genesis." *Journal for the Study of the Old Testament.* Issue 90, pp 41-53. Sheffield: Sheffield Academic Press.

Moberly, R. W. L.

2009 *The Theology of the Book of Genesis*. Cambridge: Cambridge University Press.

Moeller, Eric

2012 *Vasos de Barro: Antropología cristiana*. Saint Louis: Editorial Concordia.

Moltmann. Jürgen

1967 *Theology of Hope*. London: SCM Press Ltd.

Montaner, Luis Vegas

1994 *Génesis Rabbah I (Génesis 1-11)* traducción. Pamplona: Editorial Verbo Divino.

Moo, Jonathan

2010 "Continuity, Discontinuity and Hope: The Contribution of New Testament Escatology to a Distinctively Christian Environmental Ethos." *Tyndale Bulletin* 61:1, pp 21-44. Cambridge: Tyndale House.

Morschauser, Scott

2003 "Hospitality, Hostiles and Hostages: On the Legal Background to Genesis 19:1-9." *Journal for the Study of the Old Testament*. Vol. 27:4, pp 461-485. London: Sheffield Academic Press.
2013 "Campaigning on Less Than a Shoe-String: An Anciente Egyptian Parallel to Abram's 'Oath' in Genesis 14:22-23." *Journal for the Study of the Old Testament*. Vol. 38:2, pp 127-144. London: SAGE Publishing.

Najman, Hindy

2003 "Cain and Abel as Character Traits: A Study in the Allegorical Typology of Philo of Alexandria" in *Eve's Children*. Ed. Gerard P. Luttikhuizen, pp 107-118. Leiden: Brill.

Newbigin, Leslie

1963 *Pecado y Salvación*. Buenos Aires: Methopress Editorial y Gráfica.

Niemi, Tina M.
2008 "The Life (and Death) of the Dead Sea. *Biblical Archaeology Review* 34:1. Red Oak, Iowa: Biblical Archaelogy Review.

Niles, Daniel Thambyrajah
1958 *Studies in Genesis*. Philadelphia: The Westminster Press.

Northcott, Michael S.
2010 "BP, the Blowout and the Bible Belt." *Expository Times*. Vol. 122:3, pp 117-126. London: SAGE Publishing.

Nygren, Anders
1982 *Agape and Eros*. London: SPCK.

O'Connor, Kathleen M.
2010 "Let All the Peoples Praise You: Biblical Studies and a Hemeneutics of Hunger." *Catholic Biblical Quarterly*. Vol. 72:1, pp 1-14. Washington DC: Catholic Biblical Association of America.

Paddison, Angus
2011 "Sermons for the Christian Year, Proper 17." *Expository Times*. Vol. 122:10, pp 497-500. London: SAGE Publishing.

Pagán, Samuel
2012 *Introducción a la Biblia Hebrea*. Barcelona: Editorial CLIE.

Pagolo, Augustine
1998 *The Religion of the Patriarchs*. Sheffield: Sheffied Academic Press.

Parker, Simon B.
2003 "Graves, Caves and Refugees: An Essay in Microhistory: *Journal for the Study of the Old Testament*. Vol. 27:3, pp 259-288. London: Sheffield Academic Press.

Peacocke, Arthur
1993 *Theology for a Scientific Age*. Minneapolis: Fortress Press.

Pickard, Stephen K.

2010 "The Collaborative Character of Christian Ministry". *Expository Times*. Vol. 121:9, pp 429-436. London: SAGE Publishing.

Polkinghorne, John C.

2007 *Quantum Physics and Theology*. New Haven: Yale University Press.
2009 *Theology in the Context of Science*. New Haven: Yale University Press.
2010 *The Polkinghorne Reader*. Ed. Thomas Jay Oord. London: SPCK Press.

Postell, Seth D.

2011 *Adam as Israel: Genesis 1-3 as the Introduction to the Torah and Tanakh*. Eugene, Oregon: Pickwick Publications.

Priest, Robert J.

2015 "The Value of Anthropology for Missional Engagements with Contest: The Case of Witch Accusations." *Missiology*. Vol. 43:1. Los Angeles: SAGE Publishing.

Pritchard, James B., ed.

1958 The Ancient Near East. London: Oxford University Press.

Rad, Gerhard von

1986 *Teología del Antiguo Testamento vol. 1*. Salamanca: Ediciones Sígueme.
1988 *El Libro de Génesis*. Salamanca: Ediciones Sígueme.

Rana, Fazales & Ross, Hugh

2005 *Who was Adam?* Colorado Springs: Navpress.

Ravasi, Giofranco

1992 *Guía espiritual del Antiguo Testamento: El libro del Génesis (1-11)*. Barcelona: Editorial Herder.
1994 *Guía espiritual del Antiguo Testamento: El libro del Génesis (12-50)*. Barcelona: Editorial Herder.

Reagan, Debra A.
2013 "Reclaiming the Body for Faith." *Interpretation*. Vol. 67:1, pp 42-57. Los Angeles: SAGE Publishing.

Reinders, Hans S.
2008 *Receiving the Gift of Friendship: Profound Disability, Theological Anthropology, and Ethics*. Grand Rapids: William B. Eerdmans Publishing Company.

Resig, Dorothy D.
2011 "Was this Noah's Winery?" *Biblical Archaeology Review*. Vol. 35:5, pp 20-22. Washington DC: Biblical Archaeology Society.

Richardson, Don
1984 *Eternity in Their Hearts (revised)*. Ventura, CA: Regal Books.

Rindge, Matthew
2010 "Jewish Identity under Foreign Rule: Daniel 2 as a Reconfiguration of Genesis 41." *Journal of Biblical Literaure*. Vol. 129:1, pp 85-104. Atlanta: Society of Biblical Literature.

Ross, Hugh
1993 *The Creator and the Cosmos*. Colorado Springs: Navpress.
2004 *A Matter of Days*. Colorado Springs: Navpress.
2005 *Who is Adam?* Colorado Springs: Navpress.

Rossow, Francis C.
1983 *Preaching the Creative Gospel Creatively*. Saint Louis: Concordia Publishing House.

Routledge, Robin
2010 "Did God Create Chaos? Unresolved Tension in Genesis 1:1-2." *Tyndale Bulletin* 61:1, pp 69-88. Cambridge: Tyndale House.

Rulfo, Juan
1975 *Pedro Páramo*. México: Fondo de Cultura Económica.

Sailhamer, John H.

1992 *The Pentateuch as Narrative.* Grand Rapids: Zondervan Publishing House.
2000 "Creation, Genesis 1-11 and the Canon." *Bulletin for Biblical Research* 10:1, pp 89-106. Albuquerque: Institute for Biblical Research.

Sargent, Benjamin

2014 "The coastlands wait for me, and for my arm they hope: The Sea and Eschatology in Deutero-Isaiah." *The Expository Times.* Vol. 126:3, 122-130. London: SAGE Publishing.

Sarna, Nahum M.

1966 *Understanding Genesis.* New York: McGraw-Hill Book Company.

Schlimm. Matthew R.

2010 "From Fratricide to Forgiveness: The Ethics of Anger in Genesis." *Tyndale Bulletin* 61:1, pp 157-159. Cambridge: Tyndale House.

Schroer, Silvia & Staubli, Thomas

2013 "Bodily and Embodied: Being Human in the Tradition of the Hebrew Bible." *Interpretation.* Vol. 67:1, pp 5-19. Los Angeles: SAGE Publishing.

Sherwood, Yvonne

2014 "Hagar and Ishmael: The Reception of Expulsion." *Interpretation.* Vol. 68:3, pp 286-304. Los Angeles: SAGE Publishing.

Smith, Patricia

2014 "Infants Sacrificed? The Tale Teeth Tell" *Biblical Archaeology Review.*Vol. 40:4, pp 54-56. Washington DC

Speiser, Ephraim Avigdor

1964 *The Anchor Bible Genesis.* New York: Doubleday & Company Inc.

Stabell, Timothy D.

2010 "The Modernity of Witchcraft and the Gospel in Africa." *Missiology* 38:4, pp 460-474. Saint Louis: American Society of Missiology.

Stone, William

2014 "Adam and Modern Science" in *Adam, the Fall and Original Sin*. Ed. Hans Madueme & Michael Reeves, pp 53-84. Grand Rapids: Baker Academic Swindoll, Charles R.

2000 *José, Un hombre de integridad y perdón*. El Paso: Casa Bautista de Publicaciones. 2015 *Abraham, La increible jornada de fe de un nomada*. Carol Stream, Illinois: Tyndale House Publishers Inc.

Taylor, Joan E.

1995 "The Asherah, the Menorah and the Sacred Tree." *Journal for the Study of the Old Testament*. Issue 66, pp 29-54. Sheffield: Sheffield Academic Press.

Teugels, Lieve

1994 "A Strong Woman, Who Can Find? A Study of Characterization in Genesis 24, with some Perspectives of the General Presentation of Isaac and Rebekah in the Genesis Narrative." *Journal for the Study of the Old Testament*. Issue 63, pp 89-104. Sheffield: Sheffield Academic Press Limited.

Thatcher, Tom

2009 Cain and Abel in Early Christian Memory: A Case Study in "The Use of the Old Testament in the New." *The Catholic Biblical Quaterly*. Vol. 72:4. Washington DC: The Catholic Biblical Association of America.

Thiessen, Matthew

2014 "A Buried Pentateuchal Allusion to the Resurrection in Mark 12:25." *Catholic Biblical Quarterly*. Vol. 76:2, pp 273-290. Washing DC: The Catholic Biblical Association of America.

Trenchard, Ernesto & Martínez, José M.

1998 *El Libro de Génesis*. Grand Rapids: Editorial Portavoz.

Vervense, Marc

1995 "What Shall We Do with the Drunken Sailor? A Critical Re-Examination of Genesis 9:20-27." *Journal for the Study of the Old Testament*. Issue 68, pp 33-55. Sheffield: Sheffield Academic Press.

Vischer, Wilhelm

1946 *Das Christuszeugnis des Alten Testaments I, Das Gesetz.* Zürich Evangelischer Verlag A.G.

Von Wolde, Ellen

1991 "The Story of Cain and Abel: A Narrative Study." *Journal for the Study of the Old Testament.* Issue 52, pp 25-41. Sheffield: Sheffield Academic Press.

Voth, Esteban

1992 *Génesis Primera Parte: Comentario Bíblico Hispanoamericano.* Miami: Editorial Caribe.

Wagner, Angela B.

2013 "Considerations on the Political-Juridical Proceedings of Genesis 34." *Journal for the Study of the Old Testament.* Vol. 38:2, pp 145-161. London: SAGE Publishing.

Wagner-Tsukamoto, Sigmund

2009 "The Paradise Story: A Constitutional Economic Reconstruction." *Journal for the Study of the Old Testament.* Vol. 34:2, pp 147-170. London: SAGE Publishing.

Wallace, Ronald S.

1982 *Isaac & Jacob.* London: Society for the Promotion of Christian Knowledge.

Walsh, Carey Ellen

2000 "Under the Influence: Trust and Rick in Biblical Family Drinking." *Journal for the Study of the Old Testament.* Issue 90, pp 13-29. Sheffield: Sheffield Academic Press.

Waltke, Bruce K.

2001 *Genesis.* Grand Rapids: Zondervan.

Walton, John H.
2013 "Reading Genesis 1 as Ancient Cosmology" in *Reading Genesis 1-2, An Evangelical Conversation*. Ed. J. Daryl Charles, pp 141-170. Peabody, Massachusetts: Hendrickson Publishers.

Way, Kenneth C.
2009 "Animals in the Prophetic World: Literary Reflections on Numbers 22 and 1 Kings 13." *Journal for the Study of the Old Testament*. Vol. 34:1. pp 47-62. London: SAGE Publishing.

Weeks, Noel
2014 "The Fall and Genesis 3." pp 289-306. *Adam, the Fall, and Original Sin*. Ed. Madueme, Hans & Reeves Michael. Grand Rapids: Baker Academic.

Wenham, Gordon J.
1987 *Word Bible Commentary Volume 1, Genesis 1-15*. Waco, Texas: Word Books Publisher.
1994 *Word Bible Comentary Volume 2, Genesis 16-50*. Waco, Texas: Word Books Publisher.

Westermann, Claus
1984 *Genesis 1-11*. Minneapolis: Augsburg Publishing House.
1985 *Genesis 12-36*. Minneapolis: Augsburg Publishing House.
1986 *Genesis 37-50*. Minneapolis: Augsburg Publishing House.
1987 *Genesis, A Practical Commentary*. Grand Rapids: William B. Eerdmans.

Wildavsky, Aaron
1992 "Survival Must not be Gained through Sin: The Moral of the Jospeh Stories Prefigured through Juda and Tamar." *Journal for the Study of the Old Testament*. Issue 62, pp 37-48. Sheffield: Sheffied Academic Press.

Wilgus, Blair
2011 "What Did the Ancient Isrelites Eat? Diet in Biblical Times? Nathan MacDonald." *Expository Times*, 123:2, pp 74-76. London: SAGE Publishing.

Williamson, Edwin
1992 *The Penguin History of Latin America*. London: The Penguin Press.

Wingren, Gustaf
1961 *Creation and Law*. Edinburgh: Oliver and Boyd.

Winter, Ralph D.
2004 "Where Darwin Scores Higher than Intelligent Design." *International Journal of Frontier Missions*, 20:4, pp 113-115. Pasadena: William Carey Press.

Wiseman, Percy J. & Wiseman, Donald J.
1985 *Ancient Records and the Structure of Genesis*. Nashville: Thomas Nelson Publishers.

Zaehner, Robert Charles
1961 *The Dawn and Twilight of Zorastrianism*. London: Weidenfeld and Nicolson.

Zimmerli, Walther
1980 *Manual de Teología del Antiguo Testamento*. Madrid: Ediciones Cristiandad.

		DATE DUE		